Le multimédia et le droit

DANS LA MÊME COLLECTION

— *Le marketing direct et le droit*, 1991, 1994.
— *Les fichiers de personnes et le droit*, 1991.
— *L'échange de données informatisé et le droit*, 1991.
— *Les télécommunications et le droit*, 1992,1996.
— *Le facilities management et le droit*, 1992, 1994.
— *Les cartes et le droit*, 1992.
— *Les SIG et le droit*, 1992, 1995.
— *La maintenance des systèmes informatiques et le droit*, 1993.
— *Maîtriser les contrats IBM*, 1994.
— *CALS et le droit*, 1994.
— *Le logiciel et le droit*, 1994.
— *L'informatique et le droit* (2 tomes), 1994-1995.
— *Les biotechnologies, l'éthique biomédicale et le droit*, 1995.
— *L'Informatique et le droit fiscal*, 1995.

DANS LA COLLECTION DES GUIDES JURIDIQUES

— *La facture électronique EDI.*
— *Les jeux, loteries, concours, primes et cadeaux.*
— *La diffamation d'entreprise.*
— *Le téléphone dans l'entreprise.*
— *L'archivage électronique de documents.*
— *La publicité comparative.*
— *L'audiotex ou la télématique vocale.*
— *La déclaration obligatoire des fichiers et des banques de données nominatives.*
— *Le contrat de travail en informatique.*
— *Le crédit d'impôt recherche.*
— *Le tabac dans l'entreprise.*

HORS COLLECTION

— *Le cabinet d'avocats, 1996.*
— *Internet, aspects juridiques, 1996.*

MEMENTO-GUIDE ALAIN BENSOUSSAN

Le multimédia et le droit

Internet, off line, on line

SOUS LA DIRECTION DE
Isabelle Demnard-Tellier

HERMES

Editions Hermès
14, rue Lantiez
75017 Paris
ISBN 2-86601-537-1
ISSN 1159-280X

Catalogage Electre-Bibliographie
Le multimédia et le droit / éd. sous la dir. de Isabelle Demnard-Tellier. – Paris : Hermès, 1996. – (Mémento-guide Alain Bensoussan)
ISBN 2-86601-537-1
RAMEAU : multimédias : droit
DEWEY : 346.33 : Droit privé. Propriété artistique et littéraire. Droit d'auteur.

Table des matières

Avant-propos

L'évolution constante des technologies a fait naître un nouveau vecteur de communication au carrefour des techniques et cultures que sont l'audiovisuel, l'informatique, la télécommunication et l'édition. L'apparition des produits multimédias associée au phénomène de la numérisation, rend la frontière entre les différents droits en présence de plus en plus difficile à déterminer.

Le produit multimédia inclut tout à la fois des logiciels, des œuvres littéraires, musicales, audiovisuelles, des arts graphiques et des bases de données et peut constituer lui-même une gigantesque base de données.

D'un point de vue technique et juridique, le multimédia est un complexe d'œuvres, c'est-à-dire un mélange de créations de genre divers ou encore une association d'objets de toute nature tels que des images fixes ou animées, du son, du texte, des graphismes, des programmes informatiques, fixé sur un même support numérique ou diffusé en réseau. Mais la caractéristique essentielle du multimédia qui lui confère son intérêt technologique et utilitaire, est l'interactivité.

C'est en outre, le plus souvent, une nécessitant le concours de plusieurs intervenants, tels que des auteurs, prestataires de services, artistes-interprètes, consultants, investisseurs, producteurs et éditeurs, ce qui n'est pas sans incidence au plan juridique.

Ces caractéristiques ont des répercussions directes sur la titularité des droits sur le produit multimédia et la gestion des rapports entre les acteurs en présence qui proviennent de secteurs de marchés très diversifiés.

Une des questions majeures sera d'appliquer à la réalité technique des règles juridiques spécifiques propres à protéger l'équilibre des droits des parties en présence.

L'objet de cet ouvrage est d'examiner pour chaque acteur et chaque type de contribution ou d'œuvre, les règles juridiques qui ont vocation à s'appliquer et les précautions à prendre, que le produit multimédia soit diffusé *off line* sur disque numérique, ou sur réseau de type Internet.

Cet ouvrage est le résultat d'un travail commun avec Alain Bensoussan, Anne Cousin, Yann Bréban, Jean-François Forgeron, Laurence Tellier-Loniewski, Gérard Haas, Benoît de Roquefeuil, Marie-Cécile Berthod, Bruno Ducoulombier, Hervé Gabadou, Brigitte Misse, Ariane Mole, Brigitte Van Dorsselaere, Danièle Véret, Joëlle Berenguer-Guillon, Sylvain Martin, Isabelle Pottier, Christel Cao-Delbarre, Marie-Emmanuelle Haas, Stéphane Jubert, Laurent Masson et Agathe Perruche-David.

Isabelle DEMNARD-TELLIER

Liste des principales abréviations

AFDIT	Association française de droit de l'informatique et de la télécommunication
AFNOR	Association française de normalisation
APP	Agence pour la protection des programmes
Art.	Article
Bull. civ.	Bulletin des arrêts des chambres civiles de la Cour de cassation
Cah. dr. ent.	Cahier de droit de l'entreprise
Cass. civ.	Cour de cassation, chambre civile
Cass. com.	Cour de cassation, chambre commerciale
Cass. crim.	Cour de cassation, chambre criminelle
Cass. soc.	Cour de cassation, chambre sociale
C. civ.	Code civil
C. com.	Code de commerce
CE	Conseil d'Etat
CJCE	Cour de justice des communautés européennes
CNIL	Commission nationale de l'informatique et des libertés
C. pén.	Code pénal
C. proc. pén.	Code de procédure pénale
D.	Décret
DL	Décret-loi.
DS	Dalloz-Sirey
Gaz. Pal.	Gazette du Palais
J. -CL	Juris-classeur
J. -CL. Proc. pén.	Juris-classeur de procédure pénale
JCP (G)	Semaine juridique, édition générale
JCP (E)	Semaine juridique, édition entreprise
JO	Journal officiel

JOCE	Journal officiel des communautés européennes
JO Sénat	Journal officiel, débats du Sénat
JO Ass. Nat.	Journal officiel, débats de l'Assemblée nationale
LGDJ	Librairie générale de droit et de jurisprudence
OEB	Office européen des brevets
Rép. min	Réponse ministérielle
RTDC	Revue trimestrielle de droit commercial
TGI	Tribunal de grande instance

1000.
L'œuvre multimédia : architecture et concepts

Le perfectionnement de la technique, notamment en matière informatique et de télécommunication, a permis l'émergence d'un nouveau mode de communication que tout un chacun désigne couramment sous le terme « multimédia ».
Ce vocable est cependant susceptible de désigner des concepts fort différents selon qu'il est interprété en son sens littéral ou qu'il est employé en réalité pour désigner un nouveau genre d'œuvre. Il faut en effet s'accorder sur ce que l'on entend par « multimédia ».
Ce terme n'est pas nouveau et semble, dans les rares textes où il y est fait référence, avoir été employé de façon réductrice par le législateur au regard de la conception nouvelle de l'œuvre multimédia.

1100. Définitions et concepts

On trouve très peu de définitions du multimédia qui soient opérationnelles en termes juridiques. Le multimédia induit la présence simultanée de sons, textes, images ou encore données de plusieurs œuvres médias, telles que des œuvres littéraires, musicales, audiovisuelles et logicielles.

1110. *Définitions techniques*

Dans le cadre du décret du 31 décembre 1993 relatif au dépôt légal (1), il est fait référence au dépôt « *des documents multimédias* ». Aux termes de l'article 21 :

« *On entend par document multimédia au sens du 8° de l'article 4 de la loi du 20 juin 1992 susvisée tout document qui soit regroupe deux ou plusieurs supports mentionnés aux chapitres précédents, soit associe, sur un même support, deux ou plusieurs documents soumis à l'obligation de dépôt* ».

Les supports visés par la loi du 20 juin 1992 relative au dépôt légal sont les :

– documents imprimés, graphismes, et photographiques ;

– progiciels ;

– bases de données et systèmes experts ;

– phonogrammes ;

– vidéogrammes autres que ceux fixés sur un support photochimique.

Selon la Commission de la terminologie des télécommunications, le terme « multimédia » (synonyme de multimode), s'emploie comme adjectif et vise tout ce qui « *associe plusieurs modes de représentation des informations, tels que texte, son, image* » (2).

Enfin, l'AFNOR dans le cadre des travaux de la commission « vocabulaire » du groupe de travail « Technologies de l'information » (3) propose les définitions suivantes, selon que le terme est employé en tant qu'adjectif ou nom :

« *multimédia (adj.) : relatif à l'utilisation combinée de plusieurs médias.*
note - Une représentation multimédia peut combiner du son, des diapositives et des graphiques créés par des moyens informatiques »

« *multimédia (nom) : domaine des applications et des techniques multimédias* »

1120. *Le concept de multimédia*

Le terme média est un terme connu servant à désigner dans le langage courant, divers supports ou moyens de communication, tels que la presse, la radio et la télévision. Un média est donc un mode de communication qui, s'il a un caractère original dans la formalisation des concepts ou informations qu'il véhicule, constitue une œuvre protégée par le droit d'auteur.
Au sens littéral du terme, le multimédia induit la présence simultanée de plusieurs médias, telles que des images, du texte et du son.
A s'en tenir à cette acception du multimédia, il pourrait être considéré que celui-ci constitue un complexe d'œuvres, mais ce serait adopter là une signification par trop réductrice au regard de la réalité du concept. En effet, dans ce cas, constitueraient une œuvre multimédia :

– des livres, comme il en existe pour les enfants, comportant à la fois du texte, des images et une comptine musicale ;

– tout film comportant à la fois de l'image et des textes de commentaire accompagnés d'une partition jouée, comme c'est le cas pour le cinéma muet.

Or, il n'est venu à l'idée de personne de désigner ces œuvres sous un tel terme. Ce qu'il faut entendre par multimédia recouvre en réalité un genre d'œuvre qu'il est légitime de considérer comme une œuvre complexe, compte tenu des problèmes juridiques qu'elle pose à l'aube de son existence (4).
En effet, ce qui distingue l'œuvre multimédia d'une œuvre rassemblant plusieurs médias est la nécessité d'y inclure un autre type d'œuvre pour en permettre non seulement sa création, mais encore son utilisation, à savoir le logiciel.
L'œuvre multimédia n'a d'attrait qu'en ce qu'elle permet une interactivité entre les différents objets qui la composent, interactivité qui sera plus ou moins riche en fonction des performances du logiciel, de la conception du schéma de navigation et du niveau plus ou moins élaboré de l'utilisation qui en est faite.

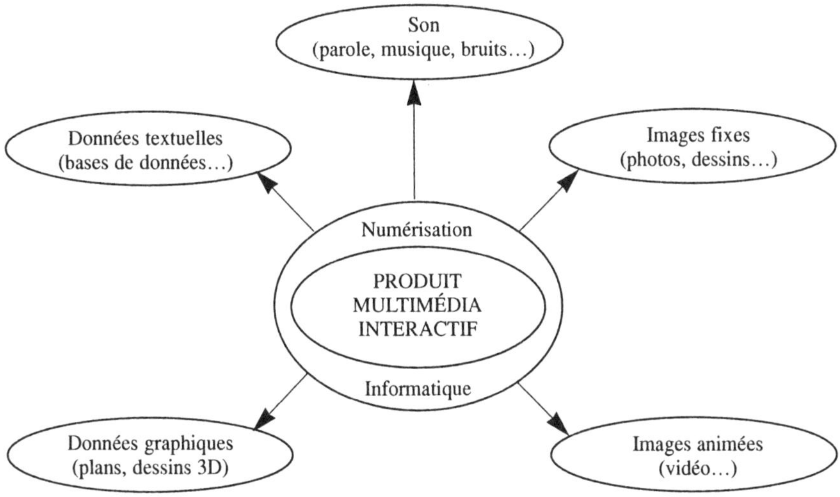

Figure 1.1. *Le produit multimédia interactif*

Grâce à l'interactivité entre les différents objets (lesquels peuvent eux-mêmes être qualifiés d'œuvres s'ils sont originaux au sens du droit d'auteur) qui composent le multimédia, l'utilisateur peut lire l'œuvre selon son propre scénario, puisqu'il dispose du choix de l'enchaînement des thèmes, des images, des textes, voire même selon le niveau de perfectionnement, du choix de l'image par rapport au texte, auquel peut s'ajouter le choix de la musique (5).
L'interactivité de l'œuvre elle-même étant l'élément déterminant du concept d'œuvre multimédia, il serait plus juste de désigner celle-ci sous le vocable d'« œuvre multimédia interactive », appellation qu'il est également fréquent de rencontrer, mais qui prend peu à peu sa forme réduite de « multimédia » dans le langage courant.

1130. *La problématique du multimédia*

Le multimédia, œuvre complexe, suscite de nombreuses questions sur le plan juridique qu'il s'agisse des droits auxquels peuvent prétendre les auteurs et acteurs économiques qui participent à sa réalisation (6), du sens qu'il conviendra de donner à la notion de contrefaçon dans le cadre de ce nouveau genre d'œuvre, des lois applicables en fonction de l'objectif ou du public auquel est destinée l'œuvre. En effet, l'œuvre multimédia a la particularité de pouvoir être à la fois une œuvre comportant une grande part de créativité, ou ayant un contenu plus informationnel (par exemple catalogue) à laquelle concourent de multiples techniques (informatique, vidéo, technique de son, télécommunication, électronique) bénéficiant d'un mode de diffusion extrêmement varié (*off line, on line* de niveau national ou international) et destinée à des applications multiples et à tous les secteurs d'activité (secteur médical, jeux, enseignement, marketing, informations, domaine culturel, formation).
Le multimédia, s'il peut être appréhendé comme une œuvre destinée à être communiquée au public et commercialisée, peut avoir vocation à être un outil de travail ; le multimédia étant une œuvre mais aussi un produit de communication à vocation économique, un outil pour l'entreprise tel que support de vente, outil de formation, nécessite que soit conjuguée la protection d'intérêts forts différents. Il est tout aussi légitime en effet, de préserver les prérogatives traditionnelles des auteurs que de respecter les contraintes économiques des entreprises utilisatrices à des fins d'exploitation économique.
Le législateur s'était déjà confronté à cette problématique en matière de logiciel. La loi du 3 juillet 1985 modifiée en 1994 (7), a privilégié l'aspect « outil de production » du logiciel en posant le principe de la dévolution des droits patrimoniaux à l'employeur et de la rémunération forfaitaire (8).
La multiplicité des genres nécessaires à la réalisation d'une « œuvre-produit » multimédia, ne semble pas permettre une telle radicalisation. Il n'est donc pas déraisonnable de penser que des adaptations légales ou jurisprudentielles seront nécessaires pour prendre en compte les particularités de ce nouveau genre d'œuvre.

1200. Le statut juridique du multimédia et ses incidences

Selon la conception qui vient d'en être donnée, le multimédia, œuvre complexe, pose des problèmes juridiques d'autant plus délicats que son statut n'est pas défini. L'approche du multimédia, selon son origine sectorielle est assez révélatrice de la difficulté de lui conférer un statut.

Ainsi, l'informaticien a-t-il tendance à considérer qu'il s'agit d'une création purement informatique, de type logiciel ou base de données perfectionnée (9) ; l'éditeur d'œuvres littéraires l'appréhende un peu comme un « livre électronique », le professionnel de l'édition phonographique, comme une sorte de nouveau vidéodisque, celui de l'audiovisuel comme une œuvre purement audiovisuelle, sans compter le grand public qui a tendance à confondre l'œuvre et son support et à désigner tout multimédia sous le terme de « CD-ROM ».
Or, le statut de l'œuvre n'est pas indifférent quant aux conséquences juridiques qui en découlent, notamment vis-à-vis des droits de propriété. Plusieurs approches sont envisageables, telles que l'assimilation à un statut légal préexistant, une analogie au cas par cas ou la création d'un statut spécifique.

1210. *Le statut par assimilation*

Certains types d'œuvres correspondent à une définition délimitée par les textes légaux et à un statut qui leur est propre. Tel est le cas par exemple pour un logiciel. Au sens de la définition donnée par l'arrêté du 22 décembre 1981 (10), celui-ci est défini comme :

« *L'ensemble des programmes, procédés et règles et éventuellement de la documentation relatifs au fonctionnement d'un ensemble de traitement de l'information* ».

Dans le cadre des dispositions propres à ce type d'œuvres, on peut citer à titre d'exemple celles du Code de la propriété intellectuelle prévoyant :

– la dévolution des droits patrimoniaux à l'employeur des auteurs salariés d'un logiciel réalisé dans le cadre de leurs fonctions (11) ;

– le droit de décompilation dans des limites prévues par le législateur (12) ;

– le droit de modification dans les limites nécessaires à l'exercice du droit d'utilisation consenti (13).

Par ailleurs, le législateur a défini l'œuvre audiovisuelle de la manière suivante :

« *Les œuvres cinématographiques et autres œuvres consistant dans des séquences animées d'images, sonorisées ou non, dénommées ensemble œuvres audiovisuelles* » (14).

Il s'agit là encore d'une œuvre obéissant à un régime qui lui est propre (15).
Ainsi, en application de l'article L. 132-24 du Code de la propriété intellectuelle, le contrat liant le producteur aux auteurs d'une œuvre audiovisuelle emporte, sauf clause contraire, cession au profit du producteur des droits exclusifs d'exploitation de l'œuvre audiovisuelle (16).

Par ailleurs, à chaque fois qu'une œuvre multimédia sera qualifiée d'œuvre audiovisuelle, on appliquera l'article L. 113-7 alinéa 2 du Code de la propriété intellectuelle aux termes duquel :

« *Sont présumés, sauf preuve contraire, coauteurs d'une œuvre audiovisuelle réalisée en collaboration :*

1° l'auteur du scénario ;

2° l'auteur de l'adaptation ;

3° l'auteur du texte parlé ;

4° l'auteur des compositions musicales avec ou sans paroles spécialement réalisées pour l'œuvre ;

5° le réalisateur ».

De même, une fois achevée l'œuvre audiovisuelle ne peut être modifiée sans l'accord de ses auteurs (17).

S'il a une incidence quant à la titularité des droits sur l'œuvre, le statut légal a également une incidence non moins importante sur le plan économique. Ainsi, en matière de rémunération, le législateur a prévu des dispositions diverses qui dépendent du statut de l'œuvre. Si la rémunération peut toujours être forfaitaire en matière de logiciel (18), dans les autres cas il convient de répondre à des critères légaux bien définis.

Les coauteurs de l'œuvre audiovisuelle devront quant à eux, bénéficier d'une rémunération distincte pour chaque mode d'exploitation de l'œuvre. Celle-ci devra être un pourcentage sur les produits de la vente pour chaque diffusion payante pour le public (19).

Si le législateur ou les juges, à travers l'interprétation qu'ils font des textes légaux, en était amenés à assimiler l'œuvre multimédia à un logiciel ou à une œuvre audiovisuelle, les droits qui en découleront pour l'entreprise qui la diffuse et les personnes physiques qui ont contribué à sa réalisation seront différents.

Ceci n'est pas sans incidence non plus sur l'approche économique de la réalisation de l'œuvre. En effet, les sociétés de services en informatique qui créent des logiciels, emploient à cet effet, des informaticiens salariés qui perçoivent une rémunération forfaitaire constituée par leur salaire. La société de service en informatique, dans son budget d'investissement, n'a pas à prévoir obligatoirement de rémunération proportionnelle pour les salariés auteurs en fonction du nombre de licences d'utilisation consenties, ni à prévoir un mode de rémunération distinct selon le mode d'exploitation du logiciel tel que diffusion de progiciel sous plastique dans les grands circuits de distribution ou diffusion sur des réseaux *on line* par exemple.

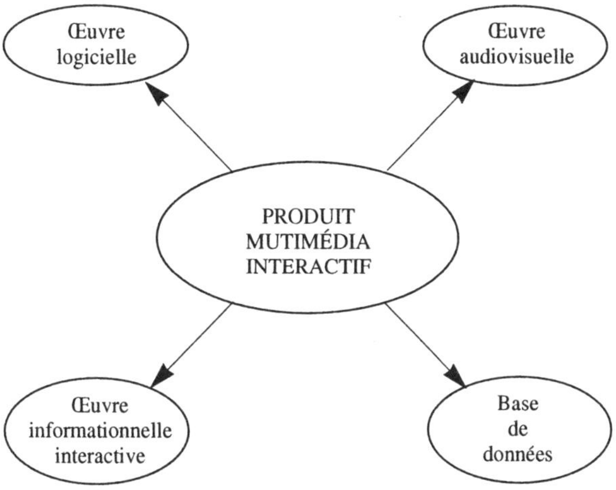

Figure 1.2. *Statut par assimilation*

Si l'œuvre multimédia est qualifiée d'œuvre audiovisuelle, les sociétés de services en informatique qui réaliseront des œuvres multimédias devront intégrer le coût d'une rémunération proportionnelle et distincte selon chaque mode d'exploitation. A l'inverse, si l'œuvre multimédia était qualifiée de logiciel, les professionnels de l'audiovisuel seraient confrontés à un nouveau mode de travail induisant notamment la possibilité d'une rémunération purement forfaitaire et des droits particuliers tels que l'interdiction de repentir, ce qui n'est bien évidemment pas conforme à leur culture.

1220. ***Le statut selon le mode de réalisation***

Les modalités de réalisation de l'œuvre ne sont pas non plus sans incidence sur sa qualification juridique.
En effet, en l'absence de dévolution légale des droits patrimoniaux ou d'exploitation sur l'œuvre à une entité déterminée, comme c'est le cas d'œuvre spécifique telle que logiciel ou l'œuvre audiovisuelle, la titularité des droits de propriété dépend du mode de création de l'œuvre.
C'est ainsi que le Code de la propriété intellectuelle distingue différentes catégorie d'œuvres :

– l'œuvre d'« auteur » : il s'agit de l'œuvre d'une personne physique qui sera titulaire de l'intégralité des droits de propriété sur celle-ci ;

– l'œuvre de « collaboration » : c'est l'œuvre à laquelle ont concouru plusieurs personnes physiques, lesquelles tout en apportant chacune leur contribution participent à la réalisation de l'œuvre dans son ensemble avec les autres coauteurs ; les coauteurs sont ensemble titulaires des droits sur l'œuvre (20) ;

– l'œuvre « collective » : c'est l'œuvre créée à l'initiative d'une personne physique ou morale qui en assure la diffusion ; dans ce type d'œuvre, il ne doit pas être possible de déterminer la part de contribution de chacune des personnes physiques ou encore selon les différentes conceptions doctrinales, chacun des contributeurs ne doit pas participer à l'organisation et à la réalisation de l'œuvre prise dans son ensemble, la société personne morale jouant alors le rôle de chef d'orchestre et coordonnant chacune des contributions. Celle-ci est alors titulaire des droits sur l'œuvre (21). Dans ce cas seulement, sous réserve du statut spécifique de certaines œuvres (logiciel, œuvre audiovisuelle), une société, personne morale, peut être titulaire des droits patrimoniaux sur l'œuvre sans qu'il ne soit nécessaire d'organiser une cession par les auteurs, personnes physiques ;

– l'œuvre « composite » : cette qualification s'applique aux produits réalisés à partir d'une œuvre préexistante qu'ils intègrent et qui constituent alors des œuvres dérivées ou composites. Aux termes de l'article L. 113-2, 2° du Code de la propriété intellectuelle, est dite composite :

« ... *l'œuvre nouvelle à laquelle est incorporée une œuvre préexistante sans la collaboration de l'auteur de cette dernière* ».

Cette catégorie s'applique en général aux adaptations, traductions, anthologies ou recueils d'œuvres diverses qui sont considérés comme étant des œuvres « dérivées ».
Une œuvre composite peut recevoir par ailleurs la qualification d'œuvre collective ou d'œuvre de collaboration, selon le cas.

La jurisprudence considère que l'œuvre audiovisuelle est une œuvre de collaboration ; quelques rares décisions de tribunaux ont jugé que l'œuvre audiovisuelle était une œuvre collective ainsi qu'en témoigne par exemple le jugement du Tribunal de grande instance de Paris du 27 octobre 1993, jugement qui fut cassé par l'arrêt de la Cour d'appel de Paris du 16 mai 1994 (22), lequel a considéré qu'une œuvre audiovisuelle ne pouvait en aucun cas être qualifiée d'œuvre collective.
Si elle devait se confirmer dans le cadre d'un courant jurisprudentiel bien établi, cette décision qui a fait l'objet de nombreuses controverses doctrinales, serait susceptible d'avoir une incidence sur l'œuvre multimédia si celle-ci était un jour qualifiée d'œuvre audiovisuelle.
En effet, si le mode de réalisation d'une œuvre audiovisuelle au sens traditionnel du terme permet d'identifier clairement les intervenants bénéficiant des droits d'auteur, tels que l'auteur du scénario, le réalisateur, l'auteur des textes, l'auteur

de la musique, le producteur, il n'en est pas forcément de même dans le cadre de la réalisation d'une œuvre multimédia.

Les modalités techniques de création de ce type d'œuvres nécessitent généralement que de nombreuses personnes physiques y contribuent pour des sous-ensembles plus ou moins restreints, sans qu'elles n'aient une part de création quant à l'œuvre dans son ensemble.

Ainsi, s'il est peu concevable que le réalisateur d'un film et l'auteur des textes parlés ou le scénariste ne travaillent pas en étroite collaboration sur l'ensemble de l'œuvre elle-même, il est tout à fait possible pour une œuvre multimédia que différents auteurs de textes soient mis à contribution, sans avoir une vue d'ensemble sur l'œuvre et participent donc à la création de celle-ci de manière segmentée ; il en va ainsi par exemple pour ce qui est de commenter des photographies ou des séquences vidéo, à partir de directives précises.

Les modalités de réalisation d'une œuvre multimédia semblent de prime abord, pouvoir sans difficulté, permettre à celle-ci d'être considérée comme une œuvre collective. Or, s'il était appliqué le statut légal de l'œuvre audiovisuelle à l'œuvre multimédia, celle-ci tout en ayant été réalisée dans les mêmes conditions qu'une œuvre collective, ne serait pas régie par les dispositions juridiques propres à celle-ci (23).

A l'inverse, si l'œuvre multimédia est qualifiée de logiciel, quand bien même elle serait l'œuvre d'une personne physique salariée d'une entreprise (ce qui en pratique, apparaît peu concevable), il n'en demeurera pas moins que l'auteur unique de cette œuvre ne disposera pas des droits patrimoniaux sur celle-ci, ces droits étant dévolus, sauf dispositions contraires, à l'employeur.

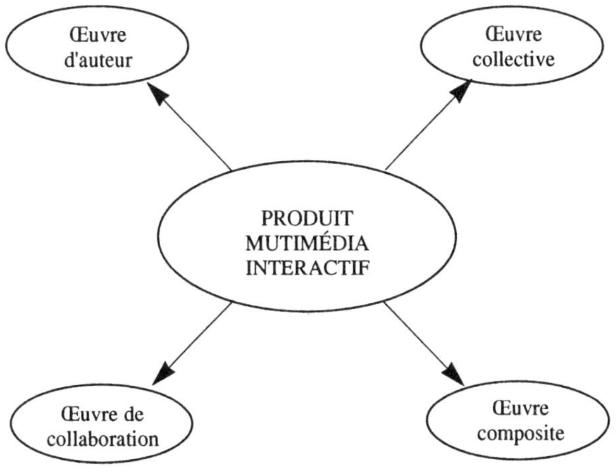

Figure 1.3. *Statut par mode réalisation*

Le débat n'est pas purement intellectuel puisque, du statut de l'œuvre dépendent notamment :

- la titularité des droits patrimoniaux sur celle-ci ;
- la rémunération due aux auteurs personnes physiques ;
- les modalités d'adaptation et d'évolution de l'œuvre.

1230. ***L'analogie au cas par cas***

Il paraît envisageable également de considérer qu'une œuvre multimédia puisse, selon son contenu (24), être qualifiée de logiciel, d'œuvre audiovisuelle, d'œuvre d'un autre genre telle qu'un « livre électronique » ou encore d'œuvre informationnelle interactive tel qu'un journal.
Ainsi, l'adaptation d'une encyclopédie illustrée sur support CD-ROM pourrait ne constituer, somme toute, qu'un livre électronique empruntant l'essentiel de son fonds documentaire à l'œuvre d'origine qui n'aurait subi d'autres adaptations que celles dues aux contraintes de la technique, sous réserve de l'ajout éventuel de nouvelles données.
De même, lorsqu'une entreprise de presse réalise ou diffuse un journal sous une forme multimédia interactive diffusée *on line*, on pourrait considérer qu'elle n'a créé qu'un produit informationnel bénéficiant d'un perfectionnement de la technique.
Enfin, certains produits multimédias pourront privilégier l'aspect vidéo parmi les objets qui composent ce type d'œuvres, de telle sorte que l'impression d'ensemble pourrait être, finalement, l'assimilation à une œuvre audiovisuelle interactive
Dans ce cas, il n'est pas exclu que chaque produit multimédia puisse être qualifié selon son contenu, d'œuvre audiovisuelle, de livre électronique, de journal électronique, ou même de logiciel puisque tels sont qualifiés, encore à ce jour, un certain nombre de jeux vidéo, alors que les degrés de perfectionnement de certain d'entre eux l'apparentent plus à une œuvre multimédia.
En l'absence d'intervention du législateur et de jurisprudence, rien n'interdit à ce jour aux créateurs d'un produit multimédia de conférer une qualification conventionnelle à celui-ci et d'organiser leur statut en accord avec les différents auteurs qui y contribuent (25).
Reste que l'on peut s'interroger sur le point de savoir si les tribunaux, amenés à trancher un litige, s'en rapporteront strictement à la définition voulue par les parties ou si celle-ci pourra faire l'objet d'une requalification éventuelle par l'analyse du contenu de l'œuvre.

1240. ***Le statut particulier***

En dernier lieu, on ne peut exclure que le législateur, au regard de la jurisprudence, fasse bénéficier l'œuvre multimédia d'un statut particulier, comme ce fut le cas par exemple, en matière de logiciels.
En effet, dans ce dernier cas, la jurisprudence a assimilé le logiciel à une œuvre de l'esprit, lui accordant ainsi une protection par le droit d'auteur. Le législateur confirmant par la suite cette position a étendu la notion d'œuvre de l'esprit aux logiciels et a prévu des dispositions particulières, dérogatoires au droit d'auteur (26).
Se situant au carrefour d'un ensemble de catégories d'œuvres préexistantes, puisqu'elle est à la fois œuvre audiovisuelle, littéraire, logicielle, musicale et œuvre à contenu informationnel, le statut de l'œuvre multimédia semble nécessiter qu'il soit pris en compte tous les paramètres nécessaires à son mode de réalisation.
C'est ainsi qu'elle nécessite à la fois des investissements qui peuvent être extrêmement importants, à la fois la contribution d'auteurs d'œuvre de genres très variés, des techniciens (du son, de l'image) et même des artistes-interprètes, graphistes, illustrateurs, cartographes, documentalistes (27).
En attendant que ne s'instaure, par un acte volontaire du législateur ou par le fait de l'expérience et des décisions des tribunaux, un encadrement juridique spécifique à l'œuvre multimédia, les partenaires en présence doivent adopter une attitude à la fois prudente et raisonnable qui tienne compte du respect des droits potentiels de chacun d'entre eux, et bien entendu veiller à circonscrire de manière la plus détaillée possible, dans le cadre d'un contrat écrit, l'organisation de leurs relations.

1250. ***Le contentieux du multimédia***

En matière d'œuvres protégées par le droit d'auteur, une part importante du contentieux est constituée par des actions en contrefaçon. La contrefaçon d'une œuvre s'apprécie par la comparaison des ressemblances avec l'œuvre accusée de contrefaçon, sous réserve que ces ressemblances soient non susceptibles de s'expliquer par la loi du genre, les contraintes techniques ou leur absence d'originalité qui font qu'elles ne donneraient pas prise aux droits d'auteur.
Le contentieux de la contrefaçon est abondant et extrêmement délicat. En effet, il n'est pas toujours aisé de déterminer au regard de deux œuvres d'un même genre, dans quelle mesure l'une est contrefaisante de l'autre, si par exemple, l'emprunt n'est que très partiel et très limité, de telle sorte que l'intégrité de l'œuvre première n'est pas véritablement atteinte.
La question est encore plus délicate lorsqu'il s'agit d'œuvres d'un genre différent et risque de se poser en termes accrus en matière de multimédia. L'emprunt pourra en effet concerner un ou plusieurs éléments médias, œuvres préexistantes ou scénarios, partie logicielle, présentation des écrans...

Ainsi, une œuvre multimédia réalisée sans autorisation, à l'aide de photos figurant dans un livre et dont le thème est identique, sera-t-elle considérée comme une œuvre contrefaisante du livre, au détriment de l'éditeur ou contrefaisant uniquement les photos, au détriment du photographe ou les deux à la fois ?
Faudra-t-il interdire la diffusion de l'œuvre multimédia dans son ensemble ou l'exploitation des photos uniquement ?
A quel moment devra-t-on considérer qu'une œuvre multimédia constituée de tout un ensemble d'œuvres interagissant entre elles, est illicitement ressemblante à une ou plusieurs autres œuvres d'un genre différent ?
Par ailleurs, dans quelle mesure un schéma de navigation et un scénario d'interactivité pourront-ils être considérés originaux et donc protégeables par le droit d'auteur ? (28)
Enfin, comment protéger les droits des différents auteurs d'œuvres communicables par réseau *on line* de type Internet ? En effet, les réseaux permettent une diffusion transfrontières de l'œuvre, totalement incontrôlable et dans des conditions techniques telles, qu'un utilisateur peut s'en emparer, la reproduire par téléchargement, la modifier, la réintégrer dans une autre œuvre multimédia de sa réalisation (29).
Compte tenu à la fois de son absence de statut rendant incertaines les conventions conclues entre les parties et de son mode de réalisation, qui nécessite la plupart du temps l'acquisition à grande échelle de droits sur des œuvres préexistantes et donc des investissements importants, il est probable que le multimédia génère un contentieux important.
Il est donc d'autant plus opportun de s'entourer de multiples précautions, notamment sur le plan contractuel.

1260. *Les contraintes liées à la destination du multimédia*

Qu'il s'agisse de la presse, du marketing direct, de la vente par correspondance, de la vente à distance, des annonces d'offres d'emploi, ou du secteur médical, un certain nombre d'activités sont aujourd'hui réglementées.
L'utilisation projetée du multimédia est-elle susceptible d'avoir une influence sur les obligations qui pèsent sur l'entreprise qui le réalise ou le diffuse ? Dans certains cas, ceci semble probable. Ainsi, un catalogue de produits réalisé selon le concept de l'œuvre multimédia devra-t-il respecter les règles relatives à l'interdiction de la publicité mensongère et celles relatives à la vente à distance (*off line* ou *on line*) (30).
Ainsi, une œuvre multimédia qui a pour objectif l'information du public tel un journal interactif, serait vraisemblablement susceptible de donner prise aux délits commis par voie de presse (31). De même, la réalisation d'un produit multimédia appliqué à l'enseignement (32) ou à l'assistance médicale (33) doit nécessairement respecter les contraintes liées au domaine d'utilisation.

Enfin, la technicité de l'œuvre multimédia est également susceptible d'avoir une incidence. Ainsi, alors qu'il ne viendrait à l'idée de personne d'exiger qu'un catalogue de produits édités sur papier soit livré avec un manuel d'utilisation pour considérer la livraison conforme, la fourniture du manuel d'utilisation peut devenir nécessaire si le catalogue est diffusé sur support électronique (34).

1270. *La protection contractuelle*

En l'absence d'intervention du législateur et de jurisprudence sur la qualification d'une œuvre multimédia, il est certain que l'on est en droit de s'interroger sur les dispositions qu'il convient de prendre, notamment sur le plan juridique, que ce soit au stade de son élaboration ou au stade de sa diffusion.
L'expérience a montré notamment en matière de logiciel, qu'il est permis de raisonner avec un certain pragmatisme et d'adopter des solutions par analogie avec les catégories d'œuvres d'ores et déjà existantes, sous réserve toutefois de prendre un certain nombre de précautions notamment contractuelles.
En effet, sous réserve des dispositions d'ordre public, les conventions tiennent lieu de loi entre les parties, si bien que celles-ci peuvent décider de combler le vide juridique dans lequel se trouve plongée l'œuvre multimédia, par la rédaction de contrats qui restreindront les champs de litiges par leur précision (35).
L'objectif de cet ouvrage est d'examiner les relations entre les différents partenaires lors de la réalisation et de l'exploitation du multimédia et les contraintes liées à sa destination dans le cadre des dispositifs juridiques existants.
Son application à une nouvelle technologie comme le multimédia contraint à procéder par analogie, tout en usant d'un certain pragmatisme dans le processus de réflexion. Il n'en demeure pas moins que l'analyse sur le plan juridique, s'accorde parfois mal aux contraintes économiques. Il appartient donc à chacun des partenaires au processus de création et d'exploitation d'une œuvre multimédia de trouver un consensus qui, plus il sera équilibré, plus il préservera la sérénité de leurs relations.

Notes

(1) Décret n° 93-1429 du 31 décembre 1993 relatif au dépôt légal, *JO* du 1er janvier 1994.

(2) Arrêté du 2 mars 1994 relatif à la terminologie des télécommunications, *JO* du 22 mars 1994.

(3) AFNOR, CGT1 - CN 29 « Technologies de l'information - vocabulaire », document de travail 2382-33, « Hypermédia et multimédia » du 13 septembre 1994.

(4) *Infra* n° **14000** et suivants relatifs au statut de l'œuvre multimédia.

(5) *Infra* n° **21000** et suivants relatifs à l'utilisateur d'œuvre multimédia.

(6) *Infra* n° **5000** et suivants relatifs à la réalisation d'une œuvre multimédia.

(7) *Infra* n° **12000** et suivants relatifs au logiciel.

(8) *Infra* n° **12328** relatif aux dispositions dérogatoires sur l'attribution de propriété en cas de création salariée.

(9) *Infra* n° **10000** et suivants relatifs aux données et bases de données.

(10) Arrêté du 22 décembre 1981 relatif à l'enrichissement du vocabulaire de l'informatique, *JO* du 17 janvier 1982.

(11) *Infra* n° **12328** relatif aux dispositions dérogatoires sur l'attribution de propriété en cas de création salariée.

(12) *Infra* n° **12326** relatif aux dispositions dérogatoires sur la décompilation.

(13) *Infra* n° **12323** relatif aux dispositions dérogatoires sur la modification.

(14) Article L. 112-2. 6° du Code de la propriété intellectuelle.

(15) *Infra* n° **14311** relatif à la définition de l'œuvre audiovisuelle et à son application à l'œuvre multimédia.

(16) *Infra* n° **18000** relatif à la production audiovisuelle.

(17) Article L. 121-5 du Code de la propriété intellectuelle.

(18) *Infra* n° **12327** relatif aux dispositions dérogatoires sur la rémunération de l'auteur.

(19) *Infra* n° **18000** relatif à la production audiovisuelle.

(20) *Infra* n° **14420** relatif à l'œuvre multimédia, œuvre de collaboration.

(21) *Infra* n° **14410** relatif au multimédia, œuvre collective.

(22) CA Paris, 16 mai 1994, Gazette du droit des technologies avancées, *Gaz. Pal.* n° 214-215, 2 et 3 août 1995, note Benoît de Roquefeuil.

(23) *Infra* n° **14410** relatif au multimédia, œuvre collective.

(24) *Infra* n° **14300** et suivants relatifs à la qualification juridique du multimédia en fonction du contenu.

(25) *Infra* n° **14120** relatif au maintien du droit d'auteur moyennant des aménagements contractuels.

(26) *Infra* n° **12300** et suivants relatifs à la protection des logiciels par un droit d'auteur dérogatoire.

(27) *Infra* n° **5000** et suivants relatifs à la réalisation d'une œuvre multimédia.

(28) *Infra* n° **11230** relatif à l'interactivité et aux droits sur le scénario.

(29) *Infra* n° **14520** relatif à la protection de l'œuvre multimédia diffusée en réseau ; *infra* également n° **15000** et suivants relatifs aux autoroutes de l'information.

(30) Sur ces règles, cf. MÉMENTO-GUIDE ALAIN BENSOUSSAN, *Le marketing direct et le droit*, Ed. Hermès, 2e éd. 1994 ; également *Infra* n° **27000** et suivants relatifs au catalogue.

(31) *Infra* n° **37000** et suivants relatifs à la diffamation et aux délits en matière de presse.

(32) *Infra* n° **25000** et suivants relatifs au téléenseignement.

(33) *Infra* n° **28000** et suivants relatifs à la télémédecine.

(34) *Infra* n° **27000** et suivants relatifs au catalogue.

(35) *Infra* n° **35000** et suivants relatifs aux principes généraux des contrats.

2000.

Les marchés et acteurs du multimédia

Au début des années 1980, les applications industrielles de l'image numérisée ont commencé à se développer. En 1983/1984, les applications étaient relativement modestes et surtout orientées vers la gestion des stocks à l'aide de caméras reliées à un système informatique (par exemple, le comptage des rondins de bois en stock dans une papeterie qui nécessite de traiter des dizaines de paramètres) (1). Dix ans plus tard, l'association de sons, images et textes numérisés annonce à l'aube du 21e siècle une révolution industrielle aussi importante que celle de l'automobile et peut-être que celle de l'imprimerie. Nous assistons à la naissance d'une nouvelle civilisation dans laquelle de grands volumes de données circulent à des vitesses de plus en plus élevées et passent les frontières, par l'intermédiaire de réseaux de télécommunication, sans qu'aucun douanier n'intervienne.

Cette diffusion à l'échelle mondiale des informations est devenue possible grâce à l'évolution des techniques : les CD-ROM, qui constituent des supports contenant des quantités impressionnantes d'informations, se sont banalisés ; les logiciels toujours plus puissants peuvent traiter ces masses d'informations ; les écrans des micro-ordinateurs sont maintenant d'une qualité qui permet de visionner la vidéo jusque là cantonnée à l'écran de télévision.

La réunion de tous ces équipements et technologies performants a donné naissance au multimédia. Reste à celui-ci à tenir ses promesses : la création d'un nouveau marché de plusieurs milliards de dollars (2). Pour que ce marché existe, encore faut-il que les opérateurs économiques se lancent à sa conquête. Or, dans un marché émergent, les contours de l'eldorado sont encore flous : quels produits, pour quels utilisateurs et avec quels partenaires ? Après avoir apporté des éléments de réponse à ces questions, il sera possible de mieux comprendre les enjeux du multimédia.

2100. Les produits du multimédia

« *Le multimédia est le mariage des différentes technologies de la communication. La couleur, le graphisme, les sons, les images fixes et animées sont les formes les plus visibles du multimédia* » (3).

Cette définition (qui oublie le texte) met l'accent sur la façon dont naît une œuvre multimédia : en associant différentes créations artistiques et des procédés techniques tels que notamment l'art graphique pour la conception de la présentation, la vidéo pour le son et l'image, le logiciel pour l'interactivité.

Cette œuvre immatérielle multimédia (ce que l'on voit et entend) est destinée à être exploitée commercialement et apparaît alors comme un produit économique au même titre qu'un film diffusé dans les salles de cinéma, qu'une œuvre littéraire vendue en librairie, ou qu'une symphonie vendue dans un magasin de disques.

Pour pouvoir visualiser et entendre les œuvres multimédias, il faut disposer d'un micro-ordinateur disposant des technologies adéquates, de lecture du support (produit *off line*) ou de connexion à un réseau (produit *on line*).

L'association de nombreuses technologies et créations (caractéristique du multimédia) oblige des professionnels qui n'avaient rien de commun entre eux à se rapprocher : le fabricant d'ordinateurs avec les professionnels de l'audiovisuel, le développeur de logiciels avec l'éditeur de livres papier, ou encore le fournisseur de réseau de télécommunication avec des producteurs de services *on line*. Le multimédia concerne donc aussi l'industrie des produits de communication qui vont être utilisés pour sa production et son utilisation tels que par exemple :

– des CD-ROM (*Compact Disc Read Only Memory*) : de grosses capacités de stockage sont nécessaires pour le son et surtout l'image (l'exploitation d'images animées numérisées requiert d'ailleurs des algorithmes de compression/décompression puissants) (3 bis). Le CD-ROM apporte une solution qui a révolutionné l'univers informatique par ses applications multimédias. Il se présente comme un CD audio, mais contient en plus des images et du texte. Sa capacité de stockage est énorme. Il peut contenir l'équivalent de 250 000 pages de textes dactylographiées, des centaines d'images fixes ou animées et des heures de son. Un accord intervenu entre les grandes sociétés mondiales de l'électronique permettrait en outre de bénéficier d'un format unique à terme, de capacité encore plus grande (4) ;

– des micro-ordinateurs dotés de lecteurs de CD-ROM, d'équipements et de logiciels permettant le traitement informatique de sons et d'images numérisés ;

– des microphones ou des interfaces MIDI (norme de communication entre les ordinateurs et les synthétiseurs) pour ce qui concerne le son ;

– des scanners pour la numérisation des textes et images ;

– des écrans disposant d'une définition fine permettant une visualisation confor-

table (les progrès faits sur ces matériels constituent un des éléments clés du démarrage du multimédia) ;
– des logiciels pour faire fonctionner tous ces matériels ;
– des modems pour une utilisation en réseau et des produits de connectique.

La multiplicité des fournisseurs et des technologies fait naître des complications en matière de compatibilité des matériels. A terme, il est possible que le nouveau format de CD numérique soit capable de se substituer à des appareils aussi différents que le magnétoscope, le minidisc, le laserdisc, ou à toute la famille des disques compacts à lecture laser actuels : CD audio, CD-ROM, CD vidéo (5).
En contrepartie de sa complexité technique, le multimédia apporte de nouvelles fonctionnalités : une œuvre multimédia peut, à des coûts compétitifs, comporter des « zones parallèles » qui permettent de répondre le plus précisément possible à la demande de différents clients avec un même support. Ainsi, par exemple, un CD-ROM multilingue permet de commercialiser un même produit sur un seul support dans différents pays ou dans un pays comportant plusieurs langues (trois langues officielles en Belgique, trois en Suisse).
Pour que les produits du multimédia (les œuvres immatérielles et les équipements) soient rentables pour les entreprises qui les réalisent et les commercialisent, il faut qu'il existe un marché et donc des acquéreurs.

2200. Les marchés des produits multimédias

Le multimédia est un produit associant plusieurs médias comme du son, du texte, des images et des données. Sa grande caractéristique est l'interactivité entre ces différents médias, grâce à la technologie de l'informatique, et sa diffusion transfrontière en temps réel, grâce aux procédés de télécommunications.
Le développement du multimédia va changer les comportements de l'utilisateur, lequel ne se contentera plus de rester « passif » devant un écran. Il peut construire son propre programme ou scénario de lecture, en naviguant dans le produit interactif qui lui offre, en outre, une information attractive du fait de la multiplicité des genres contenus sur un même support.
Ainsi, par exemple, un dictionnaire sur CD-ROM peut-il apporter une illustration en trois dimensions d'un objet grâce à la vidéo. En outre, l'utilisateur a accès à des millions d'informations en se connectant à un service *on line*, de type Internet.
Ce nouveau mode d'accès à l'information concerne les consommateurs à la fois dans leur vie privée, mais aussi dans le cadre de l'entreprise et donc tous les secteurs de la vie économique et sociale.

2210. *Le marché de la culture et des loisirs*

Un passionné du multimédia s'est exclamé :

« *Dans le monde des loisirs, le multimédia invente des images jamais vues, des chimères plus réelles que le réel, des fictions innombrables. Il invite à une création interactive et simultanée* » (6).
Ainsi, depuis quelques années on assiste à une véritable explosion des jeux vidéo interactifs : selon les estimations de l'Association des Industries Electroniques Américaines, le marché américain des jeux électroniques (consoles de jeu et jeux cumulés) devait représenter plus de 5 milliards de dollars en 1994, soit autant que les entrées dans les salles de cinéma (7).
Sur un plan plus culturel, des encyclopédies multimédias sont proposées aujourd'hui par de nombreux éditeurs.
Le consommateur peut « visiter » des musées, des pays, des régions de France, au gré de ses envies, à son rythme et à l'heure de son choix, grâce aux CD-ROM disponibles sur ces thèmes.
Aux Etats-Unis, les ventes de CD-ROM éducatifs ont progressé de 258 % entre 1993 et 1994 (8). La télévision à son tour devient interactive. Déjà sur la chaîne RTL5, chaîne néerlandaise, un jeu interactif avec le téléspectateur a été réalisé (9).

2220. *Le marché du travail*

L'avenir est aussi à l'accès au multimédia en réseau qui permet à chaque station de travail multimédia connectée à un service en ligne d'interroger des banques de données et d'envoyer des textes, des images ou des sons à un correspondant. Le réseau Internet en est un exemple, le réseau français Infonie en est un autre.
L'interrogation des banques de données s'est développée avant le multimédia, ne serait-ce que celles accessibles sur Minitel. Mais la technologie du multimédia augmente leurs possibilités d'utilisation : les journalistes peuvent interroger à distance des banques de données de photos créées par les agences spécialisées, choisir la photographie qui convient le mieux pour illustrer leur article, la télécharger et l'insérer dans leur mise en page qu'ils effectuent eux-mêmes grâce aux logiciels de PAO (Publication assistée par ordinateur).
Le scénario peut être le même pour un cadre d'entreprise qui recherchera dans une banque d'archives un rapport sur l'activité économique de son secteur, en tirera les informations pour son propre rapport qu'il illustrera aussi avec des photos accessibles dans une banque de photos.
Les membres d'une multinationale disposant de son propre réseau entre ses différentes filiales implantées dans des pays différents peuvent communiquer en temps réel sur tout sujet, valider à distance des maquettes de publicité, de revue, des plans de conception de produits, des rush de vidéo.

En outre le multimédia et l'évolution des techniques de télécommunication constituent un vecteur de croissance du télétravail.
Aux USA on évalue à 18 millions de dollars le marché lié à la croissance des « *bureaux virtuels* » dans les trois ans à venir (10).

2230. *De nouvelles méthodes de formation*

Le multimédia se révèle un formidable outil de formation. Un observateur déclarait :

« *Dans le monde de la formation, le multimédia complète le travail des professeurs, réinvente la technicité des manuels, propose de nouvelles procédures d'apprentissage dont la principale caractéristique est d'être à l'entière disposition de l'élève* » (10 bis).

De fait, depuis plusieurs années de nombreuses compagnies d'aviation civiles et militaires utilisent l'image virtuelle pour l'enseignement de leurs cadres et surtout de leurs pilotes.
L'image virtuelle résulte d'un système où se mélangent informatique, système de visualisation et repérage de commandes (11). La personne placée devant une image virtuelle évolue en temps réel dans un espace artificiel créé par ordinateur. Il est ainsi possible de mettre les pilotes dans des situations variées (mauvais temps, repérage d'objectifs mouvants, ...) sans dépenser les sommes nécessaires pour faire voler un avion et sans danger.
L'image virtuelle constitue une technologie qu'il est possible de distinguer du multimédia, qui est destiné à apparaître sur des écrans de micro-ordinateurs, alors qu'une personne placée devant une image virtuelle croit qu'elle se meut dans un espace en trois dimensions.
Le multimédia *stricto sensu* peut être utilisé quant à lui dans tous les domaines de la formation qu'il s'agisse de celle des enfants, des étudiants, des membres d'une entreprise. Ainsi, le responsable d'IBM France du développement des marchés multimédias, interrogé sur les projets de cette entreprise dans ce domaine, indiquait :

« *Les premières applications qui émergeront seront celles de type « formation » pour lesquelles nous commençons à disposer d'une bonne expertise et surtout, à savoir évaluer la rentabilité* » (11 bis).

2240. *Le commerce électronique*

L'une des applications les plus remarquées du multimédia est certainement celle liée à l'activité commerciale d'une entreprise. Qu'il s'agisse de la diffusion du catalogue de produit *off line* ou *on line*, de « *supermarché virtuel* », de CD-ROM

promotionnel d'une image de marque ou d'un produit. Le nombre de CD-ROM et de services en ligne annoncé est sans cesse croissant.
De grandes sociétés de vente par correspondance comme les 3 Suisses ou La Redoute proposent leur catalogue sur CD-ROM ou des services en ligne et se lancent dans la diffusion *on line*, qu'il s'agisse d'Internet ou du réseau Infonie.
La promotion des entreprises françaises à l'étranger fait l'objet d'un projet de CD-ROM ; Peugeot a accompagné le lancement de la nouvelle Peugeot 406 d'un CD-ROM promotionnel distribué notamment à tout son réseau de concessionnaires (12).
Il existe des CD-ROM de catalogue et de démonstration de logiciel permettant de tester le produit sur la version de démonstration avant de solliciter la livraison électronique de la version complète. Le multimédia sera manifestement le vecteur d'un nouveau mode d'achat à domicile et suscitera de très nombreux projets.

2250. *La gestion de l'entreprise*

La gestion et l'administration des entreprises nécessitent la communication d'informations notamment sous forme de textes. Le multimédia intéresse donc la gestion des entreprises car il permet de remodeler la communication entre les personnes, les services et le client.

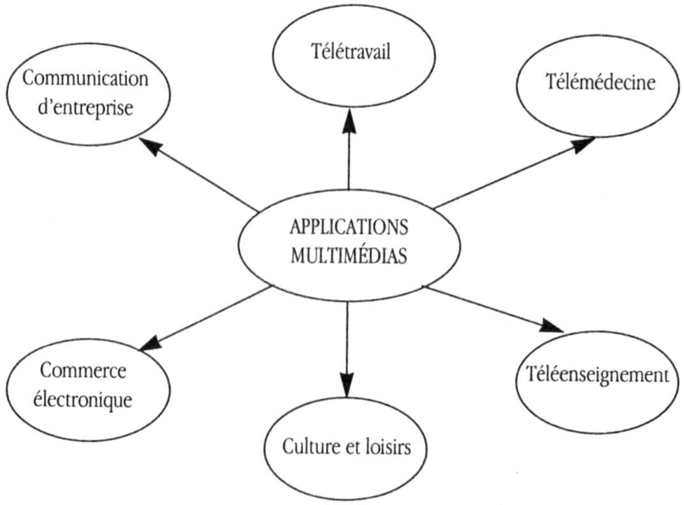

Figure 2.1. *Les principales applications multimédias*

La gestion est certes fondamentalement basée sur les chiffres. Mais depuis quelques années, elle utilise des schémas, des graphismes et des projections. La présentation d'un rapport sous une forme multimédia permet de mieux retenir l'attention du public pendant toute la durée de l'exposé : l'animation d'un schéma améliore la mémorisation, l'émission d'un son reconcentre sur le sujet une personne distraite.
De plus, « l'interactivité permet une meilleure circulation de l'information au sein de l'entreprise : on la discute, on la critique, on la corrige. Ce qui lui permet d'être plus pure, de meilleure qualité » (13).

2300. Les partenaires économiques

2310. *Une multitude d'entreprises de tous les secteurs économiques*

Le multimédia nécessite l'association de technologies complexes d'équipements, d'œuvres et de créations artistiques en tout genre. Tous les plus grands noms de l'informatique, de la télécommunication, de l'édition, de l'audiovisuel, de l'industrie phonographique se trouvent plus au moins impliqués dans le multimédia (*Philips, Sony, Panasonic, Kodak, Nathan, Hachette, le groupe de La Citée, Microsoft, Pathé, ATT, IBM, Apple, France Télécom, Bertelsmann, Time Warner, Infogramme*).
Sans que la liste soit exhaustive, il est possible de citer les secteurs économiques et les métiers suivants :

– les fabricants de matériels tel qu'ordinateurs, lecteurs, modems, amplis, et tous les composants, supports numériques, matériels de numérisation, de compression et de lasérisation ;

– les câblo-opérateurs qui devront fournir les réseaux en fibre optique, technologie qui apparaît aujourd'hui la seule capable de supporter de manière vraiment efficace les très hauts débits d'informations constituant les produits multimédias (14) ; encore que les sociétés impliquées dans les satellites ne perdent pas espoir de voir les données multimédias transiter par les satellites (15) ;

– les sociétés de télécommunications, dont France Télécom ;

– les prestataires de services fournisseurs de réseaux ;

– les éditeurs et développeurs de logiciels ;

– les concepteurs et réalisateurs de l'œuvre multimédia elle-même qui vont définir les textes, images et sons à introduire dans l'œuvre, ainsi que mettre au point sa présentation en fonction des différents scénarios retenus ;

– les compositeurs, les artistes interprètes et les éditeurs et producteurs de phonogrammes ;

– les photographes, les dessinateurs, les peintres, les graphistes, les documentalistes ;

– les auteurs de texte ou d'œuvres littéraires et leurs éditeurs ;

– les producteurs audiovisuels, les réalisateurs de vidéo, les scénaristes ;

– tous les techniciens du son et de l'image ;

– les réseaux de distribution ;

– les organismes normalisateurs : aux fins de permettre non seulement la comptabilité des équipements entre eux, mais aussi la transmission *on line* sécurisée.

2320. ***Des alliances indispensables***

Le multimédia se trouvant à la croisée de tous ces métiers et acteurs économiques, il est rare qu'une entreprise puisse à elle seule gérer complètement une œuvre multimédia.
C'est pourquoi on assiste à de nombreux rapprochement parfois délicats à mettre en œuvre, compte tenu des diversités de culture et d'usage entre les différents secteurs en cause.
Les alliances concernent notamment le monde des technologies de l'informatique et les détenteurs des œuvres littéraires et artistiques en tout genre constituant le « fonds documentaire » des produits multimédias. Ces partenariats s'expliquent pour deux raisons :

– les fabricants de micro-ordinateurs et les concepteurs et éditeurs de logiciels possèdent une expérience en matière technologique dont ne disposent pas les détenteurs du fonds documentaire ; l'industriel apporte un savoir-faire au regard des nouveaux moyens techniques permettant d'exploiter le fonds des producteurs et éditeurs d'œuvres traditionnelles ;

– les producteurs, éditeurs et autres partenaires fournissant le contenu intellectuel de l'œuvre multimédia sont indispensables pour pouvoir lancer rapidement des produits multimédias rentables. Il est certes possible de créer des œuvres multimédias au contenu totalement nouveau (comme les jeux vidéo qui présentent des histoires et des héros sortant de l'imagination des éditeurs), mais dans l'incertitude des futurs marchés, les investisseurs préfèrent souvent tabler sur des valeurs sûres (d'ailleurs, les fabricants de consoles, *Sega et Nintendo*, s'associent aujourd'hui avec *Walt Disney* pour pouvoir utiliser des héros déjà connus dans les jeux vidéo).

Selon un observateur de l'édition multimédia, la numérisation des œuvres artistiques et l'introduction du logiciel accroissent dans un premier temps la dépendance des éditeurs vis-à-vis de leurs partenaires fournissant la technologie.
Par la suite, les détenteurs du contenu pourraient devenir plus indépendants, surtout si le portage interplateformes (la possibilité de faire passer une œuvre multimédia d'un matériel à un autre matériel incompatible avec le premier) devenait possible.

Cette solution technique permettrait aux éditeurs et aux producteurs de se délier des supports. Pour cela, il faudra mettre au point des formats permettant de faire des fonds de textes ou d'images indépendants des supports et d'utiliser des langages normalisés (16).

La lecture de la presse fait apparaître un deuxième groupe d'alliances, cette fois-ci complètement industrielles : les rapprochements entre câblo-opérateurs, qui fournissent les réseaux de transmission des données et les opérateurs en téléphonie.

Le but est de rapprocher des entreprises complémentaires : la circulation des œuvres multimédias se fait par l'intermédiaire des réseaux câblés (installés et exploités par les câblo-opérateurs) qui supportent les impulsions électriques téléphoniques (fournies par les opérateurs en téléphonie) (17).

Il faut, en effet, ne pas oublier que tous les systèmes modernes de communication sont basés sur la transmission de signaux électriques et que les œuvres multimédias transitent de micro-ordinateurs à micro-ordinateurs par l'intermédiaire des réseaux téléphoniques.

Par ailleurs, les grands acteurs des circuits de distribution sont très largement impliqués et souvent avant même la phase de distribution du produit elle-même.

Le foisonnement de rapprochements d'entreprises, la multiplicité des technologies et leur évolution extrêmement rapide peuvent rendre les partenariats fragiles et limités dans le temps. C'est pourquoi il est d'une importance stratégique de bien les gérer juridiquement.

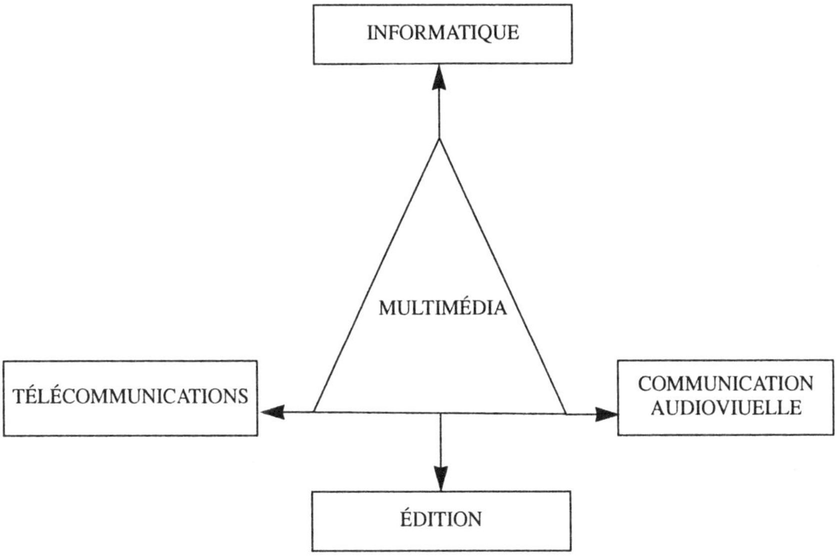

Figure 2.2. *Les secteurs du multimédia*

2330. ***L'organisation juridique des partenariats***

Toutes les formes de partenariat sont envisageables, qu'il s'agisse d'un rapprochement de capitaux ou de contrats dans le cadre d'objectifs définis et plus ou moins limités dans le temps.

2331. ***La société en participation ou le GIE***

A la différence des sociétés commerciales, la société en participation a l'avantage de la simplicité (constitution, fonctionnement...) et de la souplesse de gestion. Elle se rencontre souvent en matière de coopération interentreprises pour la gestion d'un bien indivis ou le financement d'opérations à risques. Elle est également utilisée dans les opérations de courte durée pour l'exécution d'un partenariat ponctuel. C'est souvent le cas en matière de production audiovisuelle par exemple.
Le groupement d'intérêt économique permet à différentes entreprises de mettre en commun des moyens pour améliorer les conditions d'exercice de leur activité sociale ; le GIE est plus formaliste que la société en participation car il est nécessaire de créer des statuts et de les déposer au greffe du tribunal de commerce.
Avant de choisir une de ces deux formules, il faut bien prendre la mesure des conséquences juridiques de chacune d'elle.

2332. ***La création d'une filiale commune***

Ce type de structure sociale appartenant à deux sociétés mères pose, notamment, deux problèmes :

– au regard du droit de la concurrence, les instances chargées de veiller au respect des règles de la concurrence surveillent de près les filiales communes lorsque les deux sociétés mères sont normalement en situation de concurrence. En effet, pour permettre à leur filiale de prospérer, elles peuvent être tentées de pratiquer, par l'intermédiaire de celle-ci, une entente réduisant ou supprimant même la concurrence sur le marché en cause.
A titre d'exemple, il est possible de citer une décision de la Commission de l'Union européenne autorisant la création d'une filiale commune entre les sociétés *Philips, Thomson Consumer Electronics et Sagem* qui aura pour activité le développement, la conception et la production de cristaux liquides pour les écrans de télévision ou d'ordinateur. Les sociétés *Thomson* et *Philips* étant concurrentes sur ce marché, elles ont demandé à la commission de leur accorder l'exemption individuelle au regard de l'article 85 du traité de Rome qui interdit les ententes anticoncurrentielles. La commission a estimé que la filiale commune

se trouverait elle-même en concurrence sur le marché mondial des écrans et que le risque d'atteinte à la concurrence était donc faible (18) ;

– les modalités de prise de participation doivent être particulièrement analysées aux fins de respecter à la fois un équilibre entre les partenaires stratégiques, tout en évitant un risque de blocage de gestion en cas de divergence de vue, entre les deux sociétés mères, sur la politique à suivre.

2333. *La fusion entre entreprises*

Cette technique juridique avait été retenue par *Bell Atlantic*, l'une des « *Baby Bells* » du téléphone américain, et TCI (*Télécommunication Inc*), le premier câblo-opérateur aux USA (19). Mais, finalement la fusion ne s'est pas concrétisée en raison de l'impossibilité de s'entendre sur la valeur de TCI.
Une opération de fusion nécessite que soit analysée la synergie possible, sans que la société absorbée ne soit déstabilisée par l'opération et qu'elle perde son potentiel, ce qui peut être un risque en cas de choc de deux mondes (celui des technologies et celui de productions d'œuvre traditionnelles par exemple).

2334. *La coédition et la coproduction*

« *Faire acte d'édition, c'est naviguer entre l'imprévoyance et l'imprévisible : maintes idées parallèles ou contradictoires se succèdent ce qui implique des séances de travail collectives* » (20).
C'est pourquoi les éditeurs cherchent dans les partenariats une synergie de complémentarité : un éditeur aux moyens financiers limités mais connaissant parfaitement bien son secteur pourra s'associer avec le responsable d'une grande firme d'édition sur des bases économiques et juridiques équilibrées.
Les termes de coédition et de coproduction ne font pas l'objet d'une définition juridique et il convient donc de se reporter à la pratique pour en connaître le sens.
Tout d'abord, que faut-il entendre par « édition » ? L'éditeur est la personne qui « *assure les tâches d'identification des marchés, de définition des collections, de relation avec des auteurs/créateurs/metteurs en scène, de pilotage de la diffusion* » (21).
Lorsque l'éditeur est seul, il finance sur ses ressources l'opération d'édition. Mais s'il ne dispose pas de fonds suffisants, il fera appel à des partenaires en mode de coproduction ou de coédition.
La coproduction représente une association de plusieurs producteurs ou éditeurs pour concevoir, réaliser et imprimer des ouvrages ou produire des œuvres audiovisuelles ou phonographiques.
Juridiquement, la coproduction littéraire ne fait pas l'objet d'une réglementation spécifique. D'ailleurs seul le « contrat de production audiovisuelle » est organisé

par le Code de la propriété intellectuelle (22) qui n'évoque pas non plus la « coproduction » dans ce domaine.
La coédition est une opération postérieure à une première édition qui met en présence plusieurs éditeurs dont l'un d'eux cède ses droits aux autres pour que ces derniers éditent sur leur propre marché (en général à l'étranger) le même ouvrage adapté au dit marché (23).
L'objectif principal de la coédition est la création, le financement et la réalisation d'ouvrages, puis la cession des droits à d'autres éditeurs. Pour permettre d'atteindre au mieux cet objectif, une délégation de pouvoirs à l'un des partenaires est fréquente.
La coproduction dans le domaine audiovisuel implique généralement un financement en commun, la réalisation proprement dite pouvant être totalement déléguée au producteur exécutif.
Toutes les formes de coproduction ou coédition qui sont utilisées dans le domaine des œuvres traditionnelles peuvent êtres utilisées dans celui du multimédia.
Il convient cependant d'être extrêmement attentif aux droits et obligations respectifs des partenaires car le multimédia est composé d'œuvres de genre différent régies par des statuts juridiques également différents (24).

2335. *Les partenariats contractuels*

Au contraire des partenariats capitalistiques, les contrats ont un objet beaucoup plus limité qui doit en revanche, être clairement défini. La production d'une œuvre multimédia peut nécessiter un accord avec chacun des auteurs participant à sa réalisation et à sa commercialisation. Dans le domaine du multimédia, il s'agit notamment :

- des contrats avec les auteurs d'œuvres commandées spécialement pour le produit en cause ;
- des contrats avec les détenteurs des droits des œuvres préexistantes (éditeurs, producteurs) ;
- des contrats de licence avec le concepteur ou diffuseur de logiciel ;
- des contrats avec les concepteurs, scénaristes, réalisateurs de l'œuvre multimédia elle-même ;
- des contrats avec les éditeurs du support et du produit fini (impression, packaging) ;
- des contrats avec les distributeurs des produits *off line* ;
- des contrats avec les fournisseurs de services en ligne et de diffusion *on line* ;
- des contrats avec les consommateurs.

Dans la mesure où pratiquement tous les secteurs de la vie économique et sociale sont concernés par le multimédia, qu'il s'agisse de la partie créative de l'œuvre, des équipements nécessaires à son fonctionnement, des vecteurs de diffusion, ou des applications et utilisations envisageables, il n'est pas démesuré de parler de véritable révolution culturelle et industrielle dont on ignore d'ailleurs réellement l'ampleur des conséquences.

Notes

(1) Supplément *Le Monde*, 26 septembre 1984, p. 37.

(2) *Expertises* n° 149, avril 1992, p. 122.

(3) *L'informatique professionnelle*, n° 124, mai 1994.

(3 bis) *Infra* n° **10000** et suivants.

(4) Nicolas Basse, *Les Echos*, 18 septembre 1995.

(5) Alain Perez, *Les Echos*, 18 septembre 1995.

(6) *Global Communication*, n° 9, oct.-déc. 1994.

(7) *Les Echos*, 28 juin 1994, p. 51.

(8) Jessica Roland, Poste d'expansion économique de San Francisco, source : *The verity group* 1994/EIA/ SIMMA Infraction.

(9) Yves Mamou, *Le Monde*, 17 octobre 1995.

(10) Jessica Roland, Poste de l'expansion économique de San Francisco.

(10 bis) *Global Communication*, n° 9, octobre à décembre 1994.

(11) *Tilt*, juillet/août 1991.

(11 bis) *Le Monde de l'Informatique*, octobre 1992.

(12) *CD ROM*, n° 129, 18 septembre 1995.

(13) *L'Informatique professionnelle*, n° 124, mai 1994.

(14) *International Herald Tribune*, 17 février 1993, p. 24.

(15) *Autoroutes électroniques*, n° 1, 10 octobre 1994, p. 7.

(16) Norbert Paquel, *L'édition et les supports multimédias, marchés et perspectives*, éditions « à jour ».

(17) *Le Monde*, 9 novembre 1993.

(18) Rapport pour l'année 1992, *Bulletin rapide de droit des affaires*, n° 1994/20, p. 14.

(19) *Le Monde*, 9 novembre 1993.

(20) Philippe Chuwer, *Traité de coédition et de coproduction internationales*, éditions Promodis.

(21) Norbert Paquel, *L'édition et les supports multimédias, marchés et perspectives*, précité.

(22) Article L. 132-23 et suivants du Code de la propriété intellectuelle.

(23) Philippe Chuwer, *Traité de coédition et de coproduction internationales*, précité.

(24) Infra n° **14000** et suivants relatifs au statut de l'œuvre multimédia.

3000.
Le régime général des créations

L'activité créatrice peut faire l'objet d'un monopole et sa nature détermine le régime juridique applicable. Or, la particularité d'une œuvre multimédia est de permettre sur un même support, l'intégration et l'interaction d'une pluralité de création de nature différente (texte, son, image, logiciel...). Voilà pourquoi, il convient de connaître le régime général des créations.
L'approche analytique de ces régimes démontre l'existence d'un tronc commun : les faits et les idées sont totalement immatériels et inappropriables en soi. Pour donner prise à un monopole, une création doit quitter l'univers de la spéculation intellectuelle pour prendre forme. Plusieurs types de régimes de protection applicables aux œuvres peuvent être proposés :

– protection privative (droits d'auteur, brevets, dessins et modèles, semi-conducteurs) ;

– protection non privative (savoir-faire, concurrence, agissements parasitaires...).

Et parmi celles-ci, les différents traitements suivants :

– protection de la création (droits d'auteur, brevets) ;

– protection de la seule apparence (dessins et modèles) ;

– protection du fonds (brevets) ;

– protection de la seule forme (droits d'auteur) ;

– protection des créations traditionnelles (droits d'auteur) ;

– protection des créations informatiques (régime dérogatoire des logiciels, régime spécifique des puces) ;

– protection avec dépôt (brevets, dessins et modèles) ;

– protection sans dépôt (droits d'auteur, savoir-faire).

Dès lors, le créateur peut bénéficier de certaines prérogatives sur sa création qui lui donnent la possibilité en cas d'atteinte à ses droits, de se défendre pendant une certaine période.

3100. L'œuvre protégeable se formalise

Quel que soit le régime juridique envisagé, la protection ne s'applique pas aux idées et concepts, mais à leur matérialisation.

3110. ***Le droit d'auteur ne s'applique pas aux idées***

Le régime du droit d'auteur ne protège pas les idées et concepts qui restent de libre parcours. Il en est ainsi par exemple, des principes mathématiques, méthodes de programmation ou règles de calcul.
Il s'applique à la seule forme des œuvres, c'est-à-dire à la matérialisation de l'idée et au mode d'organisation et de présentation, quels que soient le genre, la forme d'expression, le mérite ou la destination de l'œuvre. Il bénéficie, notamment, aux logiciels. En revanche, il ne s'applique pas au support de l'œuvre, la propriété incorporelle étant indépendante de la propriété de l'objet matériel.

3120. ***La protection par les droits voisins du droit d'auteur ne protège pas les idées***

La protection par les droits voisins du droit d'auteur ne protège par les idées. Le monopole varie selon les catégories de bénéficiaires limitativement énumérées par le Code de la propriété intellectuelle.
Ainsi, l'objet de la protection au titre des droits voisins concerne l'interprétation d'une œuvre de l'esprit quels qu'en soient la forme, la première fixation sur un support d'une séquence de son et/ou d'image, les programmes des entreprises de communication audiovisuelle.
Ces droits sont des droits voisins du droit d'auteur, c'est-à-dire que si les prestations des artistes concourent à la diffusion des œuvres de l'esprit, elles n'en constituent pas pour autant des créations d'œuvres de l'esprit proprement dites (1).

3130. ***Le brevet ne s'applique pas aux idées***

De la même façon, le régime du brevet n'a pas pour vocation de protéger des idées ou des concepts. Le Code de la propriété intellectuelle exclut notamment les théories scientifiques et les méthodes mathématiques, les créations esthétiques, les plans, les principes et méthodes dans l'exercice d'une activité intellectuelle (2).

En outre, le législateur a expressément exclu du champ de la brevetabilité les programmes d'ordinateur en tant que tels, mais cette règle de principe connaît des tempéraments. En 1981, la Cour d'appel a admis la brevetabilité d'un logiciel constituant l'un des éléments indissociables d'un procédé industriel lui-même brevetable (3). L'Office européen des brevets admet encore plus largement la brevetabilité des inventions mises en œuvre par un logiciel. Pour être brevetable, la création doit tout d'abord, être une invention susceptible d'application industrielle, ensuite, être nouvelle et enfin, impliquer une activité inventive.

3140. ***Le régime des dessins et modèles ne protège pas les idées***

Dans le même sens, le régime des dessins et modèles ne protège pas les idées, mais « *tout dessin nouveau, toute forme plastique nouvelle, tout objet qui se différencie de ses similaires, soit par une configuration distincte et reconnaissable, lui conférant un caractère de nouveauté, soit par un ou plusieurs effets extérieurs, lui donnant une physionomie propre et nouvelle* » (4).
La protection par les dessins et modèles peut se cumuler avec la protection du droit d'auteur, mais n'est pas cumulable avec la protection du brevet.

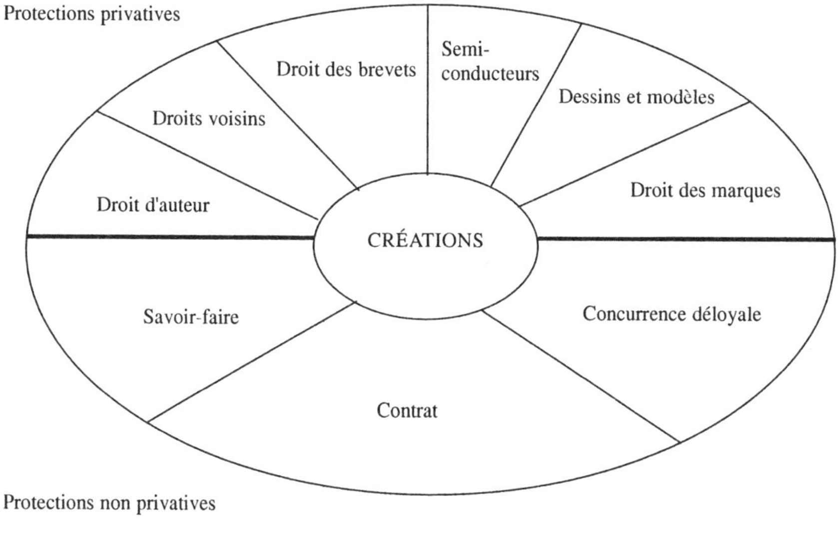

Figure 3.1. *La protection des créations*

3150. ***Le régime des semi-conducteurs ne protège pas les idées***

Le régime des semi-conducteurs protège « *une série d'images, liées entre elles, quelle que soit la manière dont elles sont codées ou fixées, représentant la configuration tridimensionnelle des couches qui composent un produit semi-conducteur, dans laquelle chaque image reproduit le dessin ou une partie du dessin d'une surface du produit semi-conducteur, à n'importe quel stade de sa fabrication* » (5), ce qui exclut les idées.

3160. ***La protection du savoir-faire ne protège pas les idées***

Avant qu'une création ou une invention quelconque accède à une forme définitive, elle nécessite des investissements importants en recherche. La protection du savoir-faire préserve les connaissances techniques non divulguées au public. Le savoir-faire couvre un domaine relativement large. Il peut se définir comme une connaissance technique, transmissible, identifiable, substantielle et originale, procurant à celui qui l'acquiert une économie (6).
Dans une autre approche, la jurisprudence a considéré que le savoir-faire consiste finalement en un ensemble d'informations pour la connaissance desquelles, une personne, désireuse de faire des économies d'argent et de temps, est prête à payer une certaine somme. Il a été jugé qu'un savoir-faire pouvait être constitué par un ensemble de connaissances qu'un tiers avait pu acquérir immédiatement, sans avoir à poursuivre lui-même des recherches ou des expériences personnelles (7).

3200. L'œuvre protégeable est originale ou nouvelle

Outre qu'elle doit être formalisée et ne pas rester au stade de concept ou d'idée, l'œuvre doit faire preuve, selon les cas, d'originalité ou de nouveauté pour bénéficier d'une protection.

3210. ***L'œuvre doit être originale au titre de certains régimes***

L'œuvre doit être originale pour bénéficier de la protection par le droit d'auteur, par celui des droits voisins, des semi-conducteurs et du savoir-faire.

3211. ***La protection par le droit d'auteur requiert l'originalité***

Le régime du droit d'auteur ne s'applique que si la forme ou l'expression de l'œuvre est originale, étant précisé que cette originalité constitue une condition nécessaire et suffisante.

Non définie par la loi, l'originalité est appréciée par les juges différemment selon qu'il s'agit d'une œuvre traditionnelle ou d'une œuvre logicielle (8). La notion d'originalité est différente de celle de nouveauté.
La jurisprudence a néanmoins dégagé certains critères permettant de définir la notion d'originalité. Ainsi, l'œuvre doit porter l'empreinte de la personnalité de son auteur. C'est l'empreinte de la personnalité de l'auteur qui fait qu'un même sujet peut être traité différemment par deux personnes différentes.
En revanche, la forme non originale est celle dictée par la contrainte technique ou économique. Elle n'est pas protégée et peut être reprise par tous.
L'originalité étant nécessaire et suffisante, le régime du droit d'auteur n'impose pas de formalité de dépôt pour assurer la protection et celle-ci s'avère donc simple et gratuite. L'œuvre est protégée dès sa création, même inachevée.
Le régime distinct du dépôt légal ne modifie en rien ce principe, il a une finalité différente : la conservation de la mémoire collective (9).
En pratique, le dépôt peut être recommandé pour prouver la paternité de la création. Il peut être effectué auprès de différents organismes en fonction de la spécificité de la création (INPI, APP, Société des Gens de Lettres...) (10).

3212. ***La protection par les droits voisins requiert l'originalité***

La protection au titre des droits voisins n'est accordée que lorsque l'interprétation d'une œuvre de l'esprit, ou la fixation sur un support d'une séquence de son et/ou d'image, ou encore les programmes des entreprises de communication audiovisuelle sont originaux.
Peu importe que l'œuvre de l'esprit interprétée ou la séquence de son et/ou d'image ne soit pas en elle-même originale.

3213. ***La protection des semi-conducteurs requiert l'originalité***

Le régime des semi-conducteurs protège la seule topographie originale, c'est-à-dire celle qui traduit un effort intellectuel du créateur et qui n'est pas courante dans l'industrie considérée. La protection nécessite ici, un dépôt des topographies à l'Institut National de la Propriété Industrielle (INPI).
Ce dépôt de la topographie, finale ou intermédiaire, d'un produit semi-conducteur ne peut intervenir ni plus de deux ans après que la topographie ait fait l'objet d'une exploitation commerciale, en quelque lieu que ce soit, ni plus de quinze ans après qu'elle ait été fixée ou codée pour la première fois, si elle n'a jamais été exploitée (11).
L'INPI contrôle la régularité formelle du dépôt, l'enregistre et la publie. Il ne procède pas à des investigations relatives à l'originalité de la topographie déposée.

3214. *La protection du savoir-faire requiert l'originalité*

La protection du savoir-faire ne bénéficie qu'aux seules connaissances ou technologies non immédiatement accessibles, même à l'homme de métier.
Elle s'applique sans formalités de dépôt, bien que parfois, le dépôt soit conseillé pour démontrer l'antériorité du savoir-faire notamment en cas de contestation par un concurrent.

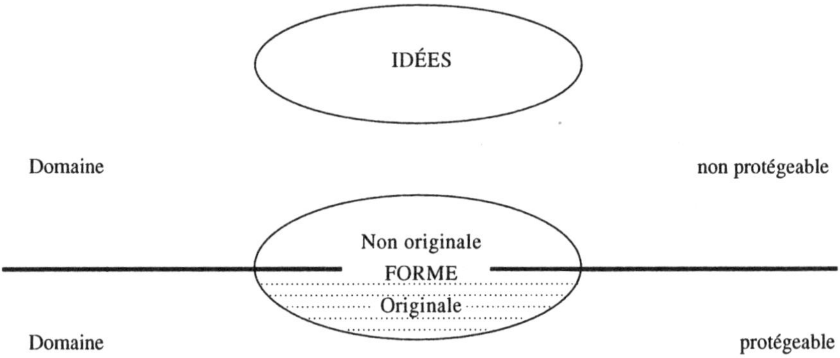

Figure 3.2. *Champ d'application de la protection du droit d'auteur*

3220. *Certains régimes requièrent la condition de nouveauté*

Les régimes du brevet et celui des dessins et modèles requièrent la condition de nouveauté.
Celle-ci se distingue de l'originalité, en ce sens qu'elle s'apprécie par comparaison à un état existant.

3221. *Le régime du brevet et la condition de nouveauté*

Le régime du brevet protège la seule invention nouvelle impliquant une activité inventive. Seules sont brevetables « les inventions nouvelles impliquant une activité inventive et susceptible d'applications industrielles » (12). Une invention n'est donc brevetable qu'à la condition qu'elle obéisse cumulativement à ces trois conditions.
D'une part, l'invention doit être nouvelle, cette nouveauté s'appréciant par rapport à l'état de l'art et de la technique au moment où est déposée la demande de brevet. L'état de l'art et de la technique comprend nécessairement :

– les inventions déjà publiées, mais également le savoir-faire et les tours de mains qui sont du patrimoine commun des techniciens ;

– les brevets déposés, mais également les demandes de brevets en cours d'examen à l'Institut national de la propriété industrielle.

S'il peut être démontré que l'invention brevetable a été, à un moment ou à un autre, portée à la connaissance d'un public, elle n'est plus brevetable.
D'autre part, l'invention doit présenter un caractère inventif, ce qui s'apprécie de façon plus subjective. Ainsi, n'est pas brevetable ce que l'homme de l'art compétent peut raisonnablement déduire de ses connaissances. A titre d'exemple, les tribunaux refusent d'admettre qu'il y a activité inventive lorsque l'invention :

– peut être réalisée par le fait de simples opérations d'exécution (13) ;

– paraît le résultat nécessaire d'une recherche rationnelle (14) ;

– relève de la fonction « normale » de l'homme du métier (15).

En revanche les tribunaux ont admis qu'il y avait activité inventive lorsqu'un préjugé « technique » a été vaincu (16), ou quand l'inventeur a substitué à un produit connu, un produit de la même famille mais aux propriétés différentes (17), ou encore a effectué de longues et patientes recherches (18). De même, le fait de poser le problème lorsqu'il est nouveau peut être un indice d'activité inventive (19). En revanche, le fait de vaincre un préjugé non technique ne relève pas de l'activité inventive (20).
Enfin, l'invention doit faire l'objet d'un dépôt qui obéit à une procédure longue, contraignante et coûteuse. La demande de brevet est un acte juridique soumis à un formalisme rigoureux. Il comprend deux étapes distinctes : la demande de brevet et la délivrance du brevet. La demande se présente sous la forme d'un dossier contenant :

– une requête de délivrance mentionnant la nature du titre de propriété industrielle demandé (brevet ou certificat d'addition), le titre de l'invention faisant apparaître de manière claire et concise la désignation technique de cette dernière, la désignation de l'inventeur, les nom et prénom du demandeur du brevet, le nom et l'adresse du mandataire éventuel ;

– une description de l'invention accompagnée, le cas échéant, de dessins et contenant : le titre de l'invention, l'indication du domaine technique auquel se rapporte l'invention, l'indication de l'état de la technique antérieure connu des demandeurs pouvant être considéré comme utile pour l'intelligence de l'invention et pour l'établissement du rapport de recherche, un exposé de l'invention permettant la compréhension ainsi que la solution qui lui est apportée, l'indication, le cas échéant, des avantages de l'invention par rapport à l'art antérieur, une description des dessins s'il y a lieu, un exposé détaillé d'au moins un mode de réalisation de l'invention avec exemple et référence aux dessins s'ils en existent, l'indication de la manière dont l'invention est susceptible d'application industrielle, si cette application ne résulte pas à l'évidence de la description de la nature de l'invention ;

– une ou plusieurs revendications délimitant le monopole d'exploitation du breveté, ce qui est décrit mais non revendiqué n'ayant pas droit à la protection ;

– un abrégé du contenu technique de l'invention établi à des fins documentaires et publié au Bulletin officiel de la propriété industrielle.

La délivrance du brevet s'effectue après que l'INPI ait effectué un contrôle de la recevabilité de la demande sur le plan de la régularité formelle et du fond, et ait émis un avis documentaire. Ainsi seront déclarées irrecevables :

– toutes demandes qui ne satisfont pas aux conditions visées au Code de la propriété intellectuelle (21) ;

– toutes demandes ayant pour objet une invention manifestement non brevetable (22) comme les inventions contraires à l'ordre public et aux bonnes moeurs, les obtentions végétales qui bénéficient d'un régime de protection particulier, les races animales et procédés essentiellement biologiques d'obtention de végétaux ou d'animaux.

Dès que l'INPI se saisit du dossier, un dialogue s'établit entre le requérant et les examinateurs afin que la demande de brevet soit mise en conformité. Une fois les examens terminés, le dossier est transmis au directeur de l'INPI qui délivre le brevet demandé, ce qui donne lieu à une notification ainsi qu'à une publication.

3222. *Le régime des dessins et modèles et la condition de nouveauté*

Les dessins ou modèles ne peuvent être protégés que s'ils sont nouveaux, le Code de la propriété intellectuelle visant le dépôt de « *tous dessins nouveaux, toute forme plastique nouvelle ou tout objet industriel qui se différencie de ses similaires, soit par une configuration distincte et reconnaissable lui conférant un caractère de nouveauté, soit par un ou plusieurs effets extérieurs lui donnant une physionomie propre et nouvelle* ».

L'appréciation de la nouveauté est cependant ici très largement entendue, un dessin ou un modèle étant considéré comme nouveau s'il a une forme caractéristique telle, qu'elle ne résulte pas exclusivement des contraintes techniques et du caractère fonctionnel du dessin ou du modèle.

En outre, la protection n'est accordée que s'il y a eu un dépôt à l'Institut national de la propriété industrielle ou au tribunal de commerce du domicile du déposant.

La procédure de dépôt d'un dessin et modèle à l'INPI s'avère ici simple et peu coûteuse. Le dépôt doit comporter, à peine d'irrecevabilité, l'identification du déposant et une reproduction du ou des dessins et modèles concernés. La repro-

duction doit être fixée par dessins directs ou par collage sur les formulaires préimprimés de l'INPI. De manière facultative, le déposant peut accompagner sa reproduction d'un descriptif en dix lignes maximum.
La protection accordée aux dessins ou modèles sera uniquement définie par l'objet des reproductions déposées. Ainsi, un meuble présenté uniquement vu de face ne sera pas protégé pour les caractéristiques particulières de ses côtés ou de son dessus.
Ce dépôt présente un caractère déclaratif et non attributif de droit. En effet, le premier déposant est supposé en être le créateur, mais jusqu'à preuve du contraire seulement.

3300. La protection fait bénéficier l'auteur de certaines prérogatives

Quel que soit le régime envisagé, le monopole donne prise à certaines prérogatives. Mais qui est le bénéficiaire de la protection ?

3310. *L'identification de l'auteur de la création*

La désignation de l'auteur de l'œuvre, ou du bénéficiaire de la protection, s'effectue selon des règles propres à chaque régime.

3311. *L'auteur au titre du régime du droit d'auteur*

L'auteur d'une œuvre protégée par le droit d'auteur sera, selon les conditions de sa réalisation :

– la personne physique qui l'a réalisée (dans le cas le plus simple de création par une seule personne physique) ;

– les personnes physiques qui l'ont réalisée, appelées alors coauteurs de l'œuvre de collaboration si l'œuvre, dans son ensemble, a été mise au point par plusieurs personnes physiques (l'œuvre de collaboration n'étant pas prévue entre plusieurs personnes morales) ;

– la personne qui crée une œuvre à partir d'une œuvre préexistante dans le cadre d'une œuvre composite ou dérivée (sous réserve des droits du premier auteur sur l'œuvre initiale) ;

– la personne physique ou morale qui d'une part, a pris l'initiative de la création de l'œuvre, et d'autre part, a coordonné le travail d'une équipe (salariée ou non) et qui édite ou publie l'œuvre sous son nom, au titre de l'œuvre collective (23) ;

– l'employeur en cas de création de logiciels par un salarié ;

– la personne, physique ou morale, qui réalise l'œuvre en cas de création sur commande d'un client.

3312. ***L'auteur au titre du régime des droits voisins du droit d'auteur***

Les articles L. 212-1 et suivants du Code de la propriété intellectuelle déterminent, de manière limitative, les personnes physiques ou morales susceptibles d'être titulaires de droits voisins du droit d'auteur (24).
Ceux-ci sont les artistes-interprètes, les producteurs de phonogrammes et de vidéogrammes et les entreprises de communication audiovisuelle, c'est-à-dire les organismes qui exploitent un service de communication audiovisuelle.

3313. ***L'auteur au titre du régime du brevet***

L'auteur de l'invention est le premier déposant à l'INPI, qu'il s'agisse d'une personne physique ou morale. En cas de création salariée, une distinction est à opérer selon que l'invention constitue une invention de services ou une invention personnelle :

– l'invention de service réalisée dans le cadre du contrat de travail prévoyant une mission inventive appartient à l'employeur ;

– l'invention personnelle élaborée hors contrat de travail ou hors mission, appartient au salarié, l'entreprise pouvant dans certains cas, se faire attribuer la propriété de l'invention liée à l'activité de l'entreprise, contre le versement d'une rémunération.

Enfin, en cas de commande d'un client, l'invention appartient à l'entreprise qui l'a réalisée si le contrat ne prévoit aucune mission inventive.

3314. ***L'auteur au titre du régime des dessins et modèles***

L'auteur du dessin ou du modèle est celui qui l'a créé, étant précisé que le premier déposant est présumé créateur, jusqu'à preuve du contraire.
Il n'existe ainsi qu'une présomption de création au profit du premier déposant, toute personne qui prétend être l'auteur du modèle déposé pouvant démontrer l'existence de ses droits.

3315. ***L'auteur au titre du régime des semi-conducteurs***

L'auteur du produit semi-conducteur est celui qui l'a créé. Contrairement au dépôt des dessins et modèles, le dépôt de la topographie d'un produit semi-conducteur ne créé pas de présomption de propriété au bénéfice du déposant. Si un dépôt a été effectué en violation des droits du créateur, la personne lésée peut en revendiquer le bénéfice.

3320. ***L'auteur jouit de prérogatives limitées dans le temps***

Quel que soit le régime envisagé, la protection fait bénéficier l'auteur de certaines prérogatives sur sa création pendant une certaine durée. La protection est ainsi accordée pendant une durée de :

– 50 ans à compter du décès de l'auteur, au titre du droit d'auteur. Ce délai sera porté à 70 ans, lorsque la directive communautaire 93/98 du 29 octobre 1993 sera transposée dans les articles L. 123-1 et suivants du Code de la propriété intellectuelle (25) ; il est déjà de 70 ans en matière d'œuvres musicales ;

– 25 ans à compter du dépôt, au titre des dessins et modèles ;

– 20 ans non renouvelable, à compter du dépôt, au titre du droit des brevets ;

– 50 à compter du 1er janvier de l'année civile suivant celle de la première communication au public de l'interprétation de l'œuvre, au titre des droits voisins ;

– 10 ans à compter de son dépôt, au titre de la protection des semi-conducteurs.

3321. ***Les droits moraux au titre du droit d'auteur***

Le régime du droit d'auteur accorde à l'auteur des droits moraux et des droits patrimoniaux.
Le droit moral est un droit attaché à la personne de son auteur. C'est un droit perpétuel, inaliénable et imprescriptible. Il est insaisissable et transmissible aux héritiers de l'auteur. Ainsi, même si des cessions sont intervenues au titre des droits patrimoniaux de l'auteur, ce dernier conserve son droit moral sur l'œuvre.
Les droits moraux permettent à l'auteur d'être seul à disposer du droit de divulgation de son œuvre, du droit de retrait, du droit au respect de l'œuvre, ainsi que du droit à son nom. Ainsi, même si l'œuvre est achevée, l'auteur peut refuser de la divulguer au public, étant précisé que l'œuvre ne peut être divulguée qu'avec son autorisation. L'auteur peut, par ailleurs, décider, une fois son œuvre divulguée, d'exercer son droit de retrait et de s'opposer à la poursuite de la divulgation sous réserve d'indemniser le cessionnaire de l'œuvre. Toutefois, par

dérogation au principe, le droit de retrait n'est pas octroyé à l'auteur de logiciels et le droit au respect de l'intégrité est très limité pour ce type d'œuvre (26).
Enfin, au titre du droit au nom et du droit à la reconnaissance de l'expression de la paternité sur son œuvre, l'auteur est en droit d'exiger que son nom figure sur l'œuvre ou sur l'œuvre à laquelle il a collaboré.
La cession des droits patrimoniaux sur l'œuvre s'articule donc avec le respect du droit moral de l'auteur, ou des auteurs, demeurant attaché aux œuvres reprises et ayant vocation à s'appliquer de manière perpétuelle.
Le droit moral subit néanmoins, quelques aménagements pour les œuvres créées par plusieurs auteurs.
Dans une œuvre collective, chaque auteur conserve un droit moral sur sa partie de la création, à condition qu'elle soit identifiable. Toutefois, le droit moral subit des aménagements puisque l'éditeur aura la faculté d'apporter à la contribution de chacun des auteurs, les modifications nécessaires à l'harmonisation de l'œuvre, sans cependant, être autorisé à dénaturer chacune des contributions.
Dans une œuvre audiovisuelle, le droit moral de l'auteur sur sa contribution connaît également des atténuations légales. En effet, si les auteurs ont droit à la mention de leur nom dans l'œuvre audiovisuelle, leur droit de divulgation et leur droit au respect de leurs contributions personnelles sont, en revanche, entamés par les dispositions de l'article L. 121-6 du Code de la propriété intellectuelle. Selon cet article :

« *Si l'un des auteurs refuse d'assurer sa contribution à l'œuvre audiovisuelle ou se trouve dans l'impossibilité d'assurer cette contribution par suite de force majeure, il ne pourra s'opposer à l'utilisation, en vue de l'achèvement de l'œuvre, de la partie de cette contribution déjà réalisée. Il aura, pour cette contribution, la qualité d'auteur et jouira des droits qui en découlent* ».

Autrement dit, l'un des auteurs d'une œuvre audiovisuelle ne pourrait faire obstacle à l'achèvement de sa contribution, ni à la divulgation de celle-ci. Enfin, le droit de l'auteur au respect de son œuvre ne s'exercera qu'une fois l'œuvre audiovisuelle globale réputée achevée.
En matière de logiciels, le droit moral de l'auteur subit également des atténuations légales (27). En effet, l'article L. 121-7 du Code de la propriété intellectuelle prévoit désormais que :

« *Sauf stipulation contraire plus favorable à l'auteur d'un logiciel, celui-ci ne peut :*

– s'opposer à la modification du logiciel par le cessionnaire des droits mentionnés au 2° de l'article L. 122-6, lorsqu'elle n'est préjudiciable ni à son honneur, ni à sa réputation ;

– exercer son droit de repentir ou de retrait ».

En revanche, dans les œuvres de collaboration le droit moral de l'auteur s'exerce dans toutes ses attributions car l'objectif de ce régime est de protéger l'auteur lui-même.

3322. *Les droits patrimoniaux au titre du droit d'auteur*

L'auteur d'une œuvre détient également des droits patrimoniaux qui lui permettent de soumettre à son autorisation le droit de représenter, de reproduire, d'adapter, de diffuser ou encore de commercialiser son œuvre.
En matière de logiciel, l'auteur dispose d'un droit particulier complémentaire : le droit de céder un droit d'utilisation. En effet, alors que l'acheteur d'un exemplaire d'une œuvre littéraire est en droit de l'utiliser sans le consentement de son auteur, on ne peut utiliser un logiciel qu'en disposant d'une autorisation d'utilisation expresse (28).
L'auteur peut céder totalement ou partiellement, ses droits patrimoniaux, au contraire des droits moraux, incessibles. La cession des droits requiert toutefois un certain formalisme puisqu'elle doit être constatée par un écrit définissant précisément, l'étendue, la durée, la destination et la nature des droits cédés.
L'octroi d'un droit d'utilisation d'un logiciel, d'une part, et la cession d'un logiciel, d'autre part, sont deux notions différentes. Dans le premier cas, l'auteur reste le titulaire des droits patrimoniaux sur son œuvre, alors que dans le second cas, il cède les droits patrimoniaux et ne conserve qu'un droit moral sur l'œuvre.
Par ailleurs, l'auteur a droit à une juste rémunération qui peut être forfaitaire ou proportionnelle selon les cas définis par la loi.
Le principe est que la rémunération de l'auteur est proportionnelle aux recettes provenant de la vente ou de l'exploitation de l'œuvre utilisée par un tiers ou cédée à celui-ci. Ce principe s'applique également aux œuvres complexes, aux œuvres audiovisuelles et aux œuvres de collaboration.
Toutefois, l'article L. 131-4 alinéa 2, du Code de la propriété intellectuelle dispose que, par exception, la rémunération peut être forfaitaire dans certains cas énumérés limitativement lorsque :

« *1°) la base de calcul de la participation proportionnelle ne peut être pratiquement déterminée ;*
2°) les moyens de contrôler l'application de la participation font défaut ;
3°) les frais des opérations de calcul et de contrôle seraient hors de proportion avec les résultats à atteindre ;
4°) la nature ou les conditions de l'exploitation rendent impossible l'exploitation de la règle de rémunération proportionnelle, soit que la contribution de l'auteur ne constitue pas l'un des éléments essentiels de la création intellectuelle de l'œuvre, soit que l'utilisation de l'œuvre ne présente qu'un caractère accessoire par rapport à l'objet exploité ;

5°) en cas de cession des droits portant sur un logiciel ;
6°) dans les autres cas prévus au présent code ».

La détermination des critères de rémunération posera un problème chaque fois que seul un fragment de l'œuvre sera utilisé. En matière musicale, les sociétés d'auteurs (29) perçoivent une redevance chaque fois qu'un seul fragment de l'œuvre est utilisé. Elles ont l'habitude de se baser sur le temps de passage de l'œuvre. Or, le critère du temps de passage s'applique difficilement aux œuvres graphiques et plastiques qui se « consomment » aussitôt affichées à l'écran. Ainsi, les sociétés d'auteurs revendiquent l'application d'un autre critère plus adapté à ce dernier type d'œuvre.
La SCAM (Société Civile des Auteurs Multimédias) qui gère, notamment, les droits collectifs relatifs à la représentation des images fixes, entend redéfinir les bases de rémunération face aux possibilités d'exploitations numériques de ces œuvres sur les nouveaux supports tels que CD-I et CD-ROM (30).
Toutefois, les questions relatives aux critères de rémunération de la reprise d'élément d'œuvre, ainsi que la nature de cette rémunération ne sont pas définitivement fixées, ce qui constitue un véritable obstacle à la création d'œuvre multimédia pour les producteurs. Ainsi, toutes les options ont été pratiquées pour l'achat de droit en vue de la création d'une œuvre multimédia : tantôt les sociétés d'auteurs, ou les auteurs eux-mêmes, offrent gracieusement les extraits de film, tantôt ils vendent très cher ces extraits sous le régime du forfait, tantôt, ils juxtaposent ce dernier régime avec la rémunération proportionnelle.
Dans le cas des œuvres de collaboration, des œuvres collectives ou des œuvres audiovisuelles, chaque auteur possède en principe, un droit indivis sur sa contribution personnelle qui lui permet d'exploiter librement sa contribution, séparément de l'œuvre globale, dans un autre genre, sous la réserve de ne pas la concurrencer.

3323. *Les prérogatives au titre des droits voisins du droit d'auteur*

Les prérogatives attachées aux droits voisins varient selon les trois catégories de personnes physiques ou morales susceptibles d'être titulaires de droits voisins et énumérés par le Code de la propriété intellectuelle.
D'une manière générale, le Code de la propriété intellectuelle accorde aux titulaires des droits exclusifs, et, s'agissant des artistes-interprètes uniquement, des droits moraux comparables aux droits moraux des auteurs.
Les droits exclusifs patrimoniaux sont parfois différents selon les trois catégories de titulaires distinguées par le Code de la propriété intellectuelle. Ainsi, les artistes-interprètes ont des droits exclusifs de fixation de leurs prestations d'interprétation, de reproduction de cette fixation, ainsi que des droits exclusifs de communication au public de leurs prestations.

Les producteurs de phonogrammes et de vidéogrammes ont des droits exclusifs de reproduction, de communication au public, de mise à disposition du public par vente, échange ou louage.
Les entreprises de communication audiovisuelle ont également des droits exclusifs de reproduction, de communication au public, ainsi que des droits exclusifs de télédiffusion.
En revanche, ni les producteurs de phonogrammes et de vidéogrammes, ni les entreprises de communication n'ont de droits moraux.

3324. *Les prérogatives au titre du droit des brevets*

Le titulaire d'un brevet jouit d'un monopole d'exploitation lui permettant de s'opposer à tous actes d'exploitation, directs ou indirects, portant sur son brevet, soit :

- la fabrication, l'offre, la mise dans le commerce, l'utilisation ou l'importation ou la détention du produit objet du brevet ;
- l'utilisation d'un procédé objet du brevet ;
- l'offre, la mise dans le commerce ou l'utilisation ou encore l'importation ou la détention d'un produit obtenu directement par le procédé, objet du brevet.

Sont également interdites, à défaut de consentement du propriétaire, la livraison ou l'offre de livraison, sur le territoire français à une autre personne que celle habilitée à exploiter l'invention brevetée, des moyens de mise en œuvre de cette invention sur le territoire. Toutefois, le monopole d'exploitation est strictement limité au contenu des revendications.
Le titulaire du brevet peut également céder un droit d'exploitation moyennant redevance, étant précisé que la cession doit faire l'objet d'un acte écrit.

3325. *Les prérogatives au titre des dessins et modèles*

L'auteur du dessin ou du modèle peut s'opposer à toute utilisation, représentation, reproduction, commercialisation de ce dernier par un tiers. L'auteur peut céder ses droits d'exploitation moyennant rémunération. La cession doit également être constatée par écrit.

3326. *Les prérogatives, au titre du régime des semi-conducteurs*

L'auteur du produit semi-conducteur jouit d'un droit exclusif de reproduction et d'exploitation de la puce. Les tiers ne peuvent ainsi ni reproduire la topographie

protégée, ni exploiter ou implanter le produit semi-conducteur incorporant la topographie protégée.
Cependant, le tiers reste autorisé à reproduire à des fins d'évaluation, d'analyse ou d'enseignement, la topographie, ainsi qu'à créer une topographie dérivée sur la base de celle protégée.

3400. Les moyens de défense en cas d'atteinte aux droits

Quel que soit le régime envisagé, l'auteur dispose de procédures lui permettant de se défendre en cas d'atteinte à ses droits.

3410. *L'action en contrefaçon, au titre de la protection privative*

Les régimes du droit d'auteur, du droit des brevets ainsi que celui des dessins et modèles accordent à l'auteur les moyens de se défendre en cas d'atteintes portées à ses droits, en mettant en œuvre une action en contrefaçon devant les juridictions pénales ou civiles.
Cette action peut être précédée d'une saisie contrefaçon aux fins de conservation de la preuve des actes de contrefaçon.
Les règles applicables seront, cependant, variables selon les différents régimes.

3420. *L'action en concurrence parasitaire au titre d'une protection non privative*

L'action en concurrence parasitaire souvent appelée génériquement « concurrence déloyale » est utilisée pour sanctionner des comportements jugés déloyaux ou parasitaires sans que puisse être invoquée la violation d'un droit privatif.
Ainsi, dans la mesure où le propriétaire d'un savoir-faire peut démontrer que ce savoir-faire a été pillé par un concurrent ou par un tiers quelconque, sans son autorisation, il pourra engager une action sur le fondement de la concurrence parasitaire, au titre des articles 1382 et suivants du Code civil relatifs à la responsabilité civile.
La doctrine précise qu'est sanctionnable « *quiconque utilise à titre intéressé et sans droit, la création de travail propre à autrui, concurrent ou non, ayant une valeur économique et commet une faute à l'égard du titulaire de cette valeur. Celui-ci dispose d'une action en vue de faire cesser le trouble commercial causé et le cas échéant, d'obtenir réparation du préjudice subi* » (31).
L'action en concurrence parasitaire constitue ainsi une action complémentaire, mais elle ne doit pas constituer une action qui pourrait permettre à un créateur de reconstituer un droit privatif auquel il n'a pas droit, du fait de l'absence de formalisation ou de caractère original de la création dont il revendique la propriété.

On doit cependant constater qu'un certain nombre de décisions des tribunaux marquent une tendance à étendre le champ de la protection des créations intellectuelles en se fondant sur la notion de concurrence parasitaire. Ainsi, la Cour d'appel de Paris a considéré en 1989 qu'une société s'était rendue coupable d'un comportement parasitaire même si celui-ci n'avait pas entraîné de confusion dans l'esprit de la clientèle en se procurant, pour les offrir à la vente des cartes et des documents réalisés par copies pour le moins quasi serviles (32).

Plus récemment, le tribunal de grande instance de Paris a jugé qu'une société s'était livrée à des actes parasitaires à l'encontre d'une société en adoptant la démarche utilisée par cette dernière pour élaborer à un moindre coût son propre logiciel et en vendant celui-ci à un coût inférieur au logiciel commercialisé par la société (33).

Il est donc possible de poursuivre sur le fondement de la concurrence parasitaire, tous tiers qui emprunteraient sans droit ni titre, les investissements réalisés et la technologie développée par une société commerciale, de manière à réaliser des économies substantielles dans le cadre de la conception et du développement de ses propres créations techniques.

Notes

(1) Pour plus d'information, *infra* n° **13000** et suivants relatifs aux droits des artistes-interprètes dans l'œuvre multimédia.

(2) Article L. 611-10 du Code de la propriété intellectuelle.

(3) CA Paris, 15 juin 1981, *Expertises* 1982, n° 38, p. 49.

(4) Article L. 511-3 alinéa 1 du Code de la propriété intellectuelle.

(5) Définition donnée par la directive communautaire du 16 décembre 1986, n° 87/54, CEE, *JOCE* (L), 27 janvier 1987.

(6) Le Conseil des Communautés européennes a défini le savoir-faire comme un ensemble d'informations techniques qui sont secrètes, substantielles, et identifiées de manière appropriée.

(7) CA Colmar, 9 juin 1982, *Dalloz* 1982, p. 553.

(8) Cass. Ass. Plénière, 7 mars 1986, *Expertises* 1986, p.58.

(9) Sur cette question, *infra* n° **32000** et suivants relatifs au dépôt de l'œuvre multimédia.

(10) *Infra* annexe 3 relative aux adresses de ces organismes et groupements professionnels.

(11) Article L. 662-1 du Code de la propriété intellectuelle.

(12) Article L. 611-1 du Code de la propriété intellectuelle.

(13) CA Paris, 4e Ch., 25 juin 1979, *PIBD* 1979, 246-3-383 ; CA Paris, 4e Ch., 8 mars 1982, *PIBD* 1982, 306-3-162 ; CA Paris, 4e Ch., 24 mars 1983, *Dalloz* 1984, IR-212 ; CA Paris, 4e Ch., 6 juillet 1983, *PIBD* 1983, 334-3-266.

(14) CA Paris, 22 janvier 1980, *PIBD* 1980, 260-3-123.

(15) CA Paris, 4e Ch., 28 janvier 1980, *Dossiers Brevets* 1980, 6, 2.

(16) CA Paris, 6 mars 1975, *PIBD* 1975, 158-3-418 ; CA Paris, 19 octobre 1979, *PIBD* 1980, 253-3-48.

(17) CA Paris, 14 février 1989, *PIBD* 1989, 456-3-282.

(18) CA Lyon, 2 mai 1978, *PIBD* 1978, 218-3-271.

(19) TGI Paris, 14 novembre 1985, *Dalloz* 1987, Somm. com. p. 117.

(20) TGI Paris, 3 décembre 1987, *PIBD* 1988-3-151.

(21) Art. L. 612-1 du Code de la propriété intellectuelle.

(22) Article L. 611-17 et L. 623-2 du Code de la propriété intellectuelle.

(23) Sur cette notion, *infra* n° **14000** et suivants relatifs au statut de l'œuvre multimédia.

(24) Pour plus d'information, *infra* n° **13000** et suivants relatifs aux droits des artistes-interprètes dans l'œuvre multimédia.

(25) *Infra* n° **40230** relatif à la directive dite « Durée ».

(26) Pour plus d'information, *infra* n° **12000** et suivants relatifs au logiciel.

(27) Pour plus d'information, *infra* n° **12000** et suivants relatifs au logiciel.

(28) Pour plus d'information, *infra* n° **12320** et suivants relatifs à la protection des logiciels par un régime dérogatoire au droit d'auteur classique.

(29) *Infra* n° **38000** et suivants relatifs à la gestion collective des droits.

(30) La SCAM dépend de la Société des gens de lettres de France, SGDLF, Hôtel de Massa, 38 rue du Faubourg Saint-Jacques, 75014 Paris.

(31) Cf. Philippe Le Tourneau, « Variation sur la protection des logiciels » *Gaz. Pal.* 1982, p. 370.

(32) CA Paris, 2 février 1989, *Expertises* 1989, n° 114, p. 69.

(33) TGI Paris, 19 mars 1993, *PIBD* 1993 n° 548-3-439.

4000.
L'auteur de l'œuvre multimédia

Qui peut-être auteur d'une œuvre multimédia ? Nombres de sociétés ou de personnes physiques sont amenées à se poser la question quant à la réalité de leurs droits. Il n'est pas rare qu'un créateur, persuadé d'avoir des droits d'auteur, ne prenne pas de précautions particulières lors du lancement du projet, que, faute de temps ou de moyens, il travaille sans base contractuelle. Il peut être amené à découvrir *a posteriori* qu'il ne détient pas les droits qu'il pensait avoir et subir ainsi une grave déconvenue. L'hypothèse de départ en l'espèce est la suivante :
L'œuvre multimédia et ses différents composants sont créés "*ab initio*" par une équipe de créateurs, c'est-à-dire qu'aucune œuvre ou élément d'œuvre préexistant déjà protégée n'est repris pour l'élaboration du produit multimédia.
La question se pose alors de savoir qui peut être auteur d'un ou plusieurs composants de l'œuvre multimédia d'une part, et du produit global d'autre part, au regard des règles du droit d'auteur mais aussi de la nature particulière du multimédia et des qualifications que le produit est susceptible de revêtir tour à tour.

4100. Préliminaires : rappel des principes fondamentaux

4110. *L'auteur : une personne physique*

A toute création d'une œuvre de l'esprit correspond un ou plusieurs auteurs qui sont ceux auxquels peut être attribuée la formalisation d'une création, tant il est vrai que le droit d'auteur français s'attache non à l'idée elle-même, mais à sa conceptualisation pour lui accorder sa protection.
A cet égard, l'auteur d'une œuvre inachevée bénéficie déjà de la protection instituée par le droit d'auteur (1).

Le droit d'auteur est un droit exclusif sur l'œuvre, expression de sa personnalité ; un tiers ne pourrait donc se prévaloir d'en être l'auteur à la place du véritable créateur.
Ces principes sont notamment traduits à l'article L.111-4 du Code de la propriété intellectuelle qui dispose expressément « *qu'aucune atteinte ne pourra être portée (...) à la paternité de ces œuvres* ».
Dans la conception française, seule une personne physique peut être auteur en ce qu'elle est seule susceptible de marquer de sa personnalité l'œuvre protégée.
Ce principe ne souffrant aucune exception, une personne morale n'est pas habilitée à être auteur d'une œuvre de l'esprit, ce qui ne signifie pas par ailleurs qu'elle ne puisse être titulaire des droits sur l'œuvre, droits patrimoniaux bien entendu à l'exclusion des droits moraux.
Dans certains pays, il est admis qu'une personne morale puisse être auteur d'une œuvre. Ainsi, dans le cas, particulier il est vrai, des œuvres littéraires, dramatiques, médicales ou artistiques créées par ordinateur, la loi britannique du 15 novembre 1988 prévoit qu'une personne morale puisse être auteur de l'œuvre ainsi créée. Cette loi définit l'auteur comme « *la personne qui prend les dispositions nécessaires à la création de l'œuvre* » (2).

4120. ***L'auteur salarié***

L'auteur salarié est l'auteur d'une commande. Dans certaines œuvres multimédias, l'exploitant pourra soit engager des salariés chargés de créer des composantes de l'œuvre finale, soit commander à l'extérieur les parties destinées à composer le multimédia ou le produit multimédia lui-même, réalisé alors par des personnes physiques ou morales indépendantes.
En ce qui concerne les créations de salariés, il est fait application des principes traditionnels du droit d'auteur en vertu desquels c'est la personne qui a conçu et réalisé l'œuvre qui en est l'auteur, même si elle a agi en qualité d'employé d'une autre personne.
A cet égard, il est caractéristique de signaler que les dispositions régissant les créations de logiciels par des salariés n'aboutissent pas à ce que le logiciel doive avoir été créé par l'employeur, qui n'en est pas l'auteur mais le titulaire des droits patrimoniaux, à l'exclusion des droits moraux.
En matière de création de salariés hors le cas du logiciel, il n'est pas fait application de la présomption de dévolution à l'employeur des droits reconnus aux auteurs : ainsi, dans l'hypothèse de création d'œuvres de l'esprit originales, une cession expresse des droits du salarié à l'employeur, même dans le cadre d'un contrat de travail, s'avère en principe nécessaire, dans l'hypothèse où l'employeur souhaiterait disposer des droits patrimoniaux.
En matière d'œuvres de commande, la loi s'est expressément prononcée : « *L'existence ou la conclusion d'un contrat de louage, d'ouvrage ou de service*

par l'auteur d'une œuvre de l'esprit n'emporte aucune dérogation à la jouissance du droit reconnu par l'alinéa 1er (le droit de propriété incorporelle exclusif et opposable à tous) » (3).

En conséquence, l'auteur de l'œuvre commandée n'est pas "dépossédé" de ses droits patrimoniaux et encore moins des droits moraux sur son œuvre, du seul fait que cette dernière a fait l'objet d'un contrat de commande par un tiers.

En conséquence, le tiers devra obtenir une cession expresse de droits patrimoniaux sur l'œuvre commandée afin de pouvoir en jouir et d'en disposer à son gré. C'est en effet ce qui se passe dans la pratique : la rémunération versée par le tiers de manière forfaitaire ou proportionnelle, selon le cas, constitue la contrepartie de la cession de ses droits patrimoniaux sur l'œuvre par l'auteur.

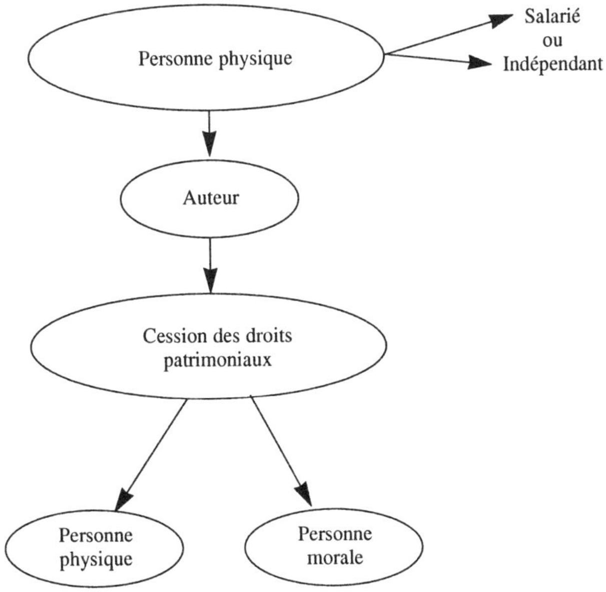

Figure 4.1. *Le titulaire des droits d'auteur*

4200. La distinction entre l'auteur et le simple titulaire des droits patrimoniaux

S'il est vrai que l'auteur de l'œuvre peut demeurer le titulaire des droits patrimoniaux sur cette œuvre, il est fréquent que ses droits soient dévolus à une autre personne. Dès lors, le titulaire des droits patrimoniaux sur l'œuvre et l'auteur de l'œuvre sont deux personnes distinctes.

A cet égard, tandis qu'une personne morale peut être investie des droits de l'auteur sur l'œuvre, en revanche elle ne peut jamais être considérée comme auteur de l'œuvre, au sens de la propriété littéraire et artistique française.
La distinction à faire entre l'auteur et le simple titulaire des droits patrimoniaux sur une œuvre peut être mise en relief à travers l'exemple de l'œuvre collective.
C'est en effet la personne physique ou morale qui a édité, publié et divulgué une œuvre collective sous sa direction et sous son nom qui est investie des droits de l'auteur, alors que par ailleurs l'élaboration de l'œuvre collective est due à la contribution personnelle de divers auteurs dont la part de création ne leur permet pas toutefois de se prévaloir d'un droit distinct sur l'ensemble réalisé.
Les auteurs de l'œuvre collective demeurent auteurs au regard de leur contribution propre, et à cet égard conservent les droits moraux sur leur contribution mais c'est la personne morale qui divulgue l'œuvre qui détient les droits patrimoniaux et moraux sur l'œuvre collective prise dans son ensemble (3 bis).

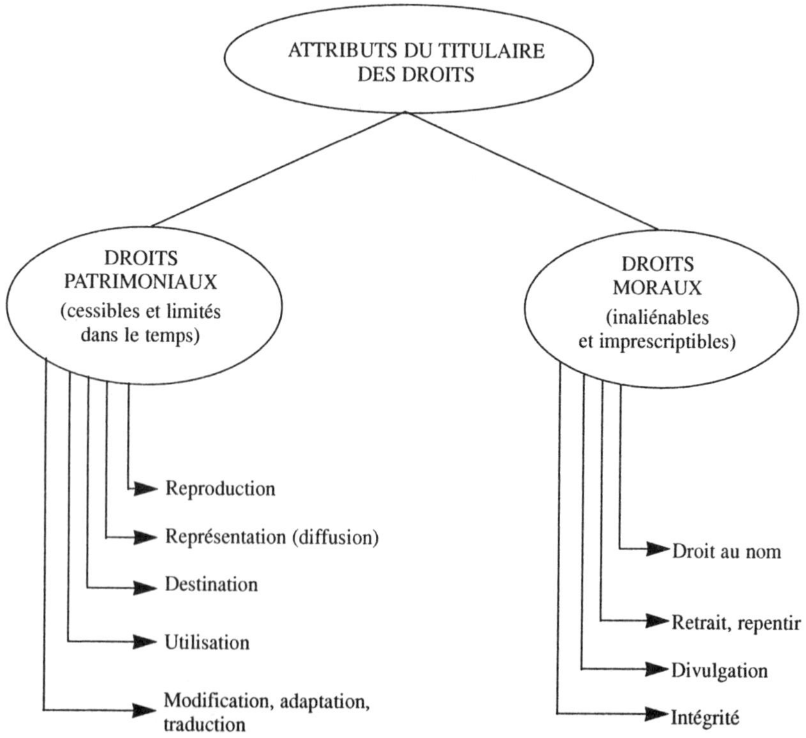

Figure 4.2. *Les principales attributions du titulaire des droits d'auteur*

Les conséquences juridiques tirées de cette distinction entre auteur et titulaire des droits d'auteur sont les suivantes :

– chaque auteur a en principe la possibilité d'exploiter séparément sa contribution personnelle à l'œuvre collective, sous la condition impérative de ne pas nuire à l'exploitation de l'œuvre toute entière et sauf convention contraire ;

– inversement, le producteur ne peut exploiter séparément la contribution personnelle de l'auteur, en dehors du contexte général de l'œuvre collective, sans l'autorisation personnelle de l'auteur et le versement d'une rémunération corrélative.

Il est une autre hypothèse où la personne, auteur de l'œuvre, est distincte de celle investie des droits patrimoniaux sur cette œuvre : c'est le cas du ou des auteurs d'une œuvre audiovisuelle, dont les droits d'exploitation sont présumés avoir été cédés au producteur de l'œuvre, personne physique ou morale, qui néanmoins ne saurait être assimilé de ce fait, à l'auteur de l'œuvre audiovisuelle.
Il résulte de ces observations que l'auteur de l'œuvre lui-même n'est pas forcément le titulaire des droits patrimoniaux sur cette œuvre, en dehors de toute cession expresse de ses droits à un tiers.
Toutefois, le titulaire des droits peut contractuellement compléter les dispositions légales existantes pour l'œuvre collective et l'œuvre audiovisuelle.

4300. Cas ou l'auteur est le titulaire des droits dans l'œuvre multimédia

Il y a identité de personne entre l'auteur et le titulaire des droits patrimoniaux sur l'œuvre chaque fois que l'œuvre multimédia reçoit la qualification d'œuvre d'un seul auteur, ou de collaboration ou d'œuvre logicielle non salariée, hors toute cession de droits.

4310. *L'œuvre de collaboration*

L'œuvre de collaboration est définie à l'article L. 113-2 du Code de la propriété intellectuelle selon lequel :

« *Est dite de collaboration l'œuvre à la création de laquelle ont concouru plusieurs personnes physiques* ».

Le régime juridique de l'œuvre de collaboration est le suivant :

– toutes les personnes physiques ayant concouru à la création de l'œuvre de collaboration sont coauteurs de l'œuvre et à ce titre, disposent de droits indivis sur l'œuvre dans son ensemble ;

– la propriété étant commune, tout acte d'exploitation de l'œuvre nécessite le consentement de tous les coauteurs ;

– l'article L. 113-3 du Code de la propriété intellectuelle a toutefois prévu que chaque coauteur peut, sauf convention contraire, exploiter séparément sa contribution personnelle, à condition que la participation de chacun des coauteurs relève de genres différents et que l'exploitation individuelle ne nuise pas à l'exploitation de l'œuvre commune.

Lorsqu'elle répond aux critères posés par l'article L. 113-2 du Code de la propriété intellectuelle (ce qui d'une certaine manière est quasiment toujours le cas dans la mesure où une œuvre multimédia est toujours élaborée par plusieurs personnes physiques au moins), l'œuvre multimédia revêt la qualification juridique d'œuvre de collaboration.
La jurisprudence réaffirme sans cesse la nécessité de la réunion de plusieurs conditions pour retenir la qualité de coauteur et celle d'œuvre de collaboration de l'œuvre à laquelle il a participé.
Ainsi, la jurisprudence se réfère à la notion de réalisation d'une œuvre commune dans un but commun, caractérisée par une communauté d'inspiration ayant procédé à l'élaboration de l'œuvre, conférant ainsi aux éléments créés par les divers auteurs à caractère indivisible en justifiant l'exploitation commune (4).
La doctrine adopte la même position que la jurisprudence précitée. Monsieur le professeur Henri Desbois (5) estime que la condition suffisante et nécessaire pour caractériser la collaboration dans les œuvres émanant de plusieurs auteurs, réside dans la coopération qu'il définit de la manière suivante :

« *C'est donc à la communauté d'inspiration et aux mutuels contrôles qu'est attaché le critère de la coopération* ».

Monsieur Lucas quant à lui, met l'accent sur l'exigence d'une concertation :

« *Il ne suffit pas que les différents participants soient intervenus en qualité d'auteur.*
Pour que l'œuvre créée soit une œuvre de collaboration indivise pour le tout, et non pas seulement une addition d'œuvres obéissant chacune à son régime propre, il faut encore qu'elle soit le fruit d'une concertation » (6).

Il résulte de ce qui précède qu'il ne suffit pas de démontrer que l'œuvre multimédia a été élaborée par plusieurs personnes physiques, pour en déduire qu'elle est nécessairement une œuvre de collaboration, encore faut-il prouver que les différentes personnes physiques ont fait un acte de création personnel, bien entendu, en concertation avec les autres créateurs.
On en tire un premier enseignement qui est que les techniciens ne témoignant pas d'un effort de création, qui serait la marque de l'empreinte de leur personnalité, ne sauraient en tout état de cause, être comptés parmi les éventuels coauteurs de l'œuvre multimédia.
En ce qui concerne les personnes susceptibles d'être coauteurs, citons à titre d'exemple, l'auteur des textes écrits ou parlés, l'auteur de la partie musicale, l'au-

teur des animations vidéo, le photographe, le créateur de l'interface de navigation, dans la mesure où il fait une création originale et non purement technique, le réalisateur dès lors qu'il marque le projet multimédia de l'empreinte de sa personnalité par le choix, l'assemblage des différents composants de l'œuvre multimédia, d'une manière générale la réalisation de l'œuvre multimédia.
Il est à noter que le statut de l'œuvre multimédia devrait être géré au stade de la conception du projet et non une fois l'œuvre achevée. En effet, si les producteurs de l'œuvre multimédia souhaitent disposer des droits d'exploitation sur l'œuvre sans faire une cession expresse des droits des auteurs, ils devront nécessairement anticiper le problème de l'éventualité d'une qualification d'œuvre de collaboration.
Certes, si les faits démontrent à l'évidence que l'œuvre multimédia correspond en tout point à la définition légale et jurisprudentielle de l'œuvre de collaboration, il sera extrêmement difficile, voire impossible, de se prévaloir d'un contrat qui revendiquerait une autre qualification au détriment des coauteurs. Cette situation suppose une contestation de la qualification bien entendue.
D'une manière générale, il est préconisé de rédiger le contrat de réalisation de l'œuvre multimédia et les éventuels contrats d'auteurs, dans lesquels seront déterminés précisément les rôles et obligations de chacun ainsi que les droits dont ils peuvent valablement se prévaloir, au moment de la définition du projet multimédia ou au cours de sa réalisation, et non au moment de son achèvement, sauf à risquer de devoir se soumettre à une qualification correspondant à la réalité factuelle et qui n'est pas souhaitée.

4320. *L'œuvre réalisée par une seule personne*

D'un point de vue théorique, il peut être fait état de l'hypothèse marginale dans laquelle l'œuvre multimédia est réalisée par une seule personne physique. Cette personne est forcément auteur et titulaire des droits patrimoniaux et moraux sur l'œuvre multimédia, même s'il s'agit d'une commande ou d'une création dans le cadre d'un travail salarié, sous réserve des dispositions particulières relatives aux créations salariées de logiciels, dont les droits d'exploitation sont automatiquement dévolus à l'employeur, sauf convention contraire.
Cette hypothèse est naturellement si marginale qu'elle ne nécessite pas de plus amples développements.
L'hypothèse quasi majoritaire est celle où l'œuvre multimédia est réalisée par plusieurs personnes physiques, sous l'égide ou non d'une ou plusieurs personnes morales, qui sont les investisseurs financiers.
En dehors de l'œuvre de collaboration, le Code de la propriété intellectuelle ne propose qu'un nombre limité de qualifications en ce qui concerne les œuvres élaborées par plusieurs personnes physiques : l'œuvre collective et l'œuvre audiovisuelle (*infra* n° **4330** et **4340**).

Il est à noter que la recherche d'une qualification légale de l'œuvre multimédia parmi celles existantes a pu paraître pour certains auteurs d'une certaine manière vaine, ou du moins artificielle, dans la mesure où aucune n'est apte à appréhender la réalité technologique nouvelle du multimédia.
Toutefois, si la doctrine actuelle poursuit néanmoins cette recherche, c'est notamment dans un souci de simplification de l'approche juridique du multimédia, de clarification du débat et de « positionnement » à court ou moyen terme, le temps que se développe et s'affirme cette technologie.
Ainsi, l'application d'un régime légal existant sera nécessairement accompagnée de clauses contractuelles adaptées à la technologie multimédia.
D'une manière générale, il semble que la qualification d'œuvre de collaboration, œuvre collective ou œuvre audiovisuelle puisse appréhender le multimédia, sous réserve d'aménagements contractuels, et que le choix dépendra en réalité de considérations économiques et de priorités qui auront été définies par les acteurs du marché du multimédia.

4330. ***L'œuvre audiovisuelle***

La loi définit l'œuvre audiovisuelle comme une œuvre composée de séquences animées d'images, sonorisées ou non, tandis que la jurisprudence a constamment jugé qu'une œuvre audiovisuelle était qualifiée par ailleurs d'œuvre de collaboration, c'est-à-dire que toutes les personnes physiques ayant concouru à son élaboration sont coauteurs de l'œuvre audiovisuelle.
Tandis que l'œuvre de collaboration implique nécessairement que les coauteurs exercent leurs droits d'un commun accord sur leur création commune, l'œuvre audiovisuelle suit légalement un régime juridique différent.
En premier lieu, cinq personnes physiques sont présumées coauteurs ; il s'agit de l'auteur du scénario, de l'adaptation, du texte parlé, de la composition musicale et du réalisateur. Parallèlement la loi institue une présomption de cession de leurs droits d'exploitation sur l'œuvre audiovisuelle au producteur, sauf clause contraire et à l'exclusion toutefois des droits de l'auteur de la composition musicale, avec ou sans paroles, ainsi que des droits graphiques et théâtraux sur l'œuvre audiovisuelle.
Le régime juridique de l'œuvre audiovisuelle n'est donc pas le même que celui de l'œuvre de collaboration.
Dans l'œuvre audiovisuelle, c'est la personne qui a réalisé les investissements financiers qui se trouve, d'une certaine manière, « récompensée » par la dévolution automatique des droits des auteurs sur l'œuvre audiovisuelle.
Il est dès lors très tentant de voir des ressemblances dans le mode de réalisation de l'œuvre, entre l'œuvre multimédia et l'œuvre audiovisuelle : nécessité de constituer une équipe, présence d'un ou plusieurs producteurs (ou éditeurs) chargés d'effectuer les investissements financiers et d'exploiter commercialement l'œuvre etc.

Il en résulte que tout naturellement la qualification d'œuvre audiovisuelle paraît être relativement adaptée à l'œuvre multimédia, sous réserve de modifications contractuelles impératives quant à la détermination des coauteurs présumés de l'œuvre multimédia, qui ne peuvent bien entendu correspondre point pour point à ceux d'une œuvre audiovisuelle.
Dans cette hypothèse, ainsi qu'on peut le constater, les auteurs de l'œuvre multimédia « œuvre audiovisuelle » ne demeurent pas titulaires des droits patrimoniaux sur ces œuvres.

4340. *L'œuvre collective*

L'œuvre collective est, à l'instar de l'œuvre audiovisuelle et de l'œuvre de collaboration, une création à laquelle participe une équipe de personnes physiques.
Ce qui la distingue de l'œuvre de collaboration est que l'équipe de créateurs travaille sous la direction et sous les ordres d'une sorte de « maître d'œuvre » ou « maître de projet », qui peut être une personne physique ou une personne morale, et qui éditera, publiera et divulguera l'œuvre sous son nom (7).
Faut-il encore ajouter que la contribution des divers créateurs ne doit pas leur permettre de leur attribuer un droit « distinct » sur l'œuvre d'ensemble, formulation certes un peu obscure qui a fait l'objet d'une jurisprudence abondante et variée (8).
Les critères déterminants dans la qualification d'œuvre collective sont la présence d'un maître d'œuvre qui donne des directions, des ordres et des instructions à une équipe de créateurs, laquelle ne prend pas d'initiative dans la création ou du moins une initiative « contrôlée ».
Tout comme pour l'œuvre audiovisuelle, le titulaire des droits d'exploitation d'une œuvre collective n'est pas celui qui a forcément participé personnellement et par un effort de création à l'élaboration de l'œuvre d'ensemble.
Les auteurs conservent bien entendu leurs droits moraux qui sont inaliénables sur l'unique élément qu'ils créent et qui porte la marque de l'empreinte de leur personnalité ; ce qui signifie qu'ils n'ont pas de droit sur l'œuvre d'ensemble et ne pourraient en principe, exploiter leurs droits patrimoniaux sur leur part de création.
Certes, la jurisprudence a reconnu dans certaines espèces que les auteurs d'une œuvre collective puissent exploiter leur contribution personnelle, sous réserve que cette exploitation se fasse dans un genre différend de l'œuvre d'ensemble et sans qu'il soit porté préjudice à l'exploitation de cette dernière (9).
Ici aussi, il est tentant d'appliquer à l'œuvre multimédia, la qualification d'œuvre collective, du point de vue du producteur ou de l'éditeur de l'œuvre qui obtiendra donc un « retour sur investissement », par la dévolution automatique des droits d'auteur et en conséquence la possibilité d'exploiter commercialement l'œuvre multimédia.

Dans une œuvre collective ou une œuvre multimédia qualifiée d'œuvre collective, les auteurs ne sont donc pas les titulaires des droits patrimoniaux sur l'œuvre globale, ni d'ailleurs sur les éléments qu'ils ont créés, sauf à certaines conditions, posées par la jurisprudence.

La présence d'un maître d'œuvre lors de l'élaboration d'une œuvre multimédia encourage à un choix de la qualification d'œuvre collective, du moins, dans le but de respecter une certaine logique dans le cadre de l'application du droit d'auteur français au multimédia.

Il résulte de ce qui précède que l'auteur d'une création ne peut jamais être dépossédé de cette qualité, d'un point de vue intellectuel ou moral. En revanche, les recettes financières de l'exploitation de son œuvre ne lui sont pas forcément attribuées.

Reste à envisager le cas où l'œuvre multimédia devra faire l'objet d'une cession de droit personnalisée de la part de chacun des contributeurs, à l'investisseur, c'est-à-dire au producteur ou à l'éditeur, dans la mesure où ni la qualification d'œuvre collective ni celle d'œuvre audiovisuelle n'aura pu lui être appliquée.

Notes

(1) Article L. 111-2 du Code de la propriété intellectuelle.

(2) *The physical person or legal entity by whom or by which the arrangement necessary for the creation of the work are undertaken.*

(3) Article L. 111-1 alinéa 3 du Code de la propriété intellectuelle.

(3 bis) A. Lucas et H.-J. Lucas, *Traité de propriété littéraire et artistique*, Litec 1994, n° 209.

(4) A titre d'exemple, CA Paris, 24 octobre 1988, *Dalloz* 1988, IR-285 et TGI Paris 1re Ch., 6 mars 1991, *RIDA*, juillet 1991, n° 149, p. 262.

(5) Henri Desbois, *Le droit d'auteur en France*, Editions Dalloz 1978, n° 133 p. 165.

(6) André Lucas, *Traité de la propriété littéraire et artistique*, Editions Litec, n° 177 p. 175.

(7) Article L. 113-2, alinéa 3 du Code de la propriété intellectuelle.

(8) Cass. civ., 1re Ch. 8 novembre 1979, JCP 1980-IV-26 ; Cass. com., 7 avril 1987, *JCP*(G), 1987-II-20868.

(9) CA Paris, 15e Ch., 6 mars 1981, *Dalloz* 1982, IR-46.

5000.
La réalisation d'une œuvre multimédia

De par sa nature composite, l'œuvre multimédia nécessite pour sa réalisation, l'intervention de toute une série d'acteurs ayant chacun une fonction bien précise.
La tendance que l'on observe semble être une intégration croissante des différents acteurs intervenants dans cette chaîne. On assiste ainsi à la formation de groupes maîtrisant l'ensemble du processus menant de la conception à la mise sur le marché du produit multimédia.
Toutefois, afin de bien comprendre les différents mécanismes, il sera fait abstraction de ce phénomène récent en essayant de distinguer de façon claire les différentes phases de la réalisation d'une œuvre multimédia.

5100. La conception d'une œuvre multimédia

5110. *Les différentes phases et les acteurs intervenants au stade de la conception*

De l'idée à la faisabilité et à la conception d'une œuvre multimédia, différentes phases vont se succéder, faisant intervenir autant d'acteurs dans la réalisation du projet.

5111. *Le producteur, moteur du système*

Le producteur est celui qui initialise le projet, fait travailler le ou les réalisateurs avec les auteurs et créateurs en fonction de l'objectif qu'il a défini. C'est également lui qui, bien souvent, a la charge de définir et d'obtenir le financement nécessaire au projet. Il assurera ou fera assurer aussi la diffusion de l'œuvre.

Ce terme est emprunté au domaine de l'audiovisuel et devient celui le plus communément employé. Il n'en demeure pas moins que son emploi n'induit pas que l'on est, de ce fait, en présence d'une œuvre audiovisuelle. Le producteur pourrait être appelé le commanditaire ou l'éditeur par exemple.

5112. *Un travail de création*

Une fois l'objectif fixé par le producteur, un travail de création se met en place avec la mise en forme des premières idées qui aboutiront à un synopsis plus ou moins élaboré permettant notamment d'apprécier la qualité et la quantité du fonds documentaire nécessaire et d'évaluer le coût de production.

5113. *L'élaboration du budget nécessaire à la réalisation d'une œuvre multimédia*

Cette évaluation doit couvrir l'ensemble des opérations allant de la conception à la mise sur le marché d'une œuvre multimédia. Le producteur, initiateur du projet doit établir un budget prévisionnel pour la réalisation de son opération.

– la conception/création : les coûts à prévoir sont ceux qu'impliquent l'acquittement des droits d'auteur, soit sur des œuvres préexistantes, soit dans le cadre d'une création spécialement réalisée pour l'œuvre multimédia, outre la rémunération des auteurs du scénario, du concepteur du schéma de navigation, de la documentaliste, et des techniciens…

– le coût de la numérisation : ce coût varie selon la nature du projet et l'importance quantitative du fonds documentaire à numériser. Il viendra à baisser rapidement avec le développement des techniques permettant la réalisation de documents directement numérisés (par exemple appareil photo ou caméra numérique) ;

– le développement : il consiste essentiellement en la réalisation informatique du produit. Le coût du développement de base dépend de la plate-forme, de la possibilité d'utiliser des progiciels outils ou de la nécessité de développer un logiciel spécifique ;

– la production : on distingue deux étapes dans le processus de la production, le matriçage et le pressage. Leur coût devrait également diminuer du fait de l'extension de ce nouveau marché ;

– les coûts de distribution : dans cette industrie en plein démarrage, les modes de distribution ne sont pas encore figés. Il est nécessaire de prendre en compte la distribution éventuelle en mode *off line*.

5114. *Un partenaire financier*

Dans cette phase de conception, phase d'incertitude quant au succès du produit multimédia, les coûts sont élevés et le producteur n'a souvent pas la surface financière pour autofinancer une telle opération (1).
Il se voit alors dans l'obligation de trouver un partenaire financier, qui peut être notamment une banque ou une société de capital risque, ou un éditeur intéressé par la perspective de l'inscription d'un nouveau produit à son catalogue.
Il peut également rechercher des subventions ou des avances par des organismes institutionnels.
Dans le domaine du multimédia, le paysage industriel est constitué de beaucoup de petites sociétés, qu'elles exercent dans le domaine audiovisuel, informatique ou de la communication, et qui souhaiteraient conquérir de nouveaux marchés. Elles disposent du savoir-faire et des techniques nécessaires mais bien souvent ne disposent pas de fonds importants pour mener à bien leurs projets. Un recours à l'emprunt ou à un partenariat s'avère alors nécessaire (2).

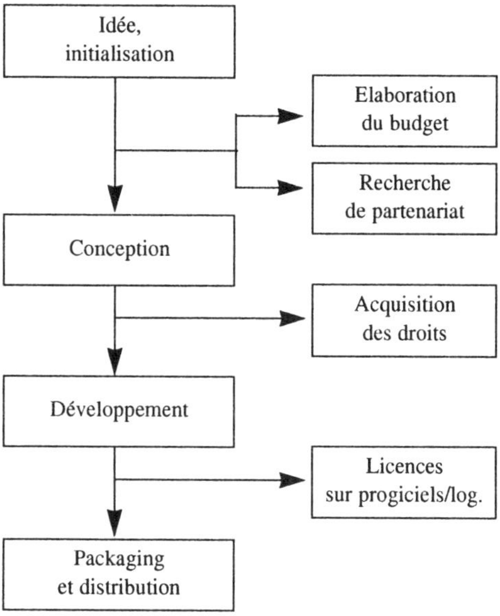

Figure 5.1. *Les principales phases de réalisation d'une œuvre multimédia*

5115. *La rédaction d'un scénario multimédia*

Elément essentiel, la rédaction d'un scénario constitue la trame de l'œuvre multimédia. Il peut être plus ou moins élaboré en fonction du partage des tâches, mais doit comprendre *in fine* :

– le schéma de navigation ;

– la définition des différentes séquences (son, images, textes), leur quantité, leur structure d'enchaînement ou arborescence ;

– la conception des menus, pages écrans, fonctionnalités nécessaires.

Il représente à la fois un scénario au sens traditionnel du terme et un cahier des charges pour la réalisation, sur le plan informatique.
Il peut s'agir d'un véritable travail de création originale et à ce titre, il doit faire l'objet d'une attention particulière quant aux différents moyens de le protéger (3).

5116. ***Le choix du contenu***

Le producteur ou le réalisateur a deux possibilités :

– créer une œuvre entièrement nouvelle ;

– créer une œuvre nouvelle à partir d'une œuvre préexistante.

S'il opte pour la première des deux possibilités, le réalisateur devra s'assurer que le contrat le liant aux créateurs des différentes œuvres (sons, textes, images) lui laisse un accès aisé à l'œuvre pour sa reproduction, son adaptation et son développement ultérieur.
S'il choisit la seconde option, le réalisateur, avant d'entamer la réalisation, devra s'assurer qu'il dispose bien de toutes les autorisations nécessaires de la part des auteurs des œuvres préexistantes et qu'il s'est bien acquitté des droits.
Ce travail est aujourd'hui fastidieux car il n'y a pas encore de réel regroupement des sociétés de gestion collective des droits (4). En outre, les œuvres ne sont pas forcément répertoriées.

5117. ***La charte graphique***

La conception d'une œuvre multimédia implique également la réalisation d'une charte graphique portant sur la présentation :

– des écrans ;

– des icônes ;

– des couleurs ;

– des fonds d'image.

5200. Du développement à la mise sur le marché d'une œuvre multimédia

Cette seconde phase s'articule principalement autour du développement de l'œuvre par l'intervention de l'outil informatique. Elle est composée de diverses activités bien distinctes, parmi lesquelles on distingue :

– le développement de l'œuvre ;

– la collecte et la production des données nécessaires ;

– le matriçage et le pressage ;

– le packaging ;

– la mise sur le marché et la politique de distribution.

5210. *Le développement de l'œuvre*

Il s'agit soit de mettre au point un logiciel de création qui permettra la réalisation du produit multimédia sur la base du cahier des charges convenu, soit d'utiliser un outil de développement et un logiciel de gestion de bases de données en disposant d'une licence permettant l'utilisation projetée.
L'intervention de l'outil informatique dans la création de l'œuvre multimédia oblige en effet, le réalisateur à s'assurer :

– qu'il a bien la propriété du logiciel de développement ou qu'il a un accès autorisé ;

– qu'il pourra librement faire évoluer le logiciel si cela est nécessaire techniquement, afin de développer de nouvelles versions du produit multimédia qu'il compte mettre sur le marché et qu'il peut disposer des sources à cet effet.

Ces deux interrogations se règlent traditionnellement par la voie contractuelle avec l'auteur du logiciel (5).

5220. *La collecte et la production des données nécessaires*

Cette collecte peut être une récupération de fonds ou une production directe. L'autre aspect de ce travail consiste principalement aujourd'hui en un travail de numérisation d'œuvres préexistantes. Peu à peu, la part de la numérisation dans cette activité devrait s'amoindrir avec l'extension de la production numérique.
On constate que la constitution de base de données numériques devient une activité à part entière. Pour les producteurs, disposer d'un fonds de données constitue un atout stratégique important. En effet, la recherche des auteurs ou ayants droit des œuvres préexistantes, ainsi que la gestion des autorisations et des droits à payer peut être extrêmement compliquée et lourde.

5230. ***La mise au point et la recette***

Un fois réalisé, le produit doit être mis au point, testé et recetté. La période de recette doit permettre la correction des anomalies relevées lors des tests. Les anomalies corrigées, le produit est recetté à titre définitif et la phase suivante peut être mise en œuvre.

5240. ***Le matriçage et le pressage***

Le matriçage et le pressage sont le travail « d'imprimeur ». Il doit réaliser une matrice de l'œuvre, il effectue le pressage sur support. Il est nécessaire de prévoir par avance avec lui, le format et les caractéristiques techniques du produit qui devra lui être fourni pour répercuter cette obligation au développeur.

5250. ***Le packaging***

Cette phase consiste à définir l'emballage, son graphisme, et la notice d'utilisation du produit multimédia. Celui-ci pouvant relever de la protection accordée aux dessins et modèles, il est nécessaire d'en gérer également les droits.

5260. ***La mise sur le marché et la politique de distribution***

Ce maillon de la chaîne de production ne doit pas être négligé car le succès commercial de l'œuvre en dépend.
Le choix principal réside dans une diffusion *off line* ou *on line*.
Dès à présent il existe de nombreux circuits de distribution (CD ROM, par correspondance, en grande surface, distributeurs spécialisés,...). La diffusion des œuvres multimédias *off line* peut se calquer sur celle des disques audio, des vidéos cassettes et des logiciels. La distribution "*on line*" de produits multimédias se situe dans un marché émergeant et dans le cadre d'une technologie nouvelle difficile à cerner sur le plan de la rentabilité.

5300. Une protection possible en cours de réalisation

5310. ***La protection en cours de réalisation***

5311. ***La protection par le secret***

La réalisation de l'œuvre oblige à son dévoilement aux divers intervenants internes comme externes à divers stades de son élaboration, et il est prudent de faire signer un accord de confidentialité (6).

5312. ***La protection par le dépôt***

En cours de réalisation, le dépôt peut s'effectuer sur des parties de l'œuvre multimédia, notamment sur le scénario et le logiciel (7).

5320. ***La protection en fin de réalisation***

Une fois l'œuvre achevée, elle doit faire l'objet d'un double dépôt :

– un dépôt légal (comme pour les livres) auprès de la Bibliothèque nationale (8) ;

– un dépôt non obligatoire mais qu'il est prudent de réaliser auprès d'un organisme tel que l'Agence pour la Protection des Programmes (APP), surtout dans le cadre d'une diffusion on line, à effet de sauvegarde probatoire (9).

Notes

(1) Pour plus d'information, *infra* n° **39000** et suivants relatifs au financement de l'œuvre multimédia.

(2) *Infra* n° **39000** et suivants relatifs au financement de l'œuvre multimédia.

(3) Pour plus d'information, *infra* n° **11000** et suivants relatifs au scénario.

(4) *Infra* n° **38000** et suivants relatifs à la gestion collective des droits.

(5) *Infra* n° **12000** et suivants relatifs au logiciel.

(6) *Infra* n° **11320** relatif à la protection du scénario par le secret.

(7) *Infra* n° **11310** relatif à la protection du scénario par le dépôt.

(8) Pour en savoir plus *infra* n° **32000** et suivants relatifs au dépôt du multimédia.

(9) Pour en savoir plus *infra* n° **38000** et suivants relatifs à la gestion collective des droits.

6000.
L'image dans l'œuvre multimédia

D'un point de vue juridique l'utilisation d'une image nécessite une gestion rigoureuse des droits. Cette utilisation impose que l'on se soucie non seulement de l'existence des droits sur l'image elle-même, en tant qu'œuvre de l'esprit, mais aussi de l'existence de droits sur le contenu de cette image. Les premiers peuvent appartenir dans le cas d'une photographie, au photographe. Les seconds peuvent appartenir, par exemple, à la personne physique reproduite, au titre de son droit à l'image.
En outre, dans le cadre de la réalisation d'une œuvre multimédia, il est nécessaire d'opérer sur les images de forme traditionnelle, les traitements de digitalisation et de compression. Or, ces traitements sont susceptibles d'être assimilés à des actes portant atteinte à l'intégrité de l'image et peuvent être illicites. Globalement, on pourra donc distinguer pour les images intégrées dans les produits multimédias :

– l'image créée ;

– l'image reproduite ;

– l'image adaptée.

6100. L'image créée pour être intégrée dans un produit multimédia

Une image est obtenue grâce à sa fixation sur un support. On ne saurait attribuer à cette opération, dans tous les cas, un caractère purement mécanique alors qu'au contraire, elle témoigne souvent d'un véritable acte de création artistique. Or, dès lors qu'il y a création originale, son auteur est investi des prérogatives prévues au Code de la propriété intellectuelle.

A cet égard, la délicate définition de l'originalité exigée en matière d'œuvre de l'esprit a rendu d'autant plus difficile la détermination de critères stables et définitifs. Ainsi, à titre d'exemple, jusqu'en 1985, le législateur ne réservait la protection du droit d'auteur qu'aux « œuvres photographiques de caractère artistique ou documentaire ».
Dès lors, les tribunaux se voyaient contraints de rechercher si les œuvres photographiques présentaient un caractère artistique ou documentaire, en l'absence duquel elles ne pouvaient être protégées par les dispositions du droit d'auteur. Les œuvres photographiques sont désormais considérées comme des œuvres de l'esprit en tant que telles et sont donc protégées par le droit d'auteur, sous la seule condition d'être originales, c'est-à-dire d'être marquées de l'empreinte de la personnalité de l'auteur.
L'article L. 112-2 du Code de la propriété intellectuelle vise donc expressément les œuvres photographiques en tant qu'œuvres de l'esprit. Il n'en demeure pas moins que les œuvres photographiques réalisées avant l'entrée en vigueur de la loi du 3 juillet 1985, aujourd'hui intégrée au Code de la propriété intellectuelle, restent soumises à l'ancien régime et ne sont, par conséquent, protégées par le droit d'auteur qu'à la condition de présenter un caractère artistique ou documentaire, exclusif de toute notion d'originalité et laissé à la libre appréciation du juge.
Néanmoins, la Cour de cassation a jugé le 12 janvier 1994 qu'un photographe de plateau chargé par le metteur en scène d'un film de « *fixer les scènes les plus suggestives pour capter l'attention du public, avait le choix du moment opportun, des moyens de réalisation des clichés et avait fait ainsi une œuvre personnelle* », suffisamment originale pour être protégée par le Code de la propriété intellectuelle (1).
En conséquence, on peut déduire de cet arrêt que l'œuvre photographique, même réalisée antérieurement à la loi du 3 juillet 1985, est susceptible d'être protégée par le droit d'auteur.
En tout état de cause, le producteur de l'œuvre multimédia devra nécessairement s'assurer qu'il dispose du droit d'intégrer l'œuvre photographique dans son œuvre multimédia qui peut lui être accordé par l'auteur de la photographie.
Outre les photographies, de nombreuses autres formes d'images peuvent être créées à l'occasion de la réalisation d'un produit multimédia. Des vidéo, des illustrations graphiques, des infographies ou images réalisées par ordinateur, des plans, schémas, cartes peuvent être autant de créations soumises au statut d'œuvre intellectuelle si elles répondent au critère d'originalité. Il peut en être ainsi également de la charte graphique générale de l'œuvre.
Certaines de ces images sont susceptibles d'obéir à un régime particulier, tel que ceux applicables à l'œuvre audiovisuelle pour les vidéo (1 bis), au cartes ou SIG (2) ou peuvent être protégées par le biais d'un dépôt en qualité de dessins et modèles (2 bis).

6200. L'image, objet d'une reproduction

Des images aussi nombreuses que variées vont être commandées par le producteur d'une œuvre multimédia, afin d'être intégrées à l'œuvre multimédia.
La reproduction d'une situation ou d'un événement naturel, propriété commune de tous est possible sans autorisation. En revanche, deux autres types de reproduction sont susceptibles de mettre en jeu divers droits :

– la reproduction d'une œuvre protégée par le droit d'auteur ;

– la reproduction d'une personne physique ou d'un lieu privé.

Le producteur de l'œuvre multimédia qui utilise ces reproductions doit impérativement s'assurer qu'elles ont été autorisées respectivement par l'auteur de l'œuvre protégée reproduite, et par la personne physique dont l'image ou la propriété est retranscrite.

6210. *La reproduction d'une personne physique ou d'un lieu privé*

Il est de jurisprudence constante que toute personne a un droit sur son image, c'est-à-dire « un droit de regard » sur la reproduction de ses traits. Elle dispose donc du droit exclusif d'autoriser ou d'interdire la reproduction de son image, à quelque fin que ce soit. Ce droit à l'image découle de l'interprétation par la jurisprudence de l'article 9 du Code civil, aux termes duquel :

« *Chacun a droit au respect de sa vie privée. Les juges peuvent, sans préjudice de la réparation et du dommage subi, prescrire toutes mesures, telles que séquestre, saisie et autres, propres à empêcher ou faire cesser une atteinte à l'intimité de la vie privée ; ces mesures peuvent, s'il y a urgence, être ordonnées en référé* ».

Ainsi, il a été jugé par la Cour d'appel de Paris, le 3 avril 1987, que la reproduction d'une photographie d'un coureur cycliste, en l'espèce à des fins publicitaires, constitue une atteinte aux droits que le coureur a sur l'utilisation de son image (3).
Qu'il s'agisse d'une personne physique anonyme ou au contraire d'une personne publique, le droit à l'image s'applique de la même manière.
Ainsi, pour pouvoir utiliser un cliché représentant un présentateur de télévision, notamment dans une revue, la Cour d'appel de Paris a considéré, le 20 mai 1987, que cette opération nécessitait l'autorisation expresse de la personne en cause (3 bis).
Au surplus, l'autorisation donnée par un artiste de publier un cliché le représentant pour une revue spécifique ne vaut pas autorisation de produire son image pour une autre revue, ainsi que l'a jugé la Cour d'appel de Paris le 14 mai 1975 (4).

Que ces personnes se trouvent dans des lieux privés ou publics, elles disposent du droit sur leur image et sur leur vie privée. En conséquence, le fait qu'elles se déplacent dans les lieux publics n'exonère pas la personne désireuse de reproduire leur image, d'en solliciter préalablement l'autorisation auprès d'elles.
La jurisprudence opère également une distinction entre d'une part, le fait de prendre un cliché et d'autre part, celui de procéder à sa commercialisation, c'est-à-dire à sa reproduction en vue de sa communication au public.
Ainsi, il a été jugé par un arrêt de la Cour d'appel de Basse Terre du 26 février 1979 (5) que ce n'était pas tant le fait de prendre la photo d'une personne au milieu d'un groupe folklorique qui était constitutif d'une faute, mais d'avoir commercialisé cette photographie sans l'accord de la personne concernée. La faute était en l'espèce d'autant plus caractérisée que la personne concernée était un mineur.
La Cour d'appel a considéré que la faute avait été commise non seulement par la personne ayant pris le cliché, mais également par la société qui avait assuré son exploitation commerciale, laquelle aurait dû recueillir le consentement de la personne photographiée.
La reproduction d'une photographie suppose donc au regard du droit de toute personne à l'intégrité de son image, des précautions indispensables.
Par ailleurs, la prohibition de la reproduction d'un cliché représentant une personne physique sans son autorisation préalable paraît pouvoir être étendue aux biens privés (6).
Ainsi, un arrêt de la Cour d'appel de Paris du 12 avril 1995 illustre remarquablement cette hypothèse.
En l'espèce, il s'agissait du cliché d'une maison qui avait été diffusé par une entreprise de publicité pour le compte d'un comité régional de tourisme, sans qu'aucune autorisation du propriétaire de la maison n'ait été sollicitée tant par le photographe professionnel que par l'entreprise de publicité ou le comité régional de tourisme.
La Cour retient que l'image de la maison ne s'inscrivait pas dans un ensemble homogène mais constituait le sujet essentiel de la photographie et en déduit donc que sa reproduction et sa diffusion ne pouvait être effectuée sans l'autorisation du propriétaire de la maison. Si tel n'avait pas été le cas, la solution eut peut être été différente.

6220. *La reproduction d'une œuvre de l'esprit*

Outre la reproduction des personnes physiques ou des lieux privés, l'image peut reproduire une œuvre de l'esprit, telle qu'une œuvre d'art, qui sera elle-même protégée par les dispositions du Code de la propriété intellectuelle. Par conséquent, sa reproduction sera également soumise à une autorisation préalable du titulaire des droits sur son œuvre.

A cet égard, que l'œuvre reproduite soit située dans un lieu public ou privé, est totalement indifférent à la nécessité d'obtenir cette autorisation préalable. Ainsi, le 4 février 1994, le Tribunal de grande instance de Paris a jugé que :

« *La reproduction photographique d'un ensemble architectural constitutif d'une œuvre protégée donne prise au droit de reproduction alors même que l'édifice est situé dans un lieu public, qu'il est construit à l'aide de fonds publics et que les reproductions photographiques ont été effectuées sans but lucratif* » (7).

Il en résulte que le producteur d'une œuvre multimédia devra scrupuleusement veiller à s'assurer que les images qu'il entend intégrer dans celle-ci ne constituent pas des reproductions d'œuvres de l'esprit, réalisées sans l'autorisation préalable des titulaires de droits.

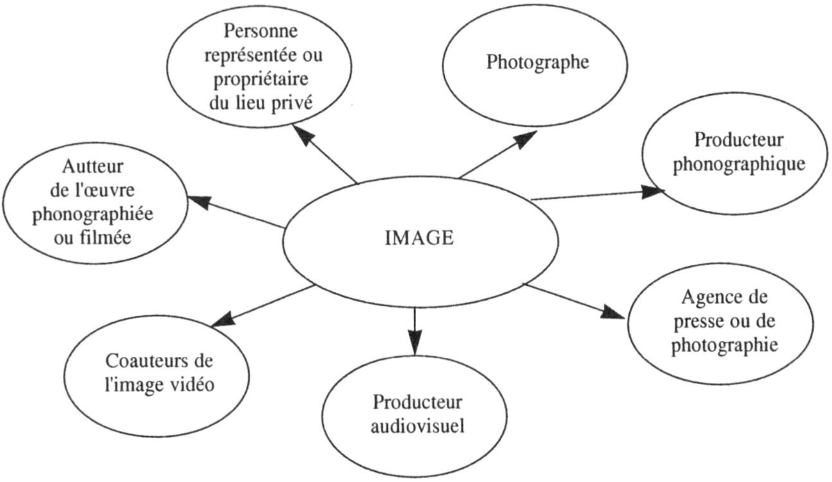

Figure 6.1. *Les principales personnes pouvant octroyer des droits sur l'image*

6300. Le traitement de l'image dans l'œuvre multimédia

L'intégration d'une image dans une œuvre multimédia suppose qu'elle soit, dans un premier temps, numérisée pour pouvoir être lue par un ordinateur.
En outre, la numérisation des images, c'est-à-dire leur traduction en langage binaire 1 et 0, est souvent couplée avec la compression de ces données 1 et 0, avant d'être intégrées dans la mémoire de l'ordinateur, pour des raisons de capacités de stockage (technique de l'échantillonnage).
Ces opérations ont souvent pour effet d'atténuer quelque peu les qualités techniques des images telles qu'elles apparaissent sous leur forme traditionnelle. Dès

lors, ces opérations de numérisation et de compression soulèvent des questions :

– quels sont les droits de l'auteur de l'image mis en jeu à l'occasion de sa numérisation ?

– quelles sont les conséquences d'une certaine "altération" de l'image numérisée par rapport à la qualité qu'elle présente sous sa forme originale ou sous la forme d'une reproduction traditionnelle ?

6310. *La qualification juridique de la numérisation des images*

La question de la qualification juridique de l'opération de numérisation des images va déterminer la nature des droits des auteurs mis en jeu. S'agit-il d'une reproduction ou encore d'une adaptation d'une image préexistante ?
On pourrait considérer que la numérisation ou la digitalisation d'une image constitue une reproduction à l'identique de cette image comme une photocopie. Dans cette hypothèse, la personne qui reproduit par la voie de la numérisation ces images devra, au préalable, obtenir du titulaire des droits, la cession du droit de reproduction à titre exclusif ou non.
Cela dit, il semblerait que l'on puisse tout autant considérer que la technique particulière de la numérisation ne pourrait être assimilée purement et simplement à une reproduction au sens d'une reprographie. Le législateur définit la reprographie (c'est-à-dire la photocopie) comme « *la reproduction sous forme de copie sur papier ou support assimilé par une technique photographique ou d'effet équivalent, permettant une lecture directe* » (8).
Or, la numérisation d'une image ne se réduit pas à une technique photographique ou d'effet équivalent permettant une lecture directe, elle implique en premier lieu une traduction de l'image en bits 0 et 1, ce qui va permettre à l'ordinateur de la stocker dans sa mémoire, puis une seconde transformation de ces bits 0 et 1, conduisant à la reconstitution d'une image, cette fois-ci numérisée et similaire à l'image initiale sous forme analogique.
C'est l'image numérisée qui sera lue par l'utilisateur. On est donc loin de la simple reprographie. A cet égard, M. Edelman avançait l'hypothèse suivante :

« *L'image de synthèse s'analyserait comme une adaptation de l'œuvre photographie ...* » (9).

On sait que l'image de synthèse est une image sous forme numérique ; dès lors, la numérisation des images pourrait être interprétée comme une adaptation. Cette question n'a pas encore été définitivement tranchée par la doctrine ni par la jurisprudence. Dans le doute, le producteur s'attachera à obtenir de la part du titulaire des droits sur les images, non seulement un droit de reproduction, mais également un droit d'adaptation.

Il semblerait que la qualification d'adaptation, ou encore de traduction, corresponde davantage à la réalité technique de l'opération de numérisation que celle de simple reproduction. Ceci est d'autant plus vrai que la numérisation implique la plupart du temps un certain nombre de traitements visant à la compression des données, la réduction du nombre des couleurs, des corrections chromatiques et des changements de format.

6320. *Les conséquences juridiques des modifications d'ordre technique apportées aux images analogiques*

L'ensemble des traitements visés au paragraphe précédent est susceptible d'être considéré, juridiquement, comme portant atteinte à l'intégrité de l'œuvre.
Il convient de rappeler que l'auteur dispose, en vertu de son droit moral, du droit à la paternité, à la divulgation de son œuvre, et aussi au respect de l'intégrité de son œuvre (9 bis). Or, l'élimination de certaines caractéristiques de l'œuvre originaire, telle qu'une certaine nuance de couleur ou encore une définition moins nette des traits peuvent constituer des atteintes à l'intégrité de l'œuvre, si minimes soient-elles.
Pour autant, il semble raisonnable de considérer que lorsqu'elle se justifie exclusivement pour des raisons techniques, le droit moral de l'auteur ne devrait pas constituer un obstacle à la numérisation de ses œuvres. A défaut, ce serait mettre un frein à la création multimédia, ce qui ne serait souhaitable ni pour les auteurs ni pour les producteurs. En revanche, l'auteur conserve, au titre de son droit moral, le droit d'interdire certaines utilisations de son œuvre qui seraient contraires à sa morale, à son éthique personnelle, à ses croyances.

6400. Les droits a obtenir pour l'utilisation d'une image dans un produit multimédia

Ainsi, qu'il a été précédemment indiqué, l'utilisation d'une image quelle qu'elle soit, pour l'intégrer dans un produit multimédia suppose l'obtention d'autorisation préalable de la part du sujet ou du propriétaire du sujet de l'image et de la part de l'auteur de la réalisation matérielle de cette image.

6410. *L'autorisation du sujet ou du propriétaire du sujet*

Au sens des dispositions du Code de la propriété intellectuelle relatives aux droits voisins, il ne semble pas que le modèle d'une œuvre photographique ou d'une œuvre artistique puisse prétendre à la qualité d'artiste-interprète (10).

En effet, l'article L. 212-1 du Code de la propriété intellectuelle définit l'artiste-interprète comme celui qui « *représente, chante, récite, déclame, joue ou exécute de toute autre manière une œuvre littéraire ou artistique, un numéro de variétés de cirque ou de marionnettes* ».

En conséquence, le sujet d'une image devant être incorporé dans une œuvre multimédia ne sera pas réputé être titulaire d'un droit voisin sur l'image réalisée.

En revanche, afin d'éviter toute difficulté, il conviendra d'obtenir une autorisation la plus large possible du sujet pour la reproduction et la diffusion de son image au travers de l'œuvre multimédia considérée.

Ainsi, l'autorisation du sujet d'une image devant être incorporée dans une œuvre multimédia devra porter non seulement sur le droit de reproduction du sujet mais également sur le droit de représentation d'adaptation de transformation et de commercialisation de l'image réalisée grâce au sujet.

Il convient d'éviter en effet que toute exploitation nouvelle de l'image incorporée dans le produit multimédia ne donne lieu à une revendication de la part du sujet qui s'opposerait à une utilisation nouvelle de son image pour laquelle il n'aurait pas donné son autorisation.

En ce qui concerne les biens, il apparaît que le propriétaire d'un bien mobilier ou immobilier dispose du droit d'en autoriser ou d'en interdire la reproduction par un tiers.

A cet égard, on peut noter qu'il existe une possibilité de conflit entre le droit de l'auteur d'une œuvre de l'esprit d'autoriser tout tiers de son choix à reproduire l'œuvre dont il est l'auteur et le droit du propriétaire du support matériel de cette œuvre, qui semble être autorisé à s'opposer à la reproduction de cette œuvre de l'esprit.

En conséquence, la reproduction d'une œuvre toujours couverte par le droit d'auteur et dont le support matériel est la propriété d'une personne privée suppose l'obtention d'une autorisation non seulement de l'auteur de l'œuvre de l'esprit mais également du propriétaire du support matériel.

6420. *L'autorisation de l'auteur*

L'image peut être absolument originale ou relativement originale. Une image sera réputée « absolument originale » dès lors que sa création n'empruntera pas à une œuvre de l'esprit antérieure dont elle serait soit une reproduction soit une adaptation. Au contraire, sera réputée « relativement originale » une œuvre de l'esprit réalisée à partir d'une œuvre antérieure.

6421. *Les images absolument originales*

S'agissant d'une image absolument originale le producteur du produit multimédia n'aura donc à gérer que l'obtention d'une autorisation de la part de son auteur, sous réserve de l'obtention préalable de l'autorisation du sujet ou du propriétaire du sujet (*Supra* n° **6410**). Or, les modalités d'exploitation d'une œuvre multimédia supposent nécessairement que le producteur soit investi des plus larges prérogatives d'utilisation et d'exploitation de l'image créée pour être intégrée dans un produit multimédia.
En effet, il s'agit non seulement d'obtenir le droit de reproduction de cette image mais également le droit d'adaptation et ce, compte tenu des traitements qui seront opérés pour numériser et échantillonner l'image devant être intégrée dans le produit multimédia.
Par ailleurs, dans la mesure où le produit a vocation à être diffusé sur un réseau il est souhaitable que le producteur du produit obtienne de la part de l'auteur le droit de télédiffusion ou, de manière générale, le droit de représentation de cette image et ce, sur le plus large territoire possible et pour la plus longue durée possible.
De manière générale, il est important de noter que le Code de la propriété intellectuelle dans un souci de protection des intérêts des auteurs précise en son article L. 131-3 que tous les actes de transmission de droits d'auteur doivent être délimités dans leur étendue, leur destination et quant au lieu et à la durée.
En conséquence, les droits d'exploitation qui devront être obtenus par le producteur d'un produit multimédia devront être respectueux de cet article L. 131-3 du Code de la propriété intellectuelle tout en s'attachant à obtenir de la part de l'auteur, les plus larges prérogatives d'exploitation.

6422. *Les images relativement originales*

Pour les images relativement originales, il conviendra de gérer non seulement l'obtention d'une autorisation de l'auteur de la reproduction devant être intégrée dans le produit multimédia, mais également l'autorisation de l'auteur de l'œuvre première à partir de laquelle est réalisée la reproduction.
De manière générale, il sera souhaitable que le producteur de l'œuvre multimédia impose à l'auteur de la reproduction (le photographe) à qui il va commander l'image en question, de s'assurer que l'image qu'il va réaliser soit libre de droits ou qu'il a obtenu toutes les autorisations nécessaires pour permettre au producteur d'utiliser cette image à des fins de reproduction, d'adaptation, de transformation et de commercialisation pour le monde entier et pour toute la durée des droits d'auteur.

6423. *Le droit de citation de l'image*

Les dispositions relatives aux courtes citations permettent, sous réserve de mentionner le nom de l'auteur de l'œuvre citée, d'en montrer des extraits. Toutefois, dans la mesure où la jurisprudence interprète l'exception de courte citation de manière très restrictive en la limitant généralement au cas de la citation littéraire, il apparaît extrêmement difficile d'en envisager l'application à l'image.
Ainsi, à l'occasion d'une affaire concernant une société de télévision qui avait diffusé une émission consacrée notamment à l'actualité théâtrale au cours de laquelle avaient été montrées des peintures murales réalisées par Edouard Vuillard, la Cour de cassation a considéré que :

« (...) *attendu que la représentation intégrale d'une œuvre, quelles que soient sa forme et sa durée, ne peut s'analyser comme une courte citation ; que dès lors, c'est à bon droit que la Cour d'appel, qui a constaté que les œuvres de Vuillard avaient été montrées au cours de l'émission dans leur intégralité, a décidé qu'une telle représentation ne pouvait constituer une courte citation au sens du Code de la propriété intellectuelle ; qu'elle a, par ces seuls motifs légalement justifié sa décision* » (11).

Le même jour, la première Chambre de la Cour de cassation a à nouveau rappelé ce principe à propos d'une émission télévisée ayant représenté des statues de Maillol situées dans le jardin des Tuileries.
Elle a en effet considéré que la représentation d'une œuvre de l'esprit située dans un jardin public ne pouvait être considérée comme une courte citation et qu'elle n'était licite que si elle ne constituait pas le sujet principal de tout ou partie de l'œuvre audiovisuelle. En l'espèce, un gros plan des sculptures ne s'imposait pas compte tenu du sujet traité, c'est-à-dire le jardin des Tuileries (12).
Cependant, certains auteurs considèrent que l'exception de courte citation est interprétée, tant par la jurisprudence que par la doctrine majoritaire, de façon trop rigoureuse pour les catégories de créations autres que les œuvres littéraires.
Ils estiment à ce propos que « *le multimédia pourrait être le prétexte d'une remise à plat d'une question abordée trop souvent sous un angle purement dogmatique. A la vérité, on ne voit pas pourquoi le droit de citation ne pourrait pas, par principe, s'épanouir hors du champ des œuvres littéraires* » (13).

6500. La diffusion *on line* du produit multimédia

Pour la diffusion d'une image intégrée dans un produit multimédia sur support électronique, il est impératif que le producteur obtienne le droit d'adaptation et le droit de reproduction de ces images.

S'il s'avère que le produit est diffusé sur un réseau il est indispensable que le producteur obtienne en outre, le droit de télédiffusion ou plus généralement de représentation des images intégrées dans son produit multimédia.
Selon les modalités pratiques de mise à disposition du produit multimédia sur un réseau, on pourrait se demander s'il y a à chaque fois une opération de représentation telle qu'elle est envisagée à l'article L. 122-2 du Code de la propriété intellectuelle.
En effet, techniquement il semble que deux modalités de mise à disposition d'une œuvre multimédia sur un réseau soient envisageables :

– le produit multimédia est effectivement diffusé à l'initiative du producteur vers un public et c'est le producteur qui donne le signal de l'émission ;

– le produit multimédia se trouve résidant dans un système ouvert et les utilisateurs bénéficiant d'un code d'accès peuvent venir télécharger le produit multimédia sur leur propre application informatique, auquel cas ce n'est plus le producteur qui émet le produit multimédia vers l'utilisateur.

Dans la première hypothèse, c'est-à-dire celle d'une diffusion, il est évident qu'une telle opération peut être assimilée à la mise en œuvre d'une représentation publique ou d'une télédiffusion.
Suivant la seconde hypothèse, il pourrait être imaginé qu'en réalité le producteur ne se livrait qu'à une opération de reproduction en chargeant le produit multimédia sur un système ouvert et qu'il ne se livre pas à proprement parler à une opération de télédiffusion de l'œuvre puisque c'est l'utilisateur qui va venir la charger en consultant le système ouvert à la consultation par le producteur du produit multimédia.
Cependant, aux termes de l'article L. 122-2 du Code de la propriété intellectuelle sont assimilées à des opérations de représentation toutes les opérations de « *communication de l'œuvre au public par un procédé quelconque...* »
Dès lors, il pourrait être considéré que la seule initiative de charger un produit multimédia sur un système informatique ouvert au public correspond à une initiative assimilable à un acte de communication au public.
En l'espèce, il ne s'agirait donc pas d'un acte de représentation par communication directe mais plutôt d'un acte de communication indirecte. La doctrine et la jurisprudence ne semblent pas s'être prononcées de manière très tranchée sur la qualification de cette opération. Cependant, il semble que l'on peut raisonner par analogie avec les opérations de communication indirecte par satellite qui opèrent également un démembrement de l'opération de communication de l'œuvre publique puisque l'émission d'origine est envoyée vers un satellite et que c'est une société tierce distributrice qui peut capter cette émission et la diffuser sur un territoire terrestre.
Or, à propos de la diffusion indirecte d'une œuvre par satellite, la doctrine s'est également demandée qui était à l'origine de la diffusion, à savoir l'organisme

d'origine qui émettait l'œuvre vers le satellite ou plutôt l'organisme de distribution terrestre qui a capté l'émission du satellite pour la distribuer sur son territoire.
A l'égard de la transmission pas satellite, M. le professeur Ulmer a considéré que :

« *La transmission par satellite et la diffusion au public apparaissent alors - même si elles diffèrent dans le temps - comme constituant une unité, pour laquelle ne peut être revendiquée qu'une seule rémunération. Mais une partie de cet acte unique, partie qui est essentielle du point de vue juridique - la diffusion par satellite vers la station terrienne - est réalisée par l'organisme d'origine de sorte qu'il est légitime de considérer que, dès le départ la responsabilité de l'organisme d'origine est engagée* » (14).

M. le professeur Desbois précisait à propos de cette analyse de M. Ulmer :

« *Peu importe selon cette analyse qu'une station terrestre diffuse sans autorisation de l'ayant droit qualifié, l'émission provenant du satellite parce qu'elle est régie par une législation qui ne reconnaît pas le droit d'exécution publique ou tout au moins n'y englobe pas la radiodiffusion. L'organisme d'origine a pris la responsabilité de l'émission ; il doit assumer les risques de "bavures" dont seraient victimes les auteurs. En d'autres termes, il doit être la caution pour les cas où les auteurs ne seraient pas désintéressés par les stations terrestres qui captent les émissions en provenance du satellite, puis les diffusent* » (15).

Il semble qu'une telle analyse pourrait être transposée en matière de diffusion d'un produit multimédia sur un réseau informatique.
En effet, il paraît raisonnable de considérer que c'est le producteur du produit multimédia qui a pris l'initiative de la mise à disposition du produit auprès d'un public par le biais d'un réseau, qui est responsable du désintéressement des titulaires des droits d'auteur sur les œuvres ainsi concernées.
Reste bien entendu posée la question épineuse du contrôle ou de la traçabilité des opérations effectuées sur des œuvres diffusées sur réseau ouvert du type Internet.
De nombreuses solutions sont à l'étude notamment quant à la possibilité technique de « graver » les œuvres et de les répertorier auprès d'un guichet unique.

Notes

(1) Cass. civ., 12 janvier 1994, *RIDA* n° 162, octobre 1994, p. 427.

(1 bis) *Infra* n° **18000** et suivants relatifs à la production audiovisuelle.

(2) Cf. MÉMENTO-GUIDE ALAIN BENSOUSSAN, *Les SIG et le droit,* Hermès, 2e éd. 1995.

(2 bis) *Infra* n° **9000** et suivants relatifs à la protection par les dessins et modèles.

(3) CA Paris, 3 avril 1987, *Dalloz* 1987, Sommaire 384.

(3 bis) CA Paris, 20 mai 1987, *Dalloz* 1987, Sommaire 384.

(4) CA Paris le 14 mai 1975, *Dalloz* 1976, p. 291.

(5) CA Basse Terre, 26 février 1979, *Gaz. Pal.* 1981, Som. p. 30.

(6) CA Paris, 12 avril 1995, *Dalloz* 1995, IR-130.

(7) TGI Paris, 4 février 1994, RG n° 15692/92 cité dans *RIDA* n° 62, octobre 1994 par A. Kerever, p. 311.

(8) Article L. 122-10 du Code de la propriété intellectuelle modifié par la loi du 3 janvier 1995 relative à la reproduction par reprographie.

(9) B. Edelman, Chroniques de propriété littéraire et artistique, *JCP (G)* 1990 I-3433, n° 23.

(9 bis) Supra n° **3321** relatif aux prérogatives au titre du droit d'auteur.

(10) *Infra* n° **13000** et suivants relatifs aux artistes et interprètes.

(11) Cass. civ., 1re Ch., 4 juillet 1995, *JCP(G)* 1995, II-22486, note J.-Ch. Galloux, *Dalloz* 1996, Jur. p. 4-8, note B. Edelman.

(12) Cass. civ., 1re Ch., 4 juillet 1995, *Bull. info. cass.*, n° 418 du 1er novembre 1995, som. n° 1102, p. 13.

(13) Cf. J.-C. Ginsburg et P. Sirinelli, « Les difficultés rencontrées lors de l'élaboration d'une œuvre multimédia : analyse des droits français et américain », *JCP(G)* 1996, I-3904.

(14) Ulmer, La protection des auteurs lors de la transmission par satellite, *RIDA*, juillet 1977, n° LXLIII, p. 35.

(15) Desbois, *Le droit d'auteur en France*, 3e éditions Dalloz 1978, n° 270, p. 351.

7000. Le son dans l'œuvre multimédia

La partie sonore d'une œuvre multimédia est principalement composée de musique, de commentaires, ou de tous textes pouvant être lus. Ainsi, au même titre que l'image et le texte, le son peut faire l'objet d'une numérisation.
Sur le plan juridique, la question est de savoir si le son en tant que tel, est protégeable par le droit d'auteur. Cette question conduira à l'étude du régime juridique du son dans l'œuvre multimédia et à l'évocation du cas particulier du *sound sampling*.

7100. La problématique du son en droit d'auteur

La numérisation du son est l'opération par laquelle une onde sonore est convertible en une combinaison de nombres binaires (0, 1) par échantillonnage de l'amplitude de l'onde. Ces nombres binaires sont ensuite stockés sur un disque et traités par ordinateur de manière à être reconstitués sous forme analogique, c'est-à-dire sous la forme d'origine du son.
Cette retranscription sous forme binaire permet à l'ordinateur de traiter le son de la même façon qu'il le fait pour l'image et le texte.
La question est de savoir si au regard des règles traditionnelles des droits d'auteur, le son est protégeable ? Il semble que non. Seule une œuvre musicale composée d'une harmonie, d'une mélodie et d'un rythme est protégée par le droit d'auteur.
A cet égard, on distingue traditionnellement trois catégories d'œuvres de l'esprit pouvant donner naissance à des droits d'auteur :

– les œuvres littéraires ;

– les œuvres artistiques ;

– les œuvres musicales.

Dans la loi, il n'est pas fait référence expressément au son, mais à l'œuvre musicale. Une note de musique n'est pas protégeable en elle-même. En revanche, l'arrangement de notes, la composition, l'harmonisation et le choix instrumental sont protégeables dans la mesure où il s'agit d'une véritable création à partir de sons. Par ailleurs, une œuvre littéraire peut faire l'objet d'une interprétation sonorisée. Dès lors, il se pose la question de savoir quels droits sont mis en jeu du fait de ces extraits sonores ou de ces interprétations sonorisées. Dans une œuvre multimédia qui, par définition inclut du son, cette question apparaît essentielle.
L'interprétation sonore effectuée par l'artiste-interprète d'une œuvre préexistante, qu'elle soit littéraire ou musicale, donne lieu au profit de ce dernier à des droits particuliers, nommés « droits voisins » du droit d'auteur (1). Pour schématiser, les droits voisins sont les droits des intervenants autres que les auteurs dans la création d'une œuvre musicale :

– les producteurs ;

– les interprètes ;

– les sociétés de communication audiovisuelles.

Ainsi, la protection du son dans une œuvre multimédia relève à la fois des dispositions du droit d'auteur et de celles des droits voisins du droit d'auteur.

7110. ***La sonorisation d'une œuvre de l'esprit***

Il existe deux types de sonorisation d'une œuvre de l'esprit :

– la sonorisation d'une œuvre littéraire ;

– la reprise ou la création d'une œuvre musicale.

Lorsqu'une œuvre littéraire préexistante est utilisée, par exemple pour former les paroles d'une chanson et plus généralement d'une œuvre musicale, la reprise de cette première œuvre est bien entendu soumise à l'accord préalable de son auteur. Dans cette hypothèse, une œuvre nouvelle est réalisée à partir d'une œuvre préexistante. Il s'agit donc d'une œuvre dérivée qui sera selon les cas :

– une œuvre composite, si l'œuvre préexistante est intégrée ou reprise dans l'œuvre nouvelle sans la participation de l'auteur de l'œuvre initiale ;

– une œuvre de collaboration, si l'auteur de l'œuvre initiale participe à la composition de l'œuvre finale par des adaptations.

Lorsqu'il n'y a pas de reprise, mais création d'une œuvre associant des paroles et de la musique de divers auteurs, il s'agira d'une œuvre complexe qui, la plupart du temps, devra être qualifiée d'œuvre de collaboration (1 bis).

7120. *La sonorisation ou la reprise d'une œuvre musicale*

De la même manière que pour la sonorisation d'une œuvre littéraire, la reprise d'une œuvre musicale préexistante nécessite l'accord préalable de son auteur.
A cet égard, peu importe que l'œuvre musicale soit reprise telle quelle ou, qu'au contraire, de nouvelles personnes l'exécutent en se procurant la partition de l'œuvre.
Tant que la partition ou l'enregistrement sont couverts par un droit de propriété, il est nécessaire d'obtenir l'autorisation de leurs titulaires dans le but d'incorporer l'interprétation ou l'œuvre préexistante, même adaptée, dans une œuvre multimédia destinée à être commercialisée. Il est parfois difficile de cerner si on se trouve en présence de la même œuvre musicale adaptée ou d'œuvre différente bien que ressemblante par certains aspects.
Ainsi, la Cour d'appel de Paris a considéré que le délit de contrefaçon était constitué dès lors qu'une œuvre musicale reprenait un développement mélodique de construction semblable, une harmonisation parallèle et un ensemble rythmique très voisin (2).
En revanche, il a été jugé qu'une différence rythmique affirmée permettait d'écarter la contrefaçon malgré la similitude mélodique (3).

7200. Le régime juridique du son dans une œuvre multimédia

7210. *Les droits mis en œuvre*

La sonorisation d'une œuvre littéraire ou la reprise d'une œuvre musicale pour la constitution d'un produit multimédia a une incidence sur les droits permettant une réservation privative de nature personnelle (droits moraux) et de nature économique (droits patrimoniaux) des auteurs des œuvres préexistantes.
En droit français, les droits moraux de l'auteur sur son œuvre protègent essentiellement contre la déformation ou la mutilation de l'œuvre lors de son utilisation et contre l'omission ou la modification du nom de l'auteur. Ces droits sont imprescriptibles, inaliénables et transmissibles aux héritiers après la mort de l'auteur. Ils recouvrent un ensemble de prérogatives diverses et notamment :

- le droit de divulgation ;
- le droit au respect de l'œuvre ;
- le droit au nom ;
- le droit de repentir et de retrait.

Au titre des droits patrimoniaux, l'auteur d'une œuvre bénéficie :

- du droit de reproduction ;

– du droit de représentation ;
– du droit de suite (pour les œuvres artistiques uniquement).

Contrairement aux droits moraux, les droits patrimoniaux peuvent être cédés (4).

Les droits moraux donnent à l'auteur la prérogative de : – ne pas montrer l'œuvre (droit de divulgation) – retirer l'œuvre du marché (droit de repentir et retrait) – s'opposer à la modification de l'œuvre (droit au respect de l'œuvre) – mentionner son nom (droit au nom)

Tableau 7.1. *Les droits moraux de l'auteur*

Tous ces droits sont mis en œuvre pour la constitution d'une œuvre multimédia faisant appel à des œuvres musicales préexistantes ou commandées pour le produit. Cependant, si les titulaires de droits sur les œuvres musicales ont les moyens de contrôler le respect de leur droit au stade de l'élaboration du produit multimédia, leurs inquiétudes proviennent principalement de la mise en réseau de ces produits.
En effet, deux des particularités principales du multimédia sont à l'origine de ces inquiétudes. D'une part, la mise sur réseau de l'œuvre multimédia a une incidence sur le droit de représentation. Les titulaires des droits ne savent pas très bien aujourd'hui comment assurer le respect de ce droit et ainsi, percevoir les redevances qui leur sont dues au titre de la représentation publique. D'autre part, l'interactivité des produits risque d'avoir des effets sur le respect des droits moraux. Du fait de leur inaliénabilité, cette question est certainement la plus importante à l'heure actuelle.
Quoi qu'il en soit, dans tous les cas de sonorisation, une autorisation de l'auteur premier (du texte ou de la musique), ou du titulaire des droits sur l'enregistrement est nécessaire pour toute utilisation dans un produit multimédia. Il paraît nécessaire d'avoir le droit non seulement de reproduire, mais également de numériser, d'adapter et de procéder à des coupures et à des extractions de sons compte tenu des contraintes techniques de réalisation de produit multimédia.

7220. ***Les titulaires des droits***

Les titulaires des droits sont principalement au nombre de quatre :

- les auteurs ;
- les éditeurs de partition ;
- les producteurs ;
- les artistes-interprètes.

A ces quatre catégories, il convient également d'ajouter les sociétés de gestion collective de droits qui, bien que n'étant pas titulaires des droits, en assurent la gestion, ainsi que le respect du nom des auteurs (5).

7221. ***Les auteurs d'œuvre musicale***

Les auteurs jouissent de droits moraux et de droits patrimoniaux. A ce titre, toute utilisation de leur œuvre pour l'élaboration et la fabrication d'un produit multimédia nécessite leur accord.

7222. ***Les éditeurs de partition***

En matière d'œuvre musicale, l'éditeur est la personne qui publie et diffuse la partition et à ce titre, se voit concéder par l'auteur les droits d'exploitation relatifs à la partition. Pour jouer et enregistrer la partition, son accord est nécessaire.

7223. ***Les producteurs et les artistes-interprètes***

L'article L. 213-1 du Code de la propriété intellectuelle dispose : « *l'autorisation du producteur de phonogrammes est requise avant toute reproduction, mise à la disposition du public par la vente, l'échange ou le louage, ou communication au public de son phonogramme autres que celles mentionnées à l'article L. 214-1* » (6).
S'agissant des artistes-interprètes, aux termes des articles L. 212-2 et L. 212-3 du Code de la propriété intellectuelle ceux-ci disposent de droits moraux et de droits patrimoniaux comparables à ceux des auteurs (6 bis).

7224. ***Les sociétés de gestion des droits***

A ces quatre titulaires possibles de droits vient s'ajouter une catégorie supplémentaire, celle des sociétés ou organismes de gestion collective des droits. Ces sociétés ont pour fonction de gérer les droits des différentes catégories de titulaires.

Avec le développement de produits multimédias et leur diffusion, ces sociétés, pour des raisons pratiques évidentes, devraient voir leur rôle s'accroître. Face à cette complexité de gestion, la tendance qui se dégage semble privilégier la création d'une société de gestion collective unique pour les œuvres multimédias (7). Certains auteurs parlent de « guichet unique ».
En s'adressant à une seule société, le producteur d'une œuvre multimédia obtiendrait ainsi rapidement les autorisations nécessaires sur toutes les composantes (texte, image, son) de son travail.

7230. *La durée de la protection accordée aux œuvres sonorisées*

Tandis qu'à l'heure actuelle en droit d'auteur français, une œuvre littéraire est protégée pendant toute la durée de la vie de l'auteur et même encore pendant cinquante ans après sa mort, les œuvres musicales jouissent d'une protection plus longue ; en effet, la durée de la protection s'étend jusqu'à la soixante-dixième année civile suivant la mort de son auteur (8).
Le producteur d'une œuvre multimédia devra donc prendre en considération cette spécificité des œuvres musicales pour distinguer les œuvres du domaine privé nécessitant une autorisation préalable à leur utilisation, des œuvres tombées dans le domaine public, c'est-à-dire des œuvres dont l'auteur est décédé depuis soixante-dix ans et qui sont à ce titre, librement utilisables, sous réserve du respect du droit moral de l'auteur, lequel est imprescriptible (*supra* n° **7210**).

7300. Le cas particulier du *"sound sampling"* ou échantillonnage sonore

L'échantillonnage numérique consiste en la numérisation d'un son naturel, son stockage et son traitement par un ordinateur, à des fins de reproduction.
Par ce procédé, il est obtenu un échantillon numérique pouvant être manipulé pour obtenir des sons nouveaux, au moyen de synthétiseurs, MIDI (*Musical Instrument Digital Interface*), machines d'échantillonnage numérique et séquenceurs de sons (9).
L'échantillonnage numérique permet donc la reproduction de certains sons spécifiques faisant partie d'une œuvre protégée par le droit d'auteur, ce qui n'est pas sans incidence sur le statut de l'œuvre échantillonnée.

7310. *L'échantillonnage sonore*

On distingue deux sortes d'échantillonnages sonores :

– le *sampling* d'une œuvre entière ou d'une combinaison d'œuvres qui conduit à restituer entièrement la sonorité spécifique de cette œuvre ou de ces œuvres ;

– le *sampling* par petits fragments sonores d'une durée de quelques secondes, d'une œuvre musicale, suivi de la modification de ces fragments de manière à produire une nouvelle œuvre, dans laquelle, le plus souvent, ce dernier fragment sonore ne sera pas identifiable.

Depuis peu, il existe des banques d'échantillonnages, constituées de sons de différentes intensités, amplitudes, et destinés à être vendus aux producteurs et aux compositeurs.
L'échantillonnage numérique qui s'applique aux images et aux sons a connu un essor particulièrement important surtout dans le domaine musical. Ce développement inquiète tous les titulaires de droits sur les œuvres protégées.
En effet, les sons repris dans les banques d'échantillonnages ne sont pas suffisamment élaborés pour prétendre à la protection au titre du droit d'auteur ou des droits voisins. Cependant, grâce à des manipulations techniques, il apparaît possible de reconstituer le son particulier que peut produire un artiste-interprète en ne reproduisant qu'une infime partie de son interprétation.
Les risques de pillage non sanctionnables sont donc importants en ce qui concerne les artistes-interprètes.

7320. *La problématique juridique*

L'échantillonnage d'un son isolé ou d'un petit fragment sonore d'une œuvre peut-il être considéré comme une reproduction d'une partie de l'œuvre protégée, et à ce titre, nécessiter l'autorisation de son auteur ? Il existe plusieurs hypothèses face à cette question.

7321. *La reproduction d'un son et la contrefaçon*

On peut considérer que l'échantillonnage numérique d'une œuvre implique nécessairement une reproduction d'une partie, si minime soit-elle, de l'œuvre protégée, et donc, se trouve être sanctionnable en l'absence d'autorisation de son auteur. Il y aurait contrefaçon pour la reproduction d'un son ou d'un fragment sonore sans l'autorisation du titulaire du droit sur l'œuvre originelle.
Cependant, si l'on reprend la définition habituelle de la contrefaçon, pour qu'un tel délit soit commis, il faut d'abord établir l'existence d'une ressemblance substantielle entre l'œuvre présumée contrefaisante et l'œuvre protégée et, par voie de conséquence mesurer l'importance de l'emprunt.
Dès lors, la seule façon de justifier une contrefaçon serait de considérer que pour l'auditeur moyen, si minime que soit la partie empruntée, elle n'en reste pas moins reconnaissable, de telle manière que l'auditeur moyen croit entendre une œuvre d'un certain auteur, alors que ce dernier n'y a jamais participé.

On peut également invoquer la violation du droit moral de l'auteur, ou encore de celui de l'artiste-interprète au titre, en particulier, du droit au nom et au respect de son œuvre *(supra* n° **7210**).
Mais peut-on réellement parler de contrefaçon en manière d'échantillonnage ou de véritable atteinte au droit de l'artiste interprète sur son œuvre ? Il s'agit d'une question délicate.
A cet égard, il a été jugé que la contrefaçon devait être écartée si l'écriture mélodique et rythmique de l'œuvre seconde est différente en dépit de l'identité des notes sur une séquence très courte (10). De même, le Tribunal de grande instance de Paris a considéré que des ressemblances minimes étaient justifiées par le fait qu'elles accompagnaient un même texte (11).

7322. *L'échantillonnage et la concurrence déloyale*

N'y a-t-il pas atteinte à la personnalité elle-même de l'artiste ? Dans l'hypothèse où le public peut faire une confusion entre l'œuvre tirée de l'échantillonnage et l'œuvre échantillonnée, il peut penser que la première est associée à l'artiste en raison de la reproduction d'un son qui lui est spécifique, alors qu'il n'y a jamais contribué.
Les moyens d'action pour se protéger ne seraient alors pas à tirer du droit d'auteur mais il faudrait plutôt agir sur le terrain de la concurrence déloyale ou sur celui des agissements parasitaires.

7323. *L'exception réservée aux courtes citations*

Il apparaît extrêmement difficile d'envisager l'application à l'échantillonnage numérique des dispositions relatives aux courtes citations. Ces dernières prévoient en effet l'obligation de mentionner le nom de l'auteur de l'œuvre citée, ce qui est difficilement concevable en matière d'échantillonnage.
Par ailleurs, la technique de l'échantillonnage permet de n'emprunter que de très courts extraits à l'œuvre première non caractéristiques de cette dernière et insuffisamment originaux, de telle sorte que la reprise de ces seuls éléments ne pourra être considéré comme une courte citation d'élément caractéristique de l'œuvre.
L'exception des courtes citations n'apparaît donc pas adaptée au cas de l'échantillonnage numérique des œuvres musicales. En outre, la jurisprudence interprète ce droit de manière très restrictive en le limitant généralement au cas de la citation littéraire (12).

7324. *La preuve de l'échantillonnage*

D'une manière générale, l'échantillonnage numérique pose le problème de la preuve de cet emprunt. En effet, permettant des modifications à l'infini de l'œuvre musicale et de l'enregistrement sonore préexistant, il devient impossible de les identifier dans l'œuvre nouvelle. Dans la pratique, il semble que le titulaire des droits sur les enregistrements sonores règle le problème en sollicitant de l'artiste une autorisation globale d'échantillonnage de ses œuvres, en contrepartie d'une rémunération.

Notes

(1) Sur cette notion *Infra* n° **13000** et suivants relatifs aux interprétations.

(1 bis) Sur cette notion *Infra* n° **14000** et suivants relatifs au statut de l'œuvre de multimédia.

(2) CA Paris, 4e Ch., 19 novembre 1985, *RIDA* juillet 1986, n° 129.

(3) CA Paris, 29 janvier 1978, *RIDA* janvier 1979, n° 99.

(4) Sur les droits de l'auteur, supra n° **4000** et suivants relatifs à l'auteur.

(5) *Infra* n° **38000** et suivants relatifs à la gestion collective des droits.

(6) Pour une application de cet article, cf. TGI Pau, 30 mars 1988, *RIDA* juillet 1988, n° 137, note M. Gaubiac.

(6 bis) Sur ces notions *Infra* n° **13000** et suivants relatifs aux artistes et interprètes.

(7) *Infra* n° **38000** et suivants relatifs à la gestion collective des droits.

(8) Article L. 123-1 du Code de la propriété intellectuelle.

(9) Cf. Jean-François Forgeron et Benoît de Roquefeuil, « Digitalisation et échantillonnage numérique : quelques perspectives juridiques », *Legicom* n° 3, 1er trim 1994, p. 75.

(10) CA Paris, 4e Ch., 10 janvier 1990, *Juris-Data* n° 020007.

(11) Cité par A. Kerever, *RIDA* janvier 1992, n° 151.

(12) Pour une application en matière d'œuvre graphique, cf. Cass. civ., 1re, 22 janvier 1991, Sotheby's c./ Fabris, *Dalloz* 1991, IR-47.

8000.
Le texte dans l'œuvre multimédia

Parmi les données composant le multimédia figurent les données textuelles, qui cohabitent avec les données sonores, audiovisuelles, graphiques, informatiques, etc.
Tout comme n'importe quelle donnée intégrée au multimédia est susceptible d'être protégée par le droit d'auteur, la composante texte doit faire l'objet d'un examen juridique. Par exemple, le producteur ou l'éditeur professionnel de produit multimédia devra nécessairement s'intéresser au moins aux questions suivantes :

– dans quels cas doit-il solliciter l'autorisation de l'auteur du texte destiné à être exploité dans l'œuvre multimédia ?

– quels sont les droits à « acheter », c'est-à-dire dont la cession doit être effectuée et à quel prix ?

– quelles sont les clauses à « surveiller » dans les contrats d'auteur ?

8100. Les autorisations préalables à solliciter

Ce n'est que si l'œuvre littéraire, ou plutôt la donnée textuelle, est susceptible d'accéder à la protection par la propriété littéraire artistique que se pose la question des autorisations préalables à solliciter.

8110. *Les conditions de l'accès à la protection*

Outre le fait que la protection par le droit d'auteur soit subordonnée au fait que l'œuvre remplisse la condition d'originalité, encore faut-il qu'elle n'ait pas été « neutralisée » par les effets du jeu des exceptions légales au droit d'auteur.

8111. ***Les données textuelles originales, nouvelles ou dérivées***

L'originalité d'une donnée textuelle s'apprécie par rapport à la définition traditionnelle dégagée par la jurisprudence. Empreinte de la personnalité de son auteur, l'originalité peut être absolue ou relative.

Les œuvres absolument originales sont celles qui n'empruntent rien à des œuvres préexistantes tandis que les œuvres relativement originales empruntent des éléments à des œuvres préexistantes, et à ce titre sont dénommées œuvres dérivées.

Il est important de souligner qu'une œuvre dérivée n'en est pas moins originale et mérite donc la protection par le droit d'auteur, sous réserve de l'obtention préalable de l'autorisation de l'auteur de l'œuvre préexistante à laquelle des éléments ont été empruntés. Cette autorisation donne lieu à rémunération sauf accord de gratuité.

Sans que cette liste soit exhaustive, l'article L. 112-2 du Code de la propriété intellectuelle cite comme œuvre de l'esprit : les livres, brochures et autres écrits littéraires, artistiques et scientifiques, les conférences allocutions, sermons, plaidoiries et autres œuvres de mêmes natures.

Tandis que l'article L. 112-2 fait également référence aux traductions, adaptations, transformations sur arrangement des œuvres de l'esprit, l'article L. 112-4 accorde la protection du droit d'auteur au titre d'une œuvre de l'esprit, pourvu qu'ils remplissent uniquement la condition d'originalité.

La doctrine la plus autorisée (1) range dans la catégorie des œuvres littéraires, les œuvres aussi bien écrites qu'orales ou textuelles, la littérature telle que des romans, des poésies, des pièces de théâtre... , les lettres missives, les articles de presse. La jurisprudence a parfois accordé la protection du droit d'auteur à des œuvres telles que des documentations techniques (2), ou encore le texte d'un brevet d'invention (3) aux motifs que ces œuvres remplissaient la condition d'originalité exigée par le Code de la propriété intellectuelle.

Ainsi, pour certaines œuvres dites textuelles, ce sera affaire de cas d'espèce. Les œuvres relativement originales sont bien entendues les traductions, les compilations, les anthologies, puisqu'elles empruntent des éléments à des œuvres préexistantes. A titre d'exemple pratique, les commentaires d'œuvres littéraires sont des œuvres textuelles dérivées, originales par la composition et l'expression. Ces commentaires nécessitent toutefois que leur auteur ait obtenu préalablement l'autorisation de l'auteur des œuvres qu'il commente. De même, la publication des commentaires par un tiers nécessite que l'éditeur ce soit assuré non seulement du consentement de l'auteur des commentaires mais également du consentement de l'auteur de l'œuvre commentée.

8112. ***L'identification des auteurs***

Si l'auteur d'une donnée textuelle en est nécessairement le créateur, en revanche il ne demeure pas toujours le titulaire des droits patrimoniaux sur ses données. En effet, il peut avoir cédé à un tiers ses droits pécuniaires sur ses œuvres, étant rappelé que le droit moral est incessible et inaliénable.
L'identification de l'auteur d'un texte est facilitée par l'existence des sociétés d'auteurs qui rassemblent les textes des créateurs adhérents, communique à l'exploitant les usages autorisés sur ces œuvres et fixent une rémunération selon des critères préétablis (4).
Citons à titre d'exemple, la Société d'auteurs, compositeurs dramatiques (constituée en société civile en 1829), la Société des gens de lettres dont le répertoire est géré depuis 1981 par la Société civile des auteurs multimédia.
Il peut arriver que le créateur d'une œuvre littéraire ne soit plus le titulaire des droits patrimoniaux sur son œuvre. Fréquemment, un contrat d'édition aura été conclu entre l'auteur d'un roman, par exemple, et l'éditeur.
Il est rappelé que le contrat d'édition fait l'objet d'une réglementation stricte (5), l'édition ne comprenant d'ailleurs pas seulement l'édition librairie mais tout mode de reproduction ou d'enregistrement.
Il est mis à la charge de l'éditeur une obligation de publication selon les termes du contrat, dans un certain délai, et devant revêtir un caractère permanent et suivi (6).
L'exploitant d'une œuvre littéraire devra s'adresser « au bon » titulaire des droits patrimoniaux, et à cet égard, il ne devra pas manquer de s'adresser directement à l'éditeur lorsque ce dernier est cessionnaire des droits sur les données textuelles.

8120. ***Les exceptions légales***

En dehors des cas où les données textuelles ne remplissent pas la condition d'originalité définie par la jurisprudence ou sont tombées dans le domaine public (c'est-à-dire sont hors du délai posé par le droit d'auteur français pour être bénéficiaire de sa protection), le Code de la propriété intellectuelle a posé des exceptions à l'obligation d'obtenir l'autorisation de l'auteur d'un texte préexistant et protégé pour pouvoir l'exploiter.
Il s'agit principalement de l'exception de courte citation posé à l'article L. 122-5 du Code de la propriété intellectuelle aux termes duquel :

« *Lorsque l'œuvre a été divulguée, l'auteur ne peut interdire :*
(...)
3° Sous réserve que soient indiqués clairement le nom de l'auteur et la source :
a) les analyses et courtes citations justifiées par le caractère critique, polémique,

pédagogique, scientifique ou d'information de l'œuvre à laquelle elles sont incorporées ;
b) les revues de presse ;
(..)
4° La parodie, le pastiche et la caricature, compte tenu des lois du genre ».

En conséquence, les analyses, c'est-à-dire les appréciations critiques d'une œuvre préexistante et protégée et les courtes citations, lorsqu'elles sont utilisées à des fins de critique, de polémique et de pédagogie d'information dans le cadre d'une œuvre seconde à laquelle elles sont incorporées, ne nécessitent pas l'obtention d'une autorisation préalable de leur auteur, ni le versement en conséquence, d'une rémunération corrélative à ce même auteur.
Sous réserve des conditions précitées, la jurisprudence admet qu'en matière littéraire, de courtes citations soient faites sans l'autorisation préalable de l'auteur des textes cités, tandis qu'en matière musicale ou encore d'art plastique, la jurisprudence s'est formellement opposée jusqu'à ce jour, quasi unanimement, à accepter les courtes citations.
Notons qu'en matière de base de données informatique, la jurisprudence a admis qu'une œuvre seconde soit exclusivement faite d'analyses et de courtes citations, alors qu'elle exigeait traditionnellement l'existence d'une œuvre seconde qui se suffirait à elle-même en cas de suppression des cocitations ou analyses (7).

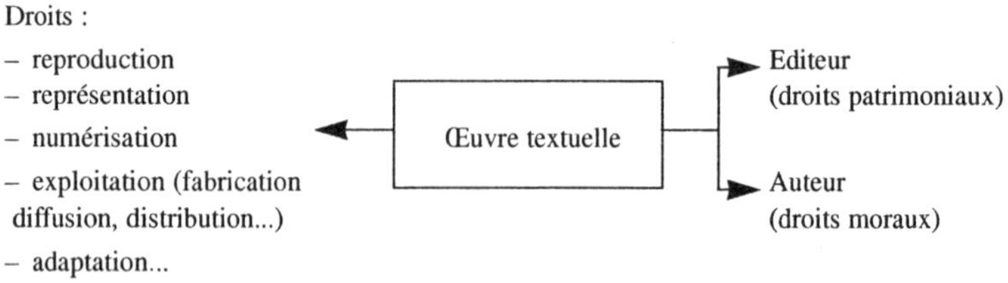

Figure 8.1. *Répartition des droits sur l'œuvre textuelle*

8200. L'acquisition des droits d'auteur

La seconde question qu'est susceptible de se poser un producteur ou un éditeur professionnel d'œuvre multimédia porte sur « l'achat » des droits d'auteur de données textuelles.
En matière de droit d'auteur, on ne parle pas d'achat comme on parlerait d'achat de marchandises puisque seuls sont cédés les droits d'exploiter l'œuvre et non l'œuvre elle-même.
Si la distinction peut paraître parfois assez subtile, elle n'en est pas moins sans importance puisque, même si un tiers se voit céder les droits d'exploiter une œuvre créée par un auteur, il doit respecter le droit moral de l'auteur, c'est-à-dire

le droit au nom, le droit au respect de l'intégrité de son œuvre, droits qui n'ont de sens que si l'on se situe dans une autre hypothèse que celle de la vente de marchandises.

8210. *Les droits objet de l'acquisition*

Le Code de la propriété intellectuelle prévoit que l'auteur d'un texte et plus généralement d'une œuvre de l'esprit, peut céder à un tiers son droit de reproduction et de représentation de l'œuvre.

8211. *La cession des droits de reproduction et de représentation*

La reproduction est définie à l'article L. 122-3 du Code de la propriété intellectuelle comme la fixation matérielle de l'œuvre par toutes procédures permettant de la communiquer au public de manière indirecte, tandis que la représentation est définie à l'article L. 122-2 du même Code, comme la communication de l'œuvre au public par un procédé quelconque et notamment :

« *1° Par récitation publique, exécution lyrique, représentation dramatique, présentation publique, projection publique et transmission dans un lieu public de l'œuvre télédiffusée ;*
2° Par télédiffusion. La télédiffusion s'entend de la diffusion par tout procédé de télécommunications de sons, d'images, de documents, de données, messages de toute nature. Est assimilée à une représentation l'émission d'une œuvre vers un satellite ».

Les droits de reproduction et de représentation sont les deux seuls droits expressément visés par le Code de la propriété intellectuelle en tant que composant des droits patrimoniaux de l'auteur donnant lieu à rémunération. Ce qui n'empêche pas l'auteur de céder les autres droits patrimoniaux qu'il détient, le Code précisant que chacun des droits cédés doit faire l'objet d'une mention distincte dans le contrat de cession de droits avec un tiers.

8212. *La cession des autres droits*

Outre les droits de reproduction et de représentation, il est également recommandé de gérer contractuellement le sort d'autres droits attachés aux opérations suivantes :

– l'adaptation,
– la numérisation,

– la diffusion,
– la commercialisation,
– la distribution,
– l'incorporation, l'intégration,
– la fabrication...

Il est donc conseillé de définir toutes les opérations qui sont susceptibles d'intervenir sur l'œuvre et d'envisager la cession du droit correspondant à cette opération (*infra* n° **8300**).
Par ailleurs, les modes de reproduction et de diffusion devront faire l'objet d'une énumération exhaustive, dans le but de se prévenir contre toute ambiguïté ou contestation ultérieure.

8213. ***La rémunération***

Bien qu'a priori simple à gérer, la question de la rémunération doit néanmoins faire l'objet d'une attention particulière. En effet, le Code de la propriété intellectuelle pose des dispositions impératives en matière de rémunération des auteurs.
En ce domaine, l'erreur fréquente consiste à prévoir une rémunération forfaitaire là où il ne peut légalement y avoir qu'une rémunération proportionnelle.

8214. ***La rémunération forfaitaire***

Aux termes de l'article L. 131-4 du Code de la propriété intellectuelle, la rémunération de l'auteur peut être évaluée forfaitairement dans les cas limitativement énumérés :

« *1° La base de calcul de la participation proportionnelle [aux recettes provenant de la vente ou de l'exploitation de l'œuvre de l'esprit] ne peut être pratiquement déterminée ;*
2° Les moyens de contrôler l'application de la participation font défaut ;
3° Les frais des opérations de calcul et de contrôle seraient hors de proportion avec les résultats à atteindre ;
4° La nature ou les conditions de l'exploitation rendent impossible l'application de la règle de la rémunération proportionnelle, soit que la contribution de l'auteur ne constitue pas l'un des éléments essentiels de la création intellectuelle de l'œuvre, soit que l'utilisation de l'œuvre ne présente qu'un caractère accessoire par rapport à l'objet exploité ;
5° En cas de cession des droits portant sur un logiciel ;
6° Dans les autres cas prévus au présent code.

Est également licite la conversion entre les parties, à la demande de l'auteur, des droits provenant des contrats en vigueur en annuités forfaitaires pour des durées à déterminer entre les parties ».

Dans une œuvre multimédia, la rémunération forfaitaire sera souvent licite et envisageable lorsque l'utilisation de la donnée textuelle sera en fait accessoire par rapport à l'œuvre d'ensemble ou encore que la contribution de l'auteur de la donnée textuelle constituera une contribution minime par rapport aux contributions principales et essentielles de l'œuvre d'ensemble.
En conséquence, hormis les exceptions fixées par l'article L. 131-4 du Code, le producteur ou l'éditeur professionnel d'une œuvre multimédia ne saurait légalement rémunérer l'auteur de la donnée textuelle autrement que de manière proportionnelle aux recettes provenant de l'exploitation de l'œuvre globale, c'est-à-dire de l'œuvre multimédia dans son ensemble.

8215. *La rémunération proportionnelle*

Cette rémunération est la rémunération de principe posée par le droit d'auteur français et consiste en la rémunération de l'auteur en fonction des recettes de la vente ou de l'exploitation d'ensemble à laquelle est incorporée sa contribution personnelle.
A cet égard, le principe est la libre négociation entre le producteur et l'auteur mais en réalité, l'auteur sera souvent adhérent à une société d'auteur (8) qui aura préalablement fixé des barèmes et des tarifs qui devront donc être impérativement appliqués pour fixer la rémunération de l'auteur.
Pour le producteur ou l'éditeur de l'œuvre multimédia, l'avantage de la rémunération proportionnelle est de retarder le moment de la rémunération de l'auteur au jour où l'exploitation de l'œuvre aura donné lieu à des recettes ; à l'inverse, la rémunération forfaitaire oblige le plus souvent le producteur ou l'éditeur à verser immédiatement à l'auteur une somme déterminée, avant toute exploitation commerciale.
La rémunération forfaitaire peut donc présenter certains désavantages par rapport à la rémunération proportionnelle. Elle n'est pas toujours, contrairement au apparence, la meilleure solution aux questions financières du producteur ou de l'éditeur professionnel.

8300. Les contrats d'auteurs

La présente section aborde les clauses des contrats d'auteur de données textuelles avec le producteur ou l'éditeur de l'œuvre multimédia, qui paraissent mériter une attention toute particulière. Cette liste n'est donc pas exhaustive de toutes les clauses devant figurer dans un tel contrat, qui est affaire d'espèce.

8310. ***Les clauses indispensables : qualification, contexte et garanties***

On compte parmi les clauses indispensables, celles relatives :

– à la qualification de l'œuvre multimédia d'ensemble, ainsi que celles, le cas échéant, de la contribution de l'auteur des données textuelles ;

– au contexte général dans lequel intervient le contrat et qui sera brièvement décrit au préambule du contrat ;

– aux garanties accordées par l'auteur au producteur et réciproquement.

8311. ***La qualification de l'œuvre***

Bien qu'elle fasse encore l'objet d'hésitation et de recherches doctrinales, il paraît nécessaire afin d'éviter toute ambiguïté ou contestation ultérieure de qualifier l'œuvre multimédia d'ensemble (9).

Si le producteur veut être investi des droits patrimoniaux sur l'œuvre multimédia d'ensemble, deux qualifications s'offrent à lui : la qualification d'œuvre collective ou la qualification d'œuvre audiovisuelle.

En tout état de cause, il est recommandé de spécifier expressément dans le contrat que le producteur est le titulaire exclusif des droits patrimoniaux sur l'œuvre d'ensemble, ainsi que sur chacun des éléments composant cette œuvre, sous réserve le cas échéant, de la possibilité pour l'auteur d'un de ces éléments d'exploiter séparément sa contribution sans que cela nuise à l'exploitation de l'œuvre d'ensemble.

Quelle que soit la qualification retenue, il est nécessaire de définir la nature de l'œuvre multimédia, ainsi que la nature de la contribution, même si celle-ci semble couler de source. En effet, en l'absence de dispositions légales ou de solutions jurisprudentielles relatives au multimédia, il est plus que conseillé de prévoir dans le contrat les définitions des diverses contributions composant l'œuvre multimédia, ainsi que la qualification juridique correspondante.

A titre d'exemple, si un auteur est sollicité par le producteur pour rédiger la partie textuelle de l'œuvre multimédia, il est recommandé de spécifier au contrat s'il s'agit de l'auteur de la partie textuelle, et uniquement textuelle, ou au contraire, s'il s'agit de l'auteur de textes destinés à être intégrés dans une œuvre multimédia et dont les arrangements seront faits par une autre personne, qui disposera de l'autorisation préalable de l'auteur etc.

La portée de la contribution devra également être précisée afin de justifier le caractère forfaitaire ou proportionnel de la rémunération envisagée au contrat.

8312. ***Le contexte du contrat***

Le contexte dans lequel est conclu le contrat est à rappeler au « préambule » du contrat. En cas d'ambiguïté ou de contestation dans l'exécution du contrat, le juge se reportera le plus souvent à ces dispositions afin de déterminer quelle a été la commune intention des parties en signant le contrat. Il est donc particulièrement important de rédiger le préambule.

8313. ***Les garanties du contrat***

Le producteur devra se montrer prudent vis-à-vis des contributions des divers auteurs devant être incorporées dans une œuvre multimédia, étant donné qu'en application des composants du droit moral posé par le Code de la propriété intellectuelle, l'auteur d'une œuvre peut interdire ou s'opposer à la divulgation de son œuvre, même après s'être engagé à exécuter l'œuvre au profit d'un tiers.
Certes, l'auteur devra dédommager le producteur suite à la non divulgation de sa contribution, mais cette faculté lui demeure acquise. En conséquence, il est utile de préciser le montant de la garantie que l'auteur devra, en tout état cause, acquitter au producteur s'il fait obstacle à la divulgation de sa contribution.
Par ailleurs, le producteur devra obtenir l'engagement de l'auteur :

– que sa contribution ne viole aucun droit d'auteur préexistant,

– de faire son affaire personnelle de toute réclamation d'un tiers.

Le cas échéant, en fonction de l'importance de la contribution de l'auteur, le producteur peut obtenir de l'auteur, une participation à une éventuelle action de contrefaçon ou réclamation d'un tiers portant sur l'œuvre d'ensemble elle-même.

8320. ***Les clauses dangereuses***

La rémunération et la cession de droits font l'objet de deux clauses qui peuvent être dangereuses car elles témoignent encore à l'heure actuelle d'erreurs fréquentes.

8321. ***La rémunération***

Les règles relatives à la rémunération sont fixées par le Code de la propriété intellectuelle et peuvent être écartées par la simple volonté des parties.
Toutefois, une rémunération proportionnelle ne pourra être déclarée forfaitaire par le producteur (*supra* n° **8214** et **8215**). Aussi, cette clause est-elle une clause « dangereuse » et mérite donc une attention toute particulière.

8322. ***La clause de cession de droits***

Compte tenu du fait que d'une part, le Code de la propriété intellectuelle ne cite que les droits de reproduction et de représentation comme droits patrimoniaux donnant lieu à rémunération (*supra* n° **8211**), et d'autre part, qu'il pose l'exigence d'une mention contractuelle distincte de chacun des droits cédés, il est conseillé de lister de manière exhaustive tous les droits portant sur les opérations qui pourront être réalisées sur la contribution d'auteur : droit de numérisation, droit d'adaptation, droit de diffusion par satellite etc.
La nature de la cession devra également être précisée : cession à titre exclusif ou non, cession à titre onéreux ou gratuit.

8323. ***Les clauses utiles : l'exploitation dérivée***

Par exploitation dérivée on entend l'exploitation de la contribution textuelle dans un autre cadre que celui de l'élaboration du produit multimédia, par exemple, une production audiovisuelle ou une édition papier.
Même si l'exploitation dérivée de la contribution textuelle n'est pas encore envisagée par le producteur, il est recommandé de prévoir la cession la plus large possible.
L'obtention de la cession du droit de faire des œuvres dérivées à partir de la contribution textuelle doit donner lieu à une rémunération supplémentaire en fonction de l'importance et de la nature de la contribution.
En conséquence, les contrats d'auteur, en particulier d'auteur de données textuelles, doivent faire l'objet d'une attention toute particulière et ne sont pas des contrats « simples » *a priori*.
S'il est vrai qu'un contrat type peut être élaboré (et les sociétés d'auteurs en proposent un certain nombre), il est également certain que ces contrats devront faire l'objet d'une adaptation à la situation précise de chaque hypothèse. Chaque spécificité est de nature à modifier substantiellement l'économie du contrat type de départ.
Plus les contrats seront précis et les clauses détaillées, moins ils seront susceptibles de donner lieu à des contestations ultérieures.

Notes

(1) A. Lucas et H. J. Lucas, *Traité de la propriété littéraire artistique*, Editions Litec 1994.

(2) CA Paris, 4e Ch., 17 mai 1975, *RIDA* octobre 1975, n° 86, p. 133.

(3) Trib. corr. Paris 10e Ch., 17 janvier 1968, *Gaz. Pal.*, 1968.

(4) *Infra* n° **38000** et suivants relatifs à la gestion collective des droits.

(5) *Infra* n° **19000** et suivants relatifs à l'édition.

(6) Articles L. 132-1 à L. 132-17 du Code de la propriété intellectuelle.

(7) CA Paris, 1re Ch. A, 18 décembre 1985, Sté Microfor c. SARL Le Monde, *JCP* 1986 II-20615.

(8) *Infra* n° **38000** et suivants relatifs à la gestion collective des droits.

(9) Sur cette question, *infra* n° **14000** et suivants relatifs au statut de l'œuvre multimédia.

9000.

La protection par les dessins et modèles

Outre ses fonctionnalités, une œuvre multimédia présente très souvent des particularités graphiques notables. Dès lors, une protection de ce graphisme par le biais de la loi sur les dessins et modèles (1) peut être envisagée. Même si ce mode de protection apparaît comme périphérique, il présente des avantages certains.

9100. Le régime des dessins et modèles

Pour bien comprendre l'utilité d'un recours à la protection par le droit sur les dessins et modèles pour protéger des éléments d'un produit multimédia, il est nécessaire d'en rappeler les contours.

9110. *Définition des dessins et modèles au regard du Code de la propriété intellectuelle*

Les dessins et modèles font l'objet d'une protection depuis la loi du 14 juillet 1909, aujourd'hui codifiée aux articles L. 511-1 et suivants du Code de la propriété intellectuelle. L'article L. 511-3 alinéa 1, de ce Code énonce que :

« Les dispositions du présent livre sont applicables à tout dessin nouveau, à toute forme plastique nouvelle, à tout objet industriel qui se différencie de ses similaires, soit par une configuration distincte et reconnaissable lui conférant un caractère de nouveauté, soit par un ou plusieurs effets extérieurs lui donnant une physionomie propre et nouvelle ».

Un dessin ou un modèle peut donc être protégé par les dispositions du Code de la propriété intellectuelle pour autant qu'il s'agisse d'une création nouvelle.
Il est à noter que la jurisprudence admet que ce caractère de nouveauté ne soit pas interprété de façon trop restrictive. C'est ainsi que la Cour d'appel de Paris dans une décision rendue le 10 janvier 1977 (2) a considéré qu'est susceptible de bénéficier de la protection de la loi un enjoliveur de lunettes réunissant des éléments connus et donnant à un modèle une physionomie propre et nouvelle, lui permettant de se différencier de ses similaires.
On remarquera également que la notion de nouveauté, critère nécessaire à la protection par le régime des dessins et modèles, est différente de celle d'originalité requise pour la protection par le droit d'auteur (3).

9120. *Le régime juridique applicable*

Contrairement aux œuvres protégées par le droit d'auteur, les dessins et modèles ne peuvent bénéficier de la protection spécifique à ces créations qu'à la condition expresse que leur auteur ait procédé à un dépôt préalable.

9121. *Le dépôt*

L'article L. 511-5 du Code de la propriété intellectuelle dispose que « *les dessins ou modèles régulièrement déposés jouissent seuls du bénéfice du présent livre* ».
Les formalités de dépôt s'effectuent auprès de l'Institut national de la propriété industrielle (INPI) ou du tribunal de commerce du domicile du déposant.
La loi prévoit un système de protection exigeant un dépôt relativement simple et peu coûteux. Il est actuellement réglementé par le décret du 27 septembre 1994 (4). Ce texte précise les modalités du dépôt :

- une déclaration de dépôt,
- la justification du paiement des redevances prescrites,
- une reproduction graphique ou photographique des dessins et modèles, accompagnée facultativement d'une brève description,
- s'il est constitué un mandataire, le pouvoir de ce dernier, pour effectuer le dépôt.

9122. *Les effets du dépôt*

Le dépôt n'est pas constitutif de droit, il en est déclaratif : le déposant peut faire remonter la protection à la date de sa création effective si elle est préalable aux antériorités qui lui sont présentées *(infra* n° **9124**). Le dépôt permet donc de prendre date.

Le déposant d'un dessin ou modèle est, du fait du dépôt, légalement habilité à intenter une action à l'encontre de toute personne physique ou morale qui porterait atteinte à ses droits (5).
Les atteintes aux droits du déposant sont punies par des peines prévues pour la contrefaçon dans le Code de propriété intellectuelle. Elles constituent des infractions pénales mais également des délits civils.

9123. *La durée de la protection*

Aux termes de l'article L. 513-1 du Code de la propriété intellectuelle :

« *La durée de la protection prévue par le présent livre est de vingt-cinq ans à compter de la date de dépôt.*
Elle peut être prorogée pour une période supplémentaire de vingt-cinq ans sur déclaration du titulaire ».

Ainsi, la loi accorde une protection qui peut aller jusqu'à cinquante ans.

9124. *La titularité des droits*

L'article L. 511-2 du Code de la propriété intellectuelle dispose que « *la propriété d'un dessin ou modèle appartient à celui qui l'a créé ou à ses ayants droit ; mais le premier déposant dudit dessin ou modèle est présumé, jusqu'à preuve contraire, en être le créateur* ».

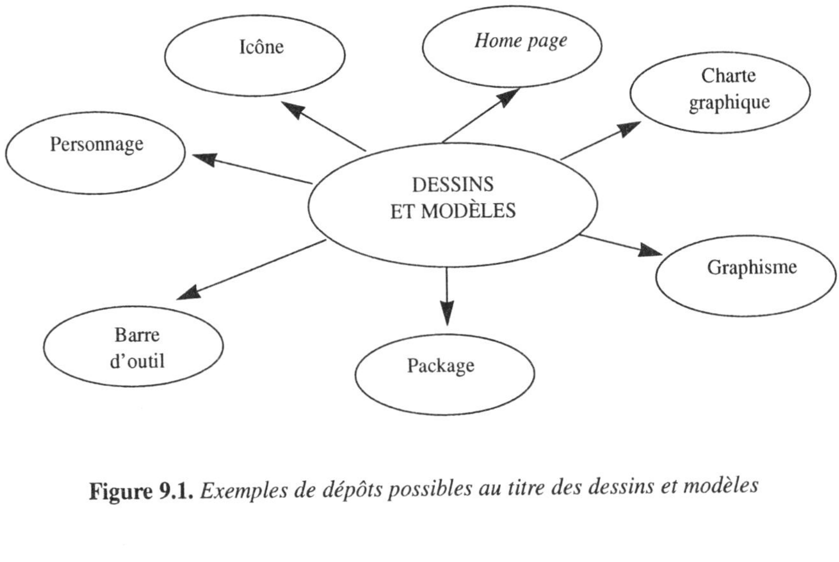

Figure 9.1. *Exemples de dépôts possibles au titre des dessins et modèles*

Une personne morale peut déposer un dessin ou un modèle et, du fait de ce dépôt, se voir conférer la titularité des droits et actions (6).
Le déposant bénéficie d'une présomption de titularité des droits. En effet, le dépôt présente un caractère « déclaratif » et non constitutif du droit. C'est-à-dire que le droit ne naît pas du dépôt (cas du dépôt de brevet), mais de la création. Ce qui signifie qu'un tiers peut toujours démontrer que le dessin ou modèle déposé a été en réalité créé par un autre, avant la date du dépôt.
En cas de litige, la preuve contraire peut toujours être rapportée par celui qui prétend que la création d'un tiers est antérieure au dépôt (7).

9125. *Le cumul avec le régime du droit d'auteur*

Le titulaire d'un dessin ou d'un modèle peut se prévaloir soit de la loi sur les dessins et modèles si sa création est nouvelle et a fait l'objet d'un dépôt à l'INPI, soit de la loi sur le droit d'auteur si son œuvre est originale, soit des deux simultanément (8).

9200. L'application du régime des dessins et modèles au multimédia

Comment placer une œuvre multimédia sous une telle protection et quels sont les intérêts d'une telle protection ? Il s'agit de deux préoccupations relatives à l'application du régime des dessins et modèles au produit multimédia.

9210. *L'application du droit des dessins et modèles au multimédia*

S'il paraît nécessaire pour que le produit multimédia soit attractif, que chacune de ses composantes, y compris la technicité utilisée, soit de qualité, il n'en demeure pas moins que la première perception qu'en a l'utilisateur fait appel au sens du visuel.
Le graphisme, les dessins, les illustrations, la charte graphique peuvent contribuer largement au succès d'un produit. Tel est particulièrement le cas, en matière de jeux vidéo, ludiciels ou systèmes de dessins assistés par ordinateur.
Du reste, il est à remarquer que les représentations visuelles d'un certain nombre de jeux vidéo ont fait l'objet d'un dépôt auprès de l'Institut national de la propriété industrielle.
Il est donc tout à fait envisageable de déposer en qualité de dessins et modèles, tel outil, élément graphique du produit, ou personnage (9).
Mais, que peut-on réellement protéger par la loi sur les dessins et modèles ?

9211. ***La protection du produit multimédia dans sa forme logicielle***

Si l'on considère le produit multimédia dans sa forme logicielle, la protection par les dessins et modèles n'a pas vocation à s'appliquer ; elle ne peut en effet, porter que sur les représentations visuelles qu'il produit.

9212. ***La protection des éléments d'environnement du produit multimédia***

La visualisation à l'écran d'un produit multimédia nécessite la présence de barres d'outils et d'icônes qui assurent l'interface et l'interactivité avec l'utilisateur.
En outre, l'accès à un réseau ouvert de type Internet et aux différents services qui le propose, se fait toujours par l'intermédiaire d'icônes identifiant les serveurs et de « *home pages* » ou pages de présentation. Ces dernières peuvent présenter une combinaison avec des icônes particulières telle, que la protection par les dessins et modèles peut s'avérer possible.
Ces icônes peuvent par leur particularisme et leur nouveauté être un moyen d'identification d'une production, d'une collection ou d'un auteur. Une protection par les dessins et modèles s'avère possible et judicieuse à ce titre.

9213. ***La protection du produit « packagé »***

Si l'on considère l'œuvre multimédia dans sa globalité, c'est-à-dire non seulement le support du produit, mais également son emballage, la protection par la loi des dessins et modèles devient intéressante.
En effet, les techniques de marketing vont conduire à de plus en plus de recherches au niveau de l'emballage du produit et l'on peut très bien imaginer qu'une œuvre sera identifiable par la forme originale de son *packaging*, lequel peut inclure un logo qui, par son caractère répétitif, donnera une image de marque à chacun des produits de la collection.
La protection par la loi sur les dessins et modèles peut alors apparaître comme très intéressante.

9220. ***L'intérêt d'une telle protection***

Le recours à la législation sur le droit d'auteur pour les œuvres multimédias fait apparaître l'application des dispositions relatives aux dessins et modèles comme présentant moins d'intérêt.
En effet, sur un plan pratique, ce type de protection peut présenter un léger inconvénient par rapport à la protection par le droit d'auteur. La protection par les dessins et modèles prévoit un dépôt qui, bien qu'ayant un caractère déclaratif et

non constitutif de droit, est une condition *sine qua non* pour pouvoir bénéficier des dispositions de la loi de 1909.

Cela implique l'accomplissement de formalités qui peuvent apparaître plus contraignantes.

Toutefois, c'est ce dépôt qui représente le principal intérêt d'un recours à cette loi.

Le déposant d'un dessin et modèle est du fait du dépôt, légalement habilité à intenter une action en contrefaçon à l'encontre de l'auteur d'une atteinte à l'un de ses droits sans avoir à rapporter par exemple, la preuve de sa qualité d'auteur.

Les atteintes constituent des infractions pénales mais également des délits civils.

Mais attention, les dépôts de dessins et modèles des éléments visuels d'une œuvre multimédia ne sauraient constituer qu'une protection annexe.

Cette protection périphérique n'est cependant pas à négliger du fait de l'incertitude relative au statut juridique du produit multimédia (10) et du nombre important de graphiques qui y sont contenus.

Elle permet de protéger des éléments visuels significatifs qui pourraient être réutilisés dans le cadre par exemple, d'une collection et conférer ainsi à ces différents produits une sorte de label aisément identifiable.

Notes

(1) Article L. 511-1 à article L. 521-7 du Code de la propriété intellectuelle.

(2) CA de Paris, 4e Ch., 10 janvier 1977, *JCP* (G) 1978, II-18830.

(3) *Supra* n° **3000** et suivants relatifs au régime général des œuvres.

(4) Décret n° 94-836 du 27 septembre 1994, *JO* du 29 septembre 1994.

(5) Articles L. 511-1 et suivants du Code de la propriété intellectuelle.

(6) CA Paris, 4e Ch., 12 juillet 1988, *PIBD* 1988, III-405.

(7) CA Paris, 23 octobre 1986, *PIBD* 1987, III-123 ; CA Paris, 4e Ch., 15 janvier 1992, *PIBD* 1992, III-301.

(8) TGI Marseille, 17 août 1989, PIBD 1990, n° 470, III-60 ; CA Paris, 4e Ch., 3 mars 1988, *Cahier du droit d'auteur*, mai 1991, n° spéc., tome 1, p. 62.

(9) *Infra* n° **16000** et suivants relatifs à la protection des personnages dans l'œuvre multimédia.

(10) *Infra* n° **14000** et suivants relatifs au statut de l'œuvre multimédia.

10000.

Les données et bases de données multimédias

Le développement de l'informatique et des télécommunications a permis l'essor d'une industrie de l'information accessible par les moyens télématiques. Grâce à l'interactivité, les bases de données, qu'elles soient économiques, juridiques, scientifiques ou encore culturelles, connaissent une évolution croissante et conjuguent plusieurs médias.

De la bureautique à la gestion de documents en passant par la formation, nombreuses sont les applications professionnelles de la technologie multimédia (1). Aujourd'hui, les bases de données multimédias étendent leur domaine d'application vers des utilisations grand public (bornes interactives, jeux, loisirs...).

La doctrine et la jurisprudence s'accordent majoritairement à reconnaître aux bases de données le statut d'œuvre de l'esprit protégeable par le droit d'auteur. Aussi, c'est au regard de la doctrine et des décisions rendues par les tribunaux que l'on analysera, tout d'abord, le régime de protection des bases de données multimédias, leur commercialisation et la responsabilité du producteur.

En outre, la directive européenne concernant la protection juridique des bases de données, a été adopté le 11 mars 1996.

C'est également au regard de cette directive qu'il convient d'analyser le nouveau statut qui sera donné aux bases de données d'ici le 1er janvier 1998, date à laquelle les États membres doivent avoir mis en vigueur les dispositions législatives, réglementaires et administratives nécessaires pour se conformer à la directive.

10100. Typologie et caractéristiques des données multimédias

Les données multimédias sont principalement caractérisées par leur très grande hétérogénéité, leur volume qui nécessite des capacités de stockage impressionnantes et leur mode de gestion au sein de systèmes de gestion de base de données (SGBD) capables de traiter tout type d'informations (stockage, indexation, consultation, diffusion...).

10110. *L'hétérogénéité des données multimédias*

Du texte aux images en passant par la vidéo et le son, les systèmes multimédias incorporent diverses données provenant de supports hétérogènes (disques optiques, disquettes, bandes magnétiques, audio, vidéo...).
De tels systèmes rendent possible la production de documents numérisés qui soient synchronisés entre eux et interactifs grâce à un logiciel. Ces documents concernent à la fois :

– des données « techniques » : graphiques, plans, schémas, croquis, modèles géométriques et autres données CAO servant à la réalisation d'applications spécifiques (dessins d'ingénierie 3D...) ;

– des données « alphanumériques » : textes et valeurs numériques habituellement traités dans les applications informatiques ;

– des données « audio » et « vidéo » : images animées ou fixes, sons.

10120. *Les volumes de données considérables*

Les données multimédias, et plus particulièrement les images vidéo, sont des données volumineuses qu'il faut généralement compresser afin de limiter les besoins en capacité de traitement et en unités de stockage. Ces dernières ne s'expriment plus en millions de caractères (Mo ou méga-octets), mais en milliards de caractères (Go ou giga-octets) (1 bis).
Le stockage des données s'effectue généralement sur support optique (CD-ROM). Or, la capacité du CD-ROM est limitée à 650 Mo, ce qui, selon les spécialistes, ne permettrait de stocker, si elles n'étaient pas compressées, qu'un peu plus de 2 000 images en mode VGA étendu (2), soit environ 1,5 minute de vidéo à 25 images par seconde (3).
Selon les spécialistes, en ce qui concerne les banques d'images, le problème du stockage des photos est d'autant plus grand qu'elles exigent généralement un nombre important de champs annexes servant à la décrire : présentation, auteur, techniques, classification et éventuellement gestion des droits de cession (4).

10130. *Les SGBD multimédias*

Du fait de la très grande hétérogénéité des données qui les composent, les bases de données multimédias nécessitent le recours à des systèmes de gestion de bases de données (SGBD) capables de traiter une photo au même titre qu'un autre document plus classique, de type textuel ou numérique et surtout d'assurer l'interface avec l'utilisateur.

Les SGBD permettent de manipuler et de classer les objets de manière à faciliter leur évolution et leur accès. Associés à une base de données multimédias, les SGDB rendent possible le traitement d'un nombre considérable d'informations hétérogènes.

En ce qui concerne les banques d'images qui atteignent plusieurs centaines de milliers de photos (5), une recherche de type relationnel sur les champs annexes servant à les décrire devient tout à fait insuffisante.

Aussi, les développements actuels vont dans le sens de la création de bases multimédias permettant non seulement la recherche sur du texte intégral (*full text*), mais également la requête par image, c'est-à-dire la possibilité d'interroger la base directement depuis une photo.

Le système se charge de trouver toutes les photos analogues par interpolation, puis d'extraire les données textuelles. Il faut citer à ce sujet un projet ambitieux développé par la société Informix permettant à la police américaine d'assurer le suivi des empreintes digitales (6).

Les SGBD et le multimédia (*)
« Au même titre qu'une image, un SGBD peut indexer un film vidéo ou un fichier son. Seules la puissance du réseau et les unités de stockage diffèrent. Deux solutions existent :
– le « réseau double » qui consiste à stocker les films sur support analogique, tout en étant indexés par la base, et à les acheminer jusqu'au poste de consultation sur un réseau parallèle en fibres optiques.
– le « tout numérique » qui oblige au codage des films (au format MPEG par exemple) et qui les achemine tels quels sur le réseau.
C'est sans aucun doute cette dernière technique qui a le plus d'avenir ».

(*) Source : D. Tanchereau, *Le Monde Informatique* du 22 septembre 1995, p. 21-22.

Tableau 10.1. *Les SGBD et le multimédia*

10200. Qualification juridique des bases de données multimédias

La doctrine et la jurisprudence françaises dominantes reconnaissent aux bases de données le statut d'œuvre de l'esprit protégeable par le droit d'auteur sous certaines conditions.

De même, la directive européenne du 11 mars 1996 (6 bis) a bâti un cadre juridique à partir de la législation sur le droit d'auteur, tout en y aménageant un droit propre à assurer la protection des investissements des bases non originales.

10210. ***La distinction entre bases et banques de données***

Selon l'arrêté du 22 décembre 1981 relatif à l'enrichissement du vocabulaire de l'informatique (7), on entend par :

– banque de données : « *un ensemble de données relatif à un domaine défini des connaissances et organisé pour être offert aux consultations d'utilisateurs* » ;

– base de données : « *un ensemble de données organisé en vue de son utilisation par des programmes correspondant à des applications distinctes et de manière à faciliter l'évolution indépendante des données et des programmes* ».

Cependant, on observe que dans la pratique la distinction offre peu d'intérêt sur le plan juridique. C'est la raison pour laquelle les producteurs demeurent imprécis sur ces qualifications.
Selon le Groupement français des fournisseurs d'information en lignes (GFFIL), les bases et banques de données peuvent être définies comme :

« *Des systèmes de documentation informatisés, accessibles en temps réel et en conversationnel au moyen de terminaux reliés par des réseaux de transmission à l'ordinateur* » (8).

Enfin, la directive européenne du 11 mars 1996 concernant la protection juridique des bases de données (9), définit la base de données comme :

« *Un recueil d'œuvres de données ou d'autres éléments indépendants, disposés de manière systématique ou méthodique et individuellement accessibles par des moyens électroniques ou d'une autre manière.*
La protection prévue par la présente directive ne s'applique pas aux programmes d'ordinateur utilisés dans la fabrication ou le fonctionnement des bases de données accessibles par des moyens électroniques. »

Ainsi, la notion de « base de données » sera retenue dans la suite des développements, comme étant le terme générique permettant de désigner un ensemble d'informations mémorisées et restituées par des moyens électroniques ou non, la directive européenne ayant expressément étendu son champ de protection aux bases non électroniques.

10220. *L'information et la donnée*

La donnée peut se définir comme « *la représentation conventionnelle d'une information sous une forme permettant d'en faire le traitement automatique* » (10).
La notion d'information recouvre elle-même des réalités très diverses. Il peut s'agir tout aussi bien d'informations brutes comme des données chiffrées (informations boursières, météo...), d'informations protégées par le droit d'auteur (articles, photos...) ou par un droit de la personne (informations nominatives...) ou encore d'informations publiques (informations publiées au registre du commerce...).
Toutes ces informations ont cependant un dénominateur commun : la valeur marchande qu'on a pu leur donner.

10300. La protection des bases de données

La création d'une base de données multimédias suppose un investissement lourd que le producteur cherchera tout naturellement à protéger à tous les stades de son élaboration (collecte ou acquisition de droits sur les différents produits à intégrer, traitement, diffusion...) (11).

10310. *L'objet de la protection*

Pour être opérationnelles, les informations doivent être intégrées selon une nomenclature très précise. C'est à ce niveau qu'intervient la fonction de conception du format des données à collecter permettant leur intégration dans la base.
La collecte peut être indépendante de la saisie par un centre informatique. La notion de collecte concerne le choix des données, tandis que celle de saisie répond aux contraintes imposées par les conditions de traitements automatiques (opérations, scanneurs, etc.).
Cette collecte fait intervenir des problèmes d'autorisations. En effet, les informations peuvent être d'origine publique ou appartenir au domaine privé.
La saisie est le corollaire de la collecte ; elle a une résonance essentiellement économique.
La mise à jour a, quant à elle, une incidence directe sur la propriété de la base, lorsque les investissements du diffuseur deviennent trop importants par rapport à ceux ayant été à l'origine de la constitution du fonds documentaire. Or, certaines bases de données sont extrêmement sensibles au critère de "fraîcheur".

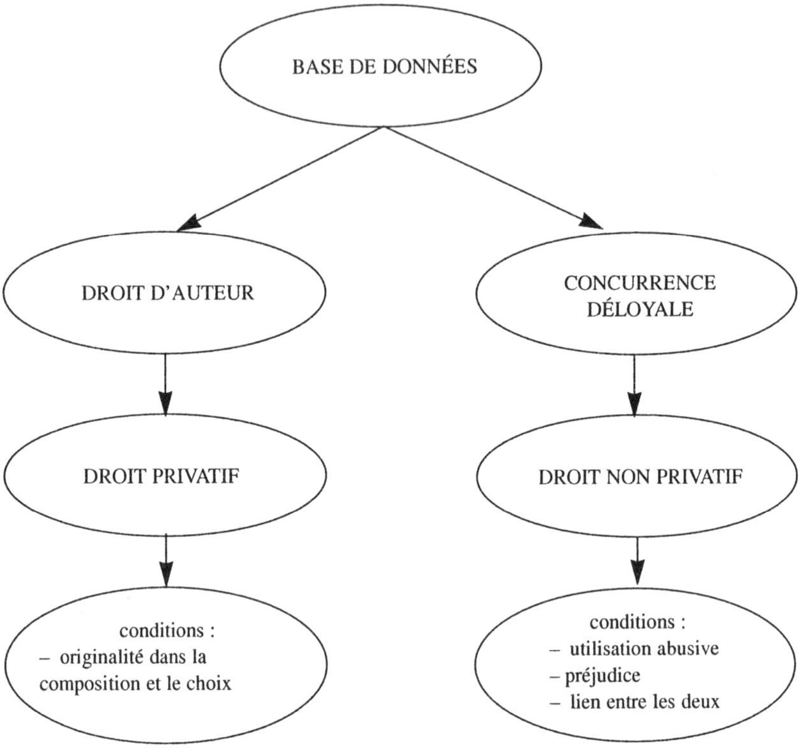

Figure 10.1. *La protection des bases de données en droit français*

Enfin, la valeur économique de la base de données s'apprécie à travers de multiples composantes qui sont essentiellement la qualité, tant de l'organisation donnée à la documentation stockée que de l'ensemble des techniques nécessaires à l'organisation de ces données, c'est-à-dire au système de gestion de base de données utilisé.

Le SGBD est l'ensemble des programmes nécessaires à la conception et au fonctionnement de la base de données. Il permet en particulier les opérations d'enregistrement et de mise à jour des données, de restitution et de mise en forme des résultats.

L'objet de la protection peut concerner à la fois les données mises en mémoire, le travail documentaire réalisé et le système de gestion de base de données ; il convient donc de s'interroger sur le statut de telles créations.

Une information à l'état brut ne pourra bénéficier d'aucune protection, dès lors qu'elle ne se présente pas sous une forme originale. C'est de la constitution en un ensemble d'informations intégrées selon une nomenclature très précise, qu'une telle base de données pourra tirer son originalité.

Plus que dans son expression, c'est de sa composition et de sa structuration que la base de données va tirer son caractère original qui lui ouvrira la voie de la protection. C'est ce que précise l'article 3 alinéa 1er de la directive européenne du 11 mars 1996 :

« *Conformément à la présente directive, les bases de données qui, par le choix ou la disposition des matières, constituent une création intellectuelle propre à leur auteur sont protégées comme telle par le droit d'auteur. Aucun autre critère ne s'applique pour déterminer si elles peuvent bénéficier de cette protection* » (12).

10320. ***La protection par le droit d'auteur***

Le critère de l'originalité des bases de données est particulièrement difficile à dégager au regard des principes traditionnels. En matière de propriété intellectuelle le critère de l'originalité s'apprécie à deux niveaux :

- la forme d'expression ;
- la composition.

10321. ***L'originalité dans la forme d'expression***

Le droit français ne protège pas les compilations en tant que telles. D'une part, les indexations, c'est-à-dire le choix des mots clés permettant d'identifier les éléments de la compilation, ne semblent pas pouvoir satisfaire à l'exigence d'originalité. La doctrine considère en effet, que le choix des mots clés est avant tout fonctionnel et qu'il relève de la technique classique des documentalistes.

Ainsi, selon André Lucas, « *au-delà de l'écran des mots clés, c'est bien un savoir-faire que l'on cherche à approprier par le biais du droit d'auteur, et cela nous semble dénaturer l'institution* » (13).

D'autre part, il est donné une forme particulière aux informations, dans un but fonctionnel, en vue de permettre leur traitement. On constate que la forme utilisée n'a qu'un rôle instrumental et s'efface devant les concepts qu'elle véhicule. Il est d'autant plus difficile d'attribuer, au plan de l'expression, une originalité aux informations des bases de données dans le cadre des critères définis pour les œuvres littéraires et artistiques.

Ce n'est donc pas sur le plan de l'expression que doit être recherchée l'originalité des bases de données, mais plutôt sur celui de leur composition.

10322. ***L'originalité dans la composition***

L'originalité tient aussi à la composition d'une œuvre ; en l'occurrence en matière de base de données, il s'agira de la structuration apportée aux données pour les informatiser et à l'agencement effectué de manière à créer, selon l'expression de Jérôme Huet, une « plus-value documentaire » (14).
Le professeur Catala, dans le rapport de synthèse qu'il a présenté à un colloque de l'Institut de recherche en propriété intellectuelle (IRPI) sur les bases de données et le droit d'auteur, admet qu'il y a des cas où « *l'on protège non plus l'information en elle-même, ou du moins la forme de son expression, mais le choix de l'agencement des données, autrement dit la structure des fichiers plutôt que leur matière. En un mot, l'originalité formelle justifiant la protection privative pourrait s'inscrire dans l'organisation et pas seulement dans l'expression des informations* » (15).
La protection des bases de données par le droit d'auteur peut aussi être reconnue de deux manières selon qu'elle contient des « matières » ou des « œuvres ».
Au titre d'une protection à part entière, André Lucas reconnaît que le caractère d'œuvre protégeable par le droit d'auteur peut être accordé, eu égard au travail d'organisation interne de la base de données qui, selon cet auteur, mérite protection en tant que telle, « *les moyens techniques peuvent changer, et les progrès sont effectivement spectaculaires dans ce domaine, l'idée reste qu'il doit être possible de monopoliser par la voie de droit d'auteur les résultats de cette activité intellectuelle dont dépend l'efficacité de ces systèmes de documentation automatisée* » (16).
Un autre type de protection peut également être trouvé dans l'article L. 112-3 du Code de la propriété intellectuelle (17) protégeant les œuvres dérivées que sont les anthologies ou recueils d'œuvres diverses. En effet, selon cet article :

« *Les auteurs de traductions, d'adaptations, transformations ou arrangements des œuvres de l'esprit jouissent de la protection instituée par le présent Code, sans préjudice des droits de l'auteur de l'œuvre originale. Il en est de même des auteurs d'anthologies ou recueils d'œuvres diverses qui, par le choix et la disposition des matières, constituent des créations intellectuelles.* »

Dans les deux cas, il n'apparaît pas que l'originalité reconnue aux anthologies ou aux recueils puisse être déniée aux bases de données dont la collecte et le classement sont le fruit d'une recherche donnant nécessairement une empreinte particulière à ces œuvres.
Les bases de données méritent, à raison du choix et de la disposition des informations, la qualification de création intellectuelle, au même titre que les recueils dont, après tout, le choix des matières et la disposition ne sont pas la manifestation évidente de l'empreinte de la personnalité de l'auteur.
S'il paraît raisonnable de considérer qu'une base de données puisse être protégée par le droit d'auteur, il reste néanmoins aux tribunaux à se prononcer sur l'origi-

nalité, au « cas par cas », ce qui peut conduire à exclure de la protection des œuvres considérées comme insuffisamment créatives mais dont la valeur informationnelle est importante.

Ainsi, une simple compilation d'informations n'est pas considérée par la jurisprudence comme une œuvre littéraire et artistique. Les tribunaux ont estimé que les organigrammes des principales entreprises mondiales de l'automobile constituaient un travail de compilation non protégeable par le droit d'auteur (18).

L'information à l'état brut de collecte ne comporte aucun apport intellectuel de la part de celui qui les transmet. Elle peut donc être reproduite et utilisée librement, sous réserve de ce que prévoit la directive européenne du 11 mars 1996. Ce texte consacre la protection des bases de données par le droit d'auteur en même temps qu'il crée un droit propre à la protection des investissements des bases non originales (19).

En revanche, n'auront pas ce caractère brut de collecte, les données qui, une fois collectées, seront saisies et organisées en fichiers selon un choix et une composition originales. Les données vont pouvoir également prétendre à être protégées par le droit d'auteur dans la mesure où elles se trouveront enrichies par le rapprochement avec d'autres informations. On parlera alors de « plus-value documentaire ».

10330. *Les bases de données, œuvres informationnelles*

Il semble qu'une protection adéquate de la compilation de données en tant que telle, passe par la prise en compte de sa valeur informationnelle. Cette nécessité se fait particulièrement sentir lorsque les données associées à l'élément logiciel ne sont qu'une compilation d'informations non protégeable en elle-même par le droit d'auteur. Ce type de compilation est particulièrement utilisé pour les informations à caractère public.

La constitution d'une base de données contenant des informations à caractère public peut nécessiter un travail de compilation faisant appel à un savoir-faire et à un important investissement en temps, en main-d'œuvre et en argent. Ainsi, des données publiques incorporées dans une base de données de manière exhaustive sont exclusives d'un véritable « choix » des éléments. De même, la « disposition » des données peut être limitée à la simple nécessité de les classer de la manière la plus opérationnelle possible, par exemple par ordre alphabétique ou chronologique.

Quel peut donc être le type de protection de ces compilations d'informations que l'on juge insuffisamment créatives pour bénéficier de la protection par le droit d'auteur, mais dont la valeur informationnelle peut être considérable (en particulier pour les données économiques de type financier) ?

A défaut de protection privative, il reste l'application des règles régissant un comportement, telle que l'action en concurrence déloyale ou l'action fondée sur les agissements parasitaires. Ainsi, lorsqu'une société utilise le travail d'un concurrent pour faire des économies de travail, la jurisprudence peut sanctionner sur le terrain de la concurrence déloyale et des agissements parasitaires, ce qui peut permettre notamment l'allocation de dommages-intérêts en réparation du préjudice subi.

Cependant, si ce type d'action peut réparer le préjudice né du détournement d'un tel bien, il faut savoir qu'il est moins efficace que l'affirmation d'un véritable droit de propriété.

Par ailleurs, ne pas détenir un droit de propriété sur une œuvre, c'est perdre le bénéfice de dispositions extrêmement protectrices (droit patrimonial d'une durée importante, rémunération proportionnelle, saisie-contrefaçon préalable à l'action, action pénale, respect du nom de l'auteur).

Ne peut-on en ce cas, envisager une protection propre aux « œuvres informationnelles », comme il en existe dans certains pays ? Tel est le cas au Danemark, où la loi sur le droit d'auteur prévoit des dispositions spécifiques pour les œuvres ne bénéficiant pas d'une protection du droit d'auteur parce qu'insuffisamment originales, complètes ou créatives (20). Ces dispositions présentent l'avantage d'être un compromis entre la nécessité de protéger l'investissement informationnel réalisé et l'exercice d'une concurrence effective.

C'est d'ailleurs, la voie choisie par la directive européenne du 11 mars 1996, tout en y ajoutant un véritable droit de l'utilisateur. Jusqu'à l'adoption de celle-ci, la protection était également possible – et même recommandée – par la voie contractuelle.

Dans la plupart des cas le producteur de données se réserve expressément la propriété des données et ne concède qu'un droit d'utilisation plus ou moins élargi, pouvant aller du simple droit d'usage pour les besoins propres de l'"acquéreur", aux droits de reproduire et de commercialiser. Les contrats devront être adaptés d'ici le 1er janvier 1998, date à laquelle la loi française devra s'être conformée à la directive.

10340. ***La directive européenne sur la protection juridique des bases de données***

La directive sur les bases de données adoptée le 11 mars 1996 consacre la protection des bases de données originales par le droit d'auteur et crée un droit « sui generis » pour les bases ayant nécessité un lourd investissement.

Cependant, bien que de nombreux éléments permettent de penser que les œuvres multimédias entrent dans son champ d'application, un doute peut subsister sans que cela ait une véritable incidence sur la gestion des droits dans ce domaine.

10341. ***Une protection par le droit d'auteur réaffirmée***

Après avoir rappelé en préambule que « *le droit d'auteur constitue une forme appropriée de droits exclusifs des auteurs de bases de données* », la protection par le droit d'auteur des bases de données originales est réaffirmée à l'article 3, alinéa 1er. L'originalité est ici appréciée selon deux critères alternatifs.
Une base de données est originale lorsqu'elle constitue, comme le rappelle le considérant n° 15, une création intellectuelle propre à son auteur par le choix ou la disposition de son contenu.
La directive rappelle, en effet, qu'elle n'a pas vocation à protéger le contenu de la base de données par le droit d'auteur mais la structure de la base et donc, en quelque sorte, son contenant.
Aucun autre critère que l'originalité – laquelle découle de l'empreinte de l'auteur dans le choix ou la disposition des matières – n'a vocation à s'appliquer.
Le contenu de la base, s'il est original, obéira à son régime habituel, à savoir la protection par le droit d'auteur.
Après avoir rappelé quel était le régime de protection applicable à une base de données dont la structure présente une originalité au sens du droit d'auteur, la directive rappelle quels sont les droits de son auteur.
Le droit moral restant en dehors du champ d'application de la directive, celle-ci ne s'attache donc qu'à identifier les droits patrimoniaux qui sont classiques au regard du droit d'auteur. Il s'agit du droit exclusif de faire ou d'autoriser :

– la reproduction permanente ou provisoire en tout ou partie par quelque moyen ou sous quelque forme que ce soit ;

– la traduction, l'adaptation, l'arrangement et toute autre transformation ;

– toute forme de distribution au public de la base ou de ses copies ;

– toute communication, exposition ou représentation au public ;

– toute reproduction, distribution, communication, exposition ou représentation au public de la base traduite, adaptée ou arrangée.

Toutefois, la théorie de l'épuisement du droit (21) est confirmée en ces termes : « *la première vente d'une copie d'une base de données dans la Communauté par le titulaire du droit, ou avec son consentement, épuise le droit de contrôler la revente de cette copie dans la Communauté* ».
On notera que contrairement à la directive en matière de programmes d'ordinateur (22) et aux termes de l'article L.122-6 du Code de la propriété intellectuelle, il n'est plus fait référence à la théorie de l'exemplaire mais à celle de la copie, ce qui néanmoins revient au même. L'épuisement du droit apparaît tout de même plus explicite, puisqu'il est clairement fait référence au droit de contrôler la revente de cette copie dans la Communauté, au lieu des termes plus ambigus de « *droit de mise sur le marché de l'exemplaire* » employés en matière de logiciels.
La directive rappelle dans le considérant n° 33 que la question de l'épuisement

du droit est inopérante dans le cas des bases de données en ligne qui relèvent du domaine des prestations de services.

L'épuisement du droit ne vise que les bases de données incorporées dans un support matériel, chaque prestation en ligne étant, conformément à la jurisprudence de la Cour européenne de justice, considérée comme un acte de représentation qui n'est pas soumis à l'épuisement du droit.

10342. ***Les droits des utilisateurs***

En contrepartie des droits accordés à l'auteur, de manière quelque peu similaire à ce qui avait été prévu dans la directive pour les programmes d'ordinateur, il est affirmé l'existence de droits à l'utilisateur auxquels il ne peut être dérogé.

C'est ainsi qu'il est mentionné à l'article 6, alinéa 1er « *L'utilisateur légitime d'une base de données ou de copies de celle-ci peut effectuer tous les actes visés à l'article 5 (les prérogatives accordées à l'auteur) qui sont nécessaires à l'accès au contenu de la base de données et à son utilisation normale par lui-même sans l'autorisation de l'auteur de la base (...)* ».

L'utilisateur pris en considération par la directive est l'utilisateur légitime d'une base de données ou de copies de celle-ci.

Il s'agit, comme le rappelle le considérant n° 34, de la personne qui dispose tout simplement d'une autorisation du titulaire du droit sur la base, par exemple un contrat de licence.

De manière similaire au droit d'utilisation consenti à l'utilisateur d'un programme d'ordinateur (23), la directive prévoit que l'utilisateur auquel il a été consenti une licence d'utilisation, doit pouvoir reproduire, de manière permanente ou provisoire, traduire ou adapter la base de données, dès lors que ces actes sont nécessaires à l'accès à son contenu et à son utilisation normale par l'utilisateur.

En analysant de manière globale les dispositions de l'article 5 relatives aux droits patrimoniaux de l'auteur, on pourrait penser que l'utilisateur légitime dispose, comme l'auteur, du droit de distribution, de communication ou de représentation au public.

Dès lors, cependant, qu'il est fait référence à « l'utilisation normale » par « l'utilisateur légitime » de la base de données, celui-ci ne disposera, en réalité, de ces droits que dans les limites nécessaires à l'exploitation prévue contractuellement.

Les contrats de licence devront être très soigneusement rédigés de telle sorte que la destination de la base soit suffisamment claire pour éviter toute ambiguïté sur l'étendue des droits dont dispose l'utilisateur.

En effet, l'utilisation n'est normale que par rapport à un référentiel qui ne pourra être que contractuel compte tenu de la diversité des utilisations qui peuvent exister telles que utilisations en interne, utilisations pour enrichissement d'une autre base de données, commercialisation...

La directive laisse le soin aux Etats membres de prévoir des limitations aux droits exclusifs de l'auteur dans quelques cas, telle que l'utilisation uniquement à des fins d'illustration de l'enseignement ou de recherche scientifique, l'utilisation à des fins de sécurité publique ou aux fins d'une procédure administrative juridictionnelle...

Il est à noter plus particulièrement que les Etats membres ont la faculté de prévoir l'autorisation de copies à des fins privées uniquement lorsqu'il s'agit d'une base de données non électronique.

Les copies à usage privé pour toute base de données électronique ne devraient donc pas pouvoir être autorisées. Dans l'affirmative, une telle disposition est de nature à avoir une incidence en matière d'œuvre multimédia.

Après avoir rappelé le statut des bases de données protégées par le droit d'auteur du fait de l'originalité de leur structure et donc du contenant, la directive crée un droit nouveau, appelé droit « sui generis » et qui vise à protéger, cette fois-ci, non pas le contenant mais le contenu de la base de données lorsqu'elle ne pourra pas être protégée par le droit d'auteur.

10343. ***Une protection par un droit* sui generis**

La directive vise à protéger très clairement les bases de données ayant nécessité des investissements lourds par un droit « sui generis », c'est-à-dire un droit qui ne se réduit à aucune catégorie préexistante et qui constitue à lui seul un régime juridique autonome.

Sont ainsi protégées les bases de données qui sont insusceptibles d'être protégées par le droit d'auteur dans la mesure où elles ne sont originales, ni par le choix, ni par la disposition des matières.

Ceci ressort clairement d'un certain nombre de considérants qui, après avoir rappelé que le droit d'auteur constitue une forme appropriée de protection des bases de données, reconnaît que d'autres dispositions sont nécessaires pour empêcher l'extraction et/ou la réalisation non autorisées du contenu de la base de données, en l'absence d'un régime harmonisé concernant la concurrence déloyale ou de jurisprudence en la matière (considérant n° 6).

Les considérants n° 7 à n° 12 mentionnent très clairement que la constitution d'une base de données exige des investissements en moyens humains, techniques et financiers et qu'il est nécessaire de protéger les droits, non plus des auteurs des bases de données, mais de ceux qui sont appelés « les fabricants » de bases de données, faute de pouvoir leur conférer le statut de créateur.

La directive a le souci de protéger les extractions et téléchargements du contenu des bases de données compte tenu notamment des technologies de numérisation et de diffusion *on line*.

Il est ainsi, clairement rappelé que les nouvelles technologies permettent d'extraire une quantité substantielle de données pour constituer une nouvelle base de

données qui aurait un contenu identique mais qui, étant différente par le choix ou la composition, ne constituerait pas une contrefaçon au sens du droit d'auteur, des bases de données originales.
Il est donc apparu nécessaire de protéger à la fois les investissements des fabricants de bases de données non originales et d'empêcher le téléchargement ou l'extraction des données des bases originales.
Il en résulte que le droit « sui generis » est applicable à toutes les bases de données, qu'elles soient originales ou non.

10344. ***Les incidences sur le droit d'extraction de la base de données***

Les effets de la protection par le droit « sui generis » seront différents selon que le contenu de la base est original ou non.
En effet, le fabricant de la base de données a le droit d'interdire l'extraction et/ou la réutilisation de la totalité ou d'une partie substantielle, évaluée de façon qualitative ou quantitative du contenu de la base dès lors que celle-ci manifeste le résultat d'un investissement substantiel.
En corollaire du droit consenti au fabricant de la base de données, l'utilisateur légitime dispose, quant à lui, du droit d'extraire ou de réutiliser des parties non substantielles du contenu, évaluées de façon qualitative ou quantitative, à quelque fin que ce soit.
Reste à déterminer ce qu'il faut entendre par partie « substantielle » ou « non substantielle ».
Tout est question de mesure et de raison puisque l'utilisateur légitime de la base de données ne peut, en tout état de cause, « *effectuer des actes contraires à une exploitation normale de cette base ou qui causeraient un préjudice injustifié aux intérêts légitimes du fabricant de la base* ».
Ces actes devront s'analyser au regard de l'étendue du droit consenti et de l'éventuel abus de ce droit par l'utilisateur légitime.
Mais tout sera affaire d'espèce. Il conviendra, bien entendu, d'examiner au cas par cas, les intérêts des parties en présence, la nature de la base de données, l'exploitation à laquelle elle était destinée par son fabricant, ou titulaire de droit avant de considérer la légitimité de telle ou telle extraction.
La directive prend soin toutefois de préciser que l'extraction non substantielle mais répétée et systématique qui causerait un préjudice injustifié aux intérêts légitimes du fabricant de la base, n'est pas autorisée.
Cette disposition permet d'éviter que la possibilité donnée à l'utilisateur ne soit détournée de son objectif.
Les Etats membres peuvent également en matière de droit « sui generis » autoriser un utilisateur légitime à extraire ou à réutiliser une partie substantielle du contenu de la base de données à des fins privées lorsqu'il s'agit d'une base de données non électronique.

Enfin, dans tous les cas de figure, même si le droit d'extraction est étendu à tout contenu de bases de données, en réalité l'utilisateur ne pourra exploiter le droit d'extraction non substantiel dès lors que les données sont protégées, elles-mêmes, par le droit d'auteur.
En effet, même si l'article 7, alinéa 4, prend le soin de préciser que le droit « sui generis » est appliqué indépendamment de la possibilité pour le contenu de la base de données, d'être protégé par le droit d'auteur ou par d'autres droits, il est clairement rappelé que « *l'utilisateur légitime d'une base de données qui est mise à la disposition du public de quelque manière que ce soit, ne peut porter préjudice au titulaire d'un droit d'auteur ou d'un droit voisin portant sur des œuvres ou des prestations contenues dans cette base* ».
Il semble en résulter en substance :

– qu'une base de données dont le contenu et le contenant sont protégés par le droit d'auteur ne peut faire l'objet d'une extraction même non substantielle, sans l'autorisation de l'auteur du contenant et/ou du contenu ;

– qu'une base de données, qui n'est originale ni dans son contenant, ni dans son contenu, pourra librement faire l'objet d'une extraction non substantielle librement ;

– et qu'une base de données dont le contenant n'est pas original mais dont le contenu est protégé par le droit d'auteur, pourra faire l'objet d'une extraction non substantielle sans autorisation du fabricant de la base de données, mais sous réserve de l'autorisation des auteurs du contenu faisant l'objet de l'extraction.

10345. ***Des durées de protection différentes***

Ainsi que le rappelle la directive dans son considérant n° 25, la durée de protection par le droit d'auteur a déjà été réglée par la directive 93/98/CEE du Conseil du 29 octobre 1993 (23 bis). La durée de protection n'est donc pas modifiée par la directive sur les bases de données.
En revanche, le droit « sui generis » fait l'objet d'une durée qui expire quinze ans après le 1er janvier de l'année qui suit la date d'achèvement de la fabrication de la base de données.
Cette période commence toutefois à compter de la date à laquelle la base de données a été mise à la disposition du public pour la première fois si cette date s'inscrit à l'intérieur du premier délai de quinze ans après achèvement.
Ainsi que le rappelle le considérant n° 53, la charge de la preuve de la date d'achèvement pèse sur le fabricant de la base, ce qui suppose à tout le moins un dépôt probatoire auprès d'un organisme de type APP.
Enfin, le délai du droit « sui generis » est applicable à toute nouvelle version de base de données, c'est-à-dire une base de données qui a fait l'objet d'une modification substantielle ayant nécessité un nouvel investissement également substantiel.

Le considérant n° 55 rappelle qu'un nouvel investissement substantiel peut, aussi bien, être une vérification substantielle du contenu de la base de données. Bien entendu, il reviendra aux tribunaux de confirmer ce qu'il convient d'entendre par réinvestissement substantiel ou non.
On peut penser, cependant, qu'une différence peut être faite entre une base de données mise à jour régulièrement mais à fonctionnalités égales et une base de données comportant de nouvelles fonctionnalités ou restructurée ou dont les données comprennent des champs d'enrichissements importants.

10346. ***La directive bases de données et le multimédia***

Le terme multimédia peut s'entendre de tout vecteur de communication *on line* ou *off line* qui comporte des données de genres différents tels que son, image, texte. Il s'agit alors d'une définition large du multimédia.
Le terme multimédia peut aussi s'appliquer aux nouvelles formes d'œuvres commercialisées dans le grand public, essentiellement le CD-ROM, à vocation culturelle, éducative ou de loisir tels que jeux, CD-ROM d'apprentissage de langue sous forme de jeux d'éveil, ou encore CD-ROM culturel tel que la visite virtuelle d'un musée.
Dans un cas, il s'agit d'accéder à des données par un thesaurus ou un index, dans l'autre cas, il s'agit de naviguer de manière interactive dans une histoire, un pays (visite d'un lieu), les données, sons, textes et images étant interactifs grâce aux liens hypermédia.
On peut se demander si la directive sur la protection juridique des bases de données a vocation à s'appliquer à l'intégralité des produits multimédias quelle que soit leur nature.
Un certain nombre de considérants permet de pencher pour l'affirmative, certaines ambiguïtés de rédaction pouvant toutefois laisser planer un doute.
Ainsi, le champ d'application de la directive est défini de la manière suivante :

« *1° La présente directive concerne la protection juridique des bases de données, quelles que soient leurs formes.*
2° Aux fins de la présente directive, on entend par « base de données » : un recueil d'œuvres, de données ou d'autres éléments indépendants, disposés de manière systématique ou méthodique et individuellement accessibles par des moyens électroniques ou d'une autre manière ».

Une telle définition est reprise de manière plus large dans le considérant n° 17, « *le terme « base de données » doit être compris comme s'appliquant à tout recueil d'œuvres littéraires, artistiques, musicales ou autres, ou de matières telles que textes, sons, images, chiffres, faits et données ; qu'il doit s'agir de recueils d'œuvres, de données ou d'autres éléments indépendants, disposés de manière systématique ou méthodique et individuellement accessibles* ».

Il est toutefois précisé « *qu'il s'ensuit qu'une fixation d'une œuvre audiovisuelle, cinématographique, littéraire ou musicale en tant que telle n'entre pas dans le champ d'application de la présente directive* ».
Enfin, il est mentionné au considérant n° 13, « *que la présente directive protège les recueils, parfois dénommés « compilations », d'œuvres, de données ou d'autres matières dont la disposition, le stockage et l'accès se font par des moyens qui comprennent des procédés électroniques, électromagnétiques ou électro-optiques ou d'autres procédés analogues » et au considérant n° 22, « que les bases de données électroniques au sens de la présente directive peuvent comprendre également des dispositifs tels que les CD-ROM et les CD-I* ».
Le texte semble manifestement avoir vocation à s'appliquer à toutes bases de données multimédias ou toutes œuvres multimédias.

10347. ***Des recueils d'éléments indépendants, individuellement accessibles***

On peut se demander, cependant, ce que signifie exactement le fait que les données ou matières ou éléments indépendants doivent être « *individuellement accessibles* » par des moyens électroniques et d'une autre manière.
La notion peut être interprétée d'une manière large ou d'une manière restrictive.
On peut considérer qu'est individuellement accessible, toute donnée d'une œuvre multimédia qui contient des extraits, morceaux de textes, sons, images, par opposition à l'œuvre audiovisuelle, cinématographique, littéraire ou musicale qui ne comporte pas de données indépendantes qui puissent être sélectionnées par des index ou thesaurus.
C'est vraisemblablement l'interprétation qu'il convient de donner à ce texte dans la mesure où le considérant n° 17 distingue bien les œuvres audiovisuelles ou cinématographiques en tant que telles, par exemple, des bases de données comportant des images et du son.
On peut aussi se demander s'il peut être considéré que dans une œuvre multimédia interactive, qui comporte, par exemple, une image avec son commentaire sonore, ces deux éléments ne sont pas individuellement accessibles. Faut-il alors considérer que chacune des données doit être strictement individuellement accessible ou doit-il s'agir d'un ensemble de données séparables même si certaines d'entre elles sont, en réalité, indissociables.
Même si la question peut subsister, en réalité, les conséquences ne paraissent pas déterminantes.
En effet, le produit multimédia grand public, qu'il soit diffusé *off line* ou *on line*, tel qu'une visite virtuelle d'un musée ou d'une région, même s'il devait être considéré comme une base de données au sens de la directive sera, dans la plupart des cas, protégé par le droit d'auteur.
Il sera bien rare qu'un telle base de données ne soit pas considérée comme originale par le choix ou la composition de son contenu.

L'interactivité, qui est en fait tout le caractère attractif, nécessite la conception d'un schéma de navigation, de fonctionnalités, de liens hypermédia, qui sont à ce jour, rarement arbitraires ou strictement nécessitées par les contraintes techniques.
C'est ce que prévoit le considérant n° 27 en ces termes :

« *Considérant que les droits d'auteur sur des œuvres et les droits voisins sur des prestations ainsi incorporées dans une base de données ne sont en rien affectés par l'existence d'un droit séparé sur le choix ou la disposition de ces œuvres et prestations dans la base de données* ».

Le contenant sera donc protégé par le droit d'auteur tout aussi bien que le contenu qui, lui aussi, fait le plus souvent l'objet d'une telle protection.
En effet, dans ce type de produit, il est fréquemment fait appel à des créations originales, qu'il s'agisse de musique, de graphisme, de photo ou de vidéo ou encore de textes.
Par voie de conséquence, le droit « sui generis », même s'il avait vocation à s'appliquer ne pourra pas permettre un droit d'extraction, même non susbtantiel, sans l'autorisation des différents auteurs du contenu.
Quant au créateur du contenant, il pourra se prévaloir du droit exclusif reconnu aux auteurs des bases de données protégées par le droit d'auteur.
Un produit multimédia bénéficierait même d'une protection plus étendue grâce à la directive sur les bases de données, que s'il était simplement protégé par le droit d'auteur traditionnel puisqu'il n'est pas possible aux Etats membres d'autoriser une copie à usage privé d'une base de données électronique.
Faute de bénéficier à ce jour de dérogations en droit français, un produit multimédia peut faire l'objet d'une copie à usage privé, sous réserve de l'interdiction de copier à usage privé la partie logicielle.

10348. *L'incidence de l'exclusion des programmes d'ordinateur*

La directive ayant clairement écarté son application aux programmes d'ordinateur puisqu'elle rappelle que le terme « base de données » ne doit pas s'appliquer à ces derniers, qu'ils soient utilisés dans la fabrication ou le fonctionnement d'une base de données, leur régime étant organisé par la directive du 14 mai 1991, seules les données non protégées par le droit d'auteur du produit multimédia pourraient faire l'objet d'une extraction non substantielle sans que puisse être téléchargée ou réutilisée sa partie interactive.
Reste tout de même que, compte tenu des droits consentis aux utilisateurs légitimes, d'une base protégée par le droit d'auteur, il sera nécessaire que les conditions d'utilisation qui accompagnent les produits multimédias commercialisés dans le grand public, fréquemment écrits de manière très sommaire, fassent l'objet de plus de soin et d'attention.

Enfin, en dernier lieu, le régime applicable à la création salariée est laissé à l'appréciation des Etats membres, rien n'interdisant de prévoir la dévolution des droits de l'employeur.
La France devra donc nécessairement prendre position en ce domaine et l'incertitude qui demeure quant au régime juridique spécifique du droit d'auteur applicable aux œuvres multimédias sera peut-être levée.
Il ne sera plus nécessaire, en effet, de s'interroger sur le fait de savoir si le statut d'œuvre collective est applicable ou si seul celui de l'œuvre audiovisuelle doit prédominer.

10349. ***Les données exclues de la protection***

Outre les programmes d'ordinateur, sont exclus de la protection par la directive sur les bases de données, la location et le prêt de bases de données dans le domaine du droit d'auteur et des droits voisins régis par la directive du 19 novembre 1992 (24) ainsi que le droit moral.
On pourrait également penser, à première lecture, que les compilations d'œuvres musicales sont également exclues du champ d'application de cette directive.
Le considérant n° 19 indique, en effet, « *que, normalement, la compilation de plusieurs fixations d'exécutions musicales sur un CD n'entre pas dans le champ d'application de la présente directive, à la fois parce que, en tant que compilation, elle ne remplit pas les conditions pour être protégée par le droit d'auteur et parce qu'elle ne représente pas un investissement assez substantiel pour bénéficier du droit sui generis* ».
En réalité, le terme « normalement » permet de comprendre qu'une compilation d'œuvres musicales n'est pas forcément écartée de la protection par la directive, dès lors qu'effectivement dans son choix ou sa composition, une telle base de données serait originale ou dès lors qu'elle nécessiterait un investissement substantiel.
Ceci peut parfaitement être le cas, par exemple, pour le producteur d'une « compil » qui se serait donné le mal de rechercher dans le monde entier, l'ensemble des versions étrangères d'une seule et même chanson et d'en acquérir les droits ou de sélectionner des chansons portant sur un thème très particulier après avoir fait des recherches et payé des droits importants.
Il faut noter toutefois que la directive, même si elle laisse encore planer des incertitudes dans des cas bien particuliers ou laisse le soin aux tribunaux de créer le droit positif sur des notions plus fluctuantes ou abstraites, telles que celles de « parties substantielles ou non substantielles », la volonté du législateur européen apparaît tout de même très nettement comme étant celle de :

– réaffirmer la protection des bases de données par le droit lorsque leur organisation ou structure est originale ;

– empêcher un pillage des autres bases de données au mépris des investissements importants qui sont nécessaires pour les constituer ;

– tout en distinguant clairement le droit des auteurs du contenu, du droit du fabricant et le droit d'auteur du contenant.

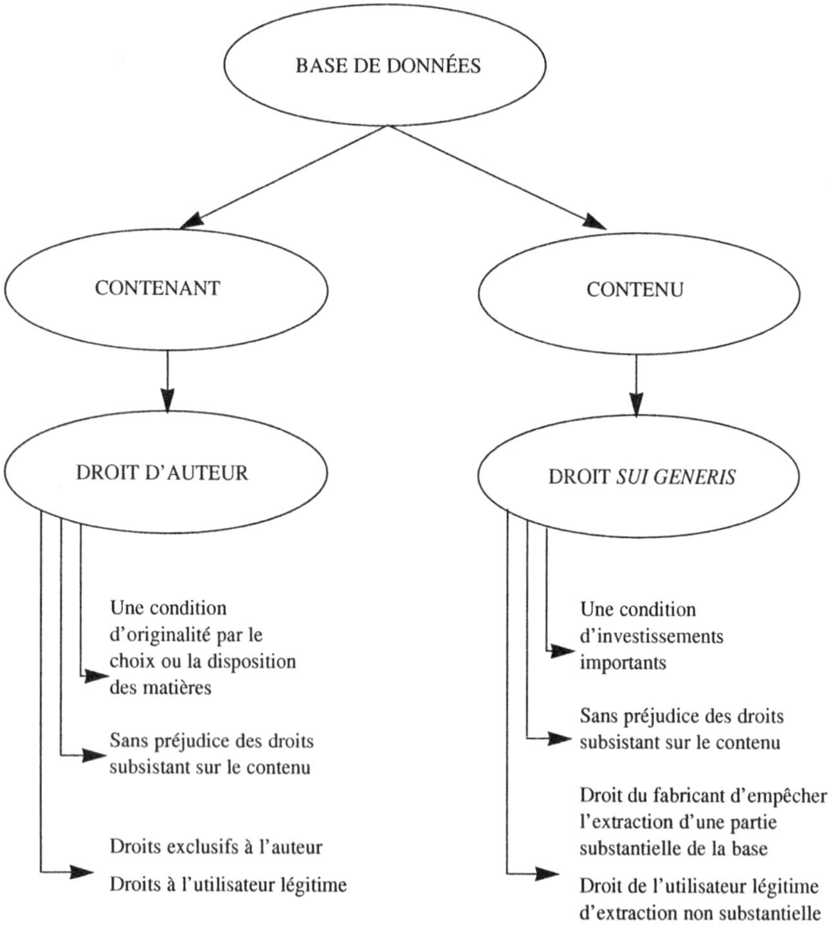

Figure 10.2. *L'Europe : application de deux régimes distincts*

10350. ***Le cas des bases de données publiques***

Le droit d'auteur est un droit orienté vers la protection du créateur « personne physique », d'où l'attribution par le législateur, de certaines prérogatives (le droit à la paternité, le droit au respect de l'intégrité de l'œuvre...). Les prérogatives

morales reconnues à l'auteur d'une œuvre de l'esprit sont en réalité l'expression d'un droit de la personnalité.
En effet, c'est parce que l'œuvre est l'émanation de cette personnalité qu'elle fait naître, en plus d'une propriété, un droit « extrapatrimonial » (24 bis). Comment concevoir ces principes en droit administratif ? (25)

10351. *Des logiciels aux œuvres littéraires et artistiques*

L'intégration des logiciels dans le domaine de la propriété littéraire et artistique a apporté un éclairage nouveau, dans la mesure où elle a donné l'occasion de définir de manière expresse, la dévolution des logiciels créés par les agents publics.
Les logiciels représentent la seule catégorie d'œuvres pour laquelle une disposition précise de droit positif règle le problème de la titularité lorsque ces œuvres sont créées par des services publics relevant du droit administratif. L'article L. 113-9 § 3 du Code de la propriété intellectuelle prévoit que :

« *Les dispositions du premier alinéa du présent article sont également applicables aux agents de l'Etat, des collectivités publiques et des établissements publics à caractère administratif.* »

Aux termes de cette disposition, un logiciel créé dans le cadre des activités professionnelles d'un employé, appartient, sauf stipulations contraires, à l'employeur qui dispose des résultats du travail dont il assure l'organisation et la rémunération. Cependant, cet article est d'application plus restreinte à l'égard des employés publics qu'elle ne l'est pour les salariés des entreprises privées.
En effet, la dévolution ressemble davantage à une « aliénation totale » conférant tout à la fois la propriété matérielle et intellectuelle de l'œuvre à l'employeur public de l'auteur, dans la mesure où le retour à la règle générale prévue par l'expression « sauf stipulations contractuelles », c'est-à-dire l'attribution des droits de propriété à l'employé, est difficilement opérable. Il dépend en grande partie des règlements administratifs et du statut général des fonctionnaires de l'Etat difficilement contournable (26).
La solution retenue pour le logiciel a été étendue aux autres œuvres littéraires et artistiques réalisées par l'administration. Ainsi, dans un avis du 21 novembre 1972 concernant les créations intellectuelles de l'établissement public à caractère administratif dénommé Ofrateme, le Conseil d'Etat a notamment affirmé que :

« ... *les nécessités de services publics exigent que l'administration soit investie des droits de l'auteur sur les œuvres de l'esprit telles qu'elles sont définies aux articles de la loi du 11 mars 1957 pour celles de ces œuvres dont la création fait l'objet même du service* » (27).

En revanche, les droits des agents de l'administration sont reconnus dès lors que « *la création des œuvres n'est pas liée au service ou s'en détache* » (28).

A défaut de reconnaître la titularité originaire des droits d'auteur de l'Etat, c'est-à-dire sans mécanisme de cession de droits des agents publics à l'Etat employeur, il sera possible de recourir au régime particulier des œuvres collectives.

10352. *La propriété des données publiques et leur commercialisation*

La commercialisation des données publiques a soulevé la question de l'aptitude de l'administration à effectuer cette commercialisation et à revendiquer un droit d'auteur, ainsi que celle des tarifs qu'elle pratique (29).
Ces questions ont donné lieu à la circulaire du Premier ministre du 14 février 1994, relative à la diffusion des données publiques (30). La circulaire invite l'administration à confier la diffusion de données publiques « aux organismes publics ou privés spécialisés ».
Cela étant, elle reconnaît à l'administration une vocation à détenir un droit d'auteur sur les données qu'elle a enrichies. Elle rappelle le nécessaire respect des règles de la concurrence et définit les principes de la tarification applicable pour une exploitation directe par l'administration (le principe de la tarification, la nature des coûts à prendre en compte, le niveau et la procédure de fixation des tarifs).
Pour sa part, le rapport Gaudrat rappelle que :

« *... il est admis que le régime administratif d'une œuvre de l'esprit ne fait pas échec à la naissance d'un droit d'auteur. L'administration peut donc produire des œuvres protégées sur lesquelles elle disposera d'un droit d'auteur. Il s'agira essentiellement d'études, de compilations élaborées, de bases et banques de données* ».

Incontestablement, les bases de données et les banques de données relèvent de la protection du droit d'auteur, au moins pour le choix et l'organisation des données. Toutefois, la vocation de l'administration à détenir un droit d'auteur sur les bases de données constituées à partir d'informations recueillies dans le cadre de l'exercice d'une mission de service public, est beaucoup plus discutable (31).
On peut en effet s'interroger quant à l'existence d'un droit d'auteur, par définition issue de l'originalité d'une œuvre incorporelle, lorsque cette œuvre est bâtie sur des informations appartenant et ayant vocation à rejoindre le domaine public.
Il a certes déjà été reconnu un droit d'auteur à l'administration sur des œuvres créées par ses services et la loi du 17 juillet 1978 réserve les droits de propriété intellectuelle et artistique de l'administration dans le cadre du droit d'accès qu'elle a pour objet d'organiser.

Mais il a également été jugé :

« *qu'on chercherait vainement dans l'énumération de l'article 3 de la loi du 11 mars 1957 les actes officiels. Il paraît hors de doute que cette omission a été volontaire de la part du législateur, la destination d'un acte officiel, particulièrement publié, étant précisément de tomber dans le domaine public. Quiconque a donc le droit de reproduire un acte officiel, sans autorisation de son auteur* » (32).

On a tenté d'établir une distinction entre « *actes officiels* » et « *autres documents administratifs* » (33) pour soutenir que la seconde catégorie pourrait accéder à la protection par le droit d'auteur. Mais n'est-ce pas méconnaître tant l'origine que la destination communes de toutes ces créations ?
Ainsi, pour les bases de données publiques, l'application des règles du droit d'auteur à l'administration heurte très sérieusement l'idée que le patrimoine exploité est celui de la collectivité ; parallèlement, que cette exploitation est une activité exercée au bénéfice de l'intérêt général et est financée par des fonds publics ; et enfin que ces informations, quelle que soit la forme qui leur a été donnée, ont toujours vocation à rejoindre le patrimoine collectif en ce qu'il s'agit de données publiques.
On est tenté de dire que l'administration n'agit jamais pour son compte mais pour le compte de la collectivité et que le fruit de ce travail revient de droit à cette même collectivité.
Une décision très remarquée du Tribunal de commerce de Compiègne du 2 juin 1989 illustre parfaitement cette considération (34). Alors que la Société des bourses françaises (SBF) voulait revendiquer un droit d'auteur sur les informations boursières qu'elle diffuse, le tribunal a estimé que « *la Société des bourses françaises a un rôle de service public et l'obligation de diffuser les cotations des valeurs et titres négociés, sur le marché boursier, ces informations sont publiques et non susceptibles d'appropriation* ».
En mars 1993 (35), dans l'affaire opposant la Direction de la Météorologie nationale (DMN) à la Société du Journal Téléphoné, la Cour d'appel de Paris a écarté l'argumentation de l'administration tenant à la titularité d'un droit d'auteur. Elle a estimé que c'est à tort que la DMN a justifié son refus de communication par l'existence d'un droit d'auteur. Elle précise en effet que :

« *Les messages collectés et présentés sans le moindre apport original, selon des normes et recommandations internationales et un règlement interne, ne sont pas assimilables à des œuvres de l'esprit au sens de la loi susvisée* ;
Ladite loi, détournée de ses fins essentielles de protection morale d'une œuvre et de rémunération d'un effort créateur, n'est en l'espèce invoquée que pour justifier l'interdiction systématique d'accès à une catégorie d'opérateurs à des données météorologiques disponibles. »

Cet arrêt a le mérite de se pencher sur l'appréciation que l'on peut faire de l'originalité des informations commercialisées par l'administration. Il rappelle indirectement que les œuvres créées par l'administration répondent toujours aux nécessités du service, nécessités qui semblent bien ôter, dans tous les cas, l'originalité nécessaire à la reconnaissance d'un droit d'auteur.
Par ailleurs, cette même nécessité du service s'oppose à toute idée d' « *initiative* » de la part de l'administration, alors que l'œuvre collective est une œuvre créée « *sur l'initiative d'une personne physique ou morale...* » (art. L. 113-2 du Code de la propriété intellectuelle).
En tout état de cause, la revendication par l'administration d'un droit d'auteur ne pourra lui assurer un monopole absolu, empêchant l'accès à cette information.

10400. La garantie et la responsabilité en matière d'information

La diffusion de données appelle deux exigences, celle de ne pas enfreindre des droits détenus par des tiers et celle de satisfaire à l'attente des utilisateurs.
Des dispositions relatives tant à la qualité de l'information qu'à la qualité du service se retrouveront donc dans les contrats conclus entre :

1°) pour les bases de données *on line* :

– le producteur et le fournisseur de service ;

– le fournisseur de service et le transporteur ;

– le fournisseur de service et l'utilisateur.

2°) pour les bases de données *off line* :

– le producteur et l'éditeur ;

– l'éditeur et l'utilisateur.

10410. *Le producteur d'information*

Le producteur d'informations, entreprise privée ou organisme public (ou parapublic), intervient au début de la chaîne pour constituer la base de données. Il collecte ou génère les informations, les classe selon divers critères, et procède aux mises à jour. Il est le maître d'œuvre du système d'informations.
La responsabilité du producteur de données, c'est-à-dire de celui qui constitue, à partir d'informations primaires, un ensemble de données interrogeables par voie informatique (c'est-à-dire sous forme numérisée) ou diffusé sur support peut être mise en cause, tant à l'égard des utilisateurs que des tiers.
En pratique, la jurisprudence retient l'absence de vérification du producteur d'informations, établissant ainsi sa défaillance et l'engagement de sa responsabilité

contractuelle. Il se pose dès lors la question de savoir quelle sera l'étendue de cette responsabilité.
Cette dernière dépend de l'usage qui sera fait de l'information et de la connaissance que peut avoir le producteur d'informations de cet usage. La responsabilité encourue sera fonction de l'étendue de l'engagement contracté par le producteur.
On peut penser que plus l'information sera déterminante quant à l'usage auquel on la destine, plus l'obligation de diligence qui pèse sur le producteur informé de cet usage, sera étendue. Tel est le cas pour un renseignement bancaire, destiné à éclairer l'engagement d'une opération de travaux d'envergure (36) ou pour des renseignements relatifs aux entreprises (37).
L'obligation du producteur d'informations, qui s'analyse en une obligation de moyens (38) connaîtra donc, dans l'appréciation des diligences effectuées, des degrés divers qui seront fonction de l'engagement contracté.
La directive d'harmonisation des législations en matière de responsabilité du fait des produits défectueux (39) qui institue un régime de responsabilité sans faute à raison d'un dommage corporel ou causé à une chose destinée à un usage privé, ne parait pas, selon certains auteurs, s'appliquer à la fourniture de données. Il semble en être de même pour la proposition de directive sur la responsabilité du prestataire de service (40).
Il n'en demeure pas moins qu'en vertu du régime de responsabilité de droit commun, tout producteur d'informations devra réparer le dommage y compris physique, causé par une information défectueuse à une personne ou à un bien. Il en est ainsi, pour l'erreur commise dans un ouvrage ayant entraîné la confusion entre plantes comestibles et plantes non comestibles (41).
Bien entendu il restera à établir le lien de causalité entre l'usage de l'information et le dommage, autrement dit que l'information en cause a bien réellement été déterminante, par son usage, de la réalisation du dommage causé. La jurisprudence a ainsi pu considérer qu'un tel lien de causalité n'était pas établi dans le cas d'un suicide après lecture d'un ouvrage fournissant l'indication des médicaments précisément utilisés (42).
Bien que tenu d'une obligation de fournir un ensemble de données fiables, le producteur s'efforcera souvent de limiter contractuellement sa responsabilité. En raison du caractère très évolutif de certaines données, celles-ci peuvent présenter rapidement un caractère obsolète ou comporter certaines inexactitudes.

10420. *Le fournisseur de service*

Le rôle du fournisseur de service est d'offrir un produit final intégrant un ensemble d'informations soit à partir d'un producteur unique, soit à partir de plusieurs producteurs.
Il est en effet possible de rencontrer plusieurs fournisseurs de service à partir d'une même source d'informations ou d'une même base de données. Ce qui

constitue le service télématique n'est pas uniquement l'ensemble d'informations, c'est aussi et sans que cette liste soit exhaustive :

– les formules de présentation ;

– les méthodes de commercialisation ;

– les différentes agrégations réalisées entre un ou plusieurs systèmes d'informations auxquels sont parfois liés des services annexes, telles que la réalisation de profils ou d'études spécifiques.

Quoi qu'il en soit, une base de données est composée comme tout système d'informations, de matériels informatiques, de divers logiciels spécifiques ou progiciels spécialisés et de SGBD dont l'offre ne cesse de croître. Autant de composantes au sujet desquelles les fournisseurs (concepteurs et distributeurs) peuvent voir leur responsabilité engagée.

En règle générale, le fournisseur de services est responsable de la bonne exécution du service informatique qu'il s'engage à garantir conformément aux usages de la profession. Il en est ainsi de l'obligation de renseignement du fournisseur quant aux moyens d'accès au service, tels que les codes d'identification, les horaires, les terminaux, les réseaux, les langages d'interrogation. Il s'agit encore de son obligation de formation et d'assistance vis-à-vis de l'utilisateur.

Quant à l'exécution propre du service, le fournisseur est-il tenu d'une obligation de moyens ou d'une obligation de résultat ?

La distinction entre les deux obligations a un intérêt essentiel au niveau de l'étendue de la responsabilité et notamment en ce qui concerne la charge de la preuve. L'obligation de moyens implique que le fournisseur mettra en œuvre tous les moyens pour exécuter son obligation et il appartiendra à l'utilisateur qui désire engager sa responsabilité de rapporter la preuve de sa faute.

L'obligation de résultat engage la responsabilité du fournisseur du seul fait qu'il n'a pas atteint le résultat convenu dans le contrat, indépendamment de toute faute qu'il aurait commise. Il ne pourra se dégager de sa responsabilité que s'il rapporte la preuve d'un cas de force majeure ou de la faute du client.

A priori, on pourrait croire que ce choix est purement binaire. Il n'en est rien. Entre l'obligation de résultat réputée protectrice et l'obligation de moyens considérée comme atténuante, existe une variation possible des engagements (43).

L'obligation de moyens peut être renforcée par un engagement de résultat. Dans ce cas, le fournisseur ne peut se dégager de sa responsabilité que s'il prouve qu'il n'a pas commis de faute au regard de la difficulté et du préjudice avancé par le client.

En ce qui concerne les données, la responsabilité du contenu informationnel est, en principe, à la charge du producteur. Le fournisseur peut néanmoins être reconnu comme coresponsable suivant son degré de participation à l'élaboration de la base de données.

A côté des informations inexactes, le contenu de la base peut concerner des informations périmées ou des informations incomplètes. La jurisprudence considère que l'inadéquation des informations aux besoins du client n'engage pas la responsabilité du fournisseur lorsque l'utilisateur a eu tous les éléments en sa possession pour l'apprécier.
C'est ainsi qu'à propos d'un litige opposant un utilisateur à un fournisseur, le Tribunal de grande instance de Paris a jugé :

« *Aucune carence fautive ne peut être reprochée à la société de prestations de services en informatique et en télécommunication qui remet au client, avec lequel elle a conclu un contrat d'utilisation d'un service informatique, une documentation mentionnant très expressément les critères de sélection des renseignements figurant dans les bases de données dont les caractéristiques ne pouvaient échapper à un examen simple et responsable de l'utilisateur* » (44).

En ce qui concerne le contenu informationnel de la base de données, une obligation de résultat et même un engagement de résultat semblent difficile à admettre. En effet, indépendamment de la nature d'appréciation du contenu informationnel d'une donnée, la disponibilité de cette information et surtout sa qualité dépendent d'un nombre de paramètres importants, à la fois fonctionnels et techniques.
Il en est ainsi de la pertinence de la question, de l'utilisation adéquate des procédures par l'utilisateur, du respect de l'intégrité de la donnée à travers le réseau de communication, de la capacité du terminal de l'utilisateur à restituer l'information, de l'existence possible de défauts ou de bogues.
Cependant, la plupart des contrats de diffusion de bases de données prévoient des clauses d'exonération de responsabilité tant en ce qui concerne l'exécution du service que le contenu informationnel (45).
Les clauses limitatives de responsabilité passées entre professionnels sont valides, sous réserve des dispositions de droit commun, c'est-à-dire à l'exclusion de la faute lourde ou de l'inexécution totale du contrat du fait de la mauvaise qualité de l'information.

10430. *L'éditeur*

De même qu'un éditeur d'ouvrage, l'éditeur d'une base de données sur support (numérique ou non) peut également voir sa responsabilité engagée.
La notion d'éditeur telle qu'elle découle du Code de la propriété intellectuelle couvre un domaine qui dépasse la simple édition de librairie. Le Code précise en effet que le contrat d'édition a pour objet « *la fabrication en nombre, d'exemplaires de l'œuvre* ». La référence à l'œuvre, très générale, permet d'appliquer les règles du contrat d'édition à toute œuvre de l'esprit susceptible d'être fabriquée en nombre, y compris les bases de données multimédias sur CD-ROM (46).

En dehors des délits commis par voie de presse ou par tout autre moyen de publication, l'éditeur voit rarement sa responsabilité engagée à raison du contenu d'un ouvrage publié (47).
Néanmoins, la responsabilité de l'éditeur peut être mise en jeu par un tiers subissant des dommages du fait d'informations erronées comme cela a été le cas dans l'affaire de la « ciguë » dans laquelle l'auteur, en même temps que l'éditeur de l'ouvrage, ont été condamnés (48). En l'espèce, un guide pratique distribué par un éditeur allemand fut traduit puis édité en France. Ce guide portait sur la description de fruits et de plantes sauvages et sur la façon de les accommoder en vue de les consommer. Un lecteur décéda à la suite de la consommation involontaire d'une plante vénéneuse, la « ciguë », en raison du caractère peu explicite de la distinction faite dans ce guide, entre la ciguë et les carottes sauvages, plantes proches au regard de la botanique.
Les magistrats ont considéré cette responsabilité comme délictuelle (tout comme celle de l'éditeur allemand contre lequel était exercé le recours en garantie par l'éditeur français). Ce qui surprend néanmoins dans cette affaire est que la responsabilité soit, au premier chef, celle de l'éditeur. En l'espèce, les magistrats ont conclu à la faute de l'éditeur auquel il incombait :

« *(...) de s'assurer que les utilisateurs pouvaient faire pleine confiance à cet ouvrage et effectivement consommer sans risque les plantes qui s'y trouvaient décrites ; (...) que la Société Nathan a manqué à cette obligation, en ne prenant pas les précautions nécessaires pour pallier les conséquences de la négligence de l'auteur* ».

10440. ***Le transporteur***

Sous ce vocable, est identifié l'organisme fournisseur des réseaux de télécommunications reliant les terminaux des utilisateurs aux ordinateurs des serveurs :

- réseau téléphonique commuté ;
- télex ;
- transpac ;
- réseaux internationaux (Télénet, Euronet, Internet...).

L'arrêté du 30 décembre 1983 relatif à l'enrichissement du vocabulaire de l'informatique (49) précise qu'un transporteur est un :

« *Organisme gérant un réseau de télécommunications par lequel les utilisateurs accèdent aux centres serveurs.* »

Pour ce faire, le transporteur devra signer un contrat de location de lignes spécialisées avec l'opérateur public prévoyant les conditions d'utilisation et de fonctionnement du réseau public (interdictions, obligations, responsabilités...).

Outre les obligations découlant du contrat de location de lignes, le transporteur peut mettre en jeu sa responsabilité pénale en cas de transport de message mettant en péril les mineurs.
Les nouvelles dispositions du Code pénal, telles qu'elles résultent de la loi du 22 juillet 1992 sont venues renforcer le dispositif répressif en ce domaine. Ainsi, depuis le 1er mars 1994 (50), l'article 227-24 du Code pénal punit de trois ans d'emprisonnement et de 500 000 francs d'amende :

« *Le fait soit de fabriquer, de transporter, de diffuser par quelque moyen que ce soit et quel qu'en soit le support un message à caractère violent ou pornographique ou de nature à porter gravement atteinte à la dignité humaine, soit de faire commerce d'un tel message, (...) lorsque ce message est susceptible d'être vu ou perçu par un mineur. (...)* »

10450. ***L'utilisateur final***

En matière d'informations « périssables » telles des informations météo, la jurisprudence met à la charge de l'utilisateur une obligation de prudence, en lui imposant de prendre le soin de s'assurer des informations les plus récentes (51).
Les tribunaux tiennent compte également des propres diligences de l'utilisateur. Sa hâte à se déterminer sur la foi d'une information, qu'il sait susceptible d'être entachée d'erreur, sera d'autant plus fautive que sa décision est grave de conséquence. Le dommage subi pourra tenir pour partie à sa propre légèreté.
On constate d'ailleurs que les tribunaux ne vont quasiment jamais jusqu'à faire supporter par le fournisseur d'informations la totalité de la réparation du dommage subi, consacrant ainsi l'idée que l'utilisateur a lui-même manqué de prudence.
C'est pourquoi il apparaît nécessaire de mettre en garde l'utilisateur contre des erreurs qui demeurent prévisibles en dépit du soin apporté au traitement des données, afin de l'amener lui-même à assumer sa propre responsabilité en mesurant par avance les conséquences de l'usage qui sera fait des données transmises.
C'est également pourquoi, il devra être prévu une clause limitative de réparation que les tribunaux admettent largement, sauf le cas de la faute lourde ou du dol, et sauf le cas où elle aménage une indemnisation dérisoire au regard de la faute commise.
Ces clauses sont d'ailleurs le plus souvent qualifiées improprement de clauses limitatives de responsabilité. Il s'agit en fait de clauses aménageant les conséquences de la responsabilité.
Pour cela, encore faudra t-il que le fournisseur ait informé l'utilisateur des précautions qu'il doit prendre lui-même dans l'usage qu'il fait des informations, et ainsi prévoir de lui indiquer qu'il accepte par avance l'existence possible d'erreurs, d'imprécisions ou d'omissions (52).

10460. *La notion de groupe de contrats*

La commercialisation de données multimédias va donner naissance à un groupe de contrats conclus entre les différents intervenants. Il y aura interdépendance entre ces contrats dans la mesure où l'exécution de l'un conditionnera l'exécution de l'autre ; il en est particulièrement ainsi dans le cas des bases de données *on line* où le producteur s'adresse à un prestataire faisant office de serveur et non pas de fournisseur de services. De même, le contrat conclu par le prestataire avec l'utilisateur est étroitement dépendant du contrat conclu entre ce même prestataire et le producteur.

Deux contrats peuvent en effet être indivisibles, soit objectivement, soit subjectivement, voire les deux à la fois.

Ainsi, dans le domaine télématique, la Cour de cassation, dans un arrêt du 4 avril 1995 (53) a lié des contrats de location de matériels (écrans + consoles) et de mise à disposition d'images par un centre serveur (il s'agissait d'un réseau national de publicité commerciale, sur des écrans vidéos installés chez des commerçants).

Cette indivisibilité potentielle devra amener les parties contractantes à mesurer la portée de leurs engagements. La résiliation d'un contrat pourra en effet entraîner, du fait de l'indivisibilité, la résiliation de celui qui en dépend.

10500. Le dépôt légal des bases de données

Aux termes de l'article 1er de la loi du 20 juin 1992 (54), le nouveau domaine d'application du dépôt légal concerne non seulement les documents mis à la disposition du public qui y sont traditionnellement assujettis, mais également « *les progiciels, les bases données, les systèmes experts et les autres produits de l'intelligence artificielle...* ».

Le dépôt légal des progiciels, bases de données, systèmes experts et autres produits de l'intelligence artificielle est obligatoire, dès que ces œuvres sont mises à la disposition du public, à titre onéreux ou gratuit, « *par diffusion en nombre sur support matériel de quelque nature que ce soit* ». Le décret d'application du 31 décembre 1993 (55) définit la mise à disposition du public comme :

« *Toute communication, diffusion ou représentation, quels qu'en soient le procédé et le public, dès lors que ce dernier excède le cercle de famille* ».

En ce qui concerne les bases de données auxquelles on accède exclusivement en ligne, la loi les exclut du dispositif. Une telle dérogation s'explique mal par des contraintes matérielles, puisque les documents sonores ou audiovisuels sont astreints au dépôt, même si leur émission n'a pas donné lieu à une fixation sur un support matériel. Quoi qu'il en soit, le dépôt légal des bases de données *on line* n'est pas obligatoire.

Notes

(1) Supra n° **2000** et suivants relatifs au marché du multimédia.

(1 bis) Cf. Patrice Boursier, Pierre-Antoine Taufour, *La technologie multimédia*, Ed. Hermès 1993, p. 17.

(2) *Video graphics array* : norme pour la définition d'un écran graphique de dimensions 640 x 480 points en 16 couleurs.

(3) Cf. P. Boursier, P.-A. Taufour, *La technologie multimédia*, précité p. 139.

(4) Cf. Denis Tanchereau, « Les bases de données deviennent multimédias », *Le Monde Informatique* du 22 septembre 1995, p. 21-22.

(5) En France, l'informatisation des collections d'estampes et de dessins du Louvre contient environ 150 000 images. *Time Warner*, éditeur entre autres de « *Time Magazine* » gère 22 millions de photos.

(6) Cf. Denis Tanchereau, *précité*.

(6 bis) Directive 96/9/CE du Parlement européen et du Conseil du 11 mars 1996 concernant la protection juridique des bases de données, *JOCE* (L) 77/20 du 27 mars 1996.

(7) Arrêté du 22 décembre 1981 relatif à l'enrichissement du vocabulaire de l'informatique, *JO* du 17 janvier 1982.

(8) Rapport sur les relations contractuelles des producteurs de bases et banques de données, 1986.

(9) Directive 96/9/CE du Parlement européen et du Conseil du 11 mars 1996 concernant la protection juridique des bases de données, *JOCE* (L) 77/20 du 27 mars 1996.

(10) Dictionnaire Robert.

(11) Alain Bensoussan, Isabelle Pottier, « L'exploitation de l'information et son cadre contractuel : les banques de données », *Gaz. Pal.* n° 12-13, janvier 1994.

(12) *Infra* n° **10340** et suivants relatifs à la directive européenne concernant la protection juridique des bases de données.

(13) André Lucas, *Droit de l'informatique*, PUF 1987.

(14) Jérôme Huet, « La modification du droit sous l'influence de l'informatique », *Droit de l'informatique et des télécommunications*, Litec 1989.

(15) Pierre Catala, *Banques de données et droit d'auteur*, Ed. Litec 1987.

(16) André Lucas, *Droit de l'informatique,* précité ; en ce sens, voir également, Charlotte-Marie Pitrat, note sous Cour d'appel de Paris, 18 décembre 1985, *Droit de l'informatique et des télécommunications*, 1986/2.

(17) Code de la propriété intellectuelle institué par la loi n° 92-597 du 1er juillet 1992 *JO* du 3 juillet 1992.

(18) Cass. civ., 1re Ch., 2 mai 1989, LPEI c/ Coprosa, *RDIT* 90/2, p. 38.

(19) *Infra* n° **10340** et suivants relatifs à la directive européenne concernant la protection juridique des bases de données.

(20) Cf. Communication de la Commission des Communautés européennes, *Livre vert sur le droit d'auteur et le défit technologique. Problèmes de droit d'auteur appelant une action immédiate*, COM (88) 172 final.

(21) Sur cette notion, *infra* n° **40121** relatif à l'œuvre multimédia et au principe de libre circulation des marchandises.

(22) Il existe une disposition spécifique sur « l'épuisement » du droit de distribution des logiciels instaurée par la directive du 14 mai 1991, *infra* n° **12300** et s.

(23) Infra n° 12320 et s.

(23 bis) *Infra* n° **40230** et s. relatifs à la directive dite « Durée ».

(24) *Infra* n° **42210** et s. relatifs à la directive dite « Locations et prêts ».

(24 bis) Claude Colombet, *Propriété littéraire et artistique et droits voisins*, Précis Dalloz, précité, p. 22.

(25) Jean-Eric Schoettl, « L'administration dispose-t-elle d'un droit d'auteur ? », *DIT* 1988/4.

(26) Ordonnance du 4 février 1959 portant statut général des fonctionnaires de l'Etat, *JO* brochure 1571 édition 1985 ; Circulaire du 17 octobre 1990 relative à la protection juridique des logiciels, *JO* du 21 octobre 1990, p. 12757.

(27) Avis du Conseil d'Etat, 21 novembre 1972, Ofrateme, *Gaz. Pal.* 1978, I, p. 50.

(28) Voir référence (27).

(29) Sur cette question, cf. Philippe Gaudrat, *La commercialisation des données publiques*, Rapport OJTI, La Documentation Française, 1992.

(30) Circulaire du 14 février 1994 relative à la diffusion des données publiques, *JO* du 19 février 1994, p. 2864.

(31) Danièle Delaval, « La commercialisation des données publique », *Les échos*, 22 avril 1994.

(32) Trib. Corr. Paris, 10e Ch., 17 janvier 1968, *Gaz. Pal.* 1968.

(33) Rapport de la Commission de la Télématique et Infotecture 12 juillet 1984, *La Documentation Française.*

(34) TC Compiègne, 2 juin 1989 Société des bourses françaises, *DIT* 1989/4, note Poujol.

(35) CA Paris, 1re Ch., sect. concurrence, 18 mars 1993, *BOCCRS* 26 mars 1993, p. 110, *Expertises* avril 1993, p. 151, *DIT* 1993/1, Gazette du droit des technologies avancées, *Gaz. Pal.* n° 190-191 p. 13, note Anne Cousin.

(36) Cass. com., 24 novembre 1983, *Bull. Civ.* IV, n° 322, p. 279.

(37) TGI Paris, 24 avril 1984, Expertises 1984, p. 143 ; Jean-Jacques Le Pen, « Données à risque sur les entreprises », *Expertises* février 1993.

(38) Cass. com., 30 janvier 1974, *Dalloz*-428, note Tendler ; Le Tourneau, *La responsabilité civile* 1982, n° 1597 ; CA Colmar, 21 octobre 1981, *Dalloz* 1981, IR-243, obs. Vasseur.

(39) *JOCE*(L) 210/99 du 7 août 1985.

(40) *JOCE*(C) 12/8 du 18 janvier 1991.

(41) TGI Paris, 28 mai 1986, Gribinski et autres c./ Société Fernand Nathan, *Dalloz* 1986, IR-319.

(42) TGI Paris, 23 janvier 1985, Dalloz 1985-I, p. 418.

(43) Alain Bensoussan, « Garantie de résultats et obligation de moyens », *01 mensuel* 1985 n° 186, p. 75.

(44) TGI Paris, Ch. 9 Section 1, 8 juillet 1987, Boutique de gestion de Paris / SA Télésystèmes, *Juris-Data* n° 045499.

(45) Alain Bensoussan, Isabelle Pottier, « L'exploitation de l'information et son cadre contractuel : les banques de données », *précité.*

(46) Sur cette notion, *infra* n° **19110** relatif à la définition de l'article L. 132-1 du Code de la propriété intellectuelle.

(47) L'article 42 de la loi du 29 juillet 1881 sur la liberté de la presse sanctionne les infractions de presse telles que la provocation aux crimes et délits, les délits contre la chose publique (trouble de l'ordre public...), les délits contre les personnes (la diffamation, l'injure...), ou encore la diffusion de fausses nouvelles. En vertu de cette loi, l'éditeur s'expose à titre principal aux sanctions pénales, avant l'auteur lui-même.

(48) TGI Paris, 28 mai 1986, *précité.*

(49) Arrêté du 30 décembre 1983 relatif à l'enrichissement du vocabulaire de l'informatique, *JO* du 19 février 1984.

(50) Loi n° 93-913 du 19 juillet 1993 reportant l'entrée en vigueur du nouveau Code pénal, *JO* du 20 juillet 1993.

(51) CE 25 juillet 1986, *Rec. Lebon* 1986, p. 710.

(52) Henriette Mehl-Mignot, « Les limitations de la responsabilité dans les contrats des banques de données », Cahiers *Lamy*, août-septembre 1988.

(53) Cass. com., 4 avril 1995, Bull. civ. IV, 116.

(54) Loi n° 92-546 du 20 juin 1992 relative au dépôt légal, *JO* du 23 juin 1992.

(55) Décret n° 93-1429 du 31 décembre 1993 relatif au dépôt légal, *JO* du 1er janvier 1994.

11000.

Le scénario dans l'œuvre multimédia

Comme pour la réalisation d'une œuvre audiovisuelle, le scénario constitue la trame à partir de laquelle l'œuvre multimédia pourra être créée. Dans la mesure où un scénario original prend une forme, quelle qu'elle soit, la protection par le Code de la propriété intellectuelle lui est acquise.
Toutefois, compte tenu des spécificités technologiques des œuvres multimédias, la définition du scénario doit être adaptée.

11100. Définition du scénario d'une œuvre multimédia

A travers les diverses tentatives de définition du scénario de l'œuvre multimédia, on perçoit deux conceptions :

- l'une restrictive,
- l'autre extensive.

11110. *Une définition restrictive : le scénario au sens audiovisuel*

Si l'œuvre multimédia est assimilée à une œuvre audiovisuelle, son scénario doit être considéré comme la description écrite de l'histoire, support de l'œuvre. Le scénario peut aussi définir le matériel technique à employer :

- les lieux,
- les décors,
- la durée des prises de vue,
- les costumes,
- les acteurs,

– leurs paroles et actions,
– la bande sonore.

Cependant, cette conception classique du scénario ne prend pas en considération les spécificités technologiques, notamment liées à l'aspect informatique et interactif du multimédia.

11120. ***Une conception plus large : le scénario comprend les éléments techniques nécessaires à l'interactivité***

L'une des particularités des œuvres multimédias réside dans leur interactivité, c'est-à-dire cette faculté d'adapter le déroulement du scénario en fonction des options choisies par l'utilisateur.
Ce dernier pourra effectuer une consultation « active » en opposition à une consultation « linéaire ».
Cette considération particulière amène à penser que la définition du scénario dans le cadre d'une œuvre multimédia, recouvre non seulement le scénario au sens audiovisuel du terme, mais également tous les éléments nécessaires à l'interactivité. Il peut alors s'apparenter ainsi à une analyse fonctionnelle générale et/ou détaillée, qu'il est d'usage, voire même recommandé, de rédiger pour la réalisation d'un logiciel.
Le scénario peut alors comprendre notamment, l'arborescence, le schéma de navigation, la présentation des écrans, les liens hypermédia.

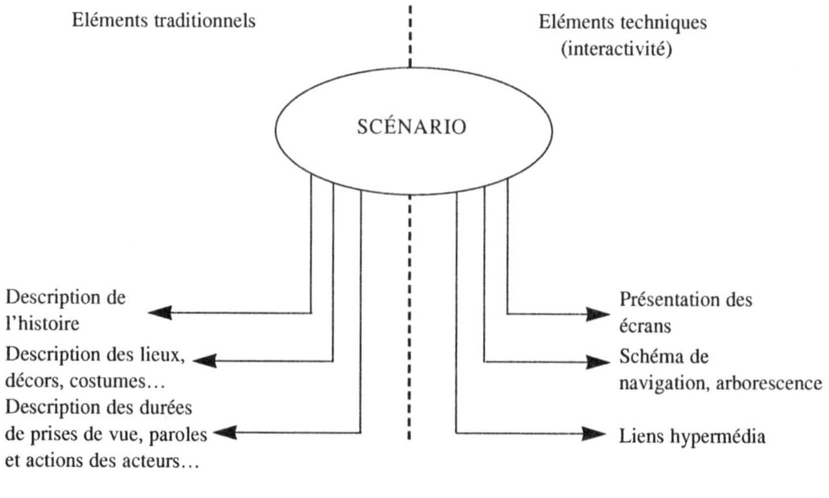

Figure 11.1. *Définition du scénario*

11200. Les droits sur les scénarios d'œuvres multimédias

L'étendue des droits dépend directement de la qualification de l'œuvre, qui elle-même est fonction des conditions de sa réalisation et de sa nature. Concernant les conditions de la réalisation, il convient de distinguer différentes hypothèses, le scénario pouvant être réalisé spécialement pour l'œuvre multimédia ou correspondre à une œuvre préexistante.
En outre, d'autres distinctions s'imposent concernant la nature même du scénario au sein de l'œuvre multimédia ; ce dernier peut en effet constituer une contribution à une œuvre de collaboration, une œuvre collective ou une œuvre audiovisuelle, voire même un document de conception préparatoire, au sens de la définition du logiciel, si la partie « culturelle » est supplantée par des considérations liées à l'interactivité.

11210. *Le scénario en tant qu'œuvre préexistante*

Dans la mesure où le scénario est préexistant à l'œuvre multimédia et protégé par le droit d'auteur, il importera d'obtenir l'autorisation préalable du scénariste afin d'élaborer le produit multimédia sur la base de son œuvre.
En effet, s'il est suffisamment formalisé pour être considéré comme original et non comme une simple idée, le scénario peut constituer une œuvre à part entière. Il convient de rappeler que le droit d'auteur ne protège pas les idées mais la forme sous laquelle elles s'expriment.
La formalisation de l'idée dans un scénario portant l'empreinte de la personnalité de son auteur peut donc constituer une œuvre de l'esprit protégeable en tant que telle.
On peut aussi rencontrer l'hypothèse où le scénario préexistant a servi de support à une œuvre audiovisuelle ou cinématographique.
Rappelons que le scénariste est présumé coauteur d'une œuvre audiovisuelle, qualifiée d'œuvre de collaboration et dispose, en vertu de l'article L.113-3 alinéa 3 du Code de la propriété intellectuelle, du droit d'exploiter séparément sa contribution personnelle, sauf convention contraire, notamment à la condition de ne pas porter préjudice à l'exploitation de l'œuvre de collaboration.
Ainsi, le scénariste qui remplit les conditions de l'article L.113-3 alinéa 3 du Code de la propriété intellectuelle pourra céder ses droits à un tiers sur son scénario, afin que ce dernier puisse réaliser une œuvre multimédia ; il pourra également procéder directement à l'exploitation de son œuvre, étant entendu qu'une œuvre multimédia n'apparaît pas *a priori* de nature à concurrencer une œuvre audiovisuelle en ce qu'elle ne poursuit pas les mêmes objectifs.
En tant qu'œuvre préexistante protégée par le droit d'auteur, le scénario ne pourra donc être utilisé par un tiers qu'à la condition d'obtenir l'accord de son auteur ou de son ayant droit, le cas échéant, en contrepartie d'une rémunération.

11220. ***Le scénario créé spécialement pour l'œuvre multimédia***

Ici, la question de la propriété ou des droits d'auteurs relatifs au scénario dépend étroitement de la qualification de l'œuvre multimédia dans sa globalité.
En effet, il existe plusieurs qualifications possibles du produit multimédia et la question de la propriété du scénario variera selon qu'il constitue une contribution à une œuvre de collaboration, une œuvre collective ou une œuvre audiovisuelle ou logicielle si le produit multimédia devait être qualifié comme tel (1).

11221. ***L'œuvre de collaboration***

Si l'œuvre multimédia est qualifiée d'œuvre de collaboration, l'auteur du scénario sera coauteur de l'œuvre et à ce titre, sera investi de tous les droits patrimoniaux et du droit moral sur cette œuvre.
Il exercera ses droits conjointement avec les autres auteurs. Ceci n'est vrai que si l'auteur du scénario participe avec les coauteurs, à la réalisation du produit multimédia lui-même. Dans le cas contraire, il s'agira d'un scénario préexistant. Cependant, l'œuvre de collaboration suppose que les auteurs des différentes contributions soient exclusivement des personnes physiques (1 bis). Le statut d'œuvre de collaboration ne permet pas de résoudre le cas d'une œuvre multimédia réalisée par plusieurs sociétés, puisque le droit d'auteur exclut qu'une personne morale puisse être coauteur d'une œuvre de collaboration (2).
Sur ce point, la qualification d'œuvre collective semble plus adaptée sous réserve de remplir certaines conditions.

11222. ***L'œuvre collective***

L'œuvre réalisée par une équipe coordonnée par une personne qui a pris l'initiative de la création et qui édite et diffuse le produit, appartient à la personne sous le nom de laquelle elle est diffusée.
Au titre du régime du droit d'auteur, l'œuvre est en effet, dite « collective » si elle répond aux critères suivants :

– elle est créée sur l'initiative d'une personne physique ou morale ;

– elle est éditée, publiée et divulguée sous sa direction et sous son nom ;

– elle est réalisée par une équipe, la contribution personnelle des divers auteurs participant à son élaboration se fondant dans l'ensemble en vue duquel elle est conçue, « *sans qu'il soit possible d'attribuer à chacun d'eux un droit distinct sur l'ensemble réalisé* » (3).

A l'origine, cette catégorie avait vocation à régir la propriété des œuvres collectives de type dictionnaires, encyclopédies et journaux. Elle a été étendue à toute sorte d'œuvre, notamment logicielle.
Dans l'hypothèse où l'œuvre multimédia est considérée comme une œuvre collective, le (ou les) scénariste(s), bien qu'il demeure auteur de son œuvre, n'est plus investi des droits patrimoniaux sur l'œuvre multimédia. Ceux-ci sont automatiquement dévolus à la personne morale ou physique (maître d'œuvre) sous le nom de laquelle l'œuvre multimédia est divulguée.
En contrepartie, le scénariste recevra une rémunération forfaitaire. En effet, le scénario n'est pas préexistant mais ferait alors partie intégrante du processus de réalisation du produit sous l'égide de son initiateur, un peu comme une maquette d'encyclopédie.
En revanche, à l'instar du journaliste, les scénaristes pourront exploiter séparément leur scénario, à condition toutefois de ne pas porter préjudice à l'œuvre d'ensemble (4).
Par ailleurs, si le titulaire des droits d'auteur sur l'œuvre collective entend réutiliser la contribution de l'auteur individuel séparément ou pour réaliser une autre œuvre collective, il devra obtenir préalablement l'autorisation de l'auteur de la contribution (5).
Toutefois, le scénario pouvant constituer une œuvre tellement distincte du produit final, et être réalisé par une seule personne et non une équipe, le commanditaire devrait par prudence, prendre le soin d'obtenir une cession en bonne et due forme, afin d'éviter toute ambiguïté sur la nature des droits.
Ceci est d'autant plus important qu'il n'est pas exclut que le produit multimédia puisse être qualifié d'œuvre audiovisuelle. Cette précaution doit être prise, que le scénariste soit salarié ou non.

11223. *L'œuvre audiovisuelle*

La présence d'un scénario et d'un scénariste dans une œuvre multimédia rappelle nécessairement le processus de création d'une œuvre audiovisuelle.
Ainsi, si une œuvre multimédia était qualifiée d'œuvre audiovisuelle, le scénariste serait présumé être coauteur de l'œuvre multimédia et ce conformément aux dispositions de l'article L. 113-7 alinéa 2 du Code de la propriété intellectuelle aux termes duquel :

« *Sont présumés, sauf preuve contraire, coauteurs d'une œuvre audiovisuelle réalisée en collaboration :*
1° l'auteur du scénario,
2° l'auteur de l'adaptation,
3° l'auteur du texte parlé,
4° l'auteur des compositions musicales avec ou sans paroles spécialement réalisées pour l'œuvre,
5° le réalisateur ».

A cet égard, la Cour d'appel de Paris a affirmé avec vigueur dans un arrêt en date du 16 mai 1994 que la présomption selon laquelle les personnes physiques participant à la réalisation d'une œuvre audiovisuelle ont toutes la qualité d'auteur ne supportait pas la preuve contraire et que de ce fait, une œuvre audiovisuelle ne pourra jamais être qualifiée d'œuvre collective (6).
Cependant, en application de l'article L. 132-24 du Code de la propriété intellectuelle, le contrat liant le producteur aux auteurs d'une œuvre audiovisuelle emporte, sauf clause contraire, cession au profit du producteur des droits exclusifs d'exploitation de l'œuvre audiovisuelle.

11224. ***L'œuvre logicielle***

Si la qualification juridique de logiciel devait être retenue à l'égard du produit multimédia (7), le scénario pourrait être assimilé soit au cahier des charges, soit au matériel de conception préparatoire. Or, la loi du 10 mai 1994 intégrée au Code de la propriété intellectuelle vise la protection des « *logiciels, y compris le matériel de conception préparatoire* » (8).

Se trouvent ainsi protégés par le régime propre aux logiciels, à condition de permettre la réalisation ultérieure du programme :

– les dossiers d'analyse fonctionnelle et organique,

– les dossiers de programmation,

– la documentation de conception relative au programme,

– les maquettes ou prototypes.

Sont, en revanche, exclus de la protection propre aux logiciels, comme ne pouvant être assimilés à des matériaux de conception :

– le cahier des charges ;

– la documentation d'utilisation ou le manuel, qui restent soumis au régime général du droit d'auteur.

L'application (ou la non-application) de la protection du logiciel au scénario dépendra essentiellement de la notion de « matériel de conception », non définie par la loi française. Seule la directive communautaire (9) y fait référence dans la définition du programme d'ordinateur :

« (...) le terme « programme d'ordinateur » vise les programmes sous quelque forme que ce soit, y compris ceux qui sont incorporés au matériel ; que ce terme comprend également les travaux préparatoires de conception aboutissant au développement d'un programme, à condition qu'ils soient de nature à permettre la réalisation d'un programme d'ordinateur à un stade ultérieur ».

Est-ce qu'un scénario peut correspondre à cette définition ? Rien n'est moins sûr, mais la question reste posée. A l'inverse, si le produit multimédia n'est pas qualifié de logiciel, on peut se demander si un scénario qui comprendrait une grande part d'éléments techniques propres au logiciel, ne pourrait être considéré comme un document de conception préparatoire.
En effet, on peut imaginer un scénario sous forme de présentation des écrans et de leur arborescence et des liens hypermédia. Celui-ci ne serait pas si différent d'une analyse fonctionnelle qui préside à la réalisation d'un logiciel. Le régime juridique du scénario pourrait donc être différent selon son contenu.

11230. *L'interactivité et les droits sur le scénario*

Si le scénario est relatif à une œuvre littéraire, il va nécessiter une profonde adaptation compte tenu du caractère interactif du produit multimédia. Cette adaptation, si elle peut avoir un caractère implicite pour les contraintes liées à la phase du passage de la forme papier à une forme par exemple, audiovisuelle, risque d'être en matière de multimédia, bien au delà des usages.
Il est donc prudent de prévoir de manière expresse et de manière étendue, la cession des droits d'adaptation et de modification de toute nature, compte tenu des contraintes liées à l'exigence d'interactivité. Les modifications pourraient être si radicales que l'on peut se demander si la reprise d'un scénario d'une œuvre d'un autre genre ne pourrait pas s'apparenter parfois, à la simple reprise d'une idée.

11300. Les formes de protection du scénario

L'efficacité de la protection d'un scénario est délicate car l'écriture de ce dernier se situe très en amont dans la réalisation de l'œuvre. En effet, le réalisateur a besoin de communiquer le scénario à de nombreux futurs partenaires afin de les convaincre. Cette communication « forcée » expose le scénario aux risques de copie.
Ceci étant, de quel moyen peut disposer l'auteur du scénario pour se protéger ?

11310. *Le dépôt*

La protection ne naît pas du dépôt. Le créateur d'une œuvre est protégé par le régime du droit d'auteur dès lors que la condition d'originalité est remplie, sans qu'aucun dépôt ne soit imposé (10).
Toutefois, si elle est appréciable par sa simplicité et sa gratuité, la protection du seul fait de la création comporte quelque faiblesse, l'auteur pouvant rencontrer

des difficultés à prouver qu'il est bien le premier à avoir écrit le scénario en cas de litige.
Le dépôt du scénario reste ainsi vivement conseillé pour permettre de prouver sa paternité en cas de contestation future (contrefaçon par exemple).

11311. ***Lieu du dépôt***

Le dépôt peut être effectué en divers lieux (APP, huissier, banque, INPI...) et sous diverses formes (enveloppe Soleau, microfiches, disquettes...), le choix s'opérant selon les effets attendus de cette formalité ou encore le degré d'achèvement, la nature, le support et les volumes du document à déposer.
Dans le cas des œuvres multimédias, le scénario peut notamment faire l'objet d'un dépôt auprès de la Société des gens de lettres de France (SGDLF) qui est un organisme de gestion collective des droits d'auteurs.
Le dépôt à la SGDLF est effectué pour une durée de quatre ans renouvelables. Le scénario peut être déposé sous toutes ses formes (documents papier, disquettes…).

11312. ***Le moment du dépôt***

Compte tenu des risques de contrefaçon lors des négociations avec les futurs partenaires, on ne peut que conseiller à un réalisateur d'œuvre multimédia ou à l'auteur du scénario de déposer au plus tôt le scénario, même sous sa forme la plus primaire.

11313. ***La valeur du dépôt***

Bien que le dépôt ne soit pas une obligation, il permet de donner une date certaine au scénario. Cette date permet de fixer le point de départ de la durée de protection accordée par la loi.
En outre, la preuve du contenu de la création est nécessaire chaque fois que l'auteur se trouve dans l'obligation de faire valoir ses droits, par exemple dans le cadre d'une action en contrefaçon ou en concurrence déloyale.

11320. ***La protection par le secret***

Le secret sur le scénario est difficile à garder car c'est ce document qui va servir de base à la réalisation de l'œuvre. Il doit donc être présenté et soumis aux différents intervenants qui vont contribuer à la réalisation de l'œuvre multimédia.

11321. ***Le secret des collaborateurs***

Pour obtenir le secret sur le scénario de la part des collaborateurs, l'auteur ou le réalisateur peut faire signer un accord de confidentialité à toute personne qui sera amenée à travailler sur le projet.

11322. ***Le secret des partenaires impliqués dans le projet***

Comme pour les collaborateurs, le réalisateur d'une œuvre multimédia peut faire signer aux différents partenaires extérieurs un accord de confidentialité sur le contenu du scénario jusqu'au moment de sa réalisation.
Il peut même être envisagé, sinon conseillé, de faire signer un accord de confidentialité et de non concurrence, aux divers producteurs prospectés valable pendant une certaine durée, par exemple de un à deux ans. Cette précaution évite de divulguer l'idée de base sans protection.
En effet, le partenaire potentiel déloyal pourrait examiner le scénario, le refuser et retenir l'idée pour la réaliser à son compte, « doublant » ainsi l'auteur de l'idée originale.

Notes

(1) *Infra* n° **14000** et s. relatifs au statut de l'œuvre multimédia.

(1 bis) Article L. 113-2 du Code de le propriété intellectuelle.

(2) CA Paris, 4e Ch. B, 10 mars 1988, *Dalloz* 1990, IR-187, obs. J.-J. Burst.

(3) Article L. 113-2, alinéa 3 du Code de la propriété intellectuelle.

(4) CA Paris, 4e Ch. B, 18 avril 1991, *RIDA* 1992, n° 153.

(5) Cass. civ., 1re Ch., 20 décembre 1982, *JCP (G)* 1983, II-20102.

(6) CA Paris, 16 mai 1994, Gazette du droit des technologies avancées, *Gaz. Pal.* n° 214-215, 2 et 3 août 1995, note Benoît de Roquefeuil.

(7) *Infra* n° **14330** et suivants relatifs au multimédia, œuvre logicielle.

(8) Article L. 112-2-13° du Code de la propriété intellectuelle.

(9) Directive communautaire du 14 mai 1991 concernant la protection des programmes d'ordinateur, 7e considérant, *JOCE* (L) 122-42 du 17 mai 1991.

(10) Article L. 111-1, alinéa 1er du Code de la propriété intellectuelle.

12000.
Le logiciel dans l'œuvre multimédia

Une œuvre multimédia implique nécessairement l'intervention d'un ou de plusieurs logiciels, aussi bien au stade de la création de l'œuvre que de son utilisation. A condition de revêtir une forme originale, les logiciels sont des œuvres de l'esprit protégées par l'article L. 122-2 du Code de la propriété intellectuelle.

12100. Le logiciel et l'œuvre multimédia

12110. *Le logiciel et la création de l'œuvre multimédia*

Au stade de la création de l'œuvre, le logiciel interviendra, par exemple, pour permettre la numérisation des éléments à incorporer dans l'œuvre multimédia et qui se trouvent être sous forme traditionnelle.
Avant d'être mis en mémoire et stockés dans l'ordinateur, ils devront donc être préalablement traduits dans un langage binaire composé uniquement de 0 et de 1, ce qui va permettre à l'ordinateur de les traiter et ultérieurement de les restituer lors de l'affichage à l'écran.
Il sera donc utilisé un logiciel permettant la numérisation des œuvres sous forme traditionnelle. Il est à noter que ce logiciel ne fera pas partie de l'œuvre multimédia. Il n'intervient qu'au stade de l'élaboration elle-même de l'œuvre. Par ailleurs, il sera également utilisé un progiciel outil ou un logiciel spécifique pour le développement du produit multimédia.

12120. *Le logiciel intégré à l'œuvre multimédia*

Au stade de la création de l'œuvre multimédia, il y a également des œuvres déjà « informatisées » qui peuvent être intégrées au produit multimédia ou être créées spécialement pour lui, ce sont les créations assistées par ordinateur ou encore créations générées par ordinateur. Elaborées à l'aide d'un logiciel, ce dernier peut avoir un simple rôle instrumental ou au contraire un rôle « moteur » faisant partie intégrante de l'œuvre.

Il existe d'autres logiciels intégrés à l'œuvre multimédia et qui en permettent le fonctionnement et l'utilisation. Il s'agit des logiciels consacrés à l'interface spécifique et qui vont permettre l'interactivité entre l'œuvre et l'utilisateur. Elément essentiel, l'interactivité offre la possibilité à l'utilisateur de naviguer dans le contenu de l'œuvre. A cet égard, l'interactivité associée au multimédia peut être plus ou moins grande.

Lorsqu'elle n'offre à l'utilisateur que la possibilité d'un choix, d'une sélection entre plusieurs scénarios prédéterminés par le créateur du produit multimédia, l'utilisateur n'intervient pas directement sur le programme. En effet, toutes ses interventions ont été anticipées par l'informaticien.

Mais l'utilisation interactive du produit peut dans certains cas, relever d'une activité créatrice. Cette hypothèse n'est pas à exclure et la question s'est posée sur le plan juridique, de savoir si l'utilisateur ne pouvait pas être considéré comme auteur d'une nouvelle œuvre à part entière, originale et indépendante.

Le critère réside en tout état de cause, dans un acte véritable de création, qui soit exclusif du fruit du hasard, ou encore d'un aléa lui-même « prédéterminé » par le programme.

Enfin, il existe des logiciels qui permettent uniquement le fonctionnement du produit, c'est-à-dire la lecture des documents à l'écran et font également partie du produit multimédia.

Ces considérations techniques soulignent l'importance du logiciel dans la création et conduisent à la question de savoir s'il est possible d'apparenter l'œuvre multimédia au logiciel et à son régime juridique. En d'autres termes, serait-il possible dans ce cas de figure technique, qu'il y ait absorption par le régime du logiciel, de l'œuvre multimédia ?

En tout état de cause, cette question semble pouvoir être posée en présence de logiciels jouant véritablement un rôle actif dans l'élaboration de l'œuvre multimédia (1).

12130. *La maintenance du logiciel*

Principalement définie par son caractère d'interactivité, l'œuvre multimédia doit être susceptible d'évoluer. De même, et par voie de conséquence, les différents logiciels intervenant tant dans la création que dans le développement du produit

multimédia sont susceptibles de générer différentes anomalies de fonctionnement ou de nécessiter des évolutions de sorte qu'une maintenance des logiciels soit indiquée (2).
En outre, il est indispensable au stade de l'exploitation de l'œuvre multimédia, de prévoir des contrats de maintenance du logiciel pour parer à toute éventualité de « bogue » ou d'inadaptation éventuelle aux évolutions des nouvelles technologies.
A ce titre on distingue deux types de maintenance :

– la maintenance corrective,
– la maintenance évolutive.

Par ailleurs, il convient de distinguer si le logiciel a pour objet le développement du produit multimédia ou si le logiciel est intégré au produit multimédia afin notamment de permettre l'exécution de certaines prestations nécessaires à la bonne représentation de l'œuvre multimédia.
Dans l'hypothèse où le logiciel serait intégré à l'œuvre multimédia de sorte que la partie du multimédia serait prépondérante, la maintenance sera effectuée avec celle du produit multimédia.
La maintenance corrective a pour objet de corriger toutes les anomalies qui pourraient surgir dans l'œuvre elle-même et se concrétise généralement dans la révision de la matrice qui a permis le pressage, c'est-à-dire la reproduction des Compact-Disc.
La maintenance évolutive se distingue quant à elle, en ce qu'elle a pour objet de permettre des modifications directement sur l'œuvre multimédia, non pas dans le but de corriger des erreurs, mais dans celui d'accroître les performances et les fonctionnalités ou d'en modifier certains éléments en vue de les améliorer ou encore en vue de le porter sur des nouveaux matériels ou systèmes d'exploitation.
Le problème de la maintenance est impérativement à gérer dans les relations entre le prestataire informatique et l'éditeur du produit multimédia car il peut nécessiter la détention des codes source (2 bis).

12200. La protection des logiciels

Les logiciels bénéficient principalement de la protection du droit d'auteur, quelque peu aménagée pour tenir compte de la spécificité de ces œuvres à caractère technologique.

12210. *La définition des logiciels*

Bien que la législation française reconnaisse la qualité d'auteur d'une œuvre de l'esprit à ceux qui développent des logiciels, elle n'apporte pas de définition à ce terme (3).

Elle précise seulement, et de façon contradictoire, d'une part, que le droit d'auteur protège « *(...) les logiciels y compris le matériel de conception préparatoire* » (4), et d'autre part, qu'en cas de création salariée, l'employeur détient les droits patrimoniaux sur « *les logiciels et leur documentation (...)* » (5).
Le terme « logiciel » n'est ainsi défini ni par la loi, ni par la directive européenne du 14 mai 1991 (6) ; cette absence de définition permet de tenir compte de l'évolution de la technique.
Le recours à d'autres textes permet de fournir quelques définitions. Ainsi, l'arrêté du 22 décembre 1981 (7), relatif à l'enrichissement du vocabulaire de l'informatique traduit le terme logiciel en anglais par « *software* » et le définit comme « *l'ensemble des programmes, procédés et règles et éventuellement de la documentation relatifs au fonctionnement d'un ensemble de traitement de l'information* ».
Dans le cadre des dispositions types présentées comme ayant pour objet d' « aider les pays à compléter leur législation en matière de protection du logiciel ou à les clarifier », l'Organisation mondiale de la propriété intellectuelle (OMPI) définit le « programme d'ordinateurs » en ces termes :

« *Un ensemble d'instructions pouvant, une fois transposé sur support déchiffrable par machine, faire indiquer, faire accomplir ou faire obtenir une fonction, une tâche ou un résultat particulier par une machine capable de faire du traitement de l'information* » (8).

Les normes de l'*International Standards Organisation* (Normes ISO) définissent le logiciel en deux temps : « *un ensemble de programmes, procédés et règles, et éventuellement de la documentation auxiliaire* », le programme étant lui-même défini comme une « *suite ordonnée d'instructions* » destinées à être exécutées par la machine.
La Commission des Communautés européennes, dans le cadre des travaux d'élaboration de la future directive préconisait en 1989, de définir le programme d'ordinateur comme « *un ensemble d'instructions qui a pour but de faire accomplir des fonctions par un système du traitement de l'information appelé ordinateur* » (9).
La directive communautaire du 14 mai 1991 a finalement retenu la définition suivante :

« *Les programmes sous quelque forme que ce soit y compris ceux qui sont incorporés au matériel ; que ce terme comprend également les travaux préparatoires de conception aboutissant au développement d'un programme, à condition qu'ils soient de nature à permettre la réalisation d'un programme d'ordinateur à un stade ultérieur* » (10).

La loi française, conformément à la définition communautaire, vise bien le logiciel comprenant la programmation, mais aussi les spécifications externes et la documentation de conception relative au programme.

Sont ainsi protégés par le régime propre aux logiciels, à condition de permettre la réalisation ultérieure du programme :

– les dossiers d'analyse fonctionnelle et organique,

– les dossiers de programmation,

– la documentation de conception,

– les maquettes ou prototypes.

Sont, en principe, exclus de la protection propre aux logiciels, comme ne pouvant être assimilés à des matériaux de conception préparatoire :

– le cahier des charges ;

– la documentation d'utilisation ou le manuel, qui restent soumis au régime général du droit d'auteur.

Enfin, aucune distinction n'est à opérer en fonction du type de logiciel, le régime juridique particulier s'appliquant indifféremment au logiciel spécifique, au progiciel, au logiciel d'application et au logiciel de base, ainsi qu'il résulte des travaux d'élaboration de la loi de 1985 (11).

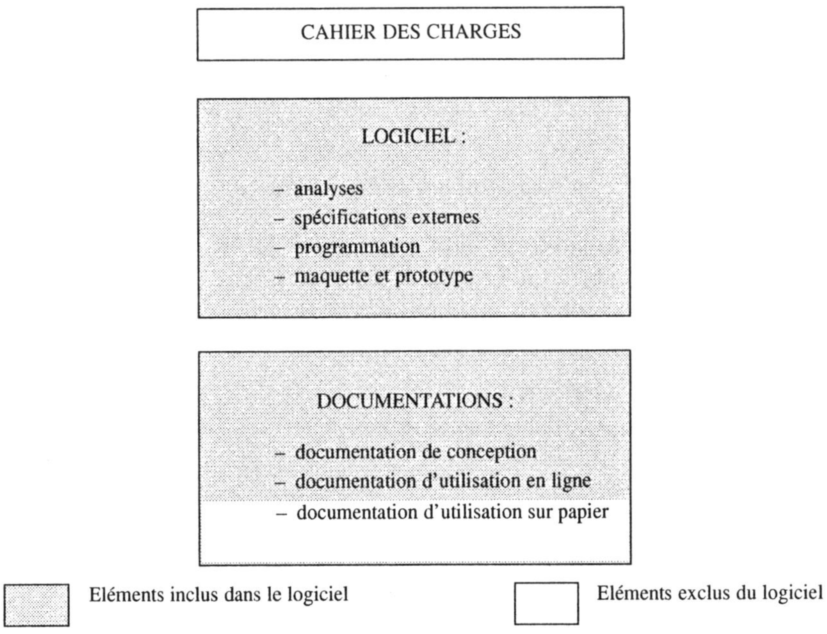

Tableau 12.1. *Principales étapes d'élaboration du logiciel et définition du logiciel*

La conception d'un produit multimédia commencera le plus souvent, par la conception de son scénario et schéma d'arborescence, outre le cahier des charges qui aura pu être réalisé par le commanditaire.
Toute la difficulté consiste à cerner la distinction entre les documents de conception préparatoire d'un logiciel (analyse générale, détaillée, technique et fonctionnelle, écran...) et le scénario.
En effet, l'un obéit au régime propre du logiciel, l'autre, à celui plus classique, du droit d'auteur. Les parties doivent veiller à qualifier les documents réalisés au stade de la conception (11 bis).

12220. ***La protection des logiciels par le droit d'auteur à titre principal***

Ainsi défini, le logiciel se trouve protégé par le régime du droit d'auteur. En incluant le logiciel dans la liste des œuvres protégées et en créant la notion d'œuvre logicielle (12), la loi du 3 juillet 1985 a étendu la notion d'œuvre de l'esprit à celui-ci.
Comme les œuvres de l'esprit de type littéraire, le logiciel peut en effet, être assimilé à un langage et la jurisprudence l'a d'ailleurs comparé à une composition musicale (13).
La loi du 10 mai 1994 a également opté pour le régime du droit d'auteur comme moyen juridique de protection du logiciel, citant expressément « les logiciels » ainsi que « le matériel de conception préparatoire » en tant qu'œuvre de l'esprit (14), après avoir passé en revue les autres modes de protection envisageables, qui ne sont pas pour autant écartés.

12230. ***Les autres modes de protections périphériques***

Si le régime de protection des logiciels est assuré à titre principal par le régime du droit d'auteur, tel qu'il résulte de la loi du 10 mai 1994, il convient de rappeler que d'autres modes de protections périphériques sont également susceptibles d'être mis en œuvre :

– la protection par le brevet,

– la protection par les dessins et modèles,

– la protection par le biais du savoir-faire ou par l'application du droit de la concurrence déloyale (15).

12300. La protection des logiciels par un droit d'auteur dérogatoire

Appliqué au logiciel, le régime du droit d'auteur a dû être aménagé, le caractère technique et l'utilisation comme outil d'entreprise justifiant un certain nombre de dérogations prévues dès la loi du 3 juillet 1985.

L'importance de ces dérogations a encore augmenté avec la loi du 10 mai 1994 qui met notre législation en conformité avec la directive européenne du 14 mai 1991.
Ainsi, sur les modalités retenues, le régime de protection des logiciels s'écarte du régime classique du droit d'auteur, essentiellement en ce qui concerne les droits reconnus à l'auteur et à l'utilisateur afin de mettre en place un nouvel équilibre entre les parties.

12310. *La protection des logiciels par le droit d'auteur classique*

Sur certains points, la loi du 10 mai 1994 confirme les principes de la loi du 11 mars 1957 sur le droit d'auteur et ne prévoit aucune dérogation. C'est le cas en ce qui concerne :

– les conditions de fond et de forme requises,

– l'objet de la protection,
– la durée de la protection,

– les règles d'attribution de propriété, excepté en cas de création salariée,

– les sanctions applicables en cas d'atteintes aux droits de l'auteur.

12311. *La condition de l'originalité*

Une seule condition de fond exigée pour que le logiciel bénéficie de la protection, il doit faire preuve d'originalité. La nouvelle loi ne définit pas cette notion d'originalité et ne donne pas, non plus, d'indication quant au seuil d'originalité requis. A cet égard, la directive européenne est plus précise, en indiquant que le programme est « *original en ce sens qu'il est la création intellectuelle propre à son auteur » sans qu'il faille tenir compte « d'aucun autre critère, ni d'aucune évaluation de la qualité ou de la valeur esthétique du programme* ».
La condition d'originalité du logiciel continuera ainsi à être laissée à la libre appréciation du juge qui, en France, conformément à la jurisprudence établie, recherchera la trace de la personnalité de son auteur dans son expression ou sa composition, à travers l'effort intellectuel du créateur. La Cour de cassation a ainsi considéré qu'un logiciel était original après avoir relevé que :

– l'auteur avait « *fait preuve d'un effort personnalisé allant au-delà de la simple mise en œuvre d'une logique automatique et contraignante* » ;

– « *la matérialisation de cet effort résidait dans une structure individualisée* » ;

– le logiciel porte « *la marque de l'apport intellectuel du créateur* » (16).

A cet égard, le logiciel se distingue cependant d'une œuvre classique, l'appréciation de l'originalité étant distincte (17).
Dans un produit multimédia, le logiciel intégré correspondant généralement aux fonctionnalités relatives à la navigation, on peut s'interroger sur le point de savoir dans quelle mesure il pourra être fait dans certains cas, la part entre l'originalité et les contraintes liées au genre et à l'état de la technique, surtout s'il est utilisé un progiciel de développement standard.
Il risque d'être difficile de faire la distinction entre le scénario proprement dit, et le logiciel lui-même, ce dernier ne pouvant qu'être la réalisation sur le plan technique, du premier. Auquel cas, il n'y aura pas nécessairement œuvre créatrice originale.
Il est donc particulièrement important de définir quelle est l'étendue de la prestation confiée au développeur : conception ou simple réalisation technique.

12312. *L'absence de formalités*

Le logiciel est protégé sans que l'auteur ait à accomplir de formalités, conformément au régime traditionnel du droit d'auteur qui prévoit que l'œuvre est protégée à compter de sa création. Toutefois, la formalité du dépôt du logiciel multimédia peut s'avérer nécessaire. A cet égard, il convient de distinguer deux régimes de dépôt : le premier est le dépôt légal (17 bis), le second étant constitué par un dépôt probatoire.
En premier lieu, si on prend en considération le seul logiciel, le formalisme du dépôt légal ne modifie en rien le principe de l'attribution du droit de propriété incorporelle exclusive et opposable à tous, bénéficiant à l'auteur de la création.
La loi sur le dépôt légal répond, en effet, à un objectif d'intérêt général organisant la mise en place d'un régime juridique destiné à la conservation de la mémoire collective (18). Par ailleurs, cette loi vise expressément le progiciel. Ce qui semble impliquer *a contrario* que ne seraient pas concernés par ce régime obligatoire les logiciels spécifiques (19).
En revanche, un dépôt peut s'avérer nécessaire pour répondre à des impératifs de protection et satisfaire des objectifs probatoires. Ce régime facultatif pourra permettre de rapporter la preuve de la date de création du logiciel en cas de contrefaçon, et d'assurer une pérennité pour l'utilisateur qui pourra avoir accès aux sources en cas de défaillance de l'auteur (20). Le dépôt privé des sources dans un but probatoire concerne autant les progiciels que les logiciels spécifiques (21).
En second lieu, si l'on considère que le logiciel n'est pas un élément prépondérant de l'œuvre multimédia, mais seulement un de ses composants, il sera alors intégré dans la procédure de dépôt du produit multimédia, conformément aux termes de la loi de 1992 (22). A cet égard, il convient de rappeler que le défaut de dépôt prévu par la loi est passible de sanctions.

La loi a notamment élevé le niveau des peines qui passent de 10 000 à 500 000 Francs en cas de soustraction volontaire à l'obligation de dépôt légal (23).

12313. *La protection de la forme et non des idées*

La loi du 10 mai 1994 confirme que le logiciel n'est protégé qu'en ce qui concerne sa seule forme, conformément au principe du régime du droit d'auteur, selon lequel les idées sont de libre parcours.
La directive communautaire précise que se trouvent exclus de la protection « *les idées et principes* », ce que la loi française n'a pas eu besoin de reprendre, car cela était déjà conforme aux fondements du régime du droit d'auteur français.
Au niveau de la forme protégée du logiciel, la loi de 1994 apporte certaines précisions. Ce texte vise en effet, la protection du « logiciel » et celle du « matériel de conception préparatoire ». Elle reprend ici le texte de la directive communautaire.
Autrement dit, le monopole du titulaire des droits d'auteur couvre les instructions, les spécifications externes du programme et la documentation de conception, ou encore les dossiers d'analyse fonctionnelle et organique, les dossiers de programmation, la documentation de conception et les maquettes ou prototypes à condition que ces éléments préparatoires permettent la réalisation ultérieure du programme.

12314. *La durée de la protection*

Depuis la loi du 10 mai 1994, le logiciel est protégé par le régime du droit d'auteur pendant la même durée qu'une œuvre traditionnelle, c'est-à-dire pendant 50 ans à compter du décès de l'auteur (et non plus 25 ans à compter de sa création), la dérogation prévue par le législateur de 1985 étant supprimée.

12315. *Les règles d'attribution de propriété*

Exception faite du cas du logiciel créé par un employé qui, par application de l'article L. 113-9 du Code de la propriété intellectuelle, donne à l'employeur l'ensemble des droits patrimoniaux sur le logiciel et sa documentation (article L. 113-9 du Code de la propriété intellectuelle), les règles d'attribution de propriété du logiciel découlent du statut traditionnel du droit d'auteur.
Sont ainsi applicables, les notions d'œuvre de collaboration, d'œuvre collective, d'œuvre dérivée ou d'œuvre de commande (24).

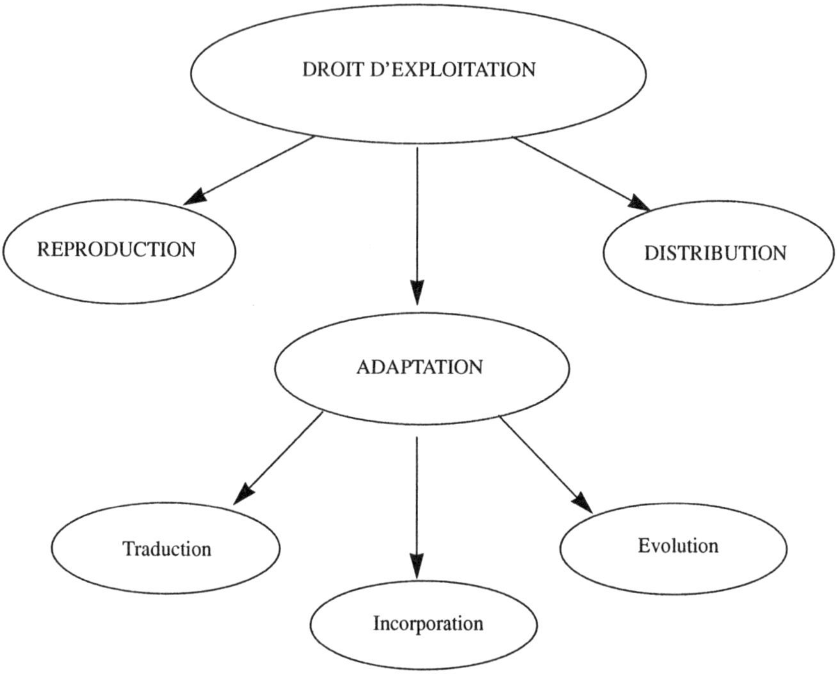

Figure 12.1. *Les droits d'exploitation du logiciel soumis à l'autorisation de l'auteur*

12316. *Les sanctions applicables*

Les atteintes aux droits de l'auteur de logiciel sont punies des peines applicables en cas de contrefaçon d'œuvre traditionnelle. La loi du 5 février 1994 (25) prévoit par ailleurs la possibilité pour l'auteur, de faire retenir à la douane des objets contrefaisants sur demande écrite assortie de justifications. La loi du 10 mai 1994 ne prévoit pas de sanction particulière, comme l'y invitait pourtant la directive communautaire, concernant :

– le fait de « *mettre en circulation, détenir à des fins commerciales une copie d'un programme en sachant qu'elle est illicite ou en ayant des raisons de le croire* » ;

– le fait de « *mettre en circulation* » ou de « *détenir à des fins commerciales* » des logiciels de déplombage, imposant seulement alors à l'auteur qui diffuse des logiciels de déplombage, de mentionner que la copie illicite est sanctionnée des peines de la contrefaçon (26).

Peines principales	Peines complémentaires	Peines en cas de récidive ou de contrat passé avec l'auteur
1) 2 ans de prison	1) Fermeture, totale ou partielle, pour 5 ans maximum, de l'établissement ayant servi à commettre l'infraction : — temporaire : pas de rupture ou suspension des contrats de travail. — définitive : versement au personnel de l'indemnité de préavis et de licenciement et dommages et intérêts prévus en cas de rupture du contrat de travail, sous peine de 6 mois de prison et de 25 000 francs d'amende.	1) Doublement de la peine d'emprisonnement
2) Et 1 000 000 francs d'amende	2) Et/ou confiscation et remise à la victime, pour indemnisation, de tout ou partie des recettes procurées par l'infraction, des logiciels contrefaisants et des matériels ayant permis la réalisation du délit. 3) Affichage du jugement aux frais du condamné.	2) Et doublement de la peine d'amende.

Tableau 12.2. *Sanctions pénales applicables à la contrefaçon*

Toutefois, des procédures de saisie-contrefaçon sont visées aux articles L. 332-1 et suivants du Code de la propriété intellectuelle. Selon qu'il s'agit d'un logiciel ou d'une œuvre multimédia, la procédure de saisie-contrefaçon pourra différer. La loi de 1985 a instauré un régime de saisie-contrefaçon propre aux logiciels, à mi-chemin entre la procédure applicable en matière de droit d'auteur et le mécanisme en vigueur en matière de brevet, comprenant deux types de saisies distinctes :

- la saisie réelle, impliquant l'enlèvement matériel du logiciel et nécessitant une procédure judiciaire d'autorisation préalable ;
- la saisie-description, concrétisée par une copie du logiciel et ne nécessitant pas d'autorisation judiciaire préalable (27).

En outre, l'assignation doit être délivrée contre le présumé contrefacteur, dans le délai de quinze jours à compter du procès-verbal de saisie, alors qu'il est d'un mois lorsqu'il s'agit d'œuvres traditionnelles. La qualification juridique du produit multimédia intégrant un logiciel n'étant pas encore clairement définie, il sera avisé d'assigner dans ce délai, et ce d'autant que la contrefaçon peut ne concerner que la partie programmation du produit (28).

12320. *La protection des logiciels par un régime dérogatoire au droit d'auteur classique*

Les logiciels sont soumis à des dispositions dérogatoires au régime classique du droit d'auteur concernant essentiellement les droits reconnus à l'auteur et à l'utilisateur sur l'œuvre, modifiant ainsi l'équilibre des parties.
Ces dérogations démontrent que la loi du 10 mai 1994 appréhende désormais le logiciel comme une œuvre « industrielle » plus que comme une création artistique propre à son auteur.
Ainsi, la loi du 10 mai 1994 reconnaît à l'auteur le droit « *d'effectuer ou d'autoriser* » la reproduction, l'adaptation et la distribution, dans certaines conditions.
L'utilisateur se voit reconnaître lui aussi des droits de reproduction, d'utilisation et d'adaptation, ainsi que des droits nouveaux. Plus précisément, les dérogations portent sur :

- la reproduction du logiciel,
- l'adaptation du logiciel,
- la modification du logiciel,
- la distribution du logiciel,
- l'analyse du logiciel,
- la décompilation du logiciel,
- la rémunération de l'auteur,
- l'attribution de propriété du logiciel, en cas de création salariée,
- les actions de l'auteur en cas d'atteinte à ses droits.

12321. *Les dispositions dérogatoires concernant la reproduction*

En matière de logiciel, la reproduction est définie par la loi. Elle comprend « *la reproduction permanente ou provisoire d'un logiciel en tout ou partie par tout moyen ou sous toute forme » ainsi que « le chargement, l'affichage, l'exécution, la transmission ou le stockage de ce logiciel* » nécessitant une reproduction.
De même, la définition du droit de reproduction comprend aussi le droit d'utilisation nécessitant la reproduction.
Ainsi, s'agissant d'une prérogative de l'auteur, le droit de reproduction du logiciel est soumis à l'accord de son auteur (29). En matière de logiciel, la reproduction à titre de copie privée est donc interdite et constitue une violation du droit d'auteur, susceptible de sanctions.
Toutefois, des dérogations à ce principe ont été instituées en 1985 et modifiées en 1994 (30). Ainsi, certaines reproductions pourront être réalisées sans l'accord de l'auteur telles que :

– la copie de sauvegarde, lorsqu'elle est « nécessaire pour préserver l'utilisation du logiciel » ;

– la copie nécessaire pour « permettre l'utilisation du logiciel, conformément à sa destination ».

La reproduction du logiciel, ayant pour objet d'établir une copie de sauvegarde, est seulement tolérée de sorte que l'utilisateur dispose d'une simple faculté (et non droit d'établir cette reproduction sans encourir des sanctions), qui disparaît dès lors que le fournisseur lui remet une copie ayant cet objet ou la remplace en cas de détérioration (31).
S'agissant de l'exception prévue par la loi de 1994 permettant à l'utilisateur de procéder à la reproduction du logiciel sans l'accord de l'auteur si cela s'avère « nécessaire » pour « permettre l'utilisation de logiciel, conformément à sa destination », « y compris pour corriger des erreurs », ce droit n'aura pas lieu de jouer s'il existe une clause contractuelle déterminant les modalités de copie nécessaire ou réservant à l'auteur le droit d'effectuer les corrections (32).
Les documents contractuels devront notamment préciser les conditions d'utilisation ainsi que la destination du logiciel, et pourront limiter les droits du licencié.

REPRODUCTION AUTORISÉE	REPRODUCTION NON AUTORISÉE
– copie autorisée par le contrat	– copie à usage privé
– copie de sauvegarde	– copie à usage pédagogique (université)
– copie pour utiliser le logiciel conformément à sa destination et corriger des erreurs	

Tableau 12.3. *Etendue du droit de copie (logiciel)*

Toutefois, il convient également de tenir compte de l'hypothèse du logiciel intégré au produit multimédia emportant l'application du droit commun du droit d'auteur, lequel permet que soit effectuée une copie à des fins privées, sans l'autorisation de l'auteur.
Il existe manifestement une contradiction entre l'autorisation d'une copie à des fins de sauvegarde et l'autorisation de copie(s) à usage privé. La problématique ne se pose pas vraiment lorsqu'il s'agit d'un CD-ROM non duplicable par un simple consommateur ne disposant pas de matériel sophistiqué. Elle se pose pour l'utilisation en ligne et existera dès qu'apparaîtront sur le marché des CD reproductibles.

On relève là encore, une illustration des conséquences qui résulteraient de la qualification juridique qui serait donnée à un produit multimédia.
On peut penser que la reproduction de fonds documentaires à usage privé est possible et non la reproduction de la totalité de l'œuvre intégrant la partie logicielle.

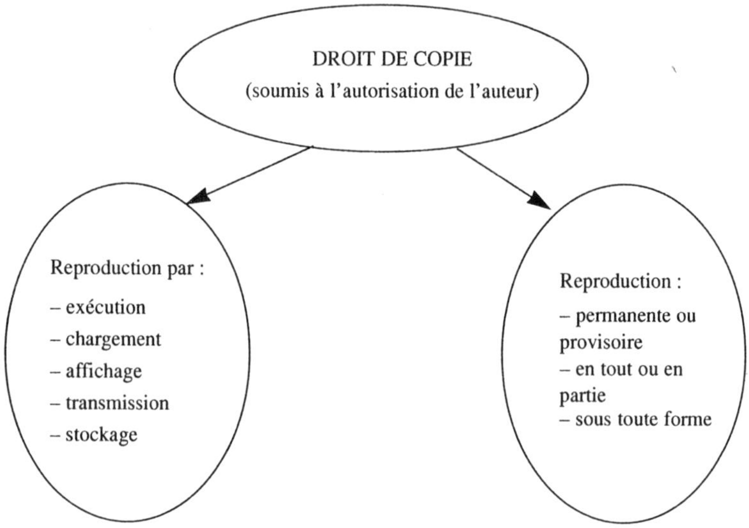

Figure 12.2. *Définition du droit de copie du logiciel*

12322. *Les dispositions dérogatoires sur l'adaptation*

Le droit d'adaptation du logiciel est également une prérogative de l'auteur et ne peut être mis en œuvre sans son autorisation. Toutefois, des dérogations sont prévues en ce domaine.
S'agissant du logiciel, le droit d'adaptation est défini comme « *la traduction, l'adaptation, l'arrangement ou toute autre modification d'un logiciel et la reproduction en résultant* ».
Il est à nouveau soumis par principe, à l'accord de l'auteur (33), comme en matière d'œuvre traditionnelle, alors que la loi de 1985 accordait ce droit à l'utilisateur, à défaut de disposition contractuelle contraire. Cependant, comme en matière de copie, la loi du 10 mai 1994 ne soumet pas l'adaptation du logiciel à l'accord de l'auteur :

– si cela s'avère « nécessaire » pour « *permettre l'utilisation du logiciel, conformément à sa destination* », « *y compris pour corriger des erreurs* », sauf clause contractuelle réservant à l'auteur le droit de corriger ;

– à condition de ne pas porter « *un préjudice injustifié aux intérêts légitimes de l'auteur* » ou une « *atteinte à l'exploitation normale du logiciel* », en référence aux conventions internationales ; l'intérêt légitime de l'auteur en matière d'adaptation, relève de son droit moral. Ce dernier est limité lorsque l'auteur procède à la cession de son droit d'adaptation (34).

Les documents contractuels devront notamment préciser les conditions d'utilisation ainsi que la destination du logiciel, et pourront limiter les droits du licencié, en réservant à l'auteur la maintenance du programme et la correction des bogues (35).
Une fois encore, si on appréhende le produit intégrant le logiciel comme une œuvre multimédia, soumettant de ce fait celle-ci au régime commun du droit d'auteur, les droits d'adaptation et de correction des œuvres n'auront pas vocation à s'appliquer.
En outre, toute adaptation de la seule partie logicielle risque d'entraîner en réalité des adaptations du scénario de l'œuvre dans son ensemble, ce qui n'est pas autorisé par le droit applicable au scénario (35 bis).
On peut penser que ces dispositions spécifiques au logiciel ne pourront en pratique, pas être exercées.

12323. *Les dispositions dérogatoires sur la modification*

A côté du droit d'adaptation, la loi de 1994 vise le droit de modification des logiciels, sans plus le définir (36). Plus exactement, le droit d'adaptation est défini largement par la loi de 1994 comme :

« *la traduction, l'adaptation, l'arrangement, ou toute autre modification, d'un logiciel et la reproduction au résultant* » (37).

La modification de l'œuvre interfère bien évidemment avec le droit moral de l'auteur au respect de son œuvre et en tout cas, met en jeu une prérogative de celui-ci impliquant son autorisation pour toute modification (38).
Or, les dispositions applicables aux logiciels dans le Code de la propriété intellectuelle (résultant de la loi du 10 mai 1994) permettent dans certaines conditions, à l'utilisateur, de procéder à la modification du logiciel, si celle-ci « *n'est pas préjudiciable à l'honneur et à la réputation de l'auteur* » et, à défaut de clause contraire plus favorable à l'auteur au sein du contrat (39).
L'auteur pourra ainsi limiter le droit reconnu à l'utilisateur de modifier le logiciel par le biais du contrat.
Par ailleurs, les droits moraux de l'auteur de logiciel sont très réduits par rapport à ceux d'une œuvre traditionnelle. L'auteur de logiciel perd le droit au respect et à l'intégrité de l'œuvre, ainsi que le droit de retrait. Seul reste le droit au nom, non visé par la loi, c'est-à-dire le droit reconnu à l'auteur de faire apparaître son nom sur sa création (40).

Mais là encore, porter atteinte à l'intégrité du logiciel incorporé au produit multimédia risque fort, en réalité de porter atteinte à l'intégrité du produit lui-même et on peut estimer que cette prérogative est inapplicable, ne serait-ce que pour des contraintes techniques.

12324. *Les dispositions dérogatoires sur la distribution*

Des dérogations sont prévues en matière de distribution de logiciel lesquelles réduisent le droit moral de l'auteur à la divulgation de son œuvre. En matière de logiciel, le droit de distribution est défini comme « *la mise sur le marché, à titre onéreux ou gratuit, y compris la location, du ou des exemplaires d'un logiciel, par tout procédé* » (41).
Il est soumis à l'autorisation de l'auteur, comme pour une œuvre traditionnelle. Cependant, une première dérogation est visée par la loi du 10 mai 1994 concernant l'épuisement des droits de l'auteur, en application de la théorie communautaire.
L'auteur perd ainsi le droit de contrôler la distribution du logiciel dès la première « vente » et conserve le droit de contrôler la destination du programme en cas de « location » (42).
L'emploi des termes « vente » et « location », plus adaptés au commerce de biens marchands que de créations intellectuelles, ainsi que l'atteinte au monopole des droits de l'auteur au profit du principe de la libre circulation des marchandises, confirment la nouvelle philosophie de la loi, le logiciel étant considéré comme un bien marchand plus que comme une œuvre d'auteur (43).
En outre, pour les logiciels, l'article L. 121-7 du Code de la propriété intellectuelle apporte la dérogation suivante :

« *sauf stipulation contraire plus favorable à l'auteur du logiciel, celui-ci ne peut (...) exercer son droit de repentir ou de retrait* ».

Cette disposition législative supprime nettement le droit pour un auteur de logiciel de reprendre celui-ci après avoir accordé une licence d'utilisation ou d'exploitation, afin d'éviter tout repentir et les répercutions économiques pouvant en découler (44).
L'hypothèse prévue expressément par l'article L. 121-7 d'une stipulation contraire plus favorable à l'auteur permettant d'exercer ce droit, semble être une hypothèse d'école, de sorte qu'en matière de logiciel, les droits moraux du créateur sont moindres que ceux des auteurs d'œuvre de l'esprit traditionnelle.
Cette constatation permet donc de distinguer nettement le logiciel d'une œuvre multimédia, rattaché à la catégorie des œuvres de l'esprit traditionnelles.

12325. ***Les dispositions dérogatoires sur l'analyse***

Au-delà de l'extension au profit de l'utilisateur des droits traditionnels, la loi du 10 mai 1994 crée de nouvelles dérogations au droit d'auteur classique pour accorder des droits tout à fait nouveaux à l'utilisateur, que l'auteur ne peut même pas interdire contractuellement. L'utilisateur peut ainsi soit analyser le logiciel, soit « *observer, étudier ou tester le fonctionnement de ce logiciel...* » à condition que l'analyse :

– vise à « *déterminer les idées et principes qui sont à la base de n'importe quel élément du logiciel* » ;

– s'effectue dans le cadre d'une utilisation normale du logiciel, lorsque la personne licenciée « *effectue toute opération de chargement, d'affichage, d'exécution, de transmission ou de stockage du logiciel qu'elle est en droit d'effectuer* » (45).

Si le contrat ne peut interdire ce nouveau droit, la loi prévoit en effet, que « *toute stipulation contraire (...) est nulle et non avenue* », il précisera en revanche, le cadre de l'utilisation normale du logiciel et celui de l'exercice de ce droit nouveau.

12326. ***Les dispositions dérogatoires sur la décompilation***

Outre le droit à l'analyse, l'utilisateur de logiciel peut décompiler le programme, dans le seul but d'interopérabilité, ce qui constitue l'innovation de la loi du 10 mai 1994 et une dérogation de taille par rapport au régime des œuvres classiques.
La loi française va plus loin que la directive en visant « *la reproduction du code du logiciel ou la traduction de la forme de ce code* », laquelle dépasse la notion de « décompilation » employée par le texte communautaire. La décompilation se fera sans autorisation de l'auteur si :

– elle se révèle « indispensable », c'est-à-dire au seul cas où « *les informations nécessaires n'ont pas déjà été rendues facilement et rapidement accessibles* » par publication, standardisation, ou réponse à une demande individuelle ;

– elle permet l'interface entre « *un logiciel créé de façon indépendante avec d'autres logiciels* » ;

– elle est réalisée par « *la personne ayant le droit d'utiliser un exemplaire du logiciel, ou pour son compte par une personne habilitée à cette fin* » ;

– elle porte sur les « *parties du logiciel d'origine nécessaire à cette interopérabilité* ».

Le régime préconisé n'impose pas de formalités ; il incite les professionnels à publier les informations nécessaires à permettre l'interopérabilité au sein de manuels en vue d'aboutir à la mise en place de systèmes ouverts. Autrement dit, la décompilation ne peut être interdite, mais peut être écartée par la publication des informations relatives à l'interopérabilité, ou aménagée conventionnellement.

	Analyse	Décompilation
Définition	Observer, étudier, tester le fonctionnement du logiciel	Reproduire ou traduire la forme du code du logiciel
Auteur	Le licencié	Interfacer le logiciel avec d'autres logiciels
Etendue du droit	Sur tout élément du logiciel pour atteindre l'interopérabilité	Sur les seules parties nécessaires
Limites du droit	• le cadre d'une utilisation normale du logiciel • le respect des conventions internationales	• les informations utiles n'ont pas été obtenues par ailleurs • le respect des conventions internationales
Clause contractuelle	Clause d'encadrement, la loi interdisant toute disposition ôtant ce droit	Clause d'encadrement, la loi interdisant toute disposition ôtant ce droit

Tableau 12.4. *Les nouveaux droit de l'utilisateur : analyse et décompilation*

12327. ***Les dispositions dérogatoires sur la rémunération de l'auteur***

Par exception au principe de la rémunération de l'auteur proportionnelle aux recettes provenant de la vente ou de l'exploitation, expressément prévu à l'article L. 131-4 du Code de la propriété intellectuelle (46), l'auteur d'un logiciel peut être rémunéré de façon forfaitaire.

La loi du 10 mai 1994 reprend la dérogation, déjà prévue par la loi de 1985, relative à la rémunération de l'auteur de logiciel, qui peut être, en ce domaine, proportionnelle ou forfaitaire.

La dualité de qualification entre logiciel et œuvre multimédia peut également avoir une incidence en matière de rémunération de l'auteur. En effet, le logiciel pourrait se rattacher à une œuvre de l'esprit traditionnelle impliquant la rémunération proportionnelle de l'auteur, si en réalité il va au-delà et si le développeur a réalisé un véritable travail de conception traditionnel comme le scénario, par ce biais. Toutefois, le forfait peut se justifier dans les cas visés par la loi, même dans un tel cas de figure (46 bis).

En outre, pour faciliter le financement du logiciel, considéré comme un bien industriel, la loi de 1994 prévoit la possibilité pour l'auteur de nantir, au profit de financiers, les droits d'exploitation qu'il détient sur son logiciel, qu'il soit en cours de création ou achevé (47).
Ce nouveau type de nantissement fera l'objet d'une inscription sur un registre spécial de l'INPI ainsi que d'un contrat écrit. Les modalités d'application sont définies par le décret du 2 février 1996 (47 bis).
On peut se demander si le produit multimédia peut faire l'objet d'un nantissement dans les termes et dispositions prévus en matière de logiciel, sous le seul prétexte qu'il inclut du logiciel. Il paraît raisonnable de considérer que tel ne doit pas être le cas, car cela supposerait de pouvoir nantir des contributions émanant de plusieurs auteurs, et ce, sur des œuvres traditionnelles.
Cependant, il ne faut pas totalement écarter cette hypothèse, notamment en cas d'œuvre multimédia collective. Les dispositions réglementaires en matière de nantissement de logiciel étant très récentes, on ne sait pas encore, en réalité, s'il s'agit d'une hypothèse d'école ou s'il sera réellement fait appel à cette nouvelle possibilité financière.

12328. ***Les dispositions dérogatoires sur l'attribution de propriété en cas de création salariée***

La loi du 10 mai 1994 confirme le principe déjà posé par la loi du 3 juillet 1985 de la dévolution des droits du logiciel créé par un employé à l'employeur. Elle apporte à cet égard des précisions afin de couper court aux controverses passées. Ainsi, elle attribue les droits à l'employeur, sauf clause contraire, lorsque le logiciel a été mis au point par les employés d'une entreprise :

– « *dans l'exercice de leurs fonctions* » ;

– ou, de façon plus large, « *d'après les instructions de leur employeur* » (48).

Sur ce point, la jurisprudence a notamment précisé, sous l'empire de la loi du 3 juillet 1985, que des logiciels réalisés par un salarié appartiennent à l'employeur, « *dans la mesure où le travail de ce salarié a été accompli en collaboration avec d'autres, sous la direction de l'employeur et en l'absence de document précis en n'omettant de démontrer que les créations revendiquées par un salarié lui appartenaient* ». La loi précise alors que l'entreprise est propriétaire du logiciel et de sa « documentation » et que seuls les « droits patrimoniaux » reviennent alors à l'employeur, et non les droits moraux, ce qui faisait l'objet de débats compte tenu de la rédaction de l'ancien texte (49).
Il convient donc d'être très vigilant lorsque le développement informatique du produit multimédia est confié à une société prestataire car, à défaut de clause de cession dans le contrat, celle-ci sera titulaire des droits sur la partie logicielle, laquelle est bien difficile, en l'état, à isoler du produit.

12400. Le dépôt légal du logiciel

La loi du 20 juin 1992 (50) relative au dépôt légal concernant non seulement les documents qui y sont traditionnellement assujettis, mais également les nouvelles technologies, le texte s'appliquant désormais aux :

- progiciels,
- bases de données,
- systèmes experts,
- et autres produits de l'intelligence artificielle.

12410. *La distinction entre le dépôt légal et le dépôt privé*

Le dépôt légal est organisé en vue de permettre :

- la collecte,
- la conservation,
- et la consultation des documents.

Il s'agit donc essentiellement de recueillir les documents, objet du dépôt légal, dans effectuer le classement et dans permettre la consultation.
Le dépôt légal répond ainsi à une vocation d'intérêt général et ne saurait être confondu avec les initiatives privées des professionnels qui pratiquent le dépôt à des fins probatoires ou pour assurer la pérennité d'une exploitation informatique (51).

	DEPOTS DE LOGICIEL	
Type	Dépôt légal	Dépôt privé
But	– conservation de la mémoire collective	– preuve de la date de création – garantie de pérennité pour l'utilisateur
Caractère	obligatoire	facultatif
Objet	progiciels : – mis à disposition du public – sur support matériel	progiciels et logiciels spécifiques : – mis à disposition du public ou utilisés en interne – sur support matériel ou en ligne
Déposant	l'éditeur, ou à défaut le producteur ou l'importateur	l'auteur
Lieu	Bibliothèque nationale	en divers lieux
Modalité	sans les sources	avec les sources

Tableau 12.5. *Les dépôts de logiciels*

12420. ***Les conditions du dépôt légal***

Les œuvres informatiques soumises au dépôt légal font l'objet de conditions particulières. Le dépôt légal est obligatoire :

– si ces œuvres sont « *mises à la disposition du public* » ;

– et si cette mise à disposition est réalisée par « *la diffusion d'un support matériel quelle que soit la nature de ce support* » (52).

Le décret d'application du 31 décembre 1993 définit la mise à disposition du public comme « *toute communication, diffusion ou représentation, quels qu'en soient le procédé et le public, dès lors que ce dernier excède le cercle de famille* ». Cette définition permet d'englober les documents quels que soient leur support, leur origine et la façon dont ils sont mis à la disposition du public.
En ce qui concerne les produits informatiques, le décret d'application définit plus précisément la mise à disposition comme « *toute mise en vente, location ou distribution, même gratuite* » et prévoit que les produits importés « *à moins de cent exemplaires* » ne sont pas concernés par le dépôt légal. Sont ainsi soumis à l'obligation de dépôt légal :

– les progiciels ou programmes informatiques standards, ces derniers étant définis comme des programmes « *destinés à plusieurs utilisateurs en vue d'une même application et d'une même fonction* » (53) ;

– les progiciels mis à la disposition du public ;

– les progiciels se présentant sous la forme d'un support matériel.

A contrario, ne sont pas concernés par l'obligation de dépôt légal :

– les logiciels spécifiques ;

– les logiciels non mis à la disposition du public mais utilisés en interne ;

– les logiciels ne se présentant pas sous la forme d'un support matériel, mais auxquels on accède en ligne.

Il est probable qu'un produit multimédia, même s'il était qualifié de logiciel, échapperait à cette obligation de dépôt légal en raison du caractère spécifique de l'application informatique. En réalité, le dépôt sera effectué sous le régime du dépôt du multimédia lui-même (54).

12430. ***Les modalités du dépôt légal***

La loi du 20 juin 1992 fixe les modalités du dépôt légal relatives à la date, à l'objet, à la désignation du déposant et au lieu du dépôt.
Ainsi, le logiciel sera déposé accompagné de la documentation afférente au produit « *au plus tard le jour qui suit la mise à disposition du public* », par la

remise ou l'expédition du support matériel permettant l'utilisation par le public.
Le dépôt des sources des programmes n'est pas visé par la loi du 20 juin 1992, pas plus que par le décret d'application du 31 décembre 1993 (55).
Le décret d'application indique seulement que le support et la documentation doivent « *être d'une parfaite qualité et identiques à l'exemplaire mis à la disposition du public* ».
En effet, le gouvernement s'était engagé à ne pas imposer le dépôt des sources qui posait des difficultés à deux niveaux. En effet :

– sur le plan théorique, le dépôt des sources est contraire à la législation sur le droit d'auteur ;

– sur un plan pratique, le dépôt des sources s'avère le plus souvent difficile, la loi prévoyant que le dépôt doit être effectué par les personnes qui « *éditent ou, en l'absence d'éditeur, celles qui importent des progiciels, des bases de données, des systèmes experts ou autres produits de l'intelligence artificielle* », c'est-à-dire par des personnes qui ne disposent pas forcément des sources.

Pour les progiciels, bases de données et systèmes experts, le dépôt s'effectue auprès de la Bibliothèque nationale.
Toutefois, s'agissant des créations multimédias constituées de logiciels, la loi du 20 juin 1992 a prévu un dépôt spécifique pour :

« *tout document qui soit regroupe deux ou plusieurs supports mentionnés au chapitre précédent (documents imprimés, graphiques, photographiques, progiciels, bases de données, systèmes experts, phonogrammes et vidéogrammes), soit associe, sur un même support, deux ou plusieurs documents soumis à l'obligation de dépôt* » (56).

Notes

(1) Sur cette question, *Infra* n° **14000** et suivants relatifs au statut de l'œuvre multimédia.

(2) *Infra* n° **22000** et suivants relatifs à la maintenance des œuvres multimédias.

(2 bis) *Infra* n° **22000** et suivants relatifs à la maintenance des œuvres multimédias.

(3) Loi n° 91-250 du 10 mai 1994 portant mise en œuvre de la directive du Conseil des Communautés européennes en date du 14 mai 1991 concernant la protection des programmes d'ordinateur et modifiant le Code de la propriété intellectuelle, *JO* du 11 mai 1994.

(4) Article L. 112-2 13° du Code de la propriété intellectuelle.

(5) Article L. 113-9 du Code de la propriété intellectuelle.

(6) Directive communautaire du 14 mai 1991 concernant la protection des programmes d'ordinateur, *JOCE* (L) 122-42 du 17 mai 1991.

(7) Arrêté du 22 décembre 1981 relatif à l'enrichissement du vocabulaire de l'informatique, *JO* du 17 janvier 1982.

(8) OMPI, dispositions types présentées sur la protection des logiciels adoptées en 1978 (art. 1er), *Le droit d'auteur*, janvier 1978, p. 13 et suivantes.

(9) Projet de directive communautaire concernant la protection des programmes d'ordinateur, *JOCE* du 12 avril 1989.

(10) Directive communautaire du 14 mai 1991 concernant la protection des programmes d'ordinateur, *précitée.*

(11) Intervention de J. Lang au Sénat, le 3 avril 1985 lors des travaux préparatoires.

(11 bis) *Supra* n° **11000** et suivants relatifs au scénario.

(12) Article L. 112-2 du Code de la propriété intellectuelle.

(13) TGI Paris, 21 septembre 1983, Apple c./ Golem, *JCP* 1984-I-20249.

(14) Cf. MÉMENTO-GUIDE ALAIN BENSOUSSAN, *Le logiciel et le droit*, éd. Hermès 1994.

(15) Cf. MÉMENTO-GUIDE ALAIN BENSOUSSAN, *Le logiciel et le droit*, éd. Hermès 1994, n° 10000 et suivants.

(16) Cass. Ass. Plénière, 7 mars 1986, *Expertises,* p.58.

(17) Cf. MÉMENTO-GUIDE ALAIN BENSOUSSAN, *Le logiciel et le droit*, éd. Hermès 1994, n° 2200 et suivants.

(17 bis) *Infra* n° **12400**.

(18) Sur cette notion, *infra* n° **32000** et suivants.

(19) Cf. MÉMENTO-GUIDE ALAIN BENSOUSSAN, *Le logiciel et le droit*, éd. Hermès 1994, n° 11210.

(20) Cf. MÉMENTO-GUIDE ALAIN BENSOUSSAN, *Le logiciel et le droit*, éd. Hermès 1994, n° 11130 et suivants.

(21) Cf. note 20.

(22) Cf. Jean-François Forgeron, « Le dépôt des documents multimédias », Gazette du droit des technologies avancées, *Gaz. Pal.* du 2 avril 1996.

(23) Article 7 de la loi n° 92546 du 20 juin 1992 relative au dépôt légal, *JO* du 23 juin 1992.

(24) Supra n° **3000** et suivants relatifs au régime général des œuvres.

(25) Loi n° 94-102 du 5 février 1994, articles L. 335-2 à L. 335-10 du Code de la propriété intellectuelle.

(26) Article 7 de la Directive communautaire du 14 mai 1991, *précitée.*

(27) Article L. 332-4, 3e alinéa du Code de la propriété intellectuelle.

(28) Article L. 332-3 du Code de la propriété intellectuelle.

(29) Article L.122-6-1° du Code de la propriété intellectuelle.

(30) Article L. 122-6-1 II du Code de la propriété intellectuelle.

(31) CA Paris, 4e Ch., 20 octobre 1988, LEC/PC Marthe Artware, *JCP* 1983, II-15470.

(32) Article L. 122-6-II du Code de la propriété intellectuelle.

(33) Article L.122-6-2° du Code de la propriété intellectuelle.

(34) Article L. 122-6-2° du Code de la propriété intellectuelle.

(35) Cf. MÉMENTO-GUIDE ALAIN BENSOUSSAN, *La maintenance des systèmes informatiques et le droit*, éd. hermès 1993.

(35 bis) Supra n° **11000** et s. relatifs au scénario dans l'œuvre multimédia.

(36) Article L. 121-7 du Code de la propriété intellectuelle.

(37) Article L. 122-6-2° du Code de la propriété intellectuelle.

(38) Article L. 122-6-2° du Code de la propriété intellectuelle.

(39) Article L. 121-7-1° du Code de la propriété intellectuelle.

(40) Cf. MÉMENTO-GUIDE ALAIN BENSOUSSAN, *Le logiciel et le droit*, éd. Hermès 1994, n° 4000 et suivants.

(41) Article L.122-6-3° du Code de la propriété intellectuelle.

(42) Sur la règle de l'épuisement des droits appliqués au logiciel, Cf. MÉMENTO-GUIDE ALAIN BENSOUSSAN, *Le logiciel et le droit*, éd. Hermès 1994, n° 5643 et s.

(43) Cf. B. Van Dorsselaere, « Commentaire de la proposition de directive du Conseil CEE concernant la protection juridique des programmes d'ordinateur modifiée par la Commission », *Lamy* 1990, cahiers J.

(44) Article L. 121-7-2° du Code de la propriété intellectuelle.

(45) Article L. 122-6-1-III du Code de la propriété intellectuelle.

(46) Article L. 131-4 du Code de la propriété intellectuelle.

(46 bis) Supra n° **3321** relatif aux prérogatives au titre du droit d'auteur.

(47) Article L. 132-34 du Code de la propriété intellectuelle.

(47 bis) Décret n° 96-103 du 2 février 1996 pris pour l'application de la loi n° 94-361 du 10 mai 1994, JO du 9 février 1996.

(48) Article L. 113-9 du Code de la propriété intellectuelle.

(49) CA Paris, 25e Ch., Section A, 9 mars 1993, L.B./Société le particulier, Gaz. Pal., GTA, 1/94 p. 32 et suivantes.

(50) Loi n° 92-546 du 20 juin 1992 relative au dépôt légal, JO du 23 juin 1992.

(51) Cf. MÉMENTO-GUIDE ALAIN BENSOUSSAN, *Le logiciel et le droit*, éd. Hermès 1994, n° 7300 et suivants relatifs au dépôt du logiciel.

(52) Article 1er alinéa 2 de la loi du 20 juin 1992.

(53) Arrêté du 22 décembre 1981 relatif à l'enrichissement du vocabulaire de l'informatique, *JO* du 17 février 1982.

(54) *Infra* n° **32000** et suivants relatifs au dépôt légal du produit multimédia.

(55) Décret n° 93-1429 du 31 décembre 1993 relatif au dépôt légal, *JO* du 1er janvier 1994.

(56) *Infra* n° **32000** et suivants relatifs au dépôt légal du produit multimédia.

13000.
Les droits des artistes-interprètes dans l'œuvre multimédia

La réalisation d'une œuvre multimédia peut faire appel à des artistes-interprètes qui exécutent diverses prestations et dont les droits devront faire l'objet d'une gestion tant au plan juridique que financier, préalablement à leur exploitation.
Par exemple, les services d'un artiste-interprète pourront être sollicités pour lire des textes, interpréter des compositions musicales, exécuter un rôle.
Le Code de la propriété intellectuelle (1) accorde aux artistes-interprètes des droits sur leurs interprétations, qu'ils vont, désormais, pouvoir maîtriser et suivre.
Ces droits sont des droits voisins du droit d'auteur ; c'est-à-dire que si les prestations des artistes concourent à la diffusion des œuvres de l'esprit, elles n'en constituent pas pour autant des créations d'œuvre de l'esprit proprement dites (2).
Dès lors, l'artiste-interprète est une personne bien déterminée et les prestations qu'il réalise donnent lieu à la naissance de droits voisins, particuliers.
Le producteur ou l'éditeur d'une œuvre multimédia devra donc gérer la question des droits voisins du droit d'auteur dans l'hypothèse où il fait appel à des artistes-interprètes.

13100. Définitions

L'artiste-interprète est un exécutant particulier qui réalise une interprétation d'une œuvre de l'esprit.

13110. ***L'artiste-interprète***

13111. ***Un exécutant particulier***

Aux termes de l'article L. 212-1 du Code de la propriété intellectuelle, l'artiste-interprète est défini de la manière suivante :

« A l'exclusion de l'artiste de complément, considéré comme tel par les usages professionnels, l'artiste-interprète ou exécutant est la personne qui représente, chante, récite, déclame, joue ou exécute de toute autre manière une œuvre littéraire ou artistique, un numéro de variétés, de cirque ou de marionnettes ».

La convention de Rome relative aux droits voisins du droit d'auteur du 28 octobre 1961 ratifiée par la France en 1988 (*infra* n° **13300**) définit l'artiste-interprète comme celui qui d'une manière générale, exécute une œuvre de l'esprit, sans distinguer s'il s'agit d'une œuvre littéraire ou artistique, un numéro de cirque ou de marionnettes.
Il ne semble pas que la précision de formulation de la loi française ait une incidence particulière : en tout état de cause, la personne qui exécute une œuvre de l'esprit est un artiste-interprète.

13112. ***Un non-technicien***

La personne qui participerait à une œuvre multimédia pour intervenir sur la partie purement technique de l'œuvre, ne serait ni un auteur, ni un artiste-interprète.
Ainsi, celui qui fabrique l'œuvre multimédia selon les directives d'un réalisateur et d'autres personnes, semble être un technicien plus qu'un auteur ou un artiste-interprète.
L'artiste-interprète se définit également en fonction de la prestation qu'il fournit.

13120. ***Une prestation artistique bien spécifique***

Il n'y a interprétation artistique que dans la mesure où l'exécution porte sur une œuvre de l'esprit entrant dans les prévisions du droit de la propriété littéraire et artistique.
Selon monsieur Lucas, l'exécution doit être au service de la création littéraire et artistique (3). C'est dans cette mesure qu'on parle de voisinage des droits des artistes-interprètes avec les droits des auteurs, les premiers exécutant les créations des seconds et devant, à ce titre, bénéficier d'une protection car c'est leur personnalité qui s'exprime lors de cette exécution.

13200. Les droits voisins du droit d'auteur

Le contenu des droits voisins du droit d'auteur fait penser à celui du droit d'auteur lui-même, tandis que la rémunération des artistes-interprètes fait l'objet d'une disposition spécifique.

13210. *La nature des droits voisins*

La distinction droit moral/droits patrimoniaux du droit d'auteur se retrouve dans les droits voisins.

13211. *Le droit moral de l'artiste-interprète*

Il est significatif que les dispositions relatives aux droits voisins du droit d'auteur font tout d'abord référence au droit moral de l'artiste-interprète, tout comme le font les dispositions sur le droit d'auteur.
Ainsi, aux termes de l'article L. 212-2 du Code de la propriété intellectuelle :

« L'artiste-interprète a le droit au respect de son nom, de la qualité et de son interprétation. Ce droit inaliénable et imprescriptible est attaché à sa personne. Il est transmissible à ses héritiers pour la protection de l'interprétation et de la mémoire du défunt ».

Il est à remarquer que la définition du droit moral de l'artiste-interprète accorde à ce dernier moins de prérogatives que celle du droit moral de l'auteur.
Ainsi, il n'est pas spécifié que le droit moral de l'artiste-interprète soit perpétuel. De même, ces dispositions semblent restreindre l'exercice du droit moral par les héritiers de l'artiste-interprète aux seules fins de la protection de l'interprétation et de la mémoire du défunt.
Le droit moral de l'auteur n'est pas aussi précis puisqu'il se contente de dire qu'*« il est transmissible à cause de mort aux héritiers de l'auteur ».*
L'existence du droit moral de l'artiste-interprète signifie que l'interprétation de l'artiste ne peut être cédée comme une simple marchandise et qu'il doit être tenu compte du droit moral de l'artiste.
En conséquence, ce sont d'une certaine manière, les « droit patrimoniaux » de l'artiste sur son interprétation, bien que cette dénomination soit impropre, qui peuvent faire l'objet d'une cession. En réalité, le Code de la propriété intellectuelle se limite à prévoir non des droits patrimoniaux, mais des autorisations.

13212. ***Les autorisations d'exploitation de l'interprétation***

L'article L. 212-3 du Code de la propriété intellectuelle dispose que :

« Sont soumises à l'autorisation écrite de l'artiste-interprète la fixation de sa prestation, sa reproduction et sa communication au public, ainsi que toute utilisation séparée du son et de l'image de la prestation lorsque celle-ci a été fixée à la fois pour le son et pour l'image... ».

Le Code de la propriété intellectuelle ne parle pas de droits, mais d'autorisation écrite. Dans la pratique, la distinction entre droits et autorisations passe totalement inaperçue et on peut dire que l'artiste-interprète dispose concrètement d'un droit de fixation, d'un droit de reproduction, d'un droit de communication au public et d'un droit d'utilisation séparée du son et de l'image, exclusifs, opposables à tous et dont l'utilisation non autorisée est sanctionnée.
Dans les contrats avec les artistes-interprètes, il est conseillé, toutefois, de ne pas parler de « droits » mais d'« autorisations » pour se conformer au texte.
Il est à noter que l'autorisation à solliciter auprès de l'artiste-interprète pour fixer sa prestation, semble porter sur la prestation qui, par hypothèse, n'a pas encore été fixée, tandis que l'autorisation de reproduire l'interprétation de l'artiste-interprète porterait sur la première fixation de sa prestation.
L'autorisation de communiquer au public correspond aux droits de représentation reconnus à l'auteur en droit d'auteur. L'utilisation séparée du son et de l'image dûment autorisée par l'artiste-interprète est spécifique aux droits voisins du droit d'auteur.
Il est à noter qu'aux termes de l'article L. 212-4 du Code de la propriété intellectuelle :

« La signature du contrat conclu entre un artiste-interprète et un producteur pour la réalisation d'une œuvre audiovisuelle vaut autorisation de fixer, reproduire et communiquer au public la prestation de l'artiste-interprète.
Ce contrat fixe une rémunération distincte pour chaque mode d'exploitation ».

Si un produit multimédia est qualifié d'œuvre audiovisuelle, le contrat passé avec l'artiste-interprète sera régi par ce texte. La prudence recommande de prévoir toutes les hypothèses.
En outre, aux termes de l'article L. 212-10 du Code de la propriété intellectuelle :

« Les artistes-interprètes ne peuvent interdire la reproduction et la communication publique de leur prestation si elle est accessoire à un événement constituant le sujet principal d'une séquence d'une œuvre ou d'un document audiovisuel ».

Cet article a vocation à s'appliquer si le produit multimédia est considéré comme une œuvre audiovisuelle. Son application paraît s'imposer également dans le cas d'une œuvre audiovisuelle préexistante, incorporée au produit multimédia.
L'autorisation est à solliciter auprès du producteur phonographique ou de l'œuvre audiovisuelle, s'il détient les droits sur une interprétation préexistante.

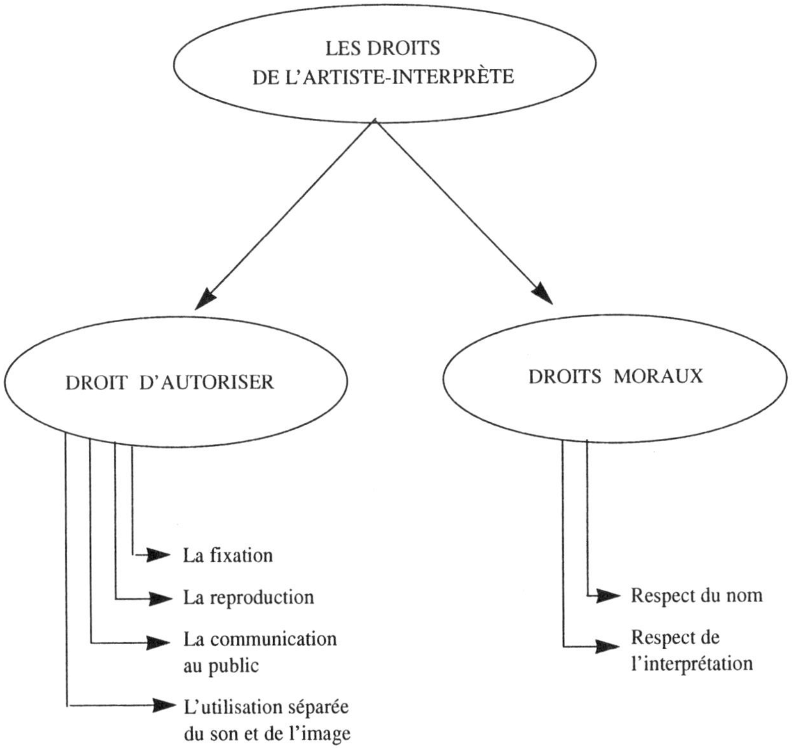

Figure 13.1. *Les droits de l'artiste-interprète*

13220. *La cession et la rémunération*

La cession des droits voisins de l'artiste-interprète suit un régime particulier qui n'est pas comparable à celui de la cession des droits d'auteur. Il en est de même pour la rémunération des artistes-interprètes.

13221. *Un contrat de travail*

L'autorisation écrite de l'artiste-interprète est bien entendue nécessaire pour qu'un tiers fixe sa prestation, la reproduise ou la communique au public. Cette autorisation a lieu dans le cadre d'un contrat particulier puisqu'il s'agit du contrat régi par les dispositions le Code du travail (4).

L'article L. 762-1 du Code du travail dispose ainsi que :

« Tout contrat par lequel une personne physique ou morale s'assure, moyennant rémunération, le concours d'un artiste du spectacle en vue de sa production, est présumé être un contrat de travail dès lors que cet artiste n'exerce pas l'activité, objet de ce contrat, dans des conditions impliquant son inscription au registre du commerce.
Cette présomption subsiste quels que soient le mode et le montant de la rémunération, ainsi que la qualification donnée au contrat par les parties.
Elle n'est pas non plus détruite par la preuve que l'artiste conserve la liberté d'expression de son art, qu'il est propriétaire de tout ou partie du matériel utilisé ou qu'il emploie lui-même une ou plusieurs personnes pour le seconder, dès lors qu'il participe personnellement au spectacle.
Sont considérés comme artistes du spectacle, notamment l'artiste lyrique, l'artiste dramatique, l'artiste chorégraphique, l'artiste de variétés, le musicien, le chansonnier, l'artiste de complément, le chef d'orchestre, l'arrangeur-orchestrateur, et, pour l'exécution matérielle de sa conception artistique, le metteur en scène.
Le contrat de travail doit être individuel. Toutefois, il peut être commun à plusieurs artistes lorsqu'il concerne des artistes se produisant dans un même numéro ou des musiciens appartenant au même orchestre... ».

En conséquence, le contrat liant le producteur ou l'éditeur professionnel d'œuvre multimédia à l'artiste-interprète, est un contrat de travail, dans lequel figureront les autorisations accordées par écrit, par l'artiste-interprète, de :

– reproduire,
– fixer,
– communiquer au public sa prestation.

Cette qualification entraîne le versement d'un salaire.

13222. *Le salaire*

La rémunération versée à l'artiste-interprète est donc perçue comme un salaire.
Encore faut-il déterminer la rémunération qui revêt cette qualification.
Il s'agit en fait des sommes versées en contrepartie de la prestation de l'artiste-interprète pour laquelle il a été engagé par le producteur.
En revanche, aux termes de l'article L. 762-2 du Code du travail :

« N'est pas considérée comme salaire la rémunération due à l'artiste à l'occasion de la vente ou de l'exploitation de l'enregistrement de son interprétation, exécution ou présentation par l'employeur ou tout autre utilisateur dès que la présence physique de l'artiste n'est plus requise pour exploiter ledit enregistrement et que cette rémunération n'est en rien fonction du salaire reçu pour la production de

son interprétation, exécution ou présentation, mais au contraire fonction du produit de la vente ou de l'exploitation dudit enregistrement ».

Parmi les autres conséquences de la qualification du contrat liant l'artiste-interprète au producteur en contrat de travail, le producteur doit acquitter les cotisations patronales et sociales, notamment celles dues à l'Association pour la gestion de la sécurité sociale des auteurs (AGESA) (5).
D'une manière générale, les artistes-interprètes ont droit à des congés payés et à des indemnités de licenciement, le cas échéant. De même, il existe des conventions collectives pour les artistes-interprètes dans divers secteurs d'activité de médias.
Notons que le particularisme du régime des droits voisins du droit d'auteur réside précisément dans la qualification du contrat liant l'artiste-interprète à un producteur ou éditeur, ainsi que la nature des rémunérations qu'il touche en contrepartie et toutes les conséquences découlant du fait que les relations contractuelles des artistes-interprètes avec les tiers sont régies par les dispositions du Code du travail.

13223. *La rémunération proportionnelle*

En cas d'œuvre audiovisuelle, le contrat doit prévoir une rémunération proportionnelle pour chaque mode d'exploitation de l'œuvre (6).
Si l'œuvre audiovisuelle doit être incorporée à un produit multimédia *off line* ou *on line*, nul doute qu'il s'agira de modes distincts d'exploitation de l'œuvre et qu'il sera nécessaire de prévoir une rémunération distincte, sous réserve de la difficulté de fixer une telle rémunération proportionnelle en cas de diffusion sur Internet par exemple.
Dans ce dernier cas, on peut imaginer une rémunération forfaitaire compte tenu des dérogations accordées par l'article L. 131-4 du Code de la propriété intellectuelle (7) ou, pourquoi pas, une rémunération au nombre d'accès si celui-ci peut être comptabilisé par le programme informatique, comme c'est souvent le cas.

13224. *La rémunération équitable et la rémunération pour copie privée*

Ces deux formes de rémunération concernent l'édition phonographique. La rémunération dite « équitable » est prévue à l'article L. 214-1 du Code de la propriété intellectuelle :

« Lorsqu'un phonogramme a été publié à des fins de commerce, l'artiste-interprète et le producteur ne peuvent s'opposer :

1° A sa communication directe dans un lieu public, dès lors qu'il n'est pas utilisé dans un spectacle ;

2° A sa radiodiffusion, non plus qu'à la distribution par câble simultanée et intégrale de cette radiodiffusion.

Ces utilisations des phonogrammes publiés à des fins de commerce, quel que soit le lieu de fixation de ces phonogrammes, ouvrent droit à rémunération au profit des artistes-interprètes et des producteurs.

Cette rémunération est versée par les personnes qui utilisent les phonogrammes publiés à des fins de commerce dans les conditions mentionnées aux 1° et 2° du présent article.

Elle est assise sur les recettes de l'exploitation ou, à défaut, évaluée forfaitairement dans les cas prévus à l'article L. 131-4.

Elle est répartie par moitié entre les artistes-interprètes et les producteurs de phonogrammes. »

Il paraît peu probable qu'un produit multimédia puisse être qualifié de phonogramme. En revanche, que penser d'un enregistrement phonographique qui serait incorporé dans une œuvre multimédia ?
Il semble que si ce produit est exploité dans les conditions de l'article L. 214-1 précité, il ne devrait pas y avoir de raison d'écarter le principe de la rémunération équitable. Cependant, l'article précise que cette rémunération est versée *« par les personnes qui utilisent les phonogrammes publiés à des fins de commerce »* ; une telle restriction est incompatible avec la définition du multimédia, et en l'état, on peut penser que cette disposition n'est pas applicable.
La rémunération pour copie privée est quant à elle prévue à l'article L. 311-1 du Code de la propriété intellectuelle et a pour but de rémunérer les enregistrements faits à titre privé sur cassette, à l'aide d'un magnétoscope ou d'un magnétophone par exemple. Elle est en l'état, versée par les fabricants de supports magnétiques. Le reste vise les phonogrammes et les vidéogrammes. Il ne semble pas que cette disposition soit appliquée en l'état, au multimédia. Elle pourrait néanmoins être transposable. Cependant, la reproduction de l'œuvre multimédia pour copie privée se heurtera à l'interdiction de reproduction du logiciel. Si l'œuvre multimédia elle-même, était qualifiée d'œuvre audiovisuelle, la situation serait différente.

13300. La protection internationale des droits de l'artiste-interprète

La Convention internationale sur la protection des artistes-interprètes ou exécutants, des producteurs de phonographes et des organismes de radiodiffusion, dite la « convention de Rome » signée en 1961, est une convention qui accorde une protection internationale aux artistes-interprètes.
Elle constitue, à l'instar des conventions de Berne et de Genève pour les auteurs, une sorte de « standard minimum » de protection des artistes-interprètes dans les pays adhérant à cette convention.

Néanmoins, la convention de Rome est très souple et tout Etat adhérent peut bénéficier d'exceptions expresses à la protection conventionnelle instituée par la convention de Rome. Elle impose que les droits des artistes-interprètes fassent l'objet d'une protection qui doit durer au minimum vingt ans à compter de la fin de l'année de la fixation de leur interprétation ou de la fin de l'année de l'exécution de leur interprétation.

Une des vocations de la convention de Rome est de substituer aux formalités existantes dans les Etats membres, les formalités qu'elle a elle-même posées.

La convention de Rome fait référence à la rémunération « équitable » que les professionnels doivent verser aux artistes-interprètes, en particulier lorsqu'ils ont décidé de diffuser des phonographes à des fins commerciales.

Les professionnels en question sont les organismes de radiodiffusion et les autres entreprises tels que les bars, restaurants, cinémas...

On remarquera d'une manière générale, que la convention de Rome laisse une grande latitude aux Etats membres quant aux moyens juridiques de la protection de l'artiste-interprète.

En revanche, la convention de Rome ne fait aucune allusion au droit moral de l'artiste-interprète. Par contre, en droit français, cette prérogative est au moins aussi importante que les droits patrimoniaux dont l'auteur est investi.

13400. Les autorisations relatives à l'utilisation de photographies d'artistes

L'artiste-interprète qui est photographié dans le cadre de l'exercice de sa profession n'est pas assimilable à l'artiste photographié dans le cadre de sa vie privée.

Néanmoins, les deux photographies font l'objet d'une protection. La première donne naissance à des droits voisins, tandis que la seconde entre dans la vie privée de l'artiste et devrait donc être protégée sur le fondement du droit commun de la responsabilité civile (8).

Il est vrai cependant, que la vie privée d'un artiste célèbre aura des contours plus étroits que la vie privée d'une personne physique non célèbre.

En conséquence, les photographies faites d'un artiste célèbre dans le cadre de ses déplacements publics ne donnent pas nécessairement lieu à autorisation préalable et donc, ne constituent pas une atteinte à la vie privée de l'artiste, au titre notamment du droit du public à l'information.

En cette matière, la jurisprudence est très fluctuante, et il est recommandé de s'assurer de l'autorisation préalable de l'artiste chaque fois que sa photographie sera reproduite alors qu'il n'exécutait pas un « travail rémunéré ».

Notes

(1) Code de la propriété intellectuelle, Livre II, *Les droits voisins du droit d'auteur.*

(2) Monsieur Henri Desbois, *Le droit d'auteur en France*, Editions Dalloz 1978.

(3) A. Lucas, Traité de la propriété littéraire et artistique, éd. Litec 1994.

(4) Articles L. 762-1 et L. 762-2 du Code du travail.

(5) Association agréée par l'arrêté du ministre de la Culture et de la Sécurité sociale du 30 décembre 1977. AGESA, 21 bis rue de Bruxelles, 75009 Paris.

(6) Article L. 212-4 du Code de la propriété intellectuelle.

(7) *Supra* n° **8214** relatif à la rémunération forfaitaire.

(8) Article 1382 du Code civil.

14000.
Le statut de l'œuvre multimédia

Du point de vue juridique, l'œuvre multimédia est une œuvre particulièrement complexe puisqu'elle comprend des créations hétérogènes ayant un régime légal différent. L'œuvre multimédia se trouve en effet, au carrefour des œuvres audiovisuelles, littéraires et artistiques et logicielles et des techniques de télécommunications.
Dans la mesure où il n'y a pas de certitude quant à la détermination du régime légal applicable, c'est en tant qu'œuvre de l'esprit que s'impose le droit d'auteur comme système de protection des œuvres multimédias.

14100. Le droit applicable au multimédia

Les problématiques juridiques sont à envisager à la lumière des principes fondamentaux du droit d'auteur, tant dans sa conception traditionnelle, fondatrice, que dans sa conception plus spécifique à certains types d'œuvres qu'il a absorbées au fil du temps et des évolutions techniques.

14110. *L'interrogation juridique*

L'absorption par le droit d'auteur du logiciel en 1985, a conduit à certains aménagements légaux en raison de sa nature et de son mode de réalisation et de gestion, à titre dérogatoire, par rapport au régime élaboré à l'origine ; ce dernier étant parfois dénommé « régime de droit commun » afin de souligner qu'il constitue le principe régissant la matière littéraire et artistique, par opposition au régime spécial des logiciels.

A ce propos, la loi du 10 mai 1994 (1) a d'ailleurs supprimé certaines dispositions dérogatoires relatives aux logiciels, dans un but d'alignement sur le régime de droit commun, ce qui apparaissait plus conforme à la philosophie générale du droit d'auteur (2).
En matière d'œuvre multimédia, la question s'est posée de savoir si le droit d'auteur avait vocation à s'appliquer. En réalité, le problème auquel les juristes ont été confronté n'était pas tant de savoir si le droit d'auteur s'appliquait mais plutôt comment l'appliquer : en effet nombre d'œuvres de l'esprit soumises au droit d'auteur obéissent à des règles spécifiques et distinctes les unes des autres, même si les grands fondements du droit d'auteur restent inchangés.
Ainsi, l'œuvre audiovisuelle suit des règles propres qui n'ont pas vocation à régir une œuvre de type encyclopédie par exemple. Or, du fait de l'assemblage de sons, textes et images fixes ou animées qui caractérise le multimédia, il est apparu qu'une œuvre multimédia était susceptible de revêtir tout à la fois différentes qualifications, parfois concurrentes ou opposées.
Dès lors, la question de savoir quelle qualification juridique choisir, s'est posée aux juristes, soucieux d'attribuer à l'œuvre multimédia une qualification unique et de la faire entrer dans un cadre juridique donné. Le multimédia pose de nouveaux défis à l'application des règles relatives au droit d'auteur. Ceux-ci sont tels que l'on peut se demander si le droit d'auteur saura s'adapter tout seul aux progrès techniques ou s'il faudra une modification de la législation.
Cette question a fait l'objet d'une étude par le ministère de la Culture. Le rapport publié en 1994 (3) est essentiellement centré sur les techniques multimédias et de numérisation. Il cherche principalement à mettre en évidence si la numérisation entraîne une transformation de « nature » ou simplement une modification de « degrés » quant à l'application des règles de propriété intellectuelle traditionnelles.
Face à la grande difficulté de choix définitif, un débat est né sur le point de savoir s'il ne valait pas mieux opter pour la création d'un droit *sui generis*, c'est-à-dire spécialement créé pour régir l'œuvre multimédia, et non rattachable à une catégorie juridique existante, se suffisant à lui-même.

14120. *Pour le maintien du droit d'auteur*

Le rapport ministériel conclut que le droit d'auteur est apte à s'adapter à la nouvelle technologie que représente le multimédia de la même manière qu'il a su s'adapter à des techniques révolutionnaires en leur temps, comme la cinématographie, la photographie ou le satellite et se modifier de lui-même pour prendre en compte les spécificités de chaque nouvelle technologie.
L'un des autres arguments avancés est que le droit d'auteur facilite la création multimédia puisque, s'il protège les auteurs en amont de la création, il permet également un retour sur investissement en aval, en protégeant la personne elle-même investie des droits sur l'œuvre multimédia.

Il est vrai que la multitude de créateurs et d'ayants droit participant à une œuvre multimédia, ainsi que les divers types d'éléments qui y sont intégrés, sont des facteurs de complication alors que le produit résultant est unique et financé par un nombre limité de partenaires. Il s'agirait alors d'axer les efforts sur la simplification de la mise en œuvre des règles du droit d'auteur, plutôt que de faire table rase de ces mêmes règles. Et dans l'hypothèse où une difficulté persisterait, elle serait réglée par la voie contractuelle, au cas par cas.
A cet égard, le rapport ministériel souligne l'utilité d'élaborer des instruments tels que guides contractuels et modèles de contrat, qui seraient l'application des règles du contrat d'auteur, sous réserve de quelques aménagements et innovations nécessités par la spécificité de l'œuvre multimédia. C'est d'ailleurs ainsi que se formeront les usages de cette nouvelle activité, au carrefour de différentes professions et de différentes pratiques. En outre, le rapport évoque le caractère prématuré, voire inutile d'une réforme du droit d'auteur face à la future mise en conformité avec la directive européenne du 11 mars 1996 relative aux bases de données (4).

14130. *Pour la création d'un droit spécifique* sui generis

Quels seraient les arguments pour la création d'un droit propre à l'œuvre multimédia, et non rattachable à une catégorie juridique existante ? Ce droit *sui generis* ne doit pas être confondu avec le régime spécial des logiciels ou avec celui des bases de données qui, bien que tous deux spécifiques et dérogatoires sur certains points au droit d'auteur, ont été absorbés par ce dernier et à ce titre, soumis à ses grands principes.
Le droit d'auteur ne manque-t-il pas de la souplesse nécessaire pour régir l'œuvre multimédia ? Malgré la diversité des qualifications juridiques proposées et tirées du droit d'auteur, chacune d'entre elles, prise isolément, est inapte à traduire la réalité technique du multimédia.
Par ailleurs, le droit d'auteur peut être sur certains points, un frein à la création multimédia, très protecteur des droits des auteurs. L'un des exemples fréquemment cités est celui relatif au droit de citation. La doctrine et la jurisprudence classiques se refusent généralement à admettre le droit de citation en matière musicale et d'arts plastiques, ce qui constitue un obstacle de taille pour les personnes désireuses de réaliser une œuvre multimédia, et qui ferait appel à de nombreuses références compte tenu de la multitude des ayants-droit.
Toutefois, le rejet en bloc de l'application du droit d'auteur et la création d'un droit *sui generis* suppose d'en déterminer et d'en définir les contours ainsi que le contenu. Il est vrai que la tâche est de taille...

14140. *Pour la réforme du droit d'auteur : la « modernisation »*

Il existe un moyen terme entre les deux thèses ci-dessus mentionnées, et auquel adhère un certain nombre de professionnels se lançant dans la production de produits multimédias. Tout en restant attachés aux grands fondements du droit d'auteur, dont la capacité d'adaptation aux nouvelles technologies n'est pas remise en cause, n'est-il pas possible d'intervenir pour modifier ou supprimer des points bien précis du droit d'auteur constitutifs d'obstacles à l'essor du multimédia français ?

A titre d'exemple, les producteurs de CD-ROM musicaux souhaiteraient voir permise l'exception de courtes citations en matière musicale ainsi que d'arts plastiques. Il est vrai qu'il s'agit là d'un point sensible tant pour les producteurs d'œuvres multimédias que pour les auteurs dont les éléments d'œuvres sont repris pour y être intégrés.

Les premiers considèrent à regret que la réalisation d'une œuvre multimédia relève d'une mission impossible, en raison du nombre exorbitant d'autorisations à solliciter auprès des ayants droit et surtout du nombre de rémunérations qui y sont attachées, pour les producteurs qui n'ont pas la puissance financière des « grands », tels que Microsoft dans le secteur informatique. Ils voient notamment dans la citation libre (de droits) le moyen de favoriser la création multimédia surtout pour des budgets d'importance « moyenne ». Elle leur permettrait d'abaisser les coûts de réalisation, et de rééquilibrer les rapports de force avec les producteurs plus puissants financièrement, notamment étrangers.

Il s'agit là du point de vue des « producteurs », qui sont désireux par ailleurs de voir généraliser le principe de la rémunération forfaitaire, ainsi que la cession automatique des droits des auteurs des contributions intégrées à l'œuvre multimédia au producteur de l'œuvre. Partiellement inadapté, le droit d'auteur n'en serait pas moins maintenu dans ses grands principes.

14200. La condition d'originalité préalable à l'application du droit d'auteur

La recherche de la qualification juridique et du régime applicable à l'œuvre multimédia étant menée d'après les dispositions du droit d'auteur en vigueur, la condition préalable et nécessaire pour que ces dernières aient vocation à s'appliquer, réside dans l'exigence du caractère original que doit revêtir l'œuvre multimédia.

En effet, la condition d'originalité requise pour bénéficier de la protection du droit de la propriété littéraire et artistique, ne saurait être tenue pour acquise en ce qui concerne une œuvre multimédia, c'est-à-dire une œuvre intégrant sur un même support du son, du texte, des images fixes ou animées (œuvre qui par ailleurs est accessible et utilisable au moyen d'un logiciel autorisant l'interactivité).

L'œuvre multimédia sera originale dès lors qu'elle intègre des éléments qui ont ce caractère, soit qu'ils sont spécialement créés pour elle, soit qu'ils sont repris à partir d'œuvres préexistantes et protégées par la propriété littéraire et artistique. Elle sera également originale par la disposition même des éléments qui la composent même si, pris individuellement, ces derniers ne sont pas originaux. Cela renvoie au régime des bases de données, protégeables en raison du choix et de la disposition des matières qui les constituent (5).

14210. ***Les éléments dits « originaux »***

Il y a trois catégories d'éléments non protégés susceptibles d'être intégrés dans une œuvre multimédia :

– la première catégorie concerne les données brutes, qui ne témoignent pas d'une activité créatrice, telles les dates historiques, et sont à ce titre « libres de parcours » ;

– la deuxième catégorie concerne des œuvres exclues par la loi du champ de la protection par la propriété littéraire et artistique : les textes de lois, les règlements, les travaux parlementaires, les circulaires, les réponses ministérielles, les décisions des tribunaux, des cours d'appel, des cours suprêmes ;

– la troisième catégorie a trait aux créations totalement dépourvues d'originalité.

14220. ***L'appréciation de la notion d'originalité***

Non définie par la loi, la notion d'originalité a été dégagée par la jurisprudence et la doctrine. L'originalité est communément comprise comme l'expression de la personnalité propre d'un auteur. Elle a été aménagée en matière de logiciels pour tenir compte de la nature particulière de cette œuvre intellectuelle : elle s'entend d'un apport intellectuel ou encore d'un effort personnalisé.
L'exigence du caractère original se réduit nettement en ce qui concerne le recueils d'œuvres, les anthologies, ou encore les bases de données, puisqu'elle réside dans le choix et la disposition des matières. Il s'agit là du seuil le plus faible exigé en matière d'originalité. En réalité, la question de l'originalité de l'œuvre multimédia est marginale.
Il sera très rare qu'une œuvre multimédia soit considérée comme non originale, du moins au regard des éléments qui la composent, d'une part parce que, jusqu'à présent, elle est presque toujours constituée d'éléments d'œuvres préexistants et protégés par le droit d'auteur, d'autre part parce qu'à supposer qu'elle ne soit constituée que de données brutes, ce qui paraît n'être qu'une hypothèse d'école, elle bénéficierait certainement d'une protection par le droit d'auteur car l'interactivité suppose un effort de création dans le choix, la disposition des matières ou le scénario.

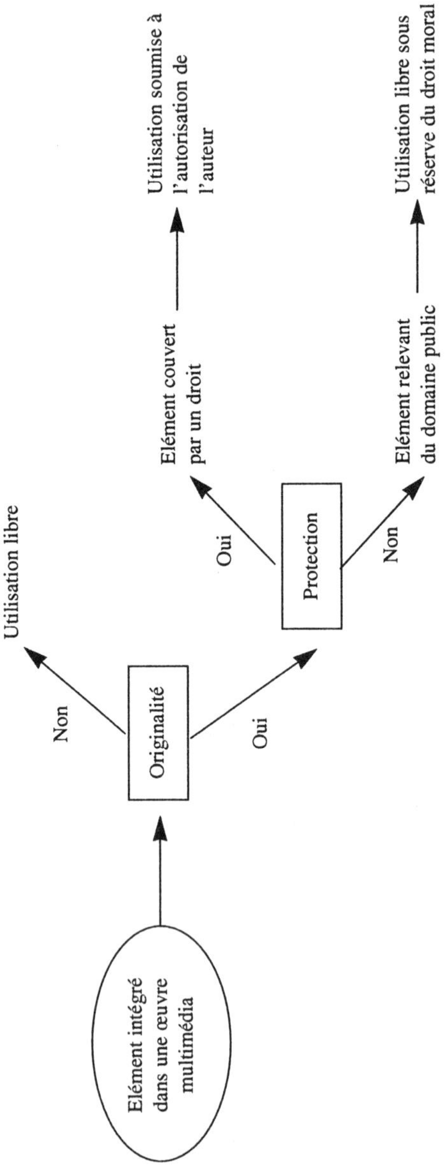

Figure 14.1. *Les droits d'auteur des éléments intégrés au multimédia*

14300. La qualification juridique du multimédia en fonction du contenu

Les œuvres multimédias ou encore produits multimédias revêtent, et sont susceptibles de revêtir, des formes très diverses.
Bien qu'ils soient tous deux des œuvres multimédias, peut-on réellement comparer un jeu vidéo interactif avec une encyclopédie électronique sur CD-ROM ?
Association de divers types artistiques et de divers auteurs, il était presque prévisible qu'on aboutisse à divers types de produits multimédias.
La qualification juridique sera donc examinée tout d'abord en fonction du contenu de l'œuvre, puis en fonction de son mode de réalisation, ce qui peut conduire à des qualifications juxtaposées ou encore à un cumul de qualifications.
S'il peut exister un cumul de qualifications pour une même œuvre multimédia, et sous réserve qu'elles soient compatibles, il est en revanche exclu d'appliquer à chaque type d'élément intégré dans une œuvre multimédia (son, texte, image fixe ou animée), le régime de droit privatif correspondant, ce qui conduirait à sectionner artificiellement l'œuvre et à rendre sa gestion et son exploitation quasiment impossible.

14310. *Le multimédia : œuvre audiovisuelle*

Une œuvre multimédia s'apparente-t-elle à une œuvre audiovisuelle ? Pour répondre à cette question il est utile de rappeler que les motivations qui ont conduit à l'élaboration d'un régime spécifique à l'œuvre audiovisuelle, sur certains points du moins, ont été dictées par le double souci, d'une part d'assurer une protection de l'auteur et d'autre part, de permettre un « retour sur investissement » à l'égard du producteur, c'est-à-dire en fait protéger son investissement.

14311. *Définition et application à l'œuvre multimédia*

L'article L. 112-2. 6° du Code de la propriété intellectuelle donne une définition de l'œuvre audiovisuelle, qui est la suivante :

« *Les œuvres cinématographiques et autres œuvres consistant dans des séquences animées d'images, sonorisées ou non, dénommées ensemble œuvres audiovisuelles* ».

Dans la mesure où une œuvre multimédia donnée intègre sur un même support du son, du texte et des images animées, on peut légitimement se poser la question de savoir s'il s'agit là d'une œuvre audiovisuelle.
A cet égard, le multimédia n'apporte rien de nouveau, la combinaison de sons, images et textes étant déjà connue à travers la télévision (6).

Il semblerait que pour retenir la qualification d'œuvre audiovisuelle, le critère d'animation soit fondamental. Sans animation des images dans une œuvre multimédia, il serait vraisemblablement difficile de parler d'œuvre audiovisuelle.
Néanmoins, par un jugement en date du 8 décembre 1982 (7), le Tribunal de grande instance de Paris a rattaché à la catégorie des œuvres cinématographiques un logiciel de jeux vidéo, en s'appuyant sur la notion de manifestation visuelle, qu'il s'agisse d'images fixes ou mobiles, et non sur la notion d'images animées.
Une œuvre multimédia réalisée sur CDI ou CD-ROM, et dérivée, au sens juridique du terme, d'une œuvre audiovisuelle, c'est-à-dire incorporant cette dernière œuvre ou des éléments de celle-ci dans une œuvre nouvelle constituée majoritairement par des séquences animées d'images, serait très certainement susceptible de recevoir la qualification d'œuvre audiovisuelle, et ce d'autant plus aisément si son mode de réalisation est identique ou similaire à celui d'une œuvre audiovisuelle. Cette dernière hypothèse reflète la réalité pratique de certains modes de réalisation d'œuvres multimédias.

14312. ***L'inadaptation à certains types de produits multimédias***

La recherche de la qualification juridique de l'œuvre multimédia en fonction de son contenu suppose que ce contenu soit en adéquation avec celui de l'œuvre à laquelle il est juridiquement rapproché. Ce n'est donc que par une interprétation large de l'article L. 112-2. 6° du Code de la propriété intellectuelle qu'on pourrait y faire entrer l'œuvre multimédia.
Or peut-on, par cette même interprétation large du texte, parler d'œuvre audiovisuelle en présence de « journaux électroniques » sur CD-ROM, ou d'encyclopédies sur CD-ROM, mêmes s'ils incluent des images animées ?
Devra-t-on, au contraire, déterminer la fréquence ou la proportion des séquences animées d'images comprises dans une œuvre multimédia afin de pouvoir la qualifier d'œuvre audiovisuelle ?

14313. ***L'examen au cas par cas***

La qualification d'œuvre audiovisuelle est susceptible de s'appliquer à certains types de produits multimédias, qui par leur contenu, leurs séquences animées d'images, ressemblent fort à des œuvres audiovisuelles.
A propos de l'animation des images : peut-on considérer qu'une œuvre multimédia composée de séquences animées d'images uniquement de synthèse s'analyse en une œuvre audiovisuelle ?
En effet, l'animation des images de synthèse résulte directement d'un logiciel spécifique indissociablement lié à elles. Ce procédé d'animation n'est donc pas tout à fait comparable à celui des œuvres audiovisuelles classiques. Le critère

d'animation est-il dès lors encore apte à permettre la qualification d'œuvre audiovisuelle ?
En outre, certains produits multimédias paraissent parfois impropres à recevoir la qualification d'œuvre audiovisuelle. Les éditeurs ont commencé par mettre sur support CDI et CD-ROM des encyclopédies et dictionnaires, en y ajoutant des images animées sur un fond sonore.
Ces produits multimédias sont donc composés par une partie textuelle importante, et par une partie visuelle qui vient illustrer les textes, les compléter, les agrémenter, bref leur donner une nouvelle dimension.
De même, l'effort est placé sur l'accumulation de photographies à titre d'illustrations, ainsi que sur la juxtaposition d'extraits musicaux. Dans ce type de produit où la partie textuelle est au moins aussi importante que la partie visuelle, il est très difficile de la faire entrer dans une qualification juridique déterminée.
Il apparaît dans la pratique que les éditeurs réalisant de tels produits multimédias, suivent les règles du contrat d'édition, au prix de certains aménagements.

14320. *Le multimédia : base de données*

Une base de données multimédia ne serait-elle pas une forme particulière de base de données ?
Cette question est ici examinée sur la base de la jurisprudence élaborée à ce jour, abstraction faite de la directive européenne adoptée le 11 mars 1996 (7 bis) qui, en réalité, si elle consacre la protection des bases de données par le droit d'auteur et crée un droit propre à la protection des investissements des bases non originales, ne résout pas la problématique du statut du multimédia (8).

14321. *La base de données, œuvre de l'esprit*

Selon l'arrêté du 22 décembre 1981 relatif à l'enrichissement du vocabulaire de l'informatique (8 bis), on entend par base de données :

« un ensemble de données organisé en vue de son utilisation par des programmes correspondant à des applications distinctes et de manière à faciliter l'évolution indépendante des données et des programmes » (Data base).

Il était parfois soutenu qu'une base de données ne serait que la version informatisée des recueils d'œuvre, dont la protection est expressément prévue par le Code de la propriété intellectuelle en tant qu'ils constituent des œuvres de l'esprit.
Entre une base de données et un recueil d'œuvres, il existe notamment des différences de support (de type numérique pour le premier), de méthodes de stockage des informations (informatique pour le premier), et de modes de présentation (sur écran pour le premier).

Mais ces différences ne devaient avoir aucune incidence sur le régime de protection des bases de données, ainsi qu'a pu le dire monsieur le Conseiller Xavier Nicot, à l'occasion d'une affaire très célèbre opposant la Société Microfor au journal Le Monde, dont la solution définitive fut donnée par la Cour de cassation, dans sa formation plénière :

« ... *un inventaire méthodique d'œuvres, notamment d'articles, doit faire l'objet d'une application uniforme de la loi... ainsi, qu'il s'agisse du mode de constitution classique et ancien des recueils bibliographiques ou de la mise en service des techniques informatiques les plus modernes, que la diffusion parmi les utilisateurs soient faites sous forme de publications imprimées par la télématique, des relations entre l'auteur ou le titulaire des droits de l'œuvre citée et l'éditeur de la banque de données ou de l'index sont régies par la législation sur la propriété littéraire et artistique* » (9).

En conséquence, une base de données est protégeable par le droit d'auteur en tant que recueil d'œuvres informatisé. Au surplus, le fait qu'une base de données fasse appel non seulement à des textes et à des photographies mais également à de l'image animée et à du son, ne semble pas de nature à changer sa qualification ou son régime juridique.
Une base de données multimédia ne serait en effet qu'une forme particulière de base de données, qui elle-même n'est qu'un type particulier de recueil d'œuvres.

14322. ***La protection juridique de la base de données***

Si la protection des bases de données, en tant que telles, n'est pas prévue à ce jour par le Code de la propriété intellectuelle, en revanche, celle des recueils d'œuvres est visée à l'article L.112-3 du Code de la propriété intellectuelle. Cet article, qui prévoit que les recueils d'œuvres diverses constituent des créations intellectuelles, par le choix et la disposition des matières, protège donc le classement en lui-même d'éléments préexistants.
Il a vocation à être transposé aux bases de données qui, en tout état de cause, sont susceptibles d'être protégées par le droit d'auteur dès lors qu'elles présentent un degré suffisant d'originalité.
L'originalité en la matière ne sera pas appréciée de manière traditionnelle, c'est-à-dire en tant qu'expression de la personnalité propre de son auteur, mais se rapprocherait davantage de la conception dégagée en matière de logiciel et réduite à un effort intellectuel.
En réalité, l'originalité exigée est d'un faible niveau. Elle consiste dans l'effort de classement des données, ou encore d'arrangement propre à donner une valeur ajoutée à des données brutes (10).

14323. ***Les arguments en faveur d'une qualification juridique de base de données pour les produits multimédias***

La question se pose de savoir si l'on peut attribuer à toutes les œuvres multimédias, ou du moins à certaines d'entre elles, la qualification juridique de base de données.

A la lecture de la doctrine, il est recensé essentiellement deux arguments en faveur d'une telle qualification.

Le premier est tiré d'une comparaison entre le contenu d'une base de données et celui de certains types d'œuvres multimédias. En effet, certains œuvres multimédias sont réalisées en vue d'une accumulation de données hétérogènes, arrangées et exposées d'une certaine manière, sans qu'il soit question de relier les données entre elles par un scénario ou encore d'animer des images dans des séquences se suivant les unes après les autres, ayant pour effet de rattacher l'œuvre à la catégorie juridique des œuvres audiovisuelles.

On assimile parfois certains dictionnaires électroniques à des bases de données en ce qu'ils sont des compilations d'éléments de nature différente (et difficilement rattachables à la notion d'œuvres audiovisuelles pour les raisons exposées ci-dessus).

Le second argument découle directement de la directive européenne sur la protection juridique des bases de données adoptée le 11 mars 1996 (11). La directive « bases de données » propose une définition de ce terme qui, aux yeux de certains juristes et professionnels, semblerait apte à englober la réalité technique du multimédia :

« *Un recueil d'œuvres de données ou d'autres éléments indépendants, disposés de manière systématique ou méthodique et individuellement accessibles par des moyens électroniques ou d'une autre manière.*

La protection prévue par la présente directive ne s'applique pas aux programmes d'ordinateur utilisés dans la fabrication ou le fonctionnement des bases de données accessibles par des moyens électroniques. »

Cette définition est susceptible de s'appliquer à de très nombreuses œuvres multimédias (12). En effet, il est des produits multimédias qui ont la vocation d'être des compilations de données à caractère d'informations, stockées sur support numérique, accessibles au moyen d'un ordinateur ou encore par connexion sur un réseau (on line) et incluant un logiciel permettant l'interactivité.

Pour autant, tout en étant très large, la définition de la directive communautaire semble réduire l'œuvre multimédia à un recueil ou compilation de données (12 bis). Sur ce dernier point, il existe un débat opposant les partisans et les détracteurs de la qualification juridique de base de données : une œuvre multimédia, si elle est effectivement un assemblage de données (son, texte et images), n'est-elle pour autant qu'un assemblage de données ?

On peut aller plus loin en se posant la question de savoir si toutes les œuvres composées de données électroniques sont, pour cette seule raison, qualifiables de bases de données ? Un jeu vidéo ne serait-il donc qu'une base de données... ?
Une telle qualification n'a pas été retenue pour le moment. Ainsi, tout le problème consiste à savoir si la qualification de base de données est celle qui est la plus appropriée et la plus adaptée à traduire la réalité technique du multimédia.
En tout état de cause, une œuvre multimédia qui s'apparenterait à une base de données, par son contenu et ses objectifs, serait susceptible de revêtir cette qualification, pour le moment dans son acceptation « française ».
Il existe d'ailleurs un type de support numérique spécifiquement destiné au stockage massif de données multimédias pour ordinateur, c'est le CD-ROM XA défini en 1988 dans le *Yellow Book* de Philips, Sony et Microsoft (*CD-Rom extended architecture*) :

« *C'est le support parfait pour l'archivage, tant par sa capacité que par la rapidité d'accès aux données (...) il a des applications multiples : vidéographie, dictionnaire, éducation, jeu, cartographie, santé, littérature, science, distribution de programmes avec documentation* » (13).

Le type de support utilisé pour que l'œuvre multimédia soit incorporée peut donc témoigner de l'objectif qui a animé le réalisateur de l'œuvre, et donc aider à sa qualification juridique.
De nombreux professionnels se rallient à la qualification juridique de base de données, telle qu'elle est entendue dans la directive communautaire. Or, il existe toujours un risque à s'approprier une qualification qui découle d'un texte qui pourrait très bien ne pas être adopté dans sa forme actuelle par la loi française, les Etats membres disposant d'une certaine latitude sur certains points.

14330. *Le multimédia : logiciel*

Sans logiciel, il n'y a pas de création multimédia. Peut-on pour autant en déduire que l'œuvre multimédia est un logiciel ?

14331. *L'intervention du logiciel dans l'œuvre multimédia*

Formidable illustration de ce que l'utilisation de l'informatique est compatible avec l'exigence esthétique des créations littéraires, artistiques ou musicales, l'œuvre multimédia est créée, accessible, et utilisable à l'aide de l'outil informatique. Le logiciel a été défini par la Commission de terminologie d'informatique comme :

« *Un ensemble des programmes, procédés et règles et éventuellement de la documentation, relatifs au fonctionnement d'un ensemble de traitement de données* » (14).

Sans logiciel, il n'y a pas de création multimédia : le logiciel est en effet présent tant au niveau de la création, que de l'accès, ou encore l'utilisation et de l'exploitation de l'œuvre multimédia. Ainsi, lorsque l'œuvre multimédia est réalisée à partir d'éléments préexistants de forme traditionnelle, l'opération de numérisation qui consiste à les transformer en langage binaire (0,1) afin d'être intégrés sur le support numérique, est réalisée à l'aide d'un logiciel dit de numérisation.
De même pour accéder à l'œuvre multimédia, c'est-à-dire pour lire les données numérisées qui y sont incorporées, l'utilisateur doit se servir d'un logiciel. En outre, l'interactivité associée à l'œuvre multimédia et qui en constitue par ailleurs son critère, n'est permise que par l'intervention d'un logiciel spécifique.
En bref, qu'il s'agisse de créer l'œuvre multimédia ou de l'utiliser, le logiciel est un élément indispensable. A cet égard, il faut faire une distinction entre le logiciel qui a permis la numérisation des éléments de forme traditionnelle intégrés dans l'œuvre multimédia et le logiciel contenu dans le produit multimédia, lequel va permettre l'accès et l'utilisation interactive de l'œuvre. C'est ce dernier logiciel qui, selon un certain courant de pensée doctrinale, a pu être considéré comme ayant absorbé sous son régime juridique le produit multimédia global.
Une œuvre multimédia n'est pas uniquement composée d'éléments d'œuvres préexistants et numérisés ; elle peut être en effet réalisée à partir de créations assistées par ordinateur (CAO), le logiciel n'ayant pas dans ce dernier cas un simple rôle de numérisation mais, pour le moins, d'aide à la création elle-même. Il n'est donc pas inutile de rappeler les solutions juridiques qui ont pu être données en matière de CAO et qui sont susceptibles de donner des éclaircissements en matière de création et de fonctionnement d'une œuvre multimédia.

14332. *L'autonomie de l'œuvre par rapport au logiciel*

Dans certaines créations assistées par ordinateur, l'outil informatique ne constitue qu'un instrument dans les mains de l'artiste au même titre qu'un pinceau dans les mains du peintre. Dans ce cas, le logiciel est là pour assister à proprement parler le créateur, lui apportant « exclusivement rapidité d'exécution, capacité de mémorisation ou facultés d'interactions gigantesques » (15).
Dès lors, l'œuvre créée à l'aide de l'ordinateur est parfaitement autonome par rapport au logiciel qui a permis son élaboration. La qualifier de logiciel apparaîtrait, dès lors, injustifié.
En revanche, il a pu être observé à juste titre que dans d'autres hypothèses, « *c'est le cerveau plus que la main du créateur qu'il* (le logiciel) *prolonge* » (16). Dans cette dernière hypothèse, le logiciel a joué un rôle actif dans la réalisation de l'œuvre finale, dépassant alors son rôle purement instrumental. L'œuvre résultante n'a donc plus la même autonomie que précédemment et présente au contraire un lien très étroit avec le programme informatique dont elle est issue.

C'est ainsi que l'on a pu parler de création hybride subissant de ce fait, la double attraction du régime juridique du logiciel et celui du droit d'auteur classique.
Ainsi, chaque fois que l'œuvre finale sera difficilement distinctive du logiciel ayant permis sa création, et *a fortiori* lorsque le logiciel fait partie intégrante de la création et forme un tout avec elle (c'est le cas des images de synthèse qui contiennent à la fois une partie audiovisuelle et une partie logicielle étroitement imbriquées), la question du choix de la qualification juridique entre le logiciel ou l'œuvre littéraire, artistique ou musicale, se posera avec d'autant plus d'acuité.
A cet égard, les jeux vidéo illustrent parfaitement ce conflit de qualification. Quelle est la qualification applicable à ces jeux vidéo ?
La question n'a malheureusement pas encore été définitivement tranchée par la jurisprudence des tribunaux et des cours. En effet, la Cour de cassation, par trois arrêts rendus le 7 mars 1986 en assemblée plénière, ne s'est prononcée que sur le principe de la protection des logiciels par le droit d'auteur, sans spécifier s'il s'agissait du régime spécial des logiciels ou du régime traditionnel, les faits de l'espèce étant antérieurs à l'entrée en vigueur de la loi de 1985 sur la protection des logiciels (17).

14333. ***L'application au multimédia***

Les similitudes que présentent un logiciel et une œuvre multimédia suffisent-elles à la qualification juridique de logiciel ?
Partant du fait qu'ils sont tous deux de forme numérique, composés d'éléments de nature diverse, et de fonctionnalités permettant à des utilisateurs d'obtenir un résultat donné grâce à l'ordinateur, peut-on en déduire que l'œuvre multimédia est un logiciel ?
La qualification juridique du logiciel peut également s'appuyer sur la place importante qu'occupe le logiciel dans l'œuvre multimédia, et précisément sur son absence d'autonomie, notion qui a été envisagée en matière de créations assistées par ordinateur.
Puisque le logiciel et l'œuvre sont indissociablement liés que ce soit au stade de la création de l'œuvre ou de son utilisation, pourquoi ne pas l'absorber sous le régime du logiciel ?
Bien que non encore tranchée par la jurisprudence, cette question semble appeler une réponse négative. C'est ce que conclut le rapport du ministère de la Culture publié en 1994 (18).
En tout état de cause, cette question n'est susceptible de se poser qu'en présence de logiciels qui ont véritablement joué un rôle actif dans l'élaboration de l'œuvre multimédia, étant entendu qu'un logiciel qui ne joue qu'un rôle purement instrumental ou dont la présence n'est justifiée que pour permettre l'utilisation de l'œuvre c'est-à-dire la « lecture » des données qu'elle intègre et l'interactivité, ne semblerait pas suffisante à englober l'œuvre globale sous la qualification de logiciel (19).

14400. La qualification juridique du multimédia en fonction du mode de réalisation

La question de la qualification juridique envisagée par rapport au contenu d'une œuvre multimédia n'est pas exclusive de celle qui est envisagée en fonction de son mode de réalisation lui-même.
Le Code de la propriété intellectuelle distingue les œuvres réalisées par une seule personne et celles réalisées par plusieurs personnes. Ces dernières sont soit le fruit d'une inspiration commune ou d'une création individuelle mais formant un tout indivisible, soit initiées par un seul qui donne directives et ordres aux auteurs chargés de contribuer à son élaboration.
On peut distinguer trois types d'œuvres en fonction de leur mode de réalisation : les œuvres collectives, les œuvres de collaboration et les œuvres composites ou encore « dérivées ». Ces dernières qualifications sont susceptibles d'être cumulées ou juxtaposées, à la qualification retenue en fonction du contenu de l'œuvre.
Il est à noter cependant, qu'une œuvre audiovisuelle a été, et est considérée, selon un courant majoritaire jurisprudentiel et doctrinal, comme une œuvre de collaboration, à l'exclusion de l'œuvre collective. La juxtaposition des qualifications d'œuvres collectives avec celles d'œuvres audiovisuelles a été ainsi très rarement admise par les tribunaux.
Il convient donc logiquement de rechercher en premier lieu la qualification d'œuvre multimédia en fonction de son contenu, puis en second lieu, en fonction de son mode d'élaboration.

14410. *Le multimédia, œuvre collective*

Selon l'article L. 113-2 alinéa 3 du Code de la propriété intellectuelle :

« *Est dite collective l'œuvre créée sur l'initiative d'une personne physique ou morale qui l'édite, la publie et la divulgue sous sa direction et son nom et dans laquelle la contribution personnelle des divers auteurs participant à son élaboration se fond dans l'ensemble en vue duquel elle est conçue, sans qu'il soit possible d'attribuer à chacun d'eux un droit distinct sur l'ensemble réalisé* ».

Il est à souligner que le régime juridique de l'œuvre collective trouve sa justification dans les considérations d'ordre économique, dans un double souci de protéger l'investissement effectué par le producteur, c'est-à-dire la plus-value tirée de son travail, ainsi que de protéger l'auteur lui-même dans la limite de ses droits.

14411. *Les critères légaux*

Une œuvre collective se caractérise par un certain nombre de critères indispensables et cumulatifs.

En premier lieu, elle suppose l'existence d'un « coordinateur » qui peut être une personne physique ou morale. Généralement, il s'agit de la personne qui effectue les investissements financiers nécessaires à l'élaboration de l'œuvre (producteur, éditeur ou réalisateur).
En second lieu, le coordinateur a l'initiative et la direction de l'élaboration de l'œuvre, ce qui implique qu'il intervienne directement au niveau du choix du type d'œuvre, de la manière dont elle sera réalisée, du choix des collaborateurs, du contenu de leurs contributions, etc.
En troisième lieu, le coordinateur doit éditer, publier et divulguer l'œuvre sous son nom. En quatrième et dernier lieu, il ne doit pas être possible d'attribuer à chaque auteur participant à son élaboration, un droit distinct sur l'ensemble réalisé. Cette dernière condition suppose que les apports à l'œuvre prise dans sa globalité, soient indivisibles et indistinguables. Toutefois, ce dernier critère ne semble pas avoir été, au vu de la jurisprudence et de la doctrine, constamment impératif.

14412. ***Le mode de réalisation d'une œuvre multimédia***

Chaque fois que l'œuvre multimédia sera réalisée à l'initiative d'un coordinateur qui financera le projet, contrôlera les contributions de chacun après leur avoir donné des directives, et choisira de l'éditer, de la publier et de la divulguer sous son nom, on sera dans la plupart des cas en présence d'une œuvre collective.
Ainsi, peut on considérer que l'œuvre multimédia est « *un ensemble de données de nature différente rassemblées par une entreprise qui finance le projet et contrôle les contributions de chaque catégorie d'auteurs ainsi que leur assemblage* » (20).
Toutefois, il subsiste des difficultés pratiques. En premier lieu, que ce passe-t-il lorsque l'œuvre multimédia est réalisée par une pluralité de personnes morales, décidant de s'unir par des contrats de partenariat par exemple, afin d'en partager les coûts ? *A priori*, tous les partenaires sont aptes à être investis des droits d'auteur. S'agit-il encore néanmoins d'une œuvre collective ? Il y aurait œuvre collective avec pluralité de « coordinateurs » donc pluralité de titulaires de droits.
En second lieu, un des critères de l'œuvre collective réside dans l'indivisibilité des apports des différents contributeurs. Certes, comme il a été mentionné ci-dessus, ce critère ne semble pas indispensable à la qualification d'œuvre collective.
En revanche, s'il apparaît que les différents apports sont très nettement dissociables les uns des autres et témoignent en outre d'une activité créatrice personnelle sur l'œuvre d'ensemble de la part de l'auteur et non plus d'exécution, il ne serait pas impossible de remettre en cause la qualification d'œuvre collective. Dès lors, le choix se porterait pour la qualification d'œuvre de collaboration.
En outre, dans l'hypothèse où l'œuvre multimédia est considérée comme une œuvre audiovisuelle *(supra* n° **14310**), il est de jurisprudence constante que

l'œuvre audiovisuelle est une œuvre de collaboration ; seules quelques rares décisions dissidentes de tribunaux ont jugé que l'œuvre audiovisuelle était une œuvre collective ainsi qu'en témoigne par exemple le jugement du Tribunal de grande instance de Paris du 27 octobre 1993, jugement qui au demeurant fut cassé par l'arrêt de la Cour d'appel de Paris du 16 mai 1994 (21), lequel dans un de ses attendus a clairement posé que :

« *le législateur a entendu signifier que l'œuvre audiovisuelle ne pourrait jamais être une œuvre collective dans laquelle ceux qui contribuent à la réalisation ne sont pas des auteurs. Cette disposition, à la différence de la présomption de l'alinéa 2 du même article L. 113-7 du Code de la propriété intellectuelle n'est pas susceptible de preuve contraire* ».

14420. ***L'œuvre multimédia, œuvre de collaboration***

Cette qualification a été essentiellement revendiquée par les auteurs des éléments destinés à être intégrés dans l'œuvre multimédia. En effet, l'œuvre de collaboration vise exclusivement la protection de l'auteur.

14421. ***La notion d'œuvre de collaboration***

Aux termes de l'article L. 113-2 du Code de la propriété intellectuelle, est une œuvre de collaboration, « *l'œuvre à la création de laquelle ont concouru plusieurs personnes physiques* ».

La jurisprudence a donné diverses interprétations de ce concours : il s'agit tantôt de la poursuite d'un but commun, tantôt d'une communauté d'inspiration, ou encore d'un contrôle mutuel ou d'une concertation préalable sur l'œuvre à réaliser.

Il est indispensable que chaque personne physique ait personnellement participé à la création de l'œuvre, et ne soit pas contrairement à ce qu'il se passe dans une œuvre collective, une sorte d'exécutant sans grande liberté de choix dans sa création.

L'œuvre de collaboration peut donc être issue d'un travail commun de création ou de création individuelle de parties séparées mais formant un tout indivisible. Les différents auteurs doivent être nettement identifiables.

14422. ***L'application de cette notion au mode d'élaboration de l'œuvre multimédia***

Une œuvre multimédia s'entendra d'une œuvre de collaboration dès lors qu'il y aura un concours entre les différentes personnes physiques à la création de l'œuvre, qu'il s'agisse d'un travail commun de création ou de créations individuelles assemblées ultérieurement, chaque fois :

– qu'il y aura une véritable activité créatrice et originale de la part des différents contributeurs ;

– qu'il y aura une participation personnelle à la mise en forme de l'œuvre, d'après les instructions détaillées données par les différents auteurs et non d'après de simples idées non conceptualisées.

Certaines œuvres multimédias ressemblent fort, par leur mode d'élaboration, à des œuvres de collaboration. L'application de la notion d'œuvre de collaboration à une œuvre multimédia suppose essentiellement :

– d'une part, que les différents contributeurs puissent être considérés comme des auteurs de l'œuvre globale, en raison de la nature de leur contribution au sein de cette œuvre (notamment parce qu'ils n'ont pas agi en tant que simples exécutants mais au contraire, ont fait preuve de créativité et d'originalité) ;

– d'autre part, que les différents auteurs des contributions soient placés sur un pied d'égalité, c'est-à-dire qu'ils aient permis, par leur participation concertée, l'élaboration de l'œuvre multimédia.

Ce n'est donc que par une exacte analyse de la situation concrète dans laquelle l'œuvre multimédia a pu être réalisée que la qualification juridique d'œuvre collective ou de collaboration pourra être déterminée. Ces qualifications ne sont pas, par ailleurs, exclusives de celles d'œuvres composites ou encore dérivées.

14430. *L'œuvre multimédia, œuvre composite*

L'article L. 113-2 alinéa 2 du Code de la propriété intellectuelle dispose que l'œuvre composite est « *l'œuvre nouvelle à laquelle est incorporée une œuvre préexistante sans la collaboration de l'auteur de cette dernière* ».

14431. *Les œuvres adaptées*

A ce jour, de nombreuses œuvres multimédias sont des œuvres composites. En effet, il s'agit d'œuvres qui incorporent soit une œuvre intégrale préexistante, soit des éléments de ces œuvres, dans le but de créer une œuvre nouvelle et, à ce titre, protégeable par le droit d'auteur sous réserve qu'elle présente un caractère suffisant d'originalité.
On parle encore d'œuvres adaptées, c'est-à-dire « *d'œuvres qui sont originales à la fois par la composition et par l'expression, mais qui empruntent tout de même des éléments formels à une œuvre préexistante* » (22). Ces œuvres adaptées sont des œuvres dérivées d'un genre à un autre (passage du genre littéraire au genre audiovisuel par exemple).

Lorsqu'une œuvre multimédia reprend par exemple une séquence audiovisuelle d'un film préexistant, il y a transformation de la composition de l'œuvre globale préexistante, par l'incorporation d'un fragment de cette œuvre dans un contexte tout à fait nouveau, fait d'un assemblage de diverses données, et permettant à l'utilisateur d'interagir sur lui.
Cette qualification n'est pas exclusive de la qualification d'œuvre de collaboration ou encore d'œuvre collective, ou de qualification en fonction du contenu de l'œuvre.

14432. ***L'incidence de cette qualification***

La qualification d'œuvre composite est d'importance en ce qu'elle détermine les droits mis en jeu par l'opération d'incorporation des éléments préexistants dans l'œuvre multimédia.
La qualification d'œuvre multimédia en œuvre composite pose certaines questions tant au niveau de la titularité des droits des auteurs sur l'œuvre que des droits eux-mêmes mis en jeu.
En quoi y a-t'il adaptation d'éléments d'œuvre préexistants dans une œuvre multimédia ?
Il y a adaptation chaque fois que l'œuvre multimédia tire son existence d'œuvres antérieures ce qui va bien au-delà de l'opération de numérisation qui implique nécessairement des modifications sur les éléments préexistants de type analogique.
L'outil informatique permet de faire subir aux éléments des altérations matérielles ; le meilleur exemple étant tiré de la possibilité de colorier les images reprises.
En revanche, la question s'est posée de savoir s'il y avait réellement adaptation d'une œuvre préexistante lorsque l'œuvre multimédia se bornait à la reproduire, la faisant simplement passer d'un support à un autre.
Il a été soutenu à cet égard, qu'il n'y avait qu'une simple reproduction de l'œuvre sur un autre support et que les éventuelles altérations que pouvait subir l'œuvre antérieure, étant exclusivement dues à des exigences techniques, elles ne devaient pas être prises en compte pour l'application d'un droit supplémentaire, dit d'adaptation.
La qualification juridique d'œuvre composite est donc susceptible d'intervenir sur la détermination des droits des auteurs en mettant en jeu, outre leur droit de reproduction, leur droit d'adaptation.
La qualification juridique de l'œuvre multimédia détermine donc la titularité des droits de l'auteur.

14500. La protection de l'œuvre multimédia

Si l'application du droit d'auteur au stade de l'élaboration de l'œuvre multimédia pose des problèmes juridiques quant à sa qualification et son régime, au stade de l'exploitation de l'œuvre, en revanche, l'application du droit d'auteur présente l'avantage de permettre une protection efficace du projet fini de l'œuvre achevée. Cette protection en aval de l'œuvre multimédia elle-même constitue un des arguments avancés par le rapport du ministère de la Culture publié en 1994 (23) en faveur précisément de la soumission du produit multimédia au régime du droit d'auteur, et bien que cela suppose l'application des règles qui en découlent également en amont, c'est-à-dire au stade de la création de l'œuvre, et en ce qui concerne tous les intervenants, créateurs, titulaires de droits sur des éléments préexistants...
Le titulaire des droits d'exploitation sur l'œuvre multimédia achevée bénéficiera donc d'un droit exclusif de propriété incorporelle et opposable à tous. Ce qui signifie qu'il pourra s'opposer notamment à la reproduction de l'œuvre sans son consentement, ou encore à sa représentation par autrui dans des lieux publics. Quiconque contreviendrait à cette interdiction serait coupable du délit de contrefaçon. Plus généralement, quiconque aurait utilisé l'œuvre multimédia, alors qu'il n'en avait pas l'autorisation de la part du titulaire des droits, serait susceptible d'être puni de peines d'emprisonnement et d'amendes auxquelles s'ajouteraient le cas échéant des dommages et intérêts pour préjudice causé au titulaire des droits sur l'œuvre multimédia.

14510. *La protection de l'œuvre multimédia diffusée sur support numérique*

Lorsque l'œuvre multimédia est communiquée au public via un support matériel, en l'occurrence numérique, CDI ou CD-ROM, le titulaire des droits sur l'œuvre dont des exemplaires auraient été illicitement reproduits par un tiers, peut faire procéder à la saisie-contrefaçon de ces exemplaires soit par les commissaires de police soit par les juges d'instance. Aux termes de l'article L. 332-1 du Code de la propriété littéraire et artistique :

« *Les Commissaires de Police et, dans les lieux où il n'y a pas de Commissaire de police, les Juges d'instance sont tenus, à la demande de tout auteur d'une œuvre protégée (...), de saisir les exemplaires constituant une reproduction illicite de cette œuvre* ».

En outre, le président du Tribunal de grande instance peut, par ordonnance rendue sur requête, ordonner la suspension de toute fabrication en cours, la saisie des recettes réalisées et provenant de la reproduction, représentation ou diffusion illicite de l'œuvre reproduite en violation des droits de l'auteur.

Il est à noter qu'en matière de logiciels, les commissaires de police sont tenus, au surplus, à la demande de tout auteur d'un logiciel protégé, de procéder à une saisie-description du logiciel contrefaisant. Cela signifie que ces commissaires sont tenus de faire faire une copie du logiciel reproduit en violation des droits de l'auteur (24).
Il s'agit d'une mesure préalable à la saisie dite réelle, c'est-à-dire portant sur tous les exemplaires contrefaisants, une fois la preuve de la contrefaçon établie, notamment grâce à la saisie-description (25).
Techniquement parlant, la reproduction d'une œuvre multimédia est plus complexe que la reproduction d'un autre genre d'œuvre. Pour le moment donc, la question de la contrefaçon de produits multimédias semble purement théorique.
En revanche, il est une autre question qui préoccupe les éditeurs de produits multimédias diffusés en réseau, et qui concerne la copie privée.

14520. ***La protection de l'œuvre multimédia diffusée en réseau***

En tant que complexe de données numérisées telles que son, texte, image fixe ou animée, vidéo, caractérisé par l'interactivité, le multimédia est très naturellement appelé à être diffusé, non pas seulement sur support numérique accessible par un logiciel et du matériel informatique (distribution *off line*) mais également en réseau ou « en ligne » (*on line*) (26).
La distribution de l'œuvre multimédia en réseau permet à plusieurs utilisateurs situés dans n'importe quel point du monde, d'accéder à l'œuvre en provenance d'une source unique, en temps réel, et même de dialoguer entre eux à partir de cette œuvre.
Les efforts et l'attention des milieux professionnels, industriels et politiques, sont concentrés à l'heure actuelle sur le développement de réseaux internationaux constitués de réseaux nationaux reliés entre eux, les « autoroutes de l'information » (27).
L'expression « autoroutes de l'information » désigne les infrastructures permettant le transport de données telles que textes, sons, images fixes ou animées, vidéos, données informatiques et virtuelles, et dans une acceptation large, les services transitant par ces infrastructures.

- un transport de données à très haut débit numérique d'informations (des dizaines de millions d'informations binaires par seconde), c'est-à-dire un flux important de données à des vitesses toujours plus grandes
- une transmission en temps réel quel que soit le point géographique où se situe l'utilisateur
- des représentations de haute qualité, même pour la vidéo
- l'interactivité

Figure 14.2. *Principales caractéristiques que les autoroutes de l'information sont destinées à présenter*

Déjà, les applications ou services offerts par les réseaux sont nombreux : la consultation multimédia naturellement ou, les jeux vidéo avec des images animées, le commerce électronique, le télétravail, le téléenseignement, la télémédecine (28).

Il est ainsi possible de recevoir, sur sa plate-forme de travail informatique, via le réseau *Internet,* des articles de journaux tels que le *Times,* le *New York Times,* le *Washington Post* ou *Fortune*, offrant la possibilité aux lecteurs de naviguer parmi une multitude d'articles, de graphiques, de photographies, et de débattre avec les journalistes et même des personnalités du monde politique ou économique.

A cet égard, nous sommes entrés dans l'ère de la société de l'information, et nos besoins sont immenses dans ce domaine (29).

Les questions d'ordre juridique posées par le multimédia diffusé en réseau, ne sont pas fondamentalement différentes de celles examinées lors de la distribution du produit multimédia sur support numérique.

Certaines questions paraissent néanmoins plus spécifiquement concerner l'exploitation de l'œuvre multimédia en réseau. Ainsi la question de la copie privée amplifiée par l'utilisation en réseau, celle des créations des utilisateurs, de la sécurité du transport des données et de la fiabilité de l'information.

Notes

(1) Loi n° 91-250 du 10 mai 1994 portant mise en œuvre de la directive du Conseil des Communautés européennes en date du 14 mai 1991 concernant la protection des programmes d'ordinateur et modifiant le Code de la propriété intellectuelle, *JO* du 11 mai 1994.

(2) Supra n° **12200** relatif à la protection des logiciels.

(3) Rapport Pierre Sirinelli, *Industries culturelles et nouvelles techniques*, La Documentation Française, 1994.

(4) Directive 96/9/CE du Parlement européen et du Conseil du 11 mars 1996 concernant la protection juridique des bases de données, *JOCE* (L) 77/20 du 27 mars 1996.

(5) *Supra* n° 10000 et suivants relatifs aux données et bases de données.

(6) Erik Holsinter, *Le multimédia, comment ça marche*, Ed. Dunod, Paris 1994, p. 2 et s.

(7) TGI Paris, 8 décembre 1982, *Expertises* 1983, n° 48, p. 3.

(7 bis) Directive 96/9/CE du Parlement européen et du Conseil du 11 mars 1996 concernant la protection juridique des bases de données, *précitée.*

(8) *Supra* n° **10000** et suivants relatifs aux données et bases de données.

(8 bis) Arrêté du 22 décembre 1981 relatif à l'enrichissement du vocabulaire de l'informatique, *JO* du 17 janvier 1982.

(9) Cass., Ass. plén., 30 octobre 1987, *Dalloz* 1988, p. 21.

(10) Pour plus d'information *supra* n° **10000** et suivants relatifs aux données et bases de données.

(11) Directive 96/9/CE du Parlement européen et du Conseil du 11 mars 1996 concernant la protection juridique des bases de données, *précitée.*

(12) *Supra* n° **10000** et suivants relatifs aux données et bases de données.

(12 bis) *Supra* n° **10000** et suivants relatifs aux données et bases de données.

(13) *Nouvelles Technologies, limitation ou révolution*, Edition Dixit-Irma, 1993, p. 287.

(14) Arrêté du 22 décembre 1981 relatif à l'enrichissement du vocabulaire de l'informatique, *JO* du 17 janvier 1982.

(15) Yves Gaubiac, « Droit d'auteur : règles spécifiques à certaines œuvres, œuvres créées avec un ordinateur », *Juris-classeur civil*, Annexes IV, 1992, Fasc. 347-3.

(16) André Lucas, *Le droit de l'informatique*, Presses Universitaires de France, 1987, n° 274.

(17) Cass., Ass. plén., 7 mars 1986, *Dalloz* 1986-405, Conclusion Cabane, Notes B. Edelman ; également *JCP(E)* 1986, II-14173, Notes Mousseron Teyssier et Vivant, *RIDA*, juillet 1986-136, Notes Lucas, *RTDC* 1986-399, Observations André Françon et *Dalloz* 1987, IR-152, Obs. Colombet.

(18) Rapport Pierre Sirinelli, *Industries culturelles et nouvelles techniques*, précité.

(19) Decocq A. et Pedamon M., Juris-classeur Concurrence, Consommation, Numéro spécial n° 25, 1987.

(20) Pierre-Yves Gautier, *RIDA* n° 160, avril 1994, p. 91 à 131.

(21) CA Paris, 16 mai 1994, Gazette du droit des technologies avancées, *Gaz. Pal.* n° 214-215, 2 et 3 août 1995, note Benoît de Roquefeuil.

(22) Claude Colombet, *Propriété littéraire et artistique et droits voisins*, Précis Dalloz, 6e édition.

(23) Rapport Pierre Sirinelli, *Industries culturelles et nouvelles techniques*, précité.

(24) Cf. MÉMENTO-GUIDE ALAIN BENSOUSSAN, *Le logiciel et le droit*, éd. Hermès 1994, n° 8200 et s.

(25) Article L. 332-4 du Code de la propriété intellectuelle.

(26) Cf. Yann Breban, Isabelle Pottier, « Le multimédia de réseau et l'EDI », *Legicom* n° 48, juillet 1995.

(27) *Infra* n° **15000** et suivants relatifs aux autoroutes de l'information.

(28) Cf. les récents rapports sortis sur le sujet ; rapport de l'Office parlementaire d'évaluation des choix scientifiques et technologiques fait par Monsieur le Sénateur Franck Sérusclat, *Les nouvelles techniques d'information et de communication : l'homme cybernétique ?*, Doc. Ass. Nat. et Sénat n° 1980 et 232, 9 mars 1995 ; rapport au Premier ministre, *Les autoroutes de l'information*, Gérard Théry, La Documentation Française, octobre 1994, p. 11 ; rapport Thierry Breton, *Les téléservices en France : Quels marchés pour les autoroutes de l'information ?*, La Documentation Française, octobre 1994 ; rapport du Commissaire à l'industrie auprès de la Commission européenne, Martin Bangemann, *L'Europe et la société d'information globale*, publié en juin 1994.

(29) Cf. Alain Bensoussan, Isabelle Pottier, « Autoroutes de l'information et Société de l'information planétaire : quels enjeux juridiques ?, revue du CCI *Echanges internationaux*, décembre 1995, n° 38, spécial « Société de l'information ».

15000.
Internet et les autoroutes de l'information

L'évolution très rapide de tous les transferts d'information, et principalement le phénomène Internet, associée au « boom » de la communication personnelle, de la téléphonie mobile, de la micro-informatique et du multimédia est en passe d'engendrer une mutation comparable à la première révolution industrielle.
Les autoroutes de l'information et autres inforoutes abolissent le temps et l'espace, ouvrant ainsi d'immenses et enivrants champs de libertés. Ce phénomène suscite autant la crainte que l'admiration (1). Du commerce électronique (2), au télétravail (3), en passant par le téléenseignement (4) ou encore la télémédecine (5), nombreuses sont les applications que vont permettre le développement du multimédia de réseau sur Internet (6), même si pour l'heure, la principale utilisation d'Internet est le courrier électronique ou « e-mail ».
Aussi, outre le défi posé à l'application des règles de propriété intellectuelle traditionnelles, le développement du multimédia de réseau suppose que soient également garanties la sécurité des messages (règles de preuve et d'authentification) ainsi que la protection des données et des systèmes contre la criminalité informatique. Les inquiétudes sont à la mesure de cette révolution, allant même jusqu'à conduire les éditeurs et les producteurs d'information à demander la mise en place d'un « code de la route » des autoroutes de l'information (6 bis).

15100. Définitions et concepts

Véritables systèmes nerveux de nos sociétés, les réseaux de télécommunications, et à travers eux, les inforoutes, sont en voie de faire naître une révolution grâce à la numérisation. Pour les uns, il s'agirait d'une révolution technique analogue à celle des chemins de fer ou de l'électrification (7). Pour les autres, il s'agirait d'une révolution beaucoup plus profonde, qualifiée de « scripturale », et comparable à l'apparition de l'alphabet ou encore à l'invention de l'imprimerie (8). Le point sur lequel chacun s'accorde est que la « société de l'information » caractériserait le XXIe siècle.

15110. ***Internet et le phénomène des autoroutes de l'information***

Né en 1992 aux USA durant la campagne électorale de Bill Clinton, le concept d'autoroute de l'information (*Electronic superhighways*) recouvre à la fois et les super-infrastructures de transport et les services qui transiteront par ces nouveaux réseaux de télécommunications.

15111. ***Les nécessaires adaptations d'Internet***

Le réseau Internet donne en fait une idée de ce que pourrait être ce futur réseau d'autoroutes de l'information. Conçu dans les années 1960, ce réseau est en effet le précurseur des autoroutes de l'information. « Réseau des réseaux » d'origine universitaire et militaire, Internet relie entre eux des réseaux de communication très divers (universités, entreprises, NASA, Pentagone, ordinateurs personnels).
Sa principale utilisation est le courrier électronique (« E mail ») permettant d'envoyer des messages pour des coûts inférieurs à ceux du téléphone, du fait de la tarification locale. Selon le rapport du Conseil économique et social paru en janvier 1996 (8 bis), le nombre de personnes connectées à Internet est estimé à 15 millions en 1995 (contre 25 millions aux USA) et croît à une vitesse de 5 % par mois.
Premier volet d'une réflexion globale sur les évolutions probables des réseaux et de leurs effets sur la télévision de demain, cette étude montre qu'Internet souffre actuellement d'un certain nombre d'inconvénients qui lui imposent de se réformer à moyen terme s'il souhaite évoluer vers l'audiovisuel. Surtout utilisé pour des services qui s'apparentent à la télématique française (services de courrier électronique, cours de la bourse en direct, accès aux agences de presse...) et non au transport d'images animées, ce réseau devra s'adapter pour survivre.
A ce jour, il peut techniquement transporter la voix ou l'image mais avec une faible qualité de réception et surtout dans un temps qui n'est pas réel. La fiabilité du réseau est parfois mise en cause lorsque des embouteillages peuvent bloquer l'acheminement de messages. En outre, l'absence de sécurité est souvent mise en avant pour dénier à Internet la possibilité de s'imposer à terme (*infra* n° **15620**).

Réseau mondial reliant plus de 20 000 réseaux de toutes tailles (dont 9 000 en Europe) et environ vingt millions d'utilisateurs répartis dans tous les pays. Internet est le précurseur des autoroutes de l'information.

Il utilise la commutation de paquets. Le transfert des informations se fait à un débit variant de 240 caractères par seconde (à partir d'un PC relié à une ligne téléphonique) à 150 000 caractères par seconde. A ce débit, on peut échanger de la parole, des documents graphiques, des photos couleurs.

Internet rencontre un succès certain malgré des insuffisances concernant la confidentialité des échanges. On y retrouve connectés aussi bien des sociétés que des instances gouvernementales, militaires ou de recherche ou bien encore des associations regroupant des utilisateurs individuels ayant un pôle d'intérêt commun : ces derniers forment des « newsgroups » (groupe d'échanges d'informations) autour de sujets aussi variés que l'hypnose, le journalisme, des problèmes philosophiques ou scientifiques...

Internet a d'autant plus de succès que son utilisation est pratiquement gratuite (en tout cas, pour les particuliers aux Etats-Unis) (*).

(*) Extrait du rapport du Conseil économique et social, *Les effets des nouvelles technologies sur la télévision de demain, JO* 30 janvier 1996.

Tableau 15.1. *Les principales caractéristiques d'Internet*

15112. *La construction des autoroutes de l'information*

Derrière l'expression « autoroute de l'information » se cachent en fait des infrastructures terrestres susceptibles de transporter, sur des réseaux à larges bandes, à une vitesse beaucoup plus rapide que le traditionnel réseau téléphonique, des flux plus importants de données en tout genre (son, image fixe ou animée, texte...) grâce au développement de la numérisation, associé à celui de la fibre optique.
Les autoroutes de l'information correspondent à un réseau large bande devant à terme, assurer une couverture à haut débit de l'ensemble du territoire américain. Ce réseau devrait utiliser la fibre optique et les techniques numériques de transmission bidirectionnelle et de stockage de données multimédias (8 ter).
En France, selon Gérard Théry, auteur d'un rapport sur les autoroutes de l'information remis en juillet 1994 au gouvernement (9), ce phénomène se manifestera par une numérisation totale des contenus et de la chaîne de télécommunications, qui permet l'établissement d'une continuité numérique pour la transmission de toutes les données (cf. tableau 15.2).

En résumé, les autoroutes de l'information sont des infrastructures fixes : – elles utilisent la fibre optique comme support quasi exclusif ; – elles offrent la continuité numérique d'un bout à l'autre de la chaîne de communication, pour assurer le transport de tous types de signaux sous la forme la plus apte au traitement informatique ; – elles sont capables d'écouler de très hauts débits numériques d'information (quelques dizaines de millions d'informations binaires par seconde, Mbits/s) ; – elles garantissent obligatoirement l'écoulement de ces hauts débits dans les deux sens de transmission et autorisent ainsi des services interactifs et le visiophone avec une image de qualité.

Tableau 15.2. *Les principales caractéristiques des autoroutes de l'information (Source : rapport Gérard Théry, Les autoroutes de l'information, précité)*

Clairement définies comme une infrastructure, les autoroutes de l'information sont également très liées à l'apparition d'autres phénomènes, comme celui du multimédia ou encore du commerce électronique.

15120. *Les domaines d'application des autoroutes de l'information*

Il est encore difficile de cibler le contenu exact du concept d'autoroutes de l'information. Déjà certaines réponses apparaissent comme le multimédia. Cette technologie suppose de hauts débits comme seuls peuvent les fournir les autoroutes de l'information.

On peut encore citer le télétravail et le commerce électronique qui sont des univers où les motivations de productivité et de sécurité seront sans doute à l'origine d'une très forte pénétration des autoroutes de l'information (10).

D'autre part, les prévisions et projections de chiffre d'affaires données dans le rapport sur les téléservices de Thierry Breton (11), corroborées par celles du rapport de Gérard Théry (12), montrent que les téléservices offrent d'importants débouchés aux autoroutes de l'information.

Les téléservices y sont définis comme les prestations de service à valeur ajoutée, entre entités juridiques distinctes, utilisant les outils de télécommunications. Ils ne prennent en compte qu'une partie du marché des autoroutes. Sont exclus le télétravail, les serveurs télématiques ou multimédia internes aux entreprises, les messageries internes, et bien entendu le visiophone, la téléconférence et la visioconférence.

Le rapport Breton avance notamment deux hypothèses, selon que les marchés de services sont stimulés (hypothèse haute, que l'on peut assimiler à un déploiement rapide des autoroutes) ou non (hypothèse basse).

	1993	2000	2005	2010
Hypothèse basse (*)	32,7	63,5	86,2	120
Hypothèse haute (*)	32,7	98,8	194,9	400

(*) En milliard de francs.

Tableau 15.3. *Chiffre d'affaires dans les téléservices*
(Extrait du rapport de Thierry Breton, *précité*).

15130. *Le multimédia de réseau et les autoroutes de l'information*

Grâce à la technologie digitale développée par l'industrie informatique, un ordinateur personnel peut maintenant enregistrer, stocker, manipuler, communiquer des informations, des animations (jeux vidéo), des images fixes, du son et du texte sur des disquettes ou des disques optiques compacts supportant les programmes. Il s'agit du multimédia statique.
Aujourd'hui, la convergence rapide entre les technologies de la télévision, de l'informatique et des télécommunications permet de passer du multimédia statique au multimédia dynamique, dit « de réseau » (*network multimédia*) (13). Par l'intermédiaire d'un modem et d'une ligne de téléphone, l'ordinateur personnel offre en effet l'accès à un nombre grandissant de services « *on line* » (c'est-à-dire en temps réel) fournissant ainsi la possibilité de développer des services plus interactifs.

En résumé, les autoroutes de l'information serviront à :

- étendre la capacité du réseau téléphonique vers des services plus souples et plus diversifiés et réduire l'effet et le coût de la distance ;
- offrir sur l'ensemble du territoire aux PME et aux personnes autorisées des accès à distance aux réseaux locaux d'entreprise assurant la même performance que localement ;
- entraîner la mutation du Minitel vers l'accès à des bases de données d'images (animées) et vers le multimédia ;
- rendre possible le visiophone individuel de qualité sur le lieu de travail et à la maison sur l'ensemble du territoire et avec l'étranger ;
- permettre l'accès direct et immédiat de tous les consommateurs à des émissions et des films choisis sur catalogue.

Tableau 15.4. *Les enjeux des autoroutes de l'information*
(Source : rapport Gérard Théry, Les autoroutes de l'information, *précité*)

15200. La protection de la vie privée et des données nominatives

Les autoroutes de l'information vont permettre l'offre de nombreux services multimédias en ligne (services transactionnels, d'information ou de communication), posant ainsi des problèmes au regard de la protection de la vie privée, à travers le traitement automatisé des données nominatives.

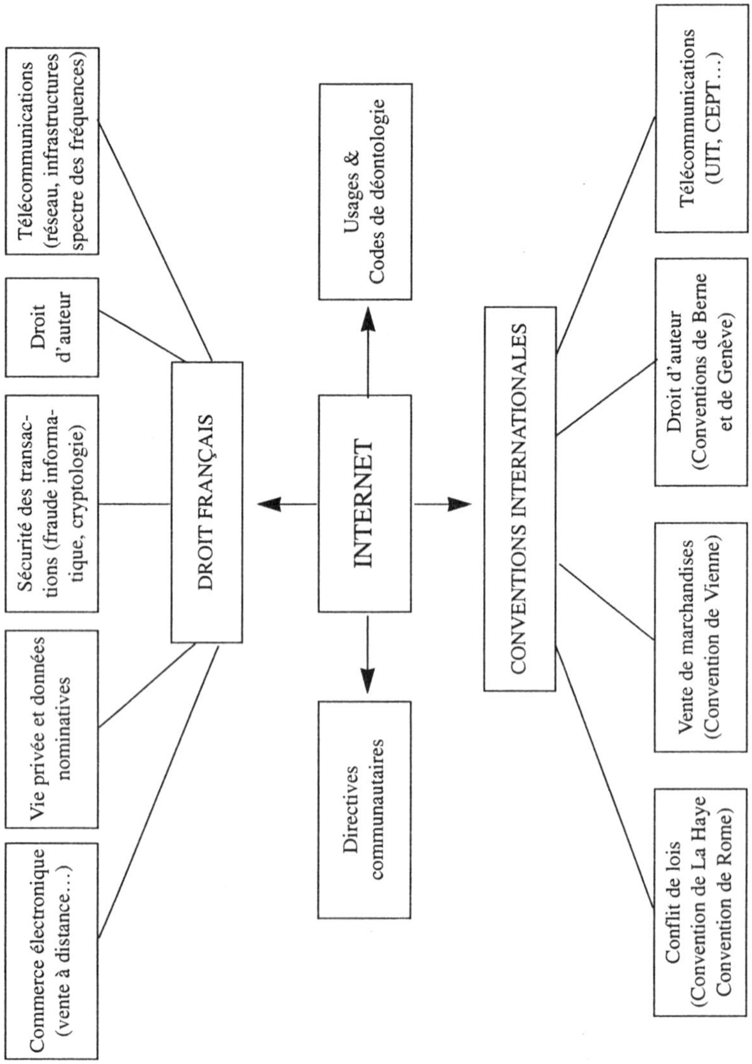

Dans la mesure où il s'agit de communication électronique, les autoroutes de l'information ne changent pas la nature des problèmes, si ce n'est pour les amplifier. La loi du 6 janvier 1978 relative à l'informatique, aux fichiers et aux libertés (14) trouvera à s'appliquer.

Tout traitement informatisé de données nominatives, c'est-à-dire la communication, le stockage et la gestion informatisée de fichiers nominatifs, devra s'effectuer après en avoir fait la déclaration auprès de la Commission nationale de l'informatique et des libertés (CNIL) sous peine de sanctions pénales (15).

De même, le fait de lancer un transfert de fichiers de la France vers l'étranger implique de mettre en œuvre un traitement automatisé.

En conséquence, la déclaration à la CNIL est en principe obligatoire. Rappelons que l'absence de déclaration est punie de sanctions pénales lorsqu'elle est obligatoire (16).

Si le pays de réception ne dispose pas d'une législation équivalente à celle de la France, au niveau de la protection des personnes, la CNIL accorde son autorisation difficilement et, en tout état de cause, sous des conditions particulières.

Afin que tous les Etats membres de l'Union européenne disposent d'une législation homogène, une directive a été adoptée en juillet 1995 relative à la protection des personnes physiques à l'égard du traitement des données à caractère personnel et à la libre circulation de ces données (17). Sa transposition dans le droit français va entraîner la révision de la loi française sous trois ans, par l'intégration de dispositions qui rendront les transferts vers des pays tiers encore plus difficiles pour les entreprises.

En effet, afin d'éviter le contournement des règles européennes par exportation de données vers de nombreux pays non pourvus de règles protectrices, la directive interdit tout transfert vers un pays extérieur à l'Union si ce pays tiers n'assure pas « *un niveau de protection adéquat* » (art. 25 de la directive). La directive prévoit néanmoins deux dérogations : le consentement « *indubitable* » de la personne concernée ou la nécessité du transfert pour l'exécution ou la conclusion d'un contrat. Toutefois, il ne faut pas se leurrer, les modalités d'application pratiques de ces dispositions seront difficiles à trouver.

Avec les autoroutes de l'information, le risque est grand de voir se développer des délocalisations de services ou de fichiers qui seraient motivées par le désir des exploitants de services de bénéficier de règles moins contraignantes, même si la directive interdit de tels transferts. La solution passera sans aucun doute par une plus grande harmonisation.

Lors de la présentation du projet de loi du 15 novembre 1995 sur les autoroutes de l'information, le rapporteur de la commission Production et échanges a mis l'accent sur les problèmes éthiques et moraux du développement des autoroutes de l'information et notamment au regard du respect des libertés individuelles, et du respect du droit d'auteur ; le grand défi de ces autoroutes étant de leur donner un caractère démocratique.

Il a préconisé la rédaction d'une charte définissant ces règles éthiques et morales, la loi du 10 avril 1996 ne pouvant constituer qu'une étape (*infra* n° **15700**).

15300. La protection des droits d'auteur

En quinze ans, les mutations imposées par l'informatique aux règles de propriété intellectuelle ont été fréquentes. De la loi informatique, fichiers et libertés à celles sanctionnant la fraude informatique, en passant par la reconnaissance du statut juridique des logiciels, les nombreuses interventions législatives ont contribué à renforcer la reconnaissance jurisprudentielle qui s'était fait jour, donnant ainsi naissance à un véritable droit des créations informatiques. Aujourd'hui, le multimédia de réseau pose de nouveaux défis à ces règles.

15310. *La protection des informations par le droit d'auteur*

Avant d'être formalisée, une information est d'abord un concept ; elle appartient au domaine des idées. Elle est au départ indépendante à la fois de son support matériel et de la prestation qui la délivre (18).

Les faits et les idées sont totalement immatériels et inappropriables en soi. L'information ne peut devenir un bien transmissible que lorsqu'elle est exprimée, l'expression étant « *le point de passage nécessaire du simple fait ou de l'idée à l'information* » (19).

Comme les biens matériels, l'information, une fois formalisée ou exprimée, est un produit de l'activité humaine. On peut donc affirmer, comme monsieur Catala, qu'elle appartient en principe à celui « *qui la met en forme pour la rendre communicable* », dès lors bien entendu, qu'il en détient régulièrement la possession.

Le droit sur l'information est donc issu de la formulation. Cependant, on peut observer que l'expression de l'information s'élabore à des degrés extrêmement divers. L'appropriation est tributaire du degré atteint par la formulation. Ainsi, on peut observer qu'il existe :

– des données brutes : il en est ainsi des informations qui ont une formulation dictée par la codification imposée par le langage, telles que les dates, les localisations géographiques (pays, villes, rues) et les calculs. Ces informations à l'état brut ne comportent aucun apport de la part de celui qui les transmet ;

– des données enrichies : à côté des données brutes, il existe des informations qui sont enrichies dans leur formulation soit par une appréciation, soit par une interprétation. Au stade ultime de cette formulation se trouve la marque « *de l'empreinte de la personnalité de l'auteur* » critère en vertu duquel le droit de la propriété intellectuelle reconnaît un véritable droit privatif à l'auteur (20).

La protection des informations par le droit d'auteur permet l'attribution de droits privatifs de nature morale et patrimoniale. Ces droits accordent au propriétaire des informations originales un monopole d'exploitation en vertu duquel toute reproduction intégrale ou partielle faite sans son consentement est illicite et constitue une contrefaçon.

15320. ***Le multimédia de réseau face au droit d'auteur***

Le multimédia de réseau et les autoroutes de l'information posent de nouveaux défis à l'application de ces règles. Ceux-ci sont tels que l'on peut se demander si le droit d'auteur saura s'adapter tout seul aux progrès techniques ou s'il faudra une transformation de la législation.
Cette question a fait l'objet d'une étude commandée à M. le professeur Pierre Sirinelli par le ministre de la Culture. Le rapport publié en 1994 (21) est essentiellement centré sur les techniques multimédias et de numérisation. Il cherche principalement à mettre en évidence si la numérisation entraîne une transformation de « nature » ou simplement une modification de « degrés » quant à l'application des règles de propriété intellectuelle traditionnelles.
Pour ce faire, deux hypothèses sont posées selon que la création multimédia emprunte ou non à des œuvres préexistantes. Dans l'une comme dans l'autre, le passage au numérique bouleverse les données du problème et peut conduire à rendre inapplicables les règles du droit d'auteur.
Le rapport constate notamment l'insuffisance des dispositions légales existantes au regard de certaines pratiques à venir. Il en est ainsi de la numérisation par le biais des réseaux qui facilite les échanges interactifs entre auteurs.
Qui sera en effet l'auteur lorsque l'œuvre produite sera le résultat de la participation de dizaines d'intervenants ? Comment localiser les auteurs ? Faute de pouvoir mettre en œuvre le droit d'auteur, le rapport préconise la solution contractuelle.
La difficulté s'accroît lorsque l'œuvre créée est issue d'œuvres préexistantes mises à disposition en réseau et qui peuvent faire l'objet d'une utilisation interactive (images de synthèse animées et sonorisées obtenues à partir de photographies, de bandes son et de films...).
Comment identifier les ayants droit des œuvres dont l'autorisation devra être obtenue ? Comment recueillir leur consentement ? Quelle rémunération ? Quelles autorisations demander ? (22)
En France, une autorisation doit être demandée pour chaque type d'utilisation envisagée, ce qui n'est pas le cas dans les autres Etats. Comment gérer l'utilisation des droits (copies sauvages, copies privées, protection des droits d'auteur...) ? Quelle sera la qualification juridique du produit généré (œuvre collective, œuvre audiovisuelle, base de données...) ? (23).

Là encore, les solutions proposées sont moins légales que contractuelles. Refusant la création d'un droit autonome, hors du champ du droit d'auteur, le rapport prône la souplesse :

« *Créer un titre spécial propre au multimédia, au sein du droit d'auteur, serait sans doute aujourd'hui une erreur (...). Loin d'être une solution de simplification, la création d'un nouveau droit est, pour l'heure, une solution simpliste et facteur de tensions* » (24).

Quelques propositions sont avancées parmi lesquelles la création d'un « grand fichier » recensant toutes les œuvres protégées et les ayants droit, la publication de barèmes indicatifs de rémunération, la modification des textes relatifs aux modes de calcul de la rémunération pour copies privées (actuellement fondés sur la notion de durée), la normalisation européenne d'outils techniques permettant d'identifier et de protéger toute information transmise par réseau (projet CITED lancé par la Commission européenne) (25).
Dans le cadre de la loi du 10 avril 1996 sur les autoroutes de l'information (*infra* n° **15700**), un groupe de travail a été mis en place afin de proposer une initiative européenne permettant de constituer un droit international de la communication susceptible de prendre en compte les questions relatives à la propriété intellectuelle.

15400. La protection du télétravailleur

Effectuer son travail tout en restant lié par des moyens de communication télématique à son employeur ou à son client (lorsqu'il s'agit d'un consultant exerçant une profession libérale) est d'ores et déjà techniquement possible aujourd'hui. La législation française connaît le travail à domicile, mais toute personne qui travaille à son domicile n'est pas un « travailleur à domicile » au sens juridique du terme (26).
Les autoroutes de l'information permettront de développer ce qu'on appelle les « centres satellites transfrontaliers » ainsi que les téléports (27) ou encore les bornes interactives (28). Tous ces moyens technologiques permettent le travail en commun entre plusieurs personnes situées dans des pays différents, ce qui pose des problèmes de plusieurs natures juridiques, et notamment :

- la propriété du travail,
- la protection des données nominatives, le cas échéant,
- la législation applicable en matière de droit du travail (29).

15500. La protection des consommateurs

Les transactions effectuées par le biais de services transactionnels multimédias en ligne peuvent mettre en œuvre des ventes et des paiements à distance (29 bis). Ces transactions sont soumises aux nombreuses règles en matière de protection des consommateurs (30). Ces règles qui font l'objet d'une étude détaillée (31), ont notamment trait :

– aux informations sur l'identification du vendeur,
– à l'information sur les prix des produits ou services,
– à l'information sur les caractéristiques essentielles de l'offre,
– à la faculté de rétractation.

15600. La protection des transactions

15610. *Le multimédia de réseau et l'EDI*

Un message EDI (Echange de données informatisé) est un message transmis par voie télématique et qui a été préalablement normalisé. Par analogie, on peut penser à un formulaire sur support papier qui contient des cases placées en des endroits précis et destinées à recevoir des informations spécifiques (pour un bon de commande, il peut s'agir de la raison sociale de l'entreprise qui passe la commande et de l'entreprise destinataire de la commande, de l'adresse de livraison, de la désignation des marchandises commandées, de leur prix...) (32).
Grâce à leur structure normalisée, les messages EDI se prêtent au transfert de différents documents (contrats, factures, catalogues de produits ou de plans et dessins...).
L'utilisation d'un système dématérialisé pour des relations commerciales fait tout de suite penser au problème de la preuve : la signature permet d'authentifier la personne auteur du message EDI, mais ne garantit pas que le message envoyé est le même que le message reçu. L'EDI apporte une solution au problème du fait de la structure normalisée des messages. Celle-ci autorise l'utilisation d'outils mathématiques qui permettent de savoir si un document a été altéré entre son point d'émission et son point d'arrivée.

Dès lors, il est possible de présenter à un tribunal, en cas de litige, la « preuve informatique » qui selon les circonstances de l'espèce pourra convaincre le juge dans la mesure où l'article 109 du Code de commerce admet qu'entre professionnels la preuve peut se faire par tout moyen lorsqu'il n'existe pas d'écrit (33).
Les praticiens d'aujourd'hui ont apporté une réponse complémentaire à ce problème de la preuve en concluant des « accords d'interchange » qui sont des contrats destinés à organiser l'utilisation de l'EDI entre les parties (34).

Un accord d'interchange a pour objet d'indiquer quels sont les messages qui seront transférés par voie d'EDI et de prévoir comment seraient résolus les éventuels litiges concernant le contenu de chacun des messages dématérialisés qui ont été échangés.
Il s'agit d'une technique contractuelle sinon sophistiquée du moins, très particulière, en ce sens qu'elle met en œuvre les règles légales relatives à la preuve qui n'ont pas l'habitude d'être incluses dans les contrats commerciaux (35).

15620. *La sécurité des transactions et la criminalité informatique*

Le développement du multimédia de réseau va certainement accroître les litiges relatifs aux incidents pouvant survenir lors de la transmission des données sur le réseau : détérioration accidentelle du message, piratage des messages, confidentialité des messages.
Ces difficultés existent déjà : elles relèvent de la mise en place de mesures de sécurité, de la négociation de clauses contractuelles relatives au niveau de responsabilité des câblo-opérateurs, ou encore de la conclusion de conventions de preuve au regard des échanges de documents dématérialisés.
La criminalité informatique est à craindre. En France, la loi du 8 janvier 1988, dont les dispositions ont été reprises par le Code pénal dans un chapitre intitulé « *Des atteintes aux systèmes de traitement automatisé de données* » (36), permet de sanctionner toutes les pénétrations non autorisées dans un système informatique par quelque moyen que ce soit ; il en est ainsi lorsque la fraude s'effectue à travers un réseau de télécommunications.
En effet, ces dispositions ne se limitent pas seulement au système informatique car sous le vocable de STAD, c'est-à-dire Système de Traitement Automatisé de Données, on retrouve tant un système informatique, qu'un système de télécommunications.
Dans leur rapport sur la criminalité informatique qui a débouché en 1989 sur une recommandation (37), les experts du Conseil de l'Europe donnent une liste des actes qui devraient être incriminés, parmi lesquels on peut citer :

« *L'entrée, l'altération, l'effacement ou la suppression de données ou de programmes informatiques, ou l'ingérence dans des systèmes informatiques, dans l'intention d'entraver le fonctionnement d'un système informatique ou d'un système de télécommunications* ».

Toutefois, tant la loi française que la recommandation européenne ont été élaborées à une époque où l'on ne parlait pas encore des autoroutes de l'information. Bien qu'elles aient toutes deux été rédigées sans référence à une technologie particulière, on peut s'interroger sur leur adaptabilité à ce nouveau contexte technologique.

Plusieurs phénomènes vont rendre la loi difficilement applicable. D'une part, le réseau Internet n'appartient à personne. D'autre part, il abolit le temps et l'espace et « se moque » des frontières. L'information y circule librement et devient aussi insaisissable qu'un électron. Selon M. May, ancien astrophysicien spécialiste des « trous noirs » et qui consacre aujourd'hui ses recherches à l'organisation du cyberespace :

« *Le réseau c'est l'anarchie. Plus de contrôle central, plus de chefs, plus de lois. Aucune nation ne pourra se l'approprier, aucune administration en assurer la police* » (38).

Un message envoyé sur un réseau ouvert de type Internet, navigue successivement sur plusieurs réseaux où il peut être intercepté et lu. Il est prudent de ne pas connecter des bases de données confidentielles à un micro-ordinateur qui serait relié à Internet. Pour asseoir sa crédibilité, Internet devra nécessairement se doter d'outils de confidentialité.

Reste la solution de la cryptographie, c'est-à-dire du codage des messages. Toutefois, si cette solution permet de garantir la confidentialité et d'assurer la protection des données, elle risque également de rendre plus difficile les contrôles et de favoriser la criminalité organisée (39).

Ainsi, le système américain de cryptographie « *Pretty good privacy* » (plutôt bonne intimité) garantit à ses utilisateurs un parfait anonymat : on ne peut connaître ni leur identité, ni leur nationalité, ni le continent d'où ils émettent. Ce système est jugé pratiquement inviolable, puisqu'il faut actuellement plusieurs mois aux plus puissants ordinateurs pour parvenir à en trouver la clé.

Les questions de cryptage et de chiffrement posent des difficultés dans beaucoup de pays, les différentes législations considérant que le cryptage constitue une véritable arme de guerre économique. Aux Etats-Unis, la détention ou la diffusion d'un algorithme de chiffrement est un délit. En diffusant son précieux code sur Internet, l'inventeur du PGP s'est ainsi rendu coupable d'exportation de technologie sensible et risque quatre ans d'emprisonnement.

En France aussi la législation est très stricte en ce domaine et peu propice à une utilisation généralisée d'un algorithme de chiffrement. Un particulier ou une entreprise doivent en effet, demander une autorisation pour utiliser un tel algorithme en vue d'assurer la confidentialité d'un document.

En pratique, l'utilisation d'un tel algorithme, considéré comme une arme de 2e catégorie dans l'échelle des matériels de guerre, est aujourd'hui quasiment « réservée » aux militaires, aux policiers et dans une certaine mesure, aux importantes institutions comme les banques (par exemple, le service « cryptel » de la BFCE).

Ce régime contraignant devrait néanmoins faire l'objet prochainement, dans le cadre de la réforme du droit français des télécommunications, d'une refonte, ainsi que l'a déclaré monsieur Fillon en mars 1996, lors de la présentation de lancement de l'Association française du commerce et des échanges électroniques

(AFCEE), au cours de laquelle il a fait remarqué que le système actuel était « inadapté » au développement du commerce électronique.

15700. La protection des personnes

La diffusion d'informations, en réseau fermé ou ouvert de type Internet, pose le problème de la responsabilité du fait de l'information. Celles-ci peuvent en effet, être fausses (40), porter atteinte à l'image d'une personne (diffamation) ou être interdites par des textes spécifiques (protection des mineurs, thèses révisionnistes...).
La problématique est celle de la désignation du responsable et de l'application de la loi française à des informations provenant de l'étranger (41).

15800. La loi sur les autoroutes de l'information

Le gouvernement a soumis, le 15 novembre 1995, à l'Assemblée nationale, un projet de loi relatif aux expérimentations dans le domaine des technologies et services de l'information (42). La loi a été voté le 10 avril 1996 (42 bis).

15810. *Les objectifs de la loi*

Les autoroutes de l'information constituent l'un des enjeux économiques et technologiques les plus importants des années à venir. La loi du 10 avril 1996 – dont le projet avait été qualifié par le ministre de « *démarche à la fois ambitieuse et pragmatique* » –, n'a pas pour objet de légiférer à proprement parler sur les autoroutes de l'information.
Elle ne prévoit qu'un cadre juridique lié à des expérimentations limitées dans l'espace et dans le temps, afin de tester les technologies, l'attente des utilisateurs, la réalité et la solvabilité de la demande.
Suite à l'appel d'offres lancé par le gouvernement, cent-soixante dix projets ont été sélectionnés sur les six cent reçus. Ces projets ont obtenu le label d'intérêt public. On compte parmi eux trois grands projets nationaux qui concernent le ministère de l'Education nationale, le réseau des universités, l'alliance de France Télécom avec *Deutsche Telekom* afin de développer les réseaux à haut débit.
Les autres projets sont des projets régionaux, tels que le projet Téléport dans la région d'Ile-de-France ou encore la plate-forme Internet Transpac dans le Limousin.
A travers cette loi, le gouvernement souhaite également privilégier une politique de développement de l'offre Internet en France.

15820. ***La modification de la réglementation des télécommunications***

La future ouverture à la concurrence de l'industrie des télécommunications dans l'Union européenne, ainsi que l'évolution rapide des technologies, nécessitent des modifications dans la réglementation des télécommunications.
Mais ces révisions demandent du temps et de la réflexion ; le gouvernement a choisi de légiférer pour l'instant, non pas pour modifier la législation existante, mais pour l'adapter, à titre temporaire, pour la mise en œuvre de projets expérimentaux. Cette loi propose donc d'accorder des dérogations, au cas par cas, à l'application stricte des textes en vigueur ; aucun décret d'application ne sera donc nécessaire.
Selon le rapporteur de la commission Production et échanges (43), le pari du multimédia est de taille dans sa dimension technique, puisqu'il s'agit du point de rencontre entre l'audiovisuel, les télécommunications et l'informatique.
La loi qui ne se veut pas une réforme du droit en préalable à l'ouverture à la concurrence, mais qui autorise seulement des expériences limitées dans le temps et dans l'espace, constitue un atout essentiel pour évaluer précisément les besoins et les attentes des utilisateurs (44).

Notes

(1) Cf. Jacques Buob, « Le cyberespace, enfer et paradis », *Le Monde*, 8 mars 1995.

(2) *Infra* n° **23000** et suivants relatifs au commerce électronique.

(3) *Infra* n° **26000** et suivants relatifs au télétravail.

(4) *Infra* n° **25000** et suivants relatifs au téléenseignement.

(5) *Infra* n° **28000** et suivants relatifs à la télémédecine.

(6) Cf. Yann Breban, Isabelle Pottier, « Le multimédia de réseau et l'EDI », *Legicom* n° 8, juillet 1995.

(6 bis) Cf. Nicole Vulser, « Ebauche d'un « code de la route » des autoroutes de l'information », *Les Echos*, 15 février 1995.

(7) Rapport au Premier ministre, *Les autoroutes de l'information*, Gérard Théry, La Documentation Française, octobre 1994, p. 11.

(8) Cf. Philippe Quéau, « Inforoutes et société », contribution au rapport de l'Office parlementaire d'évaluation des choix scientifiques et technologiques fait par monsieur le Sénateur Franck Sérusclat, *Les nouvelles techniques d'information et de communication : l'homme cybernétique ?*, Doc. Ass. Nat. et Sénat n° 1980 et 232, 9 mars 1995 ; également du même auteur, « D'une culture du visuel à une culture du virtuel », actes des 16e journées internationales de l'IDATE, *La nouvelle frontière*, novembre 1994.

(8 bis) Rapport de M. Raphaël Hadas-Lebel, « Les effets des nouvelles technologies sur la télévision de demain », avis et rapports du Conseil économique et social, *JO*, 30 janvier 1996.

(8 ter) Rapport de M. Raphaël Hadas-Lebel, *précité* p. 96.

(9) Rapport Théry, *Les autoroutes de l'information*, précité p. 11.

(10) Cf. Alain Bensoussan, Isabelle Pottier, » Autoroutes de l'information et société de l'information planétaire : quels enjeux juridiques ? », décembre 1995, n° spécial « Société de l'information » de la revue *Echanges Internationaux* du CCI.

(11) Thierry Breton, *Les téléservices en France : Quels marchés pour les autoroutes de l'information ?*, La Documentation Française, octobre 1994.

(12) Rapport Théry, *Les autoroutes de l'information*, précité p. 55.

(13) Cf. Marcus Bicknell, « Le rôle du satellite dans l'autoroute de l'information à domicile », in *La nouvelle frontière*, actes des journées internationales de l'IDATE 1994.

(14) Sur cette réglementation, *infra* n° **34000** et suivants relatifs à la loi informatique et libertés.

(15) Selon le type d'infraction commise, les peines vont de 300 000 à 2 000 000 FF et de 3 à 5 ans d'emprisonnement.

(16) Ancien article 41 de la loi n° 78-17 du 6 janvier 1978 relative à l'informatique, aux fichiers et aux libertés (*JO* du 7 janvier 1978), et article 226-16 du Code pénal.

(17) Directive 95/46/CE du Parlement européen et du Conseil du 24 octobre 1995 relative à la protection des personnes physiques à l'égard des données à caractère personnel et à la libre circulation de ces données, *JOCE(L)* 281 du 23 novembre 1995, p. 31-50.

(18) Cf. MÉMENTO-GUIDE ALAIN BENSOUSSAN, *L'informatique et le droit*, Ed. Hermès 1994, n° 5400 et suivants.

(19) Pierre Catala, Ebauche d'une théorie juridique de l'information, *Dalloz* 1984, chronique XVII.

(20) *Supra* n° **10000** et suivants relatifs aux données et bases de données.

(21) Rapport Pierre Sirinelli, *Industries culturelles et nouvelles techniques*, La Documentation Française, 1994.

(22) *Infra* n° **38000** et suivants relatifs à la gestion collective des droits d'auteur.

(23) *Supra* n° **14000** et suivants relatifs au statut de l'œuvre multimédia.

(24) Rapport Pierre Sirinelli, *précité.*

(25) *Infra* n° **38000** et suivants relatifs à la gestion collective des droits d'auteur.

(26) Sur ces questions, *infra* n° **26000** et suivants relatifs au télétravail.

(27) Sur cette notion, Cf. MÉMENTO-GUIDE ALAIN BENSOUSSAN, *Les télécommunications et le droit*, Hermès 1991 (épuisé), 2e éd. 1995.

(28) Sur cette notion, *infra* n° **30000** et suivants relatifs aux bornes interactives.

(29) Sur ces questions, *infra* n° **26000** et suivants relatifs au télétravail.

(29 bis) Cf. Isabelle Pottier, « La preuve dans les transactions financières à distance », *Bancatique,* n° 566, janvier 1996 ; également « Le commerce électronique sur Internet », Gazette du droit des technologies avancées, *Gaz. Pal.* 3-4 avril 1996.

(30) Cf. MÉMENTO-GUIDE ALAIN BENSOUSSAN, *Le marketing direct et le droit*, 2e Ed. Hermès 1994, n° 3000 et s.

(31) *Infra* n° **23000** et suivants relatifs au commerce électronique.

(32) Cf. Yann Breban, Isabelle Pottier, « Le multimédia de réseau et l'EDI », *Legicom* n° 48, précité.

(33) Cf. Alain Bensoussan, « Contribution théorique au droit de la preuve dans le domaine informatique. Aspect juridique et solutions techniques », *Gaz. Pal.*, 10 juillet 1991 ; Isabelle Pottier, « Les progrès liés aux échanges électroniques et le droit de la preuve », Revue de L'IDATE, *Communications & Stratégies*, n° 1/91.

(34) Cf. Alain Bensoussan, « La convention de preuve dans les accords d'interchange », *LAMY,* Mise à jour E, juillet 1993.

(35) Cf. le modèle de contrat d'interchange in MÉMENTO-GUIDE ALAIN BENSOUSSAN, *L'EDI et le droit*, Ed. Hermès 1991.

(36) Loi n° 88-19 du 5 janvier 1988 relative à la fraude informatique modifiée par les articles 323-1 à 323-7 et 441-1 du nouveau Code pénal institué par la loi n° 92-684 du 22 juillet 1992 entrée en vigueur le 1er mars 1994.

(37) Recommandation n° R(89)9 du Comité des ministres aux Etats membres sur la criminalité en relation avec l'ordinateur, 9 septembre 1989.

(38) Cf. Jacques Buob, « Le cyberespace, enfer et paradis », *précité.*

(39) Cf. Yann Bréban, « La sécurité des transactions sur Internet », Gazette du droit des technologies avancées, *Gaz. Pal.*, 3-4 avril 1996.

(40) *Supra* n° **10400** et s. relatifs à la garantie et la responsabilité en matière d'information ; *infra* n° **36000** et s. relatifs à la responsabilité dans la diffusion d'un produit multimédia.

(41) *Infra* n° **37000** et s. relatifs à la diffamation et à l'atteinte à l'image dans l'œuvre multimédia.

(42) Cf. Alain Bensoussan et Isabelle Demnard-Tellier, « Le projet de loi sur les autoroutes de l'information », *Les Echos*, 2-3 février 1996, p. 49.

(42 bis) Loi n° 96-299 du 10 avril 1996 relative aux expérimentations dans le domaine des technologies de l'information, *JO* du 11 avril 1996.

(43) Ass. Nat., séance du mardi 30 janvier 1996.

(44) *Infra* n° **17210** et s. relatifs au projet de loi sur les autoroutes de l'information.

16000.

La protection des personnages et des éléments d'identification de l'œuvre multimédia

Par personnage, il faut entendre toute figurine humaine ou humanisée qui participe à l'action d'une œuvre de fiction.
Il peut s'agir d'un personnage historique, l'apport créatif est alors réduit, ou d'un personnage de fiction pure : animal humanisé, objet antropomorphisé, forme humaine présentant des spécificités particulières...
Il est à noter que dans le cadre de la conception d'une œuvre multimédia, le ou les personnages peuvent devenir l'une des composantes centrales de l'œuvre.
Cependant, d'autres composantes peuvent marquer l'œuvre il s'agit notamment des images de synthèse, ou encore des icônes.
Puisque ces éléments affectent la substance de l'œuvre multimédia, il convient de rechercher si ces éléments ont un statut juridique et si tel est le cas, de quelle protection bénéficient-ils ?
Parce que le phénomène créatif constitue la caractéristique principale de toute activité d'identification, les développements qui suivent permettront d'envisager, en premier lieu, la problématique juridique née de la création du personnage et, en second lieu, ceux nés de la célébrité du personnage.
Il sera ensuite intéressant de se pencher sur d'autres éléments d'identification comme les images de synthèse et les icônes généralement présentes dans une œuvre multimédia.

16100. La protection de la création des personnages

Par le biais de la propriété littéraire et artistique, le personnage peut bénéficier d'un monopole limité ou étendu.

16110. ***Un monopole limité par le support***

Tout personnage jouit du monopole de son support d'origine, dès lors qu'il est original. Mais, c'est l'œuvre dans sa globalité qui est protégée et non pas uniquement le personnage qui y prend place.
C'est au titre de l'article L. 122-4 du Code de la propriété intellectuelle que l'emprunt du personnage, considéré comme élément constitutif d'une œuvre, sera jugé contrefaisant. Ainsi, le personnage bénéficie d'un monopole limité. En effet, c'est la reproduction partielle de l'œuvre protégée qui constitue la contrefaçon.
Or, le créateur d'un personnage peut souhaiter son extraction du support originaire et vouloir l'exploiter sous des formes nouvelles et dans des aventures isolées. Pour devenir indisponible au sens des droits d'auteur, le personnage doit se voir reconnaître la qualité d'œuvre originale.

16120. ***Un monopole étendu en cas d'originalité***

La liste des œuvres protégeables par le droit d'auteur n'est pas limitative (art. L. 112-2 CPI).
Ainsi, en tant qu'élément d'identification, le personnage devra satisfaire à une double condition d'originalité et de cohérence. Autrement dit, le personnage est protégé s'il constitue une création originale au sens du droit d'auteur et s'il regroupe des caractéristiques lui conférant une cohérence autonome.
Cette cohérence est fonction de trois paramètres :

– l'environnement du personnage,
– le nom du personnage,
– et les traits du personnage.

16121. ***L'environnement du personnage***

En principe, l'environnement dans lequel évolue le personnage ne saurait lui conférer ni lui ôter sa personnalité. Il permet tout au plus, de compléter l'identification en le plaçant dans une ambiance particulière qui, si elle est à son tour reconnaissable, peut constituer l'avant-garde de l'indisponibilité.
En conséquence, l'inaptitude du personnage à être identifié hors de son environnement habituel serait la démonstration manifeste de son absence d'originalité.
L'environnement du personnage est un élément essentiel lors de la cession des droits d'adaptation, puisque, par le biais de l'exercice de son droit moral, l'auteur du personnage peut interdire ou sanctionner toutes modifications non autorisées, du cadre et de la vie de son personnage. Ceci se comprend aisément, puisqu'il est non seulement l'auteur du personnage mais également celui de son environnement.

16122. ***Le nom du personnage***

Pour donner prise au monopole du droit d'auteur, le nom doit être original. Le nom peut être cédé en tant qu'œuvre (1) et faire l'objet d'un dépôt au titre du droit des marques. Ces monopoles ne sont pas exclusifs l'un de l'autre et peuvent se cumuler.

La protection du droit d'auteur vise toutes les œuvres de l'esprit quel qu'en soit le « mérite ». Par conséquent les noms de personnages originaux comme Tintin, Tarzan, Fantomas, Spirou, Gaston Lagaffe, deviennent indisponibles.

Si le nom peut être protégé en tant que création, il peut l'être aussi en tant que titre. L'article L. 112-4 du Code de la propriété intellectuelle énonce que les titres originaux sont protégés par le droit d'auteur et en l'absence d'originalité, lorsque l'usurpation est de nature à provoquer une confusion. En outre, nul ne peut, même si l'œuvre n'est plus protégée, utiliser ce titre pour individualiser une œuvre du même genre, dans des conditions susceptibles de provoquer une confusion.

Enfin, le nom du personnage déposé en tant que marque renforce efficacement la protection conférée par le droit d'auteur. Généralement, on assiste à un double dépôt, celui du nom du personnage et celui de ses caractéristiques physiques.

Le dépôt de nom du personnage comme marque d'une œuvre littéraire ou cinématographique est licite (2). On rappellera toutefois que pour être valide, une marque ne doit pas faire l'objet d'un dépôt antérieur, c'est-à-dire qu'elle doit être distinctive et originale.

La marque offre les avantages de constituer une présomption de propriété, de fixer une date certaine à la création et de permettre une action en contrefaçon. Elle confère un monopole non seulement contre la reproduction servile du nom du personnage, mais également contre son imitation et notamment, sa reproduction phonétique (3).

En pratique, un tel dépôt est fréquent pour les personnages de bandes dessinées, de dessins animés ou encore d'œuvres audiovisuelles.

L'article L. 712-1 du Code de la propriété intellectuelle dispose que « la propriété de la marque s'acquiert par l'enregistrement. La marque peut être acquise en copropriété ». En outre, « *l'enregistrement de la marque produit ses effets à compter de la date de dépôt de la demande pour une période de dix ans indéfiniment renouvelable* ».

En droit d'auteur, les droits patrimoniaux de l'auteur sont limités dans le temps, par le dépôt du nom ou du graphisme d'un personnage au titre de marque.

On peut en principe faire perpétuellement échec à son utilisation par des tiers. Toutefois, pour être valable, la déclaration de renouvellement doit être présentée au cours des six derniers mois de validité du dépôt précédent (4).

16123. ***Les traits du personnage***

C'est parce que les traits du personnage sont des éléments d'identification, rendant son apparence instantanément reconnaissable, qu'ils peuvent bénéficier de l'indisponibilité accordée par trois réglementations distinctes :

– la propriété littéraire et artistique,

– les marques,

– les dessins et modèles.

En l'absence de dépôt au titre de la marque ou des dessins et modèles, le personnage peut bénéficier en tout état de cause, de l'indisponibilité accordée par le droit d'auteur.
On pourrait s'interroger sur le principe même de l'indisponibilité par le droit d'auteur d'un personnage d'œuvre littéraire. En effet, par nature, un tel personnage est « flou », puisque chacun, à sa manière, peut se le représenter. Or, le droit d'auteur ne protège pas les idées mais leur forme. On ne peut en effet, monopoliser que la concrétisation d'une idée. Pour qu'un personnage puisse faire l'objet d'un monopole, il faut donc que sa forme « floue » ne puisse laisser subsister le moindre doute dans l'esprit du public.
A titre d'exemple, une grande chaîne de distribution a été condamnée pour avoir « usurpé » le personnage de Tarzan sur des affiches publicitaires, compte tenu du fait qu'un homme vêtu d'un pagne y était représenté d'une manière qui ne pouvait laisser aucun doute quant à son identification :

« *(...) attendu que le personnage célèbre de Tarzan, avec ses caractéristiques physiques et morales, et certains personnages secondaires, telles que Jane, sa compagne et Chita, la guenon constituent une création littéraire et artistique originale(..). Attendu que la photographie incriminée représente, non un homme quelconque de la forêt ou de la jungle, sur lequel il est vrai, les titulaires des droits sur les personnages de Tarzan ne possèdent pas de monopole, mais celui-ci lui-même, accompagné de Jane et de la guenon Chita, ce groupe, caractéristique en soi, présentant par la tenue et l'aspect physique, dans un décor rempli au surplus de fruits exotiques, les principales caractéristiques du personnage de Tarzan et de ses compagnons(...) qu'en définitive, l'utilisation du personnage de Tarzan et de ses compagnons dans la publicité incriminée constitue bien, de la part de l'annonceur et de la société de publicité, une contrefaçon* » (5).

En revanche, il ne fait aucun doute que des personnages, issus d'œuvre graphique ou audiovisuelle, donnent prise au monopole par le droit d'auteur.
Ceci est également vrai pour les formes graphiques des personnages de dessins animés ou de bandes dessinées ou pour les formes plastiques telles que des personnages représentés sous l'aspect de pâte à modeler ou de poupées.

L'accès au monopole naît de l'originalité. C'est la combinaison de plusieurs traits (nez, yeux, cheveux, corpulence, attitude, expression...) qui réalise un ensemble original et identifiable.
De même, la tenue vestimentaire du personnage peut jouer un rôle capital : Tarzan, Superman, Corto Maltesse, Zorro, Tintin, Astérix, Obélix...possèdent une symbolique visuelle déterminée.
Mais ce qui différencie le personnage des autres créations, c'est qu'il a par nature, un caractère variable, c'est-à-dire que son auteur peut l'adapter au goût du public dès lors qu'il conserve un certain nombre de traits distinctifs le rendant reconnaissable. Ainsi, les traits de Mickey, Félix le chat, Tintin, Astérix ont fait l'objet d'affinement au cours des années sans qu'ils en perdent pour autant leur cohérence.
Toute évolution est donc possible, lorsqu'elle est cohérente, c'est-à-dire fidèle à l'essence même du personnage ; mais cet avantage est aussi une faiblesse. Le caractère variable du personnage l'expose à la convoitise des usurpateurs qui ne manqueront pas d'alléguer des différences entre leur réalisation et celle de l'auteur originaire.
Par ailleurs, l'antropomorphisation d'animaux, qui est du domaine des idées, n'est pas protégeable en soi. Cependant, il peut y avoir par exemple, contrefaçon entre deux abeilles, dès lors que la seconde reprend un certain nombre d'éléments d'identification de la première ; la comparaison se fait par la synthèse et non par l'analyse, c'est-à-dire trait pour trait, en tenant compte de la perception d'ensemble d'un public moyen. Ainsi, dans un arrêt du 2 juillet 1981 (6), la Cour d'appel de Paris a jugé :

« (...) qu'il n'est pas incontestable que le personnage de « Maya l'Abeille » qui consiste dans une abeille de dessins animés, est un personnage type ayant des éléments fixes permettant de bien l'identifier : forme du corps, antennes, cheveux, ailes... correspondant à une création originale caractérisée par des particularités essentielles... qu'il s'agit là d'une création protégeable, présentant toutefois la particularité de donner lieu à de multiples variantes dans les attitudes et les expressions notamment ».

Encore faut-il que la ressemblance ne découle pas des impératifs de la caricature ; ainsi, dans un arrêt du 14 février 1980 (7), la Cour d'appel de Paris a précisé que :

« (...) si l'idée d'humaniser le comportement d'animaux est en soi de libre parcours, le dessin dit « la Panthère Rose », créé à partir du fonds commun du dessin animé étant immédiatement identifiable, constitue du seul fait de sa création, une œuvre protégeable, à l'instar de « Félix le chat », de « Donald le canard » ou du « Grand méchant loup ». Ne constitue pas une contrefaçon de dessins animés, un autre dessin animé, dès lors que les ressemblances que l'on peut relever découlent des impératifs de la caricature qui exigent l'accentuation

des détails et la simplification du dessin, ainsi que des nécessités de l'animation gestuelle et de la décomposition en 14 images par secondes, exigées par le dessin animé et qu'en outre les deux dessins en présence ne présentent aucune ressemblance d'ensemble et ne produisent pas la même impression sur le téléspectateur ».

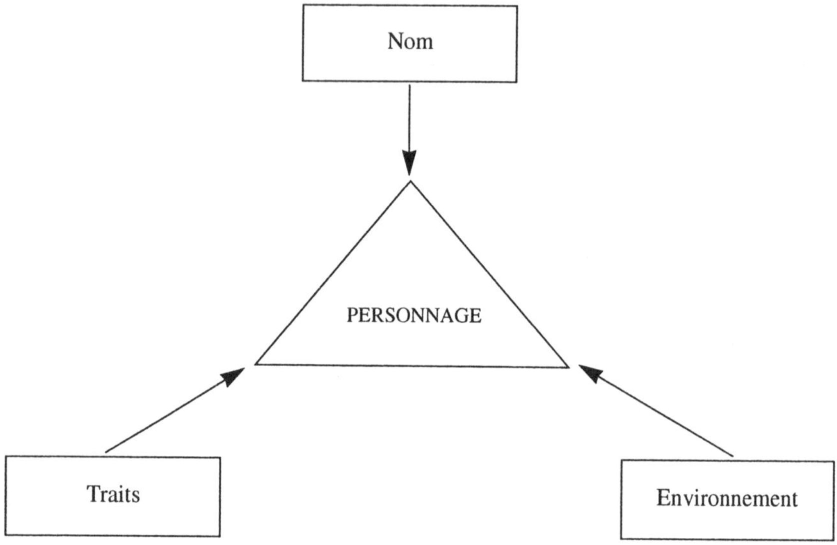

ORIGINALITÉ

Figure 16.1. *Critères de cohérence du personnage en droit d'auteur*

En revanche, un auteur ne saurait protéger séparément tous les éléments composant son personnage, chacun de ces éléments se trouvant dans le domaine public. Seule leur combinaison ouvre droit au monopole. A défaut, cela reviendrait à vouloir s'assurer le monopole d'un genre, ce qui est interdit.
Par ailleurs, sont exclus de la protection, les procédés techniques utilisés pour la conception et la réalisation. Ainsi, le Tribunal de grande instance de Paris a jugé :

« *(...) que ne saurait être protégée l'image physique d'un personnage nommé Max Headroom qui se caractérise par le fait d'être ni jeune, ni vieux, ni homme, ni robot, à la fois drôle et émouvant, assorti d'une voix étrange synthétisée par un ordinateur, et l'image dramatique du personnage tenant un dialogue vif et saccadé entrecoupé de gloussements du personnage qui apparaît sur fond de décor hyper moderne ; qu'en effet, les procédés techniques qui ont pu être utilisés pour la conception et la réalisation dudit personnage en cause ne sont pas susceptibles de bénéficier de la protection de la loi du 11 mars 1957* » (8).

16200. La protection de la circulation des personnages

Dès lors qu'il est célèbre, le personnage sollicite la convoitise (9). C'est pourquoi, très tôt les auteurs ont mis des conditions financières à la disposition de leurs créations.
La reproduction et l'utilisation du personnage doit recevoir l'autorisation de son auteur. Ceci concerne également l'environnement, l'adaptation des décors et la parodie. L'autorisation de l'auteur est également nécessaire pour l'exploitation des droits dérivés.

16210. *L'adaptation et le personnage*

Le droit moral de l'auteur sur le personnage est un droit imprescriptible et inaliénable. Ainsi, l'auteur peut céder à un tiers, le droit d'exploiter le personnage sous certaines conditions.
Le périmètre de la cession des droits d'exploitation permet d'appréhender les restrictions souhaitées par l'auteur. Toute violation de ces obligations constitue non seulement une atteinte au droit moral de l'auteur mais également un manquement contractuel. En l'absence d'un dispositif contractuel, une adaptation non cohérente et non conforme aux vœux de l'auteur peut s'analyser en une violation de son droit moral. Il s'agit alors d'une question de fait, laissée à l'appréciation souveraine des juges du fond.
Comme on a pu l'écrire, l'adaptation ne signifie pas pour autant la contrainte et la rigidité ; la transposition d'un mode d'expression à un autre permet en général à l'adaptateur de donner cours à sa fantaisie. Le passage d'un genre à un autre laisse libre accès à l'imaginaire de l'adaptateur. Dès lors, on comprend l'importance du nom du personnage qui reste et demeure le critère de stabilité le plus efficace.
Une circulation du personnage sur un support différent de son support d'origine (par exemple un personnage littéraire ou un personnage de dessins animés porté sur un CD-ROM) implique un certain nombre d'aménagements qui perturbent le droit moral.
Toute reproduction, modification, adaptation non autorisée d'un personnage protégé tombe sous le coup de la contrefaçon. L'article L. 122-4 du Code de la propriété intellectuelle prévoit que toute représentation ou reproduction intégrale ou partielle faite sans le consentement du titulaire des droits est illicite.
Il en est de même pour la traduction, l'adaptation et la transformation, l'arrangement et la reproduction par un art ou un procédé quelconque, passibles de sanctions au titre de la contrefaçon.

16220. ***La parodie et le personnage***

Comme toute œuvre protégée par le droit d'auteur, l'exploitation des personnages tombe sous le coup des dérogations prévues par l'article L. 122-5 du Code de la propriété intellectuelle et notamment celle concernant « *la parodie, le pastiche et la caricature* ».
Pour que la parodie soit licite, il faut que le personnage parodié se démarque du personnage original de telle sorte que le public ne puisse croire qu'il s'agit d'extrait de l'œuvre originale ou d'une adaptation autorisée par l'auteur.
Ainsi, il a été jugé que le film « Tarzoon la honte de la jungle », dessin animé comique usant de la farce et du gag, constitue une parodie licite des films de Tarzan. Cette parodie « *n'est pas une contrefaçon de l'œuvre antérieure et ne porte pas atteinte au droit pécuniaire des héritiers de son auteur, (...) l'œuvre parodiante ne porte pas atteinte au droit moral des héritiers de l'auteur de l'œuvre originale, dès lors que la distance entre les deux œuvres est telle que les spectateurs, offensés par de nombreuses séquences obscènes, ne peuvent attribuer à l'auteur original, ce qui est le fait du parodiste, les emprunts en contraste excluant tous risques d'assimilation des personnages et des thèmes* » (10).
En revanche, une reproduction servile des personnages transposée dans un contexte différent de celui voulu par l'auteur et, utilisée d'une manière parasitaire, constitue une contrefaçon et donc une parodie illicite.
A titre d'exemple il a été jugé, « *qu'en utilisant, en violation de l'interdiction de la demanderesse, les personnages créés par Hergé représentés avec toutes leurs caractéristiques physiques et morales et même vestimentaires pour les placer dans des situations totalement différentes de celles voulues par l'auteur au risque de dénaturer l'éthique de son œuvre, comme en faisant intervenir l'auteur désigné lui-même sous les initiales R.G., dont la ressemblance phonétique avec son nom est évidente, les défendeurs ont porté atteinte à l'intégrité de la création d'Hergé, et au droit moral de son héritière* » (11).
Egalement, serait considérée comme une parodie illicite tous galvaudages outranciers de l'esprit du personnage manifestant parfois, une intention délibérée de nuire (12).

16230. ***Les droits dérivés et le personnage***

Il est fréquent que soient associées au personnage d'une œuvre intellectuelle de vastes opérations commerciales. On remarquera que l'exploitation dérivée du personnage a un double effet en termes de notoriété puisqu'il augmente la valeur d'attraction du personnage, et stimule l'audience de l'œuvre initiale. Le personnage devient alors un véritable bien de consommation. Bien orchestré, cela peut être une véritable source de profit pour l'auteur.
Généralement, on distingue trois types d'opérations juridiques autorisant l'ex-

ploitation dérivée du personnage : le contrat de cession, le contrat d'agent et la licence d'exploitation de droits dérivés. Le contrat de cession de droits dérivés est un contrat par lequel, une personne, notamment un éditeur ou un producteur, se trouve investi de l'ensemble des droits dérivés, et reçoit l'autorisation de conclure avec les tiers de son choix.

Le contrat d'agent pour l'exploitation des droits dérivés est un contrat par lequel, l'auteur du personnage ou son ayant droit, confie à une personne ou à une société, le droit de rechercher sur un territoire ou un marché déterminé des investisseurs souhaitant obtenir des licences pour la fabrication et la commercialisation de produits à l'effigie du personnage. L'agent peut négocier avec ces entreprises, veiller à la bonne exécution des accords et défendre, le cas échéant, les droits intellectuels de l'auteur.

Ce n'est ni plus ni moins, qu'un contrat d'agent commercial, qui selon les cas, est exclusif ou non. Il n'entraîne aucune cession des droits d'auteur à l'agent. Le titulaire des droits d'auteur peu se réserver expressément le droit de conclure les contrats de licence. Ce contrat est soumis aux dispositions d'ordre public du décret n° 58-1345 du 23 décembre 1958 visant les agents commerciaux, lesquelles envisagent à leur profit une indemnité de clientèle en cas de résiliation ou de non-reconduction injustifiée.

La licence d'exploitation du droit dérivé est un contrat par lequel, le titulaire des droits d'auteur sur le personnage ou ses ayants droit, concèdent à une personne physique ou morale, la reproduction et l'exploitation commerciale du personnage. On retrouve alors les principes propres au contrat d'édition et notamment les dispositions des articles L. 122-7, L. 131-2, L. 131-3 du Code de la propriété intellectuelle.

Le titulaire des droits peut être domicilié à l'étranger et percevoir des redevances. Le contrat doit alors faire l'objet d'une formalité consistant en un dépôt au service des contrats internationaux de l'Institut national de la propriété industrielle (INPI).

Chaque année, avant le 31 mars, les redevances perçues feront l'objet d'une déclaration auprès de ce même service.

16300. Les images de synthèse

Les images de synthèse, produit complexe, couvrent le domaine de l'informatique ; elles ont pour objet de visualiser une scène sur un écran graphique en représentant de manière aussi réaliste que possible, un espace ou un personnage en trois dimensions.

Pour la création d'œuvres multimédias ludiques et industrielles, on a de plus en plus recours, en complément d'autres images, à des images de synthèse. Il semble qu'elles seront de plus en plus utilisées.

L'image de synthèse soulève de nombreuses questions juridiques concernant non

seulement la propriété du produit final et celle du logiciel intégré mais également la gestion des droits qui en découlent. En outre, la situation sera différente selon que les images créées sont totalement originales, reproduites ou adaptées (13).
Face à la complexité du produit et à l'incertitude quant au régime de protection applicable, il est conseillé aux parties de recourir au contrat en prenant soin de distinguer chaque composante du produit final, et notamment en isolant le logiciel ; ceci permettra d'éviter tout litige ultérieur. Les parties devront préciser :

– le régime de protection applicable,

– les droits de chaque intervenant sur chaque composante du produit final.

Dans ce contexte, une attention particulière devra être portée à la rédaction des contrats de travail afin de gérer les éventuels conflits d'intérêts entre les salariés et l'employeur.
L'intérêt du salarié sera de négocier l'attribution des droits sur l'image dès la signature de son contrat de travail, ou ultérieurement, par la signature d'un avenant. L'intérêt de l'employeur sera de se faire attribuer les droits sur toutes les composantes du produit. En outre, il devra prévoir une clause lui réservant la propriété de tout ce qui n'est pas logiciel, ainsi qu'une clause de non-concurrence.

16400. Les icônes

Les icônes sont un autre élément d'identification de l'œuvre multimédia. S'agissant de logo ou de dessins, elles peuvent être protégées outre par le droit d'auteur, par le droit des marques et des dessins et modèles.

16410. *La protection par le droit des marques*

La protection par le droit des marques permet de protéger les signes distinctifs que sont les formes (en particulier les logos) ou les dénominations destinées à individualiser notamment des produits, services ou sociétés vis-à-vis de la clientèle (14).
A ce titre, une icône représentant un logo peut faire l'objet d'un droit exclusif d'utilisation. Le titulaire du logo déposé au titre de la marque peut, par le biais de l'action en contrefaçon, s'opposer à toute atteinte portée à son droit, sous quelque forme que ce soit, de bonne ou de mauvaise foi.
La formalité du dépôt s'effectue auprès de l'Institut national de la propriété industrielle (INPI). Elle assure une protection pour une durée de dix ans indéfiniment renouvelable (14 bis).
L'atteinte portée au droit de propriété de la marque constitue le délit de contrefaçon qui engage la responsabilité civile de son auteur (15), à condition que la

marque contrefaite fasse l'objet d'un usage sérieux par son propriétaire.
Les tribunaux considèrent généralement que la protection de la marque porte exclusivement sur son usage à des fins commerciales ou publicitaires, ce qui exclu un usage à des fins d'information (16).

16420. ***La protection par le droit des dessins et modèles***

La protection par le droit des dessins et modèles s'applique à tout dessin nouveau qui se différencie de ses similaires, soit par une configuration distincte et reconnaissable lui conférant un caractère de nouveauté, soit par un ou plusieurs effets extérieurs lui donnant une physionomie propre et nouvelle (17).
Une icône peut donc être protégée pour autant qu'elle soit une création nouvelle et qu'elle ait fait l'objet d'un dépôt préalable auprès de l'INPI ou du greffe du tribunal de commerce du domicile du déposant. La protection est accordée pour une durée de vingt-cinq ans.
Tout comme le titulaire d'une marque, le déposant d'un dessin ou modèle est légalement habilité à intenter une action en contrefaçon à l'encontre d'un utilisateur sans autorisation (18).

Notes

(1) Article L. 112-4 du Code de la propriété intellectuelle.

(2) TGI Paris, 3 janvier 1978, affaire Tarzoon, *RIDA* avril 1978, p. 179 ; *Dalloz* 1979, J-99, note H. Desbois.

(3) TGI Paris, 3e Ch., 10 mai 1984, *PIBD* 1984, III - 264 ; CA Rennes, 16 octobre 1984, *RTDC* 1985, 588, obs. A. Françon.

(4) Article 22 du décret du 30 janvier 1992.

(5) TGI Paris, 3e Ch., 21 janvier 1977, *RTDC* 1978, note H. Desbois.

(6) CA Paris, 13e Ch., 2 juillet 1981, cité par Greffe, *La publicité et la loi*, Litec 1994, p. 155.

(7) CA Paris, 4e Ch., 14 février 1980, *Dalloz* 1981, Som. 86, obs. C. Colombet.

(8) TGI Paris, ordonnance de référé, 2 janvier 1988, Société Crisalys Visual c./ Compagnie d'Assurance Norwich Union et Agence Meunier Granier de Fer, cité par Greffe, *La publicité et la loi*, Litec 1994, p. 155.

(9) Marina Ristich de Groote, « Les personnages des œuvres de l'esprit », *RIDA* n° 130, octobre 1986, p. 19 et s.

(10) TGI Paris, 3 janvier 1978, *Dalloz* 1979, J-99 note Desbois.

(11) TGI Paris, 11 mai 1988, *RIDA* 1989, n° 142, p. 344.

(12) CA Paris, 1re Ch., 28 avril 1977, cité par Greffe, *La publicité et la loi*, Litec 6e éd., p. 124.

(13) Sur ces questions, *supra* n° **6000** et suivants relatifs à l'image.

(14) Articles L. 713-2 et L. 713-3 du Code de la propriété intellectuelle.

(14 bis) Articles L. 712-1 du Code de la propriété intellectuelle.

(15) Article L. 716-1 du Code de la propriété intellectuelle.

(16) CA Paris, 13 mars 1986, Cogedi Presse c./ SA B. Borrelly, *PIBD* n° 462-III, p. 474.

(17) Article L. 511-3 alinéa 1er, du Code de la propriété intellectuelle.

(18) *Supra* n° **9000** et s. relatifs à la protection par les dessins et modèles.

17000.

Le multimédia de réseau et la réglementation des télécommunications

En Europe et plus particulièrement en France, les autoroutes de l'information et la révolution du multimédia ont surtout donné lieu en 1994, à de nombreux rapports officiels (1) et consultations qui témoignent de la volonté du gouvernement de mieux connaître le marché (besoins des opérateurs de réseaux, des fournisseurs de services et de leurs clients) avant d'adopter les réformes qui s'imposent et les politiques d'investissement. L'engagement dans cette voie nécessite en effet, la mise en place de vastes infrastructures de transport encore inexistantes.

En France, les règles applicables au transport de données ont été assouplies par la loi du 29 décembre 1990 sur la réglementation des télécommunications (2). Elles le seront probablement encore d'ici le 1er janvier 1998, date fixée par la résolution du Conseil européen du 22 juillet 1993 pour la libéralisation du service téléphonique (3).

17100. Le rôle des infrastructures de transport de données

La révolution du multimédia est conditionnée par le développement des autoroutes de l'information. Celles-ci sont tout d'abord des réseaux de télécommunications permettant la transmission de textes, de sons, d'images et de données informatiques provenant d'un système informatique (fichiers, programmes, bases de données...) (4).

17110. ***La nécessité de réseaux performants***

Ces réseaux très performants supporteront des débits d'informations très élevés et assureront des transmissions dans des conditions de qualité et de rapidité très supérieures aux réseaux classiques et même au réseau Numéris installé par France Télécom qui trouve ses limites lorsqu'il ne s'agit plus de transmettre une image fixe, mais de la vidéo.

Milliers de bits par seconde	SERVICES LES PLUS COURANTS
1,2 kbit/s	MINITEL. Ce débit sera porté à 9,6 Kbit/s avec le Minitel à vitesse rapide.
13 kbit/s	RADIOTÉLÉPHONE MOBILE avec compression numérique de la voix (GSM).
28,8 kbit/s	TÉLÉPHONE CLASSIQUE. Débit maximum actuel d'une transmission numérique de la voix à l'intérieur du réseau. La commutation du téléphone et les liaisons entre centraux sont effectuées sous cette forme. NUMERIS. Il permet à la fois d'établir des liaisons téléphoniques numériques de bout en bout, et de transmettre une image fixe en couleur de la qualité de la télévision en environ 10 secondes (*), ou encore un ouvrage comme *A la recherche du temps perdu* en environ une heure. Ce débit ne permet pas de transmettre des émissions de télévision, mais seulement des images animées en couleur de petit format et de qualité médiocre. L'image est sautillante dès qu'il y a des mouvements et rappelle les premiers films en noir et blanc.
128 kbit/s	VISIOPHONE NUMERIQUE d'entrée de gamme utilisant deux canaux Numéris. L'image est de qualité médiocre.

(*) En utilisant un algorithme de compression numérique des images fixes (JPEG).

Tableau 17.1. *Les bas débits* (Extrait du rapport Théry, p. 39)

17120. ***Les réseaux à hauts débits***

Aujourd'hui, l'image animée (visioconférences, émissions de télévision, vidéo...) passe par les voies hertziennes ou par le câble en fibres optiques. C'est cette deuxième technique qui est préconisée par Gérard Théry dans le rapport qu'il a remis au Premier ministre en novembre 1994 sur les conditions d'introduction des futures autoroutes de l'information (5).

Actuellement, il est déjà possible de recevoir sur sa station de travail informatique des articles de presse, le contenu entier de livres ou d'œuvres musicales, notamment en utilisant le réseau Internet. Ce réseau de réseaux qui couvre toute la planète est souvent présenté comme une autoroute de l'information en raison de ses millions d'utilisateurs et de tous les services qu'il propose (6).

Millions de bits par seconde	SERVICES LES PLUS COURANTS
1,4 Mbit/s	DISQUE COMPACT pour un son Hi-Fi stéréo, sans compression numérique.
1,5 Mbit/s	VISIOPHONE avec une image de qualité (*).
	CONSULTATION MULTIMÉDIA OU JEUX VIDÉO avec une image animée sur un terminal dérivé d'un micro-ordinateur.
	IMAGE DE TÉLÉVISION de qualité équivalente à celle d'un magnétoscope, à condition d'utiliser une compression numérique à la norme MPEG 1.
4 à 5 Mbit/s	IMAGE DE TÉLÉVISION de qualité habituelle (**), en utilisant une compression numérique à la norme MPEG 2.
20 à 30 Mbit/s	IMAGE DE TÉLÉVISION HAUTE DEFINITION, en utilisant une compression numérique à la norme MPEG 2.
216 Mbits/s	IMAGE DE TÉLÉVISION de qualité habituelle, NUMERISEE (***), mais sans compression numérique. Ce débit, très important, n'est jamais utilisé pour des transmissions.
155,622 et 2 488 Mbits/s	Débits des nouveaux systèmes de transmissions numériques pour les LIAISONS À HAUT DÉBIT SUR FIBRE OPTIQUE ENTRE CENTRAUX.
80 000 Mbits/s	Capacité maximale d'un COMMUTATEUR ATM.

(*) Un débit compris entre 384 kbits/s peut être suffisant suivant l'algorithme de compression numérique et la taille de l'écran.
(**) A la norme SECAM, norme utilisée pour la diffusion hertzienne en France.
(***) A la norme de référence « 4.2.2 » du CCTT.

Tableau 17.2. *Les hauts débits* (Extrait du rapport Théry, p. 39)

17130. *Les services offerts*

Les autoroutes de l'information désignent non seulement une infrastructure de réseaux à fort débit de données, mais aussi les services qui seront fournis par cette nouvelle voie télématique.

Le vice-président Al Gore voyait un partage d'informations par consultation des bases de données et télédéchargement de leur contenu (7) en vue d'améliorer la médecine, l'éducation... Il s'agissait d'une vision humaniste. Mais très vite les entreprises ont vu dans ces infrastructures très performantes un moyen de développer leurs activités économiques.
Les autoroutes de l'information ne seront pas utilisées de la même manière pour des raisons de rentabilité. En effet, la construction des infrastructures nécessitera l'investissement de millions de dollars ou d'écus ou encore de marks (8). En raison de l'importance de ces sommes, les fonds seront publics et privés. Les investisseurs privés se rembourseront sur les droits d'utilisation de ces réseaux performants.
Les entreprises qui voudront faire transiter leurs données par les autoroutes de l'information seront donc obligées de faire passer des flux d'informations importants quantitativement et de manière fréquente, faisant par la même occasion surgir les problèmes juridiques (9).

RÉSEAUX	SERVICES OFFERTS
Réseau téléphonique	- le téléphone - les transmissions de données à bas débit - le Minitel - le service téléphonique : Numéris - les liaisons louées
Réseaux câblés	- la distribution de programmes de télévision par câble
Réseaux de télédiffusion par satellite	- les services de télédiffusion
Réseaux terrestres de diffusion hertzienne	- la diffusion des chaînes nationales (TF1, France 2, France 3, Arte, M6 et Canal +)
Réseaux mobiles	- le radiotéléphone mobile

Tableau 17.3. *Les réseaux d'aujourd'hui et les services offerts*
(tableau élaboré à partir des données contenues dans le rapport Théry)

17140. *Les enjeux mondiaux*

Les véritables autoroutes de l'information sont pour demain, les infrastructures étant encore à construire.
Elles ont été présentées par le vice-président des Etats-Unis, Al Gore, comme le moyen de donner aux USA une suprématie mondiale dans les télécommunica-

tions : les techniques de l'informatique évoluant plus vite que celles des télécommunications, il fallait décider la mise en place d'infrastructures de réseaux de télécommunications capables de suivre les performances des matériels informatiques et de leurs applications, surtout en matière de multimédia.

17200. La réglementation des télécommunications et le transport de données

Le gouvernement n'a pas tardé à mettre en œuvre les recommandations du rapport Théry en lançant en décembre 1994 un grand appel national à des propositions de création des autoroutes de l'information (10).
Il a par ailleurs soumis un projet de loi à l'Assemblée nationale, le 15 novembre 1995 (11). La loi a été voté le 10 avril 1996 (11 bis).
Les autoroutes devront naturellement s'inscrire dans ce nouveau paysage et certains s'interrogent sur la compatibilité du concept d'autoroute avec le droit existant.

17210. *La loi sur les autoroutes de l'information*

La loi du 10 avril 1996, qui se veut, selon le ministre chargé des postes et télécommunications, « une démarche à la fois ambitieuse et pragmatique », est relative aux expérimentations dans le domaine des technologies et services de l'information (12).
Comme le précise le projet, son objet n'est pas de légiférer à proprement parler sur les autoroutes de l'information, mais de prévoir un cadre juridique lié à des projets expérimentaux limités dans l'espace et dans le temps, aux fins « *notamment d'évaluer la réalité et la solvabilité de la demande de nouveaux services et nouvelles technologies* ».
Compte tenu de l'importance des investissements à mettre en œuvre, des expérimentations permettront vraisemblablement d'appréhender, avec plus d'aisance, les réelles difficultés, qu'elles soient d'ordre financier, technologique ou juridique, ainsi que les aménagements à mettre en œuvre.
En l'état, il est clairement reconnu par le gouvernement que la législation actuelle n'est pas adaptée à l'exploitation de produits et services sur les autoroutes de l'information dans la mesure où celles-ci permettent de transporter des données, du son, de l'image du texte par le même réseau.
La philosophie des textes légaux existants répond à deux types de communication d'informations considérés, jusqu'à présent, comme distincts et identifiables : les télécommunications (téléphone, réseaux de transferts de données alphanumériques) d'une part, et la communication audiovisuelle (services de radiodiffusion et de télévision) d'autre part.

Il est donc nécessaire de prévoir des adaptations aux textes. La révision des lois nécessitant du temps, le gouvernement a donc choisi de déposer pour l'instant un projet de loi qui a pour principal objectif, non pas de modifier la législation existante, mais de l'adapter provisoirement pour la mise en œuvre de projets expérimentaux. Ce projet a été adopté dans sa forme définitive le 10 avril 1996 (13).

17211. ***La mise en place d'une procédure d'autorisation***

Aux termes de cette loi, les autorisations ne seront délivrées, après avis des ministres chargés des technologies de l'information, des télécommunications et de la communication, que pour une durée de cinq ans maximum, non renouvelable, et sous réserve que les projets d'expérimentation soient limités géographiquement et qu'ils présentent un caractère d'intérêt général ainsi qu'un caractère innovant.

Les critères du concept d'intérêt général sont basés sur le degré d'innovation de leur viabilité économique de leur impact potentiel sur l'organisation sociale et le mode de vie, et de l'association des utilisateurs à leur élaboration et à leur mise en œuvre.

17212. ***Un premier pas vers la dérégulation***

Selon le Code des postes et télécommunications, « *le service téléphonique entre points fixes et le service télex ne peuvent être fournis que par l'exploitant public. Les installations permettant au public d'accéder sur le domaine public et à titre onéreux aux services mentionnés au présent article ne peuvent être établies et exploitées que par l'exploitant public* » (14).

Le principe du monopole de France Télécom pour la fourniture de certains services, d'une part, et l'exploitation des infrastructures pour ces services, d'autre part, est ainsi posé.

Or, la loi du 10 avril 1996 a pour objectif de permettre à des entreprises autres que France Télécom à la fois l'établissement et l'exploitation des infrastructures ainsi que la fourniture de tous services de télécommunications sur ces infrastructures, y compris le service téléphonique entre les points fixes qui relève du monopole de France Télécom.

Toutefois, l'établissement et l'exploitation d'infrastructures ne pourront être autorisés, que sur des sites géographiques limités et pour la desserte d'un nombre maximum de vingt mille utilisateurs.

En outre, le ministre chargé des télécommunications, et non plus uniquement le Conseil supérieur de l'audiovisuel, pourrait autoriser la fourniture de ces mêmes services, et donc y compris le service téléphonique entre points fixes sur les réseaux relevant du régime de la loi sur la liberté de communication applicable à la communication audiovisuelle.

Les dispositions du Code des postes et télécommunications seraient applicables à ces exploitations et services, avec toutefois des dérogations importantes.
Ainsi, les titulaires de l'autorisation de l'établissement et de l'exploitation d'infrastructures permettant la fourniture de tous services de télécommunications, y compris le service téléphonique entre les points fixes, devraient subordonner l'accès aux réseaux des fournisseurs de services soumis au régime de la déclaration préalable aux termes de la loi sur la liberté de communication à l'observation « *de règles assurant le respect de la personne et la protection de la jeunesse et du consommateur* ».
De ce fait, une des orientations importantes de cette loi, outre l'exploitation par des sociétés autres que France Télécom du service téléphonique entre points fixes, semble faire porter, tant sur la personne de l'exploitant des infrastructures que sur celle du fournisseur de services, la responsabilité quant à la nature des informations transportées sur le réseau.
On peut se demander s'il ne s'agit pas là des prémices d'une réglementation sur la problématique du contrôle des informations susceptibles de circuler sur les autoroutes de l'information.
Le débat de fond sur la sécurité des autoroutes de l'information fait partie du programme des discussions relatives à la future loi sur l'ouverture à la concurrence du régime des télécommunications qui a commencé au printemps 1996.

SONT AUJOURD'HUI OUVERTS À LA CONCURRENCE EN FRANCE,
AVEC OU SANS AUTORISATION OU DÉCLARATION SUIVANT LES CAS :

- les réseaux et services radioélectriques ouverts au public ;
- les services de transmission de données sur liaisons louées ;
- les services de télécommunications (à l'exception de la téléphonie vocale) sur les réseaux câblés (cette possibilité est faiblement utilisée et n'a donné lieu actuellement qu'à sept autorisations locales) ;
- les services à valeur ajoutée ;
- l'établissement de réseaux indépendants réservés à des groupements privés d'utilisateurs ;
- les terminaux.

Une certaine concurrence existe aussi sur le trafic téléphonique international, par le détournement d'appels ou de « *call back* ».

Tableau 17.4. *La libéralisation des services de télécommunications*
(Extrait du rapport Théry, p. 31)

17213. *Les dispositions spécifiques à la télévision interactive*

La loi du 10 avril 1996 prévoit que le CSA peut « *autoriser l'usage de fréquences, pour un ensemble de services de radiodiffusion sonore ou de télévision par voie hertzienne terrestre, selon des techniques de diffusion numérique ou de diffusion multiplexée sur canal micro-ondes* » (15).

Les autorisations données par le CSA, de la même manière que celles données par le ministre chargé des télécommunications, ne peuvent être, cependant, délivrées que pour un site géographique limité. Les dispositions de la loi du 30 septembre 1986 relatives à la liberté de communication sont applicables avec toutefois, là encore, des dérogations importantes (16).

Par ailleurs, la loi entend prendre en compte non seulement la télévision numérique, mais également la possible interactivité de cette dernière. Il est en effet, fait mention des adaptations de certains textes existant pour tous les services de communication audiovisuelle autres que ceux du téléachat, permettant la transmission de programmes à la demande, le cas échéant, contre rémunération. D'ores et déjà, il est prévu qu'aucun message publicitaire ne peut interrompre les programmes transmis à la demande (17).

La nature des dérogations aux textes légaux existants en matière de télécommunications et de communication audiovisuelle, nécessitées pour la mise en place uniquement de projets d'expérimentation, démontre combien les règles applicables en matière de communication ont vocation à être bouleversées par l'arrivée des nouvelles technologies de l'information.

Le concept qui consiste à distinguer, d'une part, les services de télécommunications et, d'autre part, ceux de la communication audiovisuelle risque fort, en effet, d'être rapidement frappé d'obsolescence.

S'il est encore légitime aujourd'hui d'appliquer des règles aux informations transportées par « chemin de fer », d'une part, et sur le « réseau aérien », d'autre part, comment légitimer, demain, l'application d'un régime différent, si ces mêmes informations sont toutes transportées sur la même autoroute ?

17220. *Vers un service universel*

Dans les conclusions de son rapport remis au Premier ministre (18), Gérard Théry indique que la réglementation ne doit surtout pas empêcher le lancement des réseaux à haut débit, et qu'elle doit au contraire favoriser leur déploiement massif et rapide.

Pour ce faire, il estime que les autoroutes électroniques relèvent d'un « service universel » et qu'il faut donc en garantir l'accès à tous les citoyens. Ce service s'entend en effet, d'un service minimum accessible à tous, à des conditions non discriminatoires et à un prix raisonnable.

En France, comme en Europe, le cadre réglementaire du service universel n'est cependant pas encore clairement élaboré. La directive communautaire relative à la concurrence dans les marchés des services de télécommunications (19) définit la fourniture et l'exploitation d'un réseau universel comme étant un service d'intérêt économique général au sens de l'article 90 § 2 du traité de Rome.

Le service universel demeure une exigence politique de premier plan au sein de l'Union européenne. La résolution du Conseil du 22 juillet 1993 (20) prévoit la libéralisation de tous les services de télécommunications au 1er janvier 1998. Or, ainsi que le remarque Jean-Baptiste Foucauld, Commissaire général au Plan :

« Les problèmes de service universel se posent avec acuité lorsqu'on met fin au monopole, car alors les forces du marché contraignent à rapprocher les tarifs des coûts. Cela peut conduire à faire payer beaucoup plus cher, voire insupportablement cher, des usagers coûteux à desservir » (21).

La généralisation du service universel pose en effet le problème de son financement. Le rapport Théry reconnaît que les investissements dans les infrastructures en fibres optiques sont particulièrement lourds (environ 5 000 francs par abonné en moyenne sur une longue période) (22) et qu'ils sont assortis d'un risque relatif au trafic que généreront les marchés nouveaux.
Selon Gérard Théry, si l'avènement des hauts débits doit être pris en compte dans l'évolution de la réglementation des télécommunications, la difficulté pour l'autorité de réglementation est grande :

« Il faut organiser à la fois la chose et son contraire : inspirer l'opérateur (qui dispose des plus gros atouts) à s'engager résolument dans l'avenir en prenant des risques calculés ; développer une concurrence intelligente qui stimule le premier acteur sans le paralyser. Pari difficile, s'il en est ! » (23).

Notes

(1) Rapport du Commissaire à l'Industrie auprès de la Commission européenne, Martin Bangemann, *L'Europe et la société d'information planétaire*, publié en juin 1994 ; Rapport de Thierry Breton, *Les téléservices en France : Quels marchés pour les autoroutes de l'information ?*, La Documentation Française, octobre 1994 ; Rapport au Premier ministre, *Les autoroutes de l'information*, Gérard Théry, La Documentation Française, octobre 1994.

(2) Cf. MÉMENTO-GUIDE ALAIN BENSOUSSAN, *Les télécoms et le droit,* Hermès, 2e éd. 1996.

(3) Résolution du Conseil 93/C213/01 du 22 juillet 1993 sur le réexamen de la situation du secteur des télécommunications de 1992, *JOCE*(C) 213/02 du 6 août 1994.

(4) *Supra* n° **15000** et suivants relatifs aux autoroutes de l'information.

(5) Rapport Théry, *Les autoroutes de l'information*, précité.

(6) Internet est constitué de réseaux reliés entre eux. Il est donc aussi bien possible de consulter les bases de données des universités américaines ou le centre de documentation de la NASA, comme de s'insérer dans un "dialogue" interactif entre des abonnés sur quasiment n'importe quel thème.

(7) Le télédéchargement consiste à récupérer un fichier informatique (contenant un simple texte ou même un ouvrage entier, des fichiers d'adresses, ...) se trouvant en un point d'un réseau, afin de le stocker sur sa propre station de travail informatique et de pouvoir effectuer sur ce fichier informatique des traitements.

(8) Le gouvernement allemand envisage une autoroute de l'information qui relierait l'Allemagne aux pays de l'Europe centrale (Pologne, Hongrie, Pays Baltes...).

(9) *Supra* n° **15000** et suivants relatifs aux autoroutes de l'information.

(10) L'opération a été lancée par le ministère de l'Industrie, des Postes et Télécommunications et du Commerce extérieur à l'occasion de deux journées de réflexion et d'information réunissant plus d'un millier de personnes.

(11) *Supra* n° **15700** et suivants relatifs au projet de loi sur les autoroutes de l'information.

(11 bis) Loi n° 96-299 du 10 avril 1996 relative aux expérimentations dans le domaine des technologies de l'information, *JO* du 11 avril 1996.

(12) Cf. Alain Bensoussan et Isabelle Demnard-Tellier, « Le projet de loi sur les autoroutes de l'information », *Les Echos*, 2-3 février 1996, p. 49.

(13) Loi n° 96-299 du 10 avril 1996, *précitée.*

(14) Article L. 34-1 du Code des postes et télécommunications.

(15) Article 3 de la loi n° 96-299 du 10 avril 1996, *précitée.*

(16) Loi n° 86-1067 du 30 septembre 1986 relative à la liberté de communication (*JO* du 1er octobre 1986), modifiée par les lois n° 86-1210 du 27 novembre 1986 (*JO* du 28 novembre 1986), n° 87-588 du 30 juillet 1987 (*JO* du 31 juillet 1987), n° 88-227 du 11 mars 1988 (*JO* du 12 mars 1988), n° 89-25 du 17 janvier 1989 (*JO* du 18 janvier 1989), n° 89-532 du 2 août 1989 (*JO* du 4 août 1989), n° 89-935 du 29 décembre 1989 (*JO* du 30 décembre 1989), n° 90-55 du 15 janvier 1990 (*JO* du 16 janvier 1990).

(17) Infra n° **24314** relatif à l'adoption de dispositions spécifiques aux programmes transmis à la demande : le projet de loi du 15 novembre 1995.

(18) Rapport Théry, *Les autoroutes de l'information*, précité, p. 117.

(19) Directive du 18 octobre 1995 modifiant la directive 90/388/CEE en ce qui concerne la suppression des restrictions à l'utilisation des réseaux câblés de télévision pour la fourniture de services de télécommunications déjà libéralisée (95/51/CE) *JOCE* (L) 256 du 26 octobre 1995, p. 49.

(20) Résolution du Conseil 93/C213/01 du 22 juillet 1993 sur le réexamen de la situation du secteur des télécommunications de 1992, *précitée.*

(21) Cf. Jean-Baptiste Foucauld, « Qu'est-ce qu'un service universel de l'information ? », contribution au rapport de l'Office parlementaire d'évaluation des choix scientifiques et technologiques fait par monsieur le Sénateur Franck Sérusclat, *Les nouvelles techniques d'information et de communication : l'homme cybernétique ?*, Doc. Ass. Nat. et Sénat n° 1980 et 232, 9 mars 1995.

(22) Soit un investissement pour France Télécom de 10 milliards de francs par an sur une période de quinze ou vingt ans, rapport Théry, *Les autoroutes de l'information*, précité, p. 102-103.

(23) Rapport Théry, *Les autoroutes de l'information*, précité, p. 117.

18000.
La production audiovisuelle

De nombreux produits multimédias incorporent des images vidéo et dans ce cas, la réalisation du projet nécessite de faire appel à la production audiovisuelle. Par ailleurs, il est fréquent que des œuvres multimédias soient réalisées ou produites par des professionnels de l'audiovisuel.
On peut donc s'interroger sur le point de savoir si la création d'un produit multimédia peut être assimilée à une production audiovisuelle. Il n'est pas certain que la transposition pure et simple du régime juridique de l'œuvre audiovisuelle soit strictement adaptée à ce nouveau genre d'œuvre.
Enfin, compte tenu du statut particulier de l'œuvre audiovisuelle dans la législation sur le droit d'auteur, d'une part, et des contraintes techniques de réalisation et de commercialisation du multimédia, d'autre part, il paraît nécessaire d'opérer une gestion juridique particulière pour l'intégration des films vidéo.

18100. La nature juridique des œuvres audiovisuelles

18110. *Définition de l'œuvre audiovisuelle*

Aux termes de l'alinéa 6 de l'article L. 112-2 du Code de la propriété intellectuelle, les œuvres audiovisuelles sont définies comme :

« *Les œuvres cinématographiques et autres œuvres consistant dans des séquences animées d'images, sonorisées ou non, dénommées ensemble œuvres audiovisuelles* ».

Une telle définition ne tient pas compte d'une caractéristique essentielle du multimédia : le logiciel qui en permet l'interactivité.

Certes, l'utilisateur perçoit avant tout le multimédia grâce aux sens de la vue et de l'ouïe, à l'instar du film. Cependant, le logiciel intégré à un produit multimédia est à la fois une œuvre en soi, s'il est original, et a, par ailleurs, un rôle prépondérant.

En effet, la qualité de la navigation, la vitesse de lecture et d'utilisation, l'ergonomie et somme toute, tout ce qui permet à un multimédia d'être opérationnel, dépendent du logiciel. Il risque donc d'être délicat de nier son existence et son statut juridique particulier et de considérer *ipso facto* que la définition légale de l'œuvre audiovisuelle a vocation à s'appliquer.

18120. *L'œuvre audiovisuelle qualifiée d'œuvre de collaboration*

L'article L. 113-7 du Code de la propriété intellectuelle vise expressément l'œuvre audiovisuelle en ces termes :

« *Ont la qualité d'auteur d'une œuvre audiovisuelle la ou les personnes physiques qui réalisent la création intellectuelle de cette œuvre. Sont présumés, sauf preuve contraire, coauteurs d'une œuvre audiovisuelle réalisée en collaboration :*

1 - l'auteur du scénario,
2 - l'auteur de l'adaptation,
3 - l'auteur du texte parlé,
4 - l'auteur des compositions musicales avec ou sans paroles spécialement réalisées pour l'auteur,
5 - le réalisateur ».

De plus, l'article L. 113-7 du Code de la propriété intellectuelle prévoit que « *Lorsque l'œuvre audiovisuelle est tirée d'une œuvre ou d'un scénario préexistants encore protégés, les auteurs de l'œuvre originaire sont assimilés aux auteurs de l'œuvre nouvelle.* »

La notion de coauteur sous-entend celle de collaboration. Aux termes de l'article L. 113-3 du Code de la propriété intellectuelle, « *l'œuvre de collaboration est la propriété commune des coauteurs. Les coauteurs doivent exercer leurs droits d'un commun accord. En cas de désaccord, il appartient à la juridiction civile de statuer. Lorsque la participation de chacun des coauteurs relève de genres différents, chacun peut, sauf convention contraire, exploiter séparément sa contribution personnelle, sans toutefois porter préjudice à l'exploitation de l'œuvre commune.* »

Le législateur a expressément prévu qu'ont la qualité d'auteurs d'œuvres audiovisuelles, les personnes physiques qui réalisent la création intellectuelle de cette œuvre. Celle-ci supposant généralement la présence des auteurs de scénario, de texte parlé, de compositions musicales et d'un réalisateur, la jurisprudence en a déduit que l'œuvre audiovisuelle était nécessairement une œuvre de collaboration.

Ainsi, la Cour d'appel de Paris, dans une décision du 16 mai 1994 a très clairement indiqué que l'émission audiovisuelle litigieuse « *du fait qu'il s'agit d'une œuvre audiovisuelle, ne peut être une œuvre collective* » (1). La Cour s'est fondée pour cela, sur une interprétation des dispositions de l'article L. 113-7 susvisé. Elle a considéré que « *par cette disposition claire le législateur, s'inspirant de la tradition humaniste qui a présidé à l'élaboration de la loi du 11 mars 1957, a entendu signifier que l'œuvre audiovisuelle ne pourrait jamais être une œuvre collective par laquelle ceux qui contribuent à la réalisation ne sont pas des auteurs* ».
En outre, la Cour a estimé qu'une telle présomption était irréfragable dans la mesure où elle n'était pas susceptible de preuve contraire.

18130. ***Une qualification juridique quelque peu inadaptée aux exigences de la création multimédia***

Le multimédia est appréhendé par l'utilisateur en faisant appel principalement à ses sens visuel et auditif. Il perçoit sur un écran d'ordinateur, voire de télévision (CD-I), des images animées ou fixes sonorisées, qu'il fait défiler selon sa volonté et dans les limites offertes par le schéma de navigation.
En laissant de côté la problématique du logiciel incorporé et celle d'un produit qui ne contiendrait que du texte sans images (un livre sur CD-ROM par exemple), on peut estimer que la qualification d'œuvre audiovisuelle pourrait être retenue. Cependant le fait qu'il s'agisse nécessairement d'une œuvre de collaboration au regard de la jurisprudence peut représenter un inconvénient non négligeable. Dans beaucoup de cas le produit multimédia risque d'être réalisé dans les conditions d'une œuvre qui pourrait, en réalité, être qualifiée d'œuvre collective. Il ne sera pas rare, en effet, que chacun des contributeurs conçoive et réalise des parties de l'œuvre finale plus ou moins significative, séparément, sans contribuer à l'élaboration de l'ensemble.
Ainsi, il arrive fréquemment qu'une société éditrice prenne l'initiative de la réalisation d'un produit multimédia en vue de sa divulgation sous son nom. Cette société peut être amenée à concevoir le scénario global de l'œuvre en interne, par une équipe de salariés, et attribuer à des auteurs différents, des créations isolées telles que :

– des reportages photographiques à des photographes, par thème ou région,

– des commentaires par des textes à des auteurs, par sujet ou groupe d'illustrations,

– des vidéos à des réalisateurs, également par thème ou lieu de tournage,

– des graphismes à des infographistes, par sujet à illustrer,

sans que ces différents intervenants soient nécessairement amenés à collaborer pour la réalisation de l'œuvre finale.

Il n'y a *a priori* aucune raison pour qu'un produit multimédia réalisé dans de telles conditions ne puisse pas être qualifié d'œuvre collective à l'instar d'autres œuvres réalisées de la même manière.
Or, si le produit multimédia est qualifié d'œuvre audiovisuelle ceci ne sera pas possible. Il y a donc là, une première difficulté.
Par ailleurs, certaines particularités du régime de l'œuvre audiovisuelle paraissent également assez peu adaptées aux produits multimédias.

18140. ***Les particularités du régime de l'œuvre audiovisuelle***

18141. ***Les titulaires du droit d'auteur***

L'œuvre de collaboration correspond au schéma normal d'une coopération entre plusieurs auteurs. L'article L. 113-2 alinéa 1 du Code de la propriété intellectuelle définit d'ailleurs l'œuvre de collaboration comme l'œuvre de création à laquelle ont concouru plusieurs personnes physiques. La qualité de coauteur suppose alors une participation personnelle à la création de l'œuvre (2).
Il va de soi que les contributions de ceux qui revendiquent la qualité de coauteur doivent répondre aux exigences d'activité créative et d'originalité (3). Sont donc exclues les personnes n'ayant fait qu'obéir à des instructions suffisamment précises excluant toute manifestation de leur personnalité.
En effet, selon la jurisprudence, celui qui a participé à la mise en forme de l'œuvre doit être exclu du bénéfice du droit d'auteur et ne peut être considéré comme un coauteur s'il n'a fait qu'obéir à des instructions excluant toute manifestation de sa personnalité (4). Par exemple, un chef opérateur et un directeur de la photographie sont en principe considérés comme de simples "auxiliaires techniques" et ne peuvent revendiquer de droits d'auteur.

18142. ***Les caractéristiques des droits des coauteurs***

L'article L. 113-3 alinéa 1 du Code de la propriété intellectuelle pose le principe selon lequel l'œuvre de collaboration est la propriété commune des coauteurs. Il s'agit donc d'une copropriété sur la totalité de l'œuvre. Autrement dit, il s'agit d'une véritable indivision. Chaque coauteur dispose d'un droit indivis sur la totalité de l'œuvre (5).
La conséquence est prévue par l'article L. 113-3 alinéa 2 du Code de la propriété intellectuelle, qui précise clairement que « *les coauteurs doivent exercer leurs droits d'un commun accord* ». Ceci concerne les droits portant sur l'œuvre de collaboration composée des éléments réalisés par chacun des auteurs « *sous une inspiration commune et dans l'exécution concertée* ».

Toutefois, l'article L. 113-3 alinéa 4 du Code de la propriété intellectuelle dispose que « *lorsque la participation de chacun des coauteurs relève de genres différents, chacun peut, sauf convention contraire, exploiter séparément sa contribution personnelle, sans toutefois porter préjudice à l'exploitation de l'œuvre commune* ».

Le Code de la propriété intellectuelle permet donc une exploitation séparée du coauteur sur la partie de l'œuvre dont il est auteur. L'hypothèse suppose que cette contribution personnelle soit identifiable et que son exploitation ne concurrence pas l'œuvre commune.

La multiplicité des coauteurs va entraîner la multiplicité des opérations de gestion dans le cadre d'une indivision. Ainsi, à supposer qu'un produit multimédia soit considéré strictement comme une œuvre audiovisuelle et donc nécessairement comme une œuvre de collaboration, chacun des coauteurs disposera d'un droit indivis sur l'œuvre multimédia et devra exercer d'un commun accord l'ensemble de ses droits.

Si en pratique, l'indivision paraît possible à gérer jusqu'à un nombre limité de quatre à cinq personnes, comment envisager une gestion efficace s'il y a vingt coauteurs par exemple ?

Or, cette hypothèse n'est pas à exclure, quand on songe que peuvent contribuer à la réalisation d'un produit multimédia, l'auteur :

- du scénario (thème, personnage, déroulement de l'histoire, choix documentaire),
- de l'arborescence (interactivité, liens hypermédia),
- de la partie logicielle,
- des photos,
- des vidéo,
- des textes,
- des graphismes,
- de la charte graphique,
- d'un personnage.

En outre, le cas échéant, chacun de ces auteurs peut former un groupe par thème (région pour un atlas, thème scientifique, période historique...). Dans ces conditions, il n'est pas évident que la qualification d'œuvre audiovisuelle soit particulièrement adaptée au produit multimédia.

De surcroît, on pourrait aboutir à des situations totalement paradoxales : tel serait le cas en effet d'un dictionnaire qui, édité sur support papier, est incontestablement qualifié d'œuvre collective et qui deviendrait une œuvre de collaboration du seul fait d'une transposition sur support numérique interactif.

18143. ***La typologie des coauteurs présumés***

Le Code de la propriété intellectuelle distingue un certain nombre de coauteurs présumés, tels que l'auteur du scénario, de l'adaptation, du texte parlé, des compositions musicales, avec ou sans parole, spécialement réalisées pour l'œuvre, le réalisateur et les auteurs de l'œuvre originaire, lorsque l'œuvre audiovisuelle est tirée d'une œuvre ou d'un scénario préexistant encore protégé. Cette « préqualification » des auteurs ne paraît pas totalement adaptée à la réalisation d'un produit multimédia.

18144. ***L'auteur du scénario***

Dans certains cas, il sera difficile d'identifier l'auteur du scénario. Celui-ci peut en effet s'entendre de l'histoire, de l'enchaînement des thèmes abordés, de la composition générale de l'œuvre ou encore de la conception des personnages. Cependant, pour la réalisation d'un produit multimédia, il convient également de créer l'arborescence, les liens hypermédia, qui peuvent être des éléments déterminants de la qualité de l'œuvre finale.

L'auteur de cette arborescence, ou schéma d'interactivité, peut également être l'auteur des écrans qui sont liés entre-eux et être distinct de l'auteur du scénario, au sens traditionnel de ce terme. Or, pour la réalisation d'un logiciel, les informaticiens réalisent une arborescence entre les différents menus du programme et les liens entre les fonctionnalités. Ce document est qualifié de document de conception préparatoire, qui obéit au régime juridique spécifique du logiciel.

Dans le cas du multimédia, devra-t-on parler de réalisation de scénario, ou de document de conception préparatoire de logiciel ? Vraisemblablement, il sera possible d'identifier s'il s'agit d'un scénario ou de document de conception préparatoire, mais seulement au cas par cas, ou en fonction des clauses contractuelles prévues par les parties.

Procéder par voie de généralisation en conférant la qualification d'œuvre audiovisuelle à un produit multimédia ne permet pas une appréciation au cas par cas. Or, un document de conception préparatoire de logiciel obéit à un régime différent d'attribution de droits (6).

18145. ***L'auteur de l'adaptation***

S'agissant de l'adaptation, elle peut avoir un sens différent dans le cadre de la réalisation d'un produit multimédia par rapport à la réalisation d'une œuvre audiovisuelle proprement dite.

Dans le cadre d'une œuvre audiovisuelle, l'adaptation s'entend généralement de l'adaptation d'une œuvre d'un autre genre, par exemple un livre pour en faire un film.

Or, l'adaptation en matière de multimédia peut se résumer à la simple numérisation des œuvres, c'est-à-dire à une opération à faible valeur ajoutée nécessitée par des contraintes purement techniques. Il en est ainsi, dans le cas d'un atlas transposé de manière intacte sur un support numérique.
Si le fond du document reste strictement identique, la seule différence peut éventuellement se résumer à la création du schéma d'interactivité de la partie logicielle et à l'interprétation lue des textes. Il parait difficile dans ces conditions, d'employer l'expression d'« auteur de l'adaptation », au sens traditionnel du terme. Quant à l'artiste-interprète, il ne dispose que de droits voisins du droit d'auteur (7).
Restera alors à envisager l'auteur de la partie logicielle. S'il est salarié, son œuvre appartiendra à l'employeur, alors que les autres coauteurs de l'œuvre « papier » d'origine resteraient coauteurs de l'œuvre audiovisuelle.
Une telle différence de régime ne se justifierait pas en réalité, autrement que par une qualification purement juridique de l'œuvre, ce qui ne paraît pas satisfaisant.

18146. ***Le réalisateur***

Le réalisateur occupe, parmi les divers auteurs, une place prééminente reconnue et consolidée par l'article L. 121-5 du Code de la propriété intellectuelle qui précise que :

« *L'œuvre audiovisuelle est réputée achevée lorsque la version définitive a été établie d'un commun accord entre, d'une part, le réalisateur ou, éventuellement, les coauteurs et, d'autre part, le producteur.* »

On peut s'interroger là encore, sur le sens qu'il convient de donner au mot « réalisateur » dans le cadre de la création d'un produit multimédia.
Le réalisateur peut être la société de service informatique chargée du développement ou le chef de projet d'une société d'édition ou de production qui aurait pris l'initiative de cette création pour une divulgation ultérieure de l'œuvre. En fonction de la seule qualification de son employeur (société de service en informatique ou société de production audiovisuelle), le salarié réalisateur serait ou non, titulaire de droits.
On s'aperçoit de la difficulté qu'il y a à tenter de soumettre à un régime spécifique du droit d'auteur, une œuvre qui intègre des données et des acteurs soumis à des régimes spécifiques.

18147. ***L'auteur de l'œuvre préexistante***

En dernier lieu, le législateur a prévu que « *lorsque l'œuvre audiovisuelle est tirée d'une œuvre ou d'un scénario préexistants encore protégés, les auteurs de l'œuvre originaire sont assimilés aux auteurs de l'œuvre nouvelle.* »

On rencontre beaucoup de produits multimédias de type dictionnaire ou anthologie, qui font appel à des bases de données ou tout simplement, pourquoi pas, à des logiciels préexistants. Or, ce type d'œuvres préexistantes est typiquement soumis au statut d'œuvre collective.
Par voie de conséquence, l'éditeur qui serait titulaire des droits sur une œuvre collective telle qu'un dictionnaire se trouverait être coauteur du fait des dispositions du Code de la propriété intellectuelle en matière d'œuvre audiovisuelle. Or, en principe une œuvre de collaboration, par exemple une œuvre audiovisuelle, n'est concevable que lorsque les coauteurs sont des personnes physiques.
Il apparaît que la typologie des termes traditionnellement utilisés en matière d'œuvres audiovisuelles n'est pas des plus adaptée aux conditions techniques de réalisation d'un produit multimédia.

18148. ***Le régime spécifique du droit moral***

Une œuvre audiovisuelle est soumise également à un régime qui lui est propre. L'article L. 121-5 du Code de la propriété intellectuelle dispose que :

« *L'œuvre audiovisuelle est réputée achevée lorsque la version définitive a été établie d'un commun accord entre, d'une part, le réalisateur ou, éventuellement, les coauteurs et, d'autre part, le producteur.*
Il est interdit de détruire la matrice de cette version.
Toute modification de cette version par addition, suppression ou changement d'un élément quelconque exige l'accord des personnes mentionnées au premier alinéa.
Tout transfert de l'œuvre audiovisuelle sur un autre type de support en vue d'un autre mode d'exploitation doit être précédé de la consultation du réalisateur.
Les droits propres des auteurs, tels qu'ils sont définis à l'article L. 121-1 (droit au respect du nom et la qualité de l'œuvre), ne peuvent être exercés par eux que sur l'œuvre audiovisuelle achevée ».

Le propre d'une œuvre multimédia est souvent de pouvoir évoluer. Lorsqu'il s'agit d'un produit sur CD-ROM, c'est une version enrichie qui peut être commercialisée ou mise à jour en cas de guide, notamment. Lorsqu'il s'agit d'un produit diffusé *on line*, l'intérêt pour l'utilisateur est d'avoir accès à une information mise à jour. On voit là toute la difficulté qu'il pourrait y avoir à recueillir *a posteriori* l'accord de tous les coauteurs si un produit multimédia ne peut être qualifié d'œuvre collective.
Par ailleurs, doit-on considérer que l'œuvre multimédia réalisée sur un support, tel que CD compatible PC, et portée, pour être compatible, sur Macintosh est transférée sur un autre type de support au sens de l'œuvre audiovisuelle? Y a-t-il modification de support entre CD-ROM, CD-I, disquette ou diffusion *on line* ?
Autant il paraît tout à fait légitime de considérer que la diffusion *on line* constitue

manifestement un mode d'exploitation distinct et susceptible d'avoir des conséquences importantes, autant, il n'est pas certain que le portage pour compatibilité avec un nouveau système d'exploitation, ou sur un nouveau matériel, puisse réellement être considéré comme un nouveau mode d'exploitation. La question reste cependant posée.

Si l'œuvre multimédia est une œuvre audiovisuelle, en cas de réponse affirmative, la consultation du réalisateur est requise.

En outre, le portage nécessite sur le plan technique, « *un changement d'un élément quelconque* » (logiciel par exemple). Dans ce cas, ce sera l'accord de tous les coauteurs, fussent-ils très nombreux, qui serait requis.

Par prudence, il convient en l'état, de gérer soigneusement les relations contractuelles entre les parties et de prévoir globalement, de manière précise, l'ensemble des droits cédés et la possibilité d'adaptations, ainsi que l'ensemble des modes de diffusion autorisés.

Il est également recommandé de prévoir de telles autorisations lors des premiers contrats, de manière à ne pas être obligé de recueillir l'autorisation de chacun des contributeurs, *a posteriori*, surtout s'ils sont nombreux.

La jurisprudence a réaffirmé l'importance du droit moral dans la conception française du droit d'auteur lors de l'affaire Huston et de la télédiffusion de la version colorisée du film. Dans un arrêt de la chambre civile du 28 mai 1991, la Cour de cassation rappelle qu'aucune atteinte ne peut être portée à l'intégrité d'une œuvre littéraire ou artistique quel que soit l'état ou le territoire sur lequel cette œuvre a été divulguée pour la première fois, et que la personne qui en est l'auteur est investie du droit moral du seul fait de sa création, cette règle étant d'application impérative (8).

18200. Le contrat de production audiovisuelle

La réalisation d'un produit multimédia peut impliquer la conclusion de contrats avec des producteurs, qui sont soit commanditaires de l'œuvre et ont l'intention de la divulguer, soit coproducteurs apportant un financement.

Aussi, il convient de s'interroger sur la nature juridique du contrat de production audiovisuelle avant d'en examiner les conséquences dans le cadre de la création d'un produit multimédia.

18210. *Les parties au contrat*

18211. *Le producteur*

Aux termes de l'article L. 132-23 du Code de la propriété intellectuelle, « *le producteur de l'œuvre audiovisuelle est la personne physique ou morale qui prend l'initiative et la responsabilité de l'œuvre* ». Cela implique qu'il se charge de financer la réalisation ou de réunir à cette fin les concours nécessaires. Il joue aussi un rôle d'impulsion et de coordination.

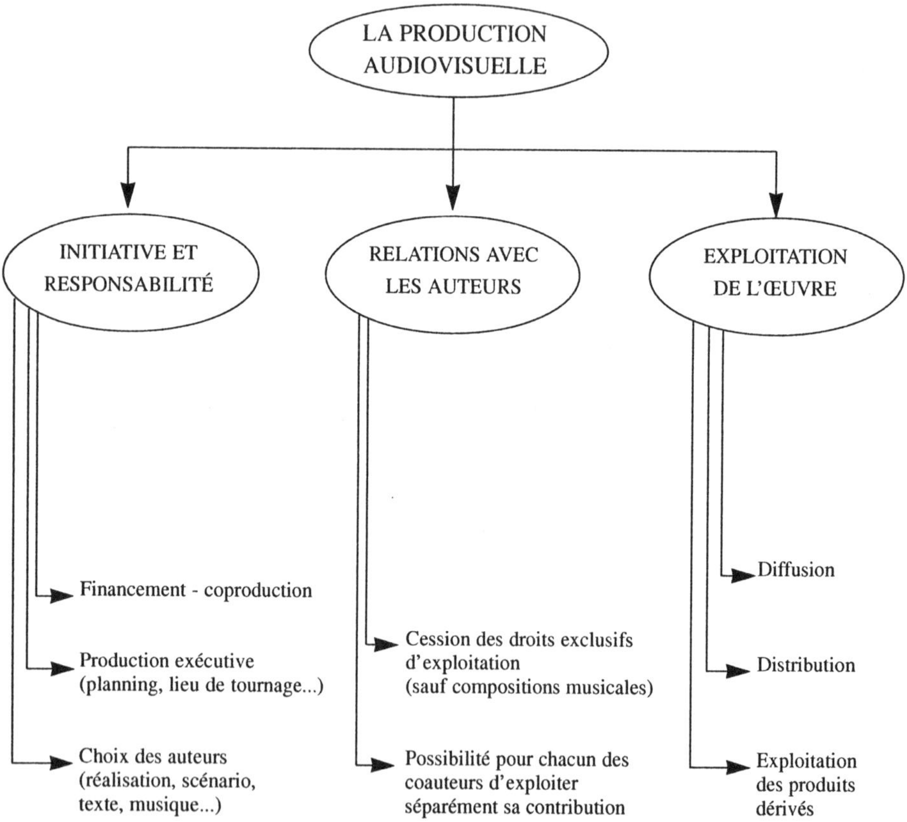

Figure 18.1. *La production audiovisuelle*

18212. ***Les auteurs***

L'article L. 132-24 du Code de la propriété intellectuelle vise le contrat liant le producteur aux auteurs. Chacun des contributeurs, auteurs, tels que scénaristes, auteurs des textes, réalisateurs, sont donc liés par un contrat de production audiovisuelle avec le producteur.

18220. ***L'objet du contrat***

Le contrat de production audiovisuelle a pour objet la cession exclusive d'un certain nombre de droits d'auteur au producteur. Cette cession, portant sur l'œuvre audiovisuelle, est visée par l'article L. 132-24 du Code de la propriété intellectuelle.

18230. ***La cession des droits***

18231. ***L'exigence d'un écrit***

En ce qui concerne les conditions de forme du contrat de cession de droits, l'article L. 131-2 alinéa 1, du Code de la propriété intellectuelle précise que le contrat de production audiovisuelle doit être constaté par écrit dans un souci de protection de l'auteur contre son exploitant. Cette condition concerne la preuve du contrat et non sa validité. Cet écrit doit contenir la liste des éléments ayant servi à la réalisation de l'œuvre (9).

18232. ***La présomption légale de cession des droits d'exploitation***

L'article L. 132-24 alinéa 1, du Code de la propriété intellectuelle prévoit que le contrat de production passé par chacun des coauteurs emporte, sauf clauses contraires et sous réserve des droits reconnus à l'auteur et qui ont été exposés précédemment, cession au profit du producteur des droits exclusifs d'exploitation de l'œuvre audiovisuelle.
Cette présomption ne concerne pas l'auteur de la composition musicale, avec ou sans paroles. Elle exclut aussi les droits graphiques et théâtraux sur l'œuvre. Par voie de conséquence, pour les droits graphiques, lesquels occupent une place importante dans un produit multimédia, et la partie sonore, il est nécessaire de conclure un contrat particulier de cession de droits.
Le droit d'exploitation comprend, aux termes de l'article L. 122-1 du Code de la propriété intellectuelle, le droit de représentation et le droit de reproduction. En conséquence, dans le cadre de l'œuvre audiovisuelle, compte tenu des disposi-

tions du Code de la propriété intellectuelle, le producteur ne dispose pas du droit de modification et d'adaptation du simple fait de la signature d'un contrat de production avec les auteurs.
Or, l'adaptation risque d'être une nécessité importante pour l'exploitation et la commercialisation d'un produit multimédia. Il en est ainsi particulièrement lorsque la diffusion est destinée à être effectuée sur un réseau *on line*.
La présomption légale instituée par le Code de la propriété intellectuelle ne paraît donc pas suffisante pour gérer les relations entre les parties pour la production d'un produit multimédia. Des précisions devront être apportées au contrat de production d'une vidéo destinée à être intégrée à un produit multimédia.

18240. *Les obligations des parties*

18241. *Les obligations des auteurs*

L'article L. 132-26 du Code de la propriété intellectuelle dispose que l'auteur garantit au producteur l'exercice paisible des droits cédés, c'est-à-dire les droits exclusifs d'exploitation.
Il convient de rappeler cependant, que les droits exclusifs d'exploitation portent sur l'œuvre dans son entier, chacun des coauteurs pouvant exploiter dans un genre différent sa contribution, dès lors qu'elle ne nuit pas à l'exploitation de l'œuvre.

18242. *L'obligation d'exploiter pour le producteur*

L'article L. 132-27 du Code de la propriété intellectuelle fait obligation au producteur « *d'assurer à l'œuvre audiovisuelle une exploitation conforme aux usages de la profession* ». Il demeure cependant maître des modalités de l'exploitation.
Cette obligation n'exige pas une exploitation permanente et suivie, comme le contrat d'édition, mais uniquement l'obligation pour le producteur « d'assurer » cette exploitation (10).
Si un produit multimédia devait être assimilé à une œuvre audiovisuelle, il resterait à déterminer quels sont les usages de la profession auxquels il convient de se référer pour l'application de ces dispositions.
Ceci peut avoir son importance puisque la diffusion d'un produit *on line* sur un réseau ouvert de type Internet, par exemple, multiplie les possibilités de reproduction non autorisée et rend extrêmement difficile le calcul d'une rémunération proportionnelle.
Doit-on considérer qu'il s'agit cependant, d'une exploitation conforme aux usages de la profession ? Ceci n'est pas certain et il est extrêmement prudent de le spécifier contractuellement.

18243. ***L'obligation du producteur de rémunérer les auteurs de l'œuvre***

Aux termes de l'article L. 132-25 alinéa 1, du Code de la propriété intellectuelle, « *la rémunération des auteurs est due pour chaque mode d'exploitation* ».
L'alinéa 2 prévoit une rémunération proportionnelle de l'auteur. Le versement est effectué par le producteur aux auteurs ou à leurs représentants.
Il paraît nécessaire de préciser dans les relations contractuelles ce que les parties entendent par « chaque mode d'exploitation ». Ainsi, comme il vient d'être évoqué, la rémunération pourrait être calculée proportionnellement pour toute diffusion sur CD-ROM, mais forfaitairement pour la diffusion sur réseau, compte tenu de la grande difficulté à calculer des recettes proportionnelles.
Là encore, il convient de veiller dans les engagements contractuels, à apporter toutes les précisions nécessaires.

18244. ***L'obligation du producteur de rendre des comptes concernant l'exploitation de l'œuvre***

L'article L. 132-28 alinéa 1, du Code de la propriété intellectuelle dispose que le producteur doit fournir, au moins une fois par an, à l'auteur et aux coauteurs, un état des recettes provenant de l'exploitation de l'œuvre selon chaque mode d'exploitation.
L'alinéa 2 impose aux producteurs d'apporter, sur demande de l'auteur « *toutes justifications propres à établir l'exactitude des comptes* ». Cette disposition retient surtout l'attention des producteurs dans la mesure où l'auteur peut lui demander copie des contrats par lesquels il cède à des tiers tout ou partie des droits qu'il détient.

18245. ***L'obligation du producteur de respecter les droits moraux de l'auteur de l'œuvre audiovisuelle***

Conformément au principe d'ordre public applicable en matière de propriété intellectuelle, les droits moraux de l'auteur sont inaliénables. Aussi, l'article L. 121-2 du Code de la propriété intellectuelle prévoit que l'auteur a seul, le droit de divulguer son œuvre.
Cependant, l'article L. 121-2 rappelle que cette disposition s'applique, sous réserve de l'article L. 132-34 du même code, concernant la présomption de cession des droits d'exploitation au producteur.
Une partie de la doctrine en interprétant cet article, a soutenu que cela faisait du producteur le détenteur du droit de divulgation. Mais selon la jurisprudence, cette réserve concerne uniquement le mode de divulgation et non le droit de divulgation lui-même. D'autre part, l'article L. 121-5 alinéa 2, du Code de la propriété

intellectuelle prévoit l'interdiction de détruire la matrice de la version définitive de l'œuvre.
Enfin, il est à noter que le droit moral en matière d'œuvre audiovisuelle ne s'exerce par les coauteurs, que sur l'œuvre achevée. Si un coauteur renonce à poursuivre l'œuvre, sa contribution peut tout de même être utilisée pour achevée l'œuvre.
Dans la mesure où le coauteur défaillant a droit à une rémunération proportionnelle pour sa contribution, il est prudent, en matière de multimédia, d'identifier clairement les contributions.

18300. L'œuvre audiovisuelle intégrée dans le produit multimédia

S'il semble qu'il soit délicat d'appliquer *stricto sensu* le régime juridique des œuvres audiovisuelles au produit multimédia dans son ensemble, en revanche, toute œuvre audiovisuelle destinée à être incorporée dans le produit multimédia, devrait obéir à ce régime propre.
Or, la numérisation de l'œuvre audiovisuelle réalisée pour être incorporée au produit multimédia pourrait être considérée comme portant atteinte à l'intégrité de l'œuvre si, effectivement, compte tenu des contraintes techniques, elle n'en donne pas une restitution parfaite.
Par ailleurs, l'intégration de l'œuvre audiovisuelle dans un produit multimédia suppose :

– le choix de la place de cette intégration dans l'enchaînement du produit dans sa globalité ;

– son intégration dans le cadre d'une charte graphique prédéfinie ;

– la réalisation de commentaires lus réalisés *a posteriori* ;

– la possibilité d'adaptations ultérieures en cas d'œuvres nécessitant une mise à jour ;

– la possibilité d'une diffusion sur réseau, et notamment sur Internet.

Pour toutes ces raisons, il apparaît indispensable que la cession des droits d'exploitation sur cette œuvre audiovisuelle destinée à être intégrée dans le produit multimédia, spécifie très clairement quelle en est sa destination et quelles en seront les adaptations exigées par les contraintes techniques.
Un contrat de production audiovisuelle, qui ne prendrait pas en compte les contraintes du multimédia, pourrait être insuffisant pour gérer ses particularismes.

Notes

(1) CA Paris, 16 mai 1994, Gazette du droit des technologies avancées, *Gaz. Pal.* n° 214-215, 2 et 3 août 1995, note Benoît de Roquefeuil ; *JCP (G)* 1995, n° 22375, p. 53, note Xavier Linant de Bellefonds.

(2) CA Paris, 16 janvier 1992, *RIDA* n° 152, avril 1992, p. 204.

(3) Cass. civ., 13 novembre 1992, *JCP (G)* 1993, IV-1800.

(4) TGI Paris, 10 novembre 1979, *Dalloz* 1981, IR-81, Obs. Colombet.

(5) Cass. civ., 19 février 1991, *Juris-Data* n° 000831.

(6) *Supra* n° **12000** et s. relatifs au logiciel dans l'œuvre multimédia.

(7) *Supra* n° **13000** et s. relatifs aux droits des artistes-interprètes dans l'œuvre multimédia.

(8) Cass. civ. 1re Ch., 28 mai 1991, Huston CTS et autres c./ Turner Entertainment Co Sté, *JCP (G)* 1991, II-21731, note A. Françon.

(9) Article L. 132-24 alinéa 3, du Code de la propriété intellectuelle.

(10) A. Lucas et H.-J. Lucas, *Traité de propriété littéraire et artistique*, Litec 1994, n° 644.

19000.

Le contrat d'édition d'œuvres multimédias

Comme toute œuvre littéraire et artistique, les œuvres multimédias peuvent bénéficier du régime du contrat d'édition. Du point de vue de l'auteur, les règles du contrat d'édition sont protectrices.
Elles l'assurent du respect de ses droits, notamment en raison de dispositions d'ordre public auxquelles il ne peut être dérogé. Du point de vue de l'éditeur, le contrat d'édition comporte un certain nombre de contraintes.
Toutefois, les dispositions du Code de la propriété intellectuelle relatives au contrat d'édition ne permettent pas d'appréhender, sans un aménagement contractuel précis et raisonné, l'ensemble des dispositions qui doivent être prises en compte par les parties, notamment celles tenant à la nature à la fois technique et artistique de l'œuvre multimédia.

19100. Le contrat d'édition : principes et domaine d'application

Le contrat d'édition correspond à une définition très précise contenue dans le Code de la propriété intellectuelle et couvre un domaine qui dépasse la simple édition de librairie.

19110. *La définition de l'article L. 132-1 du Code de la propriété intellectuelle*

Selon le Code de la propriété intellectuelle, « l*e contrat d'édition est le contrat par lequel l'auteur d'une œuvre de l'esprit ou ses ayants droit cèdent à des conditions déterminées, à une personne appelée "éditeur", le droit de fabriquer ou de faire fabriquer en nombre des exemplaires de l'œuvre, à charge pour elle d'en assurer la publication et la diffusion* » (1).

Le contrat d'édition est donc caractérisé par une cession de tout ou partie des droits d'exploitation sur l'œuvre ; en vue de la fabrication en nombre, d'exemplaires de l'œuvre, par l'éditeur ; dans le but d'en assurer la publication et la diffusion.

La cession des droits nécessaires à la fabrication, à la publication et à la diffusion de l'œuvre n'est pas fondamentalement différente d'une concession, compte tenu de la structure des droits reconnus à l'auteur sur une œuvre de l'esprit.
Cette cession peut donc être effectuée pour une durée déterminée inférieure à la durée des droits d'exploitation (2) et être limitée aux seuls droits nécessaires à l'édition pour un territoire déterminé, l'auteur ou ses ayants droit se réservant le surplus des droits.
Le contrat d'édition porte sur la fabrication et la diffusion d'exemplaires. Par conséquent, une œuvre multimédia dont la commercialisation s'effectuerait uniquement en ligne (sur réseaux fermés et ouverts de type Internet), ne pourrait pas faire l'objet d'un contrat d'édition au sens du Code de la propriété intellectuelle.

19120. ***Le domaine du contrat d'édition***

Une première lecture des dispositions relatives au contrat d'édition contenues dans le Code de la propriété intellectuelle, pourrait laisser penser qu'elles ne s'appliquent qu'au contrat de librairie.
Certaines expressions utilisées par le législateur tendent à montrer que le régime du contrat d'édition a été prévu en ayant à l'esprit l'édition de librairie.
Toutefois, l'article L. 132-1 du Code de la propriété intellectuelle précise que le contrat d'édition a pour objet la fabrication en nombre, d'exemplaires de l'œuvre ; la référence à l'œuvre, très générale, permet d'appliquer les règles du contrat d'édition à toute œuvre de l'esprit susceptible d'être fabriquée en nombre, y compris les œuvres multimédias.
La jurisprudence a d'ailleurs appliqué les règles du contrat d'édition à l'édition de films cinématographiques (3), à l'édition d'un modèle de sac (4), à l'édition d'un modèle de chaise (5) ou à un logiciel (6).
La doctrine s'accorde également pour dire que le contrat d'édition n'est pas limité à l'édition de librairie et messieurs Lucas, dans leur traité de la propriété littéraire et artistique, estiment que le contrat d'édition doit pouvoir s'appliquer aux « produits multimédias » (7).
Par conséquent, dès lors que l'auteur d'une œuvre multimédia ou son ayant droit confie à une personne le soin de fabriquer en nombre des exemplaires de l'œuvre, de la publier et de la diffuser, les règles relatives au contrat d'édition devront s'appliquer.

19200. L'utilité du contrat d'édition pour les œuvres multimédias

Compte tenu de la définition du contrat d'édition, l'auteur ou son ayant droit pourra avoir recours au contrat d'édition lorsqu'il pourra développer seul ou en collaboration l'œuvre multimédia, mais qu'il ne disposera pas des structures pour faire fabriquer et diffuser les exemplaires.

19210. *Contrat d'édition ou contrat de distribution*

En matière d'œuvre multimédia, la question de la fabrication des exemplaires de l'œuvre semble moins déterminante qu'en matière d'édition de librairie.
L'édition de livres, une fois l'œuvre achevée, demande un équipement lourd afin de composer, d'imprimer et de réaliser les exemplaires. Par contre, le pressage de CD ROM incorporant une œuvre multimédia, par exemple, est plus facile à réaliser et demande moins d'investissements. Pour la diffusion de son œuvre, l'auteur ou son ayant droit disposera de moyens contractuels plus étendus que l'auteur de livres. Selon les circonstances de fait, l'auteur pourra préférer avoir recours à un simple contrat de distribution, plutôt qu'à un contrat d'édition, confiant la distribution d'exemplaires déjà pressés ou pressés par ses soins, à un distributeur, à charge pour ce dernier d'en assurer la diffusion.
Le contrat de distribution se distingue du contrat d'édition par le fait que le distributeur n'a pas la charge de la fabrication des exemplaires. Il échappe aux règles impératives applicables au contrat d'édition et contenues aux articles L. 132-1 à L. 132-17 du Code de la propriété intellectuelle, même si les principes généraux du droit d'auteur devront s'y appliquer.

19220. *Contrat d'édition et/ou contrat de commande*

Le contrat d'édition doit également être distingué du contrat de commande, même si parfois, ils se superposent. Une personne peut commander à une autre la réalisation d'une œuvre afin de l'utiliser d'une certaine façon ; par exemple, la commande de documents pour un usage interne à une entreprise (8). Il n'est pas alors doublé d'un contrat d'édition.
Le contrat de commande peut être conclu également en vue de l'édition de l'œuvre commandée. Dans ce cas, le contrat de commande doit être doublé d'un contrat d'édition.
Une œuvre multimédia peut donc être réalisée à partir d'un simple contrat de commande : par exemple, en vue de la présentation multimédia d'une entreprise à ses salariés, cette œuvre ne fera donc pas l'objet d'un contrat d'édition.

19230. *L'œuvre commandée pour la diffusion et la publication*

Si l'œuvre est commandée en vue d'en assurer la diffusion et la publication, le contrat devra également faire l'objet d'un contrat d'édition. L'œuvre multimédia peut faire l'objet d'un contrat d'édition « à compte d'auteur » régi par l'article L. 132-2 du Code de la propriété intellectuelle et les articles 1787 et suivants du Code civil relatifs au contrat de louage d'ouvrage.
Il peut également faire l'objet d'un contrat d'édition de « compte à demi » régi par l'article L. 132-3 du Code de la propriété intellectuelle et les articles 1871 et suivants du Code civil relatifs aux sociétés en participation.
Toutefois, le coût de développement d'une œuvre multimédia, parfois très important, et s'apparentant au coût de création d'une encyclopédie papier, ne permettra généralement pas à un ou des auteurs, personnes physiques, de se passer d'un éditeur qui agira alors comme commanditaire de l'œuvre.
Les choix contractuels de l'auteur seront donc conditionnés par le coût et la complexité du développement de l'œuvre multimédia.
Pour les œuvres les plus complexes pour lesquelles il y a un nombre d'intervenants important, et présentant par exemple, des problèmes d'achat de droits, l'auteur pourra difficilement se passer des services de l'éditeur. L'éditeur pourra d'ailleurs avoir l'initiative, voire la maîtrise d'œuvre, du développement de l'œuvre multimédia.

19300. Les spécificités du contrat d'édition

Le contrat d'édition est le prototype du contrat des droits d'auteur, c'est pourquoi il a fait l'objet d'une réglementation minutieuse mise en place par la loi du 11 mars 1957 et reprise par le Code de la propriété intellectuelle aux articles L. 132-1 à L. 132-17.
Cette réglementation est d'ordre public. Il s'agit d'un ordre public de protection destiné à protéger l'auteur, la marge de négociation contractuelle étant limitée par cette réglementation, afin d'empêcher l'éditeur d'abuser d'une éventuelle position de force.
L'article L. 132-1 du Code de la propriété intellectuelle précise que le contrat d'édition est passé entre l'éditeur et l'auteur ou ses ayants droit. Il semble donc que les dispositions des articles L. 132-1 et suivants du Code de la propriété intellectuelle doivent s'appliquer à la fois dans les rapports entre l'auteur et l'éditeur et dans les rapports entre le cessionnaire de l'auteur et l'éditeur.
Les dispositions spécifiques au contrat d'édition se cumulent avec les dispositions d'ordre général communes à tous les contrats de droit d'auteur et contenues aux articles L. 131-1 à L. 131-8 du Code de la propriété intellectuelle. Les règles

spécifiques au contrat d'édition peuvent se regrouper autour de :

– la formation du contrat ;

– les obligations de l'auteur ou de ses ayants droit ;

– les obligations de l'éditeur.

19310. ***La formation du contrat***

Deux séries de règles particulières trouvent à s'appliquer : les règles relatives à l'exigence d'un écrit et celles relatives au consentement de l'auteur.

19311. ***L'existence d'un écrit***

L'article L. 132-2 du Code de la propriété intellectuelle exige que les contrats d'édition, comme les contrats de représentation et de production audiovisuelle, soient constatés par écrit. Le contrat d'édition devra donc faire l'objet d'un écrit. Cette exigence légale se double d'une exigence de sécurité pour les parties quant au contenu du contrat.
Selon la règle générale établie par l'article L. 131-3 du Code de la propriété intellectuelle, le contrat devra comporter un certain nombre de mentions obligatoires concernant la transmission des droits cédés, à savoir :

– mention distincte de chacun des droits cédés,

– délimitation du domaine d'exploitation des droits cédés quant à son étendue, sa destination, son lieu et sa durée.

En matière de contrat d'édition, l'article L. 132-10 du Code de la propriété intellectuelle ajoute une mention supplémentaire concernant le nombre minimum d'exemplaires constituant le premier tirage, sauf quand un minimum de droit d'auteur est garanti par l'éditeur.

19312. ***Le consentement de l'auteur***

S'ajoutant aux règles générales applicables au consentement des parties, le contrat d'édition fait l'objet d'une disposition particulière à l'article L. 132-7 du Code de la propriété intellectuelle concernant le consentement de l'auteur ou de ses ayants droit.
Les règles générales du droit des contrats applicables au consentement s'appliquent également au contrat d'édition. Toutefois, l'article L. 132-7 du Code de la

propriété intellectuelle ajoute une règle particulière au contrat d'édition. Cet article dispose :

« *Le consentement personnel donné par écrit de l'auteur est obligatoire. Sans préjudice des dispositions qui régissent les contrats passés par les mineurs et les majeurs en curatelle, le consentement est même exigé lorsqu'il s'agit d'un auteur légalement incapable, sauf si celui-ci est dans l'impossibilité physique de donner son consentement.*
Les dispositions de l'alinéa précédent ne sont pas applicables lorsque le contrat d'édition est souscrit par les ayants droit de l'auteur ».

La signification exacte de cet article n'est pas simple. Certains auteurs, comme monsieur Desbois, estiment que la nécessité du consentement personnel de l'auteur au contrat d'édition est une simple application de son droit de divulgation (9). Cet article donnerait à l'auteur un droit de veto sur les contrats d'édition conclus par son cessionnaire.
D'autres auteurs estiment que cette disposition n'est qu'une exception aux règles gouvernant la représentation conventionnelle et ne s'appliquerait pas au contrat conclu par le cessionnaire de l'auteur avec l'éditeur (10). Il semble donc que, lorsque le contrat d'édition est conclu par un représentant de l'auteur, le consentement de l'auteur est néanmoins nécessaire à la conclusion du contrat, même lorsque celui-ci est légalement incapable.

19320. *Les obligations de l'auteur ou de ses ayants droit*

Les règles applicables au contrat d'édition dessinent le contour des deux grandes obligations de l'auteur dans le cadre d'un contrat d'édition :

- l'obligation de livraison,
- l'obligation de garantie.

Le contenu de ces obligations doit toutefois être modulé en fonction du rôle effectif joué par l'éditeur ; si l'éditeur prend une grande part dans l'initiative et l'élaboration de l'œuvre multimédia, il pourra avoir qualité de maître d'œuvre et les obligations mises à la charge de l'auteur en seront allégées d'autant.
L'obligation de livraison porte sur l'œuvre elle-même et la conformité de l'œuvre. Quant à l'obligation de garantie, elle comporte à la fois une garantie d'éviction du fait personnel et du fait des tiers, dans les conditions du droit commun auquel le droit d'auteur apporte quelques aménagements.

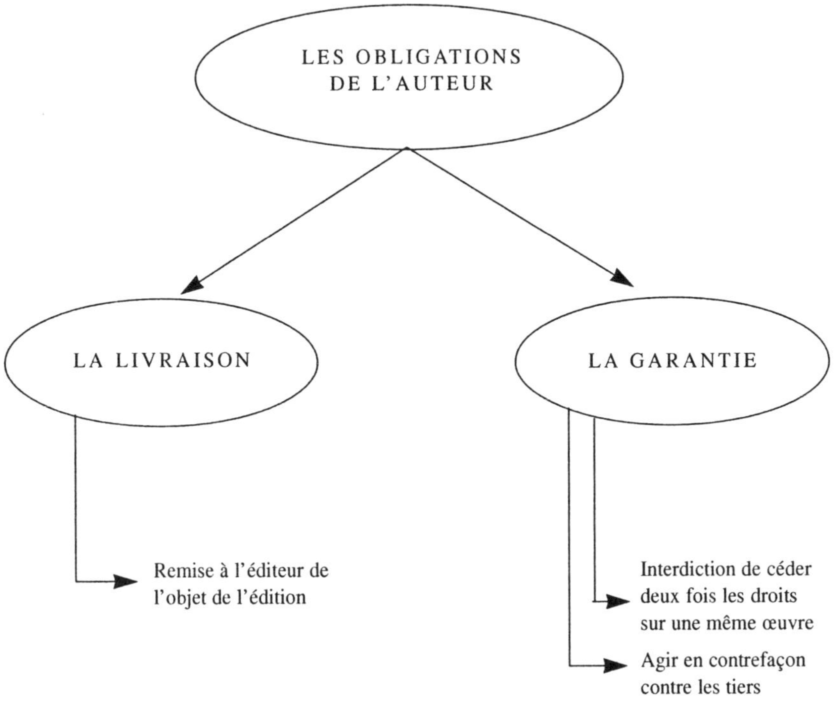

Figure 19.1. *Le contrat d'édition et les obligations de l'auteur*

19321. *L'obligation de livraison de l'œuvre*

L'article L. 132-9 du Code de la propriété intellectuelle dispose que l'auteur doit mettre l'éditeur en mesure de fabriquer et de diffuser les exemplaires de l'œuvre. A cet effet, il doit remettre à l'éditeur, dans les délais prévus, l'objet de l'édition dans une forme permettant la fabrication normale.

Cet article, appliqué à une œuvre multimédia, n'implique pas que l'auteur doive remettre à l'éditeur un *master* de son œuvre prêt à être dupliqué, mais seulement un support incorporant l'œuvre et permettant la fabrication normale.

En cette matière, l'article L.132-9 du Code de la propriété intellectuelle laisse une grande marge à l'aménagement contractuel des spécifications de l'œuvre multimédia qui doit être livrée. Par exemple, dans la mesure où l'œuvre sera livrée sur un support informatique, il conviendra que les caractéristiques de ce support ainsi que les caractéristiques informatiques de l'œuvre soient précisées dans le contrat. En principe, le support fourni à l'éditeur reste la propriété de l'auteur, l'éditeur en étant responsable pendant un délai d'un an après l'achèvement de la fabrication.

19322. ***L'obligation de conformité***

En principe, en matière d'édition de librairie, la clause d'un contrat d'édition par laquelle un éditeur se réserve le droit d'apprécier, lors de la remise du manuscrit, si celui-ci convient bien au public et au but visé, est tenue pour nulle en application de l'article 1174 du Code civil, l'éditeur ayant soumis son obligation de publier l'œuvre à une condition purement potestative (11). En matière d'œuvre multimédia, il doit en être de même. Toutefois, il convient de tempérer cette règle.

Une œuvre multimédia pouvant être une œuvre de longue haleine, lourde de conséquences financières, chacune des parties doit savoir ce qu'attend l'autre du contrat d'édition. Il conviendra donc de prévoir de façon détaillée, dans le contrat d'édition, si l'œuvre n'est pas encore créée au moment de la signature du contrat, les caractéristiques auxquelles l'œuvre doit satisfaire.

L'œuvre à créer pourra être définie à partir de la rédaction de deux types de cahiers des charges :

- l'un artistique,
- l'autre technique.

Ensuite, ce sera par comparaison avec ces cahiers des charges que l'éditeur pourra apprécier si l'auteur a rempli ou non les obligations qu'il a souscrites.

La double nature de l'œuvre multimédia, artistique et technique, permettrait la rédaction de deux types de cahiers des charges.

En ce qui concerne le versant artistique de l'œuvre multimédia, un cahier des charges artistique pourra être rédigé. Ce cahier des charges pourra prévoir une répartition entre les différents types d'œuvres (texte, images, musique...) que l'œuvre multimédia intégrera : sa structure et les grandes lignes de son orientation. En particulier, le cahier des charges artistique pourra être élaboré à partir du scénario de l'œuvre multimédia.

L'œuvre multimédia est aussi une œuvre technique, fondée pour une bonne partie sur des logiciels. Cette partie pourra faire l'objet d'un cahier des charges techniques dans les conditions habituellement connues dans le milieu informatique.

Les parties s'étant entendues au moment de la signature du contrat d'édition, sur ces deux cahiers des charges, l'éditeur pourra évaluer la conformité de l'œuvre par rapport au contrat. Toutefois, le caractère artistique de l'œuvre multimédia laisse une part de liberté au créateur, l'éditeur ne pouvant pas rejeter arbitrairement l'œuvre sur les seuls critères artistiques.

En revanche, en ayant recours à un contrat « de commande » qui lui permettra, une fois les prestations payées, de publier ou de ne pas publier, l'éditeur pourra garder une entière liberté d'appréciation sur le sort de l'œuvre livrée.

Compte tenu de la complexité de l'œuvre multimédia, le contrat devra prévoir, à l'instar des contrats de création de logiciel, une procédure de recette. La recette sans réserve signée par l'éditeur impliquera que l'obligation de délivrance aura été satisfaite.

19323. ***L'obligation de garantie d'éviction du fait personnel***

L'article L. 132-8 du Code de la propriété intellectuelle dispose que l'auteur doit garantir à l'éditeur l'exercice paisible du droit cédé.
Par conséquent, l'auteur ne peut pas céder deux fois ses droits sur la même œuvre ; la seconde cession serait considérée comme une contrefaçon.
De ce point de vue, il est nécessaire de faire la différence entre l'œuvre multimédia elle-même et les multiples œuvres qui y sont incorporées.
Dans la mesure où il dispose des droits pour le faire, la commercialisation par l'auteur des œuvres incorporées à l'œuvre multimédia semble être permise, indépendamment de la commercialisation de l'œuvre multimédia elle-même.
Plusieurs arguments militent en faveur de cette thèse : premièrement, l'article L. 112-3 du Code de la propriété intellectuelle précise que les auteurs d'anthologies jouissent de la protection accordée par le Code, sans préjudice des droits des auteurs des œuvres originales incorporées dans l'anthologie.
En outre, de manière générale, en matière d'édition de librairie, l'auteur garde le droit de réaliser et de faire éditer une œuvre similaire à l'œuvre, objet du contrat. La justification avancée par la doctrine est qu'il n'est pas possible d'interdire à un auteur de puiser deux fois à sa source d'inspiration.
Une limite est toutefois apportée à cette possibilité : l'absence de concurrence déloyale au premier éditeur. Compte tenu du caractère hybride de l'œuvre multimédia, il pourra être utile d'insérer une clause de non-concurrence.
Une œuvre de nature différente, comme un livre ou une œuvre audiovisuelle, ne devrait pas être considérée comme une œuvre faisant concurrence à l'œuvre multimédia. Toutefois, l'éditeur pourra se réserver la possibilité d'éditer de telles œuvres.

19324. ***L'obligation de garantie d'éviction du fait des tiers***

L'alinéa 2 de l'article L. 132-8 du Code de la propriété intellectuelle précise que l'auteur est tenu de faire respecter les droits cédés et de les défendre contre toute atteinte qui y serait portée. Ainsi, au cas où l'œuvre multimédia serait contrefaisante partiellement ou totalement d'une œuvre préexistante, l'auteur devra sa garantie à l'éditeur.
De même, l'auteur devra garantir l'éditeur contre tout recours à raison d'une violation d'un droit de la personnalité (droit à l'intimité de la vie privée, droit à l'image) ou en réparation des conséquences d'un fait inexact contenu dans l'œuvre.

19330. *Les obligations de l'éditeur*

L'éditeur contracte essentiellement quatre types d'obligations :

– une obligation de publication,
– une obligation d'exploitation permanente et de diffusion commerciale,
– une obligation de rémunération,
– une obligation de reddition des comptes.

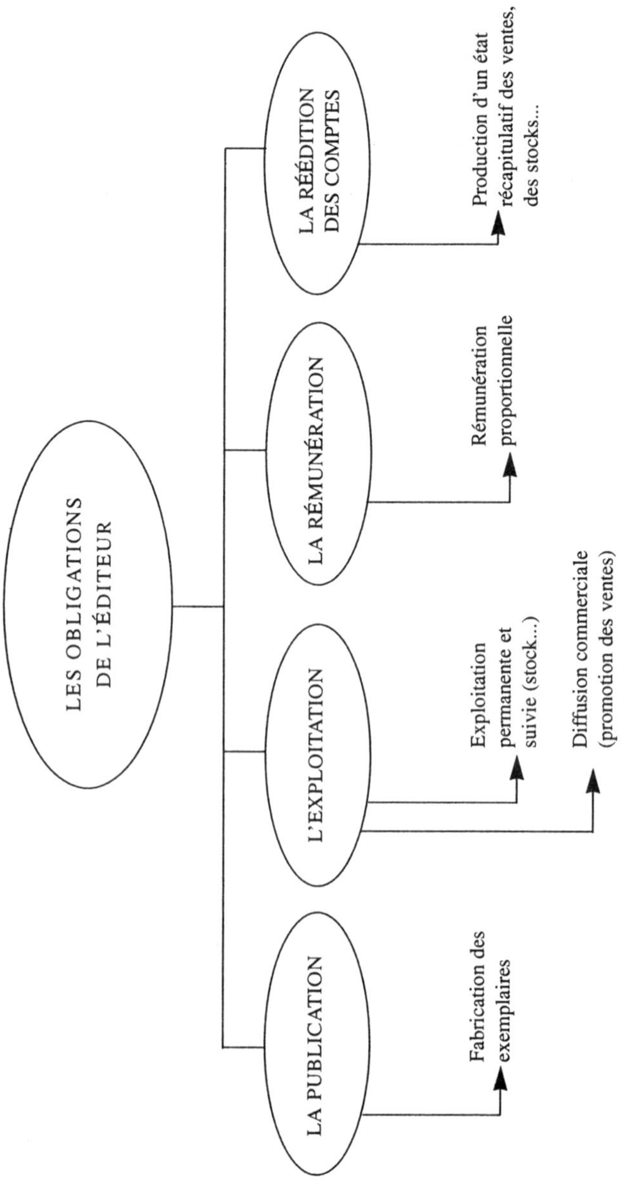

Figure 19.2. *Le contrat d'édition et les obligations de l'éditeur*

19331. ***L'obligation de publication***

Afin d'assurer la publication, l'éditeur doit procéder ou faire procéder à la fabrication des exemplaires de l'œuvre. L'article L. 132-11 du Code de la propriété intellectuelle apporte des précisions quant aux obligations liées à la fabrication. Cette dernière doit être réalisée dans les conditions prévues au contrat et l'œuvre ne peut être modifiée sans l'autorisation écrite de l'auteur.
Les parties ayant une grande liberté à cet égard, le contrat devra contenir des stipulations précises quant au tirage, au type de support de l'œuvre (CD-ROM, disquette ...) et à la présentation de l'œuvre (emballage).
Le délai de fabrication sera prévu au contrat. A défaut, il conviendra de se référer aux usages. Les œuvres multimédias étant récentes, la référence aux usages pourrait être inefficiente. En conséquence, des précisions contractuelles seront nécessaires.
Si l'éditeur ne procède pas à la publication, après mise en demeure de l'auteur lui impartissant un délai convenable, la résiliation sera acquise de plein droit par l'auteur (12).
L'obligation de fabrication et de publication contractée par l'auteur est, par nature, une obligation de résultat, que ce soit en matière de délai, de qualité et de quantité.

19332. ***L'obligation d'exploitation permanente et de diffusion commerciale***

L'article L. 132-12 du Code de la propriété intellectuelle dispose que l'éditeur est tenu d'assurer à l'œuvre une exploitation permanente et suivie et une diffusion commerciale, conformément aux usages de la profession (12 bis).
Une exploitation permanente et suivie suppose que l'éditeur dispose d'un stock suffisant permettant d'approvisionner les revendeurs, et se livre à une promotion suffisante.
En raison de la nouveauté de la profession, la référence aux usages contenue dans cet article pourra être remplacée par des précisions contractuelles suffisamment délimitées quant aux moyens mis en œuvre par l'éditeur, notamment en termes de promotion et de publicité, de stock et d'approvisionnement.
Cette obligation d'exploitation permanente et de diffusion commerciale est considérée comme fondamentale puisque sa méconnaissance peut justifier la résiliation du contrat. En effet, l'article L.
132-17 du Code de la propriété intellectuelle prévoit que :

« *Lorsque l'éditeur procède à la destruction totale des exemplaires, et donc ne souhaite plus procéder à leur diffusion, le contrat d'édition prend fin* ».

Il en va de même lorsque l'éditeur renonce à procéder à une reddition. Les engagements contractuels de l'éditeur vis-à-vis de l'auteur doivent scrupuleusement être respectés.

Ainsi, a-t-il été jugé que l'éditeur commet une faute justifiant la résiliation du contrat à ses torts lorsqu'il laisse espérer une distribution excessive d'un ouvrage sans faire les efforts suffisants pour en promouvoir la vente (13).

19333. ***L'obligation de rémunération***

En principe, les règles de droit commun de la propriété littéraire et artistique s'appliqueront en matière de rémunération telle que la rémunération proportionnelle (14).

On peut se demander si l'exception à la règle de la proportionnalité peut s'appliquer en matière de multimédia, notamment l'exception en cas de cession des droits sur un logiciel ; ceci supposerait que le produit multimédia soit qualifié comme tel, ce qui n'est pas évident (14 bis).

Toutefois, la position stricte de la jurisprudence en matière d'assiette de la rémunération dans le contrat d'édition littéraire (15) semble devoir être écartée en raison de la nature de l'œuvre multimédia.

En suivant la position adoptée par la Société pour l'administration du droit de reproduction mécanique (SDRM), prise dans le cadre de la négociation du contrat de gestion collective des droits d'auteur en cours de négociation avec le Syndicat de l'édition vidéo (SDV), l'assiette de rémunération de l'auteur pourrait être non pas le prix public qui n'est soumis à aucune règle d'uniformité, mais le chiffre d'affaires réalisé par l'éditeur (15 bis).

19334. ***L'obligation de reddition des comptes***

Corrélativement à la diffusion de l'œuvre, l'éditeur a l'obligation de rendre compte à l'auteur (16). Soit les parties prévoient les conditions de cette reddition des comptes dans leur contrat, soit les dispositions supplétives de l'article L.132-13 du Code de la propriété intellectuelle s'appliqueront.

L'auteur aura alors la possibilité d'exiger au moins une fois par an la production d'un état mentionnant le nombre d'exemplaires fabriqués en cours d'exercice précisant la date et l'importance des tirages et le nombres des exemplaires en stock.

L'éditeur est tenu de fournir à l'auteur tous les justificatifs attestant de l'exactitude des comptes (17) ; à défaut, l'auteur pourra s'adresser au juge afin de l'y contraindre.

19340. ***Le cas des adaptations audiovisuelles***

Comme une œuvre littéraire, l'œuvre multimédia pourra faire l'objet d'une adaptation audiovisuelle. Si tel est le cas, les parties devront prévoir par un contrat séparé (18) la cession du droit d'adaptation audiovisuelle à l'éditeur. A défaut, ou si la cession des droits d'adaptation audiovisuelle est contenue dans le même document que le contrat d'édition, ce droit d'adaptation ne sera pas cédé.

19400. Le pacte de préférence

En principe, la cession globale des œuvres futures est nulle (19). Toutefois en matière d'édition, il est prévu que l'auteur peut être lié a l'éditeur par un « pacte de préférence » obligeant l'auteur à proposer à l'éditeur ses œuvres réalisées à l'avenir, en vue de l'édition.

19410. ***Définition***

Par exception, les stipulations par lesquelles l'auteur accorde un droit de préférence à son éditeur pour l'édition des œuvres futures de genre nettement déterminé sont autorisées en matière d'édition (20).
Le pacte de préférence a pour objet de lier l'auteur à son éditeur, permettant ainsi d'instaurer des relations durables entre les parties.
Le pacte peut être conclu dans une clause incluse dans le contrat d'édition ou par contrat séparé. Il s'agit d'une possibilité offerte aux parties à laquelle elles peuvent ne pas avoir recours.

19420. ***Le champ d'application***

Une incertitude quant au champ d'application du pacte de préférence pourrait surgir en raison du choix des mots fait par le législateur dans la rédaction de l'article L. 132-4 du Code de la propriété intellectuelle.
Le législateur utilise en effet les notions de « droit futur » puis d'« ouvrage » et enfin de « manuscrit ». Ce choix pourrait permettre de soutenir que la licéité des pactes de préférence serait limitée aux œuvres de librairie et aux œuvres musicales.
Toutefois, les dispositions relatives au contrat d'édition ont vocation à s'appliquer dès lors qu'une œuvre de l'esprit est susceptible d'être fabriquée en nombre.
Il semble donc qu'un pacte de préférence inclus dans un contrat d'édition d'œuvre multimédia est licite dans la mesure où il respecte les conditions légales de validité.

19430. ***Le contenu du pacte de préférence***

19431. ***Sa validité***

La validité du pacte de préférence est enfermée dans certaines limites contenues à l'article L. 132-4 alinéa 2 du Code de la propriété intellectuelle.
En premier lieu, le pacte de préférence doit être conclu pour des œuvres de genre nettement déterminé. En matière d'édition, il a été jugé que ne constituaient pas des genres nettement déterminés :

– l'édition des œuvres en prose (21),

– les sciences humaines (22),

– ou la simple référence au genre de l'œuvre du contrat initial (23).

Par contre, il a été jugé que constituaient des genres déterminés :

– les essais (24),

– les romans et recueils de poésie (25).

En matière d'œuvre multimédia, aucune jurisprudence ne permet de définir en quoi consiste la notion de genre nettement déterminé.
Toutefois, dans la mesure où elles souhaiteront inclure un pacte de préférence dans le contrat d'édition, les parties devront définir avec un maximum de précisions les genres, objet du pacte (jeux, méthode d'apprentissage, guide touristique...).
En second lieu, le droit de préemption consenti à l'éditeur doit être limité :

– soit cinq ouvrages nouveaux, à compter de la signature du contrat d'édition conclu pour chaque genre déterminé,

– soit la production de l'auteur réalisée dans un délai de cinq années à compter du même jour.

Tout pacte de préférence qui ne respecterait pas les conditions de l'article L. 132-4 du Code de la propriété intellectuelle serait nul.

19432. ***Son mécanisme***

L'auteur remet à l'éditeur l'œuvre définitive, objet du pacte de préférence ; à compter du jour de la remise, l'éditeur a trois mois pour faire connaître sa décision par écrit.
Outre le cas d'un accord entre les parties, l'auteur peut être délié du pacte de préférence quand l'éditeur bénéficiaire aura refusé successivement deux œuvres nouvelles d'un genre déterminé au contrat. L'auteur pourra alors reprendre sa liberté quant aux œuvres futures qu'il produira dans ce genre (26).

19500. Le transfert du contrat d'édition

En raison du caractère particulier qui lie les parties au contrat d'édition, celui-ci bénéficie de règles particulières quant à son transfert. Ainsi, l'auteur d'une œuvre multimédia pourra bénéficier des dispositions suivantes. En cas de transfert ou d'apport en société du bénéfice du contrat d'édition, l'éditeur devra avoir préalablement obtenu l'autorisation de l'auteur.

Toutefois, en cas de transfert de fonds de commerce incluant le contrat d'édition, l'auteur ne pourra s'y opposer et obtenir réparation, voire la résiliation du contrat que dans le seul cas où ses intérêts matériels et moraux seraient gravement compromis (27).

Par ailleurs le Code de la propriété intellectuelle (28) prévoit des dispositions spécifiques en cas de redressement et de liquidation judiciaire.

En cas de redressement judiciaire de l'éditeur, le contrat n'est pas résilié. En effet, l'article L. 132-15 du Code de propriété intellectuelle dispose :

« *Le redressement judiciaire de l'éditeur n'entraîne pas la résiliation du contrat* ».

Par ailleurs, conformément aux dispositions de l'article 37 de la loi du 25 janvier 1985 modifiée par les dispositions de la loi du 10 juin 1994, (29) l'auteur peut mettre en demeure l'administrateur d'avoir à se prononcer sur la poursuite du contrat. Celui-ci est résilié de plein droit à défaut de réponse de l'administrateur dans le délai d'un mois.

Par application de l'article L. 132-15 alinéa 4, du Code de la propriété intellectuelle, l'auteur ne peut exercer son droit de résiliation que si l'activité de l'éditeur a cessé depuis plus de trois mois ou si sa liquidation judiciaire a été prononcée.

Enfin, le liquidateur ne pourra procéder à la vente en solde des exemplaires de l'œuvre multimédia fabriquée, ni à leur réalisation dans les conditions prévues aux articles 155 et 156 de la loi du 25 janvier 1985 que quinze jours après avoir averti l'auteur de son intention par lettre recommandée avec accusé de réception, l'auteur possédant, sur tout ou partie des exemplaires, un droit de préemption.

Les dispositions relatives au transfert du contrat d'édition mettent l'auteur dans une position assez favorable.

Notes

(1) Article L. 132-1 du Code de la propriété intellectuelle.

(2) Article L. 132-11, alinéa 5, du Code de la propriété intellectuelle.

(3) CA Paris, 28 novembre 1985, *Dalloz* 1986, IR-138.

(4) TGI Paris, 7 mars 1991, *PIBD* 1991, n° 504 III-467.

(5) TGI Nanterre, 17 juin 1992, *RIDA* octobre 1992, n° 154, p. 180.

(6) TGI Paris, 5 mai 1993, *PIBD* 1993, n° 550 III-501.

(7) A. Lucas et H. J. Lucas, *Traité de la propriété littéraire et artistique*, Litec 1994 n° 550.

(8) CA Paris 4 mars 1980, *Gaz. Pal.* 1982, p. 536.

(9) Desbois, *Le droit d'auteur en France*, Ed. Dalloz 1978.

(10) *Traité de la propriété littéraire et artistique*, précité n° 563.

(11) CA Paris, 15 avril 1989, *RIDA* 143, p. 314.

(12) Article L. 132-17, alinéa 2, du Code de la propriété intellectuelle.

(12 bis) Cass. civ., 24 novembre 1993, *inédit.*

(13) CA Versailles, 5 décembre 1991, *RJDA* 3/92 n° 306.

(14) Article L. 131-4 du Code de la propriété intellectuelle.

(14 bis) *Supra* n° **14000** et suivants relatifs au statut de l'œuvre multimédia.

(15) Cass. civ., 26 janvier 1994, *RJDA* 10/94, n° 1088.

(15 bis) Cf. Dominique Sauret, « Rémunération des ayants droit et exploitation vidéographique de l'œuvre audiovisuelle », *Gaz. Pal.* 11-12 octobre 1995.

(16) Article L. 132-13 du Code de la propriété intellectuelle.

(17) Article L. 132-14 du Code de la propriété intellectuelle.

(18) En application de l'article L. 131-3 du Code de la propriété intellectuelle.

(19) Article L. 131-1 du Code de la propriété intellectuelle.

(20) Article L. 132-4 du Code de la propriété intellectuelle.

(21) CA Paris, 4 juillet 1962, inédit cité par Desbois, *Traité des droits d'auteur*, 1978, n° 539.

(22) CA Paris, 5 février 1980, *Bull. Civ.* 1980 1re partie n° 45.

(23) TGI Paris, 7 mars 1986, *RIDA* janvier 1987, n° 131 p. 252.

(24) TGI Paris, 23 avril 1971, *RIDA* octobre 1972.

(25) CA Paris, 5 juillet 1979, *Dalloz* 1980, p. 580.

(26) Article L. 132-4 alinéa 4 du Code de la propriété intellectuelle.

(27) Article L. 132-16 du Code de la propriété intellectuelle.

(28) Article L. 132-15 du Code de la propriété intellectuelle.

(29) Loi n° 94-475 du 10 juin 1994.

20000.
La distribution d'œuvres multimédias

L'éditeur qui a fabriqué ou fait fabriquer les exemplaires de l'œuvre multimédia, conformément au contrat d'édition le liant avec le ou les auteurs, a la charge d'en assurer la publication et la diffusion.

La diffusion est l'opération par laquelle l'œuvre rencontrera son public. En termes économiques on parlera de distribution de l'œuvre. Le professeur Lassègue donne la définition suivante de la distribution : « *La distribution est l'ensemble des opérations de mise des biens à la disposition des consommateurs au lieu, au moment, sous la forme, dans l'assortiment et dans les qualités correspondants aux besoins des consommateurs* » (1).

Compte tenu des spécificités techniques de l'œuvre multimédia, la distribution peut être effectuée de deux manières différentes :

- la distribution d'exemplaires ;
- la distribution en ligne.

La distribution d'exemplaires d'un produit multimédia, qui consiste en un produit standard reproduit en un nombre d'exemplaires important, se rapproche de la distribution des exemplaires de livres, de vidéocassettes, de progiciels, ou de jeux vidéo.

Les modalités juridiques de cette distribution seront donc calquées sur celles mises en place pour ces produits.

La distribution en ligne consistera dans le fait de reproduire le produit multimédia dans la mémoire d'un ordinateur serveur auquel les clients pourront accéder à partir de terminaux de télécommunication soit pour télécharger le produit en question, soit pour l'utiliser sans le télécharger, en restant constamment connecté pendant le temps de l'utilisation.

Les modalités juridiques de la distribution devront prendre en compte les modalités techniques de la distribution et les caractéristiques du produit. Seront successivement abordés :

- la distribution d'exemplaires ;
- la distribution en ligne.

20100. La distribution d'exemplaires

Un produit multimédia, constitué par une reproduction sur un support physique de l'œuvre, accompagné, le cas échéant d'un mode d'emploi, et inclus dans un emballage standard peut rencontrer son public de différentes manières.
L'éditeur ou le producteur pourra procéder à la vente par correspondance de son produit. Dans ce cas, la réglementation propre à ce type de vente insérée dans le Code de la consommation s'appliquera.
Il pourra également procéder à la distribution de son produit auprès de tous les intermédiaires revendeurs intéressés, sur la base de conditions générales préétablies et d'un tarif. Il pourra également choisir d'organiser sa distribution dans le cadre d'un réseau.
Quel que soit le réseau retenu, les règles relatives à la concurrence et à la transparence tarifaire devront être respectées. Ainsi, il convient d'examiner :

- les règles générales du droit de la concurrence et de la transparence tarifaire s'appliquant à l'activité de distribution ;
- la vente par correspondance ;
- la distribution sur la base de conditions générales ;
- la concession exclusive et la distribution sélective.

20110. *Les règles générales du droit de la concurrence et de la transparence tarifaire applicables à la distribution*

La validité des contrats passés entre un producteur et ses différents distributeurs dépend du respect de plusieurs textes législatifs, notamment en ce qui concerne la détermination du prix et la liberté de la concurrence.

20111. *La détermination du prix et la liberté de la concurrence*

Le régime juridique du prix, au regard du droit des contrats, dépend de la nature juridique de la convention.
S'il s'agit d'une prestation de service, l'absence de prix ne rend pas le contrat caduc (2). Dans un tel cas, le prix peut être fixé *a posteriori* sous le contrôle du juge.

S'il s'agit d'une vente, les règles applicables résultent de quatre arrêts de la Cour de cassation du 1er décembre 1995 (3) selon lesquels :

– sauf disposition légale particulière, l'absence de fixation du prix lors de la conclusion du contrat n'affecte pas la validité de celui-ci ;

– l'abus commis par la partie qui voudrait fixer autoritairement le prix lors de l'exécution du contrat relève des règles du contentieux contractuel (responsabilité pour indemnisation ; résiliation pour une inexécution).

Désormais, les litiges relatifs à la fixation du prix relèvent donc du contentieux de l'exécution contractuelle alors que précédemment l'indétermination du prix impliquait la nullité du contrat entier (4).
A ces règles issues du Code civil tel qu'interprété par la jurisprudence, il faut ajouter celles prévues par le Code de la propriété intellectuelle en matière de licence et qui s'appliqueront aux dispositions du contrat conclu par le producteur de l'œuvre multimédia qui relèveront du droit d'auteur (4 bis).
Parmi les autres dispositions qu'il est obligatoire de respecter, figurent celles concernant la protection du libre jeu de la concurrence. Ces règles découlent de principes que l'on retrouve tant au niveau national qu'au niveau communautaire.
Le principe d'économie libérale est juridiquement exprimé en France, par l'ordonnance du 1er décembre 1986 (5) et dans le cadre de l'Union européenne, par le traité de Rome du 25 mars 1957. L'objet de l'ordonnance du 1er décembre 1986 résulte clairement de son titre : « Ordonnance relative à la liberté des prix et de la concurrence ».
L'objet du traité de Rome, tel que modifié par l'Acte unique européen des 17 et 28 février 1986, est l'établissement d'un « *(...) marché intérieur comportant un espace sans frontières intérieures dans lequel la libre circulation des marchandises, des personnes, des services et des capitaux est assurée selon les dispositions du présent traité* » (article 8A du traité de Rome).
Malgré la différence de formulations un objectif commun apparaît toutefois : l'élimination des obstacles aux échanges en vue de permettre une répartition plus rationnelle des activités économiques et de favoriser ainsi l'élévation du niveau de vie des Français et des Européens.
Mais ces avantages pourraient disparaître si des accords entre opérateurs économiques faussaient le jeu de la concurrence. C'est pourquoi l'ordonnance de 1986 et le traité de Rome contiennent des dispositions destinées à réglementer les pratiques anticoncurrentielles.
A côté des pratiques purement anticoncurrentielles que l'ordonnance de 1986 prohibe expressément, celle-ci est également venue renforcer les règles relatives à la transparence dans les relations entre professionnels.

20112. ***Les pratiques anticoncurrentielles***

Les textes français et communautaires contiennent des dispositions qui interdisent les pratiques anticoncurrentielles sous forme d'entente ou d'abus de position dominante.

Les règles françaises sont contenues dans les articles 7 à 10 de l'ordonnance de 1986 et les règles communautaires aux articles 85 et 86 du traité de Rome. Ces articles sont fondés, dans leurs grandes lignes, sur les mêmes principes et exceptions : interdiction des accords et des abus de position dominante qui portent atteinte à la concurrence à moins que ces pratiques ne puissent être justifiées par des conséquences positives pour le marché et les utilisateurs finals (6).

Non seulement les textes ont des rédactions très proches mais, en outre, les autorités chargées du contrôle de la concurrence, aussi bien françaises que communautaires, les interprètent de manière cohérente et les jurisprudences de la Cour de cassation et de la Cour de justice des Communautés européennes évoluent de manière convergente (7).

De plus, la Cour de cassation applique sans hésiter le principe de primauté du droit communautaire. La Cour suprême a, par exemple, cassé un arrêt d'une cour d'appel qui n'avait pas pris en compte des critères définis précédemment par la Cour de justice des communautés européennes (8). Toutefois, il n'y a pas identité entre les deux corps de règles.

Ainsi, par exemple, la législation française admet les ententes et abus de position dominante « *qui résultent de l'application d'un texte législatif ou d'un texte réglementaire pris pour son application* » (9).

En droit communautaire, seules les ententes légitimées peuvent être « autorisées » sous réserve de s'adresser à la Commission de Bruxelles pour demander une attestation de non-atteinte à la concurrence ou une « exemption ».

Cette possibilité n'existe pas en droit français, ce qui doit inciter à la prudence les sociétés désirant constituer un réseau de distribution dans la mesure où la légalité de leur opération ne peut être confirmée de manière certaine qu'à l'occasion d'une procédure et donc en cas de contestation.

Il est dès lors nécessaire de connaître les champs d'application respectifs du droit français et du droit communautaire de la concurrence avant d'examiner leur contenu.

En ce qui concerne les règles communautaires, le traité de Rome précise qu'elles s'appliquent lorsqu'une pratique anticoncurrentielle est susceptible de porter atteinte au commerce entre Etats membres (art. 85-1 et 86).

La notion d'entrave au commerce entre Etats membres est difficile à cerner. Un réseau de distribution purement national peut ainsi être considéré comme portant atteinte au commerce entre Etats membres (10).

Le critère de l'atteinte au commerce entre Etats membres est l'entrave à l'interpénétration des différents marchés nationaux pour un produit ou pour un service donné (11).

20113. *Les sanctions*

Les dispositions de l'ordonnance du 1er décembre 1986 et du traité de Rome prévoient tout d'abord des sanctions pécuniaires contre les auteurs de pratiques restrictives illicites.
L'article 13 de l'ordonnance du 1er décembre 1986 permet au Conseil de la concurrence d'infliger aux entreprises ou aux personnes morales une sanction pécuniaire dont le montant maximum est de 5 % du montant du chiffre d'affaires hors taxes réalisé en France au cours du dernier exercice clos ; si le contrevenant n'est pas une entreprise, le maximum est de 10 millions de francs.
Les sanctions doivent obéir au principe de proportionnalité. Ainsi la Cour de cassation a cassé un arrêt de la Cour d'appel de Paris qui avait confirmé une décision du Conseil de la concurrence condamnant une société à une peine pécuniaire de plusieurs millions de francs pour abus de position dominante.
La Cour suprême a estimé qu'un tel montant n'était pas justifié eu égard à la gravité des faits relevés et au dommage porté à l'économie du marché de référence (12).
Les tribunaux répressifs peuvent également prononcer des peines d'emprisonnement de 6 mois à 4 ans et/ou une amende de 500 000 francs.
Selon l'ordonnance du 1er décembre 1986, est nul tout engagement, convention ou clause contractuelle se rapportant à un accord anticoncurrentiel ou à un abus de position dominante. Selon l'article 85-2 du traité de Rome, toutes les ententes illicites sont nulles.

20114. *La transparence du marché*

Les lois du 31 décembre 1992 et du 29 janvier 1993 ont modifié le titre IV, relatif à la transparence des relations commerciales, de l'ordonnance du 1er décembre 1986 relative à la liberté de la concurrence et des prix.
Les nouvelles règles concernent la rédaction de la facture, les délais de paiement, la communication des conditions générales de vente...
Concernant les factures et les conditions générales de vente, ces lois imposent notamment de nouvelles mentions obligatoires depuis le 1er juillet 1993 (13).

LA DISTRIBUTION D'EXEMPLAIRES	
RÈGLES GÉNÉRALES (droit de la concurrence et droit des contrats)	VENTE PAR CORRESPONDANCE (droit de la consommation)
Détermination du prix	
Liberté de la concurrence	Information précontractuelle sur l'entreprise (nom...)
Interdiction des pratiques discriminatoires (ententes...)	Information précontractuelle sur le produit (prix, délai...)
Transparence tarifaire	
Réseaux de distribution	Information sur la faculté de remboursement

Figure 20.1. *La distribution d'exemplaires*

20120. *La vente par correspondance*

La vente par correspondance consiste dans le fait, pour le vendeur, de proposer ses produits à la vente, au moyen d'une technique de vente à distance, sans qu'il ait besoin de disposer d'un local où recevoir le public pour lui proposer ses produits.

Les techniques de communication à distance mises en place peuvent être le téléphone, la télématique, le courrier. Afin de faire connaître ses produits par courrier, le vendeur diffusera son catalogue, soit dans des revues, soit en le distribuant au domicile des acheteurs potentiels.

La vente par correspondance suppose donc l'établissement d'un catalogue, sa diffusion, la mise en place d'une cellule de réception et de traitement des appels ou des courriers pour l'envoi des commandes ainsi que le traitement du suivi de ces commandes.

La vente par correspondance à l'attention des consommateurs, suppose que soient respectées les dispositions du Code de la consommation tenant :

- à l'information précontractuelle ;
- aux contrats ;
- aux effets du contrat.

20121. *La nécessaire information précontractuelle*

Lorsqu'un professionnel offre la vente d'un bien ou la fourniture d'une prestation de service à distance, celui-ci doit indiquer le nom de son entreprise, ses coor-

données téléphoniques, ainsi que l'adresse de son siège social, lorsqu'il est différent de l'établissement responsable de l'offre (14).
Le vendeur doit également informer le client potentiel sur les caractéristiques des produits offerts (15). De même, une information complète sur les prix incombe au vendeur (16).
Si le produit acheté dépasse un seuil de 3 000 francs, le vendeur a l'obligation d'indiquer la date limite à laquelle il s'engage à livrer le bien (17). L'absence de livraison dans ces délais peut permettre au consommateur de dénoncer le contrat de vente.

20122. *Le contrat à distance*

Le contrat de vente entre le consommateur et le vendeur sera formé à distance. Un risque pourra exister quant à la validité du contrat au cas où celui-ci serait conclu avec un mineur. Une vérification devra dont être effectuée par le vendeur.
Le moment et le lieu de formation du contrat dépendent des règles posées par le Code civil, sauf dans certaines hypothèses comme le démarchage par téléphone ou par tout moyen technique assimilable ; dans ce cas, le vendeur devra adresser au consommateur une confirmation écrite de l'offre qu'il lui a faite et le consommateur ne sera engagé que par sa signature ; le contrat sera conclu au moment de cette signature (18).
Le paiement par le consommateur sera fait à distance. Plusieurs modalités pourront être retenues, comme le paiement par chèque ou le paiement par carte bancaire. Si le vendeur souhaite offrir aux consommateurs la possibilité de paiement par carte bancaire, les modalités les plus commodes seront de conclure un contrat commerçant avec le GIE carte bancaire.
Selon ce contrat, en cas de contestation du titulaire du compte débité suite à un paiement effectué par un consommateur qui aura donné le numéro de la carte bancaire débitée et sa date d'expiration, le commerçant devra rembourser les sommes débitées (19).

20123. *Les effets du contrat*

Une fois le contrat conclu, le consommateur dispose d'un délai de sept jours francs à compter de la livraison de sa commande pour faire retour du produit acheté au vendeur soit pour échange, soit pour remboursement (20).
L'exercice de ce droit de retour est discrétionnaire ; le consommateur n'a pas à justifier des raisons pour lesquels il fait usage de ce droit. Le vendeur ne pourra pas appliquer de pénalité à raison de l'usage de cette faculté.

20130. ***La distribution prise en charge par l'éditeur ou producteur***

Un éditeur ou un producteur de produits multimédias pourra distribuer lui-même ses produits auprès des revendeurs qui en feront la demande comme cela existe en matière de livres, de disques, de vidéocassettes.
Une telle méthode suppose que l'éditeur ou le producteur dispose d'infrastructures industrielles importantes lui permettant de stocker les exemplaires, de traiter les commandes ainsi qu'un service d'expédition.
L'éditeur ou le producteur devra prendre en compte les contraintes juridiques propres à toutes entreprises de distribution en apportant des aménagements à ses conditions générales de façon à prendre en compte la spécificité du produit multimédia.
Le fait pour un éditeur ou un producteur de distribuer ses propres produits multimédias auprès de revendeurs implique qu'il disposera de conditions générales de vente, de tarifs, et éventuellement d'un barème de rabais ou remises.

20131. ***Les documents contractuels et la transparence tarifaire***

Le distributeur a l'obligation de communiquer les conditions générales de vente à tout professionnel qui en fera la demande (21). Les obligations de communication portent sur les éléments suivants :

- les conditions générales de vente ;
- les tarifs des produits vendus ;
- les conditions de règlement ;
- le barème de remises et ristournes s'il existe.

La méconnaissance de cette obligation de communication est sanctionnée par une amende de 100 000 francs qui peut être portée au quintuple si une personne morale est reconnue coupable de cette non-communication.
Il ne semble pas que la Cour de cassation ait déduit de cette obligation de communication une obligation générale d'établissement des conditions générales et des barèmes (22). Un barème de remises et de ristournes devra être élaboré par écrit dès lors que l'entreprise en accorde.
Seront notamment possibles des remises de quantité (remise dégressive en fonction de la quantité commandée), des remises en fonction des services rendus (présentation privilégiée par le revendeur telle que tête de gondole...).

20132. ***L'interdiction des pratiques restrictives de concurrence***

Toute discrimination par le distributeur d'un partenaire économique, non justifiée par des contreparties réelles et créant pour ce partenaire, un désavantage ou un

avantage sur la concurrence, pourrait justifier une action devant le juge civil ou commercial soit par le partenaire économique, soit par un concurrent afin que soit ordonné que cesse cette pratique discriminatoire (23).
De même, le distributeur ne pourra pas refuser de contracter avec tout partenaire économique qui en fera la demande si cette demande ne présente pas un caractère anormal, qu'elle est faite de bonne foi et que le refus n'est pas justifié par un texte particulier (24).
Enfin, l'éditeur ou le producteur ne pourra pas, dans ses conditions générales ni dans tout autre document, imposer un prix minimum de revente ou une marge commerciale.
Une telle clause tomberait sous le coup de l'article 34 de l'ordonnance du 1er décembre 1986 qui sanctionne le délit d'imposition de prix minimum d'une peine d'amende de 100 000 francs.

20133. *Les dispositions des conditions générales propres au produit multimédia*

Les dispositions propres à la transparence tarifaire exposée ci-avant sont d'application générale. Les conditions générales pourront également contenir des dispositions qui tiendront compte des caractéristiques du produit multimédia distribué.
Le contrat devra prévoir que le partenaire économique n'acquerra aucun droit de propriété intellectuelle sur le produit multimédia. En conséquence, il devra le commercialiser en l'état dans l'emballage d'origine sans procéder à aucune modification de l'emballage, ni du produit lui-même. Le partenaire économique devra s'engager à revendre le produit dans le respect des droits de propriété intellectuelle.
Classiquement, les conditions générales pourront contenir des dispositions sur la livraison et le transfert de la charge des risques et contenir une clause de réserve de propriété permettant à l'éditeur ou au producteur, soit de demander la restitution, soit de revendiquer les exemplaires livrés en cas de non-paiement (25).
S'agissant de produits incorporant des droits de propriété intellectuelle, il pourrait être utile d'insérer dans les conditions générales une clause organisant la reprise des invendus afin de pouvoir contrôler le mode de commercialisation (éviter les soldes, reprise des stocks en fin de contrat...)

20140. *Les réseaux de distribution*

L'éditeur ou le distributeur peut souhaiter procéder à la distribution de ses produits d'une manière différente, au sein d'un réseau de distribution par exemple, ou confier la distribution à un ou plusieurs professionnels de la distribution de produits culturels, chacun pour un territoire déterminé.

Deux situations pourront donc être envisagées. D'une part, l'éditeur ou le distributeur pourra confier à un ou plusieurs concessionnaires exclusifs le soin de distribuer ses produits :

– soit il désigne un seul concessionnaire exclusif pour l'ensemble du territoire français par exemple, à charge pour ce dernier de répartir les produits auprès de revendeurs ;

– soit il pourra confier à plusieurs concessionnaires exclusifs le soin de distribuer ses produits, chacun sur son territoire.

D'autre part, si le produit multimédia a des caractéristiques qui le lui permettent, l'éditeur ou le distributeur pourra mettre en place un système de distribution sélective. Ce type de distribution nécessite que soient prises en compte, dans la mise en place des réseaux et dans la rédaction des contrats, les données du droit de la concurrence.
Outre les obligations communes aux réseaux de distribution (obligation précontractuelle d'information, limitation de la durée de certains contrats à dix ans), la concession exclusive et la distribution sélective sont deux modes distincts de distribution obéissant chacun à des règles particulières dont il faudra tenir compte dans la distribution de produits multimédias.

20141. *La concession exclusive appliquée à la distribution de produits multimédias*

La concession exclusive peut recouvrir deux réalités. En premier lieu, l'éditeur ou le producteur pourra souhaiter confier pour un territoire donné à un concessionnaire exclusif le soin de distribuer ses produits au consommateur final.
En second lieu, l'éditeur ou le producteur pourra confier à un professionnel de la distribution le soin de répartir ses produits auprès des revendeurs. A cet effet, il confiera à un distributeur exclusif, pour un territoire déterminé, le soin de répartir auprès des revendeurs ses produits multimédias.
Cette solution sera adaptée pour les éditeurs ou les producteurs d'œuvres multimédias qui ne disposent pas de la surface industrielle et financière leur permettant d'assumer la fonction de distributeur.
Seront successivement présentées les conditions de licéité des contrats de concession exclusive au regard des droits français et communautaire de la concurrence et les clauses propres aux produits distribués.
Le système de distribution exclusive implique une répartition du marché entre les distributeurs exclusifs qui disposent chacun d'un territoire (région ou même pays). Il y a donc une limitation quantitative de fait. En contrepartie, la jurisprudence et la loi exigent que les distributeurs soient en concurrence entre eux :

– ils doivent tout d'abord librement fixer leurs prix. Les barèmes de prix imposés par le concédant sont interdits (26). La jurisprudence est particulièrement vigilante sur le respect de cette exigence et vérifie soigneusement que les barèmes de prix officiellement conseillés n'instaurent pas, en fait, des prix uniformes dans le réseau (27) ;

– ils doivent, en second lieu, se faire mutuellement concurrence (concurrence « *intra brand* »). Ce terme anglo-saxon signifie que la concurrence entre distributeurs s'exerce sur un même produit d'une même marque. En effet, la répartition d'un marché est licite si elle n'établit pas une étanchéité absolue entre les différents territoires attribués aux distributeurs (28).

En conséquence le distributeur d'un réseau a l'obligation de satisfaire les commandes qui lui sont adressées par un client situé en dehors de son territoire. Ainsi, un client potentiel pourra comparer les prix pratiqués par les différents distributeurs et choisir celui qui lui proposera le prix le plus intéressant, compte tenu des frais de transport.

Ces exigences ont pour but d'assurer un minimum de concurrence dans un espace où celle-ci a été réduite puisque le réseau de distribution exclusif répartit le marché, ce qui supprime toute volonté de concurrence entre les distributeurs en vue d'une extension territoriale.

Compte tenu de la spécificité des produits multimédias et de leur forte charge culturelle, la question de la durée du contrat de concession devra être posée avec acuité et plus particulièrement les modalités de la fin du contrat.

En effet, l'éditeur ou producteur aura intérêt, en fin de contrat à pouvoir confier à un autre distributeur, le plus rapidement possible, la distribution de ses produits sans que le distributeur précédant ne fasse concurrence au nouveau.

Un aménagement contractuel des modalités de la fin du contrat devra donc être réalisé. Par exemple, il pourra être prévu le rachat, à un prix déterminable au jour de la signature du contrat, des stocks restant en possession du distributeur au jour de la fin du contrat.

20142. *La distribution sélective appliquée à la distribution de produits multimédias*

La distribution sélective consiste dans le fait, pour l'éditeur ou le producteur, de sélectionner les revendeurs habilités à revendre ses produits en fonction des critères qualitatifs de compétence prédéterminés.

Selon les termes de Monsieur Ferrier, « *le contrat de distribution sélective en emporte l'exclusivité de fourniture, en ce sens que le fournisseur s'engage à ne vendre qu'au distributeur sélectionné. Ces distributeurs vont, ainsi, bénéficier d'une exclusivité au détriment des distributeurs éliminés parce qu'ils ne satisfont pas les critères de sélection préétablis par le fournisseur* » (29).

La mise en place d'un réseau de distribution sélective suppose que soit respecté un certain nombre de règles issues du droit de la concurrence.

Au terme de nombreuses années de jurisprudence européenne et française, les conditions de licéité d'un circuit de distribution sélective peuvent être résumées comme suit :

– le recours à la distribution sélective doit être nécessaire : les présentations, préconisations, installations ou service après-vente ne doivent pouvoir être assurés, compte tenu de la nature du produit ou du service, que par des techniciens qualifiés et/ou dans un cadre correspondant à l'image de marque, voire au prestige, attachés au fournisseur ;

– les conditions de distribution doivent se trouver améliorées du fait du circuit de distribution sélective qui doit garantir une meilleure qualité de services ;

– les critères de sélection doivent être objectifs et appliqués de façon non discriminatoire. Dans le but d'éviter tout arbitraire dans la sélection, les critères se doivent d'être définis préalablement à toute sélection de candidat ;

– ces critères ne doivent porter que sur l'expérience du distributeur, ses forces de vente et son degré de formation, l'assise financière de la société candidate ou la qualité de sa surface commerciale ;

– tout candidat répondant aux critères de sélection doit être admis au titre de distributeur agréé.

La controverse sur le caractère anticoncurrentiel de la distribution sélective au sens de l'ordonnance du 1er décembre 1986 et de l'article 85-1 du traité de Rome se trouve désormais close pour les produits qui présentent les caractéristiques précédemment décrites dès lors que le réseau répond aux conditions générales de licéité énumérées ci-dessus.
Se pose maintenant la question de savoir si les produits multimédias sont de nature à justifier un tel mode de distribution.
La mise en place des réseaux de distribution sélective n'est licite que pour des produits dont les caractéristiques intrinsèques justifient un tel procédé générant nécessairement des entraves à la concurrence. D'une manière générale, des produits multimédias n'auront pas forcément des caractéristiques telles qu'un réseau de distribution sélective puisse être mis en place.
Dans des cas particuliers, un tel système de distribution pourrait être établi. Il faut pour cela que le produit spécifique nécessite, pour son utilisation, un personnel compétent pour en faire la démonstration. Il en serait ainsi d'un matériel informatique tel, que seul un revendeur particulièrement avisé pourrait en disposer.
Dans une telle hypothèse, le contrat de distribution sélective devra bien préciser les raisons pour lesquelles le produit multimédia est distribué dans le cadre d'une distribution sélective (compétence du personnel, technicité et recours à du matériel, démonstration...).
L'éditeur ou le producteur devra également mettre en place des critères objectifs de sélection qualitative et appliquer ces critères de manière non discriminatoire,

c'est-à-dire que tout revendeur qui remplira les critères prédéfinis devra être agréé.
En ce qui concerne les clauses propres au produit multimédia, elles ne sont pas différentes de celles incluses dans un contrat de concession exclusive.

20200. La distribution en ligne

La distribution en ligne d'un produit multimédia peut être définie comme le fait de mettre à la disposition du public un produit multimédia accessible au moyen d'un terminal de télécommunication.
Le produit multimédia est stocké dans la mémoire d'un serveur auquel il peut être accédé par un réseau de télécommunication. La distribution en ligne d'un produit multimédia recouvre deux réalités :

- le téléchargement du produit ;
- l'utilisation en ligne du produit.

Le téléchargement d'un produit multimédia comme d'un logiciel, est un mode technique de distribution, une modalité de « livraison ».
Le producteur peut choisir de confier la distribution de son produit multimédia à un tiers, sur le mode de la distribution en ligne par téléchargement au lieu de distribuer des exemplaires physiques. Dans ce cas, les coûts de constitution des exemplaires sont donc supprimés.
Cette fonction de distribution peut être confiée à un professionnel sur le modèle de la concession exclusive ou non exclusive, plusieurs partenaires se faisant concurrence dans la commercialisation du produit multimédia.
Ces deux variantes de la distribution en ligne s'apparentent à des pratiques existant dans le domaine du logiciel et des bases de données. Seront successivement exposés :

- les éléments caractéristiques de la distribution en ligne ;
- le contrat de commercialisation.

20210. *Les éléments caractéristiques de la mise en ligne*

Trois points méritent d'être soulignés :

- la présentation des différents acteurs possibles ;
- la faculté de mise à jour que permet le procédé ;
- les modalités techniques de l'accès au produit.

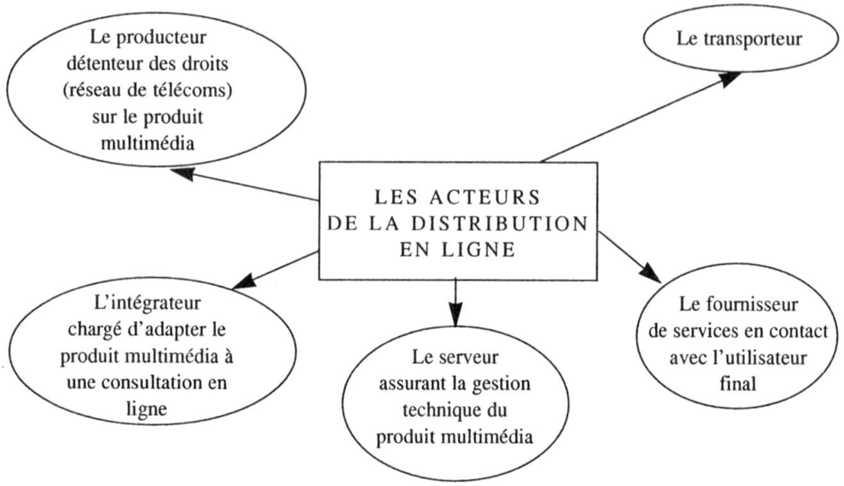

Figure 20.2. *Les acteurs de la distribution en ligne*

20211. *L'identification des différents acteurs*

La mise en ligne d'un produit multimédia suppose que soient remplies plusieurs fonctions, chacune étant accomplis par un acteur différent ou certaines l'étant par le même acteur. Il s'agit des fonctions :

- de production ;
- de serveur ;
- de fourniture de service ;
- d'intégration du produit ;
- de transport.

La fonction de production est assumée par la personne qui est détentrice de l'ensemble des droits d'auteur sur le produit multimédia, soit qu'elle en soit titulaire dès l'origine, soit qu'elle les ait acquis.

La fonction de serveur consiste dans le fait de gérer sur le plan technique un produit multimédia stocké. Cette fonction suppose la mise en jeu d'un ensemble de biens informatiques (matériels et systèmes de gestion), ainsi que des moyens d'accès permettant à l'utilisateur final de communiquer avec le centre, au moyen d'un terminal.

La fonction de fourniture de service consiste dans le fait d'assumer la responsabilité sur le plan commercial et technique vis-à-vis de l'utilisateur final. Elle peut être assurée soit par le serveur qui intervient au titre d'une double qualité, soit par une entreprise tierce, soit parfois par le producteur qui prend en charge l'exploitation de ses propres produits multimédias.

La fonction de serveur et de fournisseur de service sont des fonctions distinctes. Elles obéissent à des considérations économiques et juridiques différentes, bien qu'elles concourent vis-à-vis de l'utilisateur final à un même but, celui de la communication et des informations.
La fonction d'intégrateur du produit multimédia s'intercale souvent entre le serveur et le producteur et a pour finalité la mise en forme du produit multimédia et son adaptation à une consultation en ligne.
La fonction de transport est celle qui est prise en charge par l'organisme qui gère « *un réseau de télécommunication par lequel les utilisateurs accèdent au centre serveur* » (30).
Les différentes fonctions étant définies, il importe de souligner qu'elles ne correspondent pas forcément à des personnes juridiquement distinctes, une seule personne physique ou morale pouvant assumer plusieurs fonctions, étant entendu que la fonction de transporteur est en générale distincte.

20212. ***La faculté de mise à jour***

Le fait de distribuer un produit multimédia en ligne permet au producteur ou, éventuellement, au fournisseur de service de mettre à jour facilement le produit. Ce mode de distribution sera donc un mode privilégié pour les produits multimédias qui nécessitent une mise à jour constante.
Le fait de la mise à jour peut avoir une incidence directe sur la propriété, à terme, du produit multimédia lorsque les investissements créatifs des fournisseurs de service deviennent très importants par rapport à ceux ayant été à l'origine de la création du produit.
La gestion de la mise à jour induit des problèmes techniques, économiques et juridiques du fait de leur incidence éventuelle sur le droit de propriété et du fait des responsabilités qui peuvent être encourues à raison des informations incluses ou manquantes.
Cette question est plus spécifiquement une question propre aux banques de données (31) mais les caractéristiques du multimédia sont telles qu'une attention particulière devra être portée sur la nécessité des mises à jour et leurs conséquences.

20113. ***L'accès au produit multimédia***

L'accès au produit multimédia en ligne s'effectue par l'intermédiaire d'un service de télécommunications de type réseau. Il peut s'agir d'un réseau ouvert de type Internet ou d'un réseau fermé ou propriétaire, comme Infonie ou Compuserve, même si ceux-ci offrent par ailleurs, un accès à Internet.

Le statut des fournisseurs de service sur un tel réseau n'est pas facile à déterminer. On peut être tenté de faire un rapprochement avec les services télématiques.

La Commission de terminologie de l'informatique et celle des télécommunications ont respectivement donné deux définitions des services télématiques.

Pour la Commission de terminologie de l'informatique, il s'agit de « *l'ensemble des services de nature ou d'origine informatique pouvant être fourni à travers un réseau de télécommunication* ».

La Commission de terminologie des télécommunications désigne, quant à elle, les services télématiques comme « *l'ensemble des services, autres que les services télégraphiques et téléphoniques usuels qui peuvent être obtenus par les usagés d'un réseau de télécommunication ; ces services mettent généralement en œuvre des techniques de téléinformatique, qui permettent d'envoyer ou de recevoir des informations publiques ou privées, ou d'effectuer certaines opérations telles que la consultation de fichiers, réservation, opérations commerciales ou bancaires* ».

Les fournisseurs de services télématiques ont été assimilés à des entreprises de presse et ont pu ainsi bénéficier du régime particulier de constitution de ces sociétés.

Les réseaux qui permettent le transport de données, d'images, de sons, de textes, préfigurent les futures autoroutes de l'information. La loi relative aux expérimentations dans le domaine des technologies et services de l'information (32) fait référence aux textes applicables en matière de télécommunications d'une part, et d'audiovisuel, d'autre part. Ce texte démontre la nécessité d'adapter les règles existantes dans chacun de ces domaines, la distinction étant vouée à une obsolescence.

20220. *Le contrat de commercialisation*

Le contrat de commercialisation est le contrat par lequel le producteur confie à un prestataire, qui sera au minimum fournisseur de service (il sera appelé le diffuseur), le soin d'adapter le produit multimédia à une utilisation en ligne, de l'installer sur un serveur, de mettre en place les infrastructures nécessaires et d'assurer la commercialisation auprès du public, c'est-à-dire d'en assurer la promotion.

Compte tenu du caractère particulier de ce type de contrat, des développements particuliers seront consacrés :

- à l'objet du contrat et à sa nature ;
- au contrôle des droits de propriété intellectuelle sur le produit multimédia.

En outre, des observations plus succinctes seront faites sur les principales clauses de ce contrat.

20221. ***L'objet du contrat et sa nature***

La définition de l'objet du contrat est importante puisque deux modalités techniques de la commercialisation en ligne sont possibles, soit la simple consultation, soit le téléchargement.
Lors de la prise de décision de mettre le produit multimédia en ligne, un choix devra être fait entre ces deux options car il conditionnera la structure du contrat et la rédaction d'un certain nombre de clauses.
Notamment, si la solution du téléchargement est retenue, des problèmes liés à la garantie juridique des droits du producteur vis-à-vis des clients devront être résolus. Le contrat de commercialisation pourra être exclusif ou non exclusif.
Le contrat de commercialisation, comme le contrat de commercialisation de banque de donnée, est, d'une manière générale, qualifié de contrat d'entreprise. C'est un contrat par lequel le diffuseur assure la promotion du produit multimédia et accomplit une prestation de service pour le compte du producteur (33).
Le contrat d'entreprise est défini par l'article 1787 du Code civil comme étant une convention aux termes de laquelle une personne charge un entrepreneur de faire un ouvrage ou d'exécuter un service.
La Cour de cassation a défini ce qui distingue la vente du contrat d'entreprise : alors que la vente porte sur un produit dont les caractéristiques sont déterminées par les fabricants, et destinée à être vendue en série, le fournisseur dans un contrat d'entreprise, exécute un travail pour les besoins du client (34).
L'originalité du contrat de commercialisation d'un produit multimédia en ligne provient du fait, d'une part, que le diffuseur accomplit une prestation de service pour le producteur, laquelle consiste dans la promotion du produit multimédia et qu'il acquiert, d'autre part, un droit d'usage sur le produit multimédia afin d'en autoriser l'accès aux utilisateurs.
Par ailleurs, le contrat pourra contenir une licence de marque dans la mesure où elle peut devenir un élément prépondérant du succès commercial du produit multimédia, lorsqu'elle constitue un identifiant fort commercialement.

20222. ***Le contrôle des droits de propriété intellectuelle sur le produit multimédia***

Concernant la commercialisation d'une œuvre protégée par des droits de propriété intellectuelle un soin particulier doit être apporté par le producteur à la protection de ses droits.
Dans ses rapports avec le diffuseur, il devra signer une licence d'utilisation de l'œuvre accordant les droits strictement nécessaires à l'objet du contrat.
Ainsi, les droits nécessaires à la mise en place de l'œuvre sur le serveur, à l'intégration de diverses pages d'accueil et de mise en garde, à l'intégration d'un programme de consultation à distance devront être accordés pour la durée du contrat.

De même, le cas échéant, qu'en sera t-il des droits nécessaires à la mise à jour ? Les droits qui permettront au diffuseur de commercialiser le produit mis à jour devront être accordés.
Par rapport à l'utilisateur final, le producteur aura une première décision fondamentale à prendre, l'œuvre pourra t-elle être téléchargée ou non ?
Dans le cas où seule la consultation en ligne sera possible techniquement, le contrôle juridique de l'utilisation de l'œuvre ne posera pas de problème.
Par contre, si l'option du téléchargement est retenue, il sera nécessaire que le contrat de commercialisation prenne en compte les modalités selon lesquelles les droits d'utilisation seront accordés à l'utilisateur final (étendue des droits, information de l'utilisateur final sur ses droits).

20223. ***Les principales clauses***

Certains autres points devront faire l'objet d'un soin particulier lors de la rédaction des clauses contractuelles.
Ainsi, la titularité des droits du producteur devra être établie dès le préambule et faire l'objet d'une clause particulière. Les obligations de promotion mises à la charge du diffuseur devront être précisées d'une manière détaillée. Le choix entre l'exclusivité ou la non-exclusivité devra être fait.
Parallèlement, la possibilité pour le diffuseur de diffuser en même temps que l'œuvre objet du contrat, une œuvre concurrente devra être spécifiée.
La durée du contrat devra être précisée ainsi que les modalités applicables en fin du contrat, quelqu'en soit la cause.
La clause de rémunération devra être rédigée précisément. Cette rémunération pourra être une fraction du chiffre d'affaires généré par la consultation du service.
Une clause d'audit devra doubler cette clause de rémunération afin que le producteur puisse s'assurer que les sommes versées correspondent à la réalité.
La question du territoire devra être réglée d'une manière particulière. S'agissant de consultation en ligne, la délimitation du territoire ne semble pas aisée.
A priori, l'œuvre multimédia pourrait être concédée au diffuseur, de manière principale pour, par exemple, le territoire français tout en acceptant les connections venant d'un autre territoire. Dans cette hypothèse, la promotion de l'œuvre multimédia pourrait être limitée au territoire français.
Le territoire pourrait être également défini en fonction de zones linguistiques homogènes correspondant à la langue dans laquelle l'œuvre est confiée.
Toute diffusion sur Internet suppose bien entendu la concession d'un droit pour le monde entier.
Si l'œuvre multimédia incorpore des données susceptibles de générer une responsabilité, comme c'est le cas dans certaines bases de données informatives ou de vente de marchandises, une clause de responsabilité ainsi que de garantie devront être insérées répartissant la charge de la responsabilité et de la garantie entre les partenaires en fonction de leur rôle effectif.

Suivant le degré de maîtrise qui sera conservé par le producteur sur l'œuvre, les procédures d'informations et d'agréments devront être mises en place, notamment en ce qui concerne les fonctions d'accès au produit multimédia, les différentes pages d'accueil et les autres aménagements nécessaires à la mise en ligne.
Si la mise en ligne est destinée au téléchargement de l'œuvre, le contrat devra prévoir les modalités dans lesquelles le diffuseur contractera avec le client final, notamment en ce qui concerne la sauvegarde des droits de propriété du producteur.
A cet effet, une licence d'utilisation où le texte d'un écran d'avertissement devant apparaître avant le téléchargement pourra être prévu par les parties, à charge pour le diffuseur de le rendre opposable à l'utilisateur final.
Par ailleurs, les parties devront respecter la législation applicable en matière de protection des données nominatives, dès lors que l'abonnement ou la consultation en ligne peut générer la création d'un fichier automatisé de traitement nominatif (35).
Bien d'autres règles ont vocation à s'appliquer, qu'il s'agisse de celles sur la publicité mensongère ou sur la vente à distance par exemple (36). Enfin, il convient de se référer également à la législation propre à chacun des produits et services offerts en ligne et au droit de la consommation en général.

Notes

(1) Définition citée par Didier Ferrier, *Le droit de la distribution*, n° 3, Litec 1995.

(2) CA Paris, 15 septembre 1995, affaire Sté SM conseil c/ Sté Adia France, *Dalloz* Affaires n° 6/1995, p.130.

(3) Cass. com., Ass. plén., 1er décembre 1995, *Dalloz* 1996, J-13, note Laurent Aynès.

(4) Cass. com., 17 décembre 1985 ; 25 février 1986 et Paris 11 juillet 1986, *Dalloz* 1987, chr. D. Verrier.

(4 bis) *Supra* n° **19000** et s. relatifs au contrat d'édition d'œuvres multimédias.

(5) Ordonnance n° 86-1243 du 1er décembre 1986 relative à la liberté des prix et de la concurrence, *JO* du 9 décembre 1986.

(6) Sur ces notions *infra* n° **40131** et **40132**.

(7) Cf. note sous la décision CJCE du 27 février 1992, *Contrats, concurrence, consommation,* Editions techniques, juin 1992 § 118 ; note sous Cass. com. 10 décembre 1991, *Contrats, concurrence, consommation* avril 1992, § 70 concernant la nullité d'un contrat de concession automobile ne respectant pas les règles du droit de la concurrence.

(8) Cass. com. 20 mars 1990, *JCP* (E) 1990, II-15854.

(9) Article 10-1 de l'ordonnance du 1er décembre 1986.

(10) CJCE, aff. 23/67, Brasserie de HAECHT, 12 décembre 1967, *Rec.* p. 526 ; CJCE, Assurance incendie, 27 janvier 1987, *Gaz. Pal.*, 1987, I, somm. p. 287.

(11) *CJCE,* aff. Nutricia n° 42-84, du 11 juillet 1985, *inédit* ; décision du Conseil de la concurrence, 1er avril 1992, Comités armatoriaux franco-ouest-africains, *Revue Europe*, Editions Techniques, juillet 1992, § 274.

(12) Cass. com. 10 mars 1992, France Loisirs, *BOCC* 21 mars 1992, p. 103.

(13) Loi n° 93-122 du 29 janvier 1993, *JO* du 30 janvier 1993 ; décret du 27 novembre 1992, *JO* du 28 novembre 1992.

(14) Article L. 121-18 du Code de la consommation.

(15) Article L. 111-1 du Code de la consommation.

(16) Arrêté du 3 décembre 1987, article 14.

(17) Article L. 114-1 du Code de la consommation.

(18) Article L. 121-27 du Code de la consommation.

(19) Article 4 des conditions particulières de fonctionnement des systèmes de paiement par carte dans le cadre de vente par correspondance, par téléphone ou par vidéotex, contrat groupement des cartes bancaires « CB ».

(20) Article L. 121-16 du Code de la consommation.

(21) Article 33 de l'ordonnance du 1er décembre 1986.

(22) Cass. com., 18 janvier 1994, *Contrats, concurrence, consommation* 1994, n° 79 p. 75.

(23) Article 36-1 de l'ordonnance de 1986.

(24) Article 36-2 de l'ordonnance de 1986.

(25) Article 115-1 de la loi du 25 janvier 1985 sur les procédures collectives dans sa rédaction issue de la réforme du 10 juin 1994.

(26) Article 34 de l'ordonnance du 1er décembre 1986.

(27) Affaires Nina Ricci, Rochas et Lanvin, connues sous le nom « Duo », Cass. crim., 3 novembre 1992, *Gaz. Pal.*, 1982, II-658.

(28) Cass. com. 21 mars 1972, *JCP* 1972, II-17221.

(29) D. Ferrier ouvrage *précité* n° 479.

(30) Arrêté du 30 décembre 1983 relatif à l'enrichissement du vocabulaire de l'informatique.

(31) MÉMENTO-GUIDE ALAIN BENSOUSSAN, *L'informatique et le droit*, tome 1, n° 5000.

(32) *Supra* n° **15700** et s. relatifs à la loi sur les autoroutes de l'information.

(33) Mallet-Poujol, *Commercialisation des banques de données*, Ed. CNRS 1993, p. 359.

(34) Cass. civ. 1985, *Bull. civ.*, III, n° 23.

(35) *Infra* n° **34000** et s. relatifs à la loi Informatique, fichiers et libertés.

(36) *Infra* n° **23000** et s. relatifs au commerce électronique.

21000.
L'utilisateur d'œuvre multimédia

Les spécificités technologiques des œuvres multimédias ne sont pas sans incidence sur la notion d'utilisateur telle que conçue en propriété littéraire et artistique. Aussi, paraît-il essentiel de définir ce que l'on entend par utilisateur d'une œuvre multimédia et d'envisager quels sont ses droits et ses obligations.

21100. Définition de l'utilisateur multimédia

Afin de mieux mesurer l'impact de la technologie multimédia sur la notion d'utilisateur, il faut partir du concept classique d'utilisateur avant d'analyser ses mutations.

21110. *L'utilisateur au sens de la propriété littéraire et artistique*

Bien que le statut d'utilisateur ne fasse pas l'objet d'une disposition particulière en droit de la propriété littéraire et artistique, l'utilisation de l'œuvre est abordée à travers le concept de « droit de destination ». En effet l'article L. 131-3 alinéa 1, du Code de la propriété intellectuelle dispose :

« *La transmission des droits de l'auteur est subordonnée à la condition que chacun des droits cédés fasse l'objet d'une mention distincte dans l'acte de cession et que le domaine d'exploitation des droits cédés soit délimité quant à son étendue et à sa destination, quant au lieu et quant à la durée* ».

L'auteur peut dès lors, au moment où il autorise la reproduction de son œuvre, spécifier à quelles fins elle est autorisée ainsi que les usages que les tiers peuvent faire des exemplaires issus de la reproduction. L'auteur peut contrôler aussi bien la circulation des exemplaires que certaines formes d'exploitation n'impliquant pas la circulation des supports (location, prêt public, utilisation en public du disque...). Par conséquent, la notion d'utilisation et la qualité d'utilisateur s'entendent de façon très large en droit d'auteur.

Si les technologies multimédias au stade actuel de leur développement ne remettent pas en cause l'analyse classique de l'utilisation, elles risquent rapidement de le faire du fait du caractère interactif des produits et de leur mise en réseau.

21120. *L'utilisateur multimédia : de l'utilisation à la création*

Le développement du caractère interactif des œuvres multimédias risque d'inciter leurs utilisateurs à se transformer en créateur, c'est-à-dire en auteur. Dès que l'utilisateur pourra réutiliser une œuvre multimédia en l'intégrant à son travail, il fera un acte de création au sens de l'article L. 111-1 du Code de la propriété intellectuelle et à ce titre, devra respecter les obligations incombant à un auteur utilisant une œuvre préexistante (1).

Les modes d'exploitation des œuvres multimédias incitent également à envisager deux types d'utilisateur :

– l'utilisateur « *on line* », sur réseau ;

– l'utilisateur « *off line* » sur support matériel (principalement sur CD-ROM), déconnecté du réseau.

Pour l'auteur d'une œuvre multimédia, la distinction n'est pas dépourvue d'intérêt. En effet, s'il lui est plus facile de contrôler l'exploitation qui est faite de son œuvre lorsqu'elle est fixée sur un support, sa dématérialisation du fait de la mise en réseau entraîne une perte de contrôle. Il devient alors difficile à l'auteur de contrôler si son œuvre est utilisée de façon privée ou publique, de faire valoir son droit à la représentation (2) et à la reproduction (3).

21130. *L'utilisation publique et l'utilisation privée*

Cette distinction n'est pas récente mais a été reprise lors de l'élaboration de la loi du 20 juin 1992 relative au dépôt légal (4) pour les différentes œuvres artistiques. L'article 1er de cette loi mentionne les documents multimédias (5) définis par la loi comme :

« *(...) tout document qui soit regroupe deux ou plusieurs supports mentionnés aux chapitres précédents* (documents imprimés, graphiques, photographiques, progiciels, bases de données, systèmes experts, phonogrammes et vidéogrammes), *soit associe, sur un même support, deux ou plusieurs documents soumis à l'obligation de dépôt* ».

Certaines personnes morales investies d'une mission de service public (bibliothèque, établissements scolaires, organismes de recherche, administration) seront amenées à mettre à la disposition du public des produits multimédias.
Le respect des règles de la propriété intellectuelle devra dans ce cadre être concilié avec les missions de service public dont sont investies ces personnes. Pour y parvenir, seule la voie contractuelle apparaît aujourd'hui la plus adaptée. Ces contrats traitent principalement :

– des modes de conservation des documents que souhaite adopter l'organisme dépositaire : stockage sur nouveau support ou non ;

– du mode de consultation (sur place ou à l'extérieur), de l'origine du consultant (individuel, chercheur, enseignant) et de la destination de la consultation ;

– de l'étendue et de la nature des autorisations accordées pour la consultation mettant en œuvre le droit de représentation, c'est-à-dire l'utilisation des produits multimédias déposés.

Pour l'utilisation privée, la logique qui prévaut est également celle du contrat. Les éditeurs d'œuvres multimédias définissent par contrat l'étendue des autorisations et des modes d'utilisation relative à ces œuvres.
Tout acte effectué en dehors du cadre contractuel nécessitera pour l'utilisateur une autorisation expresse de la part de l'auteur ; tout le problème consistera alors à savoir comment assurer le contrôle du respect du contrat.

21140. *L'utilisateur au regard du droit de la consommation*

L'utilisateur d'un produit multimédia qu'il soit *on line* ou *off line* est avant tout un consommateur au sens large. En droit de la consommation, de nombreux textes réservent leur application en fonction de la qualité des parties en présence : professionnels, non-professionnel ou consommateurs (6).
Il n'existe pas de définition juridique du consommateur. Or, la question de la définition se pose chaque fois que la loi prévoit des règles de protection ou d'information au seul bénéfice du « consommateur » et que de surcroît, la violation de ces dispositions engage la responsabilité pénale des professionnels. Bien que le Code de la consommation (7) ne définisse pas la notion de consommateur, la jurisprudence en a peu à peu dégagé deux catégories :

– les consommateurs *stricto sensu*, c'est-à-dire des personnes physiques qui contractent pour des besoins personnels ou familiaux ;

– les non-professionnels qui, bien qu'agissant dans le cadre professionnel, concluent un contrat sortant de leur spécialité (cas du bijoutier qui achète un système d'alarme pour son magasin).

21200. Les droits de l'utilisateur

21210. *Les droits relevant du droit de la consommation*

Pour assurer une meilleure protection du consommateur profane, le législateur est intervenu régulièrement depuis 1973 pour réglementer certains abus (publicité mensongère, démarchage et vente à domicile, clauses abusives...) (8).

21211. *La non-opposabilité des clauses abusives au consommateur*

Dans le cadre des contrats commerciaux, l'article L. 132-1 du Code de la consommation stipule que les clauses jugées abusives ne sont pas opposables au consommateur. La jurisprudence de la Cour de cassation dans une interprétation extensive de la disposition légale en étend les effets aux non-professionnels (9).
S'il peut être considéré comme un consommateur, l'utilisateur d'une œuvre multimédia achetant le support et utilisant le réseau pour contracter (téléachat, par exemple) bénéficiera de cet article et de la non-opposabilité des clauses abusives à son égard.
Les clauses abusives sont non seulement réputées non écrites mais également punissables d'amendes lorsqu'en particulier, elles concernent l'absence de mention de l'application de la garantie légale.

21212. *Un droit au conseil*

La jurisprudence a fait entrer le devoir de conseil parmi les obligations dont le manquement est source de responsabilité contractuelle. Aussi, l'utilisateur est en droit d'obtenir auprès du fournisseur de l'œuvre multimédia qu'elle soit *on line* ou *off line*, une documentation pour l'utilisation du produit.
Il doit également être informé sur la comptabilité du produit avec son matériel.
La réciproque de cette obligation du vendeur est le devoir d'information qui incombe à l'utilisateur acheteur de s'informer un minimum sur l'utilisation qu'il pourra avoir du produit acheté.

21220. *Un droit sur les données nominatives*

L'accès à des œuvres multimédias et leur utilisation risquent d'entraîner la communication par l'utilisateur de diverses données nominatives le concernant.
Aujourd'hui, les autoroutes de l'information vont permettre l'offre de nombreux services multimédias en ligne (services transactionnels, d'information ou de communication), posant ainsi des problèmes au regard de la protection de la vie privée, à travers le traitement automatisé des données nominatives.

Dans la mesure où il s'agit de communication électronique, les autoroutes de l'information ne changent pas la nature des problèmes, si ce n'est pour les amplifier. La loi du 6 janvier 1978 relative à l'Informatique, aux fichiers et aux libertés (10) est applicable.
Tout traitement informatisé de données nominatives, c'est-à-dire la communication, le stockage et la gestion informatisée de fichiers nominatifs, devra s'effectuer après en avoir fait la déclaration auprès de la Commission nationale de l'informatique et des libertés (CNIL) sous peine de sanctions pénales (11).

Le droit d'information préalable (art. 27 L.6 janv.1978)	Le droit d'accès (art. 27,34,35 L.6 janv.1978)	Le droit de rectification (art. 36 L.6 janv.1978)

Tableau 21.1. *Liste des principaux droits des personnes en matière de données nominatives*

21230. *Les droits de l'utilisateur sur l'œuvre*

Dans quelle limite l'utilisateur peut-il agir sur l'œuvre ? A l'instar de ce qui est permis pour le logiciel (art. L. 122-6-1 C. *propr. intellec.*), l'utilisateur d'une œuvre multimédia peut-il, sans autorisation du titulaire des droits, la modifier, l'adapter pour une utilisation conformément à sa destination ?
Il semble que la réponse soit négative. En dehors du cas bien particulier du logiciel, toute modification semble délicate au regard du respect des droits moraux et patrimoniaux de l'auteur.
En outre, les droits de l'utilisateur vont dépendre en grande partie du mode de commercialisation du produit multimédia (contrat de vente, licence d'utilisation...) et des obligations qui y sont inhérentes (délivrance, garantie...).

21300. Les devoirs de l'utilisateur

21310. *L'acquittement d'un droit d'accès au réseau*

Lorsque l'utilisateur souhaite entrer et naviguer sur un réseau, il se voit dans l'obligation de payer la connexion, l'abonnement et les consommations à ce réseau.

21320. ***Le devoir de s'informer***

L'utilisateur, s'il est en droit d'obtenir des informations de la part du vendeur ou du prestataire de services, est tenu néanmoins lui-même de s'informer sur les potentialités qu'il peut attendre du produit qu'il achète ou auquel il a un accès.

21330. ***Le respect des droits de l'auteur de l'œuvre multimédia***

L'utilisateur est tenu de respecter à la fois les droits moraux et les droits patrimoniaux de l'auteur de l'œuvre multimédia (13).

Notes

(1) Pour plus d'information, *supra* n° **4000** et suivants relatifs à l'auteur d'une œuvre multimédia.

(2) Article L. 122-2 du Code de la propriété intellectuelle.

(3) Article L. 122-3 du Code de la propriété intellectuelle.

(4) Loi n° 92 546 du 20 juin 1992 relative au dépôt légal, *JO* du 23 juin 1992.

(5) Sur cette question *infra* n° **32000** et suivants relatifs au dépôt du multimédia.

(6) Cf. MÉMENTO-GUIDE ALAIN BENSOUSSAN, *Le marketing direct et le droit*, Ed. Hermès, 2e édition, 1994, n° 2010 et suivants relatifs à la notion de consommateur.

(7) Loi n° 93-949 du 26 juillet 1993 instituant le Code de la consommation, *JO* du 27 juillet 1993.

(8) Cf. MÉMENTO-GUIDE ALAIN BENSOUSSAN, *Le marketing direct et le droit,* précité.

(9) Cass. civ. 1re Ch., 6 janvier 1993, *JCP (G)* 1993, II-22007, note M. Paisant.

(10) Loi n° 78-17 du 6 janvier 1978 relative à l'Informatique, aux fichiers et aux libertés, *JO* du 7 janvier 1978.

(11) *Infra* n° **34000** et suivants relatifs à la loi informatique et libertés.

(12) Sur cette question *supra* n° **12322** relatif aux dispositions dérogatoires sur l'adaptation de logiciels.

(13) Pour plus d'information, *supra* n° **4000** et suivants relatifs à l'auteur d'une œuvre multimédia.

22000.
La maintenance des produits multimédias

En matière informatique, le concept de maintenance a d'abord évolué dans l'environnement du matériel (au sens d'équipement), pour s'étendre à celui des logiciels dans le but d'obtenir la disponibilité totale de l'ensemble.
Le produit multimédia assemble sur un même support électronique (CD-ROM, CD-I...) plusieurs éléments (texte, son, image fixe ou animée...) destinés à fonctionner grâce à des logiciels structurant cet ensemble.
La maintenance des éléments logiciels entrera donc nécessairement dans les préoccupations du producteur de multimédia.
Par ailleurs, du fait du rôle primordial des données dans le produit, le concept de maintenance peut s'entendre dans son acception la plus large et s'étendre ainsi à la mise à jour ou à la correction des données qui y sont intégrées.
Dans l'édition, il s'agira plutôt d'assurer un suivi au produit par une réédition ou la réalisation de nouvelles versions.

22100. La maintenance des données intégrées dans le produit multimédia

S'agissant ici de produits à contenu essentiellement informationnel, la question est de savoir si une maintenance peut être effectuée sur les diverses données ou œuvres incluses ?
La réponse devrait être positive dans le cas particulier où l'éditeur s'est engagé auprès de l'utilisateur ou du distributeur à fournir les nouvelles versions de l'œuvre multimédia et/ou leur mise à jour. Ce type de maintenance constitue une maintenance « évolutive ». Elle devra l'être, à plus forte raison, lorsqu'il s'agira de remédier aux anomalies de programmation (« bogues »), la maintenance étant alors dite « corrective ».

22110. ***Les nouvelles versions et/ou leur mise à jour***

La maintenance dite « évolutive », consiste ici à fournir la version « actualisée » du produit multimédia. A cet égard, il convient de préciser que cette maintenance n'est pas effectuée sur le support électronique c'est-à-dire sur le CD-ROM, CD, etc. mais porte sur les informations qui y sont diversement compilées.
En effet, en cas de modification ou d'adaptation des contributions figurant déjà dans la version d'origine, par l'intégration d'images supplémentaires, l'insertion de textes explicatifs plus élaborés venant à la suite des textes initiaux, ou l'intervention de nouveaux auteurs peintres dans un programme culturel, etc., se succédant ainsi aux contributions d'origine, l'éditeur de l'œuvre multimédia devra obtenir les nouvelles cessions de droits nécessaires à cet effet et/ou les autorisations nécessaires tant auprès :

– des créateurs d'origine, si ces derniers ne sont pas ceux qui participeront à l'évolution de la contribution concernée, pour les possibles adaptations que ces insertions risquent d'entraîner : par exemple, l'enchaînement de nouvelles photographies à la suite des premières figurant dans l'œuvre d'origine, suppose l'insertion de nouveaux textes et de nouvelles images avec un nouveau scénario. En revanche, s'agissant d'une œuvre collective et sous réserve que la nouvelle version ne porte pas atteinte aux droits moraux des contributeurs, l'autorisation ne sera pas nécessaire puisque l'éditeur, en tant qu'auteur, détient les droits d'adaptation sur ce type de création (1) ;

– des créateurs contactés par l'éditeur en vue de créer de nouvelles œuvres ;

– des artistes-interprètes : en cette matière, il apparaît que seule est soumise à l'autorisation écrite de l'artiste-interprète, toute utilisation « séparée » du son et de l'image de la prestation lorsque celle-ci a été fixée à la fois pour le son et l'image (2). Tel serait le cas, par exemple, de l'utilisation, pour en faire un disque, de la prestation d'un acteur qui aurait eu à interpréter une chanson dans un film. En revanche, dans le cas du produit multimédia, il semble qu'une telle autorisation ne soit pas requise, s'agissant simplement de faire évoluer le produit luimême ;

– des auteurs compositeurs de musique : une autorisation ne sera pas nécessaire dans le cadre d'une œuvre purement collective, l'éditeur étant titulaire des droits d'adaptation. En revanche, si l'œuvre vient à être qualifiée d'œuvre audiovisuelle, il n'y a pas présomption légale de cession des droits exclusifs d'exploitation au profit du producteur en ce qui concerne les compositions musicales, avec ou sans paroles (3). Une autorisation sera donc nécessaire (4).

Toutefois, d'autres préoccupations essentielles peuvent également intervenir et poser des difficultés, lesquelles devraient être gérées préalablement par l'éditeur. Il en va ainsi, par exemple, de l'indisponibilité de l'un des interprètes d'origine dans le cadre d'une scène particulière qui doit faire l'objet d'une modification en raison d'une mise à jour.

L'éditeur devra-t-il faire appel à des interprètes ayant les mêmes caractéristiques physiques (sosies), ou pourra-t-il faire intervenir de nouveaux interprètes ? Ce type de question doit être expressément prévu dans le contrat d'origine conclu avec l'auteur-interprète concerné.
Ce contrat devra en tout état de cause prévoir une large liberté pour l'éditeur de manière à pouvoir assurer, sans difficulté, les mises à jour et/ou nouvelles versions de l'œuvre en cause.
Il ressort de ce qui précède que les possibles modifications des œuvres intégrées dans l'œuvre multimédia, suite à des mises à jour ou à des nouvelles versions, ont en fait, pour objectif de proposer de meilleures fonctionnalités au public concerné.
De telles modifications relèvent de l'étendue des droits ou des autorisations déjà accordées par les différents créateurs intervenant sur le produit multimédia, au profit de l'éditeur comme stipulé dans les dispositions contractuelles liant ces derniers à l'éditeur.

22120. *La maintenance corrective des données*

Il se peut que la maintenance corrective de l'œuvre multimédia soit de nature à poser plus de problèmes à l'égard de l'éditeur de cette œuvre. En effet, les supports multimédias sont des produits diffusés à destination du grand public, ce qui suppose une production en masse (de centaines ou milliers d'exemplaires).
On peut envisager l'hypothèse où, malgré les soins apportés à la réalisation du produit, une erreur subsistait dans les informations compilées sur le support multimédia, par exemple une erreur d'enseignement dans un programme éducatif ou même une erreur dans le commentaire sur la vie d'un auteur peintre, etc.
Il est évident qu'une correction s'impose ici dans le cadre d'une maintenance corrective, d'autant plus que certaines erreurs peuvent être considérées comme extrêmement graves, par exemple lorsqu'il s'agit d'un programme éducatif pour les enfants ou d'un produit à vocation médicale (5).
Il est donc indispensable pour l'éditeur de modifier la première version comportant l'erreur en fournissant une version corrigée.
Il paraît difficile à l'éditeur d'échapper à ce type de correction dès lors que les erreurs peuvent engager sa responsabilité du fait de l'information (6). Suivant le type d'erreur commise, il pourra en outre être considéré que l'éditeur a porté atteinte au droit moral de l'auteur concerné qui voit ainsi son œuvre altérée et qui probablement exigera alors de l'éditeur la réparation de l'atteinte portée au respect de son œuvre.
Ainsi, l'éditeur (hors le cas de l'œuvre collective), le producteur ou toute autre personne qui prendra en charge la maintenance devra avoir prévu d'être cessionnaire des droits d'adaptation afin de réaliser cette maintenance.
La notion de maintenance se trouve donc aujourd'hui élargie dans son applica-

tion, par l'introduction sur le marché de ces nouvelles œuvres de l'esprit que sont les produits multimédias. Elle se traduit par la fourniture des mises à jour ainsi que des versions améliorées et actualisées de ces informations compilées.

22200. La maintenance de la partie logicielle du produit multimédia

Pour que les différents éléments compilés dans le produit multimédia puissent interagir entre eux et permettre l'expression du programme scientifique, éducatif, ludique, qu'il véhicule, un ou plusieurs logiciels doivent être nécessairement créés à cet effet.
Ce ou cet ensemble de logiciels constitue la pièce maîtresse du produit multimédia permettant ainsi d'assurer l'interactivité.
Or, l'utilisation défectueuse du produit peut résulter de défauts de conception des programmes (« bogues »).

22210. *La correction des « bogues »*

La Commission de terminologie de l'informatique (7) définit les bogues comme des « *défauts de conception ou de réalisation se manifestant par des anomalies de fonctionnement* ».
Il faut souligner et rappeler qu'en l'état de la technique, il est impossible d'assurer la réalisation d'un ensemble de programmes exempts de bogues. Compte tenu des milliers, voire des millions d'instructions qui peuvent être contenues dans un programme, il n'existe pas de méthodologie susceptible de certifier de façon absolue, qu'aucune erreur ne subsiste dans les instructions composant un logiciel.
C'est pourquoi, la présence de bogues, à condition qu'elles soient peu nombreuses, est tolérée par les usages et reconnue par la jurisprudence (8).
Le contrat de maintenance entre dans cette logique dans la mesure où il est conclu pour s'appliquer postérieurement à la recette des logiciels concernés.
En principe le producteur éditeur du produit multimédia n'a qu'un droit d'usage sur le logiciel. De façon générale, et compte tenu des nouveaux droits accordés par le législateur à l'utilisateur (9), l'auteur d'un logiciel prévoira utilement au contrat des clauses précisant :

– les modalités des droits de reproduction et d'adaptation accordés à l'utilisateur sans son accord pour permettre une utilisation conforme à la destination du logiciel ;

– l'interdiction de modifier le logiciel ;

– l'interdiction de corriger les erreurs, en se réservant les interventions tant dans le contrat de licence que dans le contrat de maintenance (10).

Toutefois, dans le cas où l'éditeur souhaiterait procéder lui-même aux corrections, il conviendrait de prévoir dans le contrat initial, l'accès au code source. Pour pouvoir assurer la maintenance du produit multimédia, il est indispensable de détenir le programme source du logiciel concerné.
Par conséquent, la maintenance pourra être assurée soit par le producteur éditeur, si le contrat conclu avec le développeur stipule la remise des codes sources en sa faveur afin qu'il puisse effectuer la maintenance auprès des utilisateurs, soit par le développeur lorsque ce dernier souhaite conserver les sources du logiciel de fonctionnement afin de pouvoir procéder lui-même aux corrections et réparations des anomalies, soit par une entreprise tierce de maintenance à laquelle les codes sources auront été remis contractuellement par le développeur.
Ceci étant exposé et avant d'aborder les types de maintenance qui s'appliquent au produit multimédia, il convient de préciser que ce produit s'exprime à travers toute une configuration informatique multimédia constitué :

– d'un ordinateur avec un processeur puissant,

– d'un lecteur CD-ROM ou CD-I,

– d'une carte son livrée avec des logiciels séquenceurs,

– d'une carte de numérisation vidéo et/ou des logiciels de traitement de l'image,

– d'un contrôleur vidéo, des enceintes, des logiciels, des CD-ROM, une imprimante, un modem.

Le contrat de maintenance est un contrat d'entreprise, ou plus exactement de prestations de services qui est défini à l'article 1787 du Code civil. Il vient en complément du contrat initial qui est soit un contrat de licence d'utilisation de progiciels ou de réalisation d'un logiciel, soit un contrat de vente de matériels informatiques et doit être considéré comme indépendant de son contrat de base.
Il trouve généralement à s'appliquer à l'expiration de la garantie contractuelle ou plus tard en cours d'exploitation du produit informatique considéré. Il peut également intervenir ponctuellement sur appel du client qui en fait une maintenance au coup par coup.
La maintenance réalisée sur un produit multimédia peut nécessiter l'intervention de plusieurs contrats de maintenance par exemple, lorsque l'utilisateur aura acquis un ordinateur d'une part, des extensions de programme et un kit multimédia d'autre part, ce qui suppose dans un tel cas un éclatement des compétences des prestataires de la maintenance informatique.
En effet, cette maintenance pourra donc intervenir séparément sur un ou plusieurs éléments constituant ledit produit puisqu'en cas d'anomalie, dans le fonctionnement par exemple de la carte son laquelle est munie de ses propres logiciels, c'est le distributeur qui assurera la maintenance ou son fournisseur qui est le concepteur de la carte et ce selon les dispositions contractuelles liant les parties.

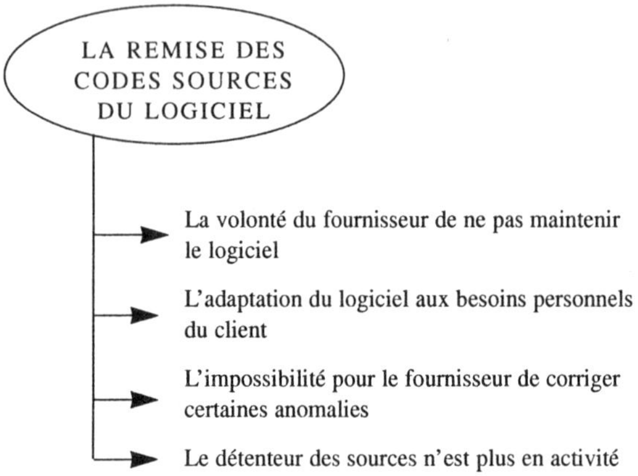

Figure 22.1. *Cas où la remise du code source est nécessaire*

22220. ***Les évolutions du système d'exploitation***

Un logiciel est destiné à fonctionner sur un matériel d'une certaine catégorie et un système d'exploitation déterminé peut ne plus être opérationnel lorsque le matériel ou le système d'exploitation sont modifiés ou ont subit des évolutions.
Il relève également de l'accord contractuel entre les parties de prévoir si le maintenance comprend la fourniture des nouvelles versions de logiciels ou si celles-ci font l'objet de prestations supplémentaires.
Enfin, pour en terminer avec la maintenance relative au produit multimédia, signalons qu'elle peut accessoirement porter sur le matériel informatique (11).

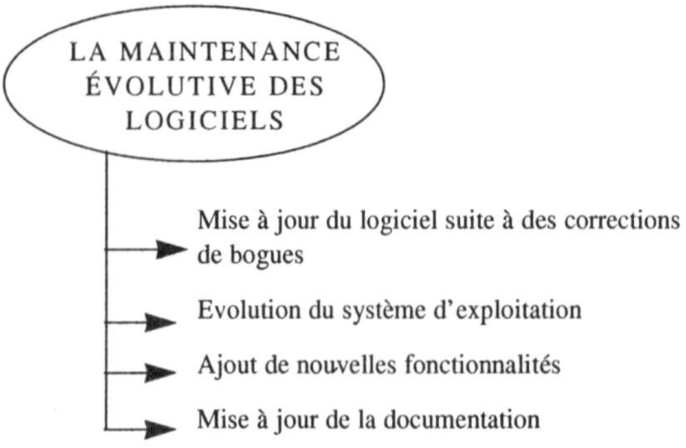

Figure 22.2. *La maintenance évolutive des logiciels*

Notes

(1) *Supra* n° **14000** et s. relatifs au statut de l'œuvre multimédia.

(2) Article L. 212-3 du Code de la propriété intellectuelle.

(3) *Supra* n° **18232** relatif à la présomption légale de cession des droits d'exploitation.

(4) Article L. 132-24 alinéa 1, du Code de la propriété intellectuelle.

(5) *Infra* n° **28000** et s. relatifs à la télémédecine.

(6) *Supra* n° **10400** et s. relatifs à la garantie et à la responsabilité en matière d'information.

(7) Arrêté du 22 décembre 1981 relatif à l'enrichissement du vocabulaire de l'informatique, *JO* du 17 février 1982.

(8) CA Paris 7 février 1986, *Expertises* 1986, n° 87, p. 235.

(9) *Supra* n° **12000** et s. relatifs au logiciel.

(10) MÉMENTO-GUIDE ALAIN BENSOUSSAN, *La maintenance et le droit*, éd. Hermès, 1993.

(11) Pour plus d'information, cf. MÉMENTO-GUIDE ALAIN BENSOUSSAN, *La maintenance et le droit*, éd. Hermès, 1993, n° 2000 et s. relatifs à la maintenance des matériels informatiques.

23000.
Le commerce électronique

Le commerce à distance n'est pas une nouveauté. En effet, depuis de nombreuses années, les entreprises de vente par correspondance utilisent des supports papiers pour présenter leurs produits auprès de leur clientèle. Le Minitel a constitué un premier mode de diversification de la vente à distance, limité toutefois à la France.

Aujourd'hui, sous l'impulsion de nouvelles technologies telles que le multimédia et le réseau, on assiste à une véritable mutation du secteur de la distribution. Ces bouleversements viennent également modifier le comportement des utilisateurs comme celui des opérateurs de ce secteur.

Sur le plan juridique, le commerce électronique n'échappe pas aux nombreuses règles élaborées en matière de protection des consommateurs. Leur application risque néanmoins d'être rendue difficile par le développement de nombreux services transitant sur réseaux ouverts comme Internet.

23100. De la communication à distance ou « vente à distance » au commerce électronique

Les technologies de l'information et les nouveaux médias sont des supports crédibles et indispensables à la mise en place de nouveaux marchés commerciaux constituant ce que l'on appelle déjà le commerce électronique.

Par des nouveaux moyens technologiques, il s'effectue de plus en plus, une délocalisation des lieux de vente qui sont transférés chez le consommateur potentiel via son écran de télévision ou son écran d'ordinateur. Le développement quasi exponentiel des progrès de l'informatique et des télécommunications, la mise en place de réseaux à fibre optique de haut débit (*supra* n° **17000 et s**.), ainsi que l'établissement de réseaux mondiaux, conduisent à une modification des modes de commercialisation des produits.

A cet égard, le succès d'Internet, autrement qualifié de « réseau des réseaux », attise déjà la convoitise de nombreux opérateurs économiques qui y voient un nouveau marché aux débouchés commerciaux importants.
En effet, Internet entre dans une sphère marchande constituée de supermarché virtuel tel que le *shopping network*. Les entreprises voient dans cette infrastructure mondiale un moyen de développer leur activité économique.
Quoi qu'il en soit, le commerce électronique fait partie intégrante de ce que l'on appelle, en droit, les techniques de communication et de vente à distance.

23110. *Définition de la communication à distance*

Le Code de la consommation définit la technique de communication à distance comme « *toute technique permettant au consommateur, hors des lieux habituels de réception de la clientèle, de commander un produit ou de demander la réalisation d'un service* » (1).
Sont notamment considérés comme étant des techniques de communication à distance, sans que la liste soit limitative, « *la télématique, le téléphone, la vidéotransmission, la voie postale et la distribution d'imprimés* » (2). Les bornes interactives multimédias (3) ainsi que les catalogues électroniques sur support de type disque optique compact ou même diffusés en réseau (4), constituent de telles techniques.
Depuis la fin des années 1970, le législateur a peu à peu élaboré un cadre juridique propre à assurer la protection des consommateurs en matière de vente à distance (5).
Les dispositions n'en sont pas nouvelles et se rapportent en réalité à des principes juridiques traditionnels et que l'on retrouve à la base de toute offre commerciale : l'information de l'acheteur, la révocabilité de l'offre, l'acceptation expresse ou encore le consentement éclairé.

23120. *Les obligations d'information liées à l'offre à distance*

23121. *L'information sur les prix*

Pour empêcher que le consommateur s'engage de manière non éclairée et irréfléchie, le législateur est intervenu pour encadrer la période précédant l'acte d'achat fait par une technique de vente à distance, en renforçant l'obligation d'information précontractuelle déjà existante en matière de vente. Ainsi :

« *Le prix de tout produit ou de toute prestation de services proposé au consommateur selon une technique de communication à distance doit être indiqué de façon précise au consommateur, par tout moyen faisant preuve, avant la conclusion du contrat* » (6).

La circulaire d'application de ce texte précise que les professionnels ont une grande latitude dans le choix du procédé approprié à cette fonction. Ils peuvent faire connaître publiquement leurs prix de diverses manières, notamment par le biais même de la technique de communication à distance qui permet la prise de commande. Ainsi, le prix peut apparaître « *sur l'écran ou le lecteur de vidéocatalogue, d'appareils télématiques type Minitel, de bornes télématiques ou de vidéodisques* ».
Quelles que soient les modalités d'information utilisées, elles ne doivent laisser place à aucune équivoque quant à la relation entre les produits ou services offerts et les prix correspondants. La circulaire donne également quelques précisions quant aux modes de preuve admissibles en cas de contestation ultérieure sur la réalité du prix initialement annoncé :

« *S'agissant d'un texte pénal, tous les modes de preuve sont a priori admissibles et laissés à la libre appréciation du juge.*
Cependant, compte tenu de leur force probante particulière, seront admis aisément par les tribunaux, et peuvent en conséquence être considérés comme réellement appropriés à la publicité des prix, les procédés d'information utilisant l'écrit ainsi que ceux ayant un caractère public, l'information pouvant être constatée par témoin (par exemple, mention du prix sur écran télématique) » (7).

Les sanctions en cas de manquement à l'obligation d'information sur les prix sont des peines d'amende prévues pour les contraventions de la 5e classe.

23122. *L'information sur l'identification du professionnel*

Le Code de la consommation prévoit des dispositions spécifiques pour les professionnels de la vente à distance. Ainsi, « *toute offre de vente ou de prestation de services faite à distance* » (les moyens paraissent donc très large : écrit, téléphone, télématique, télévision, CD-interactif, borne multimédia...) doit comporter :

- le nom de l'entreprise,

- ses coordonnées téléphoniques,

- l'adresse de son siège social et, si elle est différente, celle de l'établissement responsable de l'offre (8).

Les manquements à de telles obligations sont sanctionnés par des peines de contraventions de la 5e classe.

23123. ***Les autres obligations applicables à tout mode de vente***

Indépendamment du mode de vente, la loi impose aux professionnels une obligation générale d'information du consommateur « *par voie de marquage, d'étiquetage, d'affichage, ou par tout autre procédé approprié* », non seulement sur les prix, mais aussi sur les limitations éventuelles de la responsabilité contractuelle et les conditions particulières de la vente.
Cette obligation d'information a été renforcée en 1992 pour s'étendre aux informations sur :

– les caractéristiques essentielles du bien ou du service (art. L. 111-1, *C. consom.*) ;

– la période pendant laquelle les pièces indispensables à l'utilisation du bien seront disponibles sur le marché (art. L. 111-2, *C. consom.*) ;

– la date limite à laquelle la livraison sera effectuée ou la prestation exécutée (au-delà de prix fixés par décret) (art. L. 114-1, *C. consom.*).

23124. ***L'interdiction de toute publicité mensongère***

L'article L. 121-1 du Code de la consommation interdit toute publicité qui comporte des indications ou allégations fausses ou de nature à induire en erreur (qu'il s'agisse de la composition, de l'origine, de la date de fabrication, du prix ou des conditions de vente du produit).
Le délit de publicité mensongère ou trompeuse peut être constitué quel que soit le support utilisé (oral ou écrit), la nature de la publicité (générale ou particulière) et l'émetteur du message (professionnel ou particulier), dès lors que la publicité est destinée à des consommateurs et qu'elle est perçue ou reçue en France.

23130. ***Les obligations liées à la formation du contrat à distance lors d'un télédémarchage***

La notion de démarchage a été étendue par l'article L. 121-27 du Code de la consommation aux sollicitations adressées aux consommateurs par téléphone ou « *par tout moyen assimilable* », comme la télématique, la télécopie, la vidéotransmission mais également l'offre en réseau faite à l'aide d'un outil multimédia interactif.
Ainsi, en matière de démarchage par téléphone ou « *par tout moyen assimilable* », le Code de la consommation prévoit que le moment de la formation du contrat est retardé jusqu'à ce que le consommateur ait signé son acceptation écrite, en retour de l'offre, également écrite, que le professionnel est tenu de lui envoyer (9). Le texte précise que « *le consommateur n'est engagé que par sa signature* ».

Pour conclure une telle vente, le professionnel doit obligatoirement transmettre un contrat, lequel n'engagera le consommateur qu'à sa signature. Cette modalité permet en outre, de rapporter la preuve du consentement, laquelle ne peut résulter que de la signature du consommateur.
Le Code de la consommation précise qu'un paiement indûment perçu, c'est-à-dire « *sans engagement exprès et préalable du consommateur* » doit être restitué accompagné des intérêts au taux légal (art. L. 122-3, *C. consom.*).

23140. *La faculté de rétractation dans le télédémarchage : le satisfait ou remboursé*

La faculté de rétractation offerte en matière de démarchage à domicile a également été étendue au démarchage par téléphone ou « *par tout moyen assimilable* ». Ainsi, pour toutes les opérations de vente à distance, « *l'acheteur d'un produit dispose d'un délai de sept jours francs à compter de la livraison de sa commande, pour faire retour de ce produit au vendeur pour échange ou remboursement, sans pénalité à l'exception des frais de retour* » (art. L. 121-16, *C. consom.*).
En outre, le refus du vendeur de changer ou de rembourser le produit retourné par le consommateur, dans le délai légal est sanctionné de peines d'amendes prévues pour les contraventions de la 5e classe.

23200. Télépaiement et sécurité dans les transactions électroniques

Le commerce électronique englobe également les transactions financières. Ces dernières s'effectueront également à distance. Les paiements à distance par communication du numéro apparent de la carte sont maintenant devenus une pratique courante en matière de vente à distance. Ces derniers ne devraient pas être remis en cause par le développement de nouveaux services interactifs.
Toutefois, les réseaux ouverts de type Internet n'offrent aucune sécurité : les transactions peuvent être interceptées et détournées et on ne peut prouver l'authentification de l'expéditeur. Les problèmes de sécurité risquent donc de prendre une ampleur particulière incitant à des aménagements contractuels précis.

23210. *Le paiement à distance par carte bancaire*

Juridiquement, le paiement par carte bancaire s'analyse comme un mandat de payer d'un type particulier, puisque révocable (10). Il s'agit d'un ordre de paiement donné au banquier en faveur d'un commerçant adhérant au réseau. Le banquier a néanmoins l'obligation de vérifier que cet ordre de payer émane réellement du titulaire de la carte.

Cette pratique peut poser des difficultés quant à la validité d'un consentement en cas de paiement par simple communication du numéro apparent de la carte d'une part, et quant à la protection des transactions, d'autre part.

23211. *L'irrévocabilité d'un ordre de paiement par carte*

Concernant l'ordre de paiement donné par carte, une loi spéciale en conforte désormais l'irrévocabilité.
Ainsi, comme en matière de paiement par chèque, le mécanisme de paiement ne peut plus être arrêté en dehors des cas légaux limitativement prévus tels que la perte ou le vol de la carte, ou encore le redressement ou la liquidation judiciaire du bénéficiaire. L'article 2 de la loi du 30 décembre 1991 relative à la sécurité des chèques et des cartes de paiement (11) dispose en effet :

« *L'ordre ou l'engagement de payer donné au moyen d'une carte de paiement est irrévocable. Il ne peut être fait opposition au paiement qu'en cas de perte ou de vol de la carte, de redressement ou de liquidation judiciaire du bénéficiaire* ».

23212. *Les risques d'un paiement à distance par communication du numéro de la carte*

La loi ne précise pas la manière dont doit être passé l'ordre pour être irrévocable. Elle stipule en effet que « *l'ordre ou l'engagement de payer donné au moyen d'une carte de paiement est irrévocable* ». Peut-on considérer que la simple communication du numéro apparent de la carte est un ordre de payer ou doit-on considérer que seul un engagement exprès est à prendre en compte ? La réponse à cette question mérite quelques précisions sur la notion de mandat.
Juridiquement, le paiement par carte s'analyse en l'exécution d'un ordre de virement et repose sur le concept de mandat (12) ; en vertu du mandat donné au banquier, ce dernier doit s'assurer que l'ordre de payer émane réellement du titulaire de la carte avant de procéder au virement (13). Cet engagement peut être satisfait soit par la vérification de la signature manuscrite portée sur la facturette (14), soit de la validation de l'opération résultant de la composition d'un code sur un terminal de paiement (15).
Or, le contrat d'utilisation de certaines cartes de paiement autorise les commandes passées à distance (par correspondance, par téléphone ou par Minitel) par simple communication du numéro apparent de la carte. Il n'existe dans ce cas, aucun moyen (signature ou code confidentiel) d'authentifier l'auteur du paiement et la réalité de l'opération imputée ensuite par le banquier au débit du compte du client.
Largement utilisée par les entreprises de ventes par correspondance, cette pratique peut exposer les titulaires de cartes aux agissements frauduleux de personnes ayant connaissance de leur numéro de carte.

Les membres du groupe de travail du Conseil national du crédit ont fait observer que l'ordre de paiement résultant de la seule indication verbale d'un numéro de carte pouvant être connu par tous ne se trouve pas déclenché par la carte : « *il ne semblerait pas y avoir dans cette hypothèse utilisation d'un moyen de paiement, ni application du principe de l'irrévocabilité ; en cas de contestation, la banque devrait donc procéder obligatoirement à la contre-passation de l'écriture* » (16). Sous réserve de l'appréciation souveraine des tribunaux, une telle pratique ne serait pas considérée comme rendant irrévocable le paiement. C'est la raison pour laquelle l'irrévocabilité de tels ordres est généralement prévue par une clause du contrat porteur de la carte bancaire, clause que la jurisprudence reconnaît comme étant valide (17). Cette clause prévoit en effet que « *lorsque la carte est utilisée pour des achats de biens ou des prestations de services par correspondance, par téléphone, par minitel ou sur des appareils automatiques, le titulaire du compte autorise l'établissement émetteur de la carte à débiter celui-ci sur le vu des enregistrements ou des relevés transmis par le commerçant, même en l'absence de factures signées par le titulaire de la carte* ».

Il n'en demeure pas moins que la pratique du paiement à distance par communication du numéro apparent de la carte peut engendrer des abus et faire supporter d'énormes risques au titulaire de la carte.

Lors de l'élaboration du projet de loi ayant étendu l'irrévocabilité aux ordres de paiement par carte, un amendement avait été débattu afin de ne pas limiter l'opposition au paiement aux seuls cas de perte, de vol et de redressement judiciaire mais de l'étendre à l'utilisation frauduleuse de la carte. Cet amendement proposait un régime de protection du titulaire de la carte en cas de contestation ; dans ce dernier cas et pour éviter les oppositions faites de mauvaise foi, l'amendement prévoyait que les sommes contestées soient consignées entre les mains du tiré, d'un officier ministériel ou d'une caisse de règlement pécuniaire des avocats. A compter de ce dépôt, le titulaire de la carte disposait d'un délai de vingt jours pour saisir le juge, faute de quoi son opposition devenait caduque (18).

Devant les difficultés à définir les cas de contestation admissibles et les risques de voir se multiplier les contestations abusives (opposition fondée sur un motif quelconque, en particulier en cas de litige avec le commerçant), cet amendement a été retiré (19).

Néanmoins, conscients des risques d'erreurs et de fraudes que peut engendrer une telle pratique, les établissements de crédit ont prévu une disposition au contrat fournisseur « carte bancaire » souscrit par les entreprises de ventes par correspondance aux termes de laquelle :

« *Le commerçant autorise expressément les banques ou organismes financiers à débiter d'office son compte du montant de toute opération de paiement qui serait refusée ou contestée par le titulaire de la carte, et ce sans limitation de délai. Il assure l'entière responsabilité des conséquences dommageables et indirectes de tout débit erroné ou de tout débit contesté par un client* ».

Certes, cette disposition n'a d'autre fin que de régler les rapports entre émetteur et commerçant et ne peut, en droit, être invoquée par le titulaire de la carte, mais comme l'a très justement fait remarquer un auteur, il est dans la logique des choses que, par répercussion, elle règle aussi les rapports entre le commerçant et le client (20). Ceci est d'autant plus logique que le contrat porteur prévoit en effet, qu'« *en cas de réclamation justifiée, la situation du compte sera restaurée* ».

23220. ***La sécurité des paiements sur Internet***

La gestion de la sécurité des opérations et des paiements sur Internet restreignent le développement du commerce sur ce réseau tant pour les opérateurs que pour les utilisateurs.
Pour les opérateurs, l'accès à la diffusion sur Internet présente un risque possible d'intrusion par des personnes externes à leur système, intrusion facilitée par le caractère ouvert et international du réseau.
De même, tant pour les utilisateurs que pour les opérateurs, la question de la sécurité des paiements et des transactions est une question cruciale.

23221. ***Du télépaiement au paiement « virtuel »***

Dans le domaine de la VPC, les paiements à distance par communication du numéro apparent de la carte sont devenus une pratique courante. Outre qu'il peut exposer les titulaires de cartes aux agissements frauduleux de personnes ayant connaissance de leur numéro de carte, ce système ne sécurise aucunement la transaction. Toutefois, mis en place avec l'accord des banques par le biais de contrats conclus avec les commerçants, il permet en cas d'achats contestés, de recréditer le client, le vendeur assumant seul les risques de non-paiement (*supra* n° **23212**).
Il existe d'autres systèmes offrant plus de sécurité : des applications comme Téléfact pour le télépaiement des factures (EDF-GDF, France Télécom...), à celles comme Facitel pour le paiement sécurisé par carte bancaire depuis le domicile ou le lieu de travail à l'aide d'un lecteur de carte à puce intégré sur le Minitel.
Mais, le commerce électronique n'est pas limité aux transactions financières par carte. Aujourd'hui, le développement des réseaux informatiques ouverts de type « Internet » fait émerger un véritable monde de relations financières interactives avec de nouveaux moyens de paiement, tel l'argent « virtuel » (*e-money*). Ainsi, aux Etats-Unis, les « *Cyber Bucks* », sortes de dollars virtuels inventés par David Chaum, fondateur de *DigiCash*, permettent de réaliser des paiements sur Internet au même titre que son homologue réel, l'argent liquide permet de le faire dans les magasins. Cette monnaie présente certes des avantages (vitesse, fongibilité, accessibilité), mais rend impossible la traçabilité des mouvements de fonds

puisque seule la banque qui l'émet est identifiée (par une sorte de pli cacheté « virtuel » estampillé). Les personnes qui les utilisent ne sont pas identifiées. Si l'on ajoute qu'en matière de transactions financières, la réglementation n'est pas la même d'un pays à l'autre, les difficultés risquent de s'accroître. Si en France, l'émission de la monnaie est un domaine réservé des banques, il n'en va pas de même ailleurs. Ainsi, s'agissant d'argent « virtuel » transitant sur un réseau ouvert international, aucune législation ou organisme de tutelle ne pourra protéger les banques contre l'entrée des « non-banques » sur le marché des transactions financières électroniques.

23222. *Les solutions techniques : la cryptologie*

Sur le plan de la sécurité, on ne peut avoir confiance dans ce qui se passe sur les réseaux ouverts de type Internet. On ne peut être sûr que les transactions ne seront pas interceptées et détournées, de même qu'on n'a pas la preuve de l'authentification de l'expéditeur (21). Or de plus en plus d'entreprises vont utiliser ces réseaux de communication pour les paiements électroniques. La question de la sécurité est donc primordiale.
De nombreuses entreprises intervenant sur Internet, *via* des *web*, ont décidé de s'allier pour permettre de développer les recherches en matière de sécurité de réseau. Il existe des solutions techniques permettant une meilleure sécurité soit par la cryptologie, soit par la mise en place d'ordinateurs spécifiques constituant des gardes barrières ou « *firewalls* » isolant le réseau de l'entreprise du réseau Internet.
Ces solutions techniques permettent une optimisation de la sécurité à l'intérieur de l'entreprise afin d'éviter une trop grande perméabilité du réseau de l'entreprise aux intervenants passant par Internet (22).
Les solutions sont principalement fondées sur les techniques de cryptographie (23). Or la législation française est très stricte dans ce domaine, réservant aux militaires, aux policiers et dans une certaine mesure, aux banquiers (service « Cryptel » de la BFCE...), l'usage de tels moyens, considérés comme des armes de 2e catégorie dans l'échelle des matériels de guerre.
Tous les dispositifs cryptologiques font l'objet d'un régime juridique très précis. L'article 28-1 de la loi du 29 décembre 1990 établit un régime :

– de déclaration préalable, « *lorsque ce moyen ou cette prestation (de cryptologie) ne peut avoir d'autre objet que d'authentifier une communication ou d'assurer l'intégrité du message transmis* » ;

– d'autorisation préalable du Premier ministre « *dans tous les autres cas* ».

23230. ***L'approche contractuelle de la confidentialité et de la sécurité***

Quel que soit le type de données échangées (documents commerciaux, plans, graphiques...), les utilisateurs peuvent organiser la confidentialité entre eux par l'introduction de dispositions spécifiques dans les divers contrats qui les régissent (contrats commerciaux, abonnements et contrats de services, accords d'interchange, acteur de communication électronique etc.).
En attendant, ils doivent définir avec exactitude leurs besoins en ce domaine. A cette fin, ils analyseront ce que l'on peut appeler une « chaîne de confidentialité ».

23231. ***La chaîne de confidentialité***

On peut considérer un réseau de télécommunications comme un ensemble composé d'un « émetteur », d'un « destinataire » et d'un ou plusieurs centres serveurs. Ce réseau doit établir et maintenir une véritable « chaîne de confidentialité » (24).
A chacun des maillons, les acteurs doivent se garantir mutuellement la confidentialité, en la mettant en œuvre par des moyens techniques et juridiques. A chacune des charnières, les acteurs doivent garantir à leurs partenaires la confidentialité par un accord juridique, en la mettant en œuvre par des moyens techniques et juridiques.

23232. ***L'accord d'interchange***

Cet accord devra dans un premier temps résoudre la dématérialisation des documents au regard du formalisme juridique et des règles de preuve.Un accord d'interchange a notamment pour objet d'indiquer quels sont les messages qui seront transférés par voie d'EDI et de prévoir comment, en termes de preuve, seraient résolus les éventuels litiges concernant le contenu de chacun des messages dématérialisés qui ont été échangés (25). Il s'agit d'une technique contractuelle sinon sophistiquée du moins, très particulière, en ce sens qu'elle met en œuvre les règles légales relatives à la preuve qui n'ont pas l'habitude d'être incluses dans les contrats commerciaux. Mais d'autres éléments juridiques demandent à être résolus, comme celui de la dépersonnalisation des relations et les difficultés qui peuvent en résulter (authentification, identification...) (26).
Si l'on cherche la réponse aux questions juridiques posées par l'absence des partenaires, on s'aperçoit que le recours à la normalisation n'est pas suffisant. En examinant chaque message normalisé, on trouvera des segments du message permettant de déclarer le nom de la société émettrice du message et le nom de la société destinataire, le moment de la transaction, mais sans certitude absolue.

A une époque où le piratage tend à être un fléau pour les systèmes d'information, le seul recours à la normalisation des messages ne met pas à l'abri du piratage d'un message, d'une malversation ou enfin d'une simple erreur. Dans certains cas, l'identification des personnes lors d'échanges par télécommunications se suffit de l'identification des terminaux qui émettent ou reçoivent les transactions. Dans d'autres cas, l'identification doit permettre de s'assurer de la personne placée derrière le terminal, on parle alors d'authentification.

23300. Le droit applicable aux transactions sur internet

Malgré les nombreuses interrogations liées à la sécurité du paiement sur le réseau, les entreprises sont de plus en plus gagnées par la commercialisation de produit sur Internet, *via* des supermarchés virtuels, posant ainsi le problème du droit applicable à de telles transactions. Cette question est aussi importante que difficile.

23310. *Les spécificités du commerce sur Internet*

Internet est un gigantesque réseau informatique reliant entre eux, *via* le téléphone, plusieurs millions d'ordinateurs. Réseau dont la vocation initiale était scientifique ou universitaire, Internet a connu une démocratisation se traduisant par l'augmentation croissante des utilisateurs connectés et la constitution d'un espace d'échange mondial d'informations dit « *Cyberspace* » (27).

Par cet accroissement du nombre d'utilisateurs, Internet entre également de plus en plus dans une sphère marchande où ce réseau constitue un marché à part entière ainsi que le support du commerce électronique.

Tout d'abord, le *World wide web* (WWW) a donné prise à un marché permettant à toute personne d'avoir accès à l'information, à la diffusion d'information et à l'établissement d'une navigation efficace au sein de cette toile de réseaux.

Ainsi, il s'est créé une véritable fédération de prestataires agissant au sein du *Commercial Internet exchange*, constitué par des sociétés s'adressant essentiellement aux entreprises désirant ouvrir des points d'accès sur ce réseau et offrir à leur clientèle l'un des services à valeur ajoutée en ciblant notamment leurs besoins en fonction de leur secteur d'activité.

De nombreuses entreprises se créent autour d'Internet et particulièrement des prestataires de services qui sont disposés à organiser pour des entreprises commerciales la mise en place de serveur.

Ce marché est également celui des logiciels de navigation sur Internet comme celui des prestataires ouvrant des accès sur des réseaux (28).

L'accès à Internet ouvre de nouveaux horizons pour les opérateurs économiques qui voient s'ouvrir devant eux un marché mondial de plusieurs utilisateurs.

A ce titre, de nombreux opérateurs se préparent à ce développement du commerce électronique, via Internet, étant observé que ce commerce sera dédié tant aux consommateurs qu'aux opérations interentreprises.

S'agissant de ce dernier point, un consortium d'entreprises essentiellement américaines, baptisé *CommerceNet*, travaille à l'organisation de structures permettant la montée des commerces électroniques interentreprises sur Internet (29).

L'objectif de *CommerceNet* est de rendre les relations entre fournisseurs et clients plus efficaces et plus rapides, permettant ainsi de réduire le temps de mise à disposition des produits et services sur le marché et donc de faire des économies en termes de frais généraux.

En outre, les professionnels étudient la mise en place de procédures d'échange de données informatisé (EDI) qui permettront une normalisation de leurs opérations ainsi qu'une sécurisation (30).

S'agissant de la mise en place d'un secteur de distribution électronique, de nombreux opérateurs ont ouvert des supermarchés virtuels tel *Internet shopping network*. Cette entreprise compte, depuis sa création, il y a deux ans, quelque 65 000 clients réguliers et environ 2 500 produits qui sont essentiellement du matériel et des logiciels informatiques.

Les entreprises françaises interviennent également sur Internet. Ainsi, « *Global on line* » est le premier centre commercial électronique français sur Internet.

A ce stade du développement de ce marché électronique, les fournisseurs et distributeurs vendent encore peu leurs produits par ce biais.

Toutefois, ce marché est promis à un grand avenir de sorte que la multiplication des opérations est évidente. Les opérateurs désirent la mise en place de normes juridiques permettant d'assurer aux transactions une certaine sécurité.

Par sa nature, Internet est un réseau ouvert et international. Il n'existe pas de réglementation globale applicable à ces réseaux. En effet, il s'agit d'un espace virtuel sans localisation géographique de sorte qu'*a priori* il échappe à toute législation.

Il n'existe pas de règles de source internationale, comme un traité permettant de réguler les opérations sur Internet ; il existe seulement des autorités propres au réseau tel « *Internet society* » dont l'objet est essentiellement technique et est relatif à la normalisation des protocoles et procédures utilisées par les opérateurs du réseau.

Selon Nicholas Négroponte, « *il n'y a aucun moyen de contrôler Internet. Aucun, c'est simplement impossible* » (31).

En réalité, les opérations commerciales sur Internet sont susceptibles de se voir appliquer une législation interne et d'entrer en interférence avec différentes lois ayant vocation à s'appliquer.

La conséquence de la nature internationale de ce réseau implique la détermination, au cas par cas, d'une législation pouvant s'appliquer à l'opération effectuée sur Internet. C'est plus une approche pragmatique des opérations effectuées sur ce réseau de réseau qu'il faut privilégier.

23320. ***La détermination d'une loi applicable aux opérations commerciales sur Internet***

Internet peut être un outil de télévente pour les opérateurs qui leur permet de présenter leurs produits ou de proposer des transactions commerciales, via le réseau. En outre, Internet peut servir de vecteur à une opération commerciale entre deux entreprises.
Si le diffuseur de l'offre de vente ou de prestation de services et l'utilisateur de ces prestations de services ou l'acheteur se trouvent dans le même Etat, il ne semble pas faire de doute que la loi interne de cet Etat ait vocation à s'appliquer à leurs transactions commerciales.
En revanche, la détermination de la loi applicable devient plus ardue lorsque l'opération envisagée est internationale. En cas de litige, faudra-t-il appliquer la loi du vendeur ou celle de l'acheteur, la loi en vigueur au lieu de conclusion du contrat ou à son lieu d'exécution ?
Dans cette hypothèse, il conviendra de déterminer une loi applicable aux opérations considérées au moyen de règles dites de « conflits de lois » (32).

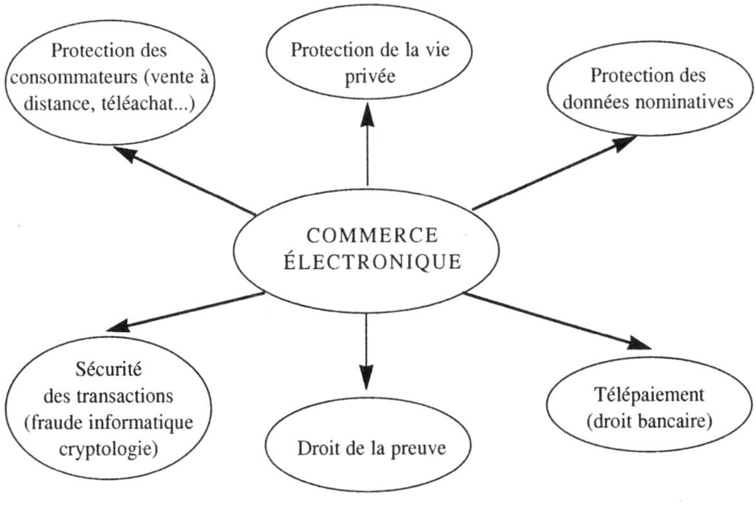

Figure 23.1. *Le commerce électronique*

23321. *Les règles de conflits de lois*

Cette norme permet de régler le conflit opposant les différentes lois en présence qui auront vocation à s'appliquer à l'opération commerciale considérée. Ainsi, la résolution du conflit de lois intervient avant toute application des règles substantielles ; le conflit de lois permettant de départager les lois en présence et de déterminer la loi applicable à la situation juridique étudiée.
Ces règles de droit international privé seront différentes selon le juge saisi du litige. En effet, les règles nationales de droit international privé s'imposent au juge qui doit les appliquer. Toutefois, il peut exister des conventions internationales dont l'objet est d'imposer soit une règle uniforme de conflit de lois ou de permettre l'application directe de règles de nature matérielle.

23322. *La convention de Vienne sur les contrats de vente internationale de marchandises*

S'agissant de l'application d'une règle matérielle, on peut citer la convention de Vienne sur les contrats de vente internationale de marchandises signée en avril 1980 et entrée en vigueur dans trente huit pays dont la France, l'Allemagne, le Canada, les Etats-Unis, la Russie, l'Italie... (33).
Cette convention de droit international privé s'applique « *aux contrats de vente de marchandises entre les parties ayant leur établissement dans des Etats différents* ».
La convention de Vienne ne définit pas le caractère international de la vente, mais prévoit que le régime conventionnel ne s'appliquera qu'à la condition que les Etats où se trouvent localisés les établissements des parties à la vente, sont des Etats contractants, ou lorsque les règles de droit international privé mènent à l'application de la loi d'un Etat contractant (34).
S'agissant de son domaine d'application matériel, la convention de Vienne régit la formation et l'exécution des obligations nées du contrat de vente à l'exception notamment de la question de la validité du contrat, c'est-à-dire les questions relatives à la capacité, au vice du consentement ou à la nullité du contrat.
Cette convention internationale - si elle était applicable - aurait le mérite de simplifier les questions juridiques se posant lors de transactions commerciales effectuées sur le réseau Internet. Encore faut-il que ces transactions ne soient pas faites avec un consommateur, car l'article 2 de la convention exclut de son champ d'application les ventes portant sur des marchandises achetées pour un usage personnel, familial ou domestique.
De même, la convention de Vienne ne s'applique pas à la location et au contrat d'entreprise. Sur ce dernier point, un contrat pourra être qualifié de contrat d'entreprise, par application du critère de la dite « prépondérante » si la fourniture du service est prépondérante, dans le cadre d'un contrat portant à la fois sur la livraison de produits et sur la fourniture de services.

23323. ***La convention de La Haye***

D'autres conventions internationales peuvent s'appliquer à des transactions commerciales internationales effectuées sur Internet. Ces conventions régissent le problème de conflit de lois de sorte qu'une loi applicable sera déterminée en fonction des règles conventionnelles.
Ainsi, la convention de la Haye du 15 juin 1955 a pour objet de déterminer la loi applicable aux contrats de vente internationale de marchandises. Entrée en vigueur en France depuis le 1er septembre 1964, cette convention internationale lie actuellement la Belgique, le Danemark, la Finlande, l'Italie, le Niger, la Norvège, la Suède et la Suisse (35).
Cette convention internationale porte exclusivement sur les contrats de ventes et exclut donc de son champ d'application les contrats de prestations de services. Elle prévoit que la vente est régie par la loi désignée par les parties contractantes et que la désignation de la loi applicable doit faire l'objet d'une clause expresse ou résulter des dispositions du contrat.
En l'absence de désignation de loi applicable par les parties, la vente est régie par la loi interne du pays où le vendeur a sa résidence habituelle au moment où il reçoit la commande, ou subsidiairement, par la loi du lieu d'un établissement secondaire du vendeur si la commande y a été reçue.

23324. ***La convention de Rome***

Enfin, il existe une convention plus générale destinée à déterminer la loi applicable aux obligations contractuelles en général. Il s'agit de la convention de Rome du 19 juin 1980 en vigueur en France depuis le 1er avril 1991 (36).
Les règles de la convention de Rome sur la loi applicable aux obligations contractuelles ont pour effet de se substituer dorénavant totalement aux solutions internes pour constituer le droit commun des conflits de lois en matière de contrat (37). La convention de Rome pourrait être appliquée par le juge français à l'occasion d'une vente ou d'un contrat d'entreprise, effectuée par le biais d'Internet. Ce texte privilégie le principe d'autonomie de la volonté en matière de droit international privé des contrats (38). L'article 3 prévoit que :

« *le contrat est régi par la loi choisie par les parties. Ce choix doit être exprès ou résulter de façon certaine des dispositions du contrôle des circonstances de la cause* ».

Dès lors, si la transaction internationale effectuée sur Internet prévoit dans les clauses le choix de loi l'application d'une loi particulière, se seront les dispositions de cette loi qui auront vocation à régir le contrat conclu entre un utilisateur et un opérateur sur Internet. A défaut de choix par les parties d'une loi, l'article 4 de la convention de Rome prévoit que « *le contrat est régi par la loi du pays avec lequel il présente les liens les plus étroits* ».

A cet égard, il convient de faire jouer une présomption de proximité privilégiant la loi de l'établissement du « débiteur de la prestation caractéristique » (39). En matière de vente, la prestation caractéristique est celle du vendeur. En matière de contrat d'entreprise, la prestation caractéristique est celle de l'entrepreneur.

23330. ***L'éventuelle intervention de lois impératives***

Outre le choix effectif d'une loi applicable à un contrat ou à une relation contractuelle effectuée grâce au réseau Internet, certaines lois pourraient avoir vocation à régir le rapport contractuel ainsi établi.
La convention de Rome prévoit notamment les compétences concurrentes d'autres lois que la loi choisie par les contractants, et notamment, privilégie les lois de protection du consommateur. A cet égard, l'article 5 de la convention de Rome indique que :

« *Le choix par les parties de la loi applicable ne peut avoir pour résultat de priver le consommateur de la protection que lui assurent des dispositions impératives de la loi du pays dans lequel il a résidence habituelle (...) si la conclusion du contrat était précédée dans ce pays d'une proposition spécialement faite ou d'une publicité, et si le consommateur a accompli dans ce pays les actes nécessaires de la conclusion du contrat...* » (40).

Or, il n'est pas impossible qu'un consommateur ait pris connaissance des propositions faites par un vendeur ou un prestataire de services sur Internet dans un autre pays que son pays de résidence et qu'il ait contracté dans cet autre pays.
Par une navigation, via un réseau de télécommunications, l'utilisateur d'Internet a pu se rendre directement sur le serveur du vendeur ou du prestataire de services ; ce serveur pouvant se trouver à l'étranger et être rattaché à une machine dédiée aux consultations par Internet localisée dans l'Etat du vendeur ou du prestataire de service.
En outre, la conclusion du contrat aura pu être effectuée dans l'Etat du vendeur ou du prestataire de service et la confirmation de commande pourrait être transmise, notamment par écrit, en provenance de cet Etat.
En conséquence, le consommateur pourrait, en s'appuyant sur des stipulations de l'article 5 de la convention de Rome, demander l'application des dispositions impératives de son Etat de résidence.
En outre, des règles de source interne peuvent avoir vocation à s'appliquer à un rapport contractuel de même nature effectué sur Internet. Cette hypothèse est expressément visée à l'article 7 de la convention de Rome qui prévoit l'application de lois de police dites « du for », c'est-à-dire celle du juge saisi du contentieux né du contrat, ou des lois de police étrangères qui seront appliquées par le juge en raison de leur caractère impératif.
A titre d'exemple, on pourrait considérer que la loi sur l'usage de la langue française dans les contrats passés avec des consommateurs français et la loi française

relative à l'Informatique, aux fichiers et aux libertés (41) sont des lois de police qui pourraient s'appliquer à un contrat international conclu sur le territoire français à l'aide d'Internet.

Enfin, des lois pénales pourraient avoir vocation à s'appliquer dans le cadre de diffusion d'information de nature commerciale sur Internet. Il en est ainsi de l'article L. 121-1 du Code de la consommation réprimant la publicité mensongère (42). Il n'est pas impossible que la diffusion d'informations de nature commerciale sur Internet puisse constituer une publicité mensongère.

Notes

(1) Arrêté du 3 décembre 1987 relatif à l'information du consommateur sur les prix, *JO* du 10 décembre 1987.

(2) Circulaire du 19 juillet 1988 portant application des dispositions de l'arrêté du 3 décembre 1987 relatif à l'information du consommateur sur les prix, *JO* du 4 août 1988.

(3) *Infra* n° 30000 et suivants relatifs aux bornes interactives.

(4) *Infra* n° 27000 et suivants relatifs au catalogue électronique.

(5) Cf. MÉMENTO-GUIDE ALAIN BENSOUSSAN, *Le marketing direct et le droit*, 2e Ed. Hermès 1994, n° 3000 et suivants.

(6) Article 14 de l'arrêté du 3 décembre 1987, *précité.*

(7) Circulaire du 19 juillet 1988, *précitée.*

(8) Article L. 121-18 du Code de la Consommation.

(9) Article L. 121-27 du Code de la Consommation.

(10) Cf. F. -J. Crédot, P. Bouteiller, *Juris - Cl. Banque et Crédit,* Fasc. 900, août 1992, n° 82 et s. relatifs au paiement des opérations initiées par carte.

(11) Loi n° 91-1382 du 30 décembre 1991 relative à la sécurité des chèques et des cartes de paiement, *JO* du 1er janvier 1992.

(12) Robert Trinquet, « Paiement par carte : l'irrévocabilité », *Bancatique* 1985.

(13) Cf. F. -J. Crédot, P. Bouteiller, *Juris-Cl. Banque et Crédit,* Fasc. 900, août 1992, *précité* n° 86.

(14) CA Paris, 21 décembre 1984, *Dalloz* 1985, IR-344 ; Cass. com., 3 mai 1988, *Bull. civ.* IV, n° 143.

(15) Dans une affaire concernant le paiement par carte de crédit, la « signature informatique » a fait l'objet d'une reconnaissance par les magistrats de Montpellier que la Cour de cassation a confirmée le 8 novembre 1989. Dans cette affaire, les juges de Montpellier ont estimé que « la signature informatique » composée de deux éléments : le code secret et la présentation de la carte bancaire, constituait un moyen suffisant pour la société de crédit de rapporter la preuve de ses créances, alors qu'il n'était allégué aucun dérèglement du système informatique, ni perte de son numéro secret par le débiteur ; CA Montpellier, 17e Ch. Sect. D, le 9 avril 1987, Société Crédicas SA c/Yves Julie, *JCP (G),* 1988 n° 16, II 20984, confirmée Cass. civ. I, 8 novembre 1989, *Dalloz* 1990, 36, note Gavalda.

(16) Rapport du groupe de travail constitué dans le cadre du Conseil national du crédit sur *Les aspects juridiques des nouveaux moyens de paiement*, Direction des journaux officiels, juillet 1986, p. 63 et s.

(17) TI Montreuil s/Bois, 9 avril 1986, *Dalloz* 1987, somm. 300 et *Les Petites Affiches,* 15 septembre 1986, p. 95.

(18) Amendement n° 2 présenté par Michel Suchot, Rapport *Ass. Nat.* n° 2374, p. 26.

(19) Débat Assemblée nationale, *JO* Ass. Nat., séance du 3 décembre 1991.

(20) Note sous TI Montreuil s/Bois, 9 avril 1986, *Dalloz* 1987, somm. 300.

(21) Cf. Isabelle Pottier, « La preuve dans les transactions financières à distance », *Revue Banque* n° 568, Mars 1996.

(22) F. Simottel, « Les gardes barrières » d'Internet, *01 Informatique*, 6 octobre 1995.

(23) *Supra* n° **15620** relatif à la sécurité des transactions et la criminalité informatique.

(24) Cf. MÉMENTO-GUIDE ALAIN BENSOUSSAN, *Les télécommunications et le droit,* Hermès 2e éd. 1996, n° 46000 et s. relatifs à la sécurité des systèmes et des réseaux.

(25) Cf. Alain Bensoussan, « La convention de preuve dans les accords d'interchange », *Lamy*, Mise à jour (E), juil. 1993.

(26) Cf. le modèle de contrat d'interchange in MÉMENTO-GUIDE ALAIN BENSOUSSAN, *L'EDI et le droit*, Hermès 1991 ; également l'accord type européen pour l'échange de données informatisées (EDI), *JOCE* (L) n° 338 du 28 décembre 1994.

(27) J. Dumas , « Mettre en place un serveur sur Internet », *01 réseaux*, n° 17, septembre 1995, p. 78.

(28) Girard, « Des entreprises se créent autour d'Internet », *Usine Nouvelle*, n° 2520, 19 octobre 1995, p. 62.

(29) « CommerceNet : le « business to business » sur Internet », *l'Atelier* n° 44, avril - juin 1995, p. 26 et 27.

(30) *Supra* n° **14000** et suivants relatifs aux autoroutes de l'information.

(31) Arnaud Hubert, Nicholas Négroponte, « L'architecte d'un monde digital », *Le Figaro* 25 août 1995.

(32) P. Mayer, *Le droit international privé*, éd. Montchrestien, 1987, p. 8.

(33) Convention des Nations Unies sur les contrats de vente internationale de marchandises signée à Vienne le 11 avril 1980, publiée par le décret n° 87-1034 du 22 décembre 1987, *JCP (G)* 1988, III-60936.

(34) Art. 1er de la convention de Vienne.

(35) Ph. Kahn, Vente commerciale internationale, *Juris-Classeur International*, Contrats internationaux, 1989, Fasc., 565-1-5, p. 26, n° 159.

(36) Convention de Rome du 19 juin 1980 sur la loi applicable aux obligations contractuelles mais publiée par un décret n° 91-242 du 28 février 1991 au *JO* du 3 mars 1991. La convention de Rome est entrée en vigueur en France au 1er avril 1991.

(37) Art. 2 de la convention de Rome, M - L. Niboyet - Hoegy, *Juris-Classeur International*, Contrats internationaux, 1993, Fasc. 552-1, p. 8, n° 9.

(38) Ce principe était d'application générale dans la jurisprudence antérieure à l'entrée en vigueur de cette convention internationale et était visée expressément à la convention de la Haye de 1955.

(39) Art. 4 alinéa 2 de la convention de Rome du 19 juin 1980, *précitée.*

(40) Art. 5 alinéa 2 de la convention de Rome du 19 juin 1980.

(41) Sur cette loi, *infra* n° **34000** et suivants.

(42) *Supra* n° **23124** relatif à la publicité mensongère.

24000.
La télévision numérique interactive

La technologie de la numérisation permet de passer de la télévision « passive » aux services multimédias interactifs. La TV numérique interactive est sans doute l'une des multiples innovations attendues en matière de multimédia (1).

24100. Définition

24110. *L'interactivité*

Devant une télévision classique, le spectateur est seulement passif. Au contraire, la télévision interactive lui permet de dépasser ce rôle en lui offrant la possibilité de transmettre en retour des informations à l'émetteur pour choisir ou modifier les informations reçues.

24120. *La télévision interactive est numérique*

En effet, seule la numérisation permet la multiplication des données traitées et transmises.
Les réseaux de transmissions hertziennes n'offrent pas en principe la possibilité d'une interactivité entre l'émetteur et le récepteur. En toute hypothèse, si une telle possibilité leur était ouverte, le volume de données serait trop important et entraînerait un encombrement des fréquences.

Les principaux intervenants, actuels ou potentiels, sur le marché de la TV interactive peuvent être classés en cinq grandes familles d'acteurs (*) : – les fabricants de matériel professionnel de TV – les opérateurs – les producteurs et diffuseurs de contenus – les fabricants de récepteurs TV – les sociétés du secteur informatique

(*) Source : Communications & Stratégies, n° 19, 3e trim. 1995, p. 275.

Tableau 24.1. *Les principaux acteurs de la TV interactive*

24200. La réglementation

24210. *La réglementation du marché*

La télévision interactive est tout d'abord soumise à la loi française du 30 septembre 1986 modifiée (1 bis) sur la liberté de communication qui comporte des dispositions distinctes selon le type d'émission :

– réseau hertzien,

– câble,

– satellite.

En outre la même loi vise à renforcer la transparence en limitant les prises de contrôle et en contrôlant les restructurations d'entreprise.
Il est clair que les alliances qui se dessinent ou se concluent déjà dans le domaine de la télévision interactive, donneront fréquemment l'occasion d'appliquer l'ensemble des dispositions correspondantes.
La télévision interactive sera également soumise aux nombreux textes européens et en premier lieu au traité de Rome, ainsi qu'à la directive « Télévision sans frontière » (2).

24220. *La réglementation du contenu*

A la suite de la CNCL, le Conseil Supérieur de l'Audiovisuel (CSA) s'est vu chargé de contrôler notamment le contenu des émissions télédiffusées et a obtenu la compétence pour prononcer un certain nombre d'injonctions et de sanctions.
La télévision interactive sera également soumise à la "juridiction" de cette autorité administrative indépendante.

Aucun texte n'ayant aujourd'hui vocation à la régir spécialement, elle sera en outre soumise aux différents textes relatifs notamment à la liberté d'expression. Outre la loi du 30 septembre 1986 relative à la liberté de communication, la télévision interactive et les différents acteurs du marché seront soumis aux dispositions de la loi du 29 juillet 1881 sur la liberté de la presse (3).
Le fournisseur de services interactifs engage sa responsabilité civile à l'égard des utilisateurs du service à raison du contenu des informations qu'il diffuse (informations périmées, erronées, trompeuses...). Il engage en outre sa responsabilité pénale lorsqu'il commet une infraction au droit de la presse. En effet, la responsabilité éditoriale en matière de presse écrite est étendue par la loi, aux services de communication audiovisuelle lorsque le message en cause a fait l'objet d'une fixation préalable à la communication au public.
Les infractions au droit de la presse sont notamment la provocation aux crimes et délits, les délits contre la chose publique (troubles de l'ordre public...), les délits contre les personnes (la diffamation, l'injure...), la diffusion de fausses nouvelles.
Le Code pénal désigne en cascade les personnes responsables de plein droit en cas d'infraction au droit de la presse : il s'agit du directeur ou du codirecteur de la publication, à défaut, de l'auteur ou du producteur.

24300. Les applications

Les applications de la télévision interactive sont multiples et devraient connaître un accroissement important, tant les possibilités qu'elle offre en font un enjeu commercial considérable des prochaines années à venir. On peut aujourd'hui distinguer trois secteurs déjà actifs : les loisirs, le téléachat et la formation.

24310. *Les loisirs : le développement du* pay per view

Les chaînes payantes et le système dit du « *pay per view* » (4) qui permet au téléspectateur de composer un programme personnalisé paraissent promises à un bel avenir. Cette faculté offerte au spectateur suscite toutefois d'importantes difficultés juridiques.
En effet, si la rémunération de la chaîne par le téléspectateur qui choisit de recevoir telle ou telle émission ne devrait pas poser de grandes difficultés, il peut en être autrement de la rémunération des titulaires des droits d'auteur sur les œuvres ainsi diffusées et de leur nécessaire autorisation.
En outre, le développement de ces nouveaux services se trouve confronté au problème de la fraude. Dans plusieurs pays d'Europe fortement câblés, il a fallu des années de procédure pour assainir la situation. La France, où la distribution par câble n'est pas aussi développée, n'a pas connu les mêmes problèmes. Le législateur a néanmoins estimé nécessaire d'assurer une protection spécifique des services de diffusion destinés à un public déterminé (5).

Enfin, le système du paiement « à la séance » peut également poser des problèmes en matière de protection des données nominatives. Dans son 15e rapport d'activité pour 1994, la Commission nationale de l'informatique et des libertés a été amenée à prendre position en ce domaine.

24311. ***La législation française sur la captation frauduleuse d'émissions cryptées***

La loi du 10 juillet 1987, abrogée en 1992 pour être insérée aux articles 79-1 à 79-6 de la loi relative à la liberté de communication (6), permet de sanctionner la captation frauduleuse d'émissions cryptées (7). L'article 79-1 punit d'un emprisonnement de deux ans et d'une amende de 200 000 francs :

« *la fabrication, l'importation en vue de la vente ou de la location, l'offre à la vente, la détention en vue de la vente, la vente ou l'installation d'un équipement, matériel, dispositif ou instrument conçu, en tout ou partie, pour capter frauduleusement des programmes télédiffusés, lorsque ces programmes sont réservés à un public déterminé qui y accède moyennant une rémunération versée à l'exploitant du service* ».

L'article 79-2 punit d'un emprisonnement d'un an et d'une amende de 100 000 F « *le fait de commander, de concevoir, d'organiser ou de diffuser une publicité faisant directement ou indirectement, la promotion d'un équipement, matériel, dispositif ou instrument mentionné à l'article 79-1* ».
L'article 79-3 punit d'un emprisonnement de six mois et d'une amende de 50 000 F « *l'organisation, en fraude des droits de l'exploitant du service, de la réception par des tiers des programmes mentionnés à l'article 79-1* ».
Est également punie aux termes de l'article 79-4 d'une amende de 50 000 F « *l'acquisition ou la détention, en vue de son utilisation, d'un équipement, matériel, dispositif ou instrument mentionné à l'article 79-1* ».
L'article 79-5 prévoit qu'en cas de condamnation pour l'une des infractions définies précédemment « *le tribunal peut prononcer la confiscation des équipements, matériels, dispositifs et instruments ainsi que des documents publicitaires* ».
Enfin, la loi du 16 décembre 1992 a ajouté une disposition qui n'existait pas dans celle de 1987 afin de permettre au juge civil de prendre des mesures d'urgence malgré la saisine du juge répressif. Il s'agit là d'une dérogation au principe de l'unité des poursuites.
L'article 79-6 prévoit en effet la dualité de compétence permettant au juge civil, concomitamment au juge répressif, de prononcer la saisie des équipements frauduleux, de la documentation technique et publicitaire présentant les équipements « *et ce même avant édition ou distribution* », ainsi que des recettes procurées par l'activité illicite ». Il peut également, statuant en référé, ordonner la cessation de toute fabrication.

24312. ***Le piratage des chaînes cryptées en Europe***

Les lois sur le piratage informatique ne sont pas toutes les mêmes dans la Communauté européenne et une chasse aux pirates n'est pas chose aisée pour des chaînes diffusant sur l'Europe entière.
Néanmoins, pratiquement tous les revendeurs d'antennes satellites spécialisés de France sont régulièrement contactés pour vendre des cartes pirates (8).
Créée à Bruxelles fin février 1994, l'AGC (*Antipiracy Contact Group*) (9) a pour objet de coordonner les efforts des télévisions à péage contre le piratage. Cette association veille également à vérifier la simple application des lois des pays européens en matière de piratage, notamment dans le domaine de la collaboration avec la police.

24313. ***La protection des données nominatives***

La diffusion de services par satellite et par câble de programmes télévisuels par paiement à la séance (*pay per view*) peut également être soumise à la loi relative à l'Informatique, aux fichiers aux libertés du 6 janvier 1978 (10).
La diffusion de programmes payants à la séance implique la connaissance du choix des spectateurs, parmi les programmes offerts et par conséquent la connaissance, à tout instant, de ce que chacun fait de son téléviseur. Il s'agit là d'un système très sensible du point de vue de la législation en matière de protection des données, et la CNIL a déjà eu l'occasion de se prononcer sur la mise en place de ces systèmes, notamment en cas d'exploitation à des fins de ciblage et de marketing, des données ainsi collectées.
En 1994, la CNIL a été saisie d'une part, par France Télécom, en tant qu'exploitant des réseaux, d'autre part, par des sociétés privées, en tant qu'opérateurs (parmi lesquels France Télécom Câble, société de droit privé).
Les deux demandes d'avis présentées par France Télécom ont donné lieu à un avis favorable de la CNIL.
L'une concerne la mise en œuvre d'un « *traitement automatisé d'informations indirectement nominatives permettant le télédéchargement des titres d'accès pour les achats à la séance de programmes télévisuels* » (11).
L'autre concerne la mise en œuvre d'un « *traitement automatisé d'informations indirectement nominatives permettant les achats à la séance de programmes télévisuels destinés aux abonnés des réseaux câblés à terminaison optique* » (12).

Dans les deux cas, France Télécom s'est engagé à conserver les informations pendant une durée n'excédant pas six mois.
Ainsi que le note la CNIL dans son 15e rapport d'activité pour 1994, « *le paiement à la séance marque la fin de l'anonymat puisque sont enregistrés l'identité du téléspectateur et le programme choisi* ». Le risque que ces informations soient

utilisées pour établir des profils d'abonnés n'est pas négligeable. La CNIL a donc demandé aux câblo-opérateurs de s'engager par écrit à ce que ces informations ne soient jamais utilisées à cette fin et que les destinataires soient strictement ceux indiqués lors de la déclaration (13).

24314. ***Les dispositions spécifiques aux programmes transmis à la demande : la loi du 10 avril 1996***

Dans le cadre du projet de loi du 15 novembre 1995 relatif aux expérimentations dans le domaine des technologies et services de l'information adopté dans sa forme définitive le 10 avril 1996 (13 bis), des dispositions spécifiques sont prévues en vue de développer les services de l'information fournis sur « appel individuel » (vidéo à la demande, radiodiffusion sonore à la demande...), lesquels n'existent pas à l'heure actuelle dans le paysage audiovisuel français.
Il est prévu que le Conseil supérieur de l'audiovisuel puisse adapter les règles en matière d'obligations de diffusion et de production pour tenir compte de l'innovation technologique que constitue la diffusion numérique.
Ainsi, l'article 5 de la loi du 10 avril 1996 propose l'assouplissement de certaines règles prévues par la loi du 30 septembre 1986 (14) pour les services de communication audiovisuelle autres que les services de téléachat, permettant « *la transmission de programmes à la demande, le cas échéant, contre rémunération* ».
En outre, « *aucun message publicitaire ne peut interrompre les programmes transmis à la demande* ».

24320. ***Le téléachat***

La télévision interactive devrait encore renforcer le développement déjà important du téléachat. En effet le spectateur pourra désormais se promener virtuellement dans un magasin de rayons en rayons, s'approcher de tel ou tel article, en lire le descriptif, regarder un défilé de mode à la télévision et cliquer au moyen d'une télécommande sur un mannequin qui défile pour obtenir des détails sur les vêtements.
Il pourra également commander ou recevoir livraison du produit chez lui. Il est vraisemblable que la télévision numérique apporte plus de simplicité et de rapidité dans les procédures d'achat à distance (15).
Les émissions télévisées dites de "téléachat" représentent un type particulier de programme dont l'objet est de susciter un acte d'achat de la part des téléspectateurs. De ce fait, elles obéissent à un régime juridique particulier visant à assurer la protection des consommateurs.
Ainsi, lorsqu'elles sont l'œuvre de chaînes dépendantes d'une autorisation d'usage de fréquence, elles sont soumises à des règles de programmation spéci-

fiquement fixées par le Conseil supérieur de l'audiovisuel. En revanche, lorsqu'elles sont diffusées par des chaînes du câble, le régime est quelque peu différent.
La loi du 10 avril 1996 relative aux expérimentations dans le domaine des technologies et services de l'information (*supra* n° **24314**) ne prévoit pas de modifier les dispositions en matière de téléachat.

24321. ***Les spécificités du téléachat***

Les émissions de téléachat sont essentiellement dédiées aux consommateurs. En revanche, le commerce électronique peut être effectué entre professionnel et consommateur ou constituer un commerce entre entreprises, c'est-à-dire « *business to business* ».
La caractéristique fondamentale de ces nouveaux modes de commerce à distance est l'utilisation de plusieurs médias intervenant dans la diffusion de l'information de nature commerciale (par la présentation et la promotion d'objets, de produits et services au public) et dans la conclusion de vente (par le retour des commandes des utilisateurs vers les opérateurs économiques).
Ainsi, l'émission de téléachat est un programme télévisé dont l'objet est de susciter chez les téléspectateurs, un acte d'achat de produits présentés à l'écran. Pour accomplir cet objet commercial, le programme de téléachat s'appuie sur plusieurs médias tels que la télévision, le téléphone, le Minitel ou d'autres procédés technologiques.
L'émission de téléachat présente donc une double nature. Tout d'abord, le téléachat s'analyse comme un service audiovisuel et une œuvre audiovisuelle de présentation et de promotion d'objets, de produits ou de services offerts directement à la vente.
En tant que service audiovisuel organisé pour être diffusé à destination du consommateur, le téléachat relève du droit de l'audiovisuel qui fixe les règles de programmation de ces émissions (16). Cette caractéristique, puisqu'il s'agit d'une émission de télévision, distingue le téléachat du catalogue électronique sur CD-ROM, qui ne fait pas intervenir des éléments comme des animateurs vedettes (17). Le téléphone et le Minitel sont utilisés pour répercuter les commandes d'objets des téléspectateurs auprès des entreprises de téléachat.
Par ailleurs, l'émission de téléachat constitue une offre de vente de produits aux téléspectateurs ; ce qui implique que ce service soit soumis aux règles protectrices du droit de la consommation (18).

24322. ***Les émissions de téléachat***

Le législateur a encadré juridiquement cette activité de services par la loi du 6 janvier 1988, partiellement abrogée pour être par la suite intégrée aux articles

L. 121-16 à L. 121-20 du Code de la consommation. Ces dispositions définissent le régime applicable aux ventes effectuées dans le cadre d'émissions de téléachat. Elles ont surtout invité l'autorité de régulation de l'audiovisuel français, le Conseil supérieur de l'audiovisuel, à établir un cadre contraignant réglementant l'exercice de cette activité nouvelle pour les seuls services audiovisuels autorisés.

En vertu de l'article L. 121-20 du Code de la consommation, le CSA a seul la compétence pour fixer les règles de programmation des émissions de téléachat diffusées par les services de communication audiovisuelle autorisée conformément à la loi modifiée du 30 septembre 1986 relative à la liberté de communication (19).

Dans son rapport pour l'année 1990, le CSA a par ailleurs, considéré que la diffusion d'émissions de téléachat sur un canal affecté uniquement à cet usage, constituait bien un « service de télévision » relevant d'un régime d'autorisation au sens de l'article 34 de la loi.

Ainsi, pour tous les services de télévision distribués par câble, la délivrance des autorisations est subordonnée, conformément à l'article 34-1 de la loi et au « décret câble », à la conclusion d'une convention entre le CSA et la personne désireuse d'obtenir l'autorisation d'émettre (20).

Dans ce cadre légal, le CSA peut imposer aux propriétaires ou aux initiateurs de projets de chaînes câblées, désirant intégrer dans leurs programmes des émissions de téléachat – lors de la négociation de la convention ou d'un avenant à la convention – qu'ils respectent les règles de programmation qu'il a édictées en matière de téléachat (21).

Selon le CSA, la finalité de cette réglementation est de protéger les consommateurs en distinguant les émissions de téléachat du reste des programmes et d'éviter que celles-ci ne permettent de contourner la réglementation applicable à la publicité télévisée (22).

La réglementation de la programmation des émissions de téléachat ne concerne que les seules chaînes privées. En effet, les sociétés nationales de programmes se sont toujours vues interdire cette activité par leurs cahiers des charges (23).

Par ailleurs, ces dispositions s'appliquent aux télévisions diffusées en clair par voie hertzienne, ce qui semble exclure les chaînes cryptées comme *Canal +*. De même, sont exclus du champ d'application de ces règles, les numéros verts ou les logos renvoyant aux codes Minitel qui accompagnent certaines annonces publicitaires et qui sont censés donner une information sur un produit présenté.

Cependant, il convient de remarquer que le CSA tend, de plus en plus, à imposer de façon indirecte ces règles à des opérateurs qui ne sont pas normalement soumis à cette réglementation. Ainsi, lors des négociations pour l'établissement d'une convention avec les câblo-opérateurs, le CSA tend à imposer fréquemment, voire constamment, à ses partenaires privés qu'ils respectent les règles de programmation qu'il a édictées en matière de téléachat (24).

Dès lors, il semble que le CSA, soit de manière directe, soit de manière indirecte, tente d'imposer cette réglementation aux nombreux opérateurs du secteur de l'au-

diovisuel en France, sauf bien évidemment aux chaînes du service public.
En tant qu'unique organe de régulation du secteur audiovisuel français, le CSA doit, dans l'exercice de ses missions, veiller à la stricte application des normes communautaires, issues notamment de la directive européenne dite « Télévision sans frontière » qui ont vocation à s'appliquer aux émissions de téléachat.

24323. ***Les règles du Conseil supérieur de l'audiovisuel***

Les premières règles de programmation des émissions de téléachat s'appuyant sur les dispositions légales ont été édictées dans la décision du 4 février 1988 (25). Par la suite, celle-ci a été modifiée par d'autres décisions dont la dernière en date est celle du 20 octobre 1992 (26). Trois grands principes se dégagent de la décision modifiée de 1988 du CSA.
D'une part, les émissions de téléachat sont limitées dans leur durée et ne peuvent être proposées que dans certaines plages horaires, ces règles sont destinées à éviter un envahissement progressif des programmes de télévision par ce type d'émissions et empêcher toute confusion avec d'autres émissions. D'autre part, cette réglementation insiste sur la nécessité pour les émissions de téléachat d'assurer une présentation transparente et objective des produits et services qu'elles proposent à la vente.
Enfin, ces émissions ne peuvent proposer à la vente des objets, produits et services qui sont interdits de publicité en application des règles relatives à la publicité à la télévision.
C'est donc autour de ces trois grands principes, que le CSA a, dans ses différentes décisions, édicté les éléments de sa réglementation.
Aux termes de la réglementation imposée par le CSA, les émissions de téléachat doivent respecter les principales règles de programmation
suivantes :

– ces émissions ne doivent être diffusées qu'à des périodes de faible audience (le matin entre 0 et 11 heures et l'après-midi entre 14 heures et 16 heures, à l'exclusion du mercredi et samedi après-midi et du dimanche toute la journée) et sont d'une durée minimum de dix minutes, sans dépasser une heure par jour et 120 minutes par semaine ;

– ces émissions doivent être clairement annoncées comme telles et être présentées de manière à éviter toute confusion avec d'autres programmes. Pour les services de télévision, elles doivent être programmées dans des écrans réservés sans pouvoir être interrompues par des écrans publicitaires. Elles ne peuvent faire l'objet d'émissions préparatoires. Ces émissions ne doivent pas se situer dans un point de vente identifié ou identifiable ;

– le contenu de ces émissions doit être conforme aux exigences de décence et de respect de la personne humaine, sans choquer les convictions religieuses et philosophiques des téléspectateurs. Les enfants ne peuvent y participer. La présentation des objets, produits ou services doit se faire dans le respect des dispositions législatives et réglementaires, l'offre de vente présentant ses principales composantes : prix, garantie, nouveauté, modalités de vente ;

– les conditions de validité des prix et de commande du produit doivent être mentionnées et ne laisser place à aucune équivoque quant aux engagements souscrits ;

– la présentation de produits appartenant à des secteurs, dont la publicité télévisée, fait l'objet d'une interdiction législative ou réglementaire est interdite ;

– la marque, le nom du fabricant, du distributeur, du prestataire d'un service offert à la vente ne doit pas être mentionné ou indiqué à l'antenne.

En ce qui concerne cette dernière condition, le CSA semble être revenu sur cette position de principe dans le domaine particulier des services distribués par le câble.
Dans son avis du 20 juillet 1994 (27), le CSA considérait qu'il serait préférable pour les services consacrant au moins la majorité de leur temps de diffusion à des émissions de téléachat, émises à destination du territoire national uniquement, de prévoir « *la possibilité de bénéficier de la citation de la marque comme le prévoit le projet de décret* ».
Cette décision du CSA semble être une avancée en la matière, bien que toute publicité soit encore prohibée ; ceci risque donc de poser des difficultés pratiques d'application et d'imposer, en tout cas, une attitude particulièrement discrète et neutre des présentateurs de téléachat dès lors qu'il s'agira de présenter les marques des produits qu'ils se proposent de vendre aux téléspectateurs.
Par ailleurs, le CSA peut accorder des dérogations temporaires aux règles qu'il a établies par ses différentes décisions en s'appuyant sur les dispositions de la loi du 6 janvier 1988 modifiée. En effet, l'autorité de régulation de l'audiovisuel français a, à plusieurs reprises permis des adaptations à la réglementation applicable aux émissions de téléachat dans les cas extrêmement précis et temporairement limités.
Ces dérogations sont pour la plupart relatives à des modifications d'horaire. Ainsi, le CSA a récemment complété l'article 2 de la décision du 4 février 1988 modifiée afin de mettre en place des aménagements d'horaire pour les émissions diffusées dans les DOM TOM. (28)

24324. ***Les sanctions***

La réglementation applicable aux émissions de téléachat contient aussi des dispositions répressives. En effet, le législateur a voulu, en 1988 comme en 1993 (lors de la mise en place du Code de la consommation), sanctionner lourdement les violations de cette réglementation. A cet effet, l'article L. 121-17 du Code de la consommation prévoit notamment que :

« *Le dirigeant de droit ou de fait d'un service de radiodiffusion sonore ou de télévision, défini à l'article 2 de la présente loi, qui aura programmé et fait diffuser ou distribuer une émission en violation des règles fixées en vertu du même article sera puni d'une amende de 6 000 à 500 000 francs.*
Dans le cas de récidive, l'auteur de l'infraction pourra être puni d'une amende de 100 000 à 1 000 000 de francs ».

Certes, l'efficacité de la répression de ces manquements à la réglementation dépend largement du contrôle effectué par le CSA ; c'est cette autorité de régulation qui décidera ou non de saisir les tribunaux.
Ainsi, par délibération en date du 10 septembre 1991, après avoir constaté plusieurs infractions (dépassement du plafond hebdomadaire, apparition de marques, ventes à prime...), le CSA a mis en demeure TF1, la Cinq et M6 (29) de se conformer à la réglementation.
En outre, le CSA, garant de la bonne application des dispositions communautaires en la matière peut, dans des moyens certes limités, agir auprès du gouvernement afin que soient sanctionnés, au niveau communautaire, les agissements d'opérateurs étrangers qui ne respecteraient pas les normes communautaires.
En effet, l'article 20 de la directive européenne « Télévision sans frontière » précise que les Etats membres ne peuvent déroger à l'article 18-3 de cette même directive, qui limite à une heure par jour la durée des émissions de téléachat, qu'à la condition que ce type d'émission soit destiné uniquement au territoire national concerné et ne puisse être reçu, directement ou indirectement, dans un ou plusieurs autres Etats membres.
Deux chaînes de téléachat américaines « *Quantum TV* » et « *Sell a vision* » étaient diffusées en Europe via les satellites « Astra 1A » et « Eutelsat 2F1 ». Leur durée de programmation est de 8 heures 30 par jour pour « *Quantum TV* » et de 7 heures par jour pour « *Sell a vision* » (30).
Ces chaînes n'étaient pas cryptées et accessibles sur l'ensemble du territoire français. Constatant cette violation de la réglementation communautaire, le CSA a donc fait part au ministre de la Communication de son souhait de voir la Commission de Bruxelles saisie de la question de la diffusion en clair sur le territoire français de ces deux chaînes, afin que des sanctions soient prises au niveau communautaire.

24330. *La formation*

Les technologies de l'information interactives ont un rôle important à jouer en matière de formation à distance. La formation des adultes mais également celle des enfants pourraient recevoir un support important par la télévision interactive (31).

Notes

(1) Cf. *Communications & Stratégies*, Numéro spécial « Multimédia », n° 19, 3e trim. 1995, p. 275 ; également Victor Sandoval, *La télévision interactive*, Hermès 1995.

(1 bis) Loi n° 89-25 du 17 janvier 1989 modifiant la loi n° 86-1067 du 30 septembre 1986 relative à la liberté de communication, *JO* du 18 janvier 1989.

(2) Directive du Conseil n° 89-552 du 3 octobre 1989 visant à la coordination de certaines dispositions législatives, réglementaires et administratives des Etats membres à l'exercice d'activités de radiodiffusion télévisuelle, *JOCE* L. 298 du 17 octobre 1989.

(3) Loi du 29 juillet 1881 sur la liberté de la presse, V. chap. Presse du *Code pénal.*

(4) Cf. MÉMENTO-GUIDE ALAIN BENSOUSSAN, *Les télécommunications et le droit*, Hermès, 2e éd. 1996, n° 33000 et suivants.

(5) Isabelle Pottier, « L'antenne et le droit », *Satellite TV Magazine*, dossier spécial « Codage et piratage des chaînes cryptées en Europe », n° 70, août 1993.

(6) Loi n° 87-520 du 10 juillet 1987 relative à la protection des services de télévision ou de radiodiffusion destinés à un public déterminé, abrogée par la loi n° 92-1336 du 16 décembre 1992 relative à l'entrée en vigueur du nouveau Code pénal, *JO* du 23 décembre 1992 et reprise sous l'article 79 de la loi n° 86-1067 du 30 septembre 1986 modifiée (art. 79-1 à 79-6).

(7) Pour un exemple d'application de l'ancienne loi du 10 juillet 1987, cf. CA Versailles, 2 mai 1990, *Dr. pénal* 1990, 254 ; Cass. crim., 23 mars 1992, *Bull. crim.* n° 124 ; Cass. crim., 19 août 1992, *Bull. crim.* n° 277.

(8) Christophe Bouton, « Piratage : un phénomène européen », *Satellite TV Magazine*, juillet 1994, p. 22.

(9) Sont actuellement membres : BSkyB, Canal Plus, Film Net, Première, Telepiu, France Télécom (Eurocrypt), Irdeto (Cable Crypt), News Datacom (Videocrypt), l'ACT (Association des télévisions commerciales d'Europe), ECCA (European Cable Communications Association) et MPEAA (Motion Picture Export Association of America).

(10) *Infra* n° **34000** et suivants relatifs à la loi informatique, fichiers et libertés.

(11) Délibération n° 94-058 du 21 juin 1994 relative à la demande d'avis présentée par France Télécom préalablement à la mise en œuvre d'un traitement automatisé d'informations indirectement nominatives permettant le télédéchargement des titres d'accès pour les achats à la séance de programmes télévisuels, 15e rapport d'activité de la CNIL pour 1994, *La Documentation Française*, p. 64.

(12) Délibération n° 94-059 du 21 juin 1994 relative à la demande d'avis présentée par France Télécom préalablement à la mise en œuvre d'un traitement automatisé d'informations indirectement nominatives permettant les achats à la séance de programmes télévisuels destinés aux abonnés des réseaux câblés à terminaison optique, 15e rapport d'activité de la CNIL pour 1994, *La Documentation Française*, p. 65.

(13) 15e rapport d'activité de la CNIL pour 1994, *La Documentation Française*, p. 62-63.

(13 bis) Loi n° 96-299 du 10 avril 1996 relative aux expérimentations dans le domaine des technologies de l'information, *JO* du 11 avril 1996.

(14) Loi n° 86-1067 du 30 septembre 1986 relative à la liberté de communication (*JO* du 1er octobre 1986), modifiée par les lois n° 86-1210 du 27 novembre 1986 (*JO* du 28 novembre 1986), n° 87-588 du 30 juillet 1987 (*JO* du 31 juillet 1987), n° 88-227 du 11 mars 1988 (*JO* du 12 mars 1988), n° 89-25 du 17 janvier 1989 (*JO* du 18 janvier 1989), n° 89-532 du 2 août 1989 (*JO* du 4 août 1989), n° 89-935 du 29 décembre 1989 (*JO* du 30 décembre 1989), n° 90-55 du 15 janvier 1990 (*JO* du 16 janvier 1990).

(15) Cf. Victor Sandoval, *La télévision interactive*, Hermès 1995.

(16) Sur cette réglementation, Cf. MÉMENTO-GUIDE ALAIN BENSOUSSAN, *Les télécommunications et le droit*, Hermès, 2e éd. 1996, n° 54000 et suivants relatifs au téléachat.

(17) Cf. J.M. Billaut, « Il ne faut pas confondre téléachat et catalogue électronique », *l'Atelier*, n° 38, avril 1994, p. 2.

(18) Cf. MÉMENTO-GUIDE ALAIN BENSOUSSAN, *Le marketing direct et le droit*, 2e Ed. Hermès 1994.

(19) Loi n° 86-1067 du 30 septembre 1986, relative à la liberté de communication, *JO* du 1er octobre 1986, modifiée par les lois n° 86-1210 du 27 novembre 1986 (*JO* du 28 novembre 1986), n° 87-588 du 30 juillet 1987 (*JO* du 31 juillet 1987), n° 88-227 du 11 mars 1988 (*JO* du 4 août 1989), n° 89-935 du 29 décembre 1989 (*JO* du 30 décembre 1989), n° 90-55 du 15 janvier 1990 (*JO* du 16 janvier 1990).

(20) Analyse de certains points du rapport du CSA pour 1990, *Contrats - Concurrence - Consommation*, juillet 1991, n° 175.

(21) « Le Câble et le satellite : le marché de la réception », *La Lettre du CSA*, n° 45, juin 1993, p. 2.

(22) « Le Câble et le satellite : le marché de la réception », *précité.*

(23) « Téléachat sur Paris Première », *La Lettre du CSA, n° 47*, août 1993, p. 14 ; « Le CSA », *Service de documentations et de publications du CSA*, décembre 1993, p. 20 et 21 ; CSA, 3e rapport annuel 1991, précité, p. 346.

(24) CSA, 4e rapport annuel 1992, *La Documentation Française* 1993, T.1, p. 357.

(25) Décision n° 88-36 du 4 février 1988, *JO* du 10 février 1988.

(26) Décision n° 92-972 du 20 octobre 1992, *JO* du 11 novembre 1992.

(27) CSA, avis n° 94-5 du 20 juillet 1994 sur le projet de décret modifiant le décret n° 92-882 du 1er septembre 1992, fixant le régime applicable aux différentes catégories de services de radiodiffusion sonore et de télévisions distribuées par câbles, *JO* du 28 juillet 1994.

(28) *Lettre du CSA*, n° 57, juin 1994, p. 14.

(29) Délibération du 10 septembre 1991, CSA 3e rapport annuel 1991, *précitée,* T. 2, annexe 56, p. 176.

(30) « Téléachat Quantum TV et sell a vision hors-la-loi », *Lettre du CSA* n° 59, août 1994, p. 19.

(31) Sur ces questions, *infra* n° **25000** et suivants relatifs au télé-enseignement.

25000.
Le téléenseignement

L'enseignement à distance n'est pas un nouveau mode de formation. Il existe depuis plusieurs années des écoles d'enseignement, de formation par correspondance. Cependant, la nouveauté incontestable est l'introduction de la dimension technologique dans ce mode de transfert du savoir.
La connaissance passe par l'écrit, certes, mais les nouvelles technologies ont permis la diversification des sources de connaissance, que cela soit au travers de l'image ou du son. Or, dans un tel contexte, le multimédia apparaît comme un outil intéressant et intelligent. Il permet, en quelque sorte, de transposer à domicile le professeur, le tableau noir et la craie, images symboliques de l'enseignement traditionnel.
En cela, le recours au multimédia ne pose pas plus de problèmes juridiques qu'un autre moyen d'enseignement à distance, si ce n'est qu'il doit tenir compte du droit que chacun a sur son image et ses données personnelles. En outre, le multimédia pourrait être le prétexte à la réouverture du débat concernant le droit d'auteur des enseignants fonctionnaires.

25100. Le multimédia, outil de transfert du savoir

Le multimédia, en tant qu'outil de transfert du savoir, permet sans nul doute d'amener la science et la connaissance en des lieux où elles étaient éloignées, voire inaccessibles.

25110. *Un mode complémentaire de l'enseignement classique*

Le téléenseignement par le multimédia peut être conçu et envisagé comme un mode complémentaire de l'enseignement classique. De plus en plus d'écoles se dotent de produits multimédias pour illustrer les cours théoriques.
Cette nouvelle pédagogie apparaît incontournable après l'utilisation, non moins révolutionnaire à l'époque, de la télévision, des magnétoscopes et des disques. La visualisation, notamment d'un voyage au centre d'un corps humain, ou des galaxies, permettra de sensibiliser l'intéressé, de le mobiliser, de lui faire découvrir ce qu'hier encore il ignorait.
Madame Brigitte Chapelain, responsable de recherche à l'Institut national de recherches pédagogiques, rappelle que :

« *Il y a quelques années, on avait tendance à parler de l'audiovisuel dans l'enseignement de manière générale. Les choses ont changé : les instructions officielles de 1993 précisent que les technologies de l'image doivent être prises en compte, selon ce qu'elles apportent à telle ou telle discipline* » (1).

Les moyens et les idées ne manquent pas pour apporter à domicile la culture ; citons notamment le dictionnaire multimédia sur CDI de la société Hachette ou les œuvres complètes de Shakespeare sur CD-ROM de la société Larousse.
De plus, la capacité de concentration des images, des sons, des textes est sans comparaison avec celle de l'écrit (2).
Le multimédia permet, en quelque sorte, de transporter à domicile le savoir de la Bibliothèque nationale, de l'INA et des autres grands détenteurs d'information. Il permet de traverser en tous sens une banque de données, « *c'est l'information immédiate, disponible, la fin des recherches laborieuses aux fins fonds de bibliothèques obscures, le triomphe de la vitesse...* » (3).
Grâce au multimédia, le téléenseignement permet également à chacun de dépasser ses frontières géographiques. L'enseignement assisté par ordinateur a vocation à s'internationaliser pour une meilleure information de tous.
Selon Madame Le Coz, inspecteur d'académie (4), la place donnée aux nouvelles techniques d'information et de communication dans le cadre de l'enseignement sera déterminante quant à leur développement futur et quant à la maîtrise que la société entend avoir sur elles.

25120. *Le nouveau contrat pour l'école*

Le ministère de l'Education nationale a mis en place le « Nouveau contrat pour l'école », dont la priorité est de développer les technologies de l'information au sein des établissements scolaires (5). Selon Francis Balle, Directeur de l'information et des technologies nouvelles au ministère de l'Education nationale,

« *l'école a raté la révolution audiovisuelle et celle de l'informatique. Elle ne doit pas rater la révolution multimédia* » (6).
Parmi les nombreuses décisions élaborées dans le Nouveau contrat pour l'école, on peut citer la mise en place progressive d'une initiation à l'image, dans le cadre des programmes (décision 45). Désormais, tous les niveaux d'enseignement comprendront donc une dimension « initiation à l'image ».

- suivre un cours d'histoire sur la seconde guerre mondiale en l'écoutant, sur un écran de télévision, de la bouche même des grands témoins de cette époque : résistants, hommes d'Etat ou rescapés des camps nazis
- permettre à de jeunes handicapés de rompre leur solitude et d'entamer les mêmes études avec les mêmes chances de réussite que leurs camarades lycéens ou étudiants, grâce à la visioconférence
- donner à des jeunes en échec scolaire la possibilité de combler, sans honte et à leurs rythmes, leurs lacunes les plus fondamentales grâce à des logiciels éducatifs progressifs et bien ciblés
- offrir aux élèves de l'enseignement technique la possibilité de s'entraîner sur les matériels les plus sophistiqués des entreprises les plus performantes grâce à des programmes de simulation en univers virtuel

Tableau 25.1. *Exemples d'utilisation des technologies de l'information par l'Education nationale*

Le ministère de l'Education s'est rapproché de l'institut de sondage, la SOFRES, afin qu'il réalise une étude sur les pratiques audiovisuelles des enseignants. Cette étude a été exécutée en octobre 1994 et a permis de mettre en évidence trois points forts :

« *1. La pratique de l'audiovisuel apparaît comme largement répandue dans le corps enseignant, même si elle est hétérogène et limitée à certains types d'utilisation.*
2. La valeur pédagogique de l'audiovisuel est très nettement reconnue par les enseignants.
3. Les enseignants jugent insuffisante l'offre télévisuelle à dimension éducative actuelle. Ils expriment une attente forte vis-à-vis de la chaîne du savoir et de la connaissance (la Cinquième) » (7).

25200. Les droits des auteurs enseignants

En permettant l'accession au savoir, il n'en demeure pas moins que les auteurs de l'enseignement du futur doivent voir leurs droits en matière de propriété respectés et protégés quelle que soit la part de leur contribution, au niveau de l'image, du texte, du son, et du logiciel, et en prenant en considération les conditions de réalisation des éléments de l'œuvre multimédia (8).

25210. *La protection des œuvres orales par le droit d'auteur*

Le droit d'auteur s'attache à l'œuvre de l'esprit elle-même, indépendamment de son support et de sa forme d'expression (9). En effet, parmi les œuvres protégeables par le droit d'auteur (10), se trouvent les conférences, allocutions, sermons, plaidoiries et « *autres œuvres de même nature* » au nombre desquelles figurent les cours de professeurs.
C'est ainsi, qu'ont notamment donnés prise au droit d'auteur au bénéfice de professeurs, des cours et des ouvrages de droit (11), un manuel d'enseignement de la qualité dans les entreprises (12), ainsi que des cours oraux :

- de pharmacie (13),
- d'informatique (14),
- de psychanalyse (séminaires de Lacan) (15).

La reconnaissance du statut d'œuvre de l'esprit aux cours, permet l'attribution de droits privatifs de nature morale et patrimoniale (16). Ces droits accordent au professeur un monopole d'exploitation sur ses cours, en vertu duquel toute reproduction intégrale ou partielle faite sans son consentement est illicite.
Il peut résulter de ces dispositions une relative complexité dans la gestion des droits d'auteur, surtout en cas de pluralité d'auteurs. Il peut alors être préférable d'envisager la participation d'enseignants à l'élaboration d'un produit multimédia dans le cadre d'une œuvre collective.
Par exception aux principes du droit d'auteur, la qualification d'œuvre collective permet d'attribuer la qualité d'auteur à une personne morale, et ce, à titre originaire et non en qualité de cessionnaire (17). Il faut que l'œuvre ait été créée à l'initiative et sous la direction d'un entrepreneur, personne physique ou morale (Université, Centre de formation...) qui l'édite, la publie et la divulgue sous son nom, et que la fusion des contributions empêche l'attribution aux participants de droits distincts (18).
Seul l'entrepreneur peut faire valoir des droits sur l'œuvre collective (droit de reproduction, droit d'adaptation...). Toutefois, chaque auteur a en principe, la possibilité d'exploiter séparément sa contribution personnelle, sous la condition impérative de ne pas nuire à l'exploitation de l'œuvre tout entière et sauf conven-

tion contraire. Inversement, l'entrepreneur ne peut exploiter séparément la contribution personnelle de l'un des auteurs, en dehors du contexte général de l'œuvre collective, sans l'autorisation personnelle de l'auteur et le versement d'une rémunération corrélative (19).

25220. *La compatibilité avec le statut de fonctionnaire*

Le statut de fonctionnaire n'est pas toujours conciliable avec les règles en matière de droit d'auteur. L'application du régime des droits d'auteur dans les activités de service public a toujours été malaisée (20). Son caractère privatiste s'accommode difficilement avec les nécessités de fonctionnement du service public.
Les logiciels représentent la seule catégorie d'œuvres pour lesquelles une disposition précise règle le problème de la titularité des droits, lorsque ces œuvres sont créées par des agents du service public relevant du droit administratif (cas des enseignants de l'Education nationale par exemple).
Aux termes de l'article L. 113-9 du Code de la propriété intellectuelle, le régime juridique applicable aux logiciels créés par des auteurs fonctionnaires de l'Etat, des collectivités publiques ou des établissements publics à caractère administratif est le même que pour les logiciels créés par des auteurs salariés : sauf stipulations contraires, les droits sont dévolus à l'employeur (21).
Hormis ce cas, la loi ne donne aucune précision sur les droits pouvant découler d'œuvres créées par des fonctionnaires. Le Conseil d'Etat considère que l'administration est investie, à titre originaire, des droits sur les œuvres « *dont la création fait l'objet même du service* » (22). Selon la doctrine, le fonctionnaire conserve ses droits pour toutes les œuvres « *dont la création n'est pas liée au service ou s'en détache, par exemple si elle a été réalisée en dehors du service ou si elle est sans rapport direct avec la participation de l'auteur à l'objet du service* » (23).
Toutefois, à propos de la reproduction et de la publication de cours oraux inédits professés au Collège de France sans autorisation des ayants droit du professeur Barthes décédé, le Tribunal de grande instance de Paris a écarté les droits d'auteur de l'Etat au motif que :

« *(...) la production orale du professeur ne saurait revêtir un caractère administratif du seul fait qu'elle est assurée dans le cadre d'un enseignement public* » (24).

Sur la violation des droits d'auteur par l'éditeur, le Tribunal a jugé que :

« *(...) le cours professoral destiné à un auditoire présent et déterminé ne peut être publié sans l'autorisation de son auteur qui possède sur cette œuvre un droit de propriété exclusif et opposable à tous ; que le professeur ne communiquant qu'une relation orale de sa pensée et de ses recherches personnelles, ne saurait se voir imposer contre son gré la reproduction de ses paroles* ».

Approuvant cette décision, André Kerever fait observer que si un cours dispensé oralement dans un établissement public par un fonctionnaire répond bien à l'objet même de la mission de service public, « *cette dévolution à l'Etat est strictement limitée par les exigences du service public, et celles-ci n'appréhendent que la divulgation orale, devant un public limité et déterminé du cours. L'Etat n'a nul besoin de s'approprier un mode de divulgation par voie de reproduction et de distribution dans le public en général. De telle sorte que la réponse apportée par le Tribunal sur la concurrence des droits de l'Etat et des droits de l'auteur-créateur continué après son décès par ses représentants, ne peut qu'être approuvée. L'Etat n'avait aucun titre juridique pour faire obstacle ou pour permettre la reproduction des exposés oraux prononcés par Barthes* » (25).
MM. Lucas rappellent que bien avant ce jugement, cette position avait été affirmée par la doctrine en 1838 :

« *Ce que le professeur doit à sa mission et au public, c'est sa leçon : il est quitte envers son devoir lorsqu'il l'a donnée. Un salaire n'était promis qu'à son enseignement et à sa parole : ce qui reste, après cette parole émise, lui demeure propre* » (26).

Ainsi, l'enregistrement et la divulgation de cours réservés initialement à l'audition directe sont subordonnés à l'autorisation de leur auteur qui possède sur ces œuvres un droit de propriété exclusif.
Sauf à être réalisé dans le cadre d'une œuvre collective (*supra* n° **25210**), le produit multimédia qui ne ferait que reprendre les cours oraux d'un professeur pour les diffuser, nécessiterait son accord.

25300. Les droits sur la personne

La réalisation d'un produit multimédia de téléenseignement peut porter atteinte aux droits de la personne par l'utilisation sans son consentement, de son image et des données nominatives la concernant.

25310. *L'utilisation de l'image*

Chacun dispose sur son image d'un droit exclusif de propriété. Ce principe a été dégagé par la jurisprudence et par la loi du 17 juillet 1970 sur les droits individuels des citoyens, laquelle prévoit que « *chacun a droit au respect de sa vie privée* ».
Ces dispositions interdisent la reproduction, l'exposition ou la publication de l'image d'une personne sans son consentement. La jurisprudence s'est prononcée à de nombreuses reprises sur l'interprétation de ces dispositions en précisant notamment, que toute personne avait sur image et sur l'utilisation qui en était

faite, un droit exclusif qui lui permettait de s'opposer à une diffusion sans son autorisation (27).

En conséquence, la réalisation d'un produit multimédia de téléenseignement utilisant l'image de diverses personnes (étudiants, professeurs, personnel d'une entreprise...) nécessite l'autorisation de chacune d'elle.

L'autorisation doit être « expresse », c'est-à-dire dénuée de toute ambiguïté, le meilleur moyen étant encore de rédiger un écrit. Elle doit en outre, être « spéciale », ce qui signifie qu'elle ne peut être donnée une fois pour toutes, mais doit être sollicitée à chaque fois qu'un nouvel usage de l'image est fait (28).

La sanction à l'absence d'autorisation ne nécessite pas l'existence préalable d'un préjudice pour la personne qui se plaint d'une telle atteinte. La simple constatation d'une atteinte au droit d'une personne sur son image suffit à entraîner une réparation qui peut prendre la forme d'une interdiction d'utiliser l'image et l'attribution de dommages et intérêts.

Par ailleurs, quelle que soit la notoriété de la personne dont l'image est exploitée, les indemnités demandées peuvent être majorées en raison des circonstances particulières dans lesquelles l'image a été utilisée. Ainsi, un jugement du Tribunal de grande instance de Paris a accordé des dommages et intérêts à une femme dont la photographie avait été utilisée pour illustrer un « photo-jeux » intitulé « La tête de l'emploi », en rattachant son image à un crime qu'elle avait effectivement commis de nombreuses années auparavant (29).

25320. *L'utilisation de données nominatives*

La loi Informatique et libertés du 6 janvier 1978 portant sur la protection des informations relatives aux personnes physiques est susceptible de s'appliquer au produit multimédia de téléenseignement dès lors que des données nominatives y sont traitées.

Cette loi crée un dispositif juridique, placé sous le contrôle de la Commission nationale de l'informatique et des libertés (CNIL), pour encadrer la mise en œuvre des « traitements d'informations nominatives » et ouvrir aux individus un droit de regard sur leurs données détenues et gérées par des tiers (30).

25400. Les autres droits

Les applications du multimédia en matière d'enseignement et de formation peuvent nécessiter l'achat de droits d'usage de programmes audiovisuels notamment auprès de La Cinquième.

A cet effet, la création sur le cinquième réseau hertzien de la Télévision du savoir, de la formation et de l'emploi a amené en 1994 (31), le législateur à apporter quelques aménagements à la loi du 30 septembre 1986 relative à la liberté de communication.

L'article 45 de cette loi prévoit désormais des dispositions spécifiques à l'égard des droits de reproduction et de représentation au sein d'établissements d'enseignement et de formation aux termes desquelles, les sociétés de perception et de répartition des droits « *passent avec l'autorité administrative compétente des conventions prévoyant les conditions dans lesquelles les établissements d'enseignement et de formation figurant sur une liste établie par décret sont autorisés à réaliser et à utiliser à des fins pédagogiques des copies des programmes diffusés* ».

Notes

(1) Cf. Brigitte Chapelain, « Pour mieux apprendre à apprendre », *Politis magazine*, mai-juin 1994.

(2) *Supra* n° **10100** et suivants relatifs à la typologie et aux caractéristiques des données multimédias.

(3) Cf. Bertrand Leclair, « Le multimédia s'empare de l'écrit », *Politis magazine*, mai-juin 1994.

(4) Mme Le Coz, *Multimédia, éducation et découverte de la maternelle à l'université*, présentation du cadre de réflexion du colloque organisé à Quimper le 1er mars 1995 dans le cadre des « Transversales 1995 ».

(5) Rapport de monsieur Franck Sérusclat, sénateur, *Les nouvelles techniques d'information et de communication : l'homme cybernétique ?*, Doc. Ass. Nat. n° 1980 et Sénat n° 232, 9 mars 1995, tome 2, p. 159.

(6) Rapport de monsieur Franck Sérusclat, *précité,* tome 1, p. 155.

(7) Rapport de monsieur Franck Sérusclat, *précité,* tome 1, p. 163.

(8) *Supra* n° **6000** et suivants relatifs à l'image, n° **7000** et suivants relatifs au son, n° **8000** et suivants relatifs au texte.

(9) A. Lucas et H. J. Lucas, *Propriété littéraire & artistique*, Ed. Litec, 1994, n° 102.

(10) Article L. 112-2 du Code de la propriété intellectuelle.

(11) T. corr. Seine, 6 juin 1966, *JCP* 1966, II-14893 ; CA Paris, 4e Ch., 21 février 1978, *Ann. Propr. ind.* 1979, p. 362 ; TGI Paris, 27 février 1988, *Juris-Data* n° 040170.

(12) CA Lyon, 1re Ch., 28 novembre 1991, Gazette du droit des technologies avancées, *Gaz. Pal.*, 1992, 1, p. 275, note J.-F. Forgeron.

(13) TC Seine, 16 mai 1925, *Gaz. Pal.*, 1925, 2, p. 402.

(14) TGI Paris, 3e Ch. 28 janvier 1988, *Cah. dr. auteur,* octobre 1988, p. 23.

(15) TGI Paris, 1re Ch., 11 décembre 1985, *Dalloz* 1987, IR-155, obs. Colombet.

(16) *Supra* n° **3321** relatif aux prérogatives au titre du droit d'auteur.

(17) Article L. 113-5, al. 1er, du Code de la propriété intellectuelle.

(18) Article L. 113-2, al. 3, du Code de la propriété intellectuelle.

(19) *Supra* n° **14410** et suivants relatifs au multimédia, œuvre collective.

(20) Cf. A. Kerever, *Droit d'auteur et activités administratives,* La Documentation Française 1979.

(21) *Infra* n° **33110** relatif à la titularité des droits de propriété sur le logiciel composant du produit multimédia.

(22) Avis du Conseil d'Etat du 21 novembre 1972, cité par A. Kerever, *Droit d'auteur et activités administratives, précité.*

(23) A. Lucas et H. J. Lucas, *Propriété littéraire & artistique*, Ed. Litec 1994, n° 166 et s.

(24) TGI Paris, 1re Ch., 20 novembre 1991, *RIDA,* janvier 1992, n° 151, p. 340, note A. Kerever.

(25) A. Kerever, note sous TGI Paris, 1re Ch., 20 novembre 1991, *précité.*

(26) A. C. Renouard, *Traité des droits d'auteur dans la littérature, les sciences et les beaux-arts,* tome 2, p. 145, cité par A. Lucas et H. J. Lucas, *Propriété littéraire & artistique,* Ed. Litec 1994, n° 167.

(27) A propos de photographies, CA Paris, 4e Ch. A, 9 novembre 1982, Société Française de revues c. / Mlle B..., *Dalloz* 1984, IR ; TGI Paris, 1re Ch., 1re sect., 20 avril 1983, Mme M... c. : M. F... et Société Cogedipresse, *JCP* 1985, II-20484.

(28) A propos de photographies, CA Paris, 1re Ch. A, 12 novembre 1990, B... et Larousse c. / L..., *Légipresse,* n° 80, avril 1991, p. 28 ; TGI Paris, 1re Ch., 21 décembre 1983, Y. Noah c. / Société Française de revues, Société du Figaro et Agence Gamma, *Gaz. Pal.* 19-20 octobre 1984.

(29) TGI Paris, 1re Ch., 1re sect., 20 avril 1983, Mme M... c. : M. F.... et Société Cogedipresse, *précité.*

(30) *Infra* n° **34000** et suivants relatifs à la loi Informatique, fichiers et libertés.

(31) Loi n° 94-88 du 1er février 1994 modifiant la loi n° 86-1067 du 30 septembre 1986 relative à la liberté de communication, *JO* du 2 février 1994.

26000.
Le télétravail

La réalisation d'un travail, d'une étude, de documents, d'une création intellectuelle par plusieurs employés ne nécessite pas forcément leur présence simultanée sur un même lieu de travail. Il est parfaitement concevable que les intervenants travaillent éloignés les uns des autres, à partir de leur domicile, en étant connecté à leur entreprise par des moyens de télécommunications.
Effectuer son travail tout en restant lié par des moyens de communication télématique à son employeur ou à son client (lorsqu'il s'agit d'un consultant exerçant une profession libérale) est d'ores et déjà techniquement possible.
La législation française connaît le travail à domicile, mais toute personne qui travaille à son domicile n'est pas un « travailleur à domicile » au sens juridique du terme.
Les autoroutes de l'information permettront de développer ce qu'on appelle les « centres satellites transfrontaliers » et les téléports. Tous ces moyens technologiques permettent le travail en commun entre plusieurs personnes situées dans des pays différents, ce qui pose des problèmes de plusieurs natures juridiques, et notamment :

– la propriété du travail,

– la protection des données nominatives, le cas échéant,

– la législation applicable en matière de droit du travail.

La possibilité de transférer électroniquement, non seulement du texte mais également de l'image et du son ouvre des perspectives importantes au télétravail, notamment dans les domaines de la presse, de la publicité, de l'audiovisuel et de l'enseignement.

26100. Définition du télétravail

Aucune loi ne vise à ce jour la pratique du télétravail. Le recours au télétravail pose des difficultés inhérentes au droit des télécommunications, à l'organisation des relations de travail, ainsi qu'aux flux transfrontaliers d'informations à caractère nominatif.

Plus d'un an après le dépôt du rapport Breton (1), ce nouveau mode de travail suscite, en effet, des interrogations tant de la part des professionnels, que des juristes. Le télétravail peut être considéré comme la combinaison de formes de travail déjà connues et pratiquées, et, souvent, de l'utilisation de moyens liés aux nouvelles technologies.

Si cette brève définition semble conférer au télétravail un aspect simple quant aux moyens de sa mise en œuvre, des problèmes juridiques apparaissent inévitablement, mettant en exergue l'éventuelle nécessité d'adapter nos pratiques conventionnelles et contractuelles aux nouvelles technologies de travail. Dans son rapport, Thierry Breton a défini le télétravail de la façon suivante :

« *Le télétravail est une modalité d'organisation et/ou d'exécution d'un travail exercé à titre habituel, par une personne physique, dans les conditions cumulatives suivantes :*

– d'une part, ce travail s'effectue :

- à distance, c'est-à-dire hors des abords immédiats de l'endroit où le résultat de ce travail est attendu,

- en dehors de toute possibilité physique, pour le donneur d'ordres, de surveiller l'exécution de la prestation par le télétravailleur ;

– d'autre part, ce travail s'effectue au moyen de l'outil informatique et /ou des outils de télécommunications ; il implique nécessairement la transmission au moyen d'une ou de plusieurs techniques de télécommunications au sens de l'article L. 32 du Code des postes et télécommunications, y compris au moyen de systèmes informatiques de communication à distance :

- des données utiles à la réalisation du travail demandé,

- et/ou du travail réalisé ou en cours de réalisation ».

Cette définition serait incomplète d'après le rapport de M. Franck Sérusclat sénateur, relatif aux « *conséquences des nouvelles techniques d'information et de communication pour la vie des hommes : l'homme cybernétique* » (2). Ce rapport indique, en effet, que cette définition ne prend pas en compte :

« *– Le cadre qui travaille chez lui sur son micro-ordinateur portable à titre occasionnel ;*

– le cadre connecté à son entreprise qui travaille dans d'autres entreprises pour assurer la maintenance de matériels car il exécute son travail à l'endroit où le résultat est attendu ;

– le représentant qui a remplacé sa feuille de vente par un micro ;
– la secrétaire qui travaille dans un pôle de télésecrétariat structuré comme une entreprise traditionnelle...
Cette proposition de définition, très restrictive, sans valeur juridique, correspond au travail à domicile effectué à partir de moyens informatiques et de communication. Les situations d'éloignement de l'entreprise ne sont pas prises en compte malgré des conséquences juridiques nombreuses ».

26200. Les incidences juridiques du télétravail

La définition du télétravail (3) implique des effets juridiques à la fois sur le plan du :

– droit des télécommunications,

– droit du travail,

– droit de l'informatique, et notamment des flux d'informations.

Si les avantages du télétravail sont la flexibilité, la productivité accrue, la diminution de l'absentéisme et une meilleure qualité de travail et d'environnement, son principal inconvénient est la « déconnexion ». Le rapport parlementaire précité indique, à cet égard, que les conséquences juridiques sont importantes au niveau :

– du droit syndical, posant la problématique suivante : « *son exercice est lié à la présence dans l'entreprise ; le droit d'expression des salariés s'exerce sur le lieu de travail et pendant le temps de travail. Le temps consacré à l'expression est payé comme le temps de travail* ». D'autre part, le travailleur à distance pourra-t-il être élu délégué du personnel s'il n'est pas connu des autres salariés ?

– du temps de travail, précisant qu'« *il est déterminé par le contrat de travail ; la présence en entreprise soumet de fait le salarié à un contrôle de présence ; le salarié à distance n'est pas contrôlable. Cela peut constituer une liberté dans la gestion de son temps, mais également une pénalité en fonction de la masse de travail à effectuer dans des délais déterminés* » ;

– des accidents du travail, mettant en évidence que « *les accidents du travail sont liés aussi à la présence dans l'entreprise, ou aux déplacements nécessaires à la venue dans l'entreprise, ou tout autre déplacement de nature professionnelle. Quelle réglementation s'appliquera quand le salarié à domicile sera victime d'un accident chez lui, la cause pouvant ne pas être liée à l'exercice de son travail ?* » ;

– du congé maladie, relevant que « *des représentants d'organisations syndicales craignent que le travail à domicile incite au travail même si l'état physique de la*

personne justifierait un arrêt de maladie : quand un télétravailleur est malade il travaille quand même chez lui alors que sur le site il aurait pris un congé de maladie » ;
– de la personnalité du travailleur, considérant qu'« *elle est de fait garantie dans l'entreprise, ce qui n'est plus le cas du travailleur à domicile, qui pourrait faire travailler enfants, amis, parents...* » (4).

26300. Télétravail et contrat de travail

L'Europe entière est atteinte du syndrome de télétravail, la France et l'Union européenne continuant à investir dans des missions de recherches pour trouver des solutions aux différentes difficultés soulevées par le télétravail (5). Au niveau national, un rapport a ainsi été déposé par M. Thierry Breton sur les incidences du télétravail en 1994.
Parmi les freins évoqués au développement du télétravail (et *a fortiori* lorsqu'il s'agit de créer une œuvre protégée par le droit d'auteur), figurent ceux relatifs au droit d'auteur et à la propriété de l'information (*infra* tableau 26.1).
On constate notamment l'insuffisance des dispositions légales existantes au regard de certaines pratiques à venir. Il en est ainsi de la numérisation par le biais des réseaux qui facilite les échanges interactifs entre auteurs. Qui sera en effet, l'auteur lorsque l'œuvre produite sera le résultat de la participation de dizaines ou de centaines d'intervenants ? Comment localiser les auteurs ? Quelle loi nationale appliquer à l'œuvre ? Faute de pouvoir mettre en œuvre un droit d'auteur spécifique, la solution passera vraisemblablement par la voie contractuelle.
La difficulté s'accroît lorsque l'œuvre créée est issue d'œuvres préexistantes mises à disposition en réseau et qui peuvent faire l'objet d'une utilisation interactive (images de synthèse animées et sonorisées obtenues à partir de photographies, de bandes son et de films...). Comment identifier les ayants droit des œuvres dont l'autorisation devra être obtenue ? Comment recueillir leur consentement ? Quelle rémunération ? Quelles autorisations demander ?
En France, une autorisation doit être demandée pour chaque type d'utilisation envisagée, ce qui n'est pas toujours le cas dans d'autres Etats. Comment, dans ces conditions, gérer l'utilisation des droits (copies sauvages, copies privées, protection des droits d'auteur...) ?
Quelle sera la qualification juridique du produit généré par des télétravailleurs répartis dans des pays différents ? Là encore, les solutions immédiates relèvent nécessairement de la rédaction d'un contrat étayé.

A propos du rapport Breton sur le télétravail,
la revue *Expertises des systèmes d'information* (6) rappelle que :

« *En mai 1993, Thierry Breton avait été chargé par le ministre de l'Intérieur et de l'aménagement du territoire et le ministre des Entreprises et du développement économique d'analyser de manière approfondie (le rapport fait 616 pages) la totalité du marché des téléservices en France.*
Cette étude, qui s'appuie sur les travaux de nombreux experts, évalue ce marché en France en 1993 à 33 milliards de francs. Il estime qu'en 2005, il pourrait se situer entre 86 et 195 milliards de francs.
Selon lui, l'essor de cette activité dépendra notamment de la mise en œuvre de mesures permettant de favoriser son financement et d'adapter la réglementation.
A l'instar de Gérard Théry, il se contente de lister les aspects juridiques liés au sujet. Un des obstacles juridiques pour le développement est, selon lui, lié au flou qui règne sur la qualification du contrat : contrat de prestation de services ou contrat de travail ? Il recommande donc une définition claire de ce contrat.
Les autres freins sont relatifs au droit d'auteur et à la propriété de l'information, aux règlements du téléachat, à la responsabilité et à la confidentialité pour la télémédecine.
Cette bible du téléservice étudie les filières de constitution, la mondialisation de l'offre et des marchés "inshore et offshore" et les exemples étrangers ».

Tableau 26.1. *Extrait du rapport Breton*

En mars 1995, un rapport a été déposé par M. Franck Sérusclat, sénateur, sur les conséquences des nouvelles techniques d'information et de communication sur l'homme cybernétique, incluant le télétravail (6 bis). D'après ce rapport, les solutions juridiques sont d'ordre :

– conventionnel (organisation du travail, exercice des droits syndicaux...),

– ou législatif (qualification juridique de l'activité exercée, révision de la législation concernant le travail à domicile, droit fiscal, problème de TVA et de taxe professionnelle...).

A cet égard, certaines expériences sont citées visant à améliorer l'information du télétravailleur quant à la vie de l'entreprise.
Ainsi, concernant l'évolution des carrières, il a été mis en place par une entreprise une base interne récapitulant toutes les opportunités de postes offerts. D'autres entreprises ont proposé des avenants aux contrats de travail pour tenir compte de l'éloignement.
De façon plus générale, quant aux solutions attendues, le rapport préconise que « *les parlementaires pourraient envisager d'en faire le repérage pour éviter toute conséquence mettant en cause des droits essentiels des personnes au travail* ».
Au niveau communautaire, des recherches sont également en cours. La Commission de l'Union économique européenne a confié à des spécialistes et

experts en nouvelles technologies ainsi qu'à des juristes, un certain nombre d'études dont celle relative à l'analyse des contraintes au développement du télétravail dans l'UEE, dénommée projet « ATTICA », ayant pour objet :

« *d'identifier au regard de la législation actuelle et dans le cadre de l'activité professionnelle, les difficultés, « points de blocage » et risques engendrés par le télétravail, qui peuvent constituer autant d'handicaps au développement de ce mode d'exécution et/ou d'organisation du travail* » (7).

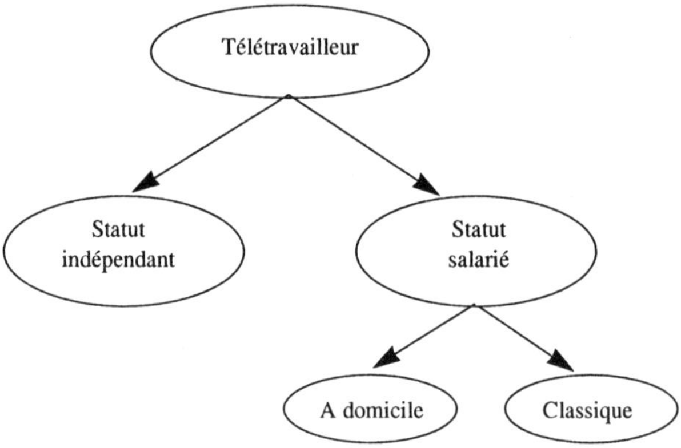

Figure 26.1. *Les différents statuts du télétravailleur*

26400. Le droit des télécommunications et la sécurité du télétravailleur

Toute entreprise utilisant des services de télécommunications doit se plier aux obligations de sécurité qui pèsent sur ces réseaux. Si la sécurité oblige à la mise en œuvre de moyens et de procédures qui peuvent sembler autant de limitation aux utilisations des services, ces limitations ne constituent pas une atteinte à la concurrence. Enfin, les utilisateurs eux-mêmes ont besoin de sécurité.

26410. *Les exigences essentielles*

Les réseaux de télécommunications sont placés sous l'autorité de la loi du 29 décembre 1990, sur la réglementation des télécommunications (8).
Sans qu'il soit besoin de rentrer dans la typologie des services et réseaux établie par la loi, il est nécessaire que tous les acteurs des réseaux et services respectent les « exigences essentielles ». L'article L. 32 du Code des postes et télécommu-

nications, réformé par la loi du 29 décembre 1990, définit les exigences essentielles de la manière suivante :

« *On entend par exigences essentielles, les exigences nécessaires pour garantir, dans l'intérêt général, la sécurité des usagers et des personnels des exploitants de réseaux de télécommunications, la protection des réseaux et notamment des échanges d'informations de commande et de gestion qui y sont associés, le cas échéant la bonne utilisation du spectre radioélectrique ainsi que, dans les cas justifiés, l'interopérabilité des services et celle des équipements terminaux et la protection des données* ».

Ces exigences essentielles sont issues de la réglementation communautaire. Respectées dans chacun des pays par les opérateurs de services concernés, elles visent au niveau technique à garantir l'interopérabilité des services. Ainsi peut se développer une concurrence loyale.
On voit que l'impératif de sécurité se conçoit aussi bien au niveau technique qu'au niveau humain : l'obligation de sécurité se décline comme une protection de la santé physique des utilisateurs des technologies de la communication. Celles-ci ne doivent pas mettre en péril la santé des utilisateurs, ils doivent au surplus sécuriser la communication qu'ils véhiculent.
Quoi qu'il en soit, l'exigence de sécurité est ici annoncée « brutalement ». Il n'est pas indiqué par quels moyens les opérateurs devront garantir la sécurité, ni même quels autres textes pourraient leur imposer d'autres contraintes ou leur donner d'autres prérogatives sécuritaires.

26420. ***La sécurité du télétravailleur***

L'employeur de travailleurs utilisant des moyens de télécommunications doit garantir la sécurité de son personnel. La sécurité est ici envisagée pour les personnes physiques. Il doit d'abord assurer celle de son propre personnel d'exploitation. Cette exigence est déjà connue dans le Code du travail. Il y a lieu de déterminer si l'outil de travail et son lieu d'implantation sont une source potentielle de risques particuliers pour la santé du personnel.
Les recommandations indispensables ou les règles contraignantes peuvent être portées dans les contrats de travail ou dans le règlement intérieur. De plus, on pourrait considérer l'intérêt éventuel de l'employeur de posséder une assurance spéciale (*infra* n° **26500** et s.).
L'employeur doit respecter les impératifs de sécurité en mettant en œuvre les usages professionnels ou les règles et normes de sécurité des équipements électriques (normes officielles comme celles de l'AFNOR et normes techniques ou fonctionnelles provenant d'organismes privés). Malgré le caractère en principe facultatif des normes, certaines peuvent être rendues obligatoires dans les cas suivants :

– lorsqu'elles résultent d'un arrêté qui le prévoit expressément ;

– lorsqu'elles résultent d'une réglementation indirecte (distribution d'un produit réglementé qui, pour la mise en application des dispositions, renvoie aux prescriptions d'une norme, ainsi rendue obligatoire) ;

– dans les marchés passés par l'Etat français ;

– dans tous les marchés avec les administrations et les collectivités locales.

En outre, les pouvoirs publics peuvent rendre l'utilisation obligatoire des normes lorsqu'elles touchent l'ordre, la sécurité publique et la protection des personnes (9). Il en est ainsi pour l'application d'environ 400 normes AFNOR sur les 16 000 référencées par cette association fin 1993.
Enfin, en ce qui concerne le travail sur écran, il existe des dispositions spécifiques relatives à la prévention des risques liés au travail sur des équipements comportant des écrans de visualisation *(Infra* n° **26522**).

26430. ***Les exigences sécuritaires défavorables au télétravailleur dans l'utilisation des télécommunications***

Les exigences de sécurité dans les télécommunications sont organisées par de nombreux textes. Le télétravailleur a la possibilité d'intervenir de façon directe sur le système d'information de son donneur d'ouvrage. Aussi, il sera nécessaire que le télétravailleur ne puisse être atteint de façon marginale par les textes relatifs aux systèmes d'information.
Bien plus, il est souhaitable que le donneur d'ordres mécontent des services de son télétravailleur ne puisse le poursuivre et le (faire) sanctionner sur la base des textes relatifs aux télécommunications.
Les poursuites et les sanctions ne devraient pas pouvoir se situer sur un terrain autre que celui du droit du travail pour un salarié, et du droit des contrats pour un prestataire de services.

26440. ***La protection globale du réseau***

Parmi les textes sécuritaires concernant l'utilisation de moyens de télécommunications et susceptibles de s'appliquer marginalement au télétravailleur on peut citer les dispositions relatives à la protection globale du système informatique et du réseau.
En ce qui concerne les atteintes au système informatique, le Code pénal institué par la loi du 22 juillet 1992 reprend la plupart des dispositions de la loi du 5 janvier 1988 relative à la fraude informatique, au chapitre III du titre 2 du livre III du Code pénal relatif aux « *atteintes aux systèmes de traitements automatisés de données* » (10)

Les différentes infractions relatives à la fraude informatique peuvent être regroupées selon les critères d'accès, de maintien, d'entrave et d'altération :

– l'accès et le maintien frauduleux dans un système de traitement de données ;

– l'atteinte volontaire au fonctionnement d'un système de traitement automatisé (entrave du système, altération du fonctionnement) ;

– l'atteinte volontaire aux données contenues dans un système de traitement automatisé (altération de données, introduction de données pirates) ;

– la tentative et l'association de malfaiteurs.

Ces dispositions relatives à la fraude informatique n'encadrent pas uniquement les systèmes informatiques. En effet, sur le plan technique se trouve être pénalement protégé le STAD, c'est-à-dire le Système de traitement automatisé de données. Or, sous ce vocable, on retrouve tant un système informatique, qu'un système de télécommunications.
Les incriminations permettent de poursuivre pénalement l'accès frauduleux au système ainsi que l'atteinte au système et aux données contre tous pirates. Elles peuvent donc concerner le télétravailleur qui commettrait de telles infractions.

Atteintes aux systèmes de traitement automatisé de données (art. 323-1 à 323-7 C. pén.)		
Infractions	Peines (prison et amende)	
Le fait d'accéder ou de se maintenir frauduleusement dans tout ou partie d'un STAD « sans influence »	1 an	100 000 F
Accès ou maintien frauduleux : - avec suppression ou modification de données - avec altération de fonctionnement du système	2 ans	200 000 F
Le fait d'entraver ou de fausser le fonctionnement d'un STAD	3 ans	300 000 F
Le fait d'introduire frauduleusement des données ou de supprimer ou modifier frauduleusement les données d'un système de traitement automatisé de données	3 ans	300 000 F
Groupement ou entente formé en vue de la préparation de l'une des infractions ci-dessus	Peines identiques à celles de l'infraction ou la peine la plus sévère	
Tentative de délit (voir infractions ci-dessus)	Mêmes peines que le délit lui-même	

Tableau 26.2. *Principales infractions et sanctions en matière de fraude informatique*

26500. Le droit du travail et le statut du télétravailleur

Au-delà des aspects propres aux télécommunications, reste à trancher la question de droit du travail ; trois statuts juridiques pouvant s'appliquer en France :

– celui du travailleur indépendant,

– celui du travailleur à domicile,

– celui du salarié au sens traditionnel.

26510. ***Le télétravailleur indépendant***

Il faut distinguer, en effet, le télétravailleur exerçant à titre indépendant, de celui qui exerce en tant que salarié. Le télétravailleur indépendant voit son activité s'inscrire dans le cadre d'un contrat de prestations souscrit avec un client ; le droit français et le droit international sont déjà parfaitement à même de régir cette relation.

L'exercice par des professions libérales du télétravail ne paraît pas poser de problèmes majeurs quant à son organisation juridique. En effet, dès lors que la relation s'inscrit dans le cadre d'un contrat de prestations de services, les règles applicables aux contrats de cette nature, relevant du droit français ou du droit international privé, doivent être mises en œuvre.

Par ailleurs, dans le cadre de contrats internationaux, les parties peuvent prévoir la loi et la juridiction dont relèveront leurs relations, en cas de litige. Ainsi, le problème majeur de la détermination de la loi applicable paraît aisément évitable.

26520. ***Le télétravailleur salarié***

Plus délicat est la mise en œuvre du télétravail en dehors du statut de travailleur indépendant. Des difficultés apparaissent, notamment en matière d'information et de consultation des institutions représentatives du personnel, de travail sur écran, de contrôle de l'activité (vidéosurveillance, téléphone, confidentialité, respect des horaires...), d'assurances et d'accident du travail, de remboursement des frais liés à l'activité à domicile (consommation d'électricité, de téléphone...).

26521. ***L'information et la consultation des institutions représentatives du personnel***

L'introduction d'un nouveau mode de travail doit se faire dans un climat de transparence et de compréhension réciproque. Le télétravail est certes considéré comme une révolution organisationnelle dans l'entreprise, mais il semble que son introduction ne doit pas relever de la seule négociation bilatérale employeur/salarié (11).

Beaucoup d'entreprises dont l'effectif dépasse le seuil de cinquante salariés sont dotées d'institutions représentatives du personnel et plus particulièrement d'un comité d'entreprise. Or, cette institution a un rôle majeur dans la marche de l'entreprise et la loi lui confère des pouvoirs importants.
Ainsi, le comité d'entreprise est obligatoirement informé et consulté sur les questions intéressant l'organisation, la gestion et la marche générale de l'entreprise et notamment sur les mesures de nature à affecter le volume ou la structure des effectifs, la durée du travail, les conditions d'emploi, de travail et de formation professionnelle du personnel (12).
Qui plus est, la Chambre criminelle de la Cour de cassation a relevé que ni l'urgence, ni l'accord des salariés ne peuvent dispenser l'employeur d'informer et de consulter le comité d'entreprise lorsqu'une mesure relève du champ d'application des pouvoirs de cette institution (13).
De la même manière, le comité d'entreprise doit être informé et consulté préalablement à tout projet important d'introduction de nouvelles technologies lorsque celles-ci sont susceptibles d'avoir des conséquences sur l'emploi, la qualification, la rémunération, la formation et les conditions de travail du personnel.
Enfin, lorsqu'un employeur envisage de mettre en œuvre des mutations technologiques importantes et rapides, il doit établir un plan d'adaptation qui sera transmis, pour information et consultation au comité d'entreprise en même temps que les éléments d'information relatifs à l'introduction de nouvelles technologies (14).
Compte tenu de l'ensemble de ces dispositions, il apparaît nécessaire de s'interroger sur leur applicabilité en cas d'introduction du télétravail dans l'entreprise, sachant qui plus est, que la jurisprudence sanctionne sévèrement le non-respect des dispositions précitées.
Le champ d'application de ces textes est très large et la seule lecture de leur contenu le confirme. Or, le télétravail constitue de manière incontestable un nouveau mode d'exécution de la relation contractuelle ; il influence les conditions d'emploi, de travail, et même parfois la formation.
Le recours au télétravail peut également impliquer l'introduction d'une nouvelle technologie dans l'entreprise, sachant en outre, que la jurisprudence considère que le remplacement d'un ordinateur par un matériel de même type, mais seulement plus performant, caractérise l'introduction d'une nouvelle technologie (15).
Il semble donc que tout employeur, désireux d'introduire le télétravail dans son entreprise, devra respecter ces dispositions légales. De plus, le respect de ces dispositions légales n'apparaît pas illogique si l'on opère une comparaison avec d'autres modes de travail particulier, tels que le travail à temps partiel.
En effet, le Code du travail impose à l'employeur, désireux d'introduire le temps partiel, de solliciter préalablement l'avis, à titre purement consultatif, du comité d'entreprise, ou à défaut, des délégués du personnel. Cet avis devra, en outre, être transmis à l'inspecteur du travail dans un délai de quinze jours (16).

On peut donc également s'interroger sur la nécessité d'information de l'inspection du travail, en cas d'introduction du télétravail ; elle semble en effet, opportune.
On peut également envisager qu'en l'absence de comité d'entreprise, mais en présence de délégués du personnel, leur avis doit être requis. Il semble, en effet, qu'aucune incohérence juridique ne puisse s'opposer au respect de telles dispositions, sachant qu'en toute hypothèse, un employeur a tout intérêt à instaurer un dialogue et une information transparente avant d'introduire le télétravail dans son entreprise.

26522. ***Le travail sur écrans de visualisation***

Depuis le 1er janvier 1993, l'employeur doit respecter et faire respecter certaines dispositions spécifiques en matière de prévention des risques liés au travail sur des équipements comportant des écrans de visualisation (17).
Aux termes de ces dispositions, l'employeur est tenu de procéder à une analyse des risques professionnels et des conditions de travail pour tous les postes comportant un écran de visualisation, c'est-à-dire au sens de l'article 2 du décret du 14 mai 1991 « *un écran alphanumérique ou graphique quel que soit le procédé d'affichage utilisé* ».
Il est également tenu de prendre toutes les mesures qui s'imposent pour remédier aux risques constatés (18). En outre, le décret 14 mai 1991 prévoit des obligations en matière :

– d'organisation du travail : l'activité doit notamment être conçue de telle sorte que le temps quotidien de travail sur écran soit périodiquement interrompu par des pauses ou par des changements d'activité réduisant la charge de travail sur écran (art. 3) ; les logiciels doivent être adaptés à la tâche et au niveau de connaissance et d'expérience de l'utilisateur (art. 4) ;

– d'information des travailleurs sur tout ce qui concerne la sécurité et la santé liées à leur poste de travail (art. 5) ;

– de surveillance médicale : l'employeur doit notamment faire pratiquer un examen préalable et approprié des yeux et de la vue par le médecin du travail (art. 6) ;

– d'ergonomie des équipements (image stable, bonne luminance, clavier inclinable...) (art. 7 à 12) ;

– de conditions ambiantes de travail (chaleur, radiations, humidité, bruits...) (art. 13).

Sont soumis à ces dispositions les équipements de travail comportant des écrans de visualisation utilisés par une personne « *de façon habituelle et pendant une partie non négligeable du temps de travail* ».

A contrario, en sont notamment exclus, les systèmes portables qui ne font pas l'objet d'une utilisation soutenue à une fonction de travail et les équipements possédant un petit dispositif de visualisation de données ou de mesures, nécessaire à l'utilisation directe de cet équipement (machines à calculer...) (19).
Pour les matériels mis en service avant le 1er janvier 1993, seules les dispositions prévues aux articles 3 à 6 du décret du 14 mai 1991 s'appliquent. En revanche, à compter du 1er janvier 1997, la totalité des dispositions s'appliquera à tous les postes comportant un écran de visualisation quelle que soit sa date de mise en circulation (20).
S'agissant de prescriptions relatives à l'hygiène et à la sécurité, leur violation est punie d'une amende de 25 000 francs, conformément à l'article L. 263-2, alinéa 1er du Code du travail.
L'amende est appliquée autant de fois qu'il y a de salariés de l'entreprise concernés par l'infraction.
D'autres peines et amendes sont également prévues par des situations particulières qu'il convient d'examiner alors, au cas par cas.

26523. *Le contrôle des télétravailleurs salariés*

Dans certaines circonstances, il peut apparaître difficile pour un employeur de contrôler et d'évaluer le travail d'un salarié, et plus particulièrement lorsqu'il n'accomplit pas sa mission dans les locaux de l'entreprise où seul, le contrôle direct est possible.
En cela, la situation du télétravailleur ne diffère pas de celle d'un commercial en déplacement permanent ; le contrôle de l'activité d'un commercial peut notamment faire l'objet de procédures spécifiques stipulées dans le contrat de travail ou dans des notes de service propres à cette catégorie de personnel.
Dans ces conditions, il apparaît envisageable d'introduire des clauses particulières dans le contrat de travail d'un télétravailleur. Ainsi, un objectif peut être fixé, après avoir été discuté et accepté par le télétravailleur. Cet objectif peut être qualitatif, quantitatif et planifié sur une certaine période.
De la même manière, le contrat de travail peut prévoir que le télétravailleur devra remettre à son employeur, des rapports d'activités dont le contenu et les modalités doivent être précisés contractuellement. Ainsi, bien que le télétravailleur soit physiquement absent de l'entreprise, il n'en demeure pas moins qu'un contrôle de l'exécution de ses tâches et missions est concevable.
Par ailleurs, en ce qui concerne le contrôle direct d'un télétravailleur à l'aide d'un système sophistiqué de surveillance, la situation doit être examinée au regard des libertés publiques et individuelles.
En matière de libertés publiques et individuelles comme en droit du travail, de telles pratiques ne font pas l'objet en elles-mêmes d'une condamnation de principe ; elles sont même parfois légalement admises pour certaines activités comme

les transactions boursières (21). Elles n'apparaissent répréhensibles que pour autant qu'elles sont pratiquées de manière déloyale, c'est-à-dire à l'insu des intéressés et sans leur accord.

Les juridictions civiles elles-mêmes, écartent les enregistrements téléphoniques (22) et vidéo (23) comme mode de preuve lorsque ces derniers sont pratiqués à l'insu des salariés.

La loi du 31 décembre 1992 venue modifier le Code du travail (24), ainsi que la loi du 6 janvier 1978 relative à l'Informatique, aux fichiers et aux libertés s'appliquent aux atteintes à la vie privée résultant de la mise en œuvre de nouvelles technologies au sein de l'entreprise (25).

Si les nouvelles obligations introduites dans le Code du travail ont pour principal but d'encadrer l'acte d'embauche, elles concernent également et plus généralement, la protection des libertés du salarié. Ainsi, en ce qui concerne la mise en œuvre de « *méthodes et techniques d'évaluation professionnelle* », l'article L. 121-7 du Code du travail impose à l'employeur une obligation d'information du salarié.

Cette obligation s'applique notamment à la mise en œuvre dans l'entreprise de tests de recrutement, mais aussi à tous les systèmes de contrôle de l'activité des salariés, tels que la vidéosurveillance, les badges, les autocommutateurs téléphoniques ou encore le calcul automatisé de la productivité.

De même, l'article L. 121-8 prévoit qu'aucune information concernant personnellement un salarié ne peut être collectée par un dispositif qui n'a pas été porté préalablement à la connaissance du salarié.

Enfin, l'article L. 120-2 dispose que « *nul ne peut porter aux droits des personnes et aux libertés individuelles et collectives de restrictions qui ne seraient pas justifiées par la nature de la tâche à accomplir ni proportionnées au but recherché* ».

En outre, en vertu de l'article L. 432-2-1 du Code du travail, le comité d'entreprise devra être informé et consulté, préalablement à la décision de mise en œuvre dans l'entreprise, sur les moyens ou les techniques permettant un contrôle de l'activité des salariés.

Les dispositifs de contrôle ne peuvent donc intervenir que lorsque des circonstances particulières le justifient. Ainsi, la légalité de la mise en place d'un système de contrôle des accès doit être justifiée par des impératifs de sécurité qui peuvent résulter de la constatation de vols répétés dans l'entreprise.

Cependant, si la plupart des moyens de surveillance installés au sein des entreprises peuvent être motivés par des raisons de sécurité (caméras, badges d'accès...), il n'en va pas de même des systèmes de surveillance mis en place au domicile des télétravailleurs.

De telles pratiques peuvent tomber sous le coup des dispositions relatives à l'atteinte à la vie privée sanctionnée par l'article 226-1 du Code pénal aux termes duquel :

« *Est puni d'un an d'emprisonnement et de 300 000 francs d'amende le fait, au moyen d'un procédé quelconque, volontairement de porter atteinte à l'intimité de*

la vie privée d'autrui :
1° En captant, enregistrant ou transmettant, sans le consentement de leur auteur, des paroles prononcées à titre privé ou confidentiel.
2° En fixant, enregistrant ou transmettant, sans le consentement de celle-ci, l'image d'une personne se trouvant dans un lieu privé.
Lorsque les actes mentionnés au présent article ont été accomplis au vu et au su des intéressés sans qu'ils s'y soient opposés, alors qu'ils étaient en mesure de la faire, le consentement de ceux-ci est présumé ».

Il faut que la personne ait été en mesure de s'opposer à l'accomplissement des actes en cause. Dans ces conditions, il est bien évident que si une écoute téléphonique ou une vidéosurveillance a été faite à l'insu du télétravailleur, celui-ci n'a pu s'opposer à une telle pratique. Or, il appartiendra à l'employeur de rapporter la preuve du consentement du télétravailleur salarié. Cette preuve pourra être établie par tout moyen.
Néanmoins, même en présence d'une autorisation du salarié, l'infraction pourrait être caractérisée dans la mesure où les correspondants téléphoniques du télétravailleur, ainsi que les personnes filmées à son domicile ne sont pas quant à eux, avertis que leurs conversations et leurs allées et venues à l'intérieur de son domicile sont enregistrées, écoutées et regardées par un tiers.
Enfin, l'article 9 du Code civil, qui dispose que chacun à droit au respect de sa vie privée et qui permet aux tribunaux de prescrire toutes mesures propres à faire cesser une atteinte à l'intimité de la vie privée, peut s'appliquer à l'occasion d'activités professionnelles, que celles-ci soient exercées en entreprise ou au domicile du salarié.
En ce qui concerne les dispositifs de contrôle du personnel, la Commission nationale de l'informatique et des libertés a également eu à se prononcer. La CNIL considère que lorsque de tels systèmes sont équipés de certaines fonctionnalités qui permettent le recueil et le traitement d'informations nominatives, l'ensemble des dispositions de la loi relative à l'Informatique, aux fichiers et aux libertés s'applique (26).
Il en va ainsi des systèmes de gestion des accès et des horaires par badges électroniques ou cartes à piste magnétique et de tout système permettant un contrôle de la productivité des salariés dont l'activité implique un contact direct avec une machine : employés à la saisie informatique, dactylographes, standardistes, ouvriers à la chaîne, caissières ou encore salariés chargés de répondre au téléphone et dont le rendement est quantifié par un autocommutateur téléphonique (27).
Enfin, il convient également d'aborder les problèmes de confidentialité. En effet, comme le travail n'est pas exécuté dans les locaux de l'entreprise, des problèmes de confidentialité et de sécurité de l'ensemble des éléments détenus par le salarié du fait de l'exécution du contrat de travail peuvent se poser.

Il apparaît nécessaire et légitime que l'employeur souhaite qu'il existe une confidentialité et une discrétion les plus absolues, et plus particulièrement lorsque le travail est réalisé à domicile, avec le risque que n'importe quelle personne de l'entourage du télétravailleur ait accès à ces données.
Il apparaît dès lors important d'attirer l'attention du télétravailleur sur le caractère substantiel de l'obligation de confidentialité, en introduisant une clause spécifique dans le contrat de travail prévoyant éventuellement des mesures de sécurité particulières telles que des codes d'accès.

26524. *Les accidents du travail*

La principale question en matière d'assurance est de savoir qui prend en charge les risques liés à l'activité de télétravail et dans quelles limites ? La délocalisation de l'activité n'est pas en soit, nouvelle. Le droit du travail appréhende en effet la situation des travailleurs à domicile sur laquelle on peut s'appuyer.
Il résulte des dispositions de l'article L. 311-3 du Code de la sécurité sociale que les travailleurs à domicile sont obligatoirement assujettis au régime général de la Sécurité sociale. Les travailleurs à domicile bénéficient alors de la protection accordée par les différentes branches de ce régime et notamment, en matière d'accidents du travail.
Néanmoins, il apparaît difficile, et ce pour des raisons de preuve, de déterminer que tout accident survenu à un salarié à son domicile doit être qualifié d'accident du travail.
Selon le Code de la sécurité sociale (art. L. 411-1) « *est considéré comme accident du travail, quelle qu'en soit la cause, l'accident survenu par le fait ou à l'occasion du travail, à toute personne salariée ou travaillant à quelque titre ou quelque lieu que ce soit, pour un ou plusieurs employeurs ou chefs d'entreprise* ».
Si la jurisprudence donne une interprétation large à l'expression « *par le fait ou à l'occasion du travail* », il n'en demeure pas moins qu'en toute hypothèse, deux éléments doivent être réunis : l'existence d'un lien de subordination au moment de l'accident et la survenance de ce dernier en temps et lieu de travail.
De manière générale, il sera considéré qu'il y a un lien de subordination dès lors qu'il existe un contrat de travail en cours d'exécution. De même, la notion de lieu de travail est appréciée de manière extensive, puisqu'il s'agit, d'une part et bien évidemment, des bureaux, des ateliers, mais également des vestiaires, des sanitaires, des escaliers et, de manière plus générale, des voies d'accès, des cantines.
Le domicile semble donc pouvoir être considéré comme un lieu de travail, dès lors que le salarié accomplit la tâche qui lui est confiée, aux termes de son contrat de travail, à son domicile. Le problème sera alors de démontrer que l'accident intervenu constitue bien un accident du travail, sachant que l'employeur a le droit de contester le caractère professionnel de l'accident.

Il convient d'observer que lorsque l'accident est survenu aux temps et lieu de travail, il existe une présomption d'imputabilité, sauf preuve contraire rapportée par l'employeur, ainsi que la caisse de Sécurité sociale.
En toute hypothèse, même s'il semble qu'il faille considérer que le domicile est un lieu de travail, il apparaît opportun que le salarié victime d'un accident du travail fasse constater les faits, et notamment, par un médecin qui établira un certificat indiquant l'état de la personne et les suites éventuelles de l'accident. Le médecin n'a pas en effet, à qualifier l'accident ni à indiquer s'il s'agit d'un accident du travail.
La situation peut être rapprochée des accidents du trajet. Dans un tel cas, le Code du travail prévoit que c'est à la victime ou à ses ayants droit en cas de décès, de prouver que l'accident s'est bien produit dans les conditions requises. La preuve de l'accident (mais également la preuve contraire), peut alors être établie par tout moyen, et éventuellement en recourant à une expertise.
Selon la jurisprudence, en l'absence de témoin, il semble que les seules affirmations de l'accidenté ne suffisent pas à établir une preuve (28). En revanche, la preuve peut résulter de « *présomptions graves, précises et concordantes* ». Il semble que l'on puisse considérer que la situation du télétravailleur à domicile, victime d'un accident, se rapproche du domaine de l'accident du trajet, compte tenu des incertitudes pouvant peser sur le caractère professionnel de l'accident.
Quo qu'il en soit, il est conseillé de bien vérifier le contenu de son contrat d'assurance, tant pour l'employeur que pour le salarié. Ce dernier devra en outre, vérifier si le règlement de copropriété et le contrat de bail permettent l'exercice d'une activité professionnelle à domicile.

26525. *Le remboursement des frais liés à l'activité*

Compte tenu des conditions d'emploi d'un télétravailleur, il est probable que ce dernier soit amené à engager des frais de toute nature afin d'exécuter sa mission. Il en va ainsi de l'usage à titre professionnel du téléphone, de l'augmentation de la consommation électrique, de l'achat de matériels ou de fournitures spécifiques (ordinateur, papier, cartouche d'encre...).
Le contrat de travail peut parfaitement résoudre le problème du remboursement, et même de l'avance de frais, notamment par la production de justificatifs, ce qui ne différencie pas cette situation de celle des commerciaux en déplacement.

26600. Le droit de l'informatique et la protection des données transférées

Outre les difficultés inhérentes au droit des télécommunications et à l'organisation des relations de travail, le télétravail pose un certain nombre de problèmes liés au droit de l'informatique, et plus particulièrement à la protection des données transférées, que ce soit au niveau interne ou au niveau international en cas de flux transfrontaliers de données.

26610. ***La loi dite « Informatique et Libertés »***

La loi du 6 janvier 1978 relative à l'Informatique, aux fichiers et aux libertés (29) vise à la protection du citoyen face aux dangers provenant de traitement d'informations nominatives. A ce titre, le producteur ou l'utilisateur de fichiers doit avant tout traitement faire une déclaration à la Commission Nationale Informatique et Liberté (CNIL).
A priori, cette obligation ne semble pas concerner le réseau même des télécommunications, mais ses utilisateurs. En effet, il est courant que les applicatifs des utilisateurs créent des messages ou des fichiers dans les systèmes d'information en puisant les données dans des bases de données locales. Si elles contiennent des données nominatives, ces bases, banques ou fichiers doivent faire l'objet d'une déclaration.
L'obligation de respect de la vie privée de l'individu ne s'arrête pas à la création des fichiers. Toute transmission, en particulier par voie de télécommunications, doit garantir que les dispositions de la loi sont toujours respectées. L'article 29 de la loi prévoit :

« *Toute personne ordonnant ou effectuant un traitement d'informations nominatives s'engage de ce fait, vis-à-vis des personnes concernées, à prendre toutes précautions utiles afin de préserver la sécurité des informations et notamment d'empêcher qu'elles ne soient déformées, endommagées ou communiquées à des tiers non autorisés* ».

Pour protéger le plus efficacement possible le citoyen, on sait que la loi « Informatique et Libertés » crée un droit d'accès sur les informations saisies et enregistrées. Ce droit d'accès s'applique également en cas d'informations communiquées :

« *Si une information a été transmise à un tiers, sa rectification ou son annulation doit être notifiée à ce tiers, sauf dispense accordée par la Commission* » (art. 38).

Toute infraction à cette législation est sanctionnée pénalement. Lorsque le manquement aboutit à la communication d'informations à une personne non autorisée, il est prévu une peine d'un an de prison et 100 000 francs d'amende.

26620. ***Les flux transfrontaliers de données***

Les entreprises ont dépassé le cadre national du télétravail, ce qui d'une part, implique un transfert d'informations au-delà des frontières, et d'autre part, pose la question de la sécurité et de la protection du traitement ainsi que de l'utilisation de telles données.

26621. ***L'obligation de déclaration***

La loi du 6 janvier 1978 ne s'oppose pas à des transmissions d'informations entre le territoire français et l'étranger, dès lors qu'elles sont mentionnées à la déclaration de traitement ou à la demande d'avis (art. 19).
Il y a transfert, au sens de l'article 19, quelle que soit la forme, y compris manuelle, selon laquelle les informations sont acheminées, dès lors qu'il est fait recours, à un moment ou à un autre, à des procédés automatisés de traitement de ces informations.
C'est notamment le cas de transferts par voie télématique, mais également de la circulation de supports magnétiques (disquettes, bandes...) ou de supports papiers entre le territoire français et l'étranger.
Lorsque des communications d'informations à l'étranger sont envisagées (par exemple en matière bancaire, où toute utilisation de cartes de crédit par les porteurs à l'étranger suppose des flux transfrontières), la CNIL peut requérir un certain nombre de garanties lors de la déclaration ou de la demande d'avis, si elle considère que l'Etat destinataire des données transférées ne dispose pas d'une protection équivalente à la loi française Informatique et Libertés. C'est ce qu'elle a fait à l'égard du transfert d'informations relatives à la gestion du personnel de la société FIAT.
En l'espèce, s'agissant de transmissions d'informations entre la filiale française de la société FIAT et la maison mère à Turin, portant sur un fichier de gestion des ressources humaines, la CNIL, observant que l'Italie ne disposait pas d'une législation de protection des données nominatives, a subordonné la transmission de telles données à la signature par FIAT Italie d'un contrat, par lequel cette société s'engageait à respecter l'ensemble des dispositions de la loi française et de la convention du Conseil de l'Europe (30).

26622. ***L'autorisation préalable à la transmission à l'étranger***

L'article 24 de la loi du 6 janvier 1978 prévoit que la transmission entre le territoire français et l'étranger peut être soumise à autorisation préalable. Cet article prévoit que « *sur proposition ou après avis de la Commission, la transmission entre le territoire français et l'étranger, sous quelque forme que ce soit, d'infor-*

mations nominatives faisant l'objet de traitements automatisés régis par l'article 16 ci-dessus (il s'agit des traitements mis en œuvre dans le secteur privé) *peut être soumise à autorisation préalable ou réglementée selon des modalités fixées par décret en Conseil d'Etat, en vue d'assurer le respect des principes posés par la présente loi* ».
Le décret visé à l'article 24 n'est jamais intervenu, et la CNIL n'a jamais considéré qu'il convenait de soumettre les flux transfrontières à autorisation préalable.
Il a été jugé que la simple transmission d'informations nominatives entre le territoire français et l'étranger devait faire l'objet d'une déclaration dès lors que ces informations sont destinées à faire l'objet de traitements automatisés à l'étranger.
Le Tribunal de grande instance de Paris a considéré que « *devait faire l'objet d'une déclaration, un traitement automatisé d'informations nominatives et ce, même si le traitement automatisé n'était pas sur le territoire français* » (31).

26623. ***Le principe de la protection équivalente***

A ce jour, la plupart des pays européens acceptent que des données soient transmises à l'étranger à condition que le pays de destination ait une législation adéquate, accordant un niveau minimal de sécurité et de protection du traitement et de l'utilisation de ces données (en application au monde « informationnel » du principe de protection équivalente).
A l'échelon européen, la protection des personnes à l'égard de traitements automatisés de données à caractère personnel a été organisée par la Convention du Conseil de l'Europe, qui permet notamment, la libre circulation des données entre Etats parties à la Convention (32). L'article 12 de la convention du Conseil de l'Europe prévoit à propos des flux transfrontières de données qu' « *une partie ne peut pas, aux seules fins de la protection de la vie privée, interdire ou soumettre à une autorisation spéciale les flux transfrontières de données à caractère personnel à destination du territoire d'une autre partie* ». La convention prévoit néanmoins une exception dans les cas où le pays destinataire n'assurerait pas une « *protection équivalente* ». Cette notion n'a pas été expressément définie.
En outre en 1995, l'Union économique européenne, face au développement du recours au transfert de données, a élaboré une directive sur la protection des personnes à l'égard du traitement automatisé d'informations nominatives, qui a été adoptée (33). Le texte comporte des dispositions permettant d'une part, d'assurer la libre circulation des données à l'intérieur du territoire de l'Union économique européenne, et, d'autre part, d'encadrer le transfert des données nominatives à l'extérieur de l'UEE.
La directive interdit tout transfert vers un pays extérieur à l'Union, si ce pays tiers n'assure pas « *un niveau de protection adéquat* » (art. 25). Des exceptions à cette interdiction sont cependant prévues : le consentement « indubitable » de la

personne concernée, ou encore la nécessité du transfert pour l'exécution ou la conclusion d'un contrat.
Les Etats membres disposent d'un délai de trois ans pour rendre leur législation conforme à la directive (34).

Notes

(1) Thierry Breton, *Les téléservices en France : Quels marchés pour les autoroutes de l'information ?*, La Documentation Française, octobre 1994.

(2) Rapport de l'Office parlementaire d'évaluation des choix scientifiques et technologiques fait par monsieur le Sénateur Franck Sérusclat, *Les nouvelles techniques d'information et de communication : l'homme cybernétique ?*, Doc. Ass. Nat. et Sénat n° 1980 et 232, 9 mars 1995.

(3) Thierry Breton, *Les téléservices en France : Quels marchés pour les autoroutes de l'information ?*, précité.

(4) Franck Sérusclat, *Les nouvelles techniques d'information et de communication : l'homme cybernétique ?*, précité.

(5) ATTICA, Etude confiée par la Commission de l'U.E.E ayant pour objet « d'identifier au regard de la législation actuelle et dans le cadre de l'activité professionnelle, les difficultés, « *points de blocage » et risques engendrés par le télétravail, qui peuvent constituer autant d'handicaps au développement de ce mode d'exécution et/ou d'organisation du travail* ».

(6) *Expertises*, Novembre 1994, p. 377.

(6 bis) Franck Sérusclat, *Les nouvelles techniques d'information et de communication : l'homme cybernétique ?*, précité.

(7) ATTICA, *précité.*

(8) Loi n° 90-1170 du 29 décembre 1990 sur la réglementation des télécommunications, *JO* du 30 décembre 1990.

(9) Sur la normalisation, cf. MÉMENTO-GUIDE ALAIN BENSOUSSAN, *Les télécommunications et le droit*, Ed. Hermès, 2e éd. 1996, n° 32000 et suivants.

(10) Articles 323-1 à 323-7 et 441-1 nouveaux du Code pénal institué par la loi n°92-684 du 22 juillet 1992 entrée en vigueur le 1er mars 1994.

(11) Cf. Joëlle Berenguer-Guillon, « Comment introduire le télétravail dans votre entreprise ? », *Télétravail magazine*, avril-mai 1996.

(12) Article L. 432-1 du Code du travail.

(13) Cass. crim., 22 juillet 1981, *Dr ouvrier* 1982, 352 ; Cass. crim., 25 mai 1981, *Dr ouvrier* 1982, 352.

(14) Article L. 432-2 du Code du travail.

(15) Cass. soc., 2 juillet 1987, *Bull. civ.* V n° 438.

(16) Article L. 212-4-2 alinéa 6 du Code du travail.

(17) Décret n° 91-451 du 14 mai 1991 relatif à la prévention des risques liés au travail sur des équipements comportant des écrans de visualisation, *JO* du 16 mai 1991 ; Arrêté du 24 juillet 1995 relatif aux dispositions complémentaires particulières concernant l'utilisation d'écrans de visualisation sur les équipements de travail, *JO* du 10 août 1995.

(18) Article 3 du décret n° 91-451 du 14 mai 1991, *précité.*

(19) Article 2 de l'arrêté du 24 juillet 1995, *précité.*

(20) Article 14 du décret n° 91-451 du 14 mai 1991, *précité.*

(21) Cf. Isabelle Pottier, « Les limites aux écoutes téléphoniques sur le lieu de travail », *Les Echos*, 12 juillet 1995.

(22) Cass. soc. 20 novembre 1991, *Bull. civ.* 1991-V-519.

(23) CA Aix-en-Provence, 18e Ch. soc. et civ., 4 janvier 1994, André P. c./ SA Beli Intermarché, *JCP (G)* 1995, II-22514.

(24) Loi n° 92-1446 du 31 décembre 1992 relative à l'emploi, au développement du travail à temps partiel et à l'assurance chômage, *JO* du 1er janvier 1993.

(25) Cf. Ariane Mole, « Travail et libertés individuelles : l'évolution du droit », Gazette du droit des technologies avancées, *Gaz. Pal.* n° 117-118, 27-28 avril 1994, p. 8.

(26) *Infra* n° **34000** et suivants relatifs à la loi Informatique et Libertés.

(27) Cf. Ariane Mole, « Travail et libertés individuelles : l'évolution du droit », *précité.*

(28) Cass. soc. 8 juin 1978, *Bull. cass.* 1978 V-548 ; Cass. soc. 6 mai 1986, *Bull. cass.* 1986 V-201 ; Cass. soc. 18 mars 1987, *Bull. cass.* 1987 V-166.

(29) Loi n° 78-17 du 6 janvier 1978 relative à l'Informatique, aux fichiers et aux libertés (*JO* du 7 janvier 1978 et rectif. au *JO* du 25 janvier 1978) modifiée par la loi n° 88-227 du 11 mars 1988 (*JO* du 12 mars 1988) et la loi n° 92-1336 du 16 décembre 1992 relative à l'entrée en vigueur du nouveau Code pénal (*JO* du 23 décembre 1992), *infra* **34000** et suivants.

(30) Délibération n° 89-78 du 11 juillet 1989, 10e rapport d'activité, p. 32.

(31) TGI Paris, 17e Ch., 7 mai 1991, *Expertises* 1991, n° 142.

(32) Article 12, alinéa 2 de la Convention du Conseil de l'Europe du 28 janvier 1981.

(33) Directive 95/46 de l'Union européenne du 24 octobre 1995 relative à la protection des personnes physiques à l'égard du traitement des données à caractère personnel et à la libre circulation de ces données, *JOCE* (L) 281/31.

(34) Cf. Ariane Mole, « Informatique et libertés : ce qui va changer dans la loi française », *Les Echos,* 18 septembre 1995 ; également « La nouvelle directive européenne sur la protection des données », *01 Informatique*, 20 octobre 1995.

27000.
Le catalogue électronique

Mettre en scène les produits que l'on souhaite acheter, présenter des costumes sur des mannequins, sélectionner une gamme de produits en fonction de paramètres choisis (prix, coloris...), passer commande de chez soi, c'est ce que permet le catalogue électronique.
La technologie de l'information devrait ici encore influer sur le comportement et les habitudes de chacun. Mais cette nouvelle forme de commerce virtuel ne va pas sans soulever de sérieuses questions juridiques.

27100. Définition et technique de diffusion du catalogue électronique

27110. *Une définition*

Le catalogue est un mode d'exposition à la vue du public de produits ou de services. Qu'il soit sous forme papier, électronique, ou télématique, il demeure, pour les entreprises de ventes par correspondance, l'outil majeur pour l'exercice de leur activité.
Le rapport de l'Office parlementaire d'évaluation des choix scientifiques et technologiques fait par monsieur le Sénateur Sérusclat sur « *Les nouvelles techniques d'information et de communication : l'homme cybernétique ?* » (1) fait référence au catalogue électronique de la manière suivante :

« *Le média utilisé pour le catalogue électronique repose sur l'informatique ; il s'apparente à une base de données avec plusieurs milliers de références.*
Le client à la différence fondamental du téléachat, est acteur de ce qu'il consulte ».
Ainsi, dans le catalogue électronique, à une lecture linéaire se substitue une lecture sélective.

27120. ***Les techniques de diffusion du catalogue électronique***

Le catalogue électronique peut se matérialiser sous deux formes :

– un support de type CD-ROM, dit *off line* ;

– sans support, sur un réseau de télécommunications, appelé *on line* ou encore en ligne.

Dans le cadre de la diffusion *on line*, deux modes sont envisageables :

– soit le catalogue est stocké sur un serveur connecté au réseau ;

– soit le catalogue est adressé *via* le réseau aux utilisateurs potentiels.

Les deux modes de diffusion présentent leurs avantages en termes de contrôle : stocker son catalogue sur un ordinateur, c'est empêcher les utilisateurs d'entrer sur son propre système informatique avec les risques que cela comporte ; même si ce comportement est sanctionné dans les textes (2), le risque est important.
Ce type de diffusion permet également de limiter les risques liés à la diffusion d'un message commercial sur un territoire étranger.

27130. ***Une typologie des catalogues au regard du droit***

L'existence de catalogues électroniques soulève des questions juridiques très diverses. Si on souhaite les appréhender de la façon la plus objective qu'il soit, il convient de s'interroger sur la nature du catalogue, son contenu et sa destination en dressant une typologie des catalogues électroniques selon qu'ils :

– sont *on line* ou *off line* ;

– ont un objet commercial ou non ;

– s'adressent à des consommateurs ou à des professionnels ;

– sont destinés à une commercialisation des produits à l'étranger ou pas ;

– contiennent des produits spécifiques (denrées alimentaires…) ;

– contiennent des espaces publicitaires ;

– prévoient des modes de paiement à distance.

A chacune de ces caractéristiques correspond l'application d'un régime juridique particulier auquel toute personne souhaitant créer et diffuser un catalogue électronique devra se conformer.

27140. ***La qualification juridique d'un catalogue électronique***

Le catalogue électronique peut contenir tous les éléments d'un produit multimédia : son, image, texte, logiciel et donc interactivité.
Le catalogue électronique met ainsi en œuvre, le droit de représentation et le droit de reproduction de l'œuvre. Il est donc, comme pour les autres produits multimédias nécessaire de gérer l'obtention de ces droits ainsi que ceux liés à l'autorisation de diffusion et au droit à l'image.

27200. Les questions juridiques soulevées par le catalogue électronique

L'exploitation d'un catalogue électronique (création, diffusion...), qu'il soit diffusé sur support CD ou sur réseau, que celui-ci soit ouvert, de type Internet, ou bien fermé, nécessite le respect de la réglementation applicable au domaine.

27210. ***La protection des consommateurs***

Le catalogue électronique aura souvent pour finalité une transaction commerciale. Ces transactions sont soumises aux nombreuses règles en matière de vente à distance dans le but d'assurer la protection des consommateurs (3).

27211. ***De la communication à distance à la vente à distance***

L'arrêté du 3 décembre 1987 relatif à l'information du consommateur sur les prix (4) définit la technique de communication à distance comme : « *(...) toute technique permettant au consommateur, hors des lieux habituels de réception de la clientèle, de commander un produit ou de demander la réalisation d'un service* ».
Sont notamment considérées par ce texte comme des techniques de communication à distance « *la télématique, la vidéotransmission, la voie postale et la distribution d'imprimés* ». La circulaire d'application du 19 juillet 1988 précise que cette liste est non limitative et susceptible d'évolution (5).
En conséquence, qu'ils soient diffusés sur réseau ou distribués sur CD-ROM, les catalogues électroniques entrent dans la définition des techniques de communication à distance et doivent respecter les obligations relatives aux offres faites au consommateur au moyen de telles techniques (identification du vendeur, information sur les prix, faculté de rétractation...) (6).

27212. ***Les informations sur l'identification du vendeur dans la vente à distance***

Les offres de vente d'un bien ou de fourniture d'une prestation de service, faites à distance à un consommateur, doivent porter des indications sur l'identification du vendeur. Ainsi, les offres faites sur un catalogue électronique doivent répondre à cette obligation.

Le Code de la consommation prévoit que dans toute offre de vente d'un bien ou toute fourniture d'une prestation de service qui est faite à distance à un consommateur, le professionnel est tenu d'indiquer le nom de son entreprise, ses coordonnées téléphoniques ainsi que l'adresse de son siège, et si elle est différente, celle de l'établissement au nom duquel l'offre est présentée (7).

Le non-respect de ces obligations est constaté notamment par les agents de la Direction générale de la concurrence, de la consommation et de la répression des fraudes ; il donne lieu à des peines d'amendes prévues pour les contraventions de 5e classe.

27213. ***L'information sur les prix des produits ou services dans la vente à distance***

De la même manière, les offres de ventes à distance sont soumises aux obligations relatives à l'information du consommateur sur les prix des produits ou services.

La loi prévoit que le prix de tout produit ou de toute prestation de service proposé au consommateur selon une « technique de communication à distance » doit être indiqué de façon précise au consommateur par tout moyen faisant preuve, avant la conclusion du contrat.

Les infractions relatives à la publicité des prix sont sanctionnées par les peines prévues pour les contraventions de 5e classe. Le vendeur ayant recours à un service interactif devra donc être en mesure de rapporter la preuve que l'information préalable a bien été donnée au consommateur.

27214. ***L'information sur les caractéristiques essentielles de l'offre dans la vente à distance***

L'obligation générale d'information du consommateur porte sur plusieurs caractéristiques essentielles de l'offre. La loi impose une obligation générale d'information du consommateur « *par voie de marquage, d'étiquetage, d'affichage, ou par tout autre procédé approprié* », non seulement sur les prix, mais aussi sur les limitations éventuelles de la responsabilité contractuelle et les conditions particulières de la vente. Cette obligation d'information a été renforcée en 1992 pour s'étendre aux informations sur :

– les caractéristiques essentielles du bien ou du service ;

– la période pendant laquelle les pièces indispensables à l'utilisation du bien seront disponibles sur le marché ;

– la date limite à laquelle la livraison sera effectuée ou la prestation exécutée (au-delà de prix fixés par décret).

27215. *La faculté de rétractation*

Pour toutes les opérations de vente à distance, l'acheteur d'un produit dispose d'une faculté de rétractation, c'est-à-dire d'un délai de sept jours francs à compter de la livraison pour retourner au vendeur le produit commandé soit pour échange, soit contre remboursement sans pénalité, à l'exception des frais de retour. Le refus du vendeur de changer ou de rembourser un produit retourné par l'acheteur est sanctionné par une amende.

– Le délit d'abus de faiblesse (art. L. 122-9 C. cons.)
– L'envoi forcé (art. R. 40-12° et R. 635-2 C. pén.)
– Les prestations de services forcées (art. L. 122-3 C. cons.)

Tableau 27.1. *Les pratiques interdites en matière de vente à distance*

27220. *La protection de la vie privée et des données nominatives*

Les transactions conclues grâce aux catalogues électroniques vont permettre la constitution de fichiers contenant des coordonnées des clients (nom, adresse, âge...), posant ainsi des problèmes au regard de la protection de la vie privée.
La loi du 6 janvier 1978 relative à l'Informatique, aux fichiers et aux libertés (8) trouvera à s'appliquer. A ce titre, tout traitement informatisé de données nominatives, c'est-à-dire la communication, le stockage et la gestion informatisée de fichiers nominatifs, devra s'effectuer après en avoir fait la déclaration auprès de la Commission Nationale de l'Informatique et des Libertés (CNIL) sous peine de sanctions pénales (9).
De même, cette loi régie l'exploitation à des fins commerciales, des fichiers (échange, location, cession…) et des données qu'ils contiennent (segmentation comportementale, profils types…) (10).
Enfin, le fait de lancer un transfert de fichiers de la France vers l'étranger implique de mettre en œuvre un traitement automatisé. En conséquence, la décla-

ration à la CNIL est en principe obligatoire. Rappelons que l'absence de déclaration est punie de sanctions pénales lorsqu'elle est obligatoire (11).
Si le pays de réception ne dispose pas d'une législation équivalente à celle de la France, au niveau de la protection des personnes, la CNIL accorde son autorisation difficilement et, en tout état de cause, sous des conditions particulières (12).
Afin que tous les Etats membres de l'Union européenne disposent d'une législation homogène, une directive a été adoptée en juillet 1995 relative à la protection des personnes physiques à l'égard du traitement des données à caractère personnel et à la libre circulation de ces données (13). Sa transposition dans le droit français va entraîner la révision de la loi française sous trois ans, par l'intégration de dispositions qui rendront les transferts vers des pays tiers encore plus difficiles pour les entreprises.

27230. ***La protection des transactions***

L'utilisation d'un système dématérialisé pour des transactions commerciales *on line* pose le problème de la sécurité et de la preuve à la fois des commandes et des paiements lorsque ceux-ci sont également fait à distance.

27231. ***La sécurité des transactions et la criminalité informatique***

Le développement des autoroutes de l'information va certainement multiplier les litiges relatifs aux incidents pouvant survenir lors de la transmission des messages sur le réseau : détérioration accidentelle du message, piratage des messages, confidentialité des messages.
La criminalité informatique est à craindre. En France, la loi du 8 janvier 1988, dont les dispositions ont été reprises par le Code pénal dans un chapitre intitulé « *Des atteintes aux systèmes de traitement automatisé de données* » (14), permet de sanctionner toutes les pénétrations non autorisées dans un système informatique par quelque moyen que ce soit ; il en est ainsi lorsque la fraude s'effectue à travers un réseau de télécommunications.
En effet, ces dispositions ne se limitent pas seulement au système informatique car sous le vocable de STAD, c'est-à-dire Système de Traitement Automatisé de Données, on retrouve tant un système informatique, qu'un système de télécommunications.

27232. ***Les paiements dans les transactions électroniques***

Dans le domaine de la VPC, les paiements à distance par communication du numéro apparent de la carte sont devenus une pratique courante. Outre qu'il peut

exposer les titulaires de cartes aux agissements frauduleux de personnes ayant connaissance de leur numéro de carte, ce système ne sécurise aucunement la transaction (*supra* n° **23200** et s.).
Toutefois, mis en place avec l'accord des banques par le biais de contrats conclus avec les commerçants, il permet en cas d'achats contestés, de recréditer le client, le vendeur assumant seul les risques de non-paiement.

27300. Les dangers

Ces dangers sont essentiellement liés à la mise en réseau du catalogue électronique. Ils sont essentiellement de deux natures :

- le piratage ;
- le détournement du catalogue.

S'agissant du piratage, il convient de rappeler qu'un réseau tel qu'Internet est au départ un réseau exclusivement destiné à l'échange d'informations et dans lequel le développement d'activité à caractère commercial est relativement peu apprécié d'un certain nombre d'utilisateurs.
Or, certains de ces utilisateurs n'hésitent pas à tenter de pirater les messages à caractère commercial pour les rendre soit inopérants, soit faux, soit encore pour les détruire.
Il est toujours possible qu'un procédé technique permette de viabiliser les échanges de messages sur ce réseau mais *a priori*, la diffusion de données n'y est pas totalement fiable ou sécurisée.
Il existe toujours un risque pour que le message soit détourné, et/ou tronqué et ce quel que soit le mode de distribution choisi.
D'un point de vue strictement juridique les précautions qui peuvent être prises à cet égard sont donc essentiellement dissuasives et se résument à des mentions et avertissements tels que l'inscription sur chaque page écran du catalogue électronique de la mention *copyright.*
Ainsi, la constitution d'un catalogue électronique oblige son réalisateur au respect de différentes législations.
Sa mise en réseau oblige à une certaine prudence et à une certaine vigilance car le transfert d'informations n'est à ce jour pas totalement sécurisé dès lors qu'il s'agit d'un réseau de type Internet.

Notes

(1) Rapport de l'Office parlementaire d'évaluation des choix scientifiques et technologiques fait par monsieur le Sénateur Franck Sérusclat, *Les nouvelles techniques d'information et de communication : l'homme cybernétique ?,* Doc. Ass. nat. et Sénat n° 1980 et 232, 9 mars 1995.

(2) Loi n° 88-19 du 5 janvier 1988 relative à la fraude informatique modifiée par les articles 323-1 à 323-7 et 441-1 du nouveau Code pénal institué par la loi n° 92-684 du 22 juillet 1992 entrée en vigueur le 1er mars 1994.

(3) Cf. MÉMENTO-GUIDE ALAIN BENSOUSSAN, *Le marketing direct et le droit,* 2e Ed. Hermès 1994, n° 3000 et s.

(4) Arrêté du 3 décembre 1987 relatif à l'information du consommateur sur les prix, *JO* du 10 décembre 1987.

(5) Circulaire du 19 juillet 1988 portant application des dispositions de l'arrêté du 3 décembre 1987 relatif à l'information du consommateur sur les prix, *JO* du 4 août 1988.

(6) *Supra* n° **23000** et suivants relatifs au commerce électronique.

(7) Article L. 121-18 et s. du Code de la consommation.

(8) Sur cette réglementation, *infra* n° **34000** et suivants relatifs à la loi informatique et libertés.

(9) Selon le type d'infraction commise, les peines vont de 300 000 à 2 000 000 de francs et de 3 à 5 ans d'emprisonnement.

(10) Cf. MÉMENTO-GUIDE ALAIN BENSOUSSAN, *Le marketing direct et le droit,* 2e Ed. Hermès 1994, n° 19000 et 21000.

(11) Ancien Article 41 de la loi n° 78-17 du 6 janvier 1978 relative à l'Informatique, aux fichiers et aux libertés, *JO* du 7 janvier 1978, et article 226-16 du Code pénal.

(12) Sur ces questions, *infra* n° **34000** et suivants relatifs à la loi informatique et libertés.

(13) Directive 95/46/CE du Parlement européen et du Conseil du 24 octobre 1995 relative à la protection des personnes physiques à l'égard des données à caractère personnel et à la libre circulation de ces données, *JOCE(L)* 281 du 23 novembre 1995, pp. 31-50.

(14) Loi n° 88-19 du 5 janvier 1988 relative à la fraude informatique modifiée par les articles 323-1 à 323-7 et 441-1 du nouveau Code pénal institué par la loi n° 92-684 du 22 juillet 1992 entrée en vigueur le 1er mars 1994.

28000.
La télémédecine

Le multimédia pénètre tous les secteurs d'activité. Le domaine de la santé n'y a donc pas échappé. La technique du multimédia alliée à la puissance des autoroutes de l'information peut permettre aux professionnels de la santé d'échanger un nombre grandissant d'informations, qu'il s'agisse d'informations générales médicales ou administratives, d'informations spécifiques à un patient ou d'images.

Télésurveillance, télédiagnostic, télé-enseignement, serveurs télématiques de santé sont les nouveaux moyens de la médecine de demain. Accessibles avant tout aux professionnels de la santé, les informations, fichiers ou banques de données pourront sans doute l'être dans l'avenir au malade lui-même, sur CD-ROM ou par le biais de réseaux spécialisés. Les objectifs sont autant l'amélioration des services de santé, qu'une meilleure maîtrise de l'évolution des coûts de santé.

En ce qui concerne les applications relatives à la santé, les informations sur support multimédia sont essentiellement celles du dossier médical. C'est ainsi, que s'interrogeant sur la définition du dossier médical, des membres du CHU de Lille ont très justement remarqué qu'il s'agit de « *l'agencement plus ou moins coordonné d'éléments de natures très diverses : textes, résultats numériques (biologie), comptes-rendus de consultation, images fixes (radios, CT Scans, IRMN...) ou animées (vidéos, coronarographies, angiographies). Le dossier médical est donc, par essence, multimédia* » (1).

De part sa nature, l'informatisation des données médicales soulève deux types de difficultés : celles relatives au secret médical et celles relatives à la protection des personnes à travers l'utilisation de données nominatives.

A cela viennent s'ajouter les questions relatives à la protection et à la propriété des données ainsi qu'à la responsabilité médicale, tant dans le cadre de l'établissement d'un diagnostic que de la prescription d'un traitement par télémédecine.

28100. La nature des données médicales

Que ce soit par le biais de dispositions législatives protégeant les libertés individuelles (loi du 6 janvier 1978 modifiée) ou par le biais des dispositions relatives au secret médical (Code pénal et Code de déontologie médicale), la confidentialité est la clé de voûte de l'environnement juridique applicable à l'information médicale, par nature : nominative, sensible et relevant du secret médical.

28110. *Les données médicales sont des données nominatives*

La loi française du 6 janvier 1978 relative à l'Informatique, aux fichiers et aux libertés, définit les données nominatives comme les « *informations qui permettent, sous quelque forme que ce soit, directement ou non, l'identification des personnes physiques auxquelles elles s'appliquent* ».

Le champ d'application de cette loi est celui des informations à caractère personnel, c'est-à-dire des informations relatives à des personnes physiques par opposition aux personnes morales (1 bis).

C'est dans ce contexte qu'en novembre 1990, la Commission Nationale de l'Informatique et des Libertés (CNIL), autorité de contrôle chargée de veiller au respect de la loi nationale Informatique et Libertés, s'est prononcée sur un système informatique de pharmacovigilance (2).

Il s'agissait de la création d'un système informatique national à partir des informations communiquées par les centres régionaux de pharmacovigilance, qui recueillent eux-mêmes les déclarations des médecins, chirurgiens et sages-femmes sur les effets toxiques des médicaments.

En l'espèce, les informations étaient codées puisque seules les trois premières lettres du nom du patient et le numéro du dossier papier conservé par le centre régional étaient enregistrés comme élément d'identification dans l'application informatique ; de ce fait, l'organisme qui mettait en œuvre le système informatique au niveau national n'avait pas connaissance de l'identité des patients.

La CNIL a pourtant considéré que les données traitées par le système national étaient à caractère personnel et devaient être soumises comme telles, aux dispositions de la loi du 6 janvier 1978.

La CNIL a estimé à cet égard que le codage des informations constitue une mesure de confidentialité mais en aucun cas une dépersonnalisation des données. Ainsi, dès lors que les données permettent de remonter jusqu'à la personne concernée, et qu'une possibilité d'identification existe, elles sont considérées comme étant à caractère personnel. Peu importe que l'identification soit possible par le responsable du traitement ou par des tiers.

28120. ***Les données médicales sont des données sensibles***

Les dispositions de la loi du 6 janvier 1978 relative à l'Informatique, aux fichiers et aux libertés s'appliquent dès lors que l'information a un caractère nominatif et qu'elle peut faire l'objet d'une mise en mémoire.
C'est ce caractère autorisé ou non autorisé de la mise en mémoire et/ou de la conservation de l'information que déterminent les dispositions de la loi du 6 janvier 1978 cumulées avec celles de la Convention du Conseil de l'Europe du 28 janvier 1981 (3), en fixant un régime propre aux informations dites « sensibles ». La directive de l'Union européenne adoptée en octobre 1995 vient compléter ce régime (3 bis).
La philosophie de ce texte correspond aux principes généraux dégagés par la loi française en matière de protection des personnes. Toutefois, il définit la donnée à caractère personnel de manière plus précise, en indiquant qu'il s'agit de « *toute information concernant une personne physique identifiée ou identifiable (personne concernée) ; est réputée identifiable une personne qui peut être identifiée, directement ou indirectement, notamment par référence à un numéro d'identification ou à un ou plusieurs éléments spécifiques, propres à son identité physique, physiologique, psychique, économique, culturelle ou sociale.* » (art. 2 (a)).
En outre, la liste des données dites « sensibles » dont le traitement est interdit, est la même que dans la loi française, sauf sur un point. Elle comprend également, les données relatives « à la santé et à la vie sexuelle » (art. 8, al. 1er). Leur traitement est donc interdit, sauf à relever de l'une des exceptions prévues par la directive. Tel est le cas de l'interdiction du traitement des données sensibles qui ne s'applique pas lorsque le traitement est nécessaire aux fins de médecine préventive, de diagnostics médicaux, d'administration de soins ou de traitements ou de gestion de services de santé (art. 8, al. 3).
Même si dans son approche, la CNIL tend d'ores et déjà à appliquer aux données médicales, la philosophie relative aux données sensibles, la loi française va devoir expressément ajouter, d'ici 1998, les données médicales à la liste des données sensibles réglementées.
Cependant, il n'est pas toujours aisé de distinguer si une information relève ou non de ce régime. Ainsi, certaines données peuvent-elles être empreintes d'une certaine ambiguïté. Tel est le cas de la mention de la nationalité ou de l'ethnie d'une personne ou encore de l'inscription d'un code d'identification des actes médicaux.
Le caractère « sensible » dépend moins de l'information prise en elle-même que d'autres critères tels que son croisement avec d'autres variables. A ce titre, la Commission nationale de l'informatique et des libertés se prononce au cas par cas, sur l'opportunité de faire ou non figurer les informations concernées au regard de la finalité du traitement à mettre en œuvre.

La CNIL a ainsi émis un avis défavorable au projet d'acte réglementaire qui lui a été présenté en juin 1990 par la Caisse nationale de l'assurance maladie des travailleurs salariés (CNAMTS) concernant le codage des actes de biologie médicale et tendant à l'enrichissement de traitements précédemment autorisés (4). Le projet consistait à remplacer sur la feuille de soins établie par les laboratoires médicaux, la cotation traditionnellement utilisée par la Sécurité sociale (comprenant une lettre suivie d'un coefficient, K20, K60...), par un numéro de code tiré de la nomenclature des actes de biologie médicale. Or, si la cotation ne se rapporte qu'à la tarification de l'acte sans permettre de l'identifier, les numéros de code identifient précisément chacun des actes de biologie et peuvent révéler, dans 10 à 25 % des cas, la nature de l'affection dont l'assuré social est atteint. La CNIL a considéré que :

« *(...) si le traitement proposé répond dans son principe au souci légitime d'assurer un meilleur contrôle de l'évolution des dépenses de santé, les modalités de sa mise en œuvre doivent garantir le respect tant du secret professionnel auquel sont astreints les praticiens et auxiliaires médicaux, que l'intimité de la vie privée des assurés sociaux et de leurs ayants droit ; (...) les numéros de code identifient précisément chacun des actes de biologie sur les feuilles de soins ; ... ils font apparaître la nature exacte de l'examen pratiqué et sont susceptibles en conséquence de révéler directement ou indirectement la nature de la pathologie et de fournir des données touchant à la vie privée des intéressés* ».

Depuis lors, la loi Teulade du 4 janvier 1993 (5) a institué le principe du codage des actes. L'article L. 161.29 du Code de la Sécurité sociale indique désormais :

« *En vue de permettre le remboursement aux assurés sociaux (...) les professionnels (...) facturant des actes ou prestations remboursables par l'assurance maladie (...) communiquent aux organismes d'assurance maladie concernés, le numéro de code des actes effectués, des prestations servies (...) et des pathologies diagnostiquées* ».

Un traitement automatisé va être mis en œuvre à cet effet par les caisses nationales. Toutefois, dans ce cadre, il est prévu que :

« *Seuls les praticiens conseils et les personnels placés sous leur autorité ont accès aux données nominatives issues du traitement susvisé, lorsqu'elles sont associées au numéro de code d'une pathologie diagnostiquée* ».

Un décret en Conseil d'Etat pris après consultation du Comité national paritaire de l'information médicale et après avis de la CNIL en précise les modalités d'application (6). Ce décret prévoit notamment que le codage est obligatoire pour tous les assurés s'ils veulent bénéficier d'une prise en charge par les organismes de protection sociale (Art. R. 161-29 C. séc. soc.).

- informations qui touchent directement à la vie privée ;
- dont la divulgation peut être lourde de conséquences (employeurs, assureurs...) ;
- qui sont sans cesse plus fines donc plus dangereuses (l'étude de données génétiques d'un individu peut permettre de connaître certaines prédispositions à développer une pathologie dans les 10 à 20 ans à venir) ;
- qui sont considérées comme sensibles.

Tableau 28.1. *Principales caractéristiques des données médicales*

28130. *Les données médicales sont des données couvertes par le secret médical*

Issu du colloque singulier entre le médecin et le malade, le secret médical a été instauré dans l'intérêt du patient. Il couvre tout ce qui est porté à la connaissance du médecin dans l'exercice de sa profession, c'est-à-dire non seulement ce qui lui a été confié, mais aussi ce qu'il a vu, entendu ou compris (7).
En conséquence, le secret ne se limite pas à la seule maladie et à son traitement mais s'applique à tout ce qui est relatif à un acte ou un document médical (radiographie, par exemple), quand bien même le document en question ne révélerait aucun état pathologique.
L'étendue du secret médical est des plus grande. Est-ce à dire que toutes les données de santé sont couvertes par le secret ? Les données relatives à la santé peuvent être d'ordre :

- administratif (gestion des entrées/sorties en milieu hospitalier, historique des dons de sang, droits sociaux) ;
- financier (coût des prestations et médicaments, remboursements) ;
- médical.

En pratique, il faut se garder d'opposer trop facilement données administratives et données médicales. En effet, certaines informations d'apparence administrative peuvent ne pas être neutres d'un point de vue médical.
Ainsi, l'indication d'une hospitalisation dans un établissement spécialisé en cancérologie ou psychiatrie est une donnée administrative qui peut se révéler aussi dangereuse que l'indication de la maladie elle-même, si elle tombe entre des mains indésirables.
Pourtant, la Chambre criminelle de la Cour de cassation (8) qui a eu l'occasion de se prononcer sur la couverture par le secret médical de la cotation utilisée par la Sécurité sociale pour le remboursement des actes médicaux (K30, K40...) n'a pas suivi cette voie.
S'il est vrai que fournie de manière isolée, cette lettre, suivie d'un coefficient, est sans signification car elle ne permet pas d'identifier les actes mais seulement d'attribuer un taux de remboursement, « *lorsqu'elle est accompagnée de l'indication*

du service hospitalier dans lequel l'acte a été accompli, ou suivie du nom du spécialiste qui l'a pratiqué, elle devient alors hautement significative », ainsi que le fait remarquer M. Paul Monzein, Conseiller honoraire à la Cour de cassation (9).

Celui-ci s'étonne que dans sa décision, la Chambre criminelle ait cependant affirmé le principe que le « K » de la Sécurité sociale n'avait pas de valeur significative et n'était pas couvert par le secret. La formule est surprenante et peu compatible avec les règles jusqu'alors évoquées. Le même auteur invite à ne pas la considérer comme un arrêt de principe et ajoute à ce propos qu'en prenant une telle position « *(...) la Haute juridiction a été imprudente, car il n'est pas douteux que, dans une autre affaire de même nature, elle sera obligée de dire le contraire* » (10).

Il n'est pas certain que la Cour de cassation, amenée à se prononcer aujourd'hui, plus de quinze ans après l'entrée en vigueur de la loi « Informatique, fichiers et libertés », confirmerait cette position, d'autant qu'en l'espèce, le secret professionnel n'était pas invoqué dans l'intérêt du malade mais pour se soustraire à des contrôles fiscaux.

Pourquoi informatiser les informations relatives à la santé ?
– diminuer le volume de documents papiers traités (800 millions de feuilles de soin traitées par an pour un coût qui oscille entre 17 et 24 francs la feuille)
– assurer un meilleur suivi administratif
– assurer un meilleur suivi médical en favorisant les échanges de données ou d'images entre praticiens (gérer les prescriptions, l'urgence, les contre-indications, permettre la mise en œuvre de la télémédecine)
– maîtriser l'évolution des dépenses de Santé
– permettre un contrôle éthique (fichier des volontaires sains de la Loi Huriet). C'est l'un des cas où un fichier informatique est mis en place non pas pour contraindre l'individu mais pour le protéger contre lui-même
– encourager les dons d'organes (fichier des refus institué par la loi du 29 juillet 1994).

Tableau 28.2. *Pourquoi informatiser les informations relatives à la santé ?*

28200. Les dispositions relatives au secret

La notion de secret médical n'est pas expressément visée par la loi. Elle est issue des dispositions du Code pénal relatives au secret professionnel et de celles du Code de déontologie.

Le secret médical institué dans l'intérêt des malades, s'impose à tout médecin dans les conditions établies par la loi. Cependant, pour aussi indispensable qu'elle soit à la protection des patients et à l'indépendance de la profession, l'étendue et la portée de cette obligation n'est pas aussi générale et absolue que l'on pourrait le croire.
D'une part, le législateur a prévu des dérogations à ce principe. D'autre part, la jurisprudence et la doctrine ont peu à peu développé la notion de « secret médical partagé », sans laquelle les institutions sociales, publiques et privées ne pourraient fonctionner actuellement.

28210. ***Le secret médical général et absolu***

La notion de « secret » est née du dialogue singulier qui s'instaure entre le médecin et son patient dans le secret de son cabinet. Dès la première version du serment d'Hippocrate, il y a près de vingt-cinq siècles, est apparue l'obligation de discrétion, reprise dans la forme actuelle par la faculté de médecine lorsqu'elle fait prêter serment à l'étudiant qui vient de soutenir sa thèse avec succès :

« *Les choses que je verrai ou que j'entendrai dire dans l'exercice de mon art, ou lors de mes fonctions dans le commerce des hommes, et qui ne devront pas être divulguées, je les tairai, les regardant comme des secrets inviolables* » (11).

Mais l'obligation au secret médical n'a alors qu'une valeur morale. Il faudra attendre le Code pénal en 1810 (12) et le premier Code de déontologie médicale en 1941, pour que celle-ci ait une valeur légale.
Aux termes de l'article 226-13 du Code pénal relatif à « l'atteinte au secret professionnel » :

« *La révélation d'une information à caractère secret par une personne qui en est dépositaire soit par état ou par profession, soit en raison d'une fonction ou d'une mission temporaire, est punie d'un an d'emprisonnement et de 100 000 francs d'amende* ».

La violation du secret constitue un délit pénalement sanctionné, l'infraction étant constituée même en cas de révélation partielle, d'absence de préjudice ou encore si le fait révélé par le médecin pouvait être connu indépendamment de cette révélation (13).
Cette obligation qui ne concerne pas uniquement les professions médicales, consiste pour les praticiens à ne pas révéler à des tiers les secrets qui leur sont confiés (14).
Le Code de déontologie a permis de rattacher l'obligation légale au principe moral énoncé par Hippocrate et son serment : « *Le secret professionnel, institué dans l'intérêt des malades, s'impose à tout médecin dans les conditions établies par la loi* » (15).

La Chambre criminelle de la Cour de cassation considère que le secret imposé aux médecins a un caractère général et absolu ne supportant aucune dérogation et qu'il n'appartient à personne de les en affranchir (16).
L'affirmation d'un tel principe n'est pas sans poser de nombreux problèmes, illustrés récemment encore avec le SIDA et le problème de la révélation de la séropositivité au conjoint ou au partenaire, en dehors de l'accord de l'intéressé ou après sa mort. C'est pourquoi cette position n'est pas toujours suivie par le Conseil d'Etat et les Chambres civiles de la Cour de cassation, d'un avis plus nuancé sur la question.

28220. ***Les restrictions au secret médical***

Le législateur a prévu la possibilité de déroger au principe du secret. Le médecin peut notamment être dispensé de son obligation, voire contraint à l'enfreindre, dans l'intérêt général.
L'article 226-14 du Code pénal précise que la révélation du secret doit alors être permise ou imposée par la loi. Le secret médical n'est pas applicable :

« *1° A celui qui informe les autorités judiciaires, médicales ou administratives de sévices ou privations dont il a eu connaissance et qui ont été infligés à un mineur de quinze ans ou à une personne qui n'est pas en mesure de se protéger en raison de son âge ou de son état physique ;*
2° Au médecin qui, avec l'accord de la victime, porte à la connaissance du procureur de la République les sévices qu'il a constatés dans l'exercice de sa profession et qui lui permettent de présumer que des violences sexuelles de toute nature ont été commises ».

28221. ***Les exceptions légales et jurisprudentielles***

De nombreux textes apportent des restrictions au secret médical. Il en est ainsi du Code civil (art. 56 sur l'obligation de déclaration des naissances) (17), du Code pénal (art. 434-3 sur la protection des mineurs de quinze ans) (18), du Code de la santé publique (art. L. 11 sur l'obligation de déclaration des maladies contagieuses ; art. L. 259 sur l'obligation de déclaration nominale des maladies vénériennes en période contagieuse ; art. L. 333 sur les certificats d'internement) ou encore de textes isolés.
On peut notamment citer l'article 40 de la loi du 6 janvier 1978 relative à l'Informatique, aux fichiers et aux libertés et l'article 6 bis de la loi du 17 juillet 1978 sur l'accès aux documents administratifs qui permettent tous deux au patient et à ses héritiers d'avoir accès aux informations médicales contenues dans le dossier médical, par l'intermédiaire d'un médecin désigné.

La liste des exceptions ne s'arrête pas là. L'obligation au secret comporte également d'importantes dérogations jurisprudentielles (19) dispensant le médecin de son obligation soit dans l'intérêt du malade (20), soit dans son propre intérêt (21), soit dans l'intérêt des familles (22).
Enfin, l'informatisation des données médicales et leur utilisation à des fins de recherche ou de gestion administrative a conduit la Commission nationale de l'informatique et des libertés à donner son avis à maintes reprises sur des projets de traitements afin de concilier le respect des libertés individuelles et l'intérêt général en la matière.
Ainsi, certaines délibérations de la CNIL font état de la nécessité de lever l'anonymat à titre temporaire et provisoire « *compte tenu de l'intérêt de santé publique que revêtent les enquêtes* » (23).
A la vue de ces nombreuses exceptions, l'obligation au secret peut difficilement être qualifiée de « générale et absolue ». Elle tend au contraire à devenir un principe qui perd de sa portée en évoluant vers plus de souplesse, consacrant ainsi la théorie du nécessaire partage de l'information médicale (23 bis).

28222. *Le cas des données relatives à la recherche*

On peut encore mentionner la loi du 1er juillet 1994 (24) qui a modifié la loi du 6 janvier 1978 en vue de permettre aux membres des professions de santé de transmettre les données nominatives qu'ils détiennent dans le cadre d'un traitement automatisé de données ayant pour fin la recherche dans le domaine de la santé.
Le champ d'application de ces dispositions couvre l'ensemble des traitements automatisés afférents à des recherches dans le domaine de la santé, y compris les études épidémiologiques et les recherches relevant de la loi Hurriet et de la pharmacovigilance. En sont exclus « *les traitements de données ayant pour fin le suivi thérapeutique ou médical individuel des patients (...) et les traitements permettant d'effectuer des études à partir des données recueillies si ces études sont réalisées par les personnels assurant ce suivi et destinées à leur usage exclusif* » (L. 6 janv. 1978 modifiée, art. 40-1, alinéa 2e).
Cette loi prévoit la possibilité de déroger au codage des données médicales en vue de les anonymiser, dans le cas où il s'agit d'assurer le suivi des études de pharmacovigilance et des protocoles réalisés dans le cadre d'études coopératives nationales et internationales. Des dérogations peuvent également être justifiées « *si une particularité de la recherche l'exige* ». Elles sont subordonnées à l'autorisation motivée de la CNIL après avis du Comité consultatif sur le traitement de l'information en matière de recherche sur la santé (L. 6 janv. 1978 modifiée, art. 40-3, alinéa 2e).

28230. ***De la carte santé à la télémédecine : la nécessité du secret médical partagé***

Cette conception absolue du secret ne correspond pas à la réalité vécue au quotidien par les praticiens, ni aux relations qui vont s'établir entre eux. L'évolution de la pratique médicale aboutit de plus en plus à la prise en charge des malades par des équipes pluridisciplinaires et non plus par un seul médecin, conduisant ainsi au partage de l'information médicale (25).
A titre d'exemple, on estime que l'hospitalisation d'une personne entraîne en moyenne, l'information de soixante-quinze membres du personnel hospitalier (26). L'utilisation de techniques de partage de l'information de type « télémédecine » grandit d'année en année. On imagine alors aisément la difficulté de garantir un secret absolu.
Les révélations indispensables à l'efficacité du traitement d'un malade ne sont pas les seules concessions au principe du secret et ne constituent qu'un petit aspect du problème. Aujourd'hui, le traitement informatique des données médicales est indispensable au fonctionnement des services hospitaliers et de notre système de protection sociale : mutuelles, compagnie d'assurances, caisses de retraite.
Ce n'est donc pas seulement le médecin et l'équipe soignante (spécialistes, laboratoires d'analyse, radiologues...), mais un grand nombre de personnes, qui ont connaissance de l'état de santé du malade. Ce secret est de plus en plus partagé.
Les deux principales applications pratiques de la théorie du secret médical partagé sont la carte santé et la télémédecine (26 bis).
Pour préserver la confidentialité des données tout en partageant le secret, le système de la carte santé prévoit l'utilisation de deux cartes (27). L'une est remise au patient et permet au praticien de consulter les données enregistrées. L'autre est détenue par le professionnel de santé ; elle est à la fois une carte d'identification et d'authentification. Elle permet un accès sélectif aux informations enregistrées sur la carte, l'accès étant plus ou moins large en fonction de la qualité du porteur.
La télémédecine est une autre application de la théorie du secret médical partagé. Elle permet d'échanger des données et/ou des images à distance. Elle peut se décliner en télésurveillance, télédiagnostic et téléenseignement. Le télédiagnostic est un moyen d'abaisser les coûts de santé en évitant les plates-formes techniques et les déplacements des équipes médicales et des patients. Sur le plan de la protection des données nominatives, c'est le télédiagnostic qui nourrit la réflexion. C'est pour répondre à cette réalité pratique qu'est née la théorie du secret médical partagé.
Les alinéas 3 et 4 de l'article 45 du nouveau Code de déontologie prévoient que « *tout médecin doit, à la demande du patient ou avec son consentement, transmettre aux médecins qui participent à sa prise en charge ou à ceux qu'il entend consulter, les informations et documents utiles à la continuité des soins. Il en va de même lorsque le patient porte son choix sur un autre médecin traitant* ».
De même, l'alinéa 2 de l'article 50 du nouveau Code de déontologie autorise le médecin, « *sauf opposition du patient, à communiquer au médecin-conseil*

nommément désigné de l'organisme de sécurité sociale dont il dépend, ou à un autre médecin relevant d'un organisme public décidant de l'attribution d'avantages sociaux, les renseignements médicaux strictement indispensables ».

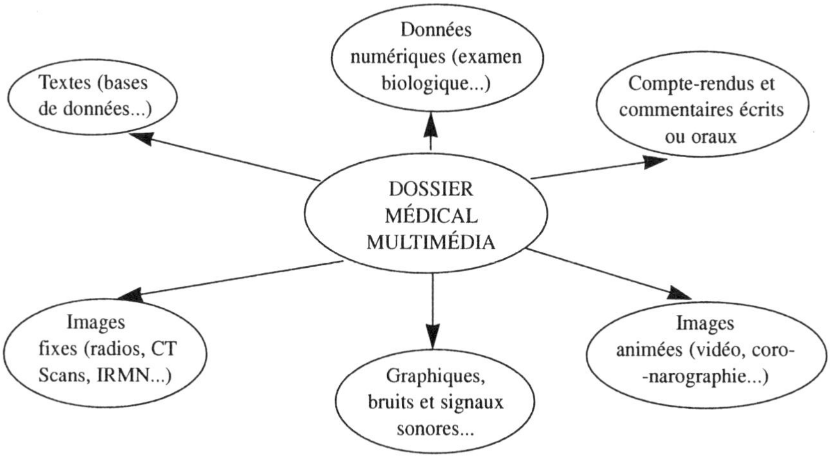

Figure 28.2. *Le dossier médical multimédia*

La théorie jurisprudentielle du secret partagé est née de la position des tribunaux qui ne prononcent généralement pas de sanctions à l'encontre des praticiens qui partagent le secret, à condition que ce partage n'intervienne qu'entre praticiens concourant à la thérapeutique d'un même malade. Cela reste néanmoins réducteur, puisqu'à titre d'exemple, les anatomo-pathologistes sont exclus du secret partagé, ce qui n'est guère réaliste.

S'il est vrai que la notion de secret médical partagé est consacrée par la jurisprudence, cette théorie n'a jamais été intégrée dans la réglementation et les dispositions du Code pénal relatives au secret médical absolu qui sont toujours en vigueur. La loi du 1er juillet 1994 prévoit néanmoins la possibilité de partager le secret dans certains cas (28).

28300. Les droits de la personne

Contrairement aux règles et aux principes qui viennent d'être étudiés, les dispositions réglementaires issues de la loi « Informatique, fichiers et libertés » n'ont pas pour objet de réglementer le secret médical instauré dans l'intérêt du malade ; elles visent uniquement à protéger les libertés individuelles.

Si l'informatique permet aujourd'hui d'assurer la gestion administrative des hôpitaux, des cabinets médicaux et de la Sécurité sociale et ce faisant, de mieux maîtriser les dépenses de santé, elle facilite également l'identification des personnes. On voit ainsi apparaître des applications tendant à rapprocher des données purement médicales de données pouvant avoir un caractère directement ou indirectement nominatif.
Or, la protection des personnes sous-entend la protection juridique des individus vis-à-vis du traitement automatisé des données à caractère personnel les concernant qui permettent leur identification. Ainsi, dès lors qu'une application informatique permet l'identification directe ou indirecte des personnes, elle est soumise à la loi du 6 janvier 1978 relative à l'Informatique, aux fichiers et aux libertés (29).

28310. ***La protection des données nominatives***

La loi du 6 janvier 1978 relative à l'Informatique, aux fichiers et aux libertés (30), qui a créé la Commission nationale de l'informatique et des libertés connue sous l'appellation CNIL, sert à protéger les citoyens du danger potentiel généré par la création, l'utilisation imprudente ou malveillante et / ou l'interconnexion des traitements informatiques.
Outre l'obligation de déclaration des traitements de données nominatives, cette loi pose certains principes généraux afin de mettre l'informatique « au service des citoyens », en évitant que celle-ci « *ne porte atteinte ni à l'identité humaine, ni aux droits de l'homme, ni à la vie privée, ni aux libertés individuelles ou publiques* ».
La loi pose des limites quant aux types d'informations à enregistrer, à leur mode de collecte et de conservation mais également quant à leur mode de traitement. Elle s'applique quel que soit le support de gestion utilisé, manuel ou informatique à condition que le traitement soit automatisé.
En matière de données médicales, la prise en compte de cette réglementation, confortée par l'interprétation et les délibérations de la CNIL est un préalable indispensable à la mise en place d'une application concernant :

– la maîtrise de l'évolution des dépenses de santé (études dites de « gestion du risque » en matière d'assurance maladie, carte santé) ;

– la gestion administrative des hôpitaux (système d'information hospitalier) et des cabinets médicaux ;

– l'externalisation des soins (télémédecine, télésurveillance, médecine ambulatoire et chirurgie...) ;

– le remboursement des soins (Sécurité sociale, mutuelles...) ;

– la recherche dans le domaine de la santé.

28320. ***Les principes dégagés par la CNIL en matière de traitements nominatifs de santé***

La CNIL procède par délibération en fonction du cas d'espèce. Cette méthodologie ne permet donc pas de tirer des régles générales applicables à toutes les applications de traitements de données médicales nominatives.
Toutefois, les différents projets soumis à l'avis de la CNIL lui ont permis de dégager certains axes de réflexion, parmi lesquels on peut notamment citer :

- le consentement des participants,
- la pertinence des données enregistrées,
- l'accès aux informations et le droit de rectification,
- la sécurité et la confidentialité.

Comme on l'a vu précédemment, les données médicales sont à la fois des données nominatives et des données sensibles au sens de la convention du Conseil de l'Europe et de la directive du 24 octobre 1995 de l'Union européenne adoptée en octobre 1995 (*supra* n° **28120**).
Comme tous les Etats membres, la France dispose d'un délai de trois ans pour rendre sa législation conforme aux dispositions de la directive. La loi Informatique et Libertés va par conséquent devoir évoluer pour permettre d'ici là, la transposition de la directive en droit interne.
Dans son approche, la Commission nationale informatique et libertés tend toutefois à en appliquer la philosophie. C'est ainsi qu'elle a dégagé la notion de consentement libre et éclairé et qu'elle intervient par le biais de recommandations à l'égard du maître du traitement chaque fois qu'elle a à connaître des projets de traitements particulièrement sensibles.

28321. ***Le consentement des participants au recueil des données***

La loi française ne prévoit pas le consentement du malade préalablement au recueil de données de santé, mais elle prévoit l'information des personnes quant aux destinataires des informations. Toutefois, dans certains cas, et notamment celui des prélèvements biologiques identifiants, « *le consentement éclairé et exprès des personnes concernées doit être obtenu préalablement à la mise en œuvre du traitement de données* » (art. 40-4, al. 2).
Les patients doivent être informés individuellement de l'objet et des modalités du projet de traitement de leurs données médicales. Au fur et à mesure des projets qui lui ont été soumis, la CNIL a dégagé la notion de « consentement libre, exprès et éclairé », principes que l'on retrouve aussi bien dans la loi Hurriet du 20 décembre 1988 que dans les lois dites « lois bioéthique » de juillet 1994.

Ainsi, à la faveur du projet d'enquête de l'INSERM sur les comportements sexuels et le SIDA en France, la CNIL a émis un avis favorable en mars 1991 sous certaines réserves. Elle a demandé que la lettre d'information préalable destinée aux personnes interrogées soit plus explicite quant à l'objet de la recherche afin que les personnes puissent choisir en toute connaissance de participer ou non à l'enquête.
La CNIL a également demandé que les personnes aient la possibilité d'avoir plus de précisions en appelant un numéro vert, que la lettre mentionne la possibilité de ne pas répondre et que le refus de réponse n'a pas à être justifié. Les responsables de l'étude ont fait valoir que le fait de donner plus de précisions risquait de fausser les résultats : réponses préparées, modifications des derniers comportements sexuels, destruction de la lettre par les membres du foyer ne souhaitant pas que d'autres personnes de la famille soient interrogées...
Une enquête test ayant révélé l'incompatibilité de ces conditions avec la qualité du projet (notamment, le taux de participation serait tombé de 81 à 54 %), l'INSERM a décidé d'anonymiser les réponses. Le traitement des réponses ne concernant finalement que des données anonymes, la CNIL n'avait plus d'avis à émettre.
Par ailleurs, la loi Informatique et libertés modifiée en juillet 1994 prévoit l'instauration de droits spécifiques au profit des personnes dans le cadre du recueil des données de santé : un droit d'opposition « sans restriction » à l'utilisation des données les concernant et un droit à l'information individuelle (art. 40-4).

28322. ***La pertinence des données enregistrées***

Le principe selon lequel les données doivent être « adéquates, pertinentes et non excessives » par rapport aux finalités pour lesquelles elles sont enregistrées, ne figure pas dans la loi française mais dans la convention n° 108 du Conseil de l'Europe. Il sous-tend néanmoins, à l'appui du principe de finalité, toute l'action de la CNIL.
Ainsi, concernant le projet d'informatisation des dossiers de victimes de contamination par le VIH en vue de leur indemnisation, la CNIL a émis un avis favorable en avril 1993 (31) après avoir demandé que l'indication de la nationalité des demandeurs soit supprimée :

« *Considérant que les informations enregistrées concernent l'identité du demandeur, sa date de naissance et son adresse, la date du premier test de séropositivité, les dates, s'il y a lieu, de déclaration de la maladie et du décès, la date, le motif et le lieu de la transfusion, la décision prise par la Commission d'Indemnisation ; que l'indication de la nationalité a été supprimée à la demande de la Commission (...)* ».

Dans un autre projet concernant le système d'information de l'Assistance publique et des Hôpitaux de Paris, la CNIL s'est également interrogée sur la pertinence de certaines informations figurant dans l'application GILDA de gestion des dossiers administratifs des patients (32). En l'espèce, la CNIL a émis un avis favorable à la mise en œuvre de l'application, sous réserve que les rubriques « hospitalisation d'un étranger » et « hospitalisation d'une personne sans domicile fixe » soient supprimées car non pertinentes au regard des finalités poursuivies :

« *Considérant qu'aucun fondement juridique n'autorise l'établissement hospitalier à procéder à l'enregistrement de ces informations dont le recueil incombe aux services compétents de l'organisme de protection sociale dont l'intéressé est susceptible de relever ; considérant en conséquence que ces informations sont excessives par rapport à la finalité poursuivie par l'application GILDA et qu'il n'y a donc pas lieu en l'état de les enregistrer (...)* ».

28323. ***Le droit d'accès aux informations et de rectification***

La loi du 6 janvier 1978 reconnaît à toute personne figurant dans un fichier, un droit d'accès aux informations qui la concernent ainsi qu'un droit de rectification. Le législateur a organisé deux modes d'accès aux informations nominatives, suivant le degré de sensibilité des informations concernées par la demande.

L'accès direct est la règle. L'accès indirect est l'exception par rapport au droit commun défini par les articles 34 à 38 et 45 de la loi du 6 janvier 1978 modifiée. Un accès indirect est organisé pour les informations à caractère « sensible », comme les informations médicales. Aussi, l'accès aux informations médicales ne peut se faire directement par l'intéressé.

Il s'opère dans le cadre de l'article 40 de la loi du 6 janvier 1978 aux termes duquel « *lorsque l'exercice du droit d'accès s'applique à des informations à caractère médical, celles-ci ne peuvent être communiquées à l'intéressé que par l'intermédiaire d'un médecin qu'il désigne à cet effet* ».

Il s'agit, par ces dispositions, d'éviter de laisser à un malade la possibilité de prendre connaissance directement d'informations médicales le concernant. C'est donc au médecin qu'il désigne à cet effet, que revient, après examen du dossier médical, la décision de communiquer tout ou partie de celui-ci à son patient.

Lorsqu'elle examine un projet, la CNIL ne manque pas de s'assurer que les personnes intéressées seront bien en mesure d'exercer leur droit d'accès et de rectification. C'est ce qu'elle a fait dans le projet d'enquête de l'INSERM sur le taux de malformation des enfants nés par procréation médicalement assistée qui lui a été soumis en mars 1991.

En l'espèce, le projet d'enquête se proposait d'étudier des enfants conçus par fécondation *in vitro*, de les comparer à des groupes témoins et de détecter les éventuels facteurs de risque de malformations, notamment d'ordre thérapeutique. L'examen du projet par la CNIL s'est avéré satisfaisant. Toutefois, la CNIL a demandé aux responsables de l'INSERM, de compléter la lettre d'information en visant les mentions relatives au droit d'accès et de rectification :

« *Considérant qu'il convient de compléter la lettre d'information par les mentions relatives au droit d'accès et de rectification, qui, en l'espèce s'exercera par l'intermédiaire du médecin coordinateur dans chaque maternité détenteur de la liste de correspondance des identités et des numéros (...)* ».

S'agissant de la carte de santé, certains projets ont permis au patient d'accéder directement à la totalité des données inscrites sur la carte. Quelques projets permettent à l'assuré de prendre connaissance de la totalité des informations, inscrites en clair.
Parfois même, l'assuré procède lui-même à l'enregistrement des informations. D'autres systèmes permettent un accès aux informations par l'intermédiaire d'un médecin conformément à l'article 40 de la loi du 6 janvier 1978.
Le problème du droit de rectification a également été évoqué par la CNIL à propos des cartes de santé. Pour des raisons techniques, le droit de rectification s'exerce soit par destruction de la carte, soit lorsque les données sont effaçables, par invalidation de la totalité des informations contenues sur la carte.

28324. ***La sécurité et la confidentialité des données***

La sécurité constitue un élément essentiel du dispositif de protection des données. L'absence de mesures de sécurité réduit à néant la protection des droits des personnes.
Le responsable du fichier est tenu d'assurer, sur le fondement des articles 29 et 45 de la loi Informatique et Libertés, la sécurité et la confidentialité des informations qui lui ont été confiées par les personnes concernées. La rédaction de l'article 29 semble même définir une présomption de responsabilité à l'encontre du maître du fichier, à charge pour lui de rapporter la preuve de sa diligence.
En l'absence de formalisation par la CNIL d'un règlement-type relatif à la sécurité, le responsable du fichier peut, afin de déterminer les mesures à adopter, s'inspirer de la délibération de la CNIL du 21 juillet 1981 (33), portant recommandation sur des mesures générales de sécurité.
Les recommandations de la Commission n'ayant pas une valeur impérative, ce texte permet simplement de fournir un guide des mesures de sécurité possibles à l'intention du maître du fichier.
Cette recommandation concerne aussi bien les mesures de sécurité physiques que les mesures logiques, en ce qui concerne l'accès aux traitements et aux informations.
La recommandation précise la notion de sécurité adoptée par la CNIL. Il s'agit, d'une part, d'assurer la pertinence et la fiabilité des informations et des résultats

obtenus et d'autre part, de garantir un niveau satisfaisant de résistance aux agressions accidentelles ou volontaires à l'encontre du traitement ou de l'information. En conséquence, les projets soumis à la CNIL doivent décrire les moyens prévus pour assurer cette sécurité. A titre d'exemple, peuvent être indiqués :

– les modes de sécurité des locaux et de l'accès physique aux matériels informatiques concernés ;

– les codes d'accès ;

– les mesures de sauvegarde et de secours des systèmes informatiques ;

– les modalités d'information du personnel du caractère sensible des opérations menées sur les informations nominatives.

A titre d'exemple, en matière de carte de santé la plupart des projets, et en tout cas celui qui a été retenu et qui sera généralisé à toute la France, prévoient l'utilisation de deux cartes :

– la carte du professionnel de santé intégrant l'habilitation de celui-ci et lui permettant de consulter les informations qui lui sont accessibles ;

– la carte du patient qui doit être remise au praticien pour lui permettre de prendre connaissance des informations grâce à sa carte d'habilitation.

Pour certains projets (carte des Hôpitaux des armées, par exemple), la CNIL a demandé que les obligations de sécurité ainsi que les sanctions pénales encourues en cas de divulgation d'information ou de détournement de finalité soient indiquées en clair dans le contrat liant l'initiateur du projet à la société de personnalisation des cartes.
Dans d'autres projets examinés par elle, la CNIL impose des mots-de-passe individuels d'une certaine longueur ; c'est notamment le cas du système de surveillance télématique concernant l'essai clinique sur l'AZT mené par l'INSERM et sur lequel la CNIL s'est prononcée en juin 1990.
Découvert en 1985, l'AZT est le premier médicament qui ralentit réellement la multiplication du virus VIH et dont l'efficacité clinique a été démontrée. Le projet soumis par l'INSERM a pour but d'évaluer les risques d'incompatibilité avec une utilisation prolongée pendant trois ans sur mille sujets séropositifs.
Le système télématique prévu permet donc de faciliter la gestion de l'essai en permettant un contact étroit entre le coordinateur de l'essai et les trente cinq équipes de recherche disséminées dans dix-huit villes.
S'agissant d'une application télématique, la CNIL a examiné de façon très détaillée les mesures de sécurité envisagées pour garantir la confidentialité des données, allant jusqu'à demander une démonstration du système à l'issue de laquelle les préconisations suivantes ont été émises :

« *Considérant que le programme mis en œuvre interdit de consulter et de mettre à jour les données déjà saisies ; que la disposition ainsi prise contribue à la sécurité du système ;*

Considérant que les données médicales sont transmises d'une part sous des codes patients déterminés par les médecins, composés d'une première lettre qui identifie le clinicien et d'une suite de trois caractères alphanumériques, d'autre part sous des numéros de traitements qui correspondent à l'ordre d'inclusion du patient dans l'essai ; qu'il importe de sensibiliser les médecins sur la nécessité de ne pas choisir les initiales du nom et du prénom du patient comme code d'identification ; que mention devra être faite sur les pages d'accueil de l'application ainsi que par note circulaire ;
Considérant en outre que toute information sur les patients, transitant par la messagerie, ne devra être identifiée que par le numéro de traitement attribué au patient, à l'exclusion du code patient ;
Considérant que la procédure d'accès à l'application, destinée à en garantir la confidentialité, doit être modifiée de manière à ce que les mots-de-passe individuels soient d'une longueur minimale imposée de 6 caractères alphanumériques (...) ».

Le décret du 9 mai 1995 pris en application de la loi du 1er juillet 1994 relative au traitement de données nominatives ayant pour fin la recherche dans le domaine de la santé prévoit également l'application de dispositions relatives à la sécurité et à la confidentialité des traitements et des informations (33 bis).

28330. ***Les dispositions spécifiques au recueil de données médicales nominatives à des fins de statistique***

Compte tenu de leurs particularités, les systèmes d'informations médicales et le traitement des données d'activité médicale des établissements de santé publics et privés sont régis par des dispositions spécifiques.

28331. ***Les systèmes d'informations médicales des établissements de santé publics et privés***

Conformément à la loi portant réforme hospitalière du 31 juillet 1991, l'article L. 710-5 du Code de la santé publique fait obligation aux établissements de santé et aux praticiens qui y exercent, de décrire leur activité médicale et à cet effet de mettre en œuvre des systèmes d'information qui tiennent compte notamment des pathologies et des modes de prise en charge.

L'informatisation des statistiques obligatoires en matière :
- d'interruptions volontaires de grossesses (34)
- de surveillance épidémiologique de la tuberculose (35)

La réalisation d'enquêtes occasionnelles :
- auprès des appelés au service national et des jeunes engagés (36)
- auprès des enfants et adolescents autistiques et psychotiques (37)
- sur les comportements sexuels et le SIDA en France (38)
- sur le taux de malformation des enfants nés par procréation médicalement assistée (39)
- étude épidémiologique du vieillissement cognitif (40)
- étude génétique sur le glaucome (41)

La constitution de registres et de fichiers :
- sur les malformations congénitales (42)
- la gestion des dossiers de tératovigilance (43)
- sur l'insuffisance rénale chronique (44)
- des personnes qui se prêtent à une recherche biomédicale sans bénéfice individuel direct (45)
- des volontaires aptes à participer aux essais de préparation vaccinale contre le virus de l'immunodéficience humaine (46)

Le suivi individuel et l'épidémiologie :
- la mise en œuvre au sein d'un dispensaire antivénérien, d'un système informatique destiné à faciliter la gestion des dossiers médicaux et à fournir des données statistiques et épidémiologiques (47)
- utilisation de fichiers administratifs pour identifier et rechercher les malades transfusés entre 1980 et 1985 (48)

Les essais thérapeutiques :
- une application télématique de nature à améliorer la collecte des informations relatives à l'utilisation de l'AZT (49)

Le recueil d'informations sur les médicaments :
- effets indésirables ou toxiques des médicaments (50)

L'informatique hospitalière :
- gestion des dossiers médicaux au Centre hospitalier général de Mulhouse (51)
- gestion administrative des malades au Centre hospitalier régional de Dijon (52)

Les applications utilisant la carte à mémoire :
- expérimentation d'une carte à micro-circuit dénommée SESAM (53)
- expérimentation d'une carte d'assuré social à micro-circuit CASAM (54)

Tableau 28.3. *Principales délibérations de la CNIL en matière de santé*

Il s'agit en particulier de procéder au recueil systématique de données médicales (diagnostics et principaux actes pratiques) dans le cadre de ce qui est appelé le « Programme de Médicalisation des Systèmes d'Information » (PMSI).
Le décret du 27 juillet 1994 relatif aux systèmes d'informations médicales et à l'analyse de l'activité des établissements de santé publics et privés (55) définit les conditions dans lesquelles, au sein de chaque établissement, les données médicales nominatives pourront être transmises au médecin responsable de l'information médicale, puis communiquées, sous forme anonyme, à la direction de l'établissement ainsi qu'aux autorités de tutelle et organismes d'assurance maladie. A cet effet, ce texte précise :

– les grandes catégories d'informations nécessaires à l'analyse de l'activité (identité et lieu de résidence du patient, modalités selon lesquelles les soins ont été dispensés, pathologies, actes de diagnostic réalisés...) ;

– les obligations de l'établissement quant au respect du secret médical et aux droits des malades ;

– les droits et les devoirs des praticiens concernés et de la direction de l'établissement quant à la production et à la transmission de données, aux retours d'information ainsi qu'à leurs droits d'accès et de rectification ;

– le champ et les modalités de transmission des données anonymes d'activité à la direction de l'établissement puis aux organismes d'assurance maladie et aux services extérieurs de l'Etat (56).

Ce texte prévoit notamment que conformément aux dispositions de la loi du 6 janvier 1978, les personnes soignées dans les établissements de santé publics et privés doivent être informées par le biais du livre d'accueil ou d'un autre document écrit du fait :

« *1° Que les données les concernant font l'objet d'un traitement automatisé dans les conditions fixées par le loi n° 78-17 du 6 janvier 1978 ;*
2° Que ces données sont transmises au médecin responsable de l'information médicale dans l'établissement et sont protégées par le secret médical ;
3° Qu'elles peuvent, par l'intermédiaire d'un médecin désigné par elles à cet effet, exercer leur droit d'accès et de rectification et que ce droit s'exerce auprès du médecin responsable de l'information médicale dans l'établissement, par l'intermédiaire du praticien responsable de la structure médicale dans laquelle ils ont reçu des soins, ou du praticien ayant constitué leur dossier ;
4° Qu'elles ont le droit de s'opposer pour des raisons légitimes au recueil et au traitement de données nominatives les concernant, dans les conditions fixées à l'article 26 de la loi n° 78-17 du 6 janvier 1978 ».

La notion d'intérêt légitime applicable en la matière n'a pas été reprise dans la loi du 1er juillet 1994 relative au traitement de données nominatives ayant pour fin la recherche dans le domaine de la santé.

28332. ***Le traitement des données d'activité médicale des établissements de santé publics et privés***

Afin de procéder notamment à l'analyse médico-économique de leur activité de soins, les établissements de santé publics et privés mettent en œuvre des traitements automatisés de données nominatives. Ainsi :

– les Résumés de Sortie Standardisés (RSS), constitués d'un ou plusieurs Résumés d'Unité Médicale (RUM) pour tous les patients admis dans les unités d'hospitalisation complète ou incomplète de médecine, chirurgie ou obstétrique, y compris pour les nouveau-nés dits « non hospitalisés » ;

– la nature et le coût des prestations diagnostiques et thérapeutiques dont chaque patient a bénéficié au cours de son séjour ou de ses venues dans l'établissement.

Outre l'obligation de déclaration de tels traitements auprès de la CNIL, l'arrêté du 20 septembre 1994 relatif au recueil et au traitement des données d'activité médicale et de coût par les établissements de santé publics et privés (57) précise le contenu des données médico-économiques qui doivent être recueillies et traitées au sein de chaque établissement, ainsi que les modalités d'anonymisation.
Ce texte prévoit notamment qu'à partir des fichiers de RSS groupés, il doit être constitué, sous la responsabilité du médecin responsable de l'information médicale pour l'établissement, des fichiers de résumés de sortie anonymes (RSA). Produits par un programme informatique générateur de RSA, propriété de l'Etat, qui attribue à chacun une clé cryptée certifiant qu'ils sont issus d'un RSS groupé, les RSA ne comportent :

– ni le numéro du RSS,

– ni la date de naissance, remplacée par l'âge calculé à la date d'entrée (en jours pour les enfants de moins d'un an à cette date),

– ni les numéros d'unité médicale (seul figure le nombre d'unités médicales fréquentées au cours du séjour),

– ni le code postal, remplacé par un code géographique attribué selon une liste convenue au niveau national, en accord avec la CNIL,

– ni les dates d'entrée et de sortie, remplacées par la durée de séjour, le mois et l'année de sortie (art. 5-I de l'arrêté).

28400. La protection des données médicales par le droit d'auteur

28410. ***La propriété des informations médicales***

Les données médicales contenues dans une base de données sont-elles protégeables par le droit d'auteur ? Dans une base de données médicale, la protection

peut concerner les données mises en mémoire, le travail documentaire réalisé pour organiser la banque de données ou le système de gestion de la base de données au sens purement informatique.
S'agissant de la propriété des données on retrouve la distinction entre données brutes et données enrichies. Le principe est que les données brutes ne peuvent faire l'objet d'appropriation par le droit d'auteur, alors que les données enrichies peuvent permettre d'asseoir un droit de propriété intellectuelle du fait de cet enrichissement. Pour identifier le titulaire d'éventuels droits d'auteurs, il faudra donc se poser la question de savoir qui est à l'origine de cet enrichissement.
Par ailleurs, il convient de s'interroger sur l'origine des informations. En effet, selon que la donnée est publique ou privée, les conséquences quant au régime juridique seront différentes. Les informations contenues dans un dossier médical peuvent être de provenances différentes, selon qu'il s'agit de données :

– relatives au régime obligatoire de la Sécurité sociale,
– relatives au régime complémentaire,
– médicales.

Les deux dernières catégories peuvent être considérées comme des données privées susceptibles d'appropriation par le truchement du droit d'auteur au bénéfice de celui qui les a collectées et/ou enrichies.
Les informations relatives au régime obligatoire de la Sécurité sociale peuvent, quant à elles, être considérées comme des données publiques avec toutes les conséquences qui y sont attachées.

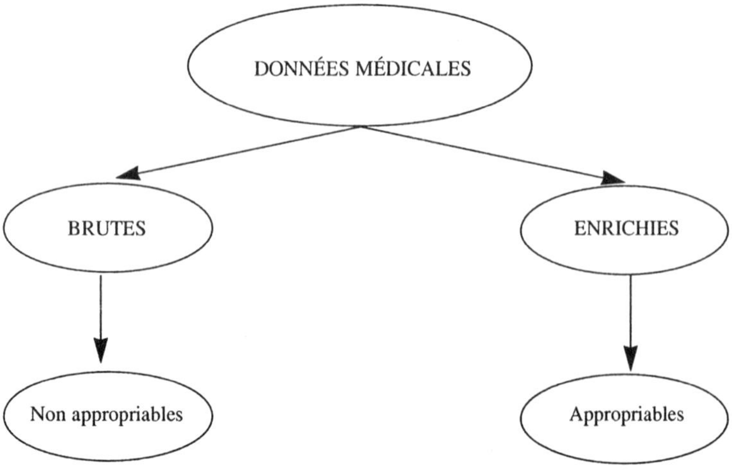

Figure 28.1. *Les données médicales face au droit d'auteur*

28420. ***La propriété des banques de données médicales***

Au-delà de la propriété des données, il faut envisager la question de la propriété de la banque de données par elle-même.
Celui qui pourra se prévaloir d'un droit d'auteur sur la banque de données ne sera pas forcément à l'origine de la collecte des données qui la composent.
En effet, la collection de données par son organisation, son architecture, son indexation constitue un ensemble distinct des différents éléments qui la composent. A ce titre, la banque de données est protégeable par le droit d'auteur.
L'initiative communautaire qui devrait aboutir d'ici quelques mois à une directive concernant la protection des banques de données sera applicable à n'importe quel système de collection informationnelle et notamment aux banques de données biotechnologiques (banque d'ADN, banque de cellules, séquence génétique...).
Celui qui pourra se prévaloir d'un droit d'auteur sur la banque de données ne sera pas forcément à l'origine des éléments d'informations composant cette banque de données.
Au-delà de la protection, l'enjeu est pécunier, l'identification de l'auteur ayant pour conséquence la rémunération possible du titulaire des droits par l'intermédiaire d'un droit d'accès à la banque de données ainsi constituée.

28430. ***Le cas des collections d'échantillons biologiques***

Quel est le régime juridique applicable aux collections d'échantillons biologiques dont la constitution est nécessaire à la recherche génétique pour pouvoir appréhender les conditions de transmission à la descendance d'un dysfonctionnement génomique ?
En 1994, monsieur François Fillon, ministre de l'Enseignement supérieur et de la Recherche, a demandé à un groupe de travail de réfléchir et de faire des propositions sur les questions soulevées par la protection des résultats des recherches sur le génome humain et les banques de cellules et de données sur l'ADN ?
Les collections sont composées d'échantillons biologiques prélevés chez les membres des familles au sein desquelles s'exprime le caractère étudié ou ADN, purifié.
Ces collections sont associées à des fichiers, la plupart du temps informatisés, contenant des données nominatives sur les donneurs et leurs familles. Les informations, par ailleurs identifiantes et nominatives contenues dans ces fichiers, sont indispensables à l'utilisation de la collection.
Au terme de ses travaux, la commission sous la présidence du professeur Louisot a défini les axes de réflexion suivants en matière de collection d'échantillons biologiques :

– la création d'une collection doit respecter les droits du donneur qui doit bénéficier des règles édictées par les lois du 20 décembre 1988 modifiée relative à la protection des personnes participant à des recherches biomédicales et du 6 janvier 1978 relative à l'Informatique, aux fichiers et aux libertés modifiée par la loi du 1er juillet 1994 ;

– l'utilisation d'une telle collection doit être faite en accord avec le principe de non-patrimonialité des éléments et produits du corps humain, les résultats des recherches utilisant une collection pouvant être protégées conformément aux règles générales de la propriété intellectuelle ;

– un droit de priorité scientifique pourrait être instauré au bénéfice de l'investigateur qui pourrait ainsi contrôler l'accès à la collection pendant une période donnée et préserver ainsi son avance scientifique. Cette période pourrait être de trois ans. Passé ce délai, la collection serait ouverte à d'autres investigateurs par le biais d'une convention non exclusive.

La commission prévoit en outre, le respect de certaines formalités administratives. Enfin, elle envisage la création d'une instance consultative placée auprès du ministre de la Recherche, chargée de gérer les procédures d'agrément et de déclaration, de veiller au suivi et au devenir des collections et d'exercer un rôle d'expertise et de conciliation.
Par ailleurs, en matière de protection des bases de données génomiques actuellement gérées de façon pragmatiques, la commission indique « qu'elles constituent un instrument international de coopération et de diffusion des connaissances » entre les chercheurs. Elle propose que la notion de « source unique » soit reconnue au niveau international et que des accords plus formels garantissent le libre accès à ces informations et précisent les modalités de cofinancement.
La commission a également insisté sur la valorisation des résultats de recherche et l'encouragement des chercheurs en partant du principe d'une rémunération incitative du salarié pour sa participation à une activité inventive.
Pour l'heure, il n'existe pas de législation qui appréhende de manière spécifique les collections d'échantillons biologiques. Toutefois, des dispositions les concernant ont été insérées dans les lois dites bioéthiques et notamment dans celle du 1er juillet 1994 (58).
Récemment, le CCNE a rendu un avis intitulé « génétique et médecine : de la prédiction à la prévention ». Par cet avis, le CCNE rappelle que pour protéger les individus inclus dans la recherche génétique, il convient de tenir compte du double rapport de l'individu en tant qu'être unique et des relations qui le lient avec sa famille passée, présente et à venir.
Par ailleurs, grâce à la recherche génétique, il est possible de disposer de certaines informations sensibles concernant l'individu et sa famille (dysfonctionnement génomique existant, prédispositions de tel ou tel individu à développer une pathologie dans l'avenir...). Après avoir classer les différents diagnostics possibles, le CCNE appelle à la vigilance et émet un certain nombre de recommandations (59).

28500. La responsablité médicale

La télémédecine peut soulever de nombreuses questions en matière de responsabilité médicale. L'établissement d'un diagnostic ou la prescription d'un traitement à partir d'un système de télétransmission d'images pose le problème de l'erreur médicale.

28510. *Les systèmes d'aide à la décision et la responsabilité médicale*

Au nombre des devoirs que le médecin a envers les patients, le Code de déontologie médicale modifié en 1995, dispose que « *le médecin doit toujours élaborer son diagnostic avec le plus grand soin, en y consacrant le temps nécessaire, en s'aidant dans toute la mesure du possible des méthodes scientifiques les mieux adaptées et, s'il y a lieu, de concours appropriés* » (art. 33).
Aujourd'hui, la télétransmission d'images médicales est une méthode scientifique qui permet au médecin de demander un avis consultatif à un confrère spécialiste avant d'élaborer un diagnostic. En cela, elle apparaît comme un simple outil d'aide à la décision, cette dernière incombant au seul médecin.
Citant le rapport du professeur L. Dusserre sur « les aspects juridiques et déontologiques du télédiagnostic en médecine » (60), madame Noëlle Lenoir en conclut, sous réserve de l'appréciation souveraine des tribunaux, que le recours à de tels outils ne devrait pas en soi, avoir d'incidences sur les principes de la responsabilité médicale, lesquels prévoient sa mise en jeu en cas d'erreur de diagnostic faisant apparaître l'incompétence ou la négligence fautive du médecin (61).
Toutefois, la question peut s'avérer plus complexe dans la mesure où elle fait intervenir divers protagonistes :

- le fournisseur de matériel informatique,
- le fournisseur de logiciels d'exploitation, d'application, de compression et de décompression,
- l'opérateur de télécommunications,
- l'équipe médicale demanderesse et l'équipe spécialiste qui lui répond.

L'utilisation de logiciels de compression et de décompression d'images peut engendrer une altération de l'image transmise et conduire à un diagnostic erroné. Dans ce cas et compte tenu de l'importance des techniques mises en œuvre, des difficultés à établir clairement les responsabilités pourront surgir et des batailles sur fond d'expertises judiciaires se livrer.

28520. ***Le réseau interhospitalier de transmission d'images médicales de l'Hôpital Trousseau***

En tout état de cause, le recours à la télémédecine ne saurait aboutir à une « déresponsabilisation » du médecin. En 1991, la Commission nationale de l'informatique et des libertés s'est prononcée en ce sens, lors de la mise en place du système interhospitalier de transmission d'images médicales par le service de radiologie de l'hôpital Trousseau, à Paris (62).
Grâce à l'utilisation du réseau Numéris, ce système permet d'améliorer la prise en charge des urgences pédiatriques et notamment de permettre à une équipe de spécialistes d'offrir à d'autres médecins hospitaliers, grâce à la visualisation à distance des images médicales (notamment des clichés radiologiques), un avis consultatif qui constitue une aide au diagnostic et à la décision thérapeutique. La CNIL a émis un avis favorable à la mise en œuvre de ce réseau sous réserve :

« – *que les médecins correspondants participant au réseau soient dûment informés lors de chaque utilisation du système que l'avis consultatif qui leur est fourni par l'équipe d'urgence de l'hôpital Trousseau ne peut en aucun cas les dégager de leur responsabilité en matière de diagnostic, traitement, et décision de transférer ou non le malade à l'hôpital Trousseau ;*
– *que tant les avis consultatifs rendus, que les images médicales transmises sont conservés sur des supports durables et qu'il en soit fait mention dans la convention conclue entre l'Assistance Publique de Paris et chaque centre hospitalier (...)* ».

- la télétransmission d'images médicales entre praticiens (clichés radiographiques...)
- le télédiagnostic
- la téléconsultation à distance
- la télésurveillance à domicile
- le téléenseignement médical

Tableau 28.4. *Exemples d'applications de la télémédecine*

Notes

(1) Régis, Beuscart, Caroline Debaecker, Claude Foucher, Eric Dufresne, « Multimédia et médecine : un outil pour améliorer la communication médicale », *Informatique & Santé « La Revue »*, n° 16, 1er trim. 1994, p. 25.

(1 bis) *Infra* n° **34000** et suivants relatifs à la législation Informatique et libertés.

(2) Délibération de la CNIL n° 90-114 du 6 novembre 1990 portant avis sur le projet d'arrêté du ministère des Affaires sociales et de la Solidarité concernant un système informatique de pharmacovigilance, 11e rapport d'activité 1990, *La Documentation Française* 1991, p. 234.

(3) Article 31 de la loi n° 78-17 du 6 janvier 1978 relative à l'Informatique, aux fichiers et aux libertés ; article 3 de la convention du 28 janvier 1981 du Conseil de l'Europe pour la protection des personnes à l'égard du traitement automatisé des données à caractère personnel, approuvée par la loi n°82-890 du 9 octobre 1982 (*JO* du 20 octobre 1982) entrée en vigueur le 1er octobre 1985.

(3 bis) Directive n° 95/46 du 24 octobre 1995 de l'Union européenne relative à la protection des personnes physiques à l'égard du traitement des données à caractère personnel et à la libre circulation de ces données, *JOCE* (L) 281/31.

(4) Délibération n° 90-104 du 2 octobre 1990 relative au codage des actes de biologie médicale, 11e rapport d'activité 1990, *La Documentation Française* 1991, p. 267.

(5) Loi n° 93-08 du 4 janvier 1993 relative aux relations entre les professions de santé et l'assurance maladie, *JO* 4-5 janvier 1993. Sur le contenu de cette loi, cf. Catherine Chabert-Peltat, « La nouvelle convention médicale des médecins : vers la prise en compte de l'informatique », Gazette du droit des technologies avancées, *Gaz. Pal.*, n° 203-204 du 22-23 juillet 1994, p. 14.

(6) Décret n° 95-564 du 6 mai 1995 relatif au codage des actes et des prestations remboursables par l'assurance maladie ainsi que des pathologies diagnostiquées et modifiant le Code de la Sécurité sociale (deuxième partie : décrets en Conseil d'Etat), *JO* du 7 mai 1995.

(7) Article 4 du décret n° 95-1000 du 6 septembre 1995 portant Code de déontologie médicale, *JO* du 8 septembre 1995.

(8) Cass. crim., 1er février 1977, *Bull. crim.* n° 40 et Cass. crim., 21 mai 1979, *Bull. crim.* n° 178.

(9) Paul Monzein, Conseiller honoraire à la Cour de cassation et Docteur en médecine, « Réflexions sur le secret médical », *Dalloz* 1984, Chron. p. 9.

(10) Paul Monzein, « Réflexions sur le secret médical », *précité*.

(11) L'obligation de discrétion apparue dans la première version du serment d'Hippocrate a été simplifiée à la révolution par le Doyen Lallement, cf. *Guide de l'exercice professionnel,* édité par l'Ordre des médecins.

(12) Ancien article 378 du Code pénal devenu l'article 226-13 du Code pénal.

(13) CA Versailles, 30 avril 1990, *Dalloz* 1990, IR-178.

(14) Pour que le secret soit violé, il faut qu'il soit diffusé à une tierce personne. Entre le médecin et le malade il ne peut y avoir de secret, hormis la possibilité pour le médecin de ne pas tout dire à son malade, s'il estime qu'en l'informant entièrement il lui fera courir un risque grave (art. 42 du Code de déontologie).

(15) Article 4 du décret n° 95-1000 du 6 septembre 1995 portant Code de déontologie médicale, *JO* du 8 septembre 1995 ; sur l'étendue du secret, *supra* n° **28130**.

(16) Cass. crim. 19 décembre 1885, *DP* 1886 I-347 ; Cass. crim. 1947, *Dalloz* 1948-109, note Gulphe ; Cass. crim. 22 décembre 1966, *Bull. crim.* n° 305, p. 714 ; Cass. crim. 27 juin 1967, *Bull. crim.* n° 154, p. 464 ; Cass. crim. 17 juin 1980, *Gaz. Pal.* 1981, 1, 201 ; Cass. crim. 5 juin 1985, *Bull. crim.* n° 218.

(17) Trib. corr. Vesoul, 22 janvier 1920, *DP* 1920-2-151.

(18) CA Agen, 1er mars 1991, *Dalloz* 1992, Somm. 70, obs. Prothais.

(19) Cf. *Juris-Classeur Pénal Annexes,* Fasc. 4, 3-1992 « Médecine », par Jean Penneau, en particulier n° 133 et suivants relatifs à la violation du secret professionnel ; également, Paul Monzein, « Réflexions sur le secret médical », *Dalloz* 1984, Chron. p. 9.

(20) TGI Paris, 26 avril 1972, *Dalloz* 1972, 426 (3e esp.), note Le Roy.

(21) Selon la Chambre criminelle de la Cour de cassation, « *si stricte que soit l'obligation qui découle du secret professionnel, elle ne saurait interdire à un médecin que l'on a tenté d'associer à une escroquerie en provoquant de sa part, grâce à une mise en scène trompeuse, la délivrance d'un certificat attestant faussement l'existence de maladies ou infirmités, de justifier de sa bonne foi en témoignant, au cours d'une instance judiciaire, relative à cette escroquerie, sur les manœuvres qui, faussant son jugement, l'ont amené à délivrer ce certificat* », Cass. crim., 20 décembre 1967, *Bull. crim.* n° 338.

(22) C'est ainsi, que pour faire annuler une rente viagère selon les dispositions de l'article 1975 du Code civil, le médecin peut délivrer un certificat attestant que la maladie ayant entraîné la mort, moins de vingt jours après avoir souscrit une rente viagère, existait déjà à la date de signature du contrat, Cass. civ. 1re, 12 février 1963, *Dalloz* 1963-471, note R. Badinter et sur renvoi, CA Orléans, 26 février 1964, *Dalloz* 1964-278.

(23) Sur ces questions Cf. MÉMENTO-GUIDE ALAIN BENSOUSSAN, *Les biotechnologies, l'éthique biomédicale et le droit,* Ed. Hermès 1995, n° 6440 et suivants ; également Dossier spécial santé, *Revue* ALAIN BENSOUSSAN - *Droit des technologies avancées,* n° 3/1995.

(23 bis) Cf. Catherine Chabert-Peltat, « Informatique et données médicales », *Revue hospitalière de France,* n° 2, mars-avril 1995.

(24) Loi n° 94-548 du 1er juillet 1994 relative au traitement de données nominatives ayant pour fin la recherche dans le domaine de la santé et modifiant la loi n° 78-17 du 6 janvier 1978 relative à l'Informatique, aux fichiers et aux libertés, *JO* du 2 juillet 1994.

(25) Rapport au Premier ministre, *La vie en questions : pour une éthique biomédicale,* professeur Jean-François Mattei, La Documentation Française, 1994, p. 118.

(26) Cf. Rapport du professeur Gallet aux 3e journées d'éthique des hôpitaux de Paris.

(26 bis) Cf. professeur E.-A. Cabanis, « Imagerie médicale et informatique : vers une « biomorphonique » multimédia », *Revue hospitalière de France*, n° 2, mars-avril 1995.

(27) Sur cette question cf. MÉMENTO-GUIDE ALAIN BENSOUSSAN, *Les cartes et le droit,* Ed. Hermès 1992.

(27 bis) Décret n° 95-1000 du 6 septembre 1995 portant Code de déontologie médicale, *précité.*

(28) Cf. MÉMENTO-GUIDE ALAIN BENSOUSSAN, *Les biotechnologies, l'éthique biomédicale et le droit, précité,* n° 6400 et suivants.

(29) L'utilisation de traitements de données nominatives à des fins de recherche a fait l'objet de dispositions spécifiques en juillet 1994 par l'adjonction de nouveaux articles à la loi de 1978, Cf. MÉMENTO-GUIDE ALAIN BENSOUSSAN, *Les biotechnologies, l'éthique biomédicale et le droit, précité,* n° 6400 et s.

(30) Loi n° 78-17 du 6 janvier 1978 relative à l'Informatique, aux fichiers et aux libertés, modifiée par les lois n° 88-227 du 11 mars 1988 (*JO* du 25 janvier 1978 et *JO* du 12 mars 1988), n° 92-1336 du 16 décembre 1992 relative à l'entrée en vigueur du Code pénal (*JO* du 23 décembre 1992) et n° 94-548 du 1er juillet 1994 relative au traitement de données nominatives ayant pour fin la recherche dans le domaine de la santé et modifiant le loi n° 78-17 du 6 janvier 1978 relative à l'Informatique, aux fichiers et aux libertés (*JO* du 2 juillet 1994).

(31) Délibération n° 93-034 du 27 avril 1993 portant avis sur le projet d'acte réglementaire présenté par le fonds d'indemnisation des transfusés et hémophiles contaminés par le VIH concernant un traitement ayant pour finalité la gestion des dossiers des victimes de contamination par le VIH causée par transfusion en vue de leur indemnisation, 14e rapport d'activité CNIL, *La Documentation Française* 1994, p. 228.

(32) Délibération n° 93-029 du 23 mars 1993 portant avis sur le projet d'acte réglementaire présenté par l'Assistance Publique - Hôpitaux de Paris concernant un traitement dénommé GILDA, ayant pour finalité la gestion des dossiers administratifs des patients, 14e rapport d'activité CNIL, *La Documentation Française* 1994, p. 239.

(33) Délibération n° 81-94 du 21 juillet 1981 portant adoption d'une recommandation relative aux mesures de sécurité des systèmes informatiques, *JO* des 24 et 25 août 1981.

(33 bis) Décret n° 95-682 du 9 mai 1995 pris pour l'application du chapitre V bis de la loi n° 78-17 du 6 janvier 1978 relative à l'Informatique, aux fichiers et aux libertés et modifiant le décret n° 78-774 du 17 juillet 1978 (art. 25-15 (6°)), *JO* du 11 mai 1995.

(34) Délibération n° 89-35 du 25 avril 1989 portant avis sur le projet d'arrêté du ministre de la Solidarité, de la Santé et de la Protection sociale relatif à l'informatisation des bulletins statistiques d'interruptions volontaires de grossesse, 10e rapport d'activité CNIL, *La Documentation Française* 1990, p. 183.

(35) Délibération n° 89-80 du 11 juillet 1989 portant avis sur le projet d'arrêté du ministre de la Santé relatif à l'informatisation des déclarations obligatoires de tuberculose, 10e rapport d'activité CNIL, *La Documentation Française* 1990, p. 186.

(36) Délibération n° 89-38 du 16 mai 1989 relative à la demande d'avis présentée par la Direction centrale du service de santé des armées concernant la réalisation d'une enquête métabolique auprès des appelés au service national et des jeunes engagés, 10e rapport d'activité CNIL, *La Documentation Française* 1990, p. 188.

(37) Délibération n° 89-16 du 28 février 1989 relative à la demande d'avis présentée par l'Association de santé mentale du XIIIe arrondissement concernant la réalisation d'une enquête auprès des enfants et adolescents autistiques et psychotiques, 10e rapport d'activité CNIL, *La Documentation Française* 1990, p. 190.

(38) Délibération n° 91-025 du 19 mars 1991 portant avis sur le projet d'arrêté présenté par le ministre des Affaires sociales et de la Solidarité, le ministre de la Recherche et de la Technologie et le ministre de la Santé relative à la réalisation par l'INSERM d'une enquête sur l'analyse des comportements sexuels et le SIDA en France, 12e rapport d'activité CNIL, *La Documentation Française* 1992, p. 258.

(39) Délibération n° 91-017 du 5 mars 1991 portant sur le projet d'acte réglementaire présenté par le directeur général de l'INSERM concernant la réalisation par l'unité 292 d'une enquête épidémiologique sur le taux de malformation des enfants nés par procréation médicalement assistée, 12e rapport d'activité CNIL, *La Documentation Française* 1992, p. 267.

(40) Délibération n° 92-041 du 5 mars 1991 portant sur le projet d'acte réglementaire présenté par l'INSERM concernant un traitement relatif à une étude épidémiologique du vieillissement cognitif, 13e rapport d'activité CNIL, *La Documentation Française* 1993, p. 242.

(41) Délibération n° 93-066 du 6 juillet 1993 portant avis sur une étude génétique sur le glaucome présentée par l'INSERM, 14e rapport d'activité CNIL, *La Documentation Française* 1994, p. 201.

(42) Délibération n° 89-40 du 16 mai 1989 portant avis sur le projet de décision du directeur général de l'INSERM concernant un traitement automatisé d'informations nominatives dont la finalité principale est la tenue à Paris d'un registre des malformations congénitales, 10e rapport d'activité CNIL, *La Documentation Française* 1990, p. 191.

(43) Délibération n° 89-41 du 16 mai 1989 portant avis sur le projet de décision du président du Centre de renseignements sur les agents tératogènes concernant un traitement automatisé d'informations nominatives dont l'objet est la gestion des dossiers de tératovigilance, 10e rapport d'activité CNIL, *La Documentation Française* 1990, p. 193.

(44) Délibération n° 89-55 du 27 juin 1989 portant avis sur le projet de décision du président de la société de néphrologie concernant un traitement automatisé d'informations nominatives dont la finalité est la création d'un registre des insuffisants rénaux chroniques, 10e rapport d'activité CNIL, *La Documentation Française* 1990, p. 194.

(45) Délibération n° 90-85 du 26 juin 1990 portant avis sur le projet de décret relatif au fichier national des personnes qui se prêtent à des recherches biomédicales sans bénéfice individuel direct, 11e rapport d'activité CNIL, *La Documentation Française* 1991, p. 229.

(46) Délibération n° 92-042 du 7 avril 1992 portant avis sur la constitution d'un fichier des volontaires aptes à participer aux essais de préparation vaccinale contre le virus de l'immunodéficience humaine VIH, 13e rapport d'activité CNIL, *La Documentation Française* 1993, p. 248.

(47) Délibération n° 89-90 du 12 septembre 1989 portant avis sur le projet d'arrêté du président du Conseil général des Bouches-du-Rhône concernant la mise en œuvre au sein du dispensaire antivénérien d'un système relatif à la gestion des dossiers médicaux et à la production de données statistiques, 10e rapport d'activité CNIL, *La Documentation Française* 1990, p. 196.

(48) Délibération n° 93-098 du 9 novembre 1993 portant avis sur le projet d'acte réglementaire présenté par le Centre hospitalier de Cherbourg concernant un traitement ayant pour finalité principale la recherche des malades transfusés entre 1980 et 1985 et délibération n° 93-099 du 9 novembre 1993 portant avis sur le projet d'acte réglementaire présenté par l'Assistance publique - Hôpitaux de Paris concernant un traitement ayant pour finalité principale la recherche des malades transfusés entre 1980 et 1985, 14e rapport d'activité CNIL, *La Documentation Française* 1994, p. 224 et suivantes.

(49) Délibération de la CNIL n° 90-82 du 12 juin 1990 portant avis sur le projet d'acte réglementaire présenté par l'INSERM concernant un système de surveillance télématique de la réalisation d'un essai clinique multicentrique sur la zidovudine (AZT), 11e rapport d'activité 1990, *La Documentation Française* 1991, p. 238.

(50) Délibération de la CNIL n° 90-114 du 6 novembre 1990 portant avis sur le projet d'arrêté du ministère des Affaires sociales et de la Solidarité concernant un système informatique de pharmacovigilance, 11e rapport d'activité 1990, *La Documentation Française* 1991, p. 234.

(51) Délibération n° 89-51 du 13 juin 1989 portant avis sur le projet de décision du directeur du Centre hospitalier général de Mulhouse concernant la mise en œuvre d'un traitement relatif à la gestion des services médicaux, 10e rapport d'activité CNIL, *La Documentation Française* 1990, p. 200.

(52) Délibération n° 89-56 du 27 juin 1989 portant avis sur le projet de décision du directeur du Centre hospitalier régional de Dijon concernant la mise en œuvre d'un traitement relatif à la gestion administrative des malades (PAGE-MALADES), 10e rapport d'activité CNIL, *La Documentation Française* 1990, p. 200.

(53) Délibération n° 86-91 du 8 juillet 1986 portant sur le projet de décision du directeur de la Caisse d'assurance maladie relative à l'expérimentation de la saisie automatique d'informations nécessaires à la liquidation de prestations à l'aide de cartes à mémoire -système SESAM-, 7e rapport d'activité CNIL, *La Documentation Française* 1987, p. 400 ; délibération n° 90-84 du 26 juin 1990 portant sur l'extension de l'expérimentation du système SESAM, 11e rapport d'activité 1990, La Documentation Française 1991, p. 275 ; délibération n° 93-113 du 14 décembre 1993 relative à la reconduction de l'expérimentation du système SESAM, 14e rapport d'activité 1993, *La Documentation Française* 1994, p. 271.

(54) Délibération n° 89-113 du 10 octobre 1989 relative à l'expérimentation d'une carte d'assuré social à micro-circuit dite CASAM, 10e rapport d'activité CNIL, *La Documentation Française* 1990, p. 231.

(55) Décret n° 94-666 du 27 juillet 1994 relatif aux systèmes d'informations médicales et à l'analyse de l'activité des établissements de santé publics et privés et modifiant le Code de la santé publique (deuxième partie : décrets en Conseil d'Etat), *JO* du 5 août 1994.

(56) Pour plus d'information, cf. la délibération n° 93-119 du 14 décembre 1993 portant avis sur le projet de décret relatif à la médicalisation du système d'information des établissements de santé publics et privés et modifiant le Code de la santé publique, 14e rapport d'activité 1993, *La Documentation Française* 1994, p. 232.

(57) Arrêté du 20 septembre 1994 relatif au recueil et au traitement des données d'activité médicale et de coût, visées à l'article L. 710-5 du Code de la santé publique, par les établissements de santé publics et privés visés aux articles L. 714-1, L. 715-5 du Code de la santé publique et aux articles L. 162-23, L. 162-23-1 et L. 162-25 du Code de la sécurité sociale et à la transmission aux services de l'Etat et aux organismes d'assurance maladie d'informations issues de ces traitements, *JO* du 18 octobre 1994.

(58) Loi du 1er juillet 1994, art. 40-4 concernant le recueil de prélèvements biologiques identifiant ; C. civ., art. 16-10 relatif à l'étude génétique des caractéristiques d'une personne à des fins de recherche scientifique ; C. civ., art. 16-1 concernant l'identification d'une personne par ses empreintes génétiques à des fins de recherche scientifique ; C. santé publique, art. L. 145-15 relatif à l'examen des caractéristiques génétiques d'une personne ou son identification par empreinte génétique ; C. santé publique, art. L. 672-10 qui prévoit l'autorisation des établissements et organismes qui assurent la transformation, conservation, distribution et cession de tissus et cellules.

(59) Avis n° 46 du 30 octobre 1995 « génétique et médecine : de la prédiction à la prévention ». Cet avis fait suite à deux autres avis rendus par le CCNE : l'avis n° 25 du 24 juin 1991 sur l'application des tests génétiques aux études individuelles, études familiales et études de population et n° 27 du 19 janvier 1993 sur le recensement des glaucomateux en France et la localisation chromosomique du ou des gènes responsables.

(60) Rapport du Professeur L. Dusserre, « Les aspects juridiques et déontologiques du télédiagnostic en médecine », *Bull. Ordre des médecins,* n° 6, juin 1993.

(61) Cf. Noëlle Lenoir, « Imagerie, télémédecine et droit », *Médecine & Droit* n° 4, janvier / février 1994.

(62) Délibération n° 91-093 du 8 octobre 1991 portant avis sur la demande d'avis présentée par l'Assistance Publique de Paris concernant la création d'un réseau interhospitalier de reprise vidéo et de transmission par réseau Numéris d'images médicales au service de radiologie de l'hôpital Trousseau, 12e rapport d'activité CNIL, *La Documentation Française* 1992, p. 268.

29000.
Informations et images virtuelles

Le développement des technologies de l'information et l'apparition de puissants réseaux de communication permet la constitution d'espaces et de mondes virtuels qui simulent une réalité.
L'image en tant que vecteur d'informations ne reflète plus sûrement le réel. Dans un monde fait de simulation, où l'on ne distingue plus très bien le réel du virtuel, l'information épouse cette double nature dont l'interférence peut se révéler dangereuse pour le public.
De ce fait, il apparaît légitime de se poser une question : la technique numérique des images virtuelles et de synthèse est-elle en elle-même susceptible d'influencer le principe fondamental de la liberté d'expression et si oui dans quelle mesure ?
Avant de tenter de résoudre ces interrogations, il paraît nécessaire de tracer les grandes lignes de la nouvelle technologie constituée par les images virtuelles et de synthèse, dans une première approche technique.
C'est également à partir de la réalité technique des images de synthèse et virtuelles que pourra être abordé le second volet de la réflexion. Il porte sur le point de savoir si cette nouvelle technologie présente de tels risques ou dangers qu'il soit nécessaire d'ériger en garde-fou, le droit du public à recevoir une information non truquée. En effet, on peut définir l'information virtuelle comme une information simulant la réalité. Elle peut ne pas être truquée, mensongère ou trompeuse bien qu'elle ait été manipulée grâce aux nouvelles technologies de l'information.

29100. Approche technique des images virtuelles ou de synthèse

Qu'il s'agisse d'images virtuelles ou de synthèse, ces innovations technologiques découlent directement de la technique numérique. En témoigne la désignation le

« tout-numérique », couramment employée pour caractériser la science nouvelle du traitement de l'information, comprise au sens large.
Les images virtuelles et de synthèse sont donc des images numériques : elles forment un tout indissociable avec le programme qui les a créées, elles en font partie intégrante.
« Cachées » à l'intérieur du programme et à ce titre accessibles seulement par son intermédiaire, ces images sont par ailleurs dites « dématérialisées ». Le programme utilisé, un logiciel de synthèse, est un logiciel de création et d'animation d'images en trois dimensions (3D). La caractéristique commune aux images de synthèse et virtuelles réside en effet dans leur représentation en 3D.
En ce qui concerne plus précisément les images de synthèse, c'est principalement ce caractère qui constitue leur nouveauté technologique, qualifiée par certains de bouleversement, voire de révolution technologique. Les images virtuelles ont, quant à elles, pour fonction principale la simulation de la réalité.

29110. *Les images de synthèse*

Les applications d'images de synthèse sont, à l'heure actuelle, diverses et variées. Les images de synthèse sont utilisées tant dans le secteur des loisirs que de l'architecture, du marketing, de la publicité, de la médecine, de la recherche scientifique, de l'industrie.
Dans le secteur industriel, le premier « coup médiatique » en France fut à l'initiative du constructeur automobile Renault, créateur d'une voiture virtuelle grâce à des images de synthèse et virtuelles, appelée la « Racoon » et reproduisant fidèlement les mouvements d'une voiture virtuelle dans un décor réel avec une vraie personne au volant. Seul un œil averti pouvait déceler la nature virtuelle de la « Racoon ».
Selon le constructeur, le travail en 3D lui permet de concevoir de nouveaux modèles de voiture en gagnant du temps et de la précision : ainsi par exemple, modifier une couleur sur une maquette de voiture exige quelques heures alors que la même opération réalisée sur une image de synthèse ne prend que quelques secondes.
Outre les applications existantes, nombreuses sont les recherches sur d'autres possibilités d'application des images de synthèse :

– Nintendo, n° 1 mondial des jeux vidéo en 3D forme le projet de réaliser tous ses jeux-vidéo en 3D dans un avenir proche ;

– Silicon Graphics et Time Warner travaillent ensemble à des expériences de télévision interactive, faite d'images de synthèse.

Soulignons dès maintenant la distinction essentielle entre des images de synthèse et des images virtuelles. Pour esquisser une première approche, on pourrait dire que si les images de synthèse ne sont pas toujours virtuelles, les images virtuelles sont toujours de synthèse.

29120. ***Les images virtuelles, vecteur d'une information virtuelle***

Une image de synthèse qui simule la réalité est dite « image virtuelle ». Son critère déterminant est donc la simulation de la réalité, la représentation « réaliste », pourrait-on dire, de la réalité.
L'histoire de la simulation a débuté en 1948 aux Etats-Unis par la mise en œuvre d'un simulateur de vol pour missile et s'est poursuivie au service de l'entraînement des astronautes.
Les images virtuelles se distinguent encore des images de synthèse par les outils utilisés, les premières étant le plus souvent accessibles à l'utilisateur, au moyen de casques et de gants spéciaux, ce qui n'est pas le cas pour les images de synthèse non virtuelles.
Il en résulte que la réalité virtuelle pourrait être définie de la manière suivante : c'est la simulation par ordinateur de la réalité, grâce à la création d'un graphisme en 3D, animé, interactif, en temps réel, qui s'adresse – ou qui s'adressera – aux cinq sens de l'homme : vision, audition, toucher et même odorat, goût, et accessible aux destinataires au moyen d'équipements spéciaux.
La clé de cette nouvelle technologie réside essentiellement dans l'association de puissants calculateurs et accélérateurs graphiques au logiciel de synthèse, autorisant une réponse instantanée aux ordres de l'utilisateur, c'est-à-dire l'utilisation des possibilités offertes par le logiciel en « temps réel ».
Par ailleurs, l'animation « réaliste » de l'image virtuelle se décompose de la manière suivante : l'ordinateur génère une séquence de scènes d'une fraction de seconde, et légèrement différente de la précédente. On obtient alors un effet global d'animation, agréable à l'œil humain à compter de vingt-cinq images par seconde.
Sans doute plus spectaculaires que les images de synthèse non virtuelles, les images virtuelles connaissent cependant à ce jour des applications plus rares et moins variées que les premières.
Hormis quelques secteurs-phares, tels que l'industrie cinématographique, la réalité virtuelle est en effet encore au stade expérimental, à la recherche de solutions techniques pour supprimer les nombreuses imperfections qui la caractérisent, et son développement est largement ralenti par le coût de l'équipement nécessaire à l'utilisateur.
Certaines des applications de la réalité virtuelle peuvent cependant être distinguées :

– dans le domaine militaire - historiquement la première illustration de la « réalité virtuelle » : la simulation de batailles réalistes ;

– dans l'industrie cinématographique : l'incrustation d'images virtuelles dans des scènes de film tournées avec des moyens traditionnels, comme par exemple « *Jurassic Parc* » de Steven Spielberg, où des dinosaures virtuels sont représentés aux côtés des acteurs dans un décor réel.

De même, le traitement numérique de l'image permet :

– l'opération dite de « *morphing* », c'est-à-dire la métamorphose d'un objet en un autre, ou d'un sujet en un objet, ou d'un objet en un sujet de manière progressive, et en conséquence agréable à l'œil ;

– l'opération d'effacement ou de substitution d'objets ou de sujets dans un décor réel ;

– la restauration de bandes de films détériorées, détruites par endroit et altérées.

Un autre exemple d'utilisation de la réalité virtuelle peut être trouvé dans les films. Certains films reprennent des passages de documents audiovisuels anciens, ayant souvent valeur historique, et qui, grâce à la numérisation, introduisent dans ces documents des sujets ou objets actuels qui n'existaient pas alors, mais qui s'y fondent tout à fait harmonieusement, donnant l'impression qu'ils font réellement partie de la scène.

– dans le secteur de la publicité : la tendance des créateurs est d'incruster des images virtuelles ou de synthèse dans les séquences d'images obtenues de manière traditionnelle, d'ailleurs non détectables pour un œil averti étant donné leur très courte durée d'apparition à l'écran,

– le domaine culturel a également investi dans la réalisation d'œuvres constituées d'images virtuelles. La plus célèbre d'entre elles est sans doute l'œuvre représentant l'abbaye de Cluny qui fut détruite au début du 19e siècle et entièrement reconstituée en images de synthèse et virtuelles par IBM France. Les outils utilisés pour accéder à cette œuvre sont le casque virtuel et les gants spéciaux,

– citons également le domaine des transports : la SNCF a ainsi développé un simulateur de conduite de train, tandis que de nombreux constructeurs automobiles utilisent la réalité virtuelle pour élaborer des nouveaux modèles de voiture,

– le secteur médical se lance lui aussi dans l'utilisation des images virtuelles : les scientifiques prévoient qu'un patient pourra ainsi être opéré par un chirurgien muni d'un casque virtuel restituant avec une parfaite fidélité la zone à opérer et en temps réel,

– dans le secteur des loisirs : les jeux vidéo commencent à utiliser les images virtuelles, contribuant à rendre le joueur de plus en plus parfaitement immergé dans un autre monde, quasiment aussi réaliste bien que différent du monde réel. Toutefois, cette utilisation est loin d'être généralisée notamment pour des questions de coût.

Mais au-delà des domaines précités, les dangers de l'information virtuelle véhiculée au travers des images, elles aussi virtuelles, sont réels. Le développement du multimédia et les réseaux de communication qui l'accompagnent ne sont pas étrangers à l'apparition de ce nouveau danger.

La mise en réseau de l'information virtuelle amplifie son effet car elle touche instantanément des millions de personnes.
De plus, si l'on considère un réseau ouvert de type Internet, une distinction entre les serveurs délivrant des informations et un terminal les recevant existe de moins en moins : alors que l'information circule traditionnellement de « un » (l'éditeur, le diffuseur...), vers « plusieurs » (vecteurs ou téléspectateurs), le réseau interactif transforme le consommateur d'information en producteur potentiel.
La multiplication des producteurs d'informations augmente les risques d'une interférence entre le monde de l'information réelle et celui de l'information virtuelle.
Les premières manifestations de cet aspect de l'information virtuelle interférant avec la réalité se sont révélées aux Etats-Unis notamment dans le domaine de la justice comme à l'occasion du procès O. J. Simpson.
En effet, sur différents réseaux de télécommunication, des groupes de réflexion se réunissaient et émettaient des avis sur l'éventuelle culpabilité de l'inculpé. Cette émission d'opinions sur une question virtuelle (les participants à des groupes refaisant le procès) risquait de n'être pas sans influence sur les jurés.
Le réseau devient un forum ouvert dont les réalités et opinions émises ont une influence sur la réalité. Appliqué à la politique, on peut imaginer les effets d'un tel mécanisme sur les relations entre élus et électeurs.
Le multimédia est avant tout un vecteur pour la circulation d'informations : il l'accélère et à terme, la rendra accessible à tous.
De la même façon, les utilisations que font les organisations non gouvernementales (ONG) d'Internet pour le transfert d'informations sont aussi là pour nous rappeler l'utilité et l'efficacité d'un tel réseau.
La contrepartie à cette richesse d'informations est la quasi absence de contrôle sur la véracité des faits rapportés. Dès lors, la manipulation devient facile et dangereuse. Ainsi, par exemple :

– dans le domaine scientifique et technologique, de plus en plus de laboratoires de recherche mettent leurs résultats sur le réseau qu'ils fassent ou non l'objet d'une publication. Ils se trouvent alors en libre accès et chacun peut utiliser ces informations aux fins qu'il détermine librement ;

– dans le domaine économique : la circulation d'informations manipulées et leur communication peuvent avoir des effets non négligeables. Tel est notamment le cas de l'information boursière.

29200. L'environnement juridique des informations et images virtuelles

29210. *Information, images virtuelles et liberté d'expression*

La réalité virtuelle trompe l'homme puisqu'elle a pour objet et pour effet de lui faire croire réel ce qui ne l'est pas, ce qui n'existe pas dans la réalité.

Selon monsieur Philippe Queau, polytechnicien et ingénieur des télécommunications :

« *L'imagerie numérique sert à concevoir, simuler, prendre des décisions. Elle permet de simuler ce qui n'est pas encore là. C'est un outil pour préparer l'avenir. Au-delà de la technologie, c'est bien plus qu'un gadget ou une lubie d'ingénieur, c'est une révolution profonde et une nouvelle façon de représenter le monde. En fait, il n'y a pas de marché d'image, de même qu'il n'existe pas de marché de l'écriture parce que l'image est désormais partout* ».

Plus encore, la réalité virtuelle simule avec réalisme ce que l'homme n'a pas les moyens de vivre et d'expérimenter dans la réalité. Dans cette dernière hypothèse, la question se pose même de savoir s'il s'agit véritablement de simulation de la réalité, la réalité virtuelle allant au-delà du réel et, à ce titre, est dénommée par certains d' « hyperréaliste ».

29211. ***L'hyperréalisme***

« L'hyperréalisme » peut être défini par quelques exemples :

– est hyperréaliste le fait de représenter virtuellement des molécules pouvant être manipulées par le chercheur, alors que cela n'est pas « réellement » possible ;

– sont hyperréalistes les images virtuelles permettant aux conducteurs de voiture de tester en temps réel leurs réactions lorsqu'ils sont face à un événement visuel et soudain, sans subir les conséquences d'un accident qui aurait pu avoir lieu, dans la réalité ;

– est hyperréaliste la possibilité offerte à des utilisateurs de vérifier virtuellement la compatibilité de produits provenant de plusieurs fournisseurs en les assemblant virtuellement.

L'hyperréalisme dans ce domaine permet de créer la réalité virtuelle et sert donc à représenter une série d'expériences « réalistes », virtuellement vécues par un individu, alors que ces mêmes expériences ne pourraient être menées dans la réalité par l'homme, soit que cela lui soit tout simplement impossible, soit que cela entraîne des conséquences rendant précisément l'expérimentation « irréalisable ».

C'est ainsi qu'à l'instar de monsieur Philippe Queau, il a pu être dit que les images de synthèse et virtuelles constituent une nouvelle façon de représenter le monde. D'autres analystes vont plus loin en attribuant aux images de synthèse et virtuelles la qualification de nouveau média à part entière. Cette dernière proposition sert de base à la réflexion menée sur les éventuelles influences des images de synthèse et virtuelles sur la liberté d'expression et les dangers qu'elles recèlent à son égard…

L'introduction dans l'imagerie de la troisième dimension et de la réalité virtuelle au moyen de la technique numérique, modifie certainement la représentation du monde.
Il semble que ce soit dans cette mesure que les images virtuelles et de synthèse pourraient venir modifier la représentation des pensées et des opinions et à ce titre constituer une nouvelle forme d'expression.
Dès lors que l'homme peut représenter des mondes affranchis de toute notion de temps, c'est-à-dire mélanger passé, présent, et futur sans qu'un œil humain avisé ne puisse le déceler, ou des mondes « *hyperréels* », ne peut-on pas y voir – outre l'innovation technologique – l'émergence d'un nouveau mode d'expression de la pensée ?
Cette question paraît être un préalable à la recherche de l'influence des images virtuelles et de synthèse sur la liberté d'expression.
En effet, il semble que c'est seulement dans la mesure où les images virtuelles ou de synthèse sont un nouveau mode d'expression de la pensée, que se pose la question de savoir si elles affectent les conditions d'exercice de la liberté d'expression.

29212. *Vers un nouveau mode d'expression de la pensée*

Il semble que, pour constituer un nouveau mode d'expression de la pensée, les images virtuelles et de synthèse doivent pouvoir constituer un média autonome.
Dans l'hypothèse contraire où les images virtuelles et de synthèse s'inscriraient seulement dans la continuité des médias existants, elles ne paraissent pas pouvoir être qualifiées de nouveau mode d'expression.
A cet égard, un rapprochement peut être effectué avec l'émergence des communications réseaux, préfigurant celles des futures autoroutes de l'information, ou « *cyber monde* ».
Des « villages électroniques » se forment sur Internet réunissant des catégories de personnes partageant les mêmes loisirs, intérêts, activités ou passions et communiquant entre eux sur le réseau. Un langage sous forme de code, vraisemblablement appelé à se développer dans le futur, permet aux abonnés d'exprimer leurs émotions (telles qu'un sourire par le signe : « :). Sans être un nouveau mode d'expression de la pensée au sens strict, un langage nouveau semble avoir pris néanmoins naissance.
Certains critères permettraient de concourir à déterminer si les images virtuelles et de synthèse sont véritablement d'un nouveau moyen de communication. Quatre formes d'expression peuvent être dénombrées :

- la forme verbale,
- la forme imprimée,
- la forme radiodiffusée,
- la forme audiovisuelle.

Or, l'imagerie numérique de synthèse et virtuelle est utilisée par la forme d'expression audiovisuelle mais se distingue de l'imagerie traditionnelle dans la mesure où elle suppose nécessairement l'intervention de l'informatique.
En conséquence, plus qu'une nouvelle forme d'expression, l'imagerie numérique de synthèse et virtuelle ne témoignerait-elle pas plutôt d'une nouvelle technique ou avancée technologique en ce qui concerne le stade de sa création, tandis que ses modes de représentation demeureraient dans la continuité des médias existants ?
Les interrogations suivantes peuvent par ailleurs être formulées :

– le seul fait pour les images de synthèse et virtuelles d'être en 3D et de simuler la réalité est-il de nature à influencer, en tant que tel, la liberté d'expression ? Il semble que ce soit, en fait, l'utilisation effectuée par l'homme de ces images qui serait seule de nature à pouvoir influer sur la liberté d'expression, et non l'imagerie numérique en tant que telle.
– dès lors, la question réside plutôt dans la détermination des utilisations autorisées de la réalité virtuelle et des images de synthèse, de celles interdites.

Cette recherche semble supposer que la réflexion soit fondée différemment et privilégie celui qui reçoit l'information de celui qui l'émet. En conséquence, il s'agit cette fois d'examiner le droit du public à l'information et en particulier à une information non truquée.

29220. ***Le droit du public à une information non truquée***

29221. ***Le degré de « perfection du truquage »***

Rappelons que les technologies nouvelles sont neutres en elles-mêmes. C'est ainsi que les possibilités offertes sur et par les réseaux ne sont pas en elles-mêmes susceptibles de violer la loi, seul l'homme pouvant transformer les outils techniques en instruments d'aide à la réalisation d'actes contraires à la loi.
Certes, la technologie des images virtuelles et de synthèse peut faciliter des agissements répréhensibles. En effet, les manipulations des images sont si parfaites qu'un œil humain ne pourrait déceler la manipulation dont il serait la victime ou l'objet.
Ainsi, la voiture virtuelle de Renault, la « Racoon », ressemble de manière très troublante, voire quasiment parfaite, à une voiture réelle. Par ailleurs, l'immersion totale caractéristique de la réalité virtuelle qui plonge l'utilisateur muni d'un casque et de gants spéciaux dans un univers en 3D « hyperréaliste », ou même simplement « réaliste », provoque autant de crainte que d'admiration, lorsqu'on en connaît certaines utilisations.
Ainsi, au Japon, se développent des jeux virtuels dans lesquels le joueur est totalement immergé dans un univers virtuel, et se voit fixé pour objectif de tuer un maximum d'êtres humains.

Certes, le degré de technicité est encore très bas : le « *véritable homme virtuel* » n'est pas pour demain... Mais la réalité virtuelle serait caractérisée – outre l'immersion et l'interactivité – par l'imagination qu'elle suscite chez l'utilisateur, selon la définition donnée par messieurs Grigore Burdea et Philippe Coiffet, peu important que les représentations ne soient pas encore tout à fait parfaites. Ces auteurs estiment en effet que :

« *A l'évidence le contenu des jeux est essentiel dans l'impact psychologique et sociologique de la réalité virtuelle.*
Ils peuvent développer l'habileté, les réflexes, l'esprit de logique et la créativité...
Ils peuvent aussi favoriser l'agressivité, le racisme et bien d'autres perversions ».

En outre, il est exact qu'il est parfois pour le moins « frustrant » ou seulement décevant de s'apercevoir qu'on a été trompé sur la réalité d'une image virtuelle ou de synthèse qu'on croyait à tort être des êtres humains ou des objets réels.
Pour autant, il ne s'agit pas de freiner les nouvelles technologies qui doivent demeurer au service de l'homme et dont l'avancée humaine constitue la meilleure preuve de son intelligence et de son habilité.

29222. ***La technologie multimédia et les questions clés de la responsabilité***

La technologie employée pour la mise en œuvre des produits multimédias, telle que l'emploi d'un réseau ou le concept de l'interactivité pose plusieurs questions fondamentales sur le plan juridique qui ont trait à la caractérisation de l'éventuelle infraction et à l'identification de son auteur.
Ainsi, en matière de diffusion par un réseau il est parfois extrêmement difficile de localiser l'endroit d'où l'information virtuelle a été émise.
Ensuite, qui en est à l'origine ? Le réseau casse en effet la dichotomie classique entre le pourvoyeur d'informations et le consommateur, puisque tout consommateur peut à son tour être un émetteur d'informations. Cette multiplication rend l'identification de la source délicate.
Par ailleurs, la dématérialisation de l'information par le réseau pose la question de l'administration de la preuve.
Ces difficultés qu'il convient impérativement de résoudre pour mettre en cause l'éventuelle responsabilité du diffuseur de l'information ne sont peut être pas étrangères au contenu de certaines d'entres-elles accessibles par exemple sur Internet.
Par ailleurs, la question plus précise de l'impulsion donnée par ces nouvelles technologies des images virtuelles et images de synthèse à l'instauration d'un « *droit du public à recevoir une information non truquée* », semble donc se poser dans les termes suivants : les images virtuelles et de synthèse exigent-elles, en raison des utilisations qu'elles permettent – et non du fait même de leur technologie, ces dernières étant neutres – la création d'un droit du public à recevoir une information non truquée ?

Il doit être, en premier lieu, rappelé que le droit du public à recevoir une information non truquée n'est ni explicitement, ni même implicitement, consacré par aucun texte constitutionnel, légal ou réglementaire français, convention ou déclaration internationale, non plus que le « simple » droit au public à l'information.
On peut en revanche, identifier certains moyens susceptibles de constituer les fondements juridiques d'une certaine régulation du contenu des images virtuelles en tant qu'elles ont pour effet de diffuser une information non conforme à la réalité (1).

29223. ***Les sanctions liées à la diffusion de fausses informations***

L'information telle qu'elle est connue du droit semble devoir s'entendre nécessairement de l'information non truquée, c'est-à-dire d'une information ni trompeuse, ni fausse, ni mensongère.
Ainsi, l'article 27 de la loi du 29 juillet 1981 (1 bis) réprime en ces termes les conséquences de la diffusion de fausses nouvelles :

« *La publication, la diffusion ou la reproduction, par quelque moyen que ce soit, de nouvelles fausses, de pièces fabriquées, falsifiées ou mensongèrement attribuées à des tiers lorsque, faite de mauvaise foi, elle aura troublé la paix publique ou aura été susceptible de la troubler, seront punis d'un emprisonnement de six mois à trois ans et d'une amende de 300 francs à 300 000 francs, ou de l'une de ces deux peines seulement (...).* »

Il ne fut à cet égard jamais question d'ériger en principe fondamental le droit du public à recevoir une publicité non mensongère ou une nouvelle « vraie ». Ainsi, il semble que dans la logique de notre philosophie juridique, les abus dans l'exercice de la liberté d'expression, liberté fondamentale, ne sont sanctionnés par la loi que pour garantir la liberté d'expression elle-même.
L'information non truquée ne désignerait donc pas l'information mensongère, trompeuse ou fausse, déjà réprimée, mais l'information « manipulée » grâce aux nouvelles technologies des images virtuelles et de synthèse.
La manipulation ou encore le truquage de l'information ou des images semble donc devoir s'entendre en dehors de tout mensonge, tromperie ou falsification, dans le présent exposé.
La technique numérique de manipulation d'images intervient en outre avec une extrême facilité, rapidité, qualité, de telle manière que les truquages soient « indécelables ».
Si, aujourd'hui, ces manipulations sont essentiellement limitées à des applications encore spécifiques et restreintes à des secteurs bien particuliers, d'aucuns présagent que dans l'avenir, la technique numérique se généralisera nécessairement et investira tous les domaines d'activité de communication.

C'est précisément la facilité avec laquelle les images peuvent être manipulées qui inspire la crainte. On serait ainsi passé de la « *surinformation* » à la « désinformation », pour arriver, à l'heure actuelle, à la « *fausse information vraie* ».
La question qui se pose alors est de savoir si le simple fait de présenter au public des images qui n'existent pas dans la réalité alors qu'il croit l'inverse, est « répréhensible » et devrait donc conduire à l'instauration d'un droit du public à recevoir une information non truquée ?
La question reste posée mais on peut rappelé que des photos retouchées ne sont généralement pas considérées comme « truquées » au sens péjoratif de ce terme.

29224. ***Les devoirs et obligations des journalistes***

Si l'on revient au principe du droit du public à l'information, on constate qu'il est essentiellement justifié par rapport aux devoirs et obligations des journalistes professionnels.
Ainsi, la Déclaration internationale des droits et devoirs des journalistes de 1971 proclame certains devoirs et obligations mis à la charge du journaliste. Ainsi, ont-ils les devoirs et obligations suivants :

– devoir de vérité : c'est le droit du public à connaître la vérité. A cet égard, peut-on soutenir que le public a le « droit » de connaître la nature virtuelle d'une image, chaque fois qu'il ne pourra être à même de la déceler lui-même ? Si cette question est théoriquement et même philosophiquement susceptible d'un débat passionné, en droit, elle semble se résoudre par la recherche du préjudice causé à ses destinataires en raison de son caractère mensonger, trompeur, faux, dénigrant...

– devoir de réserve,

– secret des sources de l'information,

– obligation d'objectivité : c'est-à-dire l'impartialité, le fait pour le journaliste d'être neutre et de tenir compte de toutes les convictions religieuses, politiques ou philosophiques du public.

En conséquence, il ne paraît pas a priori pouvoir être, déduit au regard du Code de déontologie des journalistes, que ceux-ci aient l'obligation de communiquer au public la nature virtuelle d'une image qui lui paraîtrait réelle, si elle ne constitue pas une infraction aux textes légaux et réglementaires.
Il convient toutefois de relever que le droit du public à recevoir une information non truquée est strictement encadré par les dispositions du Code pénal. Ainsi, interrogeant en septembre 1995 sur la réglementation d'utilisation des images virtuelles créées à partir d'images d'archives, le ministre de la Culture constate que l'utilisation de procédés de numérisation rend toute manipulation quasi imperceptible aux téléspectateurs (2).

Il précise que l'utilisation dans un cadre précis, telle une émission à vocation « parotique », de ce procédé ne réclame pas nécessairement la mention expresse du montage effectué, dans la mesure où le principe même de l'émission le rend manifeste.
En revanche, il est rappelé que le recours à de telles images dans le domaine de l'information tombe sous le coup de l'article 226-8 du Nouveau code pénal aux termes duquel :

« *Est puni d'un an d'emprisonnement et de 100 000 Francs d'amende le fait de publier, par quelle que voie que ce soit, le montage réalisé avec les paroles ou l'image d'une personne sans son consentement, s'il n'apparaît pas à l'évidence qu'il s'agit d'un montage ou s'il n'en est pas expressément fait mention* ».

La diffusion d'une image virtuelle est donc limitée par le droit de toute personne au respect de son image.

29225. ***Le recours au droit de la consommation***

La publicité est une forme d'information et en tant que telle est susceptible d'être manipulée par les technologies nouvelles et en particulier par les images virtuelles. Les règles applicables à la publicité mensongère ou trompeuse sont alors susceptibles de s'appliquer (3).
L'article L. 121-1 du Code de la consommation (ancien article 44-1 de la loi Royer) permet notamment d'incriminer toute allégation ou présentation de nature à induire en erreur, c'est-à-dire, tout moyen indirect de suggestion susceptible de tromper le consommateur.
L'interdiction concerne toute publicité de nature à induire en erreur quel que soit le support (oral ou écrit), la nature (générale ou particulière) et l'émetteur (professionnel ou particulier), dès lors qu'elle est destinée à des consommateurs et qu'elle est perçue ou reçue en France quel que soit le site d'émission (4).
Les dispositions relatives à la publicité mensongère étant d'ordre pénal, elles doivent faire l'objet d'une interprétation stricte. Au titre des sanctions, l'article L. 122-1-3 alinéa 2 du Code de la consommation prévoit la cessation de la publicité.
Cette cessation peut être ordonnée soit sur réquisition du ministère public, soit d'office par le juge d'instruction ou le tribunal saisi des poursuites.
De plus, l'article L. 126-1 alinéa 2 prévoit que le maximum de l'amende infligée à une personne responsable d'émettre une publicité mensongère ou trompeuse peut être portée à 50 % des dépenses totales de publicité.
Enfin, les sanctions relatives à la publicité mensongère doivent faire l'objet d'un cumul avec un certain nombre d'autres sanctions pénales prévues par d'autres textes, si les infractions ou délits correspondant sont commis.

Il en serait ainsi, si les dispositions du Code pénal en matière d'escroquerie étaient réunies ou si la publicité trompeuse portait sur les produits dans la communication à réglementer par des textes spécifiques tels que les produits cosmétiques ou alimentaires.

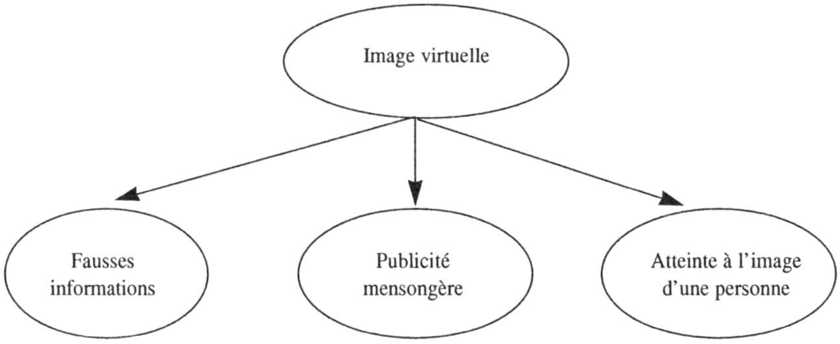

Figure 29.1. *Les risques de déviance de l'image virtuelle*

29230. ***Essai de synthèse***

Tout comme pour la simple information, il n'existe pas aujourd'hui de cadre juridique spécifique destiné à encadrer l'image et l'information virtuelles.
Bien que les textes précités aient tous été rédigés sans référence à une technologie particulière et qu'ils permettent de couvrir une bonne partie des délits pouvant être commis en la matière, il est permis de s'interroger sur leur affectation à ce nouveau contexte technologique.
Plusieurs phénomènes vont rendre la loi difficilement applicable compte tenu des obstacles auxquels seront confrontés les justiciables en matière notamment de l'administration de la preuve.
Les réseaux ouverts de type Internet n'appartiennent à personne et sont à l'heure actuelle incontrôlés. Ils abolissent le temps et l'espace et se moquent des frontières ; l'information y circule librement et devient insaisissable (5).
Reste la solution du codage des informations permettant d'assurer la protection des données.
L'application du droit est ici fortement conditionnée par les développements technologiques futurs et des solutions comme le « tatouage électronique » des informations (6) ou la cryptographie (7) qui devront permettre la prévention d'un certain nombre de difficultés.

Notes

(1) *Infra* n° **36000** et s. relatifs à la responsabilité dans la diffusion d'un produit multimédia.

(1 bis) Loi du 29 juillet 1881 sur la liberté de la presse, V. chapitre « Presse » du Code pénal.

(2) Question n° 12149, *JO S* (Q) du 21 septembre 1995, p. 2221.

(3) Ancien article 44-1 de la loi n° 73-1193 du 27 décembre 1973 sur l'orientation du commerce et de l'artisanat, dite « loi Royer ».

(4) Cf. MÉMENTO-GUIDE ALAIN BENSOUSSAN, *Le marketing direct et le droit,* Hermès, 2e éd. 1994, n° 9220 et s.

(5) Supra n° **15620** relatif à la sécurité des transactions et la criminalité informatique.

(6) Cf. Rapport P. Sirinelli, « Nouvelles technologies et création sans emprunt à des œuvres préexistantes » in *Nouvelles technologies*, droit d'auteur et droits voisins, La Documentation Française, 1994.

(7) *Infra* n° **17000** et s. relatifs à la réglementation des télécommunications.

30000.
Les bornes interactives

Parmi les applications multimédias grand public, se trouvent les bornes interactives, véritables points de vente et de renseignements mis à la disposition du public (1). Ces dernières peuvent être complétées par des lecteurs de disques compacts, portables et autonomes ou bien reliés à un téléviseur et capables de contenir des catalogues entiers de produits (2).
Demain, des bornes installées dans les centres commerciaux, aéroports, hôtels (projet Infoville) ou des micro-ordinateurs spécifiques *on line* (Infonie) offriront des services de télématique enrichis (2 bis).

30100. Définitions et concepts

Les bornes interactives ressemblent aux guichets automatiques SNCF mis à la disposition du public dans les halls de gare. Il s'agit en fait d'écrans installés soit dans des magasins, soit dans des lieux publics et répondant à une commande tactile sur écran, à des fins d'information.

30110. *Les éléments communs*

Qu'elles soient commerciales ou purement informatives, les bornes sont en principe interactives, c'est-à-dire qu'elles permettent un « dialogue » entre l'utilisateur et la personne ou service représentés.
Leur composition est plus ou moins techniquement sophistiquée mais comporte dans tous les cas les éléments indispensables à la satisfaction de leur rôle premier : remplacer et améliorer le service autrefois fourni par les employés d'une société ou d'un service public. Elles sont donc construites autour :

– d'une unité centrale,

– d'un écran,

– d'un clavier ou un écran tactile permettant à l'utilisateur de dialoguer,

– d'un logiciel,

– (le cas échéant) d'une imprimante, d'un terminal de paiement par carte bancaire, d'un téléchargeur permettant la mise à jour à distance des informations,

– d'un boîtier,

– d'une interface.

L'objectif commun à toutes les bornes est de supprimer les contraintes d'un service rendu par des personnes physiques et subies ordinairement tant par l'utilisateur que par le vendeur, le prestataire de service ou le service public concerné.

– l'utilisation des bornes interactives n'est pas enfermée dans un horaire déterminé – l'information obtenue ou le service rendu est dans bien des cas plus rapide – ce service est également plus fiable car la mise à jour des connaissances est fréquemment continue et surtout immédiatement assimilée – et son coût peut être moindre pour le fournisseur

Tableau 30.1. *Principaux avantages des bornes interactives*

Pour les entreprises commerciales, le recours aux bornes interactives permet une nouvelle orientation de la politique de communication de l'entreprise et un accroissement des ventes.

– les libres services bancaires – la "*borne sit* " du métro à Paris – la vente de billets d'avions dans les aéroports – l'information des consommateurs dans les grandes surfaces – les bornes d'orientation dans les centres villes – les bornes d'accueil dans les entreprises ...

Tableau 30.2. *Exemple de fonctions remplies par les bornes interactives*

30120. *Les particularités des bornes multimédias*

Les bornes multimédias, comme tout produit multimédia, intègrent son, images, textes et logiciels. Toutes les combinaisons sont envisageables (digitalisation des images, vidéodisque, lecteur de CD-ROM, carte de communication, système expert...) et soulèvent toutes les questions et difficultés juridiques du multimédia en général (3).

La FNAC a installé dans plusieurs de ses magasins une borne interactive multimédia qui permet à ses clients de sélectionner un ou plusieurs disques et de les écouter. L'écran affiche la pochette pendant l'audition du morceau.

Outre le fait qu'elle permet à l'acheteur de se décider en meilleure connaissance de cause, la borne permet également à la FNAC d'apprécier les préférences de ses clients, puisque ces derniers sont invités à porter une appréciation sur les morceaux sélectionnés et écoutés.

L'exploitation de cette borne exige donc la coordination des droits des interprètes, des auteurs des musiques et des textes des chansons, des auteurs, du producteur de phonogrammes, des pochettes de disques, du logiciel, etc.

On peut distinguer notamment deux catégories de bornes multimédias :

– la première est constituée des bornes dont le seul objet est l'information de l'utilisateur,

– la seconde est constituée des bornes dont l'objet est directement ou indirectement la conclusion d'une vente ou d'un contrat de prestations de service.

Comme leur nom l'indique, les bornes d'informations sont purement informatives et tendent exclusivement à la parfaite information par exemple, de l'administré ou de l'usager du service public (sur les horaires de train ou d'avion, le plan d'une ville...). Dans cette hypothèse, l'information ne se rattache pas à une opération commerciale quelconque.

En ce qui concerne la borne multimédia commerciale, deux types de bornes peuvent être distingués :

– d'une part, les bornes qui facilitent ou incitent à la vente ou à la conclusion de contrats de prestations de service en informant pleinement le consommateur et en vantant les produits ou les services offerts,

– d'autre part, les bornes qui permettent la conclusion de la transaction elle-même.

30200. Les bornes d'information

Le domaine d'excellence des bornes purement informatives est constitué des services publics administratifs et des collectivités territoriales.

Les entreprises dont l'objet social est l'information et la communication ont eu à ce jour semble-t-il, peu recours aux bornes interactives comme substitut ou soutien de leur activité principale. Toutefois, rien ne parait s'opposer à la diffusion d'un quotidien par borne, l'utilisateur sélectionnant les pages et les articles grâce à l'écran tactile ou au clavier.

– les bornes d'informations grand public sur l'environnement installées à La Rochelle (4), analysant la qualité de l'air et le volume sonore ambiant – les bornes d'informations touristiques – la consultation d'offres d'emploi ou de formation grâce aux bornes installées par l'ANPE (5)

Tableau 30.3. *Exemples de bornes d'informations*

Juridiquement, les messages diffusés au moyen des bornes des collectivités territoriales, des services publics et administratifs obéissent aux règles du droit commun administratif.
En outre, dans tous les cas où l'utilisateur sera invité à faire connaître ses nom et prénoms pour lui permettre, par exemple, de recevoir à domicile les messages demandés ou même pour le traitement de sa demande, voire toute autre information nominative, les dispositions particulières de la loi du 6 janvier 1978 relative à l'informatique, aux fichiers et aux libertés trouveront à s'appliquer (6).
Par ailleurs, il semble que, tout comme les bornes mises en place par les sociétés ayant pour objet l'information ou la communication telles les entreprises de presse, les dispositions de la loi du 29 juillet 1881 sur la liberté de la presse seront applicables et particulièrement celles relatives à la prévention et la sanction de l'injure et de la diffamation (7).
En effet, en limitant son champ d'application aux « écrits périodiques », la loi du 29 juillet 1881 ne parait pas pouvoir être interprétée comme le réservant aux seuls supports papiers (8).
Enfin, le service public administratif ou les collectivités locales pourront voir leur responsabilité engagée, dans l'hypothèse où les informations fournies par les bornes seraient directement à l'origine d'un dommage causé à l'usager du service public ou à l'administré.
Le cas classique est celui des informations météorologiques erronées ayant conduit des promeneurs à emprunter tel chemin plutôt que tel autre et à négliger les précautions supplémentaires qui leur auraient permis d'éviter l'accident.
En développant l'information dans son étendue, en fournissant aux administrés et aux usagers des messages informationnels à contenu de plus en plus variés (comme les bornes climatiques), en augmentant donc leur intervention dans la vie

quotidienne des usagers et administrés, les services publics et les collectivités locales reculent corrélativement les limites de leur responsabilité et augmentent l'étendue de leurs obligations.

30300. Les bornes commerciales

L'appellation « bornes commerciales » est réservée à celles qui « préparent » la vente ou la prestation de service et à celles qui réalisent la transaction.
Les premières sont également informatives mais l'information n'est pas leur unique but car elles incitent à la vente et soutiennent l'effort commercial du vendeur.

– les bornes installées par les Galeries Lafayette dans leurs magasins et qui permettent aux clients de localiser précisément l'article qu'ils souhaitent acquérir ou le service qu'ils attendent (9) – les bornes installées par La Poste et destinées à informer les clients sur les produits financiers (10)

Tableau 30.4. *Exemples de bornes commerciales*

Ces bornes sont aujourd'hui les plus nombreuses. Elles permettent de contrôler strictement l'information effectivement livrée au consommateur, de s'assurer de sa fiabilité, comme de son homogénéité et de tenir constamment à jour les connaissances des vendeurs eux-mêmes.
Les plus anciennes des bornes commerciales qui non seulement fournissent des informations au consommateur mais réalisent l'opération envisagée elle-même sont celles installées par les établissements bancaires et qui permettent 24/24 heures au titulaire de comptes d'effectuer des opérations de dépôt de chèques, d'espèces et de retrait notamment.
Les bornes commerciales tendent également à se développer dans le secteur de la grande distribution. En France, de nombreuses grandes surfaces ont installé des bornes fournissant essentiellement des informations généralisées (le plan du magasin, des informations sur les marques, les prix, les promotions, les offres de financement, les conseils de maquillage...). Aux Etats-Unis, elles permettent également de commander à distance des achats habituels ou encombrants qui seront livrés à domicile, laissant ainsi au client la liberté d'utiliser son temps de loisir à un plaisir de consommateur libéré des contraintes matérielles (11).

Certaines applications vont même jusqu'à donner des conseils à la ménagère dans la composition de ses menus, dans les produits nécessaires à leur réalisation, ou encore des conseils de beauté personnalisés (diagnostic beauté, liste de produits appropriés à la nature du visage de la cliente…) (12).

- possibilité de commande à distance des achats habituels, encombrants, ennuyeux, lourds
- affichage différentiel des prix
- caisse sans caissière

Tableau 30.5. *Avantages des bornes commerciales dans la grande distribution*

Compte tenu de leur objet même, les bornes commerciales n'échapperont pas aux règles protectrices du consommateur et principalement à celles contenues aujourd'hui dans le Code de la consommation qui tendent à :

– l'amélioration du consentement du consommateur en obligeant le vendeur ou le prestataire de service :

- à l'informer avant la conclusion du contrat, des caractéristiques essentielles du bien ou du service ;
- à lui fournir toute indication sur les prix, les limitations éventuelles de sa responsabilité ;
- dans certains cas, à conclure un contrat écrit présentant un certain contenu obligatoire ;
- à prévoir un délai impératif de réflexion soit pré, ou postcontractuel (13) ;

– la détermination obligatoire des clauses du contrat ;

– l'aggravation des obligations du vendeur ou du prestataire de service.

En second lieu, les messages diffusés par les bornes et qui incitent à la vente seront sans difficulté qualifiés de messages publicitaires et seront donc soumis aux dispositions légales prévoyant et réprimant la publicité trompeuse et encadrant la publicité comparative (14).

Enfin, la sophistication des techniques utilisées pourra s'accompagner d'un renforcement de la sévérité des tribunaux à l'égard des professionnels qui devraient connaître de plus en plus de difficultés pour s'exonérer de leur responsabilité lorsqu'un consommateur leur reprochera de ne pas lui avoir fourni tous les renseignements, informations et conseils qui lui étaient nécessaires, nécessité appréciée *a posteriori* pour s'engager en parfaite connaissance de cause.

Notes

(1) Cf. études sur le marché du multimédia citées par Patrice Boursier et Pierre-Antoine Taufour, *La technologie multimédia*, Ed. Hermès 1993.

(2) *Supra* n° **27000** et suivants relatifs aux catalogues.

(2 bis) Rapport de M. Raphaël Hadas-Lebel, « Les effets des nouvelles technologies sur la télévision de demain », avis et rapports du Conseil économique et social, *JO*, 30 janvier 1996.

(3) *Supra* n° **14000** et suivants relatifs à l'œuvre multimédia.

(4) Cf. *Solution Télématique* n° 8, 1992, p. 46.

(5) Cf. *Vidéotex & Rnis Magazine* 1991, n° 67, p. 16.

(6) *Infra* n° **34000** et suivants relatifs à l'informatique et aux libertés.

(7) Sur ces questions cf. GUIDE JURIDIQUE ALAIN BENSOUSSAN, *La diffamation d'entreprise*, Ed. Hermès 1992.

(8) *Infra* n° **37000** et suivants relatifs à la diffamation.

(9) Cf. *Vidéotex & Rnis Magazine* 1991, n° 65, p. 18.

(10) Cf. *Vidéotex & Rnis Magazine* 1991, n° 66, p. 22.

(11) « Le citoyen consommateur », in Rapport de l'Office parlementaire d'évaluation des choix scientifiques et technologiques fait par monsieur le Sénateur Franck Sérusclat, *Les nouvelles techniques d'information et de communication : l'homme cybernétique ?*, Doc. Ass. Nat. et Sénat n° 1980 et 232, 9 mars 1995, p. 197 et suivantes.

(12) « Le citoyen consommateur », in Rapport de l'Office parlementaire d'évaluation des choix scientifiques et technologiques fait par monsieur le Sénateur Franck Sérusclat, *précité.*

(13) Sur ces questions cf. MÉMENTO-GUIDE ALAIN BENSOUSSAN, *Le marketing direct et le droit,* Hermès, 2e éd. 1994, n° 3000 et suivants relatifs à la vente à distance.

(14) Sur ces questions cf. GUIDE JURIDIQUE ALAIN BENSOUSSAN, *La publicité comparative,* Ed. Hermès 1993.

31000.
Les disques numériques

La mutation prolongée des techniques a favorisé le développement des technologies de l'information. Aujourd'hui, le multimédia correspond bien à une réalité technique, celle de la numérisation de l'ensemble des médias.
Trois faits marquants sont à rapporter, tout d'abord la réunion d'informations fondamentalement différentes, ensuite l'émergence de l'informatique comme support de l'information, et enfin la combinaison du déroulement et de l'interaction.
Comme la poussée technologique n'en est qu'à son début, la prolifération des formats et des techniques continuera. Le succès d'un support dépend de certains paramètres parmi lesquels la compatibilité, la convivialité, la qualité et les secteurs de commercialisation. En effet, la stratégie est avant tout d'occuper l'écran. Or, pour ne pas l'encombrer, il faut des outils de qualité.
Juridiquement le disque numérique sollicite une double problématique. La première concerne le contenu, et s'envisage par rapport aux droits de reproduction et à la recherche de la qualité au travers de normes. La deuxième est liée à la commercialisation du support et met en jeu la délicate question de la théorie de l'exemplaire.
Ainsi, après avoir abordé la réalité technique du support multimédia, seront successivement analysés le droit de reproduction, la normalisation et la théorie de l'exemplaire.

31100. Le support multimédia, une réalité technique

Derrière chaque réalité technique, se trouvent des hommes. L'histoire du multimédia commence en 1926 ; John Logie Baird, l'homme qui a réalisé la première transmission de la télévision en 1925, invente le premier disque vidéo qu'il baptise *Phonovision.*

Pour ce faire, il s'est inspiré des principes inventés par Edouard Belin pour créer son Bélinographe, appareil qui permettait de transmettre à distance les fac-similés de texte mais également de photographie en utilisant des capteurs lumineux qui se réfléchissaient sur une cellule photoélectrique.

Mais ce n'est que quarante-trois ans plus tard que commencera véritablement la recherche fondamentale. Elle aboutira à une remarquable démonstration en 1972. La bataille est ouverte. *Telefunken* et DECCA sont les promoteurs du TELDEC (un disque vidéo à lecture mécanique). *Philips*, lui, a choisi de valoriser la technologie Laser, et présente le vidéodisque « Laser Vision ».

En 1973, *Polygram* produit les premiers disques à lecture laser. Cinq ans plus tard, *Philips* créé le « Compact Disc », système audionumérique offrant sur une petite surface soixante minutes de son stéréo.

Cependant, avant de lancer un produit, il faut établir précisément des normes. *Philips*, *Polygram* et *Sony* s'entendent sur une norme. Dès lors, les fabricants de lecteur et de CD vont accorder des licences. En 1982, on compte trente-sept firmes détenant une licence.

L'année 1983 annonce la disparition inexorable du vinyle ; en revanche, c'est l'année de la révolution du CD. En deux ans, la vente de compacts et de lecteurs explose. Parallèlement, une technologie se développe et favorise le stockage de données sur disque à mémoire morte.

Les premiers CD-ROM font leur apparition et laissent entrevoir des possibilités de traitement, de stockage et de diffusion de l'information presque sans limite.

Par ailleurs, il se lie des accords pour produire des CD singles destinés à remplacer les anciens 45 tours et créer un standard vidéo CD combinant son numérique et images vidéo de très haute qualité.

Ainsi au début des années 1990, différentes sociétés d'Europe et des Etats-Unis mettent en place leur projet de CD-I. Un consortium unissant *Matsushita*, *Philips*, *Sony* et auxquelles s'adjoignent cent quatre-vingt-trois sociétés, s'accordent sur le standard de numérisation des images vidéo. L'année 1992 s'annonce sous le signe de la modification et de l'optimisation (1). Ainsi l'histoire continue et continuera...

Disques	Caractéristiques	Normes	Capacités de stockage
CD - DA	Compact disc digital audio Disque compact album	Définie dans le « *Red book* » en 1982 édité par Philips et Sony.	74 minutes de son numérique (le double en mono).
CD - S	Compact disc single	*Red book*	Le CD peut contenir au maximum 39 plages de 4 minutes chacune. 20 secondes de son stéréo.
CD-ROM	Compact disc read only memory	Définie dans le « *Yellow book* » en 1984 édité par Philips et Sony. ISO 9660	650 Mo de données : 300 000 pages format A4 et 72 secondes de vidéo numérique compensée. Unicité du support des données numériques, sonores ou visuelles, à l'origine de l'expression « unimédia ».
CD - I	Disque compact interactif	Définie dans le « *Green book* » en 1987.	250 000 pages A4 dactylographiées ; 5 500 images fixes ; 72 mn de vidéo plein écran à 25 images/seconde ; 1 à 8 canaux sonores. Système autonome connecté directement à un moniteur. Le lecteur CDI intègre un ordinateur qui contrôle les applications interactives. C'est le premier support multimédia permettant l'utilisation au sein d'une même utilisation, d'exploiter divers types de données : audio, graphique, vidéo, texte.
CD - ROM / XA	Compact disc read only memory extended architecture	Définie dans le « *White book* » en 1988 édité par Philips, Sony et Microsoft.	Application essentiellement professionnelle ou institutionnelle type archivage. Son lecteur se connecte à un ordinateur.
Photo CD	Album photo numérique ou banque d'image électronique	Définie dans le « *Bridge book* » en 1991 édité par Philips et Sony	100 photos de qualité exceptionnelle ; 800 photos de qualité TV ; 6 000 images en basse résolution. Destiné au grand public et aux professionnels : - stockage de négatifs photos et de diapositives et enregistré sur CD - R - mis au point par Philips et Kodac - existe également le Photo CD Portfolio, interactif qui permet un affichage photo et une synchronisation musicale.
CD - WORM	Disque compact inscriptible (CD write once read many)	Définie dans le « *Orange book* » en 1990.	
CD - R	Disque compact enregistrable (Compact disc recordable)	Définie dans le « *Orange book* » en 1990	Peut devenir CD - DA, CD - I, CD - ROM, lorsque l'utilisateur possède les outils nécessaires
CD - MO	Disque compact magnéto-optique (Compact disc m.o.)	Définie dans le « *Orange book* » en 1990	
CDV	Compact disc vidéo	Simple face	5 à 6 minutes de vidéo sonore suivie de 20 secondes d'audio numérique - Vidéoclip sur CD
Laser disc	Ø 33 cm	Double face	18 à 60 minutes par face. Mode PAL (Europe), NTSC (USA - Japon)
SD - DVD (1)	Super density Digital video disc	Standard unique défini par le consortium Toshiba, Philips et Sony (2) ISO 9660 et UDF (3)	Disque simple : 4,7 Go ; 133 images vidéo à la norme MPEG 2 - Son surround dolby digital, 8 canaux audio, 32 sous-titrages possibles - Support multimédia par excellence car il regroupe les fonctions de 3 supports (CD, cassette vidéo et CD-ROM). Le lecteur permet de visionner les films sur un TV et de lire les CD actuels.

(1) *Antennes* n°86 janv.1996, p. 26 ; *Les Echos* 18 sept. 1995, p. 8. (2) *CD - Rom*, n°135, 18 déc. 1996, p. 7 ; *Les Echos* 8 janv. 1996, p. 12. (3) UDF *Universal disc format* dont une partie des spécifications découlent de la norme ISO-13346.

Tableau 31.1. *Les principaux disques numériques*

L'analyse des différents supports pouvant être utilisés pour le multimédia ressemble à un inventaire à la « Prévert » : disque magnétique, disque optique non réinscriptible, disque magnéto-optique réinscriptible, disque magnéto-optique, disque optique compact et dérivés, vidéo disque et dérivés, carte à mémoire (*supra* tableau 31.1).

En 1995, sous la pression de l'industrie informatique, les géants mondiaux de l'industrie électronique et audiovisuelle se sont mis d'accord autour d'un standard commun de CD vidéo numérique. Le SDVD est le support multimédia par excellence.

Sa taille est la même que celle d'un CD audio normal, mais ses performances sont décuplées. Il restitue du son, des films ou des données, fonctions qui à ce jour sont divisées en trois supports, le CD, la cassette vidéo et le CD-ROM et pour lesquelles il faut généralement autant de lecteurs.

Comme on a pu l'écrire, avec ce nouveau disque, on entre dans une ère nouvelle, celle du multimédia (1 bis).

31200. La théorie de l'épuisement des droits d'auteur

L'objet du traité de Rome du 25 mars 1957, tel que modifié par l'acte unique européen du 17 et 28 février 1986, est l'établissement d'un marché intérieur comportant un espace sans frontière dans lequel la libre circulation des marchandises, des personnes, des services et des capitaux est assurée (2).

Dans cette perspective, les articles 30 et 35 du traité de Rome disposent que les Etats membres ne peuvent pas conserver dans leur législation des dispositions entravant le commerce entre Etats membres, sauf exception, admise de manière très restrictive prévue par l'article 36.

En raison de la primauté du traité de Rome sur les lois françaises, lorsqu'un juge constate qu'une règle de droit interne constitue un obstacle à la libre circulation des marchandises et qu'elles empêchent les exceptions de l'article 36 de jouer, il doit l'écarter et ne pas l'appliquer (3).

Il en est ainsi, notamment pour les droits de propriété intellectuelle auxquels chaque législation nationale des Etats membres reconnaît un monopole d'exploitation à leur titulaire (3 bis).

Les disques numériques fonctionnent grâce à des œuvres logicielles qui sont protégées par le droit d'auteur si certaines conditions sont réunies.

La Cour de justice a construit la théorie dite de « l'épuisement des droits » par laquelle le monopole d'exploitation, conféré par une législation nationale d'un Etat membre au titulaire d'un droit d'auteur, est en principe « épuisé » (c'est-à-dire que le monopole d'exploitation n'existe plus) à l'égard de chaque exemplaire du produit sur lequel porte ce droit d'auteur (disque, CD-ROM, cassette...), dès la première mise en circulation d'un exemplaire du support de l'œuvre, sur un point quelconque du territoire de l'Union européenne, par le titulaire du droit ou par un tiers autorisé.

En raison de la règle de l'épuisement du droit, un auteur ne devrait pas pouvoir s'opposer à la commercialisation de disques numériques, supports d'une œuvre multimédia (même si celle-ci est protégée par des droits d'auteur) et donc à la commercialisation des disques numériques qui permettent la libre circulation des marchandises.
Cette argumentation peut s'appuyer sur la jurisprudence de la Cour de justice et la doctrine selon lesquelles le titulaire d'un droit d'auteur, ou son licencié, ne peut pas invoquer le droit exclusif d'exploitation, conféré par une législation nationale sur le droit d'auteur, pour empêcher ou restreindre, par exemple, l'importation de supports de son qui ont été licitement écoulés sur le marché d'un autre Etat membre par le titulaire de ces droits ou avec son consentement (4).
Rappelons toutefois que les affaires qui ont été soumises à la Cour de justice concernaient la commercialisation d'œuvres n'ayant pas subi d'altération (4 bis).

31210. ***Les limites de la libre circulation des produits, supports d'œuvres intellectuelles***

31211. ***La protection de l'objet même du droit d'auteur***

Il résulte de la jurisprudence de la Cour de justice des Communautés européennes que, la règle de l'épuisement des droits ne peut pas être invoquée pour faire obstacle à la protection de ce qui constitue l'objet même de la propriété intellectuelle.
La doctrine estime que l'objet même de la propriété intellectuelle, en matière de droit d'auteur, est la protection de l'auteur contre les contrefaçons (5). Dès lors, le titulaire d'un droit d'auteur peut s'opposer à la commercialisation de tout produit servant de support à une contrefaçon de son œuvre.
Ainsi, la Cour de cassation a qualifié d'acte de concurrence déloyale, la mise en vente et la vente de programmes de déplombage permettant d'obtenir des copies en nombre illimité de logiciels (6).

31212. ***Les autres limitations de la règle de l'épuisement du droit***

La jurisprudence de la Cour de justice est en pleine évolution sur la question des cloisonnements de marché par le biais de licences d'exploitation de droit d'auteur, ce qui rend l'état du droit communautaire incertain.
Ainsi, la Cour de justice fait la distinction entre deux droits d'auteur : le droit de reproduction et le droit de représentation (le droit de communiquer une œuvre au public par un procédé quelconque) qui est soumis moins strictement à la règle de l'épuisement des droits.
En matière de livres et de disques, la Cour de justice estime que la mise à disposition du public se confond avec la circulation du support matériel de l'œuvre

(6 bis). Elle opère une distinction pour les films, car ces œuvres peuvent être communiquées au public par diffusion hertzienne (7), « *par la voie de représentations qui peuvent se répéter à l'infini* » ; le droit de représentation ne s'épuiserait donc pas lors de la mise en première circulation.

La distinction opérée par la Cour de justice est importante car généralement, les disques numériques mettent en jeu le droit de reproduction. Leur distribution supporterait donc pleinement la règle de l'épuisement des droits.

Rappelons qu'en matière de libre circulation de marchandises, ce sont les juridictions nationales qui sont compétentes. Les juridictions nationales peuvent, demander à la Cour de justice d'interpréter le traité de Rome au regard des faits qui lui sont soumis (8).

En résumé, la règle de l'épuisement des droits est née de la jurisprudence de la Cour de justice des Communautés européennes qui avait dû trancher la question de savoir si le titulaire de droit de propriété intellectuelle pouvait, en invoquant sa législation nationale protégeant la propriété intellectuelle, non seulement, s'opposer à toutes reproductions à l'identique ou à toutes imitations du brevet, marque ou œuvre intellectuelle... mais également en contrôler la circulation dans les réseaux de distribution. La réponse fut négative.

Pour la CJCE, l'exercice d'un droit de propriété intellectuelle ne doit pas pouvoir empêcher la libre circulation du produit en cause entre les Etats membres, dès lors que ce produit a été licitement mis en circulation sur le marché d'un Etat membre par le titulaire du droit de propriété intellectuelle lui-même ou par un tiers autorisé.

En conséquence, les importations parallèles sont licites et les bénéficiaires du monopole ne sauraient invoquer une quelconque exclusivité territoriale absolue d'exploitation (9).

En revanche, la Cour de justice a jugé que les articles 30 et 36 du traité de Rome ne s'opposent pas à l'application d'une législation nationale qui donne au titulaire des droits d'auteur, la faculté de subordonner la mise en location de vidéocassettes dans un Etat membre, lorsque les vidéocassettes ont déjà été mises en circulation (10).

31220. *Les droits patrimoniaux*

L'article L. 111-1 du Code de la propriété intellectuelle consacre le principe d'un droit de propriété incorporelle ; en outre, il précise que « *ce droit comporte des attributs d'ordre intellectuel et moral ainsi que des attributs d'ordre patrimonial* ».

Alors que le droit moral est expressément déclaré comme perpétuel et inaliénable, les droits patrimoniaux sont limités dans le temps et peuvent faire l'objet d'une cession partielle ou totale.

L'auteur d'une œuvre détient également des droits patrimoniaux qui lui permettent de soumettre à son autorisation le droit de représenter, de reproduire, d'adapter, de diffuser ou encore de commercialiser son œuvre (11).
Sous le titre « droits patrimoniaux », l'article L. 122-1 du Code de la propriété intellectuelle dispose que « *le droit d'exploitation appartenant à l'auteur comprend le droit de représentation et le droit de reproduction* ».
Concrétisation du monopole d'exploitation dont l'auteur est titulaire, les droits patrimoniaux ont la vocation à lui permettre de vivre de son talent pendant une période déterminée. En effet, après avoir été génératrice de profit pour l'auteur et ses descendants immédiats (50 ans pour l'instant, mais la durée du monopole d'exploitation en Europe s'oriente vers une uniformisation à 70 ans après la mort de l'auteur) tombe dans le domaine public. Autrement dit l'œuvre est libre de droit.
Comme on a pu l'écrire, la dématérialisation liée aux nouvelles technologies de la communication brouille la frontière entre le vecteur qui communique l'œuvre (donnant lieu à l'exercice du droit de représentation) et le support qui la fixe (donnant lieu à l'exercice du droit de reproduction) (12).

31221. *Le droit de reproduction*

La reproduction consiste selon l'article L. 122-3 du Code de la propriété intellectuelle en « *la fixation matérielle de l'œuvre par tous procédés qui permettent de la communiquer au public d'une manière indirecte. Elle peut s'effectuer notamment par imprimerie, dessin, gravure, photocopie, moulage et tout procédé des arts graphiques et plastiques, enregistrement mécanique, cinématographique ou mécanique* ». Cette liste n'étant qu'indicative on peut y ajouter la photocopie, la sténographie, l'écriture braille, la dactylographie. Autrement dit, la nature du support importe peu.
Le monopole de l'auteur subsiste malgré le changement de support et n'est pas seulement limité à la reproduction à l'identique, peu importe les conditions dans lesquelles sont intervenues les reproductions, à distance, en différé, dans un pays étranger au pays d'exploitation.
Pour être licite, la reproduction doit être autorisée par l'auteur. C'est pourquoi, il faut entendre la reproduction dans un sens large. La reproduction partielle est illicite.
Le droit de reproduire l'œuvre protégée relève du monopole du titulaire des droits d'auteur. Celui-ci peut normalement interdire toute reproduction par quelque procédé que ce soit, et notamment numérique.
Certaines exceptions à ce principe ont néanmoins été prévues par l'article L. 122-5 du Code de la propriété intellectuelle qui dispose que :

« *Lorsque l'œuvre a été divulguée, l'auteur ne peut interdire : (...) les copies ou reproductions strictement réservées à l'usage privé du copiste et non destinées à une utilisation collective, à l'exception des copies des œuvres d'art destinées à être utilisées pour des fins identiques à celles pour lesquelles l'œuvre originale a été créée (...) sous réserve que soient indiqués clairement le nom de l'auteur et la source :*

a) les analyses et courtes citations justifiées par le caractère critique, polémique, pédagogique, scientifique ou d'information de l'œuvre à laquelle elles sont incorporées ;

b) les revues de presse ;

c) la diffusion, même intégrale, par la voie de presse ou de télédiffusion à titre d'information d'actualité, des discours destinés au public prononcés dans les assemblés politiques, administratives, judiciaires ou académiques, ainsi que dans les réunions publiques d'ordre politique et les cérémonies officielles (...) ».

Ce qui revient à dire qu'il existe certaines exceptions au droit de reproduction telles que la copie privée sous forme d'enregistrement sur le magnétoscope familial, par exemple ; mais ces exceptions sont très limitées. De plus le droit de citation, sous la forme de reproduction partielle, n'est pas possible en matière audiovisuelle ou d'image, la jurisprudence se montrant très réticente à cet égard.

Dès lors qu'a été obtenue l'autorisation de reproduction, l'on pourrait penser que la nature du support importe peu. Or, il parait extrêmement prudent de prévoir expressément le type de support autorisé.

En effet, si la reproduction sur un disque non modifiable et non reproductible protège mieux l'auteur contre toute copie pirate, il n'en est pas de même pour un support aisément reproductible par un utilisateur non-technicien.

L'auteur peut donc souhaiter l'utilisation d'un support déterminé. En outre, le support peut avoir des incidences sur les modalités de la commercialisation. La compatibilité avec tel ou tel type de matériel peut influencer les ventes.

Enfin, il vaut mieux prévoir des équivalences entre les supports numériques, de telle sorte qu'il n'y ait pas d'ambiguïté sur les droits consentis. En effet, l'autorisation de reproduction sur support papier ne couvre pas celle de reproduction sur support numérique. On peut se demander si une autorisation donnée pour un type de support numérique restrictivement défini, inclut de fait, la possibilité de reproduction sur un autre support numérique.

31300. La normalisation

La norme représente une information stratégique tant pour les industriels qui produisent des équipements matériels ou logiciels que pour les entreprises utilisatrices.

Une norme a une double caractéristique. En premier lieu, elle permet de définir un produit (biens ou services) en fixant ses caractéristiques techniques essentielles

et la terminologie adéquate. En second lieu, elle résulte d'un accord, c'est-à-dire d'une négociation entre les différents partenaires, au sein d'un organisme normalisateur.
De cet aspect de négociation, on en déduit que, selon les intérêts divergents des participants au processus, son adaptation sera plus ou moins laborieuse et, que la norme ne représente pas nécessairement les spécifications les plus pointues de la technique.

31310. *Les supports numériques actuels*

On sait que les promoteurs de la technique du disque compact sont *Philips* et *Sony*. A ce titre, pour le formatage des données numériques et l'écriture sur disque compact, ils ont déposé des normes strictes acceptées par l'ensemble de l'industrie. Elles favorisent la compatibilité. Chaque norme a été référencée par une couleur rouge pour les CD audio, jaune pour les CD ROM, vert pour les CD-I, orange pour les CD-WORM, CD-R, CD-MO, blanc pour les CD-ROM XA (*supra* tableau 31.1).
D'autres normes comme ISO 9660 ou Apple HFS définissent principalement l'arborescence et la structure du fichier. La norme ISO 9660 correspond au format standard des CD-ROM. Ce format impose quelques restrictions significatives à propos des noms de fichiers et fournit un support limité en matière de fonctionnalité afférente au système du fichier. Ces inconvénients sont largement compensés par les avantages qu'offre un format, système de fichiers universellement interopérables.
Tout système informatique supporte l'accès au CD-ROM ISO 9660. En effet, le standard ISO 9660 définit un système de fichiers ayant le « plus petit dénominateur commun » ; un système que saura traiter n'importe quel ordinateur. Pour être plus précis, ce standard n'autorise que les lettres majuscules, les chiffres et le caractère de soulignement dont les noms de fichiers et de répertoires.
Citons également d'autres normes ISO, telles que le JPEG destiné à la compression des images fixes de qualité photographique, le GBIG, pour la compression d'images fixes en noir et blanc, le MPEG pour la compression des images animées. Les implications industrielles de toutes ces normes sont très importantes car elles permettent de transformer totalement le mode de diffusion des images.
Un consensus semble vouloir prendre forme autour du format dit UDF ou *Universel Disc Format*, dont une partie des spécifications découle de la norme ISO-13346. A l'image de l'ISO-9660, l'UDF devra assurer une relecture des supports dans un environnement informatique et grand public, tout en restant indépendant du système d'exploitation utilisé. Il devra pouvoir s'appliquer aussi bien à des supports préenregistrés comme le DVD ou le HD-CD ROM.

31320. ***La valeur des normes***

Les normes ont uniquement une valeur de recommandation, sauf lorsqu'elles sont rendues obligatoires par un arrêté du ministre de l'Industrie, en vertu de l'article 12 du décret du 26 janvier 1984 et lorsqu'elles concernent des marchés publics (13).

En outre, les pouvoirs publics peuvent rendre l'utilisation obligatoire des normes lorsqu'elles touchent l'ordre, la sécurité publique et la protection des personnes.

La norme émane d'une consultation d'opinion enregistrée et authentifiée par un organisme qualifié n'ayant pas vocation à imposer péremptoirement son point de vue. Dès lors, hormis les cas visés par arrêtés et ceux relatifs aux marchés publics, l'application des normes est purement volontaire, donc facultative.

Cependant, les normes servent de référence aux tribunaux en tant que document concernant « *les usages loyaux et constants* » ou « *les règles de l'art* ».

La Cour de cassation dans un arrêt du 4 février 1976, a posé le principe selon lequel une norme constitue « *l'expression des règles de l'art et de la sécurité minimum qui s'imposent à l'ensemble des professionnels* » (14). Aussi, bien qu'en apparence la norme ne soit pas obligatoire, elle tend à s'appliquer de façon quasi obligatoire. Sa reconnaissance comme étant représentative des usages et des règles de l'art, lui confère une présomption de conformité à la réglementation.

Ainsi, les normes représentent une information stratégique. Une grande exigence de compatibilité se fait jour dans le monde du multimédia, où la compression universelle devrait devenir la règle. Il convient dès lors d'insister sur l'importance croissante du rôle de la normalisation dans le domaine des nouvelles technologies de l'information que cette normalisation émane de l'ISO (*International Standard Organisation*), de l'AFNOR (Association française de la normalisation) ou du CEN (Comité Européen de la Normalisation). Elles constitueront toujours une référence objective.

Notes

(1) Alain Le Roch, « La petite histoire des CD », *CD-Rama*, n° 1, octobre 1994, p. 19 et s.

(1 bis) *Les Echos*, 18 septembre 1995, p. 8.

(2) Article 8 (a) du traité de Rome.

(3) Gavalda et Parleani, *Droit communautaire des affaires*, 1re édition 1988, p. 183.

(3 bis) *Infra* n° **40110** et s. relatifs à l'application de la concurrence au droit de propriété intellectuelle.

(4) Galvada et Parleani, *Droit communautaire des affaires*, *précité* p. 920.

(4 bis) *Infra* n° **40121** et s. relatifs à l'œuvre multimédia et au principe de la libre circulation des marchandises.

(5) *Dictionnaire permanent du Droit des affaires*, chapitre « Droit d'auteur », p. 127.

(6) Cass., 22 mai 1991, *Lamy droit de l'informatique* 1991, mise à jour J, note B. Van Dorsselaere.

(6 bis) CJCE, 18 mars 1980, Coditel II, aff. 62/175, *rec.* p. 81.

(7) Cf. *Juris-Classeur* « Europe », Fasc. 1770, n° 34 et 35.

(8) Article 177 du traité de Rome.

(9) CJCE, 20 janvier 1981, *RIDA*, juillet 1981, n° 109.174, note Joubert. A propos de disque, dans le même sens, CA Paris, 20 mars 1990 « Argos film », *Dalloz* 1990, Som. 354, obs. Hassler.

(10) CJCE, 17 mai 1988, Warner Brothers Inc. Metronome Video Aps c./ Erik Viuff Christiansen, aff. 158/86, *rec.* p. 2625 et *JCP* (G) 1988, II-21173, B. Edelman.

(11) Cf. MÉMENTO-GUIDE ALAIN BENSOUSSAN, *Le logiciel et le droit*, éd. Hermès 1994, n° 5000 et s.

(12) André Lucas, *Propriété littéraire et artistique*, Dalloz 1994, p. 42.

(13) Article 13 du décret n° 84-74 du 26 janvier 1984 sur la normalisation et article 75 du Code des marchés publics ; décret n° 86-450 du 13 mars 1986 modifiant l'article 272 du Code des marchés publics.

(14) Cass. civ., 3e Ch., 4 février 1976, *Bull. civ.* III, n° 49.

32000.
Le dépôt légal du produit multimédia

Depuis sa création, l'obligation de dépôt légal s'est progressivement élargie aux nouveaux médias et à l'informatique (1). Ainsi, la loi du 20 juin 1992 (2) relative au dépôt légal et son décret d'application étendent l'obligation de dépôt légal aux documents multimédias.

32100. L'obligation de dépôt légal des documents multimédias

Dès lors qu'ils sortent du cercle de famille et sont mis à la disposition d'un public, les documents multimédias doivent faire l'objet d'un dépôt. Cette obligation concerne tout document multimédia mis publiquement en vente, en distribution, en location ou cédé pour la reproduction sur le territoire français.

32110. *Un dépôt unique*

Parmi les documents devant faire l'objet d'un dépôt, la loi du 20 juin 1992 prévoit en effet le dépôt des documents multimédias définis comme étant :

« *(...) tout document qui, soit regroupe deux ou plusieurs supports mentionnés aux chapitres précédents* (documents imprimés, graphiques, photographiques, progiciels, bases de données, systèmes experts, phonogrammes et vidéogrammes), *soit associe, sur un même support, deux ou plusieurs documents soumis à l'obligation de dépôt* ».

En réalité, on comprend aisément que pour le législateur, c'est la destination de l'œuvre devant être déposée qui fait sa qualification. Si le document en question regroupe plusieurs supports mais qu'il est présenté au public comme un tout indi-

visible dans un même paquet, les différents supports ayant vocation à être utilisés simultanément ou successivement, de manière complémentaire, le producteur de ce document sera astreint à une obligation de dépôt légal au titre du dépôt des documents multimédias.
Ce type de document concerne notamment des vidéogrammes qui peuvent être utilisés avec des livrets ou des photogrammes qui peuvent être commercialisés avec des phonogrammes.
Pour le dépôt légal, il convient d'éviter que des productions formant un complexe d'œuvres, ou des œuvres complexes soient l'objet de dépôts distincts alors que ces productions sont justement destinées à former un tout indivisible ou difficilement divisible aux yeux du public utilisateur. C'est la raison pour laquelle la loi prévoit un dépôt unique pour tout document qui soit regroupe deux ou plusieurs supports, soit associe, sur un même support, deux ou plusieurs documents soumis à l'obligation de dépôt.
Le dépôt légal a pour objectif de constituer un patrimoine destiné à préserver la mémoire collective (*infra* n° **32130**). Aussi, le législateur ne répondrait pas à cet objectif en imposant qu'une œuvre complexe soit dénaturée à l'occasion de son dépôt légal, du fait d'une obligation de déposer d'un côté un imprimé, d'un autre côté des photogrammes et de l'autre un logiciel.

32120. *Le dépôt des documents multimédias à des fins de consultation*

L'un des objectifs du dépôt légal est de mettre les documents déposés à la disposition du public. Cet objectif ne doit cependant pas mettre en péril les droits des auteurs et des éditeurs.
Aussi, afin d'éviter une exploitation dérivée des œuvres, la loi sur le dépôt légal prévoit que la consultation des documents doit se faire « *sous réserve des secrets protégés par la loi, dans des conditions conformes à la législation sur la propriété intellectuelle et compatibles avec leur conservation* » (art. 2, (3°)).
La loi assortit de garanties la consultation des documents déposés. Les exemplaires de consultation sont en effet, accessibles « sur place », à un public de chercheurs et de professionnels admis sur critères d'accès.
En outre, le Conseil scientifique du dépôt légal est « *associé à la définition des modalités d'exercice de la consultation des documents déposés (...) dans le double respect des principes définis par les lois n° 57-298 du 11 mars 1957 (...) et n° 85-660 du 3 juillet 1985* » (art. 6, al.2).
Dans son livre blanc élaboré en 1993 et consacré aux questions juridiques relatives aux œuvres multimédias, le Groupe audiovisuel et multimédia de l'édition (GAME) a également attiré l'attention sur les risques d'atteintes aux droits d'auteur lors de la consultation de produits multimédias. Selon le GAME, contrairement aux livres et aux documents papiers en général, la consultation des produits multimédias implique nécessairement un appel sur écran et ferait donc entrer en

jeu le droit de représentation, lequel (hormis le cas limitatif des représentations « *privées et gratuites effectuées dans le cercle de famille* »), nécessite l'autorisation préalable du titulaire des droits d'auteur sur l'œuvre (3).
Toutefois, la représentation suppose une diffusion ou une représentation de l'œuvre au public. On peut donc se demander si, à l'instar du logiciel, la consultation de produits multimédias à l'écran ne mettrait pas plutôt en cause le droit de reproduction. En matière de logiciel, « *le chargement, l'affichage, l'exécution, la transmission ou le stockage* » sont assimilés à des actes de reproduction nécessitant eux aussi l'autorisation préalable du titulaire des droits (C. prop. intell., art. L. 122-6 (1°)).
Quoi qu'il en soit, les titulaires de droits sur un produit multimédia ont la possibilité de contrôler l'accès aux documents déposés, même si cet accès prend la forme d'une simple consultation sur place.

32130. *La distinction avec le dépôt « privé »*

Le dépôt légal est essentiellement organisé en vue de recueillir les documents, objet du dépôt légal, d'en effectuer le classement et d'en permettre la consultation. Il s'agit donc essentiellement de répondre à une vocation d'intérêt général, contrairement aux diverses formes de dépôts destinées à satisfaire des intérêts « privés » comme par exemple, le dépôt à des fins probatoires.

	Régime du dépôt légal	Régime du dépôt en droit d'auteur
But	Mémoriser le patrimoine collectif	Protection individuelle (preuve de l'antériorité de l'œuvre)
Caractère	Obligatoire	Facultatif

Tableau 32.1. *La différence avec le dépôt en droit d'auteur*

32200. La procédure de dépôt des documents multimédias

En ce qui concerne les documents multimédias, seuls ceux importés à moins de cinquante exemplaires sont exclus de l'obligation de dépôt.
La loi de 1992 et son décret d'application (4) fixent les modalités du dépôt légal, relatives à la date, à l'objet, à la désignation du déposant et au lieu du dépôt.

Deux arrêtés du 12 janvier 1995 fixent respectivement les mentions obligatoires devant figurer sur les déclarations accompagnant le dépôt légal des documents multimédias et les mentions obligatoires devant figurer sur les documents multimédias.

32210. *La date et le lieu du dépôt légal*

Quels que soient leurs supports et procédés techniques de production, d'édition ou de diffusion, les documents multimédias mis à la disposition d'un public sont déposés à la Bibliothèque nationale de France (5). Aucun autre dépôt ne peut s'y substituer.
Le dépôt est gratuit et peut se faire sur place auprès de la Bibliothèque nationale ou par la poste, en franchise postale.
Le décret d'application du 31 décembre 1993 prévoit que le dépôt des documents multimédias sera effectué « *au plus tard le jour de leur mise à disposition du public destinataire* » (6).
A cet égard, l'article 16 alinéa 3 du même décret précise que les exemplaires déposés doivent être d'une parfaite qualité technique et identiques aux exemplaires mis à la disposition du public, ils doivent notamment comporter les pochettes, emboîtages, relieurs et notices qui les accompagnent.
Avant l'entrée en vigueur de la loi du 20 juin 1992, les documents multimédias devaient impérativement être déposés au plus tard 48 heures avant leur mise en vente. Ainsi, la réforme du dépôt légal a permis aux éditeurs ou producteurs de documents multimédias de disposer d'un délai supplémentaire de deux jours pour souscrire aux obligations de dépôt légal qui leur incombe.

32220. *La désignation du déposant et le nombre d'exemplaires à déposer*

L'obligation de dépôt incombe aux personnes qui éditent ou, en l'absence d'éditeur, à celles qui produisent et celles qui importent des documents multimédias. Sont réputés importateurs ceux qui introduisent sur le territoire national des documents édités ou produits hors de ce territoire (L. 20 juin 1992, art. 4 (8°)).
Ainsi, les documents multimédias édités en France doivent être déposés par l'éditeur et, en l'absence d'éditeur, par le producteur. En cas d'importation, cette obligation incombe à l'importateur (D. 31 déc. 1993, art. 22).
En matière de documents multimédias, on dépose deux exemplaires : l'un au titre de l'éditeur, l'autre au titre du producteur. Si le producteur et l'éditeur représentent la même personne physique ou morale, il incombe à celui-ci de fournir les deux exemplaires (7).
Enfin, s'agissant des documents multimédias qui sont importés, ceux-ci ne seront soumis à l'obligation de dépôt que s'ils sont importés pour un nombre supérieur à cinquante exemplaires.

32230. ***Les conditions du dépôt***

Les exemplaires déposés doivent être d'une parfaite qualité technique et identiques aux exemplaires mis à la disposition du public. Le décret du 31 décembre 1993 précise qu'ils doivent notamment comporter « *les pochettes, emboîtages, reliures et notices qui les accompagnent* ».
L'arrêté du 12 janvier 1995 fixe les mentions obligatoires devant figurer sur les documents multimédias (8). Ainsi, sur tous les exemplaires d'un même document multimédia regroupant deux ou plusieurs supports, doivent figurer les mentions suivantes :

« – *l'un des éléments composant le document doit porter les indications communes à l'ensemble du document (titre, auteur, éditeur ou producteur) ;*

– chaque élément composant le document doit porter les indications propres au support concerné (exemple : durée d'enregistrement, standard d'enregistrement et de lecture etc.) ».

De même, sur tous les exemplaires d'un même document multimédia associant sur un même support, deux ou plusieurs documents, doivent figurer les mentions suivantes :

« *1° Le titre du document,*
2° Le nom du ou des titulaires des droits d'exploitation ,
3° Le nom (ou raison sociale) et l'adresse de l'éditeur ou du producteur ,
4° Le titre de la collection ,
5° L'ISSN si le document est publié en série (9) *,*
6° Le mois et l'année de publication (ou de production) du document ,
7° L'environnement matériel et logiciel requis ».

Comment résoudre le problème de la conservation des supports numériques ? (*)
« *La numérisation doit en théorie assurer une bonne conservation des supports faisant l'objet d'une lecture optique tels que les CD-ROM. S'agissant du dépôt légal, il est précisé à l'honorable parlementaire que les dispositions de la loi n° 92-546 du 20 juin 1992 et du décret n° 93-1429 du 31 décembre 1993 prévoient que le dépôt et la consultation des documents doivent être organisés, notamment, de manière compatible avec leur conservation. Il appartient à l'établissement dépositaire des documents multimédias, en l'espèce la Bibliothèque nationale de France, d'assurer cette conservation, si nécessaire par reproduction périodique, après avis du conseil scientifique du dépôt légal qui sera prochainement installé. La Bibliothèque nationale de France, très consciente du problème soulevé, met actuellement à l'étude les dispositifs de conservation des documents déposés, susceptibles d'offrir les meilleures garanties de pérennité* ».

(*) Réponse à une question parlementaire, *JO AN* (Q) du 22 août 1994, p. 4276.

Tableau 32.2. *La conservation des supports numériques*

Quand le choix entre plusieurs types de supports est possible, la Bibliothèque nationale préconise que l'on dépose le format le plus apte à la conservation, par exemple le 3/4 pouce vidéo plutôt que le 1/2 pouce (10).

32240. ***Les mentions obligatoires de la déclaration***

Un second arrêté du 12 janvier 1995 fixe les mentions obligatoires devant figurer sur les déclarations accompagnant le dépôt légal des documents multimédias (11), à savoir :

« *1° Le nom (ou raison sociale), l'adresse, les numéros de téléphone et de télécopie du déposant, sa fonction (éditeur, producteur, importateur...),*

2° Le titre du document,

3° Le nom et les prénoms des auteurs,

4° Le titre de la collection, le numéro dans cette collection et l'ISSN,

5° Le nom (ou raison sociale), la fonction et l'adresse des responsables de la publication autres que le déposant (deux maximum),

6° Le chiffre déclaré du tirage ou de l'importation,

7° La date de mise à disposition du public,

8° Le nombre de supports constituant le document.

Pour chacun des supports, remplir les rubriques suivantes :

9° La nature du support (imprimé, diapositive, phonogramme, vidéogramme, support informatique, etc.),

10° Le nombre d'unités par support,

11° La marque et le numéro de référence dans la marque,

12° Le numéro international normalisé (ISBN, ISSN, ISRC), s'il y a lieu,

13° La durée de l'enregistrement, s'il y a lieu ».

Il est intéressant de noter que parmi les mentions obligatoires devant figurer sur les documents multimédias, doivent être précisés l'environnement matériel et logiciel requis pour faire fonctionner le document multimédia (marque et modèle de lecture, système d'exploitation etc.).
Lorsqu'il s'agit de documents multimédias associant sur un même support deux ou plusieurs documents, la déclaration doit comporter, en plus des mentions précitées :

– le nom ou la raison sociale du titulaire des droits d'exploitation, le nombre d'unités physiques déposées ;

– le format, le support et le standard, l'environnement matériel et logiciel requis (marque et modèle de lecture, système d'exploitation etc.) ;

– l'indication de la documentation fournie avec le produit (notice d'utilisation ou guide d'emploi...) ;

– le prix de vente au public en francs français et le nombre d'exemplaires déposés.

Les formulaires de déclaration de dépôt légal sont fournis par la Régie du dépôt légal de la Bibliothèque nationale.

<table>
<tr><th colspan="6">Le dépôt légal des documents multimédias</th></tr>
<tr><th>Documents soumis au dépôt</th><th>Déposant</th><th>Nombre d'exemplaires</th><th>Moment du dépôt</th><th>Lieu du dépôt</th><th>Mode de dépôt</th></tr>
<tr><td>Document édité en France</td><td>Editeur ou producteur</td><td>2</td><td rowspan="2">Au plus tard, le jour de la mise à disposition du public destinataire (D. 31/12/93, art. 22)</td><td rowspan="2">Bibliothèque nationale de France</td><td rowspan="2">Envoi poste (en franchise postale) ou sur place</td></tr>
<tr><td>Document importé à plus de 50 exemplaires</td><td>Importateur</td><td>2</td></tr>
</table>

Tableau 32.3. *Les conditions du dépôt légal des documents multimédias*

32250. *Les sanctions*

Le défaut de dépôt légal prévu par la loi est passible de sanctions. La loi du 20 juin 1992 fixe des peines d'amende de 10 000 à 500 000 francs, en cas de soustraction volontaire à l'obligation de dépôt légal.

Toutefois, la peine prononcée pourra être ajournée au bénéfice d'une condamnation sous astreinte, de se conformer aux prescriptions légales. Le délai fixé entre la décision d'ajournement de la peine et l'audience de renvoi est d'un an.

En outre, aux termes de l'article 45 du décret du 31 décembre 1993, peuvent être punis d'une amende prévue pour les contraventions de la 5e classe (12) ceux qui :

– n'accompagneront pas leur dépôt de la déclaration, dûment remplie, prévue à l'article 5 du décret ;

– n'accompagneront pas leur dépôt des pièces, fiches, documents et matériels prévus à l'article 22 du décret (pochettes, emboîtages, reliures et notices...) ;

– ne feront pas figurer sur les documents soumis à l'obligation de dépôt, les mentions obligatoires (*supra* n° **32240**) ;

– ne déposeront pas des documents répondant aux normes de qualité permettant d'atteindre les objectifs fixés par la loi du 20 juin 1992.

Notes

(1) Cf. GUIDE-JURIDIQUE ALAIN BENSOUSSAN, *Le dépôt des logiciels*, Ed. Hermès 1992.

(2) Loi n° 92 546 du 20 juin 1992 relative au dépôt légal, *JO* du 23 juin 1992.

(3) Cf. Le livre blanc du Groupe audiovisuel et multimédia de l'édition (GAME), *Questions juridiques relatives aux œuvres multimédias*, Syndicat national de l'édition, 1993.

(4) Décret n° 93-1429 du 31 décembre 1993 relatif au dépôt légal, *JO* du 1er janvier 1994.

(5) Décret n° 93-1429 du 31 décembre 1993, art. 21.

(6) Décret n° 93-1429 du 31 décembre 1993, art. 22.

(7) Cf. dossier élaboré par le Département de la phonothèque nationale et de l'audiovisuel, publié par la Bibliothèque nationale.

(8) Arrêté du 12 janvier 1995 fixant les mentions obligatoires devant figurer sur les documents multimédias, *JO* du 20 janvier 1995.

(9) L'ISSN (*International standard serial number*) est le numéro international normalisé pour toute publication en série éditée.

(10) Cf. dossier élaboré par le Département de la phonothèque nationale et de l'audiovisuel, *précité*.

(11) Arrêté du 12 janvier 1995 fixant les mentions obligatoires devant figurer sur les déclarations obligatoires accompagnant le dépôt légal des documents multimédias, *JO* du 20 janvier 1995.

(12) Les contraventions de la 5e classe relèvent de l'alinéa (5°) de l'article 131-13 du nouveau Code pénal, lequel prévoit actuellement un montant maximum de 10 000 francs qui peut être porté à 20 000 francs en cas de récidive.

33000.
La gestion des ressources humaines

Sur le plan juridique, l'œuvre multimédia est faite de l'imbrication d'œuvres aussi différentes que logicielles, littéraires, audiovisuelles, sonores, graphiques, etc. Cette diversité rend difficile la conciliation des prérogatives de chacun avec la protection de l'œuvre dans sa globalité.
La difficulté risque d'être plus grande encore, lorsqu'en particulier vient se greffer le régime des créations de salariés.

33100. Les logiciels réalisés par des salariés

La situation du salarié qui contribue à la réalisation du produit multimédia, en créant le logiciel d'accès et d'utilisation du produit, est relativement claire puisque à défaut de clause particulière dans le contrat de travail, les droits de propriété sont attribués à l'employeur par la loi.

33110. *L'attribution des droits de propriété à l'employeur*

En l'absence de clause contraire prévue au contrat de travail, les logiciels créés par les employés dans l'exercice de leurs fonctions appartiennent à l'employeur. En effet, il résulte des dispositions de l'article L. 113-9 du Code de la propriété intellectuelle que :

« *Sauf dispositions statutaires ou stipulations contraires, les droits patrimoniaux sur les logiciels et leur documentation créés par un ou plusieurs employés dans l'exercice de leurs fonctions ou d'après les instructions de leur employeur sont dévolus à l'employeur qui est seul habilité à les exercer* ».

De son côté, la directive communautaire du 14 mai 1991 prévoit en son article 2 alinéa 3 que :

« *Lorsqu'un programme d'ordinateur est créé par un employé dans l'exercice de ses fonctions ou d'après les instructions de son employeur, seul l'employeur est habilité à exercer tous les droits patrimoniaux afférents au programme d'ordinateur ainsi créé (...)* »

Les dispositions du Code de la propriété intellectuelle, issues de la loi du 10 mai 1994 portant mise en œuvre de la directive communautaire (1) sont venues renforcer le principe initié par la loi du 3 juillet 1985, d'attribution à l'employeur des droits d'auteur sur les logiciels créés par les salariés « *dans l'exercice de leurs fonctions ou d'après les instructions de leur employeur* ».

33120. ***Les conditions de création du logiciel***

Pour appartenir à l'employeur, le logiciel doit avoir été créé par le salarié dans l'exercice de ses fonctions (depuis la loi du 3 juillet 1985) ou d'après les instructions de son employeur (depuis la loi du 10 mai 1994).
Or, plusieurs hypothèses sont envisageables et conduiront à des solutions différentes quant à l'appartenance du logiciel. Un salarié peut réaliser un logiciel chez lui, en dehors ou pendant ses heures de travail, avec ou sans le matériel de l'entreprise. De même, il peut réaliser un logiciel alors que cette mission ne lui a pas été confiée.
Certaines décisions jurisprudentielles rendues sous l'empire de la loi de 1985 peuvent être citées en ce qu'elles apportent des éléments de précision.
Ainsi, dans un arrêt du 29 octobre 1987 controversé par la doctrine, la Cour d'appel de Paris a considéré que des logiciels créés par un salarié à son domicile appartenaient néanmoins à l'employeur, car le salarié « *(...) en sa qualité de cadre de l'entreprise était rémunéré forfaitairement, y compris pour le travail accompli à son domicile* » (2).
En l'espèce, la Cour semble avoir retenu en quelque sorte, une « présomption » de réalisation du logiciel dans le cadre des fonctions, susceptible de preuve contraire. Elle a en effet, présumé que le salarié avait élaboré le logiciel dans le cadre de l'exercice de ses fonctions, du fait de l'existence d'une rémunération forfaitaire.
En 1988, le Tribunal de grande instance de Paris a jugé pareillement que le logiciel créé par un directeur informatique alors qu'il était employé d'une société, appartenait à cette dernière, au seul motif que la création avait été « *la contrepartie du salaire important qu'il percevait* » (3).
Selon monsieur Bignon, rapporteur à l'Assemblée nationale, qui s'est exprimé lors des débats parlementaires portant sur le vote de la loi du 10 mai 1994, l'article L. 113-9 devrait recevoir une interprétation très large et « *couvrir le cas d'un*

salarié qui, sans exercer la fonction d'informaticien, participe à la réalisation d'un logiciel, par exemple un comptable participant à la réalisation d'un programme de comptabilité » (4).
C'est en effet, ce qu'a jugé le Tribunal de grande instance de Paris dans une décision du 9 juin 1995. Il a attribué à l'employeur les droits de propriété d'un logiciel créé par un salarié n'ayant pas la fonction d'informaticien programmeur, mais la gestion et la maintenance d'un parc d'ordinateurs répartis sur 700 sites. Le Tribunal a considéré que si le développement du logiciel ne faisait pas partie de sa fonction, la fonction du logiciel qu'il avait développé était de le seconder et de faciliter son propre travail de gestion (5).
En tout état de cause, il est recommandé, afin d'éviter toute équivoque et de gérer par là même, le risque de toute contestation ultérieure, d'identifier dans le contrat de travail la mission impartie au salarié et, dans les cas ambigus, de prévoir néanmoins une clause de cession.

33130. *Les fonctionnaires de l'Etat*

Le régime juridique applicable aux logiciels créés par des auteurs salariés est en principe le même pour les logiciels créés par des auteurs fonctionnaires de l'Etat, des collectivités publiques ou des établissements publics à caractère administratif. Cependant, son application dépend en grande partie des règlements administratifs et du statut général des fonctionnaires de l'Etat, difficilement contournable. En effet, la circulaire du 17 octobre 1990 relative à la protection juridique des logiciels (6) et destinée aux ministres et secrétaires d'Etats précise que :

« *(...) les fonctionnaires de l'Etat étant dans une situation statutaire et réglementaire, l'expression « sauf stipulation contraire » contenue dans l'article 45* (devenu l'article L. 113-9 du Code de la propriété intellectuelle) *ne peut être comprise pour eux que comme un renvoi à la publication d'un décret précisant les modalités selon lesquelles un fonctionnaire créateur d'un logiciel pourrait être rémunéré spécifiquement pour sa création* ».

33200. La titularité des droits sur les créations non logicielles

Contrairement au logiciel, la réalisation d'une œuvre multimédia par des salariés n'emporte pas de manière automatique, une dévolution des droits à l'employeur sur le produit global.
Le Code de la propriété intellectuelle ne prévoit pas de dévolution automatique de droits au profit de l'employeur, sur d'autres créations que le logiciel. Il est donc nécessaire de faire application du droit commun du droit d'auteur afin de déterminer la titularité des droits de propriété sur les créations sonores, musicales, textuelles, visuelles ou autres (scénario...).

Toutefois, la titularité des droits peut dépendre du mode de réalisation de l'œuvre finale. Il en est ainsi de l'œuvre collective et de l'œuvre audiovisuelle.

33210. *L'incidence du mode de réalisation sur la titularité des droits*

Dans l'hypothèse où l'œuvre multimédia est considérée comme une œuvre audiovisuelle (7), le contrat de production audiovisuelle emporte cession des droits exclusifs d'exploitation au profit du producteur. Cette cession est expressément visée par l'article L. 132-24 du Code de la propriété intellectuelle. Elle ne concerne pas les compositions musicales (8).
De même, dans le cas où l'œuvre multimédia est qualifiée d'œuvre collective, le titulaire des droits sera la personne physique ou morale qui d'une part, a pris l'initiative de la création de l'œuvre, et d'autre part, a coordonné le travail d'une équipe (salariée ou non) et qui édite ou publie l'œuvre sous son nom, au titre de l'œuvre collective (9).
Dans les deux cas, le titulaire des droits est expressément défini par la loi.

33220. *Le formalisme de la cession des droits*

Hormis le cas de l'œuvre collective et de l'œuvre audiovisuelle, l'auteur salarié est en principe, investi des droits de propriété sur ses créations autres que logicielles, chaque fois qu'elles donnent prise au droit d'auteur.
L'employeur devra donc, en principe, conclure un contrat de cession de droits avec les auteurs salariés, conformément aux dispositions de l'article L. 131-3 du Code de la propriété intellectuelle, s'il entend exercer les droits patrimoniaux sur les créations salariées.
L'auteur salarié peut céder totalement ou partiellement ses droits patrimoniaux (au contraire des droits moraux, incessibles). La cession des droits doit être constatée par un écrit définissant précisément, l'étendue, la destination, le lieu, la durée et la nature des droits cédés (10).
Ainsi, dans le cas des auteurs salariés de créations multimédias, le contrat devra notamment préciser :

– s'il s'agit d'une cession des droits pour le monde entier ou certains Etats seulement et pendant combien de temps ;

– s'il s'agit seulement d'une cession des droits de reproduction et de représentation ou si la cession comprend également les droits d'adaptation, et de diffusion ;

– s'il s'agit d'une cession à titre exclusif ou non ;

– s'il s'agit d'une cession à titre onéreux ou gratuit.

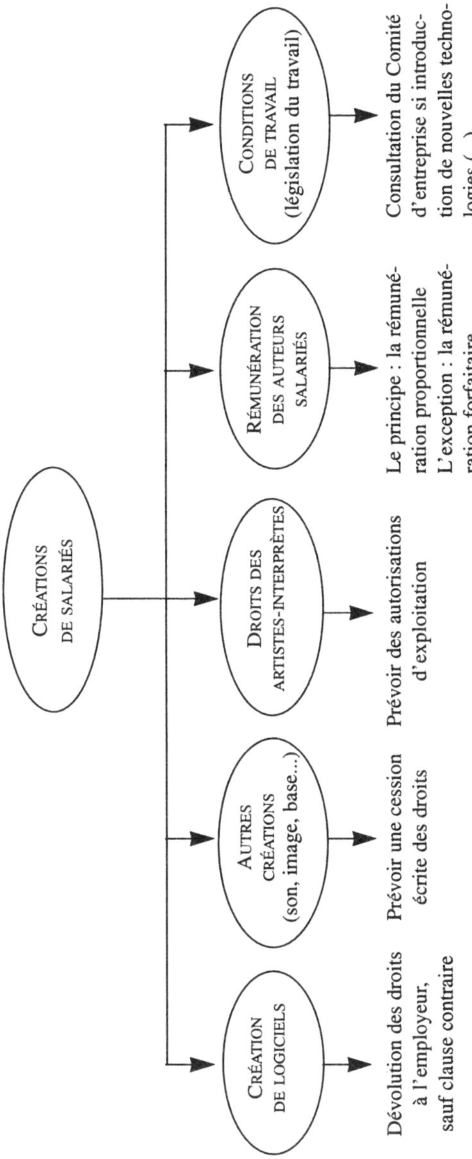

Figure 33.1. *Les créations de salariés*

33300. La participation de stagiaires

Il est possible d'envisager la participation de stagiaires à la création d'une œuvre multimédia. Cependant, si elle est faite à titre onéreux, cette participation peut avoir des incidences sur la qualification du contrat de stage ; ce dernier obéit en effet, à un statut bien particulier exclusif du contrat de travail.

33310. *Le statut des stagiaires*

Ne peut être considéré comme stagiaire, au sens de la législation sociale, que l'étudiant, qu'il s'agisse d'un stage obligatoire dans le cadre de ses études ou d'un stage non obligatoire. Dans ce dernier cas, l'étudiant, soit demeure subordonné à l'organisme d'enseignement avec lequel a été souscrite la convention de stage, soit n'est dans l'entreprise que pour observer son fonctionnement.
Dans tous les cas de figure, que ce soit dans le cadre d'une convention de stage avec un organisme d'enseignement, ou dans le cadre d'un stage non obligatoire sans convention, la jurisprudence considère que le travail effectué par le stagiaire, en contrepartie duquel il recevra une véritable formation ou pourra examiner le fonctionnement d'une entreprise, ne doit pas être un travail dont l'employeur tirera directement ou indirectement profit, comme c'est le cas des salariés (11).
En d'autres termes, pour être qualifié de « stage », l'activité du stagiaire ne doit pas être un travail qui aurait pu être effectué par un salarié de l'entreprise. A défaut, il s'agit en réalité d'une véritable prestation de travail qui doit s'inscrire dans le cadre d'un contrat de travail avec toutes les incidences que cela comporte (cotisations patronales notamment).

33320. *Les incidences d'une requalification en contrat de travail*

En cas de litige, la participation, à titre onéreux, d'un stagiaire à la création d'une œuvre destinée à être commercialisée peut lui faire perdre sa qualité de « stagiaire » et conduire à une requalification du stage en contrat de travail.
Dans ce cas, les redevances versées risquent d'être considérées comme des salaires qui, en tant que tels donnent lieu au versement des cotisations patronales (12).
Selon l'article L. 242-1 du Code de la sécurité sociale, sont considérées comme des rémunérations toutes les sommes versées au travailleur en contrepartie ou à l'occasion du travail, notamment les salaires ou gains, les indemnités, primes, gratifications, et tous avantages en argent, les avantages en nature, ainsi que les sommes perçues directement par l'entreprise, d'un tiers, à titre de pourboires.
Or, les redevances versées sur une création à l'occasion d'un travail risquent d'être qualifiées de salaires. Une personne qui fait œuvre de création doit, aux termes de

la loi sur les droits d'auteur, percevoir une redevance sur l'exploitation, indépendamment de son statut de stagiaire. Dès lors, on ne voit pas comment il pourra être considéré comme stagiaire, puisque l'entreprise aura tiré profit de sa création.
Pour éviter tout risque de requalification, il convient alors non pas de conclure une convention de stage, mais un contrat de commande par exemple.
S'il s'agit d'un véritable stagiaire, il ne participera pas à la création d'une œuvre commercialisable.

33400. Les prestations des artistes-interprètes

La prestation d'un artiste-interprète qui consisterait, par exemple, dans le commentaire d'une image, peut être reproduite et représentée dans une œuvre multimédia.

33410. *Les droits voisins du droit d'auteur*

L'article L. 112-1 du Code de la propriété intellectuelle définit l'artiste interprète comme « *la personne qui représente, chante, récite, déclame, joue ou exécute de toute autre manière une œuvre littéraire ou artistique, (...)* ».
Les artistes-interprètes se distinguent des auteurs d'œuvres de l'esprit dans la mesure où ils ne sont pas à l'origine de la création, mais l'exécutent seulement. Les droits des artistes-interprètes sur leurs prestations sont également à distinguer des droits détenus par les auteurs sur leurs créations, bien qu'ils s'en rapprochent et à ce titre soient dénommés « *droits voisins du droit d'auteur* » (13).
En ce qui concerne les droits des artistes-interprètes, le Code de la propriété intellectuelle se limite à prévoir non des droits patrimoniaux, mais des autorisations d'exploitation de l'interprétation. L'article L. 212-3 du Code de la propriété intellectuelle dispose que :

« *Sont soumises à l'autorisation écrite de l'artiste-interprète la fixation de sa prestation, sa reproduction et sa communication au public, ainsi que toute utilisation séparée du son et de l'image de la prestation lorsque celle-ci a été fixée à la fois pour le son et pour l'image...* ».

Dans la pratique, la distinction entre droits et autorisations passe totalement inaperçue et on peut dire que l'artiste-interprète dispose concrètement d'un droit de fixation, d'un droit de reproduction, d'un droit de communication au public et d'un droit d'utilisation séparée du son et de l'image, exclusifs, opposables à tous et dont l'utilisation non autorisée est sanctionnée.
L'autorisation à solliciter auprès de l'artiste-interprète pour fixer sa prestation, porte sur la prestation qui n'a pas encore été fixée ; elle se distingue de l'autorisation de reproduire l'interprétation de l'artiste-interprète, laquelle porterait sur la première fixation de sa prestation.

L'autorisation de communiquer au public correspond aux droits de représentation reconnus à l'auteur en droit d'auteur. L'utilisation séparée du son et de l'image dûment autorisée par l'artiste-interprète est spécifique aux droits voisins du droit d'auteur (14).

33420. ***Les droits de l'artiste-interprète dans la réalisation d'une œuvre audiovisuelle***

Si un produit multimédia est qualifié d'œuvre audiovisuelle, le contrat passé avec l'artiste-interprète sera régi par l'article L. 212-4 du Code de la propriété intellectuelle, aux termes duquel :

« *La signature du contrat conclu entre un artiste-interprète et un producteur pour la réalisation d'une œuvre audiovisuelle vaut autorisation de fixer, reproduire et communiquer au public la prestation de l'artiste-interprète.*
Ce contrat fixe une rémunération distincte pour chaque mode d'exploitation ».

En outre, aux termes de l'article L. 212-10 du Code de la propriété intellectuelle :

« *Les artistes-interprètes ne peuvent interdire la reproduction et la communication publique de leur prestation si elle est accessoire à un événement constituant le sujet principal d'une séquence d'une œuvre ou d'un document audiovisuel* ».

Cet article a vocation à s'appliquer si le produit multimédia est considéré comme une œuvre audiovisuelle. Son application parait s'imposer également dans le cas d'une œuvre audiovisuelle préexistante, incorporée au produit multimédia.
L'autorisation est à solliciter auprès du producteur phonographique ou de l'œuvre audiovisuelle, s'il détient les droits sur une interprétation préexistante.

33430. ***Le contrat de travail de l'artiste-interprète***

En vertu des dispositions de l'article L. 212-3 du Code de la propriété intellectuelle qui renvoient à l'article L. 762-1 du Code du travail, tout contrat par lequel une personne physique ou morale s'assure, moyennant rémunération, le concours d'un artiste du spectacle en vue de sa production, est présumé être un contrat de travail dès lors que cet artiste n'exerce pas l'activité, objet de ce contrat, dans des conditions impliquant son inscription au registre du commerce (15).
Cette présomption subsiste quels que soient le mode et le montant de la rémunération, ainsi que la qualification donnée au contrat par les parties.

33500. La rémunération

Le Code de la propriété intellectuelle organise également les modalités dans lesquelles l'auteur devra être rémunéré pour sa création, qu'elle ait fait l'objet d'une cession ou non.
Si l'auteur a cédé les droits qu'il détient sur son œuvre, il devra bénéficier d'une participation « proportionnelle » aux recettes provenant de la vente ou de l'exploitation de cette œuvre. Le principe de la rémunération proportionnelle aux recettes s'applique à l'artiste-interprète.
Toutefois, l'article L. 131-4 du Code de la propriété intellectuelle prévoit que, par exception, la rémunération de l'auteur peut être évaluée « forfaitairement » lorsque :

– la base de calcul de la rémunération proportionnelle ne peut être pratiquement déterminée ;

– les moyens de contrôle et l'application de la participation font défaut ;

– les frais des opérations de calcul et de contrôle seraient hors de proportion avec le résultat à atteindre ;

– la nature ou les conditions de l'exploitation rendent impossible l'application de la règle de la rémunération proportionnelle, soit que la contribution de l'auteur ne constitue pas un des éléments essentiels de la création intellectuelle de l'œuvre, soit que l'utilisation de l'œuvre ne présente qu'un caractère accessoire par rapport à l'objet exploité ;

– en cas de cession des droits portant sur un logiciel ;

– dans les autres cas prévus dans le Code de la propriété intellectuelle.

Par ailleurs, la loi reconnaît comme licite la conversion entre les parties, à la demande de l'auteur, des droits provenant des contrats en vigueur en annuités forfaitaires pour des durées à déterminer entre les parties (16).

33600. Les conditions de travail

Au-delà de la gestion des droits des créateurs salariés, la gestion des ressources humaines concerne également les conditions de travail des salariés, en particulier lorsque l'on a recours à de nouvelles formes de travail (télétravail par exemple) (17) ou de nouvelles technologies.
Il sera alors nécessaire de respecter certaines obligations en matière de droit du travail et d'adapter les pratiques conventionnelles et contractuelles à ces nouvelles formes de travail. On peut principalement citer :

– l'information et la consultation des institutions représentatives du personnel préalablement à tout projet important d'introduction de nouvelles technologies (18) ;

– le respect de certaines dispositions spécifiques en matière de prévention des risques liés au travail sur des équipements comportant des écrans de visualisation (19).

Notes

(1) Loi n° 91-250 du 10 mai 1994 portant mise en œuvre de la directive du Conseil des Communautés européennes en date du 14 mai 1991 concernant la protection des programmes d'ordinateur et modifiant le Code de la propriété intellectuelle, *JO* du 11 mai 1994.

(2) CA Paris, 14e Ch. P, 19 octobre 1987, *JCP* (E) 1988, II-15297.

(3) TGI Paris, 3e Ch., 14 avril 1988, *JCP* (E) 1988, II-15297.

(4) Rapport Bignon, *JO Ass. nat.*, n° 724, p. 18.

(5) TGI Paris, 3e Ch., 9 juin 1995, *Expertises* mars 1996, p. 119, note Joëlle Berenguer-Guillon.

(6) Circulaire du 17 octobre 1990 relative à la protection juridique des logiciels, *JO* du 21 octobre 1990.

(7) *Supra* n° **14310** relatif au multimédia, œuvre audiovisuelle.

(8) *Supra* n° **18000** et s. relatifs à la production audiovisuelle.

(9) *Supra* n° **14410** relatif au multimédia, œuvre collective.

(10) *Supra* n° **4120** et s. relatifs à l'auteur salarié.

(11) Cass. soc, 27 octobre 1993, cité dans le *Dictionnaire permanent social*, contrat de travail, p. 418.

(12) Cotisations salariales et patronales à compter du premier franc si cela est supérieur à 30 % du SMIC.

(13) *Supra* n° **13210** et s. relatifs à la nature des droits voisins.

(14) *Supra* n° **13100** et s. relatifs aux droits des artistes-interprètes dans l'œuvre multimédia.

(15) *Supra* n° **13221** relatif au contrat de travail de l'artiste-interprète.

(16) *Supra* n° **3322** relatif aux droits patrimoniaux au titre du droit d'auteur.

(17) *Supra* n° **26000** et s. relatifs au télétravail.

(18) *Supra* n° **26521** relatif à l'information et la consultation des institutions représentatives du personnel.

(19) *Supra* n° **26522** relatif au travail sur écrans de visualisation.

34000.
La loi informatique, fichiers et libertés

L'exploitation de produits multimédias peut être soumise à la loi relative à l'Informatique, aux fichiers et aux libertés du 6 janvier 1978 lorsque des données nominatives y sont traitées. C'est notamment le cas des services d'informations multimédias en ligne, et des annuaires diffusés sur Internet.
Le multimédia peut en effet être considéré comme un « concentré » d'informations nominatives, puisqu'il permet l'identification de personnes physiques à la fois par la voix, l'image et le texte. Par exemple, l'annuaire d'une grande école sur disque optique ou disponible en réseau, constitue un traitement automatisé d'informations qui, à ce titre entre dans le champ d'application de la loi Informatique et libertés.
Tout traitement informatisé de données nominatives, c'est-à-dire la communication, le stockage et la gestion informatisée de fichiers nominatifs, devra s'effectuer après en avoir fait la déclaration auprès de la Commission nationale de l'informatique et des libertés (CNIL) sous peine de sanctions. De même, lors de l'utilisation des traitements, le déclarant aura certaines obligations à respecter à l'égard des personnes dont les informations nominatives sont exploitées.

34100. Principes généraux de la loi

L'un des principes de base de la loi relative à l'Informatique, aux fichiers aux libertés du 6 janvier 1978 est que « *l'informatique doit être au service de chaque citoyen (...) elle ne doit porter atteinte ni à l'identité humaine, ni aux droits de l'homme, ni à la vie privée, ni aux libertés individuelles ou publiques* » (art. 1er L. 6 janv. 78). Aussi, la loi impose-t-elle un certain nombre d'obligations à la charge de celui qui décide d'élaborer un fichier contenant des données nominatives (1).

34110. *Définition de l'information nominative*

La loi du 6 janvier 1978 porte sur les traitements automatisés d'informations nominatives et sur les fichiers nominatifs. Elle définit l'information nominative et le traitement automatisé de la manière suivante.

– L'information nominative (article 4 de la loi) :

« *Sont réputées nominatives au sens de la présente loi les informations qui permettent, sous quelque forme que ce soit, directement ou non, l'identification des personnes physiques auxquelles elles s'appliquent, que le traitement soit effectué par une personne physique ou une personne morale.* »

– Le traitement automatisé (article 5 de la loi) :

« *Est dénommé traitement automatisé d'informations nominatives au sens de la présente loi tout ensemble d'opérations réalisées par les moyens automatiques, relatif à la collecte, l'enregistrement, l'élaboration, la modification, la conservation et la destruction d'informations nominatives ainsi que tout ensemble d'opérations de même nature se rapportant à l'exploitation de fichiers ou bases de données et notamment les interconnexions ou rapprochements, consultations ou communications d'informations nominatives.* »

Ce qui est pris en considération par la loi française, c'est notamment l'appréciation du temps et du personnel nécessaires à l'identification. Si l'identification nécessite des moyens très lourds, le caractère indirectement nominatif ne sera pas retenu.

Les opérations automatisées de traitement en matière de santé par exemple, relèvent manifestement de cette loi. Aux termes de ces définitions, la protection doit s'appliquer à tout ensemble d'informations (fichiers) concernant une personne physique identifiée ou identifiable (données à caractère personnel) faisant l'objet d'opérations effectuées à l'aide de procédés automatisés (traitement).

En ce qui concerne le support, la loi du 6 janvier 1978 ne définit pas directement le support de l'information (qui peut être une carte à puce). Cependant, l'examen de ses caractéristiques constitue un des axes essentiels de l'appréciation d'une déclaration par la CNIL (qualité du support, durée de conservation, sécurité...).

34120. *Les principes dégagés par la CNIL*

La loi du 6 janvier 1978 est une loi pénale en ce qu'elle comporte un certain nombre d'obligations à l'encontre des responsables de fichiers, obligations dont l'inobservation est sanctionnée pénalement.

Parallèlement elle concède des droits au profit des personnes fichées. Seront répertoriées ici les obligations les plus caractéristiques. Il s'agit essentiellement de l'obligation de déclaration, d'une part, et de la mise en œuvre du droit des personnes, d'autre part.

34130. ***La déclaration à la CNIL***

En application du chapitre 3 de la loi du 6 janvier 1978, les traitements automatisés d'informations nominatives, tels que définis ci-dessus, doivent faire l'objet d'une déclaration préalable auprès de la CNIL chargée de veiller à l'application de la loi.
Le non-respect de cette formalité préalable de la déclaration est pénalement sanctionné. Il s'agit d'une infraction à caractère matériel. En d'autres termes, peu importe pour le juge que le déclarant soit ou non de bonne foi.
Au plan pratique, la déclaration doit d'abord être effectuée par le responsable du fichier. Cette personne est à distinguer du service de la société qui sera chargé, en pratique, d'effectuer les opérations de constitution ou de gestion d'un traitement de données. Il s'agit donc bien du responsable juridique de l'opération concernée (2).
En l'occurrence, en matière de produit multimédia contenant des informations nominatives, il s'agira plutôt du producteur que de la société de services.

34140. ***Les droits des personnes fichées***

La loi prévoit que les personnes dont les coordonnées sont enregistrées dans un traitement ou qui peuvent être identifiées grâce à ce traitement, disposent d'un certain nombre de droits. Ces principaux droits sont notamment :

– le droit à l'information,
– le droit d'accès et de rectification aux informations,
– le droit d'opposition.

34141. ***Le droit à l'information***

En application de l'article 27 de la loi du 6 janvier 1978, dès qu'une information nominative est collectée directement auprès de l'intéressé, celui-ci doit être informé du caractère obligatoire ou facultatif de la collecte, des conséquences d'un défaut de collecte, des destinataires des informations, de l'existence d'un droit d'accès et de rectification aux informations le concernant.
Le décret du 23 décembre 1981 institue des contraventions de police de 5e classe à l'encontre de quiconque aura recueilli ou fait recueillir des informations nomi-

natives, oralement ou par voie de questionnaire, sans avoir au préalable informé la personne interrogée (3).

Il appartient donc au responsable de la collecte de prendre toutes mesures pour mettre en œuvre l'obligation de l'article 27 : l'information des personnes peut en principe être effectuée par tous moyens, sauf lorsque les renseignements sont collectés sous forme de questionnaire. Dans ce cas, la loi précise que l'information prévue doit figurer sur ces questionnaires (L. 6 janv. 1978, art. 27, al. 2).

Lorsqu'il est procédé à la collecte d'informations par voie télématique (Minitel, audiotex...), la Commission considère que les mentions prescrites par l'article 27 doivent apparaître à l'écran ou être fournies oralement, préalablement à la collecte des coordonnées des personnes.

Concernant la collecte d'informations par automates d'appels téléphoniques, la Commission s'est déjà prononcée en 1984, 1985 et 1990. Elle a estimé à chaque fois que si l'automate compose aléatoirement des numéros de téléphone, la collecte est déloyale ou frauduleuse. Elle demande notamment au responsable de l'automate d'appel d'obtenir le consentement préalable et exprès des abonnés qui vont être démarchés, ce qui suppose une première démarche écrite auprès des prospects.

34142. ***Le droit d'accès et de rectification***

A condition de justifier de son identité, toute personne fichée a le droit de savoir si d'une part, des informations nominatives la concernant figurent dans un traitement et d'autre part, d'en obtenir communication directement auprès de l'organisme responsable du fichier ou du service désigné auprès de la Commission comme étant celui chargé d'accueillir les demandes de droit d'accès (L. 6 janv. 1978, art. 34).

Les détenteurs de traitement ont l'obligation d'informer les personnes auprès desquelles sont recueillies des informations nominatives, de l'existence d'un droit d'accès (L. du 6 janv. 1978, art. 27).

Le droit d'accès permet dans un premier temps à une personne de questionner l'entité responsable d'un traitement automatisé afin de savoir si le traitement contient ou non des informations la concernant.

Il offre ensuite, la possibilité au demandeur de connaître le détail des informations le concernant, et s'il le souhaite, de se voir communiquer lesdites informations pour le cas où des informations nominatives le concernant sont effectivement contenues dans le fichier.

Enfin, le titulaire du droit d'accès peut exiger la correction d'informations le concernant et qui sont citées à l'article 36. Ce complément naturel du droit d'accès est lui-même prolongé par l'obligation pour le responsable du traitement, une fois la rectification effectuée, de répercuter cette correction à toute personne à laquelle l'information aurait été communiquée (L. 6 janv. 1978, art. 37 et 38).

34143. ***Le droit d'opposition***

La loi permet aux individus d'exercer un contrôle sur les informations personnelles les concernant en leur donnant le droit de s'opposer à la collecte desdites informations. Ainsi, l'article 26 de la loi prévoit notamment que « *toute personne physique a le droit de s'opposer, pour des raisons légitimes, à ce que des informations nominatives la concernant fassent l'objet d'un traitement* ».

Les modalités de la mise en œuvre de ce droit n'étant pas précisées, il appartient aux intéressés de s'entendre. Ce n'est qu'en cas de litige porté devant le tribunal, qu'il reviendra au juge d'apprécier la « légitimité » des raisons invoquées par celui qui s'oppose à un fichage.

Le législateur n'a pas souhaité limiter ce droit dans le temps. Ainsi, les personnes fichées peuvent exercer un contrôle à tout moment, par le biais d'une demande de radiation par exemple.

34150. ***Les sanctions***

Les sanctions au non-respect des dispositions de la loi du 6 janvier 1978 sont principalement inscrites dans le Code pénal (4). Les infractions visées sont principalement :

- l'absence de formalités préalables de déclaration,
- l'atteinte à la sécurité des traitements,
- la collecte d'informations par des moyens déloyaux,
- la mise en mémoire d'informations sensibles ou interdites,
- la conservation des informations au-delà de la durée prévue,
- le détournement de finalité,
- la divulgation à des tiers non autorisés.

Le décret du 23 décembre 1981 complète ce dispositif répressif en instituant des contraventions de 3e et de 5e classes pour certaines infractions.

En outre, les personnes morales sont susceptibles d'être sanctionnées pour des atteintes aux droits de la personne résultant des fichiers ou des traitements informatiques (5). La peine d'amende encourue est alors quintuplée.

Infractions	Peines applicables aux personnes physiques	Peines applicables aux personnes morales
Création de fichiers clandestins (fichiers privés non déclarés) (fichiers publics non autorisés)	300 000 F et 3 ans d'emprisonnement	1 500 000 F ainsi que les peines prévues à l'art. 131-39 du Code pénal
Enregistrement ou conservation illicite d'informations nominatives	2 000 000 F et 5 ans d'emprisonnement	10 000 000 F et peines prévues à l'art. 131-39 du Code pénal
Détournement de finalité du traitement	2 000 000 F et 5 ans d'emprisonnement	10 000 000 F et peines prévues à l'art. 131-39 du Code pénal
Divulgation illicite des informations – non intentionnelle – intentionnelle	 50 000 F 100 000 F	intentionnelle : 500 000 F et peines prévues à l'art. 131-39 du Code pénal
Collecte d'informations nominatives sans en informer l'intéressé	10 000 F	peines prévues à l'art. 131-42 du Code pénal
Entrave au droit d'accès et de communication des informations aux intéressés	10 000 F	peines prévues à l'art. 131-42 du Code pénal
Entrave à l'action de la CNIL	100 000 F et 1 an d'emprisonnement	—
Violation de l'obligation de sécurité	2 000 000 F et 5 ans d'emprisonnement	10 000 000 F et peines prévues à l'art. 131-39 du Code pénal
Utilisation du Répertoire National d'Identification des Personnes Physiques (RNIPP) sans autorisation	2 000 000 F et 5 ans d'emprisonnement	—
Conservation de données nominatives au-delà de la durée déclarée	300 000 F et 3 ans d'emprisonnement	1 500 000 F et peines prévues à l'art. 131-39 du Code pénal

Tableau 34.1. *Infractions et sanctions applicables*

34200. La publication d'annuaires sur internet

La CNIL a émis un avis favorable sur deux traitements automatisés d'informations nominatives pour la publication d'un annuaire sur Internet (6).
Dans les deux cas, la finalité du traitement est de favoriser les communications et les échanges entre les chercheurs du monde entier, et de permettre le développe-

ment de la coopération internationale par une meilleure connaissance des personnes et des thèmes de recherche au sein de la communauté scientifique internationale.
A cette fin, les informations traitées sont, pour chaque chercheur figurant dans l'annuaire :

- le sexe,
- le nom et les prénoms,
- le lieu de travail et le service d'affectation,
- les numéros de téléphone, de télécopie et l'adresse « courrier électronique » professionnels,
- des mots-clés caractérisant l'emploi occupé et les thèmes de recherche,
- peut s'y ajouter de façon optionnelle une référence (lien « hypertexte ») permettant d'accéder aux éventuelles publications scientifiques du chercheur disponibles sur le réseau Internet.

Dans les deux cas, la CNIL a considéré que la finalité et les informations collectées étaient légitimes et pertinentes.

Compte tenu des risques inhérents à Internet, elle a particulièrement veillé à ce que l'acceptation des chercheurs de figurer dans l'annuaire soit « écrite » et « pleinement éclairée » et qu'apparaisse sur l'écran lors de la connexion, un avis rappelant les droits, garanties et protections des personnes à l'égard des données nominatives les concernant : interdiction de la « *capture pure et simple* » des informations nominatives pour enrichir des bases de données à des fins commerciales ou publicitaires, possibilité de faire apparaître à l'écran le texte de la loi du 6 janvier 1978, ainsi que les dispositions du Code pénal qui répriment les infractions à ladite loi.
Bien entendu, reste posé le problème du respect des textes en la matière par des utilisateurs de pays étrangers et extracommunautaires. Le 24 octobre 1995 a été adoptée la directive de l'Union européenne « relative à la protection des personnes physiques à l'égard du traitement des données à caractère personnel et à la libre circulation de ces données » (7). La philosophie de ce texte correspond aux principes généraux dégagés par la loi française en matière de protection des personnes.
En principe, une directive communautaire constitue un acte liant tout Etat membre destinataire quant au résultat à atteindre qui laisse compétence aux Etats quant à la forme et aux moyens à mettre en œuvre. Chaque Etat membre dispose d'un délai de trois ans pour rendre sa législation conforme aux dispositions de la directive.

« Considérant que lesdites informations ne figureront dans l'annuaire qu'avec l'accord exprès des chercheurs concernés, recueilli par écrit, qu'à tout moment, un chercheur figurant sur l'annuaire pourra demander à ne plus y figurer, que compte tenu de la nature particulière du réseau Internet et des risques inhérents, l'attention du chercheur sera tout particulièrement appelée sur ceux-ci afin qu'une acceptation de figurer dans l'annuaire soit pleinement éclairée. *Considérant que pour faire connaître les droits, garanties et protections que les chercheurs figurant sur l'annuaire tiennent de la législation française et des normes juridiques européennes applicables en France, apparaîtra sur l'écran de l'ordinateur de toute personne se connectant par le réseau Internet sur le serveur de diffusion de l'annuaire, avant apparition des informations nominatives recherchées, un avis rappelant ces droits, garanties et protections que, dans le souci d'illustrer concrètement ce rappel au droit, mention sera notamment faite de l'interdiction de la capture pure et simple des informations nominatives pour enrichir des bases de données, par exemple à des fins commerciales ou publicitaires que le correspondant pourra également obtenir sur son écran le texte de la loi du 6 janvier 1978, ainsi que les dispositions du Code pénal qui répriment les infractions à ladite loi.* *Considérant que les mesures techniques nécessaires sont prises afin de garantir qu'à l'occasion de la consultation de l'annuaire électronique par la voie du réseau Internet, aucun accès ne sera possible aux autres traitements de données nominatives informatisées gérées par l'institution déclarante.* *La CNIL émet un avis favorable (...) ».*

Tableau 34.2. *Extrait des délibérations CNIL*

Notes

(1) Cf. MÉMENTO-GUIDE ALAIN BENSOUSSAN, *Les fichiers de personnes et le droit*, éd. Hermès, 1991, p.16.

(2) Sur les aspects pratiques de la déclaration, cf. GUIDE JURIDIQUE ALAIN BENSOUSSAN, *La déclaration obligatoire des fichiers et des banques de données nominatives*, Ed. Hermès 1993.

(3) Décret n° 81-1143, art. 1er, al. 2.

(4) C. pén., art. 226-16 à 226-24.

(5) C. pén., art. 226-24.

(6) Délibération n° 95-131 du 7 novembre 1995 portant sur la demande d'avis présentée par le Centre national de calcul parallèle des sciences de la terre (Institut de physique du globe de Paris) concernant un traitement automatisé d'informations nominatives pour la publication d'un annuaire sur un réseau international ouvert ; Délibération 95-132 du 7 novembre 1995 portant sur une demande d'avis présentée par l'Institut de physique nucléaire d'Orsay (in2p3) concernant un traitement automatisé d'informations nominatives pour la publication d'un annuaire sur un réseau international ouvert, *Gaz. Pal.* n° 26-27, 26 et 27 janvier 1996.

(7) Directive 95/46 de l'Union européenne du 24 octobre 1995 relative à la protection des personnes physiques à l'égard du traitement des données à caractère personnel et à la libre circulation de ces données, *JOCE* (L) 281/31.

35000.

Les principes généraux des contrats

L'une des caractéristiques de l'œuvre multimédia est d'une part, de ne faire l'objet d'aucun texte spécifique et, d'autre part, d'être au carrefour de plusieurs catégories d'œuvres et donc d'être susceptible de se voir appliquer plusieurs régimes juridiques différents et notamment les règles du droit d'auteur traditionnel ou celles plus spécifiques de l'œuvre audiovisuelle ou du logiciel (1). Les contrats relatifs au multimédia ont des objets divers et peuvent être conclus notamment :

– entre les différents auteurs dans le but de réaliser une œuvre multimédia (2) ;

– entre le producteur et les auteurs dans le but d'obtenir la cession des droits de ces derniers pour organiser la commercialisation de l'œuvre (3) ;

– entre le producteur et le(s) distributeur(s) (4) ;

– entre le producteur et les artistes-interprètes pour obtenir toutes les autorisations nécessaires de ces derniers (5) ;

– entre plusieurs producteurs pour répartir les coûts et les risques de l'opération commune (6).

Il ne s'agit pas ici d'aborder en détail chacun des contrats mais d'établir quels sont les principes généraux s'appliquant à chacun d'entre eux. Pour cela, deux phases successives, dans l'élaboration du contrat, seront examinées :

– la phase précontractuelle,
– la formation du contrat.

35100. La phase précontractuelle

La phase de négociation est essentielle dans la conclusion d'un contrat car elle est le point de départ de relations stables entre les parties. Elle va leur permettre de s'accorder sur le principe même de la conclusion d'un contrat, d'une part, et sur les conditions de celui-ci, d'autre part.
Dans certains cas, cette tâche est facilitée par l'élaboration d'un cahier des charges permettant à l'une des parties de déterminer avec plus ou moins de précisions ses besoins et ses attentes à l'autre partie.
Par ailleurs, dès cette première phase, les parties peuvent être tenues à certains engagements, en fonction de leur qualité ou de l'état d'avancement du projet.

35110. *L'élaboration d'un cahier des charges*

Dans le domaine informatique, le rôle du cahier des charges ne fait aucun doute. Il permet de définir les besoins de l'utilisateur notamment en termes de traitement à effectuer, volume, performances... (7). La jurisprudence considère que le cahier des charges est une obligation essentielle pour l'utilisateur et son absence pourrait engager sa responsabilité (8). Cependant, les juges exigent également du prestataire de services sa participation à ce stade, en exécution de son devoir de conseil, notamment en procédant à sa validation (9).
La réalisation d'une œuvre multimédia peut donner lieu à l'établissement d'un cahier des charges consacré au logiciel spécifique d'une part, mais aussi au produit multimédia lui-même, d'autre part. Le cahier des charges pourra ainsi définir la structure générale du produit en détaillant :

– les définitions des écrans et des séquences,

– l'arborescence,

– les enchaînements des séquences,

– la définition des menus, textes parlés, textes écrits,

– la définition de charte graphique,

– la quantité des images fixes et/ou animées, des sons, des textes, du graphisme et leur place respective dans les séquences,

– les plates-formes d'utilisation,

– le format du support.

Compte tenu du caractère à la fois technique et artistique du produit multimédia, le cahier des charges pourra également avoir valeur de scénario (9 bis). En cas de conflit, le cahier des charges lorsqu'il est validé par les deux parties, a en principe une valeur juridique et contraignante semblable au contrat lui-même ; il permettra au juge d'apprécier l'exécution des obligations du prestataire ou réalisateur. En effet, le cahier des charges sert alors de référentiel au contrôle de conformité soit du produit final, soit du prototype s'il en a été réalisé un, ce qui est parfois plus prudent.

35120. *Le devoir de conseil du professionnel*

La jurisprudence a imposé au vendeur professionnel un devoir de conseil vis-à-vis de l'acheteur profane, accessoire à son obligation de délivrance découlant de l'article 1604 du Code civil. Cette obligation a été étendue à tout professionnel. Comme le souligne le professeur J. Ghestin, l'obligation d'information est une obligation générale qui incombe à tout professionnel :

« *Celle des parties qui connaît ou doit connaître, en raison spécialement de sa qualification professionnelle, un fait dont elle sait l'importance déterminante pour l'autre contractant est tenue d'en informer celui-ci, dès l'instant qu'il était dans l'impossibilité de se renseigner lui-même ou qu'il pouvait légitimement faire confiance à son contractant en raison de la nature du contrat ou de la qualité des parties* » (10).

Le devoir de conseil apparaît comme un ensemble d'obligations d'information, de préconisation et de dissuasion qui s'inscrivent dans les deux phases du contrat : précontractuelle et contractuelle.
L'étendue du devoir de conseil dépendra de la qualification professionnelle des deux parties. La partie chargée de réaliser un logiciel pour une œuvre multimédia pourrait être considérée comme un professionnel face au producteur profane. La portée et l'étendue du devoir de conseil de ce professionnel de l'informatique en serait alors accrue. En revanche, si le producteur est lui-même un professionnel de l'informatique, alors le devoir de conseil du réalisateur en serait atténué.
La jurisprudence a considéré que le devoir de conseil dans la phase précontractuelle se rattachait à la convention et avait donc une nature contractuelle (11). Ainsi, le manquement par le professionnel à son obligation de conseil peut-il engager sa responsabilité et être le fondement d'une indemnisation au profit du client profane.
Il est donc important de pouvoir déterminer dans le contrat qui est le professionnel et dans quel domaine. Cela paraît d'autant plus essentiel en matière de produit multimédia, car de nombreux professionnels de secteurs divers peuvent être amenés à contracter ensemble.

35130. *La rupture abusive des pourparlers*

La rupture des pourparlers peut en principe intervenir à tout moment sur décision unilatérale d'une partie (12). Cependant cette liberté ne doit pas justifier la mauvaise foi ni exclure la responsabilité de celui qui aurait agi de la sorte pour rompre un contrat de manière « illégitime ».
A cet égard, la responsabilité résultant de la rupture abusive des pourparlers est de nature quasi délictuelle puisque par hypothèse, aucun contrat n'a encore été conclu entre les parties. Cette solution est confirmée par un arrêt de la Cour d'appel de Paris, en ces termes :

« *La victime d'une faute commise au cours de la période qui a précédé la conclusion d'un contrat est en droit de poursuivre la réparation du préjudice qu'elle estime avoir subi devant le tribunal du lieu du dommage sur le fondement de la responsabilité délictuelle* » (13).

La responsabilité délictuelle pour rupture abusive des pourparlers pourra être retenue dans diverses hypothèses, lorsque :

– les négociations ont été rompues sans raison légitime, brutalement et unilatéralement (14) ;

– l'auteur de la rupture savait que l'autre partie avait d'ores et déjà engagé des frais importants en vue de la conclusion du contrat ;

– l'auteur de la rupture avait maintenu volontairement l'autre partie dans l'incertitude quant à l'issue des pourparlers.

Dans ces situations, la partie lésée pourra demander en justice des dommages et intérêts sur le fondement de la responsabilité délictuelle (15), destinés à compenser la perte de chance de gains ou les frais déjà engagés (16).
S'agissant d'un projet d'une grande envergure tel que l'élaboration d'un produit multimédia se prolongeant dans le temps, nécessitant le recours à une équipe de personnes physiques, impliquant le rassemblement de données ou médias de toute nature et, le cas échéant, l'obtention des autorisations préalables à l'utilisation de ces données, il est bien évident que toute rupture abusive de pourparlers pourrait être directement à l'origine d'un préjudice extrêmement important subi par l'initiateur du projet.

35200. La formation du contrat

Le contrat portant sur une œuvre multimédia devra d'une part, répondre aux conditions fixées par le droit civil en matière de contrats en général et d'autre part, se conformer aux règles spécifiques du droit d'auteur.

35210. ***Le droit des contrats***

En vertu de l'article 1108 du Code civil quatre conditions sont essentielles à la validité d'une convention :

– le consentement de la partie qui s'oblige,

– sa capacité à contracter,

– un objet certain qui forme la matière de l'engagement,

– une cause licite dans l'obligation.

35211. ***L'erreur dans le consentement des parties***

Selon l'article 1109 du Code civil, « *il n'y a point de consentement valable, si le consentement n'a été donné que par erreur, ou s'il a été extorqué par violence ou surpris par dol* ».
L'erreur peut être définie comme une représentation inexacte de la réalité contractuelle (17). Selon l'article 1110 du Code civil, l'erreur est une cause de nullité si elle a porté sur la substance de la chose, ou encore sur la personne du cocontractant si celle-ci était un élément déterminant dans l'objet du contrat.
La notion de substance a été interprétée par la jurisprudence selon une conception subjective, c'est-à-dire par référence, non seulement à la matière de la chose, mais aussi à sa qualité substantielle. Cette dernière a été définie par les juges comme la qualité tenue pour essentielle par les parties « *(...) lorsqu'elle est de telle nature que sans elle la partie (victime de l'erreur) n'aurait pas contracté* » (18).
Les qualités susceptibles d'être qualifiées de substantielles peuvent être classées en trois catégories (19) :

– les caractéristiques d'une chose (20),

– l'utilité d'une chose (21),

– les éléments d'un engagement (nature, objet, cause ou condition de l'engagement) (22).

L'erreur n'est une cause de nullité du contrat qu'à la condition d'avoir été déterminante du consentement : sans l'erreur, le contrat n'aurait pas été conclu, ou pas dans les mêmes conditions. Le caractère déterminant est constamment rappelé par la jurisprudence qui l'apprécie également « *in concreto* », c'est-à-dire en tenant compte des circonstances concrètes du litige :

« *Considérant toutefois que la charge au sol imposée par un ordinateur constitue une caractéristique dont peut dépendre le lieu de son installation ; que pour le client qui doit nécessairement pouvoir utiliser l'appareil dans les locaux dont il dispose, cette caractéristique peut représenter un élément déterminant de son choix et de sa décision, il n'est pas possible de déduire de cette attitude que la pos-*

sibilité d'installer l'ordinateur dans le local de la rue du Mont-Thabor ne constituait pas un élément essentiel de la décision qu'elle avait prise en acceptant le contrat (...) » (23).

Par ailleurs, l'erreur ne peut être la cause de l'annulation du contrat qu'à la condition d'être excusable. La jurisprudence apprécie cette condition « *in concreto* » en considération des connaissances et de la spécialité professionnelle de la victime de l'erreur (24). L'erreur pourra plus difficilement être invoquée par un professionnel.
La sanction de l'erreur est la nullité relative du contrat ainsi que dans certains cas, le versement de dommages et intérêts. C'est-à-dire que la nullité n'est pas de plein droit et automatique. Elle ne peut être sollicitée que par la partie dont le consentement a été vicié, l'action en justice devant par ailleurs être intentée dans un délai de prescription de cinq ans à compter du jour où l'erreur est découverte.

35212. *Le dol dans le consentement des parties*

Le dol visé à l'article 1116 du Code civil peut être défini comme une tromperie destinée à surprendre le consentement du cocontractant (25). L'article 1116 pose un certain nombre de conditions à la nullité du contrat pour dol :

« *Le dol est une cause de nullité de la convention, lorsque les manœuvres pratiquées par l'une des parties sont telles qu'il est évident que, sans ces manœuvres, l'autre partie n'aurait pas contracté* ».

Tout d'abord, le dol n'est sanctionné que s'il a pour auteur le cocontractant lui-même (26). Par ailleurs, le dol nécessite un élément matériel et un élément intentionnel. L'élément matériel est constitué de manœuvres qui peuvent être définies comme « *toute espèce d'agissements tendant à créer une fausse apparence* » (27). Le mensonge et la réticence sont assimilés aux manœuvres par la jurisprudence. La réticence dolosive, c'est-à-dire le simple silence d'une partie, peut en effet constituer un dol. Ainsi, en matière informatique, la Cour d'appel de Paris a prononcé la nullité d'une vente pour vice de consentement et ordonné la reprise et le remboursement du matériel et du logiciel par le fournisseur, ce dernier ayant en effet dissimulé les contraintes du matériel :

« *Considérant que la saturation inévitable du travail de l'opératrice a été dissimulée à la société Savie qui, si elle l'avait connue, l'aurait certainement déterminée à ne pas contracter puisque le but de l'installation informatique était précisément de réduire l'importance des travaux manuels et, par conséquent, le nombre d'employés affectés à ces tâches (...) que par sa réticence la société Logabax a manqué à la bonne foi sur laquelle la société Savie était en droit de compter dans ses relations commerciales avec son fournisseur ; que le silence que la société Logabax a observé est suffisamment grave pour justifier la nullité de la vente (...)* » (28).

Le dol sanctionné par l'article 1116 demande également un élément intentionnel, c'est-à-dire la volonté de tromper l'autre partie. Ainsi, le dol sera-t-il exclu s'il apparaît que le cocontractant était de bonne foi.
Enfin, comme l'erreur, le dol sera sanctionné par la nullité relative du contrat, éventuellement accompagnée de dommages et intérêts en réparation du préjudice subi, sur le fondement de la responsabilité délictuelle.

35213. *La violence dans le consentement des parties*

Aux termes de l'article 1112 du Code civil, « *il y a violence, lorsqu'elle est de nature à faire impression sur une personne raisonnable, et qu'elle peut lui inspirer la crainte d'exposer sa personne ou sa fortune à un mal considérable et présent* ».
La violence est constituée d'un élément objectif, la menace, et d'un élément subjectif, la crainte qui en résulte (29). Le mal redouté peut menacer l'intégrité physique ou morale de la personne. Mais la jurisprudence considère aussi que la dépendance économique peut être constitutive de violence (30).
La violence n'atteint la validité de l'engagement que si elle est illégitime et si elle a déterminé le consentement : il doit apparaître que sans la violence l'engagement n'aurait pas été pris dans les mêmes conditions (31). C'est en fonction des particularités individuelles de la victime que les juges apprécieront le caractère déterminant de la violence.
La violence est sanctionnée par la nullité relative du contrat et le cas échéant par l'allocation de dommages et intérêts en réparation du préjudice subi.

35214. *La capacité de contracter*

En vertu de l'article 1123 du Code civil, « *toute personne peut contracter, si elle n'en est pas déclarée incapable par la loi* ».
Deux types de personnes sont déclarés incapables par l'article 1124 du Code civil :

- les mineurs non émancipés,
- les majeurs qu'une altération de leurs facultés personnelles met dans l'impossibilité de pourvoir seul à leurs intérêts (article 488 du Code civil).

35215. *L'objet du contrat*

L'objet du contrat s'entend généralement des obligations des parties qui caractérisent le contrat : fourniture d'une chose ou prestation d'un service pour l'une, paiement du prix pour l'autre.

35216. ***La prestation promise***

L'objet est un élément essentiel de la convention et c'est pourquoi il est important en pratique qu'il fasse l'objet d'une clause spécifique, clairement identifiée dans le contrat.

Mais si l'objet n'a pu être déterminé au moment de la conclusion du contrat, l'article 1129 du Code civil précise qu'il suffit qu'il soit déterminable de manière objective, c'est-à-dire selon un critère indépendant de la volonté de l'une des parties (32).

Les problèmes liés à la détermination de l'objet dans le domaine informatique (33) pourront se retrouver pour les œuvres multimédias. Dans certains cas, les juges se montrent assez sévères dans la désignation de la personne devant assumer l'imprécision de l'objet du contrat. L'imprécision pourra se retourner contre le vendeur si ce dernier a manqué à son obligation d'information (34). Aussi, pour plus de sécurité, l'insertion dans le document contractuel principal d'une clause « objet » énonçant notamment l'obligation essentielle qui permet de qualifier le contrat, est recommandée.

Les parties souhaitent parfois limiter leurs engagements à ceux découlant de certains documents contractuels énumérés limitativement et exclure ainsi toutes sortes d'éléments qui auront été envisagés lors des pourparlers. Ce type de clause, appelée « *clause des quatre coins* », permet de clarifier la situation contractuelle lorsque les négociations auront été particulièrement longues et complexes.

Mais ces clauses n'ont qu'une portée limitée si les autres clauses du contrat s'avèrent équivoques, confuses ou contradictoires. En effet, dans ce cas, les juges pourront alors examiner les relations précontractuelles pour éclairer la « *commune intention* » des parties. Ainsi, la « *clause des quatre coins* » ne s'appliquera que dans les cas où le contrat est suffisamment clair, précis et complet.

35217. ***Le prix***

En contrepartie de la prestation reçue, le cocontractant est tenu au paiement d'un prix qui obéit à des règles particulières notamment lorsque le contrat est une vente (35). La Cour de cassation a rappelé la nécessité pour que la vente soit parfaite d'un accord de volonté des parties sur un prix certain, dans un litige qui les opposait sur la qualification d'un contrat portant sur du matériel informatique (36).

Diverses clauses peuvent être introduites dans le contrat pour fixer le prix :

La clause « prix de marché » : elle a pour objet de déterminer le prix par référence au prix moyen pratiqué, dans une zone géographique précise. Ce type de clause est annulé par les juges, lorsqu'en raison de son imprécision, elle ne permet pas une protection suffisante du consentement du contractant, « *la référence au cours en vigueur à chaque livraison, sans aucune référence à un marché, à une place ou à une mercuriale revêt un caractère potestatif laissant au fournisseur la possibilité de traiter à un prix fixé unilatéralement* » (37).

Il est nécessaire de faire référence à des éléments précis, sérieux et objectifs tels que des produits nettement spécifiés, fabriqués par des concurrents déterminés, pendant une période donnée (38).

La clause « à dire d'expert » : elle consiste à prévoir dans le contrat la désignation d'un expert qui fixera, le moment venu, le prix de la prestation. La Cour de cassation a admis la clause renvoyant la fixation du prix à l'intervention d'un expert désigné par le président d'un tribunal de commerce (39).
Cette désignation doit être objective, c'est-à-dire que le tiers doit être indépendant juridiquement et économiquement de chacune des parties, ce qui n'est pas le cas d'un groupement professionnel ne comprenant que des représentants d'une seule partie (40).

La clause « prix catalogue » : cette clause prévoit que le prix payé par le client sera « *celui en vigueur dans les tarifs du fournisseur au jour de la livraison ou de la réalisation de la prestation* ».
Or, non seulement le client se trouve dans l'incertitude de la somme exacte qu'il devra acquitter, mais encore, sera redevable d'un prix dont la fixation dépendra de la volonté d'une seule des parties et se trouvera donc dans une situation qui pourrait lui faire craindre un abus de la part de son cocontractant.
Jusque dans les années 1980, la jurisprudence condamnait généralement cette pratique en prononçant une nullité absolue du contrat de vente pour indétermination du prix dû à sa fixation unilatérale par une des parties (41).
Cette interprétation a posé de nombreuses difficultés d'application.
En 1983, la jurisprudence a considéré qu'une telle clause était néanmoins valable lorsqu'elle se trouvait dans le contrat liant un distributeur à un utilisateur, puisque dans cette hypothèse le fournisseur est un tiers dans la relation contractuelle – en l'occurrence il s'agissait d'un constructeur, les parties au contrat étaient le concessionnaire et l'acheteur – et les tarifs ne sont donc pas directement fixés par l'une des parties au contrat (42).
Le mouvement général de jurisprudence qui consistait à annuler, pour indétermination du prix, les contrats comportant des clauses « prix catalogue », a récemment connu un revirement important, à l'occasion d'une affaire dans laquelle un contrat de location et d'entretien d'une installation téléphonique contenait une clause aux termes de laquelle « *toute extension de l'installation ferait l'objet d'une plus-value de la redevance de location sur la base du tarif en vigueur* » (43).
Dans deux arrêts rendus le 29 novembre 1994, la Cour de cassation a décidé que les contrats dont le prix était fixé unilatéralement par une seule des parties n'étaient pas nuls, lorsque l'indétermination du prix consistait dans l'application du tarif en vigueur au moment de la réalisation de la prestation, sous réserve d'un contrôle *a posteriori* d'une exécution de bonne foi du contrat et de l'absence d'abus de l'exclusivité qui était réservée à la société « *pour majorer son prix dans le but d'en tirer un profit illégitime* » (44).
Il est à noter qu'en se référant à la notion d'exécution de bonne foi, la Cour de cassation vise implicitement l'article 1134 du Code civil (45).

Enfin, dans quatre arrêts rendus en décembre 1995 (46), l'Assemblée plénière de la Cour de cassation a jugé que les litiges relatifs à la fixation du prix relèvent du contentieux de l'exécution contractuelle et n'entraînent pas la nullité du contrat entier.

La clause du prix « forfaitaire » ou en « régie » : la clause peut prévoir un prix forfaitaire, c'est-à-dire fixé globalement et définitivement pour un type de prestations ou de fournitures donné. Elle permet de fixer le montant du prix de certaines prestations dont on ne peut pas connaître facilement, par avance, le nombre d'unités nécessaires.
La clause peut par contre envisager un prix « en régie » ou « en dépenses contrôlées ». Le prix sera alors déterminable à partir de la valeur cumulée des différentes unités de prestations de diverses natures, tarifées dans le contrat (heures, matières...) et utilisées pour réaliser la prestation promise (47).

La clause d'indexation ou de révision **:** la convention peut aménager elle-même un mécanisme d'actualisation, ou de révision du prix en prévoyant un prix initial affecté d'un indice qui permettra de le modifier dans le temps.
L'ordonnance du 30 décembre 1958 interdit toute clause prévoyant des indexations fondées sur le SMIC, le niveau général des prix ou des salaires, ou sur les prix des biens, produits ou services n'ayant pas de relation directe avec l'objet du statut ou de la convention ou avec l'activité d'une des parties.
L'indice doit donc avoir un rapport direct avec l'activité de l'une des parties ou l'objet de la convention (48). Par ailleurs, l'indice choisi devra être suffisamment déterminé au moment de la conclusion du contrat (49).

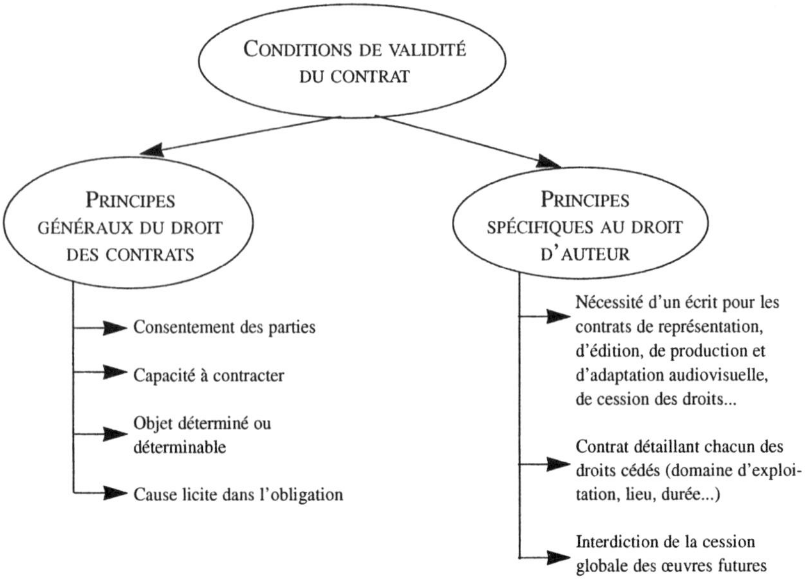

Figure 35.1. *Les conditions de validité du contrat*

35218. ***La cause du contrat***

Il reste à envisager la quatrième et dernière condition de validité d'un contrat, prévue à l'article 1108 du Code civil : elle consiste dans la détermination d'une cause licite dans l'obligation.
Trois articles du Code civil font référence à la notion de « cause ». Selon l'article 1131 du Code civil, « *l'obligation sans cause ou sur une fausse cause, ou sur une cause illicite, ne peut avoir d'effet* », tandis que l'article 1132 précise qu'il n'est pas nécessaire que la cause soit exprimée dans l'acte.
Enfin, l'article 1133 donne une définition large de l'illicéité, incluant l'immoralité : la cause est illicite lorsqu'elle est prohibée par la loi, contraire aux bonnes moeurs ou à l'ordre public. Le législateur distingue donc trois motifs d'annulation :

- l'absence de cause,
- la fausseté de la cause,
- l'illicéité de la cause.

La sanction de l'illicéité et de la fausseté de la cause est la nullité relative ; la sanction de l'illicéité de la cause est la nullité absolue (50). Ce qui distingue notamment ces deux types de nullité est que la première peut être demandée seulement par les personnes dont la règle violée vise à protéger les intérêts particuliers alors que la seconde peut être exercée par toute personne intéressée, spécialement par les deux parties contractantes (51). L'illicéité de la cause se référant à la protection de l'ordre public, il est en effet logique qu'elle soit sanctionnée par une nullité absolue.
Si les contrats relatifs à l'élaboration et la diffusion d'œuvres multimédias doivent obéir aux conditions de validité posées par le Code civil, ils doivent en outre respecter les règles posées du droit d'auteur français, dans la mesure où ces contrats portent sur des œuvres protégées et gèrent les droits des auteurs de ces œuvres. Les contrats de multimédia devront donc remplir les conditions impératives posées par les dispositions spécifiques au droit d'auteur.

35220. ***Les dispositions spécifiques au droit d'auteur***

Afin de protéger l'auteur, le législateur a prévu des dispositions dérogatoires aux principes généraux des contrats.

35221. ***L'exigence d'un écrit***

En vertu de l'article L. 131-2, alinéa 1er du Code de la propriété intellectuelle, les contrats de représentation, d'édition et de production audiovisuelle ainsi que les

autorisations gratuites d'exécution doivent être constatés par écrit. La même règle s'applique au contrat d'adaptation audiovisuelle qui est visé à l'article L. 131-3, alinéa 3 du même Code.
L'exigence de l'écrit n'a qu'une valeur probatoire et ne saurait avoir pour conséquence la nullité de l'acte malgré la terminologie employée par les textes (52). La jurisprudence s'est amplement prononcée dans ce sens (53).

35222. *La distinction de chacun des droits cédés*

En vertu de l'article L. 131-3, alinéa 1er du Code de la propriété intellectuelle, « *la transmission des droits de l'auteur est subordonnée à la condition que chacun des droits cédés fasse l'objet d'une mention distincte dans l'acte de cession et que le domaine d'exploitation des droits cédés soit délimité quant à son étendue et à sa destination, quant au lieu et quant à la durée* ».
Outre les mentions relatives au lieu et à la durée, les parties doivent délimiter l'étendue du domaine d'exploitation comme les différents modes de reproduction énumérés à l'article L. 122-3 du Code de la propriété intellectuelle. Le contrat doit également préciser la destination de l'exploitation.
Les dispositions de l'article L. 131-3 ont une portée générale, c'est-à-dire, qu'elles s'appliquent à toutes les cessions de droits d'auteur, quels que soient le contrat envisagé et la nature de la cession de droits objet du contrat.
En conséquence, le contrat qui ne ferait pas application des mentions obligatoires exigées par l'article L. 131-3, serait en principe nul, étant précisé que cette nullité est relative, au sens juridique du terme, c'est-à-dire qu'elle doit être demandée par la personne qu'elle vise à protéger, c'est-à-dire la personne qui cède ses droits à un tiers.
A cet égard, la Cour de cassation a censuré les juges du fond d'avoir admis la validité d'une clause de cession de droits, au motif qu'il était donné une portée illimitée à une clause que sa généralité rendait inopérante (54).
La rédaction d'une clause de transmission de droits qui serait trop générale ou imprécise risque donc d'être censurée par la jurisprudence.
L'article L. 131-6 du Code de la propriété intellectuelle a néanmoins prévu la possibilité d'insérer dans le contrat une clause expresse tendant à « *conférer le droit d'exploiter l'œuvre sous une forme non prévisible ou non prévue à la date du contrat* ». Cette clause est interprétée par monsieur le professeur Desbois de la manière suivante :

« *Les modes imprévus, ce sont non pas ceux qui étaient connus au temps du contrat sans avoir été énoncés par les parties, mais ceux que les cocontractants n'ont pas prévus, et qu'ils auraient pu prévoir, alors que les modes imprévisibles échappent aux esprits les plus perspicaces et prévoyants* » (55).

35223. ***Le consentement personnel de l'auteur***

L'article L. 132-7, alinéa 1er du Code de la propriété intellectuelle dispose que « *le consentement personnel et donné par écrit de l'auteur est obligatoire* ». Bien qu'elle soit mentionnée dans la section relative au contrat d'édition, une partie de la doctrine considère que cette règle a une portée générale (56).
Cette disposition serait le corollaire de l'article L. 121-2, alinéa 1er du Code de la propriété intellectuelle selon lequel « *l'auteur a seul le droit de divulguer son œuvre (...)* (il) *détermine le procédé de divulgation et fixe les conditions de celle-ci* ».
Par ailleurs, en vertu de l'article L. 132-7, alinéa 2, le consentement personnel de l'auteur doit être recueilli en dépit de son incapacité éventuelle (minorité, majeur protégé), "*sauf si celui-ci est dans l'impossibilité physique de donner son consentement*".

35224. ***Le respect des réglementations impératives***

L'ordre public de protection et de direction est particulièrement renforcé dans les contrats d'exploitation des droits d'auteur. Ainsi, ce type de contrat devra se conformer à la réglementation impérative issue de la loi du 10 août 1981 relative au prix du livre telle que modifiée en 1985 (57) ou s'agissant d'œuvres audiovisuelles, aux dispositions de la loi du 29 juillet et du 30 septembre 1986 relatives à la communication audiovisuelle.
Par ailleurs, ces contrats doivent respecter la réglementation d'ordre public relative aux pratiques anticoncurrentielles.

35225. ***La cession globale des œuvres futures***

En vertu de l'article L. 131-1 du Code de la propriété intellectuelle, la cession globale des œuvres futures est nulle. Il s'agit en réalité de la cession des droits afférents à ces œuvres. Pour que la nullité soit encourue, l'article L. 131-1 n'exige pas que la cession porte sur la totalité des œuvres à venir. La cession globale signifie la cession d'une pluralité d'œuvres.
Cependant la jurisprudence considère qu'il n'y a pas lieu d'annuler la cession lorsque les circonstances permettent d'individualiser avec une certaine précision les œuvres concernées (58).
Le Code de la propriété intellectuelle prévoit deux exceptions à la cession d'œuvres futures. Il s'agit du pacte de préférence inséré dans le contrat d'édition (article L. 132-4 du Code de la propriété intellectuelle) et de la possibilité qui est offerte par l'article L. 132-18, alinéa 1er, à l'entrepreneur de spectacles de conclure avec une société d'auteurs un contrat l'autorisant à représenter « les œuvres actuelles et futures » du répertoire de la société.

La sanction de la cession des œuvres futures est la nullité relative, puisqu'elle est édictée dans l'intérêt de l'auteur. Conformément au droit commun, le cessionnaire pourra, en cas d'annulation, engager sa responsabilité à l'égard du cédant.

Notes

(1) *Supra* n° **14000** et suivants relatifs au statut de l'œuvre multimédia.

(2) *Supra* n° **4000** et suivants relatifs à l'auteur de l'œuvre multimédia.

(3) *Supra* n° **5000** et suivants relatifs à la réalisation d'une œuvre multimédia.

(4) *Supra* n° **20000** et suivants relatifs à la distribution d'une œuvre multimédia.

(5) *Supra* n° **13000** et suivants relatifs aux artistes et interprètes.

(6) *Infra* n° **39000** et suivants relatifs au financement d'une œuvre multimédia.

(7) Cf. MÉMENTO-GUIDE ALAIN BENSOUSSAN, *L'informatique et le droit*, Ed. Hermès 1995 (2 tomes), n° 8110 et n° 20211.

(8) CA Paris, 3 décembre 1976, *JCP* 1977, II, 18579 ; adde CA Paris, 8 juillet 1981, *Expertises* 1981, n°32.

(9) CA Paris, 5e Ch., 7 avril 1993, *Expertises* 1993, p. 399.

(9 bis) *Infra* n° **11000** et suivants relatifs au scénario.

(10) Jacques Ghestin, *Traité de droit civil, Les obligations : le contrat*, éd. LGDJ 1980, p. 412.

(11) Cass. com., 25 juin 1980, Cave Coopérative de Bennwihr c. Compagnie d'assurances La Concorde, cité dans Alain Bensoussan, *Droit de l'informatique et de la télématique*, Répertoire permanent, Ed. Berger Levrault, 1984, études 02, 0015.

(12) Cass. com., 11 janvier 1984, *Bull. civ.* IV, n°16.

(13) CA Paris, 5e Ch. A, 18 juin 1984, GSI / Renaud, *Juris-Data* 23522.

(14) Cass. com., 20 mars 1972, *JCP* 1973, II-17543 ; adde TC Paris, 1er octobre 1985, *Gaz. Pal.* 1985 I-10 , et note J. R. Bonneau.

(15) Cass. com., 20 mars 1972, *Bull. Civ.* 1972, IV, n° 90.

(16) CA Versailles, 3 juin 1987, *Gaz. Pal* 1988 , somm. p.105.

(17) Farjat, *Droit privé de l'économie, théorie des obligations*, p. 141.

(18) Cass. civ., 28 janvier 1913, *Sirey* 1913,1-487.

(19) B. Petit, *Contrats et obligations, erreur*, Juris-Classeur droit civil, Fasc. 3-B, « article 1110 », 1989, n° 7 et s.

(20) CA Paris, 1re Ch. B, 20 novembre 1992, *Juris-Data* n° 023152.

(21) CA Paris, 5e Ch. B, 10 juillet 1992, *Juris-Data* n° 022943.

(22) Cass. com., 10 décembre 1991, *Bull.civ.*, n° 386.

(23) CA Paris, 5e Ch., 23 octobre 1975, Sté Hydrothermic / Honeywell-Bull, *Juris-Data* n° 488.

(24) Cass. civ, 4 janvier 1985, RTDC 1985, 572.

(25) J. Carbonnier, *Droit civil, les obligations*, éd. PUF 1982, p. 94.

(26) CA Paris, 5e Ch. C, 17 octobre 1991, *Juris-Data* n° 024209.

(27) J. Ghestin, *Traité de droit civil : les obligations, le contrat : formation*, 2e éd. LGDJ 1980, n° 428.

(28) CA Paris, 5e Ch. B, 26 juin 1980, Sté Savie / Sté Logabax et Lomico, *Expertises* 1980, n° 20, p. 2.

(29) B. Petit, « Articles 1111 à 1115 », *Juris-Classeur civil*, Fasc. 4, n° 5, 1989.

(30) Cass. com., 20 mai 1980 , *Bull. civ.* IV , n° 212.

(31) Cass. civ. , 3e Ch., 7 février 1984, *Bull. civ.* III, n° 27.

(32) Cass. com., 9 mai 1985, *Bull. civ.* IV, n° 146.

(33) CA Paris, 5e Ch. B, 11 juillet 1979, Sté Images de France / Sté Hight Fidelity Services, *Juris-Data* n° 698.

(34) Cass. civ., 13 octobre 1993, Bouchonnerie Gabriel /Start informatique, *Expertises* 1993, p. 436.

(35) A. Bensoussan et B. Cahen « La nullité des contrats par les prix : une arme au service des utilisateurs », *01 mensuel*, novembre 1981, n° 154.

(36) Cass. com., 17 mars 1981, Pergay / Litton, *Expertises* n° 34, novembre 1980, p. 3.

(37) Cass. com., 7 décembre 1981, *Bull. civ.* IV, n° 423 ; Cass. com., 21 mars 1983, *Bull. civ.* IV, n° 110.

(38) Cass. com., 11 décembre 1978, *JCP* 1979, IV-64.

(39) Cass. com., 25 mai 1981, *Bull. civ.* IV, n° 247.

(40) Cass. com., 27 avril 1971, *Dalloz* 1972, 353.

(41) Cass. civ., 20 mai 1981, *JCP* 1982, II, 19840.

(42) Cass. civ., 8 novembre 1983, *JCP* 1985, II, 20373.

(43) Cass. civ., 1er Ch., 29 novembre 1994. Gilles/GST-Alcatel Est ; Cass. civ., 1er Ch., 29 novembre 1994, GST-Alcatel Est/Kobloth, *JCP(G)* 1995, 22371.

(44) Cass. civ., 1er Ch., 29 novembre 1994, *précité.*

(45) Article 1134 du Code civil : « *Les conventions légalement formées tiennent lieu de loi à ceux qui les ont faites. Elles ne peuvent être révoquées que de leur consentement mutuel, ou pour les causes que la loi autorise. Elles doivent être exécutées de bonne foi* ».

(46) Cass. com., Ass. plén., 1er décembre 1995, *Dalloz* 1996, J-13, note Laurent Aynès.

(47) A. Viricel, *Le droit des contrats de l'informatique*, éd. du Moniteur, 1984, p. 196.

(48) Cass. civ., 17 juillet 1972, *Dalloz* 1973, 238.

(49) Cass. civ., 12 février 1971, *Bull. civ.* III, n° 117.

(50) P. Simler, « articles 1131 à 1134 », *Juris-Classeur de droit civil*, Fasc. 10, n° 197 et suivants.

(51) J. Ghestin, *précité*, n° 784.

(52) A. Lucas, *Traité de la propriété littéraire et artistique*, éd. Litec, 1994, n° 487.

(53) Cass. civ, 12 avril 1976, *Dalloz* 1976, IR-195 ; CA Reims, 15 septembre 1992, *Gaz Pal.* 27 juin 1993, p. 10.

(54) Cass. civ., 9 octobre 1991, *Bull. civ.* IV, n° 253.

(55) H. Desbois, *Le droit d'auteur en France*, éd. Dalloz, 1978, n° 530.

(56) H. Desbois, *précité*, n° 494 ; C. Colombet, *Propriété littéraire et artistique et droits voisins*, Ed. Dalloz, 1992, n° 292 ; *contra* A. Lucas, *précité*, n° 497.

(57) Loi n° 81-766 du 10 août 1981 relative au prix du livre modifiée par la loi n° 85-500 du 13 mai 1985.

(58) A. Lucas, *précité*, n° 507.

36000.

La responsabilité dans la diffusion d'un produit multimédia

Compte tenu de la diversité des acteurs intervenant à l'occasion de la réalisation et de l'exploitation de l'œuvre multimédia et de la pluralité des régimes juridiques, la question de la responsabilité s'avère complexe.
La gravité du dommage, la preuve de la faute, les éventuelles limites de la responsabilité obligent à examiner le régime de la responsabilité civile, tant contractuelle que délictuelle et d'en appliquer les principes, avec prudence, à un domaine non encore délimité par le juge.

36100. Rappel des principes de base de la responsabilité civile

36110. *La responsabilité contractuelle*

On parle de responsabilité contractuelle en cas d'inexécution ou de mauvaise exécution des obligations découlant d'un contrat. Pour déterminer l'étendue d'une obligation, la jurisprudence distingue l'obligation de moyens et l'obligation de résultat.
Selon les cas, le débiteur garantit en effet l'obtention d'un certain résultat ou s'engage simplement à mettre en œuvre l'ensemble des moyens dont il dispose pour satisfaire le créancier.

36111. *L'obligation de moyens et de résultat*

La distinction entre les obligations de moyens et de résultat présente un intérêt indiscutable puisqu'elle commande, notamment, en cas d'inexécution de l'obligation, la charge de la preuve dans le procès en responsabilité (1).

L'obligation de moyens est celle pour laquelle le débiteur s'oblige seulement à utiliser tous les moyens raisonnablement requis en vue d'atteindre un résultat déterminé mais sans promettre qu'il y parviendra (2). Il appartiendra au créancier d'établir la faute du débiteur dans l'exécution de ses engagements, c'est-à-dire la preuve qu'il n'a pas apporté la diligence requise.
Dans l'obligation de résultat, le débiteur a promis l'obtention d'un résultat précis et le seul fait pour le créancier de ne pas l'avoir obtenu constitue l'inexécution de l'obligation. Il appartiendra alors au débiteur de prouver un cas de force majeure, le fait d'un tiers ou celui de son cocontractant pour dégager sa responsabilité. Les obligations de moyens se rencontrent le plus souvent dans quatre séries de cas :

- l'obligation de veiller à la conservation de la chose ;
- l'obligation de faire, relative à une prestation de service ;
- l'obligation à titre gratuit ;
- certaines obligations accessoires de sécurité (3).

Les obligations de résultat, plus nombreuses que les précédentes, sont par exemple :

- l'obligation de livrer ou de restituer une chose ;
- l'obligation de déplacer une personne ou une marchandise ;
- l'obligation d'installer un appareil ;
- l'obligation de ne pas faire ;
- certaines obligations accessoires de sécurité ;
- certaines obligations qui touchent à la sécurité des personnes (4).

36112. *Des obligations à géométrie variable*

Cette distinction bipartite n'est pas toujours catégorique et des nuances peuvent être apportées tant à l'obligation de moyens qu'à l'obligation de résultat. Ainsi, l'obligation de moyens peut être renforcée par un engagement de résultat.
Dans l'engagement de résultat, la charge de la preuve incombe au créancier mais il ne s'agit pas seulement pour le débiteur de tout mettre en œuvre pour parvenir à un but car l'objet du contrat détermine très précisément les résultats à atteindre. La fixation de ces résultats permet, s'ils ne sont pas obtenus, de caractériser plus aisément la faute du débiteur et donc d'en faciliter la preuve par le créancier (5).
De même, l'obligation de résultat peut être allégée si le contrat prévoit que le débiteur pourra s'exonérer en démontrant son absence de faute (6).

Les deux critères qui paraissent largement utilisés par la jurisprudence pour distinguer l'obligation de moyens de l'obligation de résultat sont, d'une part l'existence d'un aléa et d'autre part le rôle du créancier de l'obligation. En effet, l'aléa exclut en principe l'obligation de résultat car il rend incertain le succès de l'opération. Par ailleurs, lorsque le créancier garde un rôle actif dans l'exécution du contrat, le débiteur ne serait tenu que d'une obligation de moyens, car le défaut d'exécution pourra résulter de manière plus accrue du propre comportement du créancier. A l'opposé lorsque le créancier reste passif, le débiteur devrait assumer une obligation de résultat (7).

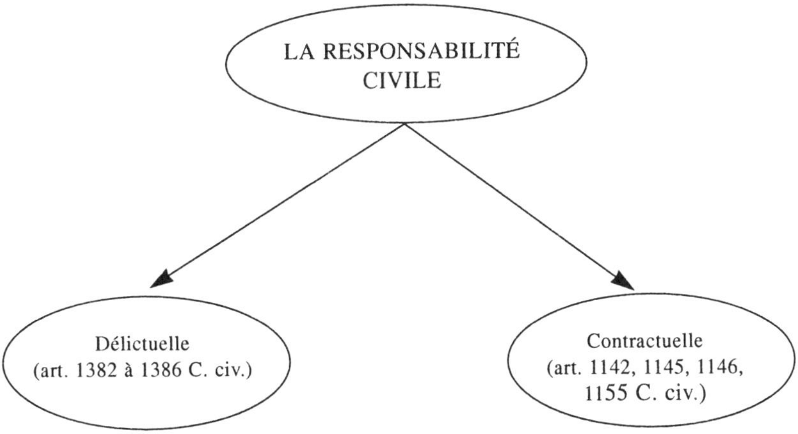

Figure 36.1. *Typologie des responsabilités civiles*

36120. ***La responsabilité délictuelle***

Le droit de la responsabilité délictuelle est complexe d'une part à cause de la diversité de ses régimes, d'autre part en raison de ses sources, essentiellement jurisprudentielles qui ont contribué à sa construction.

En étant bref, on rappellera simplement qu'il existe depuis le XVIIIe siècle un principe général de responsabilité fondé sur la faute, obligeant à réparer tous les dommages qu'une personne cause à autrui « par sa faute » (aujourd'hui les articles 1382 et 1383 du C. civ.), à côté duquel existent des règles spéciales de responsabilité, plus ou moins « indépendantes » de la faute (art. 1384 à 1386, C. civ.).

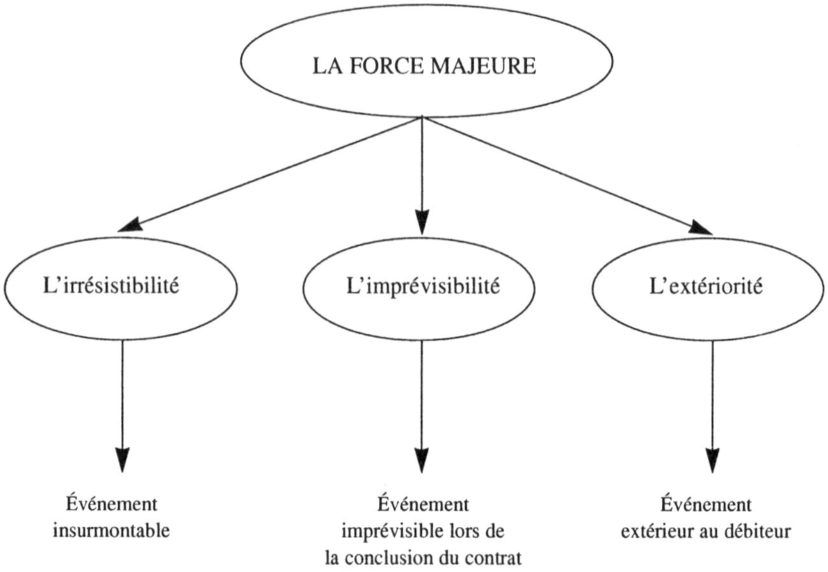

Figure 36.2. *Les critères de la force majeure*

Sous l'influence du développement des accidents inhérents à l'industrialisation (accidents du travail, de la circulation, de la fabrication des produits...), les premières règles ont été quelque peu modifiées, pour chercher ailleurs que dans la faute le fondement de la responsabilité, principalement dans « le fait objectif » du dommage causé. Ces développements ont donné naissance à la théorie dite « des risques », selon laquelle chacun doit supporter les risques de son activité (8).

L'une des principales conséquences de cette évolution est que la responsabilité tend à se détacher plus ou moins de la faute sur le terrain de la preuve. Selon les principes généraux du droit, pour engager la responsabilité de l'auteur d'un dommage, la victime est obligée de rapporter la preuve de la faute, du dommage et du lien de causalité entre ces deux éléments (articles 1382 et 1383 du C. civ.). Outre le fait que la preuve n'est pas aisée à rapporter, la responsabilité peut être écartée si son auteur démontre que le dommage est le fait d'une cause étrangère, d'un cas de force majeure, c'est-à-dire à un fait imprévisible et irrésistible ou encore d'une faute de la victime.

36130. ***Les clauses relatives à la responsabilité***

Ces clauses relatives à la responsabilité sont nombreuses : elles limitent ou elles étendent la responsabilité et/ou la réparation, elles prévoient et aménagent les conséquences de la force majeure ou de la modification des circonstances économiques ou commerciales.

36131. ***La clause « de parfaite information »***

La clause dite « de parfaite information » n'est valable que pour la responsabilité contractuelle : toute clause qui tend à atténuer ou exclure la responsabilité délictuelle est en principe nulle, sauf lorsque le dommage est déjà survenu au moment de la conclusion d'un contrat.
Cette clause exclut la responsabilité de l'une ou l'autre des parties, voire des deux, en fonction des relations et informations échangées pendant la période précontractuelle.
Ainsi, le distributeur d'un produit multimédia, s'il est acquis qu'il ait parfaitement pu en prendre connaissance avant de s'engager à le distribuer, ne pourra le déclarer ultérieurement non conforme à ses attentes.

36132. ***Les clauses allégeant la responsabilité***

On distingue deux catégories de clauses allégeant la responsabilité : celles qui limitent les obligations du débiteur et celles qui limitent ou excluent la réparation (10).
Les clauses limitant les obligations du débiteur sont valables en vertu du principe de l'autonomie de la volonté, à condition qu'elles n'écartent pas une obligation essentielle du contrat, ou encore vide le contrat de sa substance (11). Ainsi, le prestataire chargé de la réalisation informatique du produit multimédia ne pourrait pas s'exonérer contractuellement de toute responsabilité, si le produit n'est pas opérationnel et ne fonctionne pas. Il s'agit bien entendu d'une obligation déterminante du contrat.
Les clauses relatives à la limitation de réparation sont en principe valables. Mais leur application est écartée lorsque le débiteur a commis une faute lourde ou dolosive (12).

36133. ***La clause d'imprévision ou clause de sauvegarde***

Selon cette clause, les parties prévoient de se concerter dans un souci de compréhension et d'équité pour déterminer en commun le moyen de remédier de manière

adéquate à une situation de déséquilibre contractuel ayant pour origine des circonstances d'ordre économique ou commercial.
Elle est d'autant plus conseillée que l'imprévision n'est pas admise par le droit civil, contrairement au droit administratif, et que le juge ou l'une des parties ne peut imposer unilatéralement une modification de l'accord, par suite d'événements d'ordre économique ayant entraîné un prix excessif ou insuffisant dans le contrat.
Ceci peut être particulièrement adapté si le coût du produit multimédia s'avérait supérieur à celui envisagé à l'origine, du fait, par exemple, de problèmes techniques ou de difficultés imprévues dans l'acquisition des fonds documentaires nécessaires.

36134. *La clause relative à la force majeure*

L'article 1148 du Code civil stipule que le débiteur est exonéré de toute responsabilité lorsque l'inexécution est causée par la force majeure. Pour constituer une cause d'exonération de responsabilité, la force majeure doit réunir les trois caractères d'irrésistibilité, d'imprévisibilité et d'extériorité.
Dans le contrat, les parties peuvent élargir les cas de force majeure habituellement retenus par les tribunaux et introduire une clause prévoyant d'autres hypothèses telles que :

– les grèves totales ou partielles, internes ou externes à l'entreprise, *lock-out*,

– les intempéries,

– les épidémies,

– les blocages des moyens de transport ou d'approvisionnement pour quelque raison que ce soit,

– les tremblements de terre, incendies, tempêtes, inondations, dégâts des eaux,

– les restrictions gouvernementales ou légales,

– les modifications légales ou réglementaires des formes de commercialisation ;

– les pannes d'ordinateur, blocage des télécommunications et tout autre cas indépendant de la volonté expresse des parties empêchant l'exécution normale de la convention (13).

Cependant, même dans ce cas, ces événements devront satisfaire aux trois conditions précitées afin d'exonérer le débiteur pour force majeure.
En outre, il est peut être opportun de prévoir un délai pendant lequel le contrat ne sera que suspendu.

36135. ***La clause résolutoire***

Les parties peuvent convenir de se soumettre à une clause résolutoire dans le contrat les liant, en cas d'inexécution des obligations mises à leur charge.
Il est rappelé que la résolution est à distinguer de la résiliation en ce que la première annule le contrat de manière rétroactive, tandis que la résiliation ne fait disparaître le contrat et ses effets que pour l'avenir, sans qu'il soit possible de revenir sur ce qui a déjà été exécuté. La résiliation est en principe réservée aux seuls contrats à exécution successive.
L'avantage de la clause résolutoire de plein droit est qu'elle permet de mettre fin au contrat sans avoir à recourir au juge (14). A défaut en effet, le contrat ne peut être résilié qu'en accord entre les parties ou en vertu d'un jugement qui tranchera à cette occasion sur la responsabilité de la rupture.
La jurisprudence a eu l'occasion de définir le mécanisme du fonctionnement de la clause résolutoire. Elle considère par exemple, que la mise en jeu d'une clause résolutoire ne nécessite pas de recourir au juge, dans les seuls cas où la clause est rédigée de manière à ce qu'il ne subsiste aucune ambiguïté possible. La Cour d'appel de Paris a ainsi jugé licite, la clause prévoyant la « *résolution de plein droit par le seul fait de l'inexécution des engagements souscrits par l'une des parties* » (15).
En revanche, lorsque la clause résolutoire se borne à rappeler les dispositions de l'article 1184 du Code civil selon lequel le débiteur de l'obligation inexécutée s'expose à la résolution du contrat, les tribunaux estiment généralement qu'il ne s'agit pas d'une clause résolutoire de plein droit, droit efficace exonérant le créancier de son obligation de saisir les tribunaux pour mettre fin au contrat. Il en a été jugé en ce sens :

« *Mais attendu que les termes de la clause précitée ne prévoyant pas expressément qu'elle opérerait de plein droit la révocation des obligations des parties lorsque s'accomplirait la condition qu'elles avaient stipulée, la Cour d'appel, interprétant cette clause « ambiguë », a souverainement retenu qu'elle avait seulement pour objet de soumettre à la formalité préalable d'un commandement de payer, la condition résolutoire prévue par l'article 1184 du Code civil, lequel confère au juge le pouvoir d'appréciation dont a usé la Cour d'appel* » (16).

Le principe posé par l'article 1184 est que la résolution ou la résiliation d'un contrat doit être demandée en Justice. Il est à noter qu'une clause résolutoire rédigée de manière ambiguë est interprétée en faveur de celui qui a contracté l'obligation, ainsi que l'a jugé une partie de la jurisprudence (17).
La mise en demeure du débiteur d'exécuter ses engagements implique nécessairement, selon la jurisprudence et la doctrine dominantes, que le débiteur dispose d'un délai pour mettre fin à l'infraction, c'est-à-dire pour exécuter l'obligation qui lui est réclamée à juste titre.

La doctrine estime alors que dans la mesure où le débiteur a finalement exécuté son obligation et/ou fourni la prestation qui lui est réclamée entre la date de la mise en demeure et la date d'expiration du délai accordé par le créancier, cela a pour effet d'entraîner la caducité des actions de rupture engagées par le créancier et fondées sur les manquements visés par la mise en demeure. En conséquence, le contrat ne devrait plus pouvoir être résolu dès lors que le débiteur a satisfait à la mise en demeure (18).
L'effet le plus rigoureux d'une clause résolutoire sera atteint lorsque les parties stipulent qu'à défaut d'exécution par l'une des parties de ses engagements, le contrat sera résolu « *de plein droit sans sommation et sans formalité* ». Dans ce cas, le créancier sera dispensé de mettre en demeure le débiteur d'exécuter ses obligations, et celui-ci ne pourra ni obtenir de délai, ni faire une offre d'exécution (19).
Il convient toutefois d'être prudent et de ne pas utiliser une clause résolutoire de plein droit si par exemple, les obligations respectives des parties sont intimement liées ou nécessitent une collaboration étroite, ce qui sera généralement le cas en matière de réalisation d'un produit multimédia.

36136. ***La clause pénale***

Cette clause fixe le montant forfaitaire des dommages et intérêts qui seront versés par la partie défaillante en cas d'inexécution par elle de ses obligations contractuelles. Quel que soit le préjudice subi réellement par le créancier de l'obligation inexécutée, il pourra prétendre au paiement des sommes prévues par cette clause.
Le législateur a placé ces peines privées sous le contrôle du juge, qui peut d'office modérer ou augmenter le montant des dommages et intérêts ainsi forfaitairement fixés (art. 1152, C. civ.) (20).
Le juge pourra tout d'abord modifier les clauses « manifestement excessives ». Pour cela, il appréciera le préjudice subi par le créancier en le comparant au montant de la peine prévue (21). A l'inverse, le juge pourra accorder une indemnisation supplémentaire s'il estime que l'indemnité convenue était « manifestement dérisoire » (22).
Même modifiée par le juge, la clause pénale garde son caractère forfaitaire et ce dernier pourra donc fixer son montant à une somme supérieure à la valeur du préjudice réellement subi.
Si, lorsqu'il modifie un contrat en modérant ou augmentant la peine qui y est stipulée, le juge doit justifier le caractère excessif ou dérisoire de la clause, il n'a pas à motiver sa décision dans le cas où il décide de la maintenir telle quelle :

« *Attendu, d'autre part, que si la peine stipulée peut se concevoir aussi bien comme un moyen de contraindre les parties à l'exécution que comme une évalua-*

tion conventionnelle anticipée du préjudice futur, les juges du fond n'ont pas à motiver spécialement leur décision lorsque faisant application pure et simple de la convention ils refusent de modérer la peine » (23).

36200. La responsabilité en matière de produit multimédia

Seront examinés tour à tour divers cas susceptibles de mettre en jeu la responsabilité contractuelle, d'une part, et celle délictuelle ou extracontractuelle, d'autre part, de diverses personnes ayant contribué à l'élaboration de l'œuvre multimédia et/ou à financer sa réalisation et à cet égard, investis des droits d'auteur et/ou distribuant l'œuvre multimédia et, à ce titre, chargés de respecter un certain nombre d'obligations.

36210. ***La responsabilité par type de contrat***

Il ne saurait être question de dresser la liste des fautes contractuelles susceptibles d'engager la responsabilité d'une des parties au contrat, étant donné qu'il y a au moins autant de fautes potentielles que d'obligations souscrites dans chaque nature de contrat possible.
Il y a faute contractuelle chaque fois qu'il y a inexécution, mauvaise exécution ou retard dans l'exécution des obligations stipulées au contrat.
Quelques exemples peuvent être fournis à travers les contrats les plus significatifs lors de l'élaboration et diffusion d'une œuvre multimédia.
Par ailleurs, il n'est pas inutile de rappeler les solutions jurisprudentielles et doctrinales en matière de garantie légale de vice caché et action en responsabilité contractuelle pour non-conformité de la chose, telles qu'elles ont été développées en matière de contrat informatique, compte tenu du fait qu'une œuvre multimédia est accessible et fonctionne uniquement grâce à l'informatique, c'est-à-dire à des logiciels permettant notamment l'interactivité.

36211. ***La diversité des fautes contractuelles***

En amont, se concluent des contrats de réalisation de la partie technique de l'œuvre multimédia entre le ou les producteurs et le ou les prestataires de services ; des contrats de coproduction, le cas échéant, compte tenu des lourds investissements financiers qui peuvent être engagés dans certains projets multimédias ; des contrats d'achat de droits sur des œuvres de l'esprit protégées et/ou des prestations d'artistes-interprètes ; des contrats d'autorisation d'utilisation de l'image, et de la voix de personnes physiques en contrepartie d'une rémunération financière…

En aval, se concluent essentiellement des contrats de distribution *on line* et *off line*.
Une liste de fautes contractuelles significatives peut être dressée, de manière non exhaustive et à titre purement indicatif, afin d'attirer l'attention sur les points sensibles des contrats ci-dessus énumérés.

36212. ***Le contrat de réalisation de la partie technique d'une œuvre multimédia***

Dans ce type de contrat conclu entre le ou les producteurs, le ou les prestataires de services, si l'on transpose les fautes contractuelles les plus fréquentes en matière de contrat informatique, au domaine du multimédia, elles consisteraient principalement dans :

– l'inadéquation du produit fini aux spécifications et besoins retracés dans le cahier des charges ;

– la mauvaise qualité de la matrice servant à reproduire en autant d'exemplaires le produit multimédia sur support numérique ;

– les retards dans le calendrier de réalisation de la partie technique de l'œuvre multimédia ;

– la présence de bogues entravant l'opérationnalité du produit...

Au moment où cet ouvrage est réalisé, aucune jurisprudence en matière d'œuvre multimédia ne semble pouvoir fournir une illustration, mais l'expérience dans le domaine informatique incite à soigner tout particulièrement les clauses relatives à ces opérations.

36213. ***Les contrats de coproduction d'une œuvre multimédia***

S'agissant des contrats de coproduction d'une œuvre multimédia, par analogie à ceux existant dans le domaine audiovisuel et cinématographique, on peut souligner comme fautes contractuelles susceptibles d'engager la responsabilité d'un ou des coproducteurs le non-respect des obligations mises à sa charge, telles que :

– l'obtention des autorisations préalables nécessaires à l'exploitation d'œuvres préexistantes qui seront intégrées dans l'œuvre multimédia,

– le contrôle de la réalisation de l'œuvre multimédia,

– l'engagement de respecter des délais,

– l'assurance d'une exploitation commerciale continue et optimale.

36214. ***Les contrats d'achat de droits***

Dans les contrats d'achat de droits, les fautes contractuelles peuvent résider dans le non-versement des redevances à l'auteur, ou inversement le non-respect des conditions de la cession de ses droits par l'auteur, notamment une clause d'exclusivité.

36215. ***Les contrats de distribution***

Pour les contrats de distribution, on peut citer parmi les fautes contractuelles significatives, le non-respect de l'exclusivité, dans l'hypothèse où une exclusivité serait accordée et le non-respect du paiement des redevances en contrepartie du droit de distribuer l'œuvre multimédia.

36220. ***Les dommages et intérêts***

L'inexécution, la mauvaise exécution ou le retard dans l'exécution des obligations stipulées au contrat donnent lieu au versement de dommages et intérêts à l'autre partie contractante, au titre du préjudice moral et/ou matériel subi.
En matière contractuelle, il est fait application des règles particulières en ce qui concerne le calcul des dommages et intérêts par rapport aux règles d'indemnisation en matière de responsabilité délictuelle, puisque par l'effet conjugué des articles 1149 et 1150 du Code civil, le débiteur n'est tenu que des dommages et intérêts correspondant en général, à la perte subie par le créancier et du gain dont il a été privé, dans la mesure toutefois où ces dommages et intérêts ont été prévus ou étaient prévisibles lors du contrat, sauf cas de dol. En conséquence il est des hypothèses où l'intégralité du préjudice ne sera pas réparée, s'il ne pouvait être prévisible lors de la conclusion du contrat ou s'il n'a pas été prévu.

36230. ***La distinction entre l'action en responsabilité contractuelle et l'action en garantie des vices cachés***

Le lien entre l'informatique et le multimédia est très étroit, puisque l'œuvre multimédia fonctionne et n'est accessible à l'utilisateur qu'au moyen de logiciels spécifiques ou non. Se pose donc la question de la responsabilité en cas de non-conformité du ou des logiciels utilisés ainsi que de l'action en garantie légale dans l'hypothèse de vices cachés du logiciel.
En cette matière, la jurisprudence est abondante et témoigne d'une évolution qui mérite d'être soulignée. En effet, si l'action pour non-conformité d'un logiciel et l'action en garantie des vices cachés sont deux actions distinctes et obéissent à des régimes différents, la jurisprudence a montré de fortes hésitations à prendre en

compte cette distinction, et au contraire en confondant les deux notions pour protéger l'acheteur d'un objet, tel qu'un logiciel.
L'article 1648 du Code civil dispose que l'action résultant des vices cachés et de la chose doit être intentée par l'acheteur dans un bref délai, les vices cachés étant définis comme ceux rendant la chose « *impropre à l'usage auquel on la destine, ou qui diminuent tellement cet usage, que l'acheteur ne l'aurait pas acquise, ou n'en aurait donné qu'un moindre prix, s'il les avait connus* » (art. 1641, C. civ.).
La contrainte posée par le Code civil d'agir dans un bref délai, condition qui a fait elle-même l'objet d'une jurisprudence abondante, a incité les juges à englober sous la notion de non-conformité, celle de vices cachés, de façon à faire bénéficier le demandeur de la prescription trentenaire attachée à l'action en responsabilité contractuelle pour non-conformité de la chose.
L'action en responsabilité contractuelle pour non-conformité s'appuie quant à elle, en particulier, sur l'article 1142 du Code civil, aux termes duquel « *toute obligation de faire ou de ne pas faire se résout en dommages et intérêts, en cas d'inexécution de la part du débiteur* ».
On distingue deux étapes dans la position adoptée par la jurisprudence en matière d'action en garantie légale des vices cachés et d'action en responsabilité contractuelle pour non-conformité.

36231. *La tendance à la confusion des deux notions jusqu'en 1993*

D'une manière générale, les arrêts des Cours d'appel et ceux de la première chambre civile de la Cour de cassation retiennent une conception très extensive de la non-conformité qui vient couvrir les vices cachés, pour permettre à l'acheteur de ne pas se heurter au bref délai stipulé par l'article 1648 du Code civil.
Ces arrêts se réfèrent à la notion d'obligation de délivrance conforme, ajoutant donc la notion de conformité à celle de délivrance, ainsi qu'en témoigne un arrêt de la Cour de cassation, chambre commerciale, du 1er décembre 1992 :

« *Le fait pour une machine automatique de livrer des frites en produisant des odeurs de friture nuisibles s'analyse en une livraison de la chose non conforme à l'usage auquel elle est destinée par le vendeur et non en un vice caché* » (24).

La délivrance conforme s'analyse donc en une livraison conforme à l'usage auquel la chose est destinée. Ainsi, on remarque que la première chambre civile de la Cour de cassation et quelques arrêts de la chambre commerciale se prononcent en faveur de l'assimilation des notions.
En matière de contrats informatiques plus particulièrement, la jurisprudence témoigne également d'hésitations quant à l'application de la distinction entre l'action en garantie légale des vices cachés et l'action en responsabilité contractuelle pour non-conformité, mais fait la confusion tantôt au profit de la première action et tantôt au profit de l'autre.

Ainsi, certains arrêts témoignent d'une acception extensive de la notion de non-conformité, afin d'éviter à l'acheteur les conséquences d'une action intentée dans un délai qui ne serait pas considéré comme bref. En tout état de cause, les solutions n'avaient pas de contours définis jusqu'en 1993.

36232. *La distinction des deux notions dans cinq arrêts rendus en 1993*

Cinq arrêts rendus au cours des mois de juin, octobre et décembre 1993 par la première chambre civile de la Cour de cassation font tous application de la distinction entre l'action en garantie légale des vices cachés et l'action en responsabilité contractuelle pour non-conformité, marquant par là un revirement jurisprudentiel incontestable (25).
Les notions de vices cachés et de non-conformité ont donc été « redéfinies » par la première chambre civile de la Cour de cassation de la manière suivante :

– entrent dans le champ d'application des articles 1641 et 1648 du Code civil sur les vices cachés, toutes les hypothèses où la chose vendue, telle qu'un logiciel, n'est pas conforme à sa destination normale. A titre d'exemple, l'arrêt de la Cour de cassation rendu le 8 décembre 1993 a considéré que « *(...) le défaut de conformité de la chose vendue à sa destination normale constitue le vice prévu par les articles 1641 et suivants du Code civil...* » (26).
Un progiciel de gestion de la paie doit par exemple, pouvoir éditer les feuilles de paie ;

– la non-conformité quant à elle, est une notion définie par rapport aux spécifications convenues contractuellement par les parties : entre dans le champ d'application de l'action en responsabilité contractuelle, chaque hypothèse où la chose (telle qu'un logiciel), livrée au client se révèle en fait différente de celle qui avait été prévue dans le contrat par les parties, quant à ses caractéristiques, fonctions..., exclusivement.
A titre d'exemple, le logiciel sera non conforme contractuellement, s'il ne répond pas précisément aux besoins définis par l'utilisateur dans le cahier des charges. Le logiciel livré peut être opérationnel et donc non entaché de vices cachés, mais non conforme aux spécifications attendues.
Toutefois, la frontière peut être mince, car l'inadéquation aux besoins peut conduire à une non-conformité à la destination normale. Or, le demandeur à l'action doit choisir entre ces deux notions pour fonder sa demande. Une attitude prudente doit donc conduire à agir dans un délai bref, en cas de caractère non opérationnel du produit multimédia, du fait de son composant logiciel, par exemple.

36240. ***La responsabilité extracontractuelle***

Outre les hypothèses de faute contractuelle entraînant la responsabilité contractuelle de son auteur, le producteur, l'éditeur ou l'un des contributeurs auteurs d'une œuvre multimédia peut voir sa responsabilité délictuelle engagée, dans un certain nombre d'hypothèses, qu'il n'est pas non plus ici possible de retracer d'une manière exhaustive mais dont les plus significatives peuvent être soulignées.

36241. ***L'atteinte au droit des auteurs***

L'atteinte au droit des auteurs est notamment constituée lorsqu'un tiers aura utilisé leurs œuvres protégées sans l'autorisation corrélative due et généralement sans avoir versé la rémunération financière en contrepartie. Cette atteinte met en jeu la responsabilité délictuelle de l'auteur de l'infraction.

En effet, toute atteinte au droit des auteurs, notamment par reproduction, représentation, distribution illicite des œuvres protégées, s'analyse en un acte de contrefaçon, puni d'un emprisonnement de deux ans et d'une amende d'un million de francs.

Dans l'hypothèse fréquente où l'acte de contrefaçon aura entraîné un préjudice matériel (ou même moral), l'auteur du délit sera tenu du paiement de dommages et intérêts venant réparer l'entier préjudice subi.

A cet égard, il est indispensable de faire une juste évaluation du préjudice subi, à partir d'éléments objectifs et quantifiables, sous peine de se voir reprocher une estimation arbitraire.

A titre d'exemple, il s'agira du gain manqué, de la perte effectivement subie et plus rarement de la perte d'une chance, du détournement de clientèle, de l'atteinte à la réputation commerciale...

En matière de produit multimédia, l'atteinte au droit d'auteur peut être constituée par la reproduction, la représentation ou la modification sans autorisation, d'une œuvre préexistante incorporée. Cette atteinte peut même être constituée dans le cas d'une œuvre de commande, si la cession des droits n'a pas été organisée contractuellement.

L'atteinte au droit d'auteur peut également être constituée par la simple utilisation, sans droit, du logiciel intégré dans le produit multimédia. En effet, un droit nouveau, celui d'utilisation, a été créé en matière de logiciel (27).

Enfin, l'atteinte au droit d'auteur pourra également résulter d'une reproduction ou représentation, sans droit, du produit multimédia ou d'une partie identifiable de celui-ci.

Compte tenu des investissements nécessaires à la production d'un produit multimédia, le préjudice peut être extrêmement conséquent.

36242. *L'information inexacte ou partielle*

Le contenu de l'œuvre multimédia, en particulier textuel, est soumis bien entendu aux règles régissant l'information, et plus particulièrement la transmission d'informations, règles prétoriennes pour une bonne part.
L'auteur se doit de vérifier l'information qu'il diffuse dans son œuvre sous peine que soit engagée sa responsabilité. Outre l'auteur, l'éditeur ou le producteur peut également être reconnu comme responsable de la diffusion de cette information. Leur faute sera constituée par la diffusion de données inexactes ou incomplètes.
Ainsi, dans la célèbre affaire de la « ciguë », le Tribunal de grande instance de Paris, dans un jugement rendu le 28 mai 1986 a retenu la responsabilité de l'auteur et des éditeurs allemand et français pour avoir commis « *une faute quasi-délictuelle, étrangère à l'exécution des obligations contractuelles* » (28).
En l'espèce, il s'agissait d'un guide pratique distribué par un éditeur allemand qui fut traduit puis édité en France. Ce guide portait sur la description de fruits et de plantes sauvages et sur la façon de les accommoder pour les consommer. Un lecteur décéda à la suite de l'absorption d'une plante vénéneuse, la ciguë, en raison du caractère peu explicite de la distinction faite dans ce guide, entre la ciguë et les carottes sauvages. Les magistrats ont conclu à la faute de l'éditeur auquel il incombait :

« *de s'assurer que les utilisateurs pouvaient faire pleine confiance à cet ouvrage et effectivement consommer sans risque les plantes qui s'y trouvaient décrites ; (...) que la société (...) a manqué à cette obligation, en ne prenant pas les précautions nécessaires pour pallier les conséquences de la négligence de l'auteur* ».

Le manquement reproché à l'éditeur consistait donc à ne pas avoir fait en sorte de s'assurer, lui-même, que l'ouvrage ne recelait aucun danger. Il incombait à l'éditeur de vérifier la qualité du travail devant donner lieu à publication quel qu'ait été le sérieux ou la réputation de l'auteur (29).
La jurisprudence du Tribunal de grande instance de Paris est tout à fait transposable à l'œuvre multimédia. L'auteur et l'éditeur ou le producteur de l'œuvre pourront être reconnus responsables de l'information diffusée si, du fait de la négligence de l'auteur et de l'éditeur tenus de vérifier l'information, celle-ci, en raison de son imprécision ou de son inexactitude, cause un préjudice à des tiers.

36243. *L'information contraire à l'ordre public et aux bonnes mœurs*

L'auteur, l'éditeur ou le producteur doit respecter les principes d'ordre public et de bonnes mœurs lors de la création et de la diffusion de leurs œuvres. Bien que la jurisprudence se montre assez tolérante s'agissant d'œuvres humoristiques et satiriques, la publication d'œuvres obscènes peut engager la responsabilité civile de l'auteur et de l'éditeur ou du producteur notamment lorsque ces publications causent un dommage important à certaines personnes et à leur famille (30).

L'ordre public est une notion dont le contenu est plus vaste. De manière générale, il s'agit de règles juridiques qui s'imposent à tous pour des raisons de sécurité dans les rapports sociaux.
Une affaire portant sur la diffusion d'un livre intitulé « Suicide : mode d'emploi » donna lieu à une action en dommages et intérêts de la part de la famille d'une jeune fille qui s'était suicidée en s'inspirant manifestement des conseils donnés dans l'ouvrage.
Les parents de la victime invoquaient la faute de l'éditeur qui consistait selon eux à avoir « *fourni sciemment à un public principalement composé de personnes malades, le plus sûr moyen de mettre fin à leurs jours, en leur faisant perdre toute chance de survie* ».
Cependant, le Tribunal de grande instance de Paris, dans son jugement du 23 janvier 1985, a débouté les parents de leur demande en raison du doute existant sur le lien de causalité entre le suicide de la victime, de tempérament dépressif, et la lecture du livre :

« *Dès lors qu'à aucun moment ne s'est établi entre les auteurs et l'éditeur, d'une part, et la personne qui s'est suicidée, d'autre part, le moindre dialogue ou commencement de dialogue direct, qui eut pu attirer l'attention sur un risque de mort et donc sur un état de péril imposant assistance, il ne saurait être retenu à leur encontre une obligation de réparer qui ne découlerait que du seul exercice de deux libertés* » (31).

Dans une autre affaire, la 16e Chambre correctionnelle du Tribunal de grande instance de Paris condamna l'un des coauteurs d'un livre pour non-assistance à personne en danger parce que ce dernier avait donné, dans une lettre à un lecteur qui s'était par la suite suicidé, des conseils précis sur le dosage d'un médicament à utiliser à cet effet (32).
La jurisprudence est tout à fait cohérente puisque dans ce cas, la faute de l'auteur ne provenait pas de la diffusion de son livre mais de la lettre adressée directement à la victime qui établissait donc un lien de causalité entre la faute et le dommage.
Aujourd'hui, l'article 223-13 nouveau du Code pénal sanctionne d'une peine d'emprisonnement de trois ans et d'une amende de 300 000 F, « *le fait de provoquer au suicide d'autrui (...) lorsque la provocation a été suivie du suicide ou d'une tentative de suicide. Les peines sont portées à cinq ans d'emprisonnement et à 500 000 F d'amende lorsque la victime de l'infraction est un mineur de quinze ans* ».
L'article 223-14 nouveau du Code pénal punit de trois ans d'emprisonnement et de 300 000 F d'amende « *la propagande ou la publicité, quel qu'en soit le mode, en faveur de produits, d'objets ou de méthodes préconisés comme moyens de se donner la mort* ».
Dans l'ancien texte du Code pénal, le respect des bonnes mœurs était régi par les articles 283 à 286. L'article 283 du Code pénal punissait d'un emprisonnement d'un mois à deux ans et d'une amende de 360 F à 30 000 F quiconque aura « *affiché, exposé ou projeté au regard du public (...) tous écrits ou images*

contraires aux bonnes mœurs ». L'article 284 punissait des mêmes peines, le fait d'avoir « *publiquement attiré l'attention sur une occasion de débauche ou (...) publié une annonce ou une correspondance de ce genre quels qu'en soient les termes* ». La publicité était considérée comme un des éléments constitutifs des infractions précédemment visées.

Le nouvel article 227-24 du Code pénal prévoit aujourd'hui que « *le fait soit de fabriquer, de transporter, de diffuser par quelque moyen que ce soit et quel qu'en soit le support un message à caractère violent ou pornographique ou de nature à porter gravement atteinte à la dignité humaine, soit de faire commerce d'un tel message, est puni de trois ans d'emprisonnement et de 500 000 F d'amende lorsque ce message est susceptible d'être vu ou perçu par un mineur. Lorsque les infractions prévues au présent article sont commises par la voie de la presse écrite ou audiovisuelle, les dispositions particulières des lois qui régissent ces matières sont applicables en ce qui concerne la détermination des personnes responsables* ».
Elles s'appliqueraient donc, le cas échéant, aux informations de cette nature diffusées sur un produit multimédia.

36244. *La publicité mensongère*

La publicité mensongère est interdite par l'article L. 121-1 du Code de la consommation (ancien article 44-1 de la loi Royer).
Le multimédia peut être utilisé à des fins publicitaires et/ou promotionnelles, et dès lors, la publicité faite par ce moyen de communication restera soumise bien entendu aux règles régissant la publicité et en particulier la publicité mensongère.
L'interdiction concerne toute publicité de nature à induire en erreur quels que soient le support (oral ou écrit), la nature (générale ou particulière) et l'émetteur (professionnel ou particulier), dès lors qu'elle est destinée à des consommateurs et qu'elle est perçue ou reçue en France quel que soit le site d'émission (33).
La personne coupable de l'infraction est passible d'une amende pouvant représenter jusqu'à 50 % du montant des dépenses publicitaires réalisées sans excéder toutefois les 250 000 francs.
S'ajoute à cette amende une possibilité cumulative ou alternative d'emprisonnement d'une durée de trois mois à deux ans (Art. L. 121-2 à 7 *C. conso.*).
La publicité mensongère n'a pas à induire nécessairement le consommateur en erreur pour être sanctionnée, il suffit qu'elle ait été propre à produire cet effet (34).

36245. ***L'atteinte à la vie privée***

L'atteinte à la vie privée est sanctionnée tant en droit civil, qu'en droit pénal. L'article 9 du Code civil affirme que « *chacun a droit au respect de sa vie privée* ». Ce texte permet la réparation du préjudice subi et aussi le prononcé de mesures provisoires et de remise en état car il prévoit en son alinéa 2 :

« *Les juges peuvent, sans préjudice de la réparation du dommage subi, prescrire toutes mesures, telles que séquestre, saisie et autres, propres à empêcher ou faire cesser une atteinte à l'intimité de la vie privée ; ces mesures peuvent, s'il y a urgence, être ordonnées en référé* ».

L'article 226-1 du Code pénal punit d' « *un an d'emprisonnement et de 300 000 F d'amende le fait, au moyen d'un procédé quelconque, volontairement de porter atteinte à la vie privée d'autrui :*

1° En captant, enregistrant ou transmettant, sans le consentement de leur auteur, des paroles prononcées à titre privé ou confidentiel ;

2° En fixant, enregistrant ou transmettant, sans le consentement de celle-ci, l'image d'une personne se trouvant dans un lieu privé.

Lorsque les actes mentionnés au présent article ont été accomplis au vu et au su des intéressés sans qu'ils s'y soient opposés, alors qu'ils étaient en mesure de le faire, le consentement de ceux-ci est présumé ».

Une œuvre multimédia pourra, par exemple, porter atteinte à la vie privée d'une personne en intégrant une ou plusieurs photographies de celle-ci sans son accord (35).
On peut distinguer deux hypothèses principales dans lesquelles la responsabilité de l'auteur, de l'éditeur ou du producteur pourra être retenue. Dans la première, aucun consentement de la personne n'a été donné, la responsabilité du photographe mais aussi de l'éditeur ou du producteur de l'œuvre multimédia pourra sans difficulté être retenue. La nécessité d'obtenir l'accord de la personne concernée pour publier sa photographie s'impose même si celle-ci a été prise dans un lieu public.
Cependant, nul ne peut donner, moyennant une somme forfaitaire, le droit absolu et irrévocable, illimité dans le temps et dans l'espace, de céder, en vue de leur publication les photographies de sa personne (36). L'autorisation doit être effective, non équivoque et spéciale.
En outre, il ne suffit pas que la personne ait donné son consentement pour la prise de la photo, il faut encore qu'elle ait donné son accord pour qu'elle soit intégrée dans une œuvre multimédia. Si la personne n'est pas tenue informée de l'utilisation finale de son image, on peut considérer qu'il y a détournement du consentement.

L'autorisation donnée par la personne concernée de publier sa photographie sur un support et à des fins déterminées, doit être interprétée restrictivement et ne peut être tacite.

36246. ***Diffamation et injure***

L'article 29 de la loi du 29 juillet 1881 (37) définit la diffamation comme « *toute allégation ou imputation d'un fait qui porte atteinte à l'honneur ou à la considération de la personne ou du corps auquel le fait est imputé (...). La publication directe par voie de reproduction de cette allégation ou de cette imputation est punissable, même si elle est faite sous forme dubitative ou si elle vise une personne ou un corps non expressément nommé mais dont l'identification est rendue possible par les termes des discours, cris, menaces, écrits ou imprimés, placards ou affiches incriminés* ».

Outre qu'elle doit viser une personne physique ou morale déterminée et non un produit ou un service, l'information contestée doit contenir l'allégation ou l'imputation d'un fait précis.

Même si la forme utilisée pour rapporter l'information est interrogative ou dubitative, la précision du fait suffit pour qu'il y ait diffamation. Les mêmes faits constituent une injure, lorsqu'ils ne font pas allusion à un événement précis.

Ce fait précis doit être de nature à porter atteinte à l'honneur ou à la considération de la personne visée. L'honneur et la considération s'apprécient objectivement et sans égard pour l'appréciation subjective portée par la victime de la diffamation, qui peut parfaitement avoir par le passé, défendu les faits qui lui sont aujourd'hui reprochés et qualifiés de diffamatoires.

L'imputation ou l'allégation doit être faite de mauvaise foi. Contrairement aux principes généraux du droit pénal selon lesquels la bonne foi est présumée, l'allégation ou l'imputation d'un fait précis et diffamatoire est réputée faite de mauvaise foi.

Enfin, l'imputation ou l'allégation doit être publique. Dans le cas contraire, la diffamation est punie comme une simple contravention soumise à la compétence des tribunaux de police.

Si les faits ne sont pas assez caractérisés pour constituer une infraction pénale, la jurisprudence admet la responsabilité civile de l'éditeur sur la base de l'article 1382 du Code civil.

La diffamation pouvant être diffusée sur n'importe quel support : presse, radio, télévision, livre... il ne fait pas de doute que cette infraction pourrait être commise par le moyen d'un produit multimédia (38).

Notes

(1) *Juris-Classeur*, Droit civil, « Articles 1136 à 1145 », Fasc.2, 1987.

(2) P. Malaurie et L. Aynès, *Droit civil, les obligations*, Cujas, 2e édition, 1990, n° 818.

(3) *Juris-Classeur*, Droit civil, Fasc. 2, *précité.*

(4) *Ibid.*

(5) A. Bensoussan, « Garantie de résultats et obligation de moyens », *01 mensuel* 1985 n° 186, p. 75.

(6) Cass. civ., 24 mars 1987, *Gaz.Pal.* 1987, 2, pan. jur. 151.

(7) *Juris-Classeur*, Droit civil, Fasc. 2, *précité.*

(8) Ph. Malaurie et L. Aynès, *Droit civil, les obligations*, Cujas, 2e édition, 1990, n° 24 à 32.

(9) A. Viricel, *Les droits des contrats de l'informatique*, éd. du Moniteur, 1984, p. 83.

(10) P. Malaurie et L. Aynès, *Droit civil, les obligations, précité*, p. 463.

(11) Cass. civ., 1re Ch., 16 juillet 1987, *Bull. civ.* I, n° 226.

(12) Cass. com., 9 mai 1990, *Dalloz* 1990, IR-163.

(13) Voir cette clause dans le contrat d'études et de conseils, A. Bensoussan, *Droit de l'informatique et de la télématique*, Berger-Levrault, éd. Systèma, 1985, Document 11-01.

(14) Ph. Malaurie et L. Aynès, *Droit civil, les obligations, précité*, n° 749.

(15) CA Paris, 5e Ch. B, 9 octobre 1986, *Juris-Data*, n° 25573.

(16) Cass. civ., 1re Ch., 16 juillet 1992, *Bull. civ.* I, n° 227.

(17) CA Paris, 2e Ch. A, 18 juin 1986, *Juris-Data*, n° 23878.

(18) Cass. Civ. 3e Ch., 4 mai 1994 SARL Marga/SA Tienys, *JCP* (G) 1995, n° 22380, p. 69, note B. Boccara.

(19) Cass. com., 26 octobre 1955, *Bull. civ* III, n° 298.

(20) CA Paris, 5e Ch. C, 17 octobre 1980, SGSC/Groupe Natel, *Expertises* 1980 p. 9, *Expertises* 1980, n° 24, p. 9, et note A. Bensoussan, « Responsabilité d'un façonnier, limites des clauses pénales », *Expertises* 1980, n° 25, p. 9.

(21) CA Paris, 5e Ch., 17 octobre 1980, *précité* ; CA Paris, 5e Ch. A, 8 février 1982, Bumeca/CII-HB, *Juris-Data* n° 20336.

(22) CA Colmar, 2e Ch., 28 janvier 1983, *Juris-Data* n° 041143.

(23) Cass. com., 26 février 1991, *Bull civ.* IV, n° 91.

(24) Cass. com., 1er décembre 1992, n° 389, *Bull.* IV.

(25) Cass. 1re Civ., 16 juin 1993, *Dalloz* 1994, p. 210 ; Cass. 1re Civ., 13 octobre 1993, *Dalloz* 1994, p. 211 ; Cass. 1re Civ. 27 octobre 1993, *Dalloz* 1994, p. 211 ; Cass. 1re Civ., 8 décembre 1993, *Dalloz* 1994, p. 212.

(26) Cass. 1re Civ. 8 décembre 1993, *précité.*

(27) Supra n° 12321 relatif aux dispositions dérogatoires concernant la reproduction du logiciel.

(28) TGI Paris, 1re Ch., 28 mai 1986, Gribinski et autres/Société Fernand Nathan, *Dalloz* 1986, Flash n° 25 et *RTDC* 1987, p. 552, note J. Huet.

(29) J. Huet, « Responsabilité du fait de l'information », *RTDC* 1987, p. 554.

(30) TGI Paris, 26 novembre 1986, *Juris-Data* n° 043185.

(31) TGI Paris, 1re Ch., 23 janvier 1985, *Dalloz* 1985, p. 418 et note B. Calais.

(32) TGI Paris 16e Ch., 20 novembre 1985, *Dalloz* 1985, p. 369 et note B. Calais.

(33) Cf. MÉMENTO-GUIDE ALAIN BENSOUSSAN, *Le marketing direct et le droit*, Hermès, 2e éd. 1994, n° 9220 et suivants.

(34) Cass. crim., 8 décembre 1987, *Bull. crim.*, n° 450, p. 1192 ; Cass. crim., 6 décembre 1988, *BRDA*, 1989/3, p. 5.

(35) *Supra* n° **6210** relatif à la reproduction d'une personne physique ou d'un lieu privé.

(36) A propos de photographies, CA Paris, 1re Ch. A, 12 novembre 1990, B... et Larousse c./L..., *Légipresse*, n° 80, avril 1991, p. 28 ; TGI Paris, 1re Ch., 21 décembre 1983, Y. Noah c./Société Française de revues, Société du Figaro et Agence Gamma, *Gaz. Pal.*, 19-20 octobre 1984.

(37) Loi du 29 juillet 1881 sur la liberté de la presse, Cf. Chap. Presse du Code pénal.

(38) *Infra* n° 37000 et suivants relatifs à la diffamation et à l'atteinte à l'image dans l'œuvre multimédia.

37000.

Le multimédia et le droit de la presse et de la communication

Le droit de la presse et de la communication vise non seulement l'ensemble des règles juridiques qui s'appliquent à tous les organes de presse (imprimerie, librairie et presse périodique), mais encore les différents crimes et délits commis par tout moyen de publication (diffamation, injure, propagation de fausse nouvelle, outrage, provocation aux crimes et aux délits...).

Qu'il s'agisse de produits *off line* tels que le CD-ROM, ou diffusés *on line*, en réseaux fermés ou totalement ouverts comme Internet, le multimédia entre naturellement dans le champ d'application du droit de la presse et de la communication, tout en soulevant des problèmes juridiques nouveaux et complexes, inhérents à la technologie spécifique du support, ainsi qu'au caractère international et interactif des réseaux.

Sachant qu'il n'existe pas à ce jour de textes législatifs et réglementaires spécifiques au nouveau média que constitue le multimédia, il convient d'examiner les conditions d'application des textes existants relatifs au droit de la presse et de la communication.

37100. Les textes applicables en droit interne

Le droit de la presse ayant évolué au rythme des technologies de la communication, on est passé en un siècle, de la loi du 29 juillet 1881 « sur la liberté de la presse » (1) visant exclusivement la presse écrite, à la loi du 1er août 1982 sur la communication audiovisuelle.

37110. ***La loi du 29 juillet 1881 « sur la liberté de la presse »***

On emploie souvent pour désigner ce texte, lequel a fait l'objet depuis sa promulgation de différentes retouches, l'expression de « code de la presse » (2).
Intégrée dans le Code pénal au chapitre « Presse et communication », la loi du 29 juillet 1881 n'obéit à aucune architecture précise.
C'est ainsi qu'après avoir affirmé en son article 1er que « *l'imprimerie et la librairie sont libres* » et imposé dans ses articles 2 à 11 la désignation par chaque organe de presse d'un directeur de la publication ainsi que l'accomplissement, par ce dernier, d'un certain nombre de formalités au moment de chaque parution, la loi se présente essentiellement comme un catalogue d'infractions.
Après les chapitres consacrés aux rectifications, au droit de réponse, au régime de la presse étrangère ainsi qu'à l'affichage, sont examinés successivement un certains nombre de délits relatifs à la presse tels que :

– la provocation aux crimes et délits (art. 23 et 24) ;

– la provocation à la discrimination, à la haine ou à la violence à l'égard d'une personne ou d'un groupe de personnes à raison de leur origine ou de leur appartenance ou de leur non-appartenance à une ethnie, une nation, une race ou une religion déterminée (art. 24) ;

– la contestation de l'existence d'un ou de plusieurs crimes contre l'humanité tels que définis par l'article 6 du statut du Tribunal militaire international annexé à l'accord de Londres du 8 août 1945 (art. 24 bis) ;

– la publication, diffusion, reproduction, par quelque moyen que ce soit de nouvelles fausses, de pièces fabriquées, falsifiées ou mensongèrement attribuées à des tiers lorsque faite de mauvaise foi, elle aura troublé la paix publique ou aura été susceptible de la troubler (art. 27).

– la diffamation et l'injure (art. 29).

37120. ***La loi du 16 juillet 1949 sur les publications destinées à la jeunesse***

La loi du 16 juillet 1949 sur les publications destinées à la jeunesse (3) interdit et sanctionne pénalement les publications, périodiques ou non, destinées aux enfants et adolescents, d'illustrations, récits, chroniques, rubriques, insertions « *présentant sous un jour favorable le banditisme, le mensonge, le vol, la paresse, la lâcheté, la haine, la débauche ou tous actes qualifiés crimes ou délits ou de nature à démoraliser l'enfance ou la jeunesse ou à inspirer ou entretenir des préjugés ethniques* ».

37130. *La loi du 29 juillet 1982 sur la communication audiovisuelle*

La loi du 29 juillet 1982 sur la communication audiovisuelle (4) intéresse le droit de la presse dans la mesure où elle reconnaît le statut de journaliste exerçant ses fonctions dans une entreprise de communication audiovisuelle (5) et impose la désignation dans tout service de communication audiovisuelle d'un directeur de la publication (art. 93-2), lequel encourt les responsabilités visées par le chapitre 4 de la loi du 29 juillet 1881, c'est-à-dire les crimes et délits commis par voie de presse ou tout autre moyen de publication.
Par ailleurs, elle définit un régime juridique spécifique au droit de réponse exercé dans le cadre d'une activité de communication audiovisuelle, largement dérogatoire aux dispositions de l'article 13 de la loi du 29 juillet 1881 (art. 6).
Le décret du 6 avril 1987 fixe les modalités du droit de réponse en matière audiovisuelle (6).

37140. *La loi du 1er août 1986*

La loi du 1er août 1986 portant réforme du régime juridique de la presse (7) définit clairement en son article 1er la publication de presse comme « *tout service utilisant un mode écrit de diffusion de la pensée mis à la disposition du public en général ou de catégories de publics et paraissant à intervalles réguliers* ».
La Cour d'appel de Paris considère que l'expression « à intervalles réguliers » implique une diffusion d'informations selon une périodicité « cyclique », ce qui exclut le cas d'une entreprise de presse comme l'AFP, chargée d'assurer la retransmission immédiate et continue des informations qu'elle reçoit (8).

37150. *La loi du 30 septembre 1986 relative à la liberté de communication*

La loi du 30 septembre 1986 modifiée énonce le principe de la liberté de la communication audiovisuelle et confie au Conseil supérieur de l'audiovisuel la mission de garantir l'exercice de cette liberté.
Elle définit la télécommunication comme « *toute transmission, émission ou réception de signes, d'écrits, d'images, de sons ou de renseignements de toute nature par fil, optique, radio-électricité ou autres systèmes électromagnétiques* » et la communication audiovisuelle comme « *toute mise à disposition du public ou de catégories de public, par un procédé de télécommunication, de signes, de signaux, d'écrits, d'images, de sons ou de messages de toute nature qui n'ont pas le caractère d'une correspondance privée* ».

37160. ***La loi du 20 juin 1992***

La loi du 20 juin 1992 soumet à l'obligation du dépôt légal « *les documents, imprimés, graphiques, photographiques, sonores, audiovisuels, multimédias, quel que soit leur procédé de production, d'édition ou de diffusion* » (9).

37170. ***Le décret du 25 février 1993***

Le décret du 25 février 1993 (10) a créé le Conseil supérieur de la télématique dont le rôle est d'élaborer les règles propres à régir ce secteur notamment en réalisant un code de déontologie destiné à protéger les mineurs et les consommateurs.
Le Comité de la télématique anonyme, mis en place par le même texte, a de son côté, la mission de veiller au respect par les parties des recommandations visées à l'article D. 406-1-2 du Code des postes et télécommunications et des clauses non strictement commerciales des contrats conclus entre elles (11).

37200. Les textes applicables en droit international

Jusqu'à l'émergence récente du « on line » et surtout du réseau mondial Internet, le droit de la presse s'est développé en France comme dans les autres pays dans les limites étanches d'une législation nationale évoluant au rythme de mutations technologiques.
C'est ainsi que la loi du 29 juillet 1982 a étendu et adapté à la communication audiovisuelle les principes généraux de la loi du 29 juillet 1881 et que par la suite, les services télématiques ce sont naturellement vus soumis aux dispositions légales relatives à l'exigence d'un directeur de publication, au droit de réponse, aux délits spécifiques prévus et réprimés par la loi du 29 juillet 1881 ainsi qu'à la conservation et à l'archivage des informations.
Cependant, il est à noter que l'évolution des technologies de la communication était strictement limitée au cadre national et que s'agissant par exemple des services télématiques, le problème des transferts internationaux de données et d'informations ne s'est jamais posé.
En matière de réseaux *on line*, la problématique est d'emblée internationale, les informations circulant à grand flux sur les autoroutes de l'information qui relient les différentes régions du monde.
On examinera donc les dispositions juridiques qui pourraient avoir vocation à s'appliquer aux produits multimédias *off line* et *on line*, comme sur Internet.

37210. ***Les conventions internationales***

A défaut d'accords internationaux assurant une police du réseau efficace, Internet fait encore figure de « sanctuaire inviolable » selon l'expression de Monsieur Philippe Quéau (11 bis).

En effet, le principe de la liberté d'opinion affirmé en France par l'article 11 de la Déclaration des droits de l'homme a été purement et simplement repris par la Déclaration universelle des droits de l'homme adoptée par l'assemblée générale des Nations Unies le 10 décembre 1948, laquelle proclame que « *tout individu a droit à la liberté d'opinion et d'expression, ce qui implique le droit de ne pas être inquiété pour ses opinions et celui de chercher, de recevoir et de répandre sans considération de frontières, les informations et les idées par quelque moyen que ce soit* ».

Plus tard, la Convention européenne des droits de l'homme entrée en vigueur le 3 septembre 1953 et ratifiée par la France le 31 décembre 1973 a développé ce thème en posant le principe que :

« *1. Toute personne a droit à la liberté d'expression. Le droit comprend la liberté de recevoir ou de communiquer des informations ou des idées sans qu'il puisse avoir ingérence d'autorités publiques et sans considération de frontières.*

Le présent article n'empêche pas les Etats de soumettre les entreprises de radiodiffusion, de cinéma ou de télévision à un régime d'autorisation.

2. L'exercice de ces libertés comportant des devoirs et des responsabilités peut être soumis à certaines formalités, conditions, restrictions, ou sanctions prévues par la loi qui constituent des mesures nécessaires dans une société démocratique à la sécurité nationale, à l'intégrité territoriale ou à la sûreté publique, à la défense de l'ordre et à la prévention du crime, à la protection de la santé ou de la morale, à la protection de la réputation et des droits d'autrui, pour empêcher la divulgation d'informations confidentielles ou pour garantir l'autorité et l'impartialité du pouvoir judiciaire ».

On constate à la lecture de ces textes de droit international public que dans tous les cas de figure, les limites pouvant être apportées à la liberté d'expression demeurent de la seule compétence des Etats.

37220. ***Le régime de la presse étrangère***

L'article 14 de la loi du 29 juillet 1881 prévoit que :

« *La circulation, la distribution ou la mise en vente en France des journaux ou écrits périodiques ou non, rédigés en langue étrangère peut être interdite par décision du ministre de l'Intérieur.*

Cette interdiction peut également être prononcée à l'encontre des journaux et écrits de provenance étrangère rédigés en langue française, imprimés à l'étranger ou en France ».

La jurisprudence et la doctrine en ont déduit que :

– tous les écrits en langue étrangère sont considérés comme publication étrangère ;

– tout écrit en langue française publié à l'étranger est considéré comme une publication étrangère.

Sachant que la loi du 1er août 1986 définit l'expression « *publication de presse* » comme « *tout service utilisant un mode écrit de diffusion de la pensée mis à la disposition du public en général ou de catégories de publics et paraissant à intervalles réguliers* », on peut considérer que les dispositions de l'article 14 de la loi du 29 juillet 1881 ont vocation à s'appliquer aux « *entreprises éditrices* », qu'elles diffusent leurs publications *on line* ou *off line*.
Le principe a valeur supranationale de la liberté de la presse aura alors pour limite les très larges pouvoirs de contrôler *a posteriori* du ministre de l'Intérieur, le juge administratif se refusant à contrôler la qualification juridique des faits sur lesquels une éventuelle décision d'interdiction a été prise (12).

37300. La typologie des infractions en matière de presse et de communication

37310. ***La diffamation***

L'article 29 de la loi du 29 juillet 1881 donne de la diffamation la définition suivante :

« *Toute allégation ou imputation d'un fait qui porte atteinte à l'honneur ou à la considération de la personne ou du corps auquel le fait est imputé* ».

Sur la base de cette définition, la jurisprudence considère que pour être punissable, la diffamation doit réunir les cinq éléments constitutifs suivants :

– l'allégation d'un fait précis ;

– l'atteinte à l'honneur ou à la considération de la personne visée ;

– la mise en cause d'une personne déterminée ;

– la mauvaise foi ;

– la publicité.

La diffamation est punissable, ainsi que le prévoit expressément l'article 29 de cette loi, « *même si elle est faite sous forme dubitative ou si elle vise une personne ou un corps non expressément nommé, mais dont l'identification est rendue possible par les termes des discours, cris, menaces, écrits ou imprimés, placards ou affiches incriminés* ».

C'est ainsi qu'il a été jugé à plusieurs reprises que des critiques ou des imputations, même virulentes, concernant des produits, des services ou des prestations d'une entreprise industrielle ou commerciale, ne peuvent être qualifiées de diffamation dès lors qu'elles ne concernent pas une personne physique ou morale (13).

De même, lorsqu'elle est non publique, la diffamation est assimilée à l'injure non publique et entre dans le champ d'application du seul article R. 621-1 du Code pénal, lequel prévoit une contravention de première classe.

Les différents supports de la diffamation sont énumérés à l'article 23 de la loi sur la presse. Il s'agit « *des discours, cris ou menaces proférés dans des lieux ou réunions publics, des écrits, imprimés, dessins, gravures, peintures, emblèmes, images ou tout autre support de l'écrit, de la parole ou de l'image vendu ou distribué, mis en vente ou exposé dans des lieux ou réunions publics, soit par des placards ou des affiches exposés au regard du public, soit par tout moyen de communication audiovisuelle* ».

La jurisprudence a notamment réprimé les diffamations commises par dessins ou images quels que soient les procédés employés pour les reproduire et exécuter : films cinématographiques, bandes dessinées, émissions radiophoniques (14).

L'article 32 de la loi du 29 juillet 1881 punit d'un emprisonnement de six mois et d'une amende de 80 000 francs, ou de l'une de ces deux peines seulement, la diffamation commise envers les particuliers par l'un des supports visés à l'article 23.

Ce même article punit d'un emprisonnement d'un an et d'une amende de 300 000 francs ou de l'une de ces deux peines seulement, la diffamation commise par les mêmes supports envers une personne ou un groupe de personnes à raison de leur origine ou de leur appartenance ou de leur non-appartenance à une ethnie, une Nation, une race ou une religion déterminée.

Il résulte de ces dispositions qu'un support multimédia peut constituer un moyen de diffamation, indépendamment de son mode de diffusion *off line* ou *on line*.

37320. ***L'injure***

L'article 29 de la loi du 29 juillet 1881 vise également l'injure définie comme « *toute expression outrageante, terme de mépris ou invective qui ne renferme l'imputation d'aucun fait* ».

L'existence du délit d'injure est caractérisée par la réunion des quatre éléments suivants :

– l'emploi d'une expression outrageante, d'un terme de mépris ou d'une invective ;

– la désignation d'un corps ou d'une personne déterminé ;

– l'intention coupable ;

– la publicité.

Aux termes de l'article R. 621-2 du Code pénal, l'injure non publique est sanctionnée d'une contravention de première classe. Tout comme la diffamation publique, l'injure publique doit être réalisée par l'un des moyens visés à l'article 23 de la loi du 29 juillet 1881.
Aux termes de l'article 33 de cette loi, l'injure commise envers les particuliers est punie d'un emprisonnement de deux mois et d'une amende de 80 000 francs ou de l'une de ces deux peines seulement.
Les sanctions sont plus sévères en cas d'injure commise envers les corps ou les personnes désignés par les articles 30 et 31 de la loi (cours, tribunaux, armées, administrations publiques...).
Là encore, ces dispositions ont vocation à s'appliquer en cas d'injure commise au moyen d'un support multimédia.

37330. ***La diffusion de fausses nouvelles***

L'article 27 de la loi du 29 juillet 1881 sanctionne de trois ans d'emprisonnement et/ou de 300 000 francs d'amende la publication, la diffusion ou la reproduction, par quelque moyen que ce soit, de fausses nouvelles, de pièces fabriquées, falsifiées ou mensongèrement attribuées à des tiers lorsque, faite de mauvaise foi, elle aura troublé la paix publique ou aura été susceptible de la troubler.
Le délit exige donc la réunion des quatre éléments suivants :

– la publicité par quelque moyen que ce soit, c'est-à-dire tout moyen de diffusion ;

– l'existence d'une fausse nouvelle ;

– un trouble effectif ou seulement possible, de la paix publique ;

– une intention coupable (15).

D'autres textes peuvent également s'appliquer à la diffusion de fausses informations. A titre d'exemple, on peut citer :

– l'article 52-1 de l'ordonnance du 1er décembre 1986 relative à la liberté des prix et à la concurrence qui punit de deux ans d'emprisonnement et de 200 000 francs d'amende, le fait, « *en diffusant par quelque moyen que ce soit, des informations mensongères ou calomnieuses, en jetant sur le marché des offres destinées à troubler les cours* (...) » ;

– l'ordonnance du 28 septembre 1967 instituant la Commission des opérations de bourse et relative à l'information des porteurs de valeurs mobilières et à la publicité de certaines opérations de bourse.

– l'article L. 121-1 du Code de la consommation relatif à la publicité mensongère ou trompeuse. La publicité est une forme d'information et tant que telle est susceptible d'être manipulée par les technologies nouvelles et en particulier par les images virtuelles (16).

Enfin, doivent être également mentionnées les dispositions du Code pénal qui répriment :

– la propagation ou la publicité, « *quel qu'en soit le mode, en faveur de produits, d'objets ou de méthodes préconisés comme moyen de se donner la mort* » (art. 223-14 du C. pén.) ;

– les discriminations portant atteinte à la dignité de la personne à raison de son origine, sexe, religion, race, opinion politique ou syndicale... (art. 225-1 du C. pén.) ;

– les atteintes à la représentation de la personne, c'est-à-dire le fait de publier, « *par quelque voie que ce soit, le montage réalisé avec les paroles ou l'image d'une personne sans son consentement, s'il n'apparaît pas à l'évidence qu'il s'agit d'un montage ou s'il n'en est pas expressément fait mention* » (art. 226-8 du C. pén.) ;

– la communication ou la divulgation d'une fausse information « *faisant croire à un sinistre et de nature à provoquer l'intervention inutile des secours* » (art. 322-14 du C. pén.).

37340. *La provocation aux crimes et aux délits*

L'article 24 de la loi du 29 juillet 1881 sanctionne d'un emprisonnement de cinq ans et d'une amende de 300 000 francs, la provocation aux délits suivants :

– les atteintes volontaires à la vie, à l'intégrité de la personne et les agressions sexuelles ;

– les vols, extorsions, destructions, dégradations et détériorations volontaires, dangereuses pour les personnes ;

– les atteintes aux intérêts fondamentaux de la Nation ;

– l'apologie des crimes de guerre, des crimes contre l'humanité, ou des délits de collaboration avec l'ennemi ;

– les actes de terrorisme ;

– la discrimination à l'égard d'une personne ou d'un groupe de personnes à raison de leur origine ou de leur appartenance ou de leur non-appartenance à une ethnie, une Nation, une race ou une religion déterminée.

L'article 23 de cette même loi prévoit que seront punis comme complice d'une action qualifiée de provocation aux crimes et délits, ceux qui auront directement provoqué l'auteur ou les auteurs à commettre ladite action, si la provocation a été suivie d'effet.
On notera que la liste des supports énumérés à l'article 23 est commune à l'ensemble des infractions de presse réprimées par la loi du 29 juillet 1881.

37350. ***La violation de la vie privée***

L'article 9 du Code civil prévoit expressément que *« chacun a droit au respect de sa vie privée »*.
Les juges peuvent, sans préjudice de la réparation du dommage subi, prescrire toutes mesures telles que séquestres, saisies et autres, propres à empêcher ou faire cesser une atteinte à l'intimité de la vie privée. Ces mesures peuvent, s'il y a lieu, être ordonnées en référé.
La jurisprudence considère comme faisant partie de la vie privée, les éléments relatifs à :

- l'état de santé d'une personne (17) ;
- l'image d'une personne, fut-elle artiste du spectacle (18) ;
- la situation de fortune d'une personne (19).

La publication du livre du médecin personnel de l'ancien chef de l'Etat, décédé le 8 janvier dernier, faisant de nombreuses « révélations » sur l'état de santé de François Mitterrand a été considéré comme une atteinte au respect de la vie privée (20).
Dans cette affaire, l'épouse du chef de l'Etat défunt ainsi que les enfants de l'ancien président de la République, ont assigné en justice l'auteur de l'ouvrage, le docteur Gubler et l'éditeur, Les Editions Plon, afin de faire interdire le livre litigieux. Ils ont fait valoir à l'appui de leurs prétentions que l'on se trouvait en présence d'une violation manifeste du secret médical, d'une atteinte à la vie privée de François Mitterrand, ainsi que d'une atteinte à leur propre intimité et à leurs sentiments.
Indépendamment de la violation du secret professionnel, dans cette affaire, la Cour d'appel de Paris a considéré la révélation de la maladie de l'ancien chef de l'Etat comme un fait portant atteinte à la vie privée.
Dans cet ouvrage, outre les descriptions des examens médicaux subis par François Mitterrand, de leurs résultats, des troubles physiques supportés par l'ancien chef de l'Etat, de ses crises d'angoisse, on y trouve en effet, des descriptions de la scène de la vie privée, un compte rendu d'un entretien que le Docteur Gubler aurait eu avec François Mitterrand sur le sujet du secret médical lui-même…

Pour fonder sa décision, le Président du Tribunal de grande instance de Paris, tout comme les magistrats de la Cour d'appel de Paris, se sont prononcés en considération des faits de violation du secret professionnel et des faits d'atteintes à la vie privée, et ont réfuté l'atteinte à la liberté d'expression.
Cette affaire soulève un débat qui dépasse les limites de l'interprétation juridique, sur la conciliation à faire entre deux grandes libertés constitutionnelles : le respect de la vie privée et la liberté d'expression. Le respect de la vie privée serait une limite naturelle au principe de la liberté d'expression, celle-ci se positionnant à un rang inférieur dans la hiérarchie des principes constitutionnels.
Enfin, signalons qu'en ce qui concerne le respect de la vie privée, les articles 226-1 à 226-2 du Code pénal punissent :

« *le fait, au moyen d'un procédé quelconque, volontairement de porter atteinte à l'intimité de la vie privée d'autrui :*

1° en captant, enregistrant ou transmettant, sans le consentement de leur auteur, des paroles prononcées à titre privé ou confidentiel ;

2° en fixant, enregistrant ou transmettant, sans le consentement de celle-ci, l'image d'une personne se trouvant dans un lieu privé (...) ».

37360. *La protection des mineurs*

L'article 227-24 du Code pénal punit de trois ans d'emprisonnement et de 500 000 francs d'amende lorsque le message est susceptible d'être vu ou perçu par un mineur « *le fait soit de fabriquer, de transporter, de diffuser par quelque moyen que ce soit et quel qu'en soit le support, un message à caractère violent ou pornographique ou de nature à porter gravement atteinte à la dignité humaine, soit de faire commerce d'un tel message, lorsque ce message est susceptible d'être vu ou perçu par un mineur* ».

37370. *Le dénigrement*

Lorsque le délit de diffamation n'est pas constitué, comme c'est le cas à l'égard des produits et services, l'entreprise victime peut faire sanctionner le dénigrement dont elle est l'objet devant les tribunaux civils. L'entreprise victime d'un tel dénigrement doit prouver :

– la faute de l'auteur des propos contestés, sans pouvoir se prévaloir des dispositions de la loi du 29 juillet 181 qui énumère les responsables de droit de l'infraction ;
– le préjudice subi ;
– un lien de causalité entre la faute invoquée et le préjudice.

L'entreprise aura par exemple, à prouver le caractère erroné des informations rapportées et les négligences constatées dans les vérifications.
A l'issue de cette procédure, elle pourra obtenir des dommages et intérêts et, dans certains cas, la cessation des agissements répréhensibles, ou même empêcher qu'ils ne soient commis, par la procédure du référé (21).

37400. Les problèmes spécifiques posés par le multimédia

La loi du 29 juillet 1881 sur la liberté de la presse et la loi du 30 septembre 1986 sur la communication audiovisuelle ne vise pas expressément le support multimédia qu'il soit diffusé *on line* ou *off line.*
Toutefois, la plupart des délits qu'elle sanctionne s'appliquent quel que soit le support ou le moyen de diffusion utilisé. Ces textes fournissent donc un cadre juridique au multimédia qu'il soit diffusé *off line* ou *on line*.

37410. *L'auteur de l'infraction*

L'article 42 de la loi du 29 juillet 1881 désigne en cascade les personnes responsables des délits commis par la voie de la presse ou tout autre moyen de publication, à savoir :

« *1° Les directeurs de publications ou éditeurs quelles que soient leurs professions ou leurs dénominations et, dans les cas prévus au deuxième alinéa de l'article 6* (immunité parlementaire française ou communautaire), *les codirecteurs de la publication ;*

2° A leur défaut, les auteurs ;

3° A défaut des auteurs, les imprimeurs ;

4° A défaut des imprimeurs, les vendeurs, les distributeurs et afficheurs ».

De son côté, la loi du 30 septembre 1986 relative à la communication audiovisuelle fait obligation à tout service de communication audiovisuelle, d'avoir un directeur de la publication, lequel encourt en qualité d'auteur principal, la responsabilité de l'ensemble des infractions prévues et réprimées en matière de presse et de communication.
La loi du 29 juillet 1881 sanctionne les crimes et délits commis par la voie de la presse ou par « *tout autre moyen de publication* ». Sont ainsi visés tout support de l'écrit, de la parole ou de l'image et tout moyen de communication audiovisuelle. Ont notamment été réprimées, des diffamations commises par des supports tels que, bandes dessinées, films cinématographiques, émissions radiophoniques (22).

37411. ***L'auteur d'une infraction commise sur CD-ROM***

En ce qui concerne la détermination des personnes responsables d'un délit en matière de presse commis à l'aide d'un CD-ROM, il y a lieu d'appliquer les dispositions de l'article 42 de la loi du 29 juillet 1881.
Ainsi, en l'absence de directeur de publications, l'auteur de l'infraction sera l'éditeur du CD-ROM. A défaut d'éditeur, les auteurs seront responsables des infractions qu'ils ont commises.
Par exemple, si, sur un ensemble de photos diffusées sur CD-ROM, l'une d'elle est un élément constitutif de l'infraction reprochée, il conviendra d'identifier dans les « *crédits photos* », l'auteur de la photographie, responsable de l'infraction.

37412. ***L'auteur d'une infraction commise* on line**

En ce qui concerne la détermination des personnes responsables d'un délit en matière de presse commis en réseau, l'application des textes est plus incertaine.
Si l'on assimile les services *on line* aux services télématiques ou de communication audiovisuelle, la personne responsable sera le directeur de la publication ou l'éditeur, à défaut les auteurs, les imprimeurs, les vendeurs ou les distributeurs.
Dans le cadre d'Internet, il faut distinguer les services propriétaires tels que ceux fournis par Compuserve, Infonie ou encore Europe On Line (réseaux fermés) qui peuvent maîtriser les informations qu'ils mettent en ligne, des autres services.
Dans le premier cas, il peut être considéré que de tels services doivent disposer d'un directeur de la publication au sens de la loi du 30 septembre 1986 sur la communication audiovisuelle, à l'instar des services télématiques.
En revanche, le problème est plus délicat en ce qui concerne les informations diffusées sur Internet qu'il s'agisse du fournisseur donnant simplement accès au réseau Internet sans héberger de services ou sans avoir de serveur *newgroup* propre ou de service propriétaire donnant en outre, accès à Internet.
Dans un tel cas, il paraît impossible aux fournisseurs d'accès de vérifier les millions d'informations qui circulent et qui sont modifiées au jour le jour sur Internet.
C'est d'ailleurs le problème soumis au Tribunal de grande instance de Paris le 15 mars 1996 dans l'affaire de l'Union des Etudiants Juifs de France (UEJF) (23) concernant la diffusion de messages révisionnistes sur Internet par un *newsgroup* négationiste.
Dans cette affaire, au vu de la complexité technique que soulève ce cas, et au vu de la nécessité d'une réflexion indiscutable sur le sujet, le juge des référés a préféré renvoyer sa décision après avoir invité les parties à ce concerter et à mener une réflexion en commun. A l'heure où cet ouvrage est mis sous presse, aucune décision judiciaire n'est intervenue.

Certaines des parties ont argumenté sur le fait que la médiation devrait impliquer les quatre-vingt-onze fournisseurs d'accès en France ainsi que France Télécom. Les répercussions sont importantes. Il s'agira de savoir si les services offerts sur Internet sont assimilables aux services télématiques, auquel cas les fournisseurs d'accès devraient veiller au contenu des informations qui transitent par leur intermédiaire. De la même manière que les directeurs de la publication d'un journal sont responsables de ce qu'ils vendent, les fournisseurs d'accès seraient responsables en permettant la création du délit, c'est-à-dire en rendant publics les messages illicites.
De même, la loi du 10 avril 1996 sur les autoroutes de l'information (24) donne des prémices de solutions en indiquant à son article 2, dernier alinéa :

« *(...) le titulaire de l'autorisation délivrée au titre du 1° ci-dessus est tenu de subordonner l'accès au réseau des fournisseurs de services déclarés au titre de l'article 43 de la loi n°86-1067 du 30 septembre 1986 précitée à l'observation par ces derniers de règles assurant le respect de la personne et la protection de la jeunesse et du consommateur* ».

Enfin, le contrat « kiosque micro fournisseur d'accès à Internet » que France Télécom propose aux fournisseurs d'accès prévoit en son article 4.1.1. que le fournisseur d'accès doit non seulement respecter les règles en vigueur pour son service mais également qu'il doit s'engager « *à mettre en œuvre tous les moyens existants conformément aux règles de l'art pour que son service ne donne pas accès à d'autres services non conformes au code de déontologie figurant en annexe 1 ou contraires aux lois et règlements en vigueur et qui auront été désignés par toute autorité compétente* ».

37413. *La preuve des infractions*

En ce qui concerne la preuve des infractions, il y a également lieu de distinguer selon que le produit multimédia est diffusé *off line* sur CD-ROM, ou *on line*.
Les produits multimédias tels que le CD-ROM sont soumis à l'obligation du dépôt légal dès lors qu'ils sont mis à la disposition d'un public.
Cette obligation concerne tout document multimédia mis publiquement en vente, en distribution, en location ou cédé pour la reproduction sur le territoire français (25).
La preuve des infractions susceptibles d'être commises sur un tel support peut donc, dans certains cas, être facilitée grâce aux exemplaires obligatoirement déposés auprès de la Bibliothèque nationale. Par ailleurs, des mesures de saisie d'exemplaires sont aisées à mettre en œuvre à titre de conservation de la preuve.
Le problème est sensiblement plus complexe pour les produits multimédias diffusés en réseau.

Si, une fois de plus, on raisonne par analogie avec les services télématiques, on peut considérer que, contrairement à la presse, il n'existe pas d'obligation de dépôt légal pour les services *on line* mais seulement une obligation d'archivage prévue par le décret du 6 avril 1987 relatif à l'exercice du droit de réponse dans les services de communication audiovisuelle, laquelle pourra faciliter l'administration de la preuve en cas de contestation ou de recours.
Aux termes de ce décret, le directeur de la publication ou le codirecteur de la publication doit conserver sous sa responsabilité, les messages et tous les autres documents nécessaires à l'administration de la preuve des imputations de nature à porter atteinte à la réputation ou à l'honneur du demandeur, pendant huit jours à compter de la date à laquelle ils ont cessé d'être mis à la disposition du public.
En cas de diffusion sur Internet, le problème se pose de savoir qui sera astreint à cette obligation d'archivage et quelles en seront les modalités.
En effet, si l'on considère que le fournisseur de services est soumis à cette obligation, qu'en sera-t-il lorsqu'un centre serveur donne également accès au public à l'ensemble du réseau Internet ?
Dans ce cas de figure, il est évident que l'archivage de la totalité des informations disponibles sur le réseau est techniquement impossible.
Dans ces conditions, la preuve d'une infraction ne pourra être administrée que par la victime elle-même à l'aide des seuls moyens techniques en sa possession, le cas échéant par constat d'huissier.

37414. ***La poursuite des infractions en droit international***

La loi du 29 juillet 1881 réprime les crimes et délits commis en France par la voie de la presse ou par tout autre moyen de publication.
Par ailleurs, les articles 113-2 à 113-5 du Code pénal ont vocation à s'appliquer aux infractions commises ou réputées commises sur le territoire français par des étrangers.
Dans l'« affaire Gubler » relative à la diffusion sur le réseau Internet du « Grand Secret » par le patron d'un cyber-café de Besançon, le fait que cette diffusion ait eu lieu sur Internet (c'est-à-dire à un niveau mondial) est sans incidence sur l'application du droit.
Le vrai problème provient plutôt du fait qu'il est difficile de faire appliquer des sanctions pénales lorsque l'auteur de l'infraction se situe hors du territoire national.
Si un effort est à faire, ce dernier se situe très certainement au niveau de la coopération policière et judiciaire interétatique, afin de faire respecter les décisions de justice rendues et ne pas laisser le réseau continuer à se développer sans un strict encadrement juridique.

Tel est l'objectif de la récente recommandation du Conseil de l'Europe du 11 septembre 1995 qui invite les Etats à une plus grande coopération procédurale en matière pénale.

Dans le cas d'un produit diffusé sur un réseau tel qu'Internet, à supposer que l'on puisse remonter jusqu'à l'auteur de l'infraction, le problème est d'avoir le temps de mener la procédure à son terme. Ceci peut en effet s'avérer difficile compte tenu notamment du caractère très volatile des informations qui circulent sur Internet. Un *Web* peut être ouvert et fermé en quelques heures. De plus, à chaque seconde, minute, heure, le contenu peut être modifié en temps réel. Outre la difficulté de rapporter la preuve de l'infraction, le préjudice aura été occasionné à un niveau mondial. C'est une des problématiques très importante de la circulation des informations sur Internet.

En quelques minutes, un message est diffusable dans le monde entier. Ce sont en effet des milliers de connexions qui, centrées sur le web, permettent de le communiquer. En réduisant ainsi le temps de mise en circulation et en augmentant la quantité de personnes accédant à l'œuvre, Internet modifie radicalement la situation, compte-tenu du préjudice démesuré que peuvent provoquer de telles actions.

Notes

(1) Loi du 29 juillet 1881 « Sur la liberté de la presse » voir chapitre presse et communication du Code pénal, Ed. Dalloz 1995-96, p. 1161 et s.

(2) Henri Lin, Albert Chassante, Roland Drag, Jean Boisent, *Droit de la presse*, Litec.

(3) Loi n° 49-956 du 16 juillet 1949 sur les publications destinées à la jeunesse, Code pénal, Ed. Dalloz 1995-96, p. 1247 et s.

(4) Loi n° 82-652 du 29 juillet 1982 sur la communication individuelle, Code pénal, Ed. Dalloz 1995-96, p. 1253 et s.

(5) Article 93 de la loi n° 82-652 du 29 juillet 1982, *précitée*.

(6) Décret n° 87-246 du 6 avril 1987 relatif à l'exercice du droit de réponse dans les services de communication audiovisuelle, *JO* du 9 avril 1987.

(7) Loi n° 86-897 du 1er août 1986 portant réforme du régime juridique de la presse, Code pénal, Ed. Dalloz 1995-96, p. 1256 et s.

(8) CA Paris, 18 mai 1988, deux arrêts, *Dalloz* 1990, 35, note Drouot.

(9) *Supra* n° 32000 et s. relatifs au dépôt légal du produit multimédia.

(10) Décret n° 93-274 du 25 février 1993 portant création du Conseil supérieure de la télématique et du Comité de la télématique anonyme.

(11) Cf. MÉMENTO-GUIDE ALAIN BENSOUSSAN, *Les télécoms et le droit*, Hermès, 2e éd. 1996, n° 51163 et 51164.

(11 bis) Philippe Quéau, « Inforoutes et société », contribution au rapport de l'Office parlementaire d'évaluation des choix scientifiques et technologiques fait par Monsieur le Sénateur Franck Sérusclat, *Les nouvelles techniques d'information et de communication : l'homme cybernétique ?*, Doc. Ass. Nat. et Sénat n° 1980 et 232, 9 mars 1995.

(12) CE, 2 novembre 1973, Librairie Maspero, *JCP* (G) 1974, II-17642 Concl. Braibant note Drago.

(13) Cass. crim., 8 février 1994, *Bull. Crim.* n° 58 ; CA Paris, 9 mai 1988, *Dalloz* 1988, IR-179.

(14) CA Dijon, 8 janvier 1936, *DH* 1936, 137 ; CA Paris, 26 avril 1990, *Gaz. Pal.* 1990, 2, 483, note Bilger ; T. Corr. Bourges, 19 juillet 1934, *DP* 1934, 2, 121, note Desbois.

(15) *Supra* n° **29223** relatif aux sanctions liées à la diffusion de fausses informations.

(16) *Supra* n° **29200** relatif à l'environnement juridique des informations et images virtuelles.

(17) CA Paris, 9 juillet 1980, *Dalloz* 1981, 72, note Lindon ; CA Paris, 26 juin 1986, *Dalloz* 1987, Somm. 136, obs. Lindon et Amson.

(18) *Supra* n° **6210** relatif à la reproduction de l'image d'une personne physique ou d'un lien privé.

(19) CA Paris, 15 janvier 1987, *Dalloz* 1987, 231, note Lindon ; CA Paris, 20 octobre 1987, *Dalloz* 1988, Somm. 197, obs. Amson ; CA Paris, 23 janvier 1989, *Dalloz* 1989, 471, note Lindon ; Cass. civ. 1re Ch., 4 octobre 1989, *Bull. Civ.* I, n° 307.

(20) TGI Paris, ordonnance de référé, 18 janvier 1996, affaire « Gubler », confirmé par CA Paris, 13 mars 1996.

(21) Cf. GUIDE JURIDIQUE ALAIN BENSOUSSAN, *La diffamation d'entreprise*, Ed. Hermès 1992.

(22) *Supra* n° **37310.**

(23) TGI Paris, ordonnance de référé, 15 mars 1996, UEJF c./ Compuserve FR et autres.

(24) Loi n° 96-299 du 10 avril 1996 relative aux expérimentations dans le domaine des technologies et services de l'information, *JO* du 10 avril 1996.

(25) *Supra* n° **32100** et s. relatifs à l'obligation de dépôt légal des documents multimédias.

38000.

La gestion collective des droits d'auteur

La gestion collective des droits d'auteur est née à la fin du XVIIIe siècle avec la création par Beaumarchais en 1777 du groupement d'auteurs et d'écrivains de théâtre. La gestion collective est donc une initiative des auteurs. Toutefois, les premières dispositions légales relatives aux sociétés d'auteurs n'ont été introduites que par la loi du 11 mars 1957. Elles ont été reprises et complétées par la loi du 3 juillet 1985, dont les dispositions sont maintenant intégrées au Code de la propriété intellectuelle.

Le développement des technologies multimédias et la circulation des œuvres sur réseau ont remis la question de la gestion collective des droits d'auteur à l'ordre du jour. L'inspiration individualiste du droit d'auteur ne pourra plus désormais être exercée que par l'intermédiaire des sociétés de perception et de répartition des droits qui, selon elles, ont la possibilité de contrôler la diffusion des œuvres et de négocier efficacement avec leur utilisateur. En matière de multimédia, quels sont les réels avantages d'une gestion collective pour les ayants droit et les utilisateurs ? Doit-elle être une obligation ? Quelle incidence technologique impose la gestion collective dans le cadre du multimédia ?

38100. La gestion collective des droits d'œuvres qui serviront à réaliser une œuvre multimédia

En France, le droit d'auteur prévoit qu'une autorisation doit être demandée pour chaque type d'utilisation envisagée, ce qui n'est pas le cas dans les autres Etats. Comment gérer l'utilisation des droits en matière d'œuvre multimédia (copies sauvages, copies privées, protection des droits d'auteur…) ? Comment identifier les ayants droit des œuvres dont l'autorisation devra être obtenue ? Comment recueillir leur consentement ? Quelle rémunération ? Quelles autorisations demander ?

Essentiellement centré sur les techniques multimédias et de numérisation, le rapport Sirinelli publié en 1994 (1) pose la question de l'incidence des technologies de l'information sur le système de collecte et de répartition des droits : allons-nous passer d'une « administration » à une « gestion » collective ? La frontière entre les deux expressions est mince, mais risque d'être franchie si l'on en croit l'évolution actuelle.

38110. ***Le « guichet unique », une solution aux difficultés de gestion due à la multiplicité des ayants droit***

Quelques propositions sont avancées parmi lesquelles la création d'un « guichet unique » sorte de « grand fichier » recensant toutes les œuvres protégées et les ayants droit, la publication de barèmes indicatifs de rémunération, la modification des textes relatifs aux modes de calcul de la rémunération pour copies privées (actuellement fondés sur la notion de durée), la normalisation européenne d'outils techniques permettant d'identifier et de protéger toute information transmise par réseau (projet CITED lancé par la Commission européenne) (*infra* n° **38212**).

38111. ***La situation actuelle et les difficultés rencontrées***

Parmi les premières difficultés que rencontre un producteur multimédia souhaitant intégrer à son œuvre des œuvres préexistantes, se trouve l'obtention des autorisations auprès des différents ayants droit sur ces œuvres.
Du fait de la multiplicité de perception et de répartition des droits, cette quête s'apparente à un véritable « parcours du combattant » pouvant en dissuader plus d'un.
A titre indicatif, il faut savoir que plus d'une vingtaine de sociétés de gestion existent. Elles se répartissent de la façon suivante :

- les sociétés d'auteurs et éditeurs,
- les sociétés d'artistes-interprètes,
- les sociétés de producteurs,
- les sociétés communes regroupant notamment les auteurs et les producteurs.

A cette difficulté pratique que constitue l'identification des ayants droit, s'ajoute un problème d'ordre financier. Négocier séparément les droits sur toutes les œuvres qui seront intégrées en tout ou partie à l'œuvre multimédia revient très cher.
Si la situation n'est pas simple pour les producteurs d'œuvres multimédias, les auteurs éprouvent également des difficultés à contrôler l'utilisation de leurs œuvres et ne perçoivent pas toujours très bien l'incidence que risque d'avoir le nouveau produit multimédia sur leur œuvre originale.

38112. ***Les avantages d'un « guichet unique »***

Pour pallier les difficultés évoquées, certains auteurs ont émis l'idée de créer un « guichet unique », société qui fédérerait les autres sociétés de gestion collective et qui serait chargée par ces dernières de gérer les droits portant sur leur répertoire dans le cadre de l'utilisation multimédia.
Ainsi, pour la réalisation d'une œuvre multimédia, un producteur n'aurait qu'à s'adresser à une seule société qui lui fournirait les autorisations nécessaires à la poursuite de son projet.
Cette solution doit permettre des économies de temps et d'argent : le « guichet unique » pourrait se voir investi d'un pouvoir de négociation sur les droits, au cas par cas, avec une tarification adaptée aux œuvres multimédias.
L'étendue des prérogatives dévolues au « guichet unique » pourrait varier en fonction de la formule retenue. On peut imaginer que l'éventuel « guichet unique » se verrait au minimum attribuer une fonction d'identification des œuvres et de leurs ayants droit.
Cette identification nécessite la mise en œuvre d'un savoir-faire technologique important du fait de la numérisation et de la circulation des œuvres sur le réseau.
Ce projet est un peu plus ambitieux ; le « guichet unique » pourrait se voir investi d'un pouvoir de négociation des droits au nom des auteurs, en établissant une tarification adaptée au multimédia. Enfin, il pourrait assurer la collecte et le reversement des droits.
On serait ainsi passé de la simple administration à la gestion collective centralisée des droits d'auteurs sur les œuvres. Loin d'être une utopie, un projet de « guichet unique » a été lancé en France. Il s'agit de SESAM.

38120. ***SESAM, une expérience novatrice***

38121. ***L'objet de SESAM***

Créé à l'initiative de cinq sociétés d'auteurs, ADAGP, SACD, SACEM, SCAM et SPADEM (2), SESAM aura mandat de gérer au nom des sociétés fondatrices et de toutes celles qui viendront rejoindre SESAM, les droits des auteurs des œuvres préexistantes ou originales reproduites dans des programmes d'œuvres multimédias. SESAM se présente donc comme ce « guichet unique ».
En Europe, même si l'Allemagne et la Grande-Bretagne projettent la création d'une société similaire, SESAM est certainement aujourd'hui l'initiative la plus avancée des sociétés de droit d'auteur et les pays membres de l'Union européenne l'ont déjà contacté.

38122. *L'étendue des compétences de SESAM*

Dans sa fiche de présentation, SESAM était défini comme ayant trois attributions :

– l'identification des œuvres préexistantes et de leurs auteurs et ayants droit,

– la mise en place d'une tarification adaptée, de la perception, de la répartition aux ayants droit,

– le contrôle à tous les stades de la fabrication à l'exploitation.

Par conséquent, les sociétés ont décidé de confier à SESAM des prérogatives très larges.

38123. *Les problèmes actuels rencontrés par SESAM*

Les statuts définitifs de SESAM devaient être signés pour la fin de l'année 1995. Malheureusement, ils n'ont pu l'être. En effet, la SPADEM, à l'origine du projet, semble s'être placée en retrait.
De plus, SESAM essaie de contacter des auteurs indépendants, notamment des photographes, qui par nature ne sont pas tous très enclins à la gestion collective. Ce travail risque de prendre encore quelques mois.

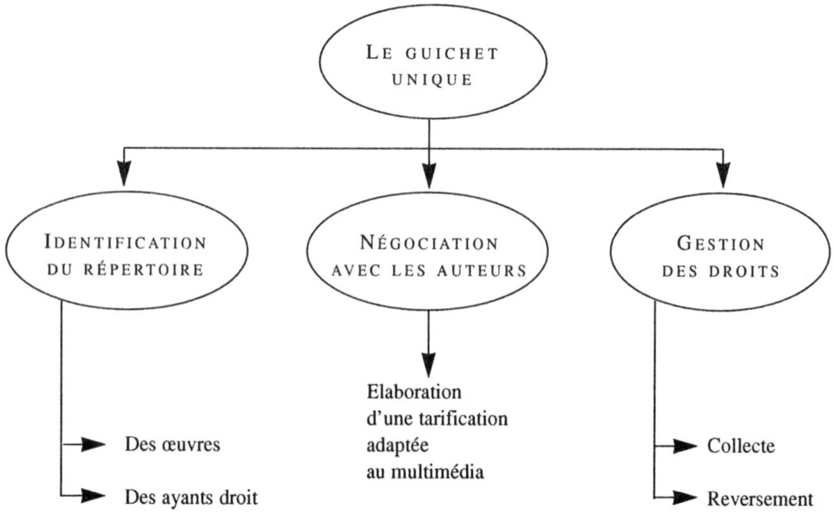

Figure 38.1. *Le rôle du guichet unique*

38200. La gestion des droits sur les œuvres multimédias

Création nouvelle, l'œuvre multimédia doit pouvoir bénéficier d'une protection ; l'auteur doit pouvoir gérer ses droits et contrôler l'utilisation qui est faite de son œuvre.

38210. *Le marquage des œuvres, l'outil nécessaire au contrôle de leur utilisation*

38211. *L'objet du marquage*

Du fait de leur numérisation et de leur mise en réseau, les œuvres multimédias sont difficiles à contrôler et à suivre. Pour pallier cette difficulté, plusieurs programmes et expériences en matière de marquage numérique ont été lancés en Europe et dans le monde.

38212. *Les expériences en cours*

En matière de marquage numérique, trois expériences peuvent être citées. Tout d'abord, dans le domaine audiovisuel, le Groupe DVB (*Digital Video Budcasting*) met au point au niveau européen un système de marquage des œuvres en utilisant la norme MPEG 2 qui comporterait notamment, une zone réservée à l'identification des ayants droit en matière audiovisuelle.

L'Organisation Mondiale de la Propriété Intellectuelle (OMPI) coopère avec l'Agence pour la Protection des Programmes (APP) sur un projet d'identification internationale des œuvres informatiques. Il s'agit de mettre au point un code visant non seulement l'identification des œuvres, mais aussi pouvant fournir d'éventuelles informations sur les utilisations autorisées par les ayants droit.

Enfin, au niveau européen, des professionnels de l'industrie et de l'information se sont regroupés au sein d'un consortium autour d'un projet nommé CITED (3). Ce projet vise la promotion de solutions techniques face au développement de technologies numériques.

Il apparaît clairement aujourd'hui, que tous ces systèmes visant « au tatouage » des créations des œuvres multimédias sont utiles à la mise en œuvre du droit. Aucun de ces projets n'a été aujourd'hui mené à son terme, la protection des œuvres circulant sur réseau ouvert reste donc aléatoire.

38220. ***La gestion des droits d'auteur sur l'œuvre multimédia dans son intégralité***

38221. ***La Société civile des auteurs multimédia (SCAM)***

Créée en 1981, la SCAM vise à garantir une meilleure efficacité à la gestion des droits des auteurs, s'adressant jusqu'alors à la Société des gens de lettres (SGDL) et une meilleure représentation d'un répertoire dont le contrôle professionnel devenait de plus en plus contraignant, du fait du développement des technologies de l'information et de l'audiovisuel.
Cette société gère aujourd'hui les droits des auteurs d'œuvres multimédias.
La SCAM fait partie des sociétés à l'origine du projet SESAM et à ce titre, devrait confier son répertoire, soit plus de douze mille auteurs, à cette dernière, pour l'utilisation sous forme multimédia de son contenu.

38222. ***L'administration et la gestion des différentes parties de l'œuvre***

La SCAM présente l'avantage d'accepter l'œuvre dans sa totalité. Toutefois, l'auteur de l'œuvre peut confier l'administration de certaines parties de l'œuvre, notamment le scénario, à une autre société de gestion.
Pour le scénario, c'est la Société des gens de lettres (SGDL) qui est compétente (4). Cependant, la SCAM et la SGDL étant liées, l'inscription de l'œuvre sur les deux répertoires se fait aujourd'hui de façon automatique.

38230. ***Vers une gestion collective obligatoire***

L'option de la gestion collective obligatoire est certainement la solution la plus contraignante. Elle verrait tous les ayants droit soumis à une obligation d'adhérer à une société.
Un tel système semble aujourd'hui contraire à l'esprit même des droits d'auteur.

38240. Une tendance : l'exemple de la loi sur la reprographie

La loi du 3 janvier 1995 relative à la gestion collective du droit de reproduction par reprographie (5) doit être évoquée, car elle traduit une tendance à rendre cette gestion collective obligatoire.
Cette loi qui s'applique à la reprographie pose le principe d'une présomption irréfragable de cession des droits par ses titulaires au profit d'une société de gestion collective. En effet, plusieurs sociétés recevront l'agrément du ministère de la Culture en vue de se voir confier la gestion du droit de reprographie.

Bien que le champ d'application de cette loi soit limité à la reproduction sous forme de copie sur papier ou support assimilé, elle laisse présager de ce qui pourrait se faire en matière d'œuvre multimédia si une telle tendance se confirmait. En effet, le principe induit une autorisation de reproduction moyennant un coût faible ; l'auteur perçoit par voie de conséquence des revenus peu importants de cette autorisation qu'il aurait pu négocier différemment.

Notes

(1) Rapport Pierre Sirinelli, *Industries culturelles et nouvelles techniques*, La Documentation Française, 1994.

(2) ADAGP, Société des auteurs dans les arts graphiques et plastiques.

SACD, Société d'auteurs, compositeurs dramatiques.

SACEM, Société civile des auteurs, compositeurs et éditeurs de musique.

SCAM, Société civile des auteurs multimédias.

SPADEM, Société des auteurs des arts visuels.

(3) Projet CITED lancé par la Commission européenne, cité dans le rapport Pierre Sirinelli, *précité*.

(4) *Supra* n° **11000** et suivants relatifs au scénario.

(5) Loi n° 95-4 du 3 janvier 1995 relative à la gestion collective du droit de reproduction par reprographie, *JO* du 4 janvier 1995.

39000.

Le financement d'une œuvre multimédia

La réalisation d'une œuvre multimédia nécessite des moyens financiers importants.Le réalisateur de l'œuvre multimédia peut opter soit pour un financement interne, soit pour un financement externe en fonction des disponibilités financières dont il dispose. L'hypothèse sera celle du recours au financement externe.
La coproduction n'est pas un mécanisme de financement externe, son objet étant seulement de répartir les coûts de la production d'une œuvre multimédia (1).
Le paysage de la réalisation multimédia en France est constitué de grands éditeurs et producteurs traditionnels et de petites entités qui auront très souvent besoin d'un apport externe de capitaux. Comme pour toute industrie naissante, ces petites entreprises de communication ont des problèmes dans leur recherche de capitaux du fait de la relative lenteur du retour sur investissement que présentent les projets multimédias pour les partenaires financiers. Toutefois, les partenaires existent. Quel type de partenariat choisir ? Quelles précautions prendre ? Le recours à d'éventuelles aides est-il possible ?

39100. Le choix d'une structure pour le financement externe d'une œuvre multimédia

La société qui réalise un produit multimédia, si elle est de petite taille, devra s'interroger dès l'initialisation du projet, sur la nécessité et les modalités de financement externe pour développer ce projet. A cette fin, elle peut notamment contacter l'Association française d'édition de multimédia (1 bis).

39110. ***Le préalable au choix d'un mode de financement***

39111. ***L'état d'avancement du projet***

Bien qu'il faille envisager la question du financement très en amont dans la réalisation du projet, si l'on souhaite intéresser d'éventuels partenaires financiers, il faut s'interroger sur l'état de son avancement. Le projet doit être suffisamment construit pour être présenté. Bien souvent, la présentation d'un prototype sera nécessaire.
Si aucun prototype n'est disponible, le réalisateur devra examiner s'il dispose d'éléments suffisants pour convaincre de la faisabilité du produit et de son coût.
A ce stade de la réflexion, le réalisateur doit aussi s'interroger sur l'intérêt d'une alliance pour l'acquisition d'un savoir-faire (technique, artistique ou commercial) qui permettrait une accélération de l'entrée sur le marché du produit et une rentabilité accrue.
Sur un plan financier, il faut s'attacher à la précision des calculs prévisionnels, des prévisions à plus ou moins long terme étant nécessaires. Après avoir examiné ces points, le réalisateur peut présenter son projet à différents partenaires potentiels.

39112. ***La protection de la confidentialité***

Trouver un partenaire financier implique le dévoilement et la présentation du projet. Aussi, il est conseillé au réalisateur de s'assurer qu'un accord de confidentialité le lie à ses interlocuteurs à propos du projet présenté. L'objet de l'accord doit être le plus large possible et doit couvrir l'utilisation et la diffusion de l'information à toutes fins.

39120. ***La structure possible pour un financement***

De façon classique, la première structure qui peut être envisagée est une structure de filiale commune. En deuxième lieu, il doit être envisagé une structure propre au financement des activités artistiques, le mécénat, qui s'applique déjà au multimédia.

39121. ***La filiale commune***

On peut définir la filiale commune comme étant une société créée par deux entités préexistantes. Dans le cadre d'une réalisation multimédia, deux types de structure peuvent être envisagées :

– le regroupement au sein d'une entité nouvelle de plusieurs sociétés pouvant apporter des fonds, des actifs ou une compétence particulière ;

– une coopération entre le réalisateur et des sociétés pour la production, le développement ou la distribution du produit.

Le choix doit s'effectuer en fonction des objectifs et des compétences du réalisateur. Une combinaison de ces deux formes de collaboration est possible. Lorsqu'il s'agit d'une coopération entre un réalisateur et des investisseurs, le montage financier pourra prendre l'une des formes suivantes :

– un prêt qui pourrait être assorti d'une sûreté,

– un apport en capital en échange d'actions.

C'est souvent la combinaison de ces deux formes (prêt et prise de participation) qui sera retenue pour la constitution de la filiale commune.
Si elle constitue un moyen efficace pour le réalisateur ou le producteur de pénétrer un marché et d'anticiper sur de nouvelles productions, la création d'une filiale commune implique souvent une perte de contrôle de son activité et l'obligation de rendre des comptes à des personnes dont les objectifs peuvent être différents des siens.
Afin de préserver ses intérêts présents et futurs, le réalisateur peut prévoir trois mécanismes au moment de l'établissement de cette filiale commune :

– il peut faire reconnaître au concept qu'il apporte une valeur croissante en fonction du développement du produit, sa part dans l'entité créée variant du fait des bons résultats commerciaux du produit ;

– il doit s'assurer que la société spécialement créée sera ouverte à de nouveaux partenaires. Cette mesure permet au réalisateur et à ses partenaires initiaux d'envisager le développement harmonieux de la structure ;

– il doit s'assurer de l'existence de mécanismes d'agrément pour l'entrée et la sortie de nouveaux actionnaires s'il souhaite maintenir l'équilibre au sein de la structure, la sortie de l'un des actionnaires ne devant pas nuire aux intérêts du projet.

39122. *Le mécénat*

S'appliquant à des opérations à vocation culturelle et technologique, le mécénat d'entreprise est un moyen de communication propre à développer l'image de marque de l'entreprise en participant à un événement particulier, étranger à son activité habituelle.
Le mécénat est défini comme « *le soutien matériel apporté en contre-partie directe de la part du bénéficiaire, à une œuvre ou à une personne, pour l'exercice d'activités présentant un intérêt général* » (2).

Le mécène peut apporter son aide financière à une structure juridique indépendante. Il peut également créer à cet effet, sa propre structure.
Les apports financiers accordés par les mécènes doivent l'être aux profits d'association, de fondation ou de groupement d'intérêt public, cette dernière forme permettant la collaboration entre personnes publiques ou entre personnes publiques et privées, la loi interdisant les dons à d'autres structures ou personnes (3). En contrepartie de son aide financière, le mécène peut :

– communiquer librement auprès des tiers sur le projet dans le cadre de campagnes publicitaires financées par ses soins,

– être associé à la propre communication externe du bénéficiaire en mentionnant son apport financier.

En ce qui concerne le régime fiscal du mécénat, l'article 39-1-7 du Code général des impôts prévoit que sont déductibles des résultats imposables de l'entreprise :

« *les dépenses engagées dans le cadre de manifestations à caractère philanthropique, éducatif, scientifique, social, humanitaire, sportif, familial, culturel ou concourant à la mise en œuvre du patrimoine artistique, à la défense de l'environnement naturel ou à la diffusion de la culture, de la langue et des connaissances scientifiques françaises lorsqu'elles sont exposées dans l'intérêt direct de l'exploitation* ».

Les limites dans lesquelles cette déduction est autorisées sont fixées par l'article 238 bis du Code général des impôts, si les dépenses engagées au titre du mécénat l'ont été dans un but désintéressé, sans contrepartie tangible pour l'entreprise (4).
En marge de ces financements traditionnels, le créateur d'une œuvre multimédia peut bénéficier de certaines aides qui prendront la forme de subventions ou de prêts.

39200. Les aides à la création multimédia

39210. *L'action du Centre national de la cinématographie*

Le Centre national de la cinématographie (CNC) apporte son aide à la réalisation des œuvres multimédias dans le cadre de son programme de « soutien à l'édition sur support optique ».

39211. *La nature de l'aide*

Les aides du CNC constituent des avances remboursables. Elles ont pour objet de soutenir en ce qui concerne les œuvres multimédias, l'édition du support optique.

Sur le plan pratique, le financement obéit aux règles suivantes :

– le CNC alloue une somme globale pour le projet qui ne saurait dépasser 30 % du devis qui doit être présenté par l'éditeur, la part de fonds publics déjà mobilisés étant prise en compte dans ce calcul et les fonds étant mis à disposition en plusieurs versements en fonction du montant et du plan de financement préétabli ;

– s'agissant d'une avance, cette somme doit être remboursée : le remboursement commençant avec la commercialisation du produit doit s'effectuer sur trois ou quatre années selon l'échéancier proposé par l'éditeur et peut être aménagé par le CNC.

39212. *Les conditions de l'octroi de l'aide*

Les projets qui lui sont présentés doivent répondre à des critères précis :

– seules peuvent bénéficier d'une aide les œuvres multimédias éditées sur support optique ayant une « vocation interactive » et destinées à être commercialisées ;

– la fiabilité commerciale du projet ;

– la qualité, l'originalité et la valeur ajoutée représentée par l'édition du projet sur support optique.

Les projets répondant positivement à ces trois critères feront l'objet d'un examen par une commission (5).
Enfin, il est à noter que les sociétés étrangères ne peuvent pas prétendre à cette aide.

– Une fiche descriptive expliquant le choix informationnel avec synopsis, le choix du support, le choix du logiciel
– Une note d'intérêt commercial (marché visé, position par rapport à la concurrence...)
– Un devis détaillé
– Les courriers d'engagement ou contrats des cessionnaires de droits, coéditeurs et partenaires financiers
– Compte d'exploitation et bilan de l'éditeur pour l'année précédente
– Un compte d'exploitation prévisionnel du programme sur 3 ans prenant en considération le remboursement de l'avance sollicitée
– Des documents ou brochures de présentation des activités des partenaires du projet

(*) source : CNC

Tableau 39.1. *Exemples de documents à fournir à la demande d'aide*

39220. ***Le club d'investissement média***

Le club d'investissement média est financé par le programme « média » de l'Union européenne.

39221. ***L'objet du club d'investissement média***

Le club d'investissement média réunit des entreprises européennes publiques et privées ayant pour objectif de soutenir des projets novateurs de production au moyen de technologies avancées.
Le club a plus précisément pour objectif de promouvoir et dynamiser la création et la production de programmes audiovisuels réalisés au moyen de techniques numériques et informatiques en proposant des actions prioritaires sous forme d'« appel à projet européen ».

39222. ***La nature de l'aide***

Le club d'investissement média attribue dans le cadre de ses projets des aides financières essentiellement en passant des contrats de coproduction avec les réalisateurs du projet.
Chaque année le club d'investissement média propose plusieurs projets. Parmi ceux-ci, on peut noter :

– le projet « *interactive télévision* » qui est un appel à projet pour le développement de programmes de télévision interactive ;

– le projet « *digital média* » concernant la production au moyen de techniques numériques et informatiques de programme audiovisuel en vue d'une exploitation commerciale ;

– le projet « *CD média* » concernant la production de programmes multimédias interactifs en vue d'une distribution commerciale sur disque compact.

Pour participer à des appels à projet il suffit de remplir un dossier à retourner au siège du club d'investissement média. Les dossiers d'appel à projets sont disponibles en France auprès de la société Ortech (6).
Le secrétariat général du club d'investissement média est situé en France (7). Les bureaux du programme média de l'Union européenne sont établis en Belgique (8).

Notes

(1) *Supra* n° **18000** et suivants relatifs à la production audiovisuelle.

(1 bis) Association française d'édition de multimédia, 35 rue Grégoire de Tours, 75006 Paris.

(2) Arrêté du 6 janvier 1989, *JO* du 31 janvier 1989.

(3) Loi n° 87-571 du 23 juillet 1987 sur le développement du mécénat, *JO* du 24 juillet 1987 ; décret n° 91-1005 du 30 septembre 1991.

(4) Instruction ministérielle du 26 février 1988, *JCP* (E) 1988, IV-9355.

(5) Les dossiers de candidature sont fournis par le CNC situé au 3 rue de Boissière, 75116 Paris.

(6) Ortech, 11 rue Bergère, 75009 Paris.

(7) Secrétariat général du club d'investissement média, 4 avenue de l'Europe, 94366 Brie sur marne, Cedex.

(8) Bureaux du programme média de l'Union européenne, 100, rue de Trèves, 1040 Bruxelles.

40000.

L'œuvre multimédia dans le contexte communautaire et international

La technologie numérique, caractéristique de l'œuvre multimédia, permet de stocker une prodigieuse quantité d'informations et de données de toute nature sur des supports réduits, et d'en assurer la transmission quasi instantanée et illimitée par les moyens classiques de diffusion – réseaux téléphoniques, réseaux câblés, satellites – abolissant ainsi les contraintes physiques d'espace et de temps.
Produit phare de la « Société de l'Information », l'œuvre multimédia a vocation à se développer dans un espace sans frontière. Ainsi, la problématique juridique de l'œuvre multimédia se situe-t-elle par essence dans une perspective internationale.
Or, le droit d'auteur et les droits voisins, qui s'appliquent à l'œuvre multimédia, en raison des monopoles qu'ils confèrent à leurs titulaires, constituent des obstacles aux échanges internationaux.
De plus, la disparité des régimes juridiques nationaux en matière de droit d'auteur et de droits voisins, crée un facteur de distorsion et de déséquilibre susceptible de freiner le développement de l'industrie du multimédia, et l'essor de la « Société de l'Information ».

40010. Le contexte européen et international

Les instances internationales, et tout particulièrement les instances européennes, ont le souci de bâtir au niveau national, communautaire et international, un cadre juridique cohérent dans lequel la multitude des nouveaux produits et services offerts pourrait pleinement profiter des autoroutes de l'information.
Il s'agit d'une tâche de grande ampleur, qui implique de repenser les mécanismes du droit de la propriété littéraire et artistique, voire les principes philosophiques qui en sont le fondement.

Ainsi, après le « Livre vert sur le droit d'auteur et le défi de la technologie en juin 1988 » (1), puis les « suites à donner au Livre vert » en décembre 1990 (2), la Commission des communautés européennes vient de présenter un « Livre vert » sur les droits d'auteur et les droits voisins dans la « Société de l'Information » (3), destiné à identifier les problèmes et proposer des orientations, qui sont soumises aux milieux intéressés.
En avril 1995, le Conseil des communautés européennes a pris une « résolution sur la culture et le multimédia » exprimant son souhait de soutenir l'émergence et le développement d'un marché du multimédia culturel dans l'espace européen, où les Etats joueraient un rôle de catalyseur (4).
Les travaux de la Commission consultative juridique (LAB), le 26 avril 1995 à Luxembourg, ont été consacrés à « la Société de l'Information : droits d'auteur et multimédia » (5).
Sur le plan international, on assiste de même à une prise en compte généralisée des propriétés intellectuelles à travers le monde, ainsi qu'en témoigne l'accord relatif aux aspects des droits de propriété intellectuelle qui touchent au commerce (ADPIC), adopté en décembre 1993 dans le cadre du GATT (6).
L'œuvre multimédia, qui concentre dans sa complexité et sa diversité l'intégralité des problèmes juridiques dans le domaine du droit d'auteur, se trouve ainsi au centre d'un débat planétaire.

40020. L'œuvre multimédia dans l'espace européen

L'espace européen est le territoire d'application du droit communautaire, dont les objectifs sont exposés dans le traité instituant la Communauté européenne, signé à Rome le 25 mars 1957, modifié par l'acte unique européen des 17 et 28 février 1986 et révisé en dernier lieu à Maastricht par le traité sur l'Union européenne le 7 février 1992.
Dans sa version originale du 25 mars 1957, le traité de Rome, devenu traité de l'Union européenne, vise à l'établissement d'un marché commun permettant de favoriser les développements et la fluidité des échanges économiques des Etats membres.
L'acte unique européen des 17 et 28 février 1986 a introduit dans le traité un article 8-A consacrant « *un marché intérieur comportant un espace sans frontière intérieure dans lequel la libre circulation des personnes, des services et des capitaux est assurée* ».
Le droit communautaire a ainsi pour objectif d'abolir les obstacles et entraves de toute nature aux échanges dans l'espace européen. Mais le droit communautaire doit aussi respecter les droits nationaux en matière de droits d'auteur, conformément au principe de subsidiarité qui gouverne l'ensemble de l'action communautaire.

A cet effet, le droit communautaire procède selon une double approche :

– il s'efforce de dégager des règles et principes juridiques généraux permettant de résoudre les conflits entre, d'une part, les prérogatives résultant du droit d'auteur et des droits voisins et d'autre part, les objectifs du traité de l'Union européenne ;

– il tente de « lisser » les inégalités entre les situations des différents Etats membres en développant progressivement un tronc commun de règles juridiques spécifiques, dans différents domaines du droit de la propriété intellectuelle.

Il s'agit là d'harmoniser les législations nationales. Malgré les efforts déjà réalisés, cette œuvre d'harmonisation est encore limitée et fragmentaire.
L'œuvre multimédia n'est pas prise en compte, en tant que telle, par le droit communautaire, dans la mesure où il n'existe pas plus au niveau européen qu'au niveau national, de statut juridique spécifique des créations multimédias.
En revanche, le sort de l'œuvre multimédia dans l'espace européen peut se trouver affecté par le droit communautaire à double titre :

– par le droit de la concurrence communautaire, issu du traité de l'Union européenne, dans tous les aspects ayant trait à la distribution et la diffusion des produits ou des services multimédias (*infra* n° **40100** et s.) ;

– par le droit communautaire harmonisé, dont certains aspects intéressent directement l'œuvre multimédia. C'est le cas par exemple, de la directive dite « Logiciel » qui s'appliquera à la partie logicielle de l'œuvre multimédia, ou de la directive dite « Durée », qui a vocation à régir la durée de protection de toutes les créations intellectuelles relevant du droit d'auteur, y compris, donc, les œuvres multimédias (*infra* n° **40200** et s.).

Rappelons que les normes communautaires s'imposent aux Etats membres, en application du principe de primauté du droit communautaire. Les juridictions nationales ont donc l'obligation de faire application de la règle communautaire.

40100. L'œuvre multimédia et le droit de la concurrence communautaire

Afin de construire le grand marché intérieur sans frontière, le traité de l'Union européenne garantit la libre circulation des marchandises, des personnes et des services, ainsi que le respect de l'équilibre du jeu de la concurrence.

40110. *L'application du droit de la concurrence au droit de propriété intellectuelle*

Il est depuis longtemps admis que les dispositions du traité s'appliquent au droit de propriété intellectuelle. Ceci entre également dans le champ d'application de l'accord sur l'espace économique européen qui étend l'application des principes issus du traité de Rome à la Norvège et à l'Islande.

Le traité de l'Union européenne traite de la propriété intellectuelle dans son article 36, aux termes duquel la protection de la propriété industrielle et commerciale, est l'une des causes pouvant justifier certaines restrictions aux échanges intracommunautaires.

L'article 36 se réfère à la libre circulation des marchandises mais il est admis qu'il s'agit d'un principe d'application générale qui concerne aussi bien les services que les questions liées au droit de la concurrence.

Il a de même été jugé que la notion de propriété industrielle, au sens de l'article 36, inclut le droit d'auteur et les droits voisins. Il est ainsi permis au titulaire de droits de propriété intellectuelle, droits d'auteur ou droits voisins d'auteur, sur une œuvre multimédia, d'invoquer ces droits pour empêcher ou limiter la commercialisation ou la diffusion de l'œuvre.

Cependant, et toujours conformément à l'article 36 « *ces interdictions ou restrictions ne doivent constituer ni un moyen de discrimination arbitraire, ni une restriction déguisée dans le commerce entre Etats membres* ».

Toute la difficulté est de cerner le périmètre des prérogatives d'auteur dans le champ du droit de la concurrence communautaire.

A cet effet, la Cour de Justice des communautés européennes a progressivement dégagé un certain nombre de critères permettant de tracer une ligne de partage entre droit de la concurrence et droit d'auteur.

Ces critères, que l'on trouve appliqués dans toutes les décisions de jurisprudence en la matière, sont les suivants :

– la distinction entre l'existence et l'exercice des droits de propriété intellectuelle,

– la notion d'objet spécifique,

– la notion de fonction essentielle.

40111. ***La distinction entre l'existence et l'exercice des droits de propriété intellectuelle***

L'existence même du droit de propriété intellectuelle, qui conditionne la nature et l'étendue des prérogatives des auteurs, artistes-interprètes et auxiliaires de la création, échappe en tant que telle à l'emprise du droit communautaire.

En revanche, l'exercice de ce droit, et donc des prérogatives de l'auteur, peut tomber sous le coup des dispositions du droit communautaire s'il enfreint les prescriptions du traité.

Il est permis cependant de se demander si cette distinction est toujours pertinente, dans la mesure où il a été jugé que l'existence même du droit d'auteur pouvait contrevenir aux dispositions du droit communautaire (7).

40112. ***La notion d'objet spécifique***

La notion d'objet spécifique tend à remplacer la notion précédente fondée sur la distinction entre « exercice » et « existence » des droits de propriété intellectuelle.
L'objet spécifique est la substance même du droit d'auteur, c'est-à-dire les deux prérogatives essentielles que constituent le droit exclusif de représentation et le droit exclusif de reproduction.
La protection accordée par le droit d'auteur n'est légitime que lorsqu'elle est justifiée par la sauvegarde de l'objet spécifique de ces droits.

40113. ***La notion de fonction essentielle***

La fonction essentielle du droit d'auteur est d'assurer la protection morale de l'œuvre et la rémunération de l'effort créateur.
Il apparaît ainsi que le titulaire de droit d'auteur sur une œuvre multimédia ne pourra opposer son monopole que dans la mesure où il s'agit de préserver l'existence d'une prérogative essentielle dans des conditions destinées à remplir la fonction essentielle du droit.
A l'inverse, tomberaient sous le coup des entraves illicites, des mesures qui s'écarteraient de ces objectifs, ou seraient disproportionnées à l'objectif poursuivi.
C'est à la lumière de ces principes que doivent être traitées les différentes situations dans lesquelles un conflit surgit entre droit d'auteur sur une œuvre multimédia et droit communautaire.

40120. ***L'œuvre multimédia et le principe de la liberté d'établissement et de prestations de services***

Le droit d'établissement est garanti aux ressortissants de l'Union européenne par l'article 52 du traité de l'Union européenne. Il comporte « *l'accès aux activités non salariées et leur exercice, ainsi que la constitution et la gestion d'entreprise* ».
Le principe de libre établissement s'applique non seulement aux personnes physiques, mais également aux personnes morales, qui sont assimilées à des ressortissants communautaires (art. 58).
Il a été jugé que, même en l'absence de directive dans le domaine concerné, le principe de libre établissement conféré par le traité de l'Union européenne est directement applicable à toute activité indépendante, à tout commerce, à toute industrie (8).
En conséquence, tout producteur ou distributeur de produits ou de services multimédias ressortissant d'un produit de l'Union européenne, peut librement installer son entreprise ou créer une filiale ou une agence dans tout autre pays de l'Union européenne.

Il serait formellement interdit de faire obstacle à cette installation, ou de lui appliquer des conditions discriminatoires, telles que majoration d'impôts par exemple. Bien entendu, la personne physique ou morale qui s'implante dans un pays doit se soumettre au droit national.

40121. ***L'œuvre multimédia et le principe de libre circulation des marchandises***

Le principe de libre circulation des marchandises est garanti par l'article 30 du traité de l'Union européenne, qui prévoit cependant une série d'exceptions dont celles énoncées à l'article 36, liées à la protection de la propriété intellectuelle.
Or, le droit d'auteur confère à son titulaire le monopole de la reproduction de l'œuvre protégée ainsi que celui de sa circulation, par le biais du droit de destination.
Si l'on fait strictement application de ces principes, la circulation au sein de l'Union européenne de produits auxquels sont attachés des droits d'auteur, se trouve entravée.
Afin de pouvoir concilier la protection de la propriété intellectuelle avec les principes du droit communautaire, la Cour de Justice des communautés européennes a élaboré au fil de sa jurisprudence une règle connue sous le nom de « l'épuisement des droits ».
La règle de « l'épuisement des droits » repose sur une sélection entre les droits qui correspondent et ceux qui ne correspondent pas à l'objet spécifique du droit intellectuel, seuls les premiers méritant d'être protégés en permanence, les seconds se trouvant « épuisés » dès leur premier exercice, de sorte qu'ils ne pourront plus être exercés une nouvelle fois.
La règle de « l'épuisement des droits » a été appliquée pour la première fois dans l'affaire *Deutsh Gramophone* du 8 juin 1971 (9), où le producteur allemand de disques s'opposait à la réimportation en Allemagne de disques commercialisés dans un autre Etat.
La Cour de Justice a ainsi considéré que l'exclusivité géographique liée au monopole de reproduction ne relevait pas de l'objet spécifique du droit d'auteur ou du droit voisin.
La théorie de « l'épuisement des droits » s'applique différemment selon la nature des droits : alors que le droit de reproduction s'épuise dès la première mise sur le marché du produit, le droit de représentation ne s'épuise pas.
De même, il a été jugé que le droit mécanique de reproduction perçu en France par la SACEM ne s'épuise pas à son premier exercice. La Cour de Justice a ainsi jugé qu'une société de perception de droits d'auteur pouvait toucher un droit complémentaire si l'œuvre était exécutée dans des conditions différentes de celles initialement prévues, à condition toutefois qu'il s'agisse de « l'exploitation normale » du droit d'auteur.

Ce principe a été également appliqué au droit de location, que la Cour de Justice inclut dans le champ de l'objet spécifique du droit d'auteur. Ainsi, il a été jugé dans l'affaire *Warner Brothers* qu'un producteur de vidéocassettes était fondé à invoquer les prérogatives conférées par la loi danoise quant au droit exclusif d'autoriser ou d'interdire la location de son œuvre (10).
Cette décision est fondée sur la constatation que la perception de redevance sur la seule vente ne suffit pas à assurer aux auteurs de films une rémunération satisfaisante. Leur attribution doit aussi pouvoir être assurée par la location de vidéocassettes, supports de leurs films.
La règle de « l'épuisement du droit » doit donc être exclue lorsqu'il s'agit de permettre une rémunération équitable, cette rémunération faisant partie de l'objet spécifique du droit d'auteur pris dans sa fonction essentielle (11).
Tous ces principes sont bien entendu applicables à la distribution de produits multimédias. Ainsi le producteur ou le titulaire de droits d'auteur sur des œuvres multimédias qui a autorisé la reproduction et la commercialisation des exemplaires de l'œuvre dans un Etat membre de l'Union européenne ne peut plus, en vertu de la règle de « l'épuisement des droits », s'opposer à la circulation de ces exemplaires de l'œuvre dans les autres pays de l'Union européenne.
Par ailleurs, il existe une disposition spécifique sur « l'épuisement » du droit de distribution des logiciels instaurée par la directive du 14 mai 1991 (12).

40122. *L'œuvre multimédia et le principe de libre prestation de services*

L'œuvre multimédia peut être appréhendée non seulement par son support, et alors considérée comme une marchandise au regard du droit communautaire, mais également comme le vecteur de diverses prestations de services.
En effet, au sens du droit communautaire, la représentation d'une œuvre constitue une prestation de services. Sont ainsi considérées comme des prestations de services, les diffusions des émissions de radio ou de télévision (13).
Or, le traité de l'Union européenne garantit la libre circulation des prestations de services sur le territoire de l'Union européenne (art. 59). Cependant, le principe de libre circulation des services se heurte à la protection du droit de représentation, dont la caractéristique est de pouvoir s'exercer à de multiples reprises.
On concevrait difficilement que le droit de représentation s'épuise dès la première représentation. C'est pourquoi la Cour de Justice traite les droits de représentation différemment du droit de reproduction au regard de la règle de « l'épuisement des droits » (14).
Se fondant sur le même critère d'objet spécifique et de fonction essentielle du droit d'auteur, la Cour de Justice a reconnu la spécificité du droit de représentation dans l'arrêt *Coditel* II déclarant que « le film cinématographique » appartient à la catégorie des œuvres littéraires et artistiques mises à la disposition du public par voie de représentation, qui peuvent se répéter à l'infini et dont la commercialisation

relève de la libre circulation des services, quel que soit son mode de diffusion, cinéma ou télévision.
A cet égard, les problèmes que comportent le respect du droit d'auteur par rapport aux exigences du traité ne sont pas les mêmes que ceux qui concernent les œuvres littéraires et artistiques dont la mise à la disposition du public se confond avec la circulation du support matériel de l'œuvre, comme c'est le cas du livre ou du disque (15).
Le droit de représentation relève de la fonction essentielle du droit d'auteur en ce qu'il permet au titulaire du droit d'auteur ou de droits voisins de bénéficier d'une rémunération à l'occasion de chaque représentation.
Il convient cependant de souligner qu'une partie de la doctrine critique cette distinction entre droit de reproduction et droit de représentation car les œuvres littéraires et artistiques donnent le plus souvent naissance aux deux types de droit, de sorte qu'une différence de traitement entre les deux n'apparaît pas pleinement justifiée.
Quoi qu'il en soit, et en l'état de la jurisprudence actuelle, l'œuvre multimédia fera l'objet d'un traitement distinct selon qu'elle est appréhendée sous l'angle de son support, et sujette à épuisement du droit de reproduction, ou en tant que prestation de services, échappant alors à la règle de « l'épuisement du droit de représentation ».
En d'autres termes, le producteur ou titulaire des droits d'auteur ou des droits voisins sur une œuvre audiovisuelle peut valablement créer des exclusivités territoriales de diffusion. Mais, bien entendu, ces exclusivités ne devront constituer ni une restriction déguisée, ni une mesure discriminatoire.

40130. ***L'œuvre multimédia et le principe de l'interdiction des atteintes à la concurrence***

Le traité de Rome interdit aux entreprises privées et publiques tout comportement anticoncurrentiel qui affecterait le commerce entre Etats membres en particulier :

– les ententes (art. 85),

– les abus de position dominante (art. 86).

40131. ***Les ententes***

Selon les articles 7 de l'ordonnance du 1er décembre 1986 et 1985 du traité de Rome, tous les accords, quelle que soit leur forme (convention écrite ou non écrite, création d'une filiale commune ou d'un GIE...) sont interdits s'ils ont pour objet ou pour effet notamment de fixer de façon directe ou indirecte les prix d'achat ou de vente ou d'autres conditions de transactions, limiter le développe-

ment technologique, partager le marché, appliquer des conditions différentes à des transactions commerciales équivalentes.
Pour qu'une pratique sur un marché puisse être qualifiée d'entente, il faut que soient réunis les éléments suivants :

– un accord entre différents opérateurs économiques. Une entente correspond à tout accord contractuel, écrit ou non. Le partenariat, qui est très utilisé dans le monde informatique, et les réseaux de distribution constituent des accords susceptibles de tomber sous le coup des articles 7 et l'ordonnance du 1er décembre 1986 et 85 § 1 du traité de Rome ;

– sur un marché bien défini. On ne peut sanctionner une entente que si le marché de référence sur lequel elle s'exerce est défini précisément. La notion de marché se définit par rapport aux produits qui s'offrent au choix des utilisateurs finals, c'est-à-dire que l'on prend en compte les produits substituables entre eux.

Ainsi, l'accord passé entre IBM et la Société de Singapour Wearnes autorisant cette dernière à fabriquer des clones sous la marque « *Atro* » concerne le marché des PC compatibles.
Il peut exister des marchés et même des sous-marchés suivant la nature de l'accord. L'accord passé entre IBM et Apple concernant un marché composé de la quasi-totalité des micro-ordinateurs personnels constitue l'exemple même de convention portant sur un marché très large.
A l'inverse, la Cour de Justice a jugé qu'un marché pouvait être constitué par un seul produit d'une même marque en raison du caractère spécifique et de ses pièces détachées (16) « *ayant pour objet ou pouvant avoir pour effet d'empêcher, de restreindre ou de fausser le jeu de la concurrence* ».
Les autorités chargées du contrôle de la concurrence appréhendent, de manière pragmatique, la question de savoir si une entente est anticoncurrentielle.
Ainsi, le Conseil de la concurrence estime que si la création d'un GIE ou d'un groupement momentané d'entreprises ne constitue pas en soi une entente illicite, le recours à de telles structures tombe toutefois sous l'interdiction de l'article 7 de l'ordonnance de 1986 si celles-ci sont utilisées pour mettre en œuvre des pratiques concertées ayant pour objet ou pouvant avoir pour effet de limiter le libre exercice de la concurrence (17).
Les réseaux de distribution sélective, exclusive et de franchise sont anticoncurrentiels par nature puisque leur mise en œuvre implique soit la sélection des revendeurs (il y a donc restriction d'accès au marché) soit la répartition du territoire (ce qui correspond à un cloisonnement du marché résultant, par exemple, des licences de commercialisation accordées par le concédant), soit la diffusion d'un savoir-faire réservé à quelques distributeurs (hypothèse de la franchise).

40132. ***Les abus de position dominante***

Une entreprise (ou un ensemble d'entreprises), est en position dominante lorsqu'elle est en mesure de jouer sur le marché un rôle directeur tel qu'elle ne se trouve pas soumise à la concurrence et que les concurrents sont, dans la pratique, contraints de se conformer à son comportement.
Cette pratique ne dépend pas uniquement de la seule part de marché détenue par l'entreprise en cause.
Ainsi, la Commission de la concurrence (18) a estimé qu'une entreprise contrôlant 46 % d'un marché n'était pas en situation dominante (19), alors qu'une entreprise contrôlant 26 % d'un autre marché était en position dominante (20).
Toutefois, le fait pour une entreprise de se trouver en position dominante n'est pas en tant que tel répréhensible. C'est l'« abus » de cette position que les textes visent.
Les articles 8 de l'ordonnance du 1er décembre 1986 et 85 du traité de Rome donnent une liste non limitative d'exemples constituant un abus :

– conditions de vente ou de prestations de services discriminatoires,

– ventes ou prestations de services liées à d'autres ventes ou prestations de services,

– prix ou conditions de transaction non équitables imposés de façon directe ou indirecte.

L'abus de position dominante s'apprécie cas par cas, par référence, notamment, aux produits en cause, à la zone géographique sur laquelle l'entreprise exerce son influence, à la part de marché détenue par l'entreprise dans cette zone, à la structure du marché, à la rentabilité des secteurs économiques en cause, à la notoriété des marques commerciales, à l'avance technologique de l'entreprise en cause.
La politique d'une entreprise concernant les licences qu'elle accepte ou non d'accorder peut la placer en situation d'abus de position dominante. La Commission de Bruxelles a déjà rendu des décisions en ce sens.
Ainsi, abuse de sa position dominante une entreprise qui, d'une part, n'accorde aucune licence de fabrication, d'autre part, n'assure la distribution de ses produits qu'à travers un réseau de filiales et qui, enfin, mène une politique de brevets bloquant tous les concurrents (21).
La Société IBM a fait l'objet, au début des années 80 d'une enquête de la part de la Commission de Bruxelles ayant pour objet de rechercher si cette société abusait de sa position dominante.
Après rejet par la Cour de Justice de la demande d'annulation de l'ouverture de l'enquête, IBM et la Commission passaient un compromis dans lequel la société américaine s'engageait à rendre publics des renseignements techniques relatifs à

l'interconnexion de ses ordinateurs 310 qui à cette époque étaient déjà âgés de plus de vingt ans. En échange, la Commission s'engageait à ne pas poursuivre son enquête.
Dans une décision remarquée en date du 6 avril 1995 (Aff. Magill) (22), la Cour de Justice des communautés européennes a considéré que les chaînes de TV anglaises, titulaires de droits d'auteur sur leurs grilles de programmes, ne pouvaient interdire à une entreprise irlandaise de publier un guide hebdomadaire reproduisant ces grilles de programmes.
Constitue en effet, un abus, le refus de licence opposé à une entreprise en situation de position dominante, lorsque ce refus empêche l'apparition d'un produit – ici un guide de programmes de TV – pour lequel il existe une demande potentielle de la part des consommateurs.
Cependant, tout refus de concéder une licence de reproduction n'est pas en soi abusif. Ainsi, ne peut être tenu pour abusif, le refus de concéder une licence de dessins et modèles, qui constitue la substance même du droit d'auteur (Aff. Volvo) (23).
Enfin, il faut retenir que nul ne saurait prétendre au monopole des informations, quand bien même celles-ci seraient protégées par le droit d'auteur. En France, une solution identique a été rendue dans une affaire intéressant un service de l'Etat, la Météorologie nationale (24).

40133. ***La justification des atteintes à la concurrence***

Les pratiques concurrentielles peuvent néanmoins être admises si elles génèrent un progrès économique (25).
Pour décider s'il en est ainsi, les juges établissent une balance économique entre progrès découlant de la pratique restrictive et les atteintes à la concurrence issues de cette même pratique.
En matière d'entente, les deux textes français et communautaires précisent que, afin que la concurrence ne risque pas d'être éliminée, l'entente ne doit imposer aux entreprises intéressées que les restrictions à leurs libertés d'actions qui sont indispensables pour atteindre les objectifs recherchés.
Il est également nécessaire que les utilisateurs du produit ou du service en cause bénéficient d'une partie de ce progrès économique.
La Commission a admis la création, par les principaux fabricants européens d'ordinateurs, d'une norme permettant de standardiser les logiciels destinés à être utilisés avec les systèmes d'exploitation Unix.
La Commission a considéré que les avantages découlant de la création d'une norme industrielle ouverte, l'emportent aisément sur les distorsions de concurrence résultant des règles régissant l'accord passé entre les fabricants (26).
Par ailleurs, en matière de distribution, la Commission de Bruxelles a une politique particulièrement active puisqu'elle a pris des règlements d'exemption caté-

goriels concernant la distribution exclusive (27) et la franchise (28) dont un tout récemment en matière d'accords de transfert de technologie (28 bis).

40200. Les directives communautaires intervenant en matière de droits d'auteur

Depuis le début des années 1990, un ensemble de directives communautaires visant à régir le droit d'auteur a été adopté par les instances communautaires. Certaines d'entre elles se rapportent à des objets bien précis, d'autres traitent de certains droits.
Dans la première catégorie de directives, on trouve essentiellement la directive « programmes d'ordinateurs » du 14 mai 1991 et la directive « bases de données » du 11 mars 1996.
Ces deux textes ont fait l'objet de développements spéciaux dans cet ouvrage (29).
Concernant la deuxième catégorie de directives, celles relatives à certains droits, on peut essentiellement identifier trois textes :

- la directive « Locations et prêts » de 1992,
- la directive « Satellites et câbles » de 1993,
- la directive « Durée » de 1993.

42210. La directive dite « Locations et prêts »

La directive 92/100/CEE du Conseil du 19 novembre 1992 est relative aux droits de location et de prêt et à certains droits voisins du droit d'auteur dans le domaine de la propriété intellectuelle (30).
L'objectif principal fixé par cette directive est d'effacer les écarts pouvant exister entre les droits nationaux susceptibles, à terme, de porter préjudice à l'instauration d'un véritable marché intérieur. Cet objectif nous est rappelé par le considérant n° 1 de la directive :

« *Considérant que la protection juridique que la législation et les usages des Etats membres assurent aux œuvres couvertes par le droit d'auteur et aux objets protégés par des droits voisins diffère en matière de location de prêt et que ces différences sont de nature à créer des entraves aux échanges, à provoquer des distorsions de concurrence et à nuire à la réalisation et au bon fonctionnement du marché intérieur* ».

Pour ce faire, la directive poursuit un double objectif d'harmonisation :

- du droit de location et de prêt,
- des droits voisins.

40211. ***Le droit de location et de prêt***

L'harmonisation porte sur un double droit de location et de prêt :

« *Les Etats membres prévoient (...) le droit d'autoriser ou d'interdire la location et le prêt d'originaux et de copies d'œuvres protégées par le droit d'auteur ainsi que d'autres objets mentionnés à l'article 2 paragraphe 1* » (art. 1er, § 1).

La directive communautaire donne deux définitions à la location et au prêt qui ne sont pas nécessairement identiques aux définitions que l'on peut rencontrer dans les pays qui connaissent un droit de location ou de prêt.
Au sens communautaire, la « location d'objets » est définie comme leur « *mise à disposition pour l'usage, pour un temps limité et pour un avantage économique ou commercial direct ou indirect* » (art. 1er, § 2).
Le « prêt d'objets » est défini comme « *leur mise à disposition pour l'usage, pour un temps limité et non pour un avantage économique commercial direct ou indirect, lorsqu'elle est effectuée par des établissements accessibles au public* » (art. 1er, § 3).
Il ressort de cette définition que la qualification de prêt n'est pas automatiquement liée au non-paiement pour une mise à disposition d'objets.
La directive prévoit, avant tout, un droit d'interdire au profit des titulaires des droits sur une œuvre. Par conséquent, puisqu'il y a un pouvoir d'interdire, il faut désormais, sous les réserves que la directive pose elle-même, obtenir une autorisation préalable pour pouvoir procéder à la location ou au prêt d'une œuvre mise sur le marché, c'est-à-dire, de fait, du support d'une œuvre par lequel on accède à celle-ci.
Pour ce qui est des œuvres concernées par ces droits de location et de prêt, la directive semble opter pour une définition très large. *A priori*, toutes les œuvres sont concernées.
Toutefois, deux catégories d'œuvres seront écartées de l'application de cette directive : tout d'abord les programmes d'ordinateurs, ensuite les œuvres d'architecture et des arts appliqués.
Concernant le droit à rémunération, l'article 4 de la directive précise qu'il doit s'agir d'un « *droit à une rémunération équitable auquel il ne peut renoncer* ».
Les considérants 16 et 17 de la directive précisent que cette « *rémunération équitable peut être acquittée sur la base d'un ou de plusieurs paiements à tout moment, lors de la conclusion du contrat ou ultérieurement* » *et que celle-ci doit tenir compte de l'importance de la contribution apportée aux phonogrammes et aux films par les auteurs et les artistes-interprètes ou exécutants concernés* ».

40212. ***Les droits voisins***

Le second objectif d'harmonisation directive concerne les droits voisins. En ce domaine, l'hétérogénéité des situations nationales est grande et harmoniser suppose une intervention qui détermine tout à la fois les bénéficiaires des droits visés et la teneur de ces droits. Le but de la directive est d'amener les Etats à reconnaître quatre types de droits :

– un droit de fixation,

– un droit de reproduction,

– un droit de radiodiffusion et de communication au public,

– un droit de distribution.

Ces quatre droits se présentent comme des droits d'autoriser ou d'interdire.

Concernant le droit de fixation, il permet aux artistes-interprètes ou exécutants d'autoriser ou d'interdire la première fixation de leur exécution. Pour les organismes de radiodiffusion, il s'agit d'autoriser ou d'interdire la fixation de leurs émissions et ce, « *quelles soient diffusées sans fil ou avec fil, y compris par câbles ou par satellites* » (art. 6).

Pour le droit de reproduction, on doit considérer qu'il s'applique aux fixations ultérieures et la directive prévoit un droit exclusif d'autoriser ou d'interdire une reproduction directe ou indirecte au profit à la fois des artistes-interprètes ou exécutants, des producteurs de phonogrammes, des producteurs des premières fixations de films et enfin des organismes de radiodiffusion.

En matière de droit de radiodiffusion et de communication au public, le schéma prend la forme d'un droit à rémunération. Pour les organismes de radiodiffusion, il s'agit d'un droit d'autoriser ou d'interdire la radiodiffusion de leurs émissions par le moyen des ondes radioélectriques, ainsi que la communication au public de leurs émissions lorsque cette communication est faite en des lieux accessibles au public moyennant le paiement d'un droit d'entrée (art. 8, § 3).

Pour les artistes-interprètes ou exécutants, ce droit consiste en une faculté d'autoriser ou d'interdire la radiodiffusion par le moyen des ondes radioélectriques de leur exécution, sauf lorsque l'exécution est elle-même déjà une exécution radiodiffusée ou faite à partir d'une fixation (art. 8, § 1er).

Enfin, le droit de distribution réserve, au profit des artistes-interprètes ou exécutants, des producteurs de phonogrammes, des producteurs des premières fixations des films, des organismes de radiodiffusion, un droit de mise à disposition du public, par la vente ou par une autre voie des originaux ou des copies.

La directive prévoit l'épuisement du droit de distribution par la première vente de l'objet concerné faite par le titulaire du droit ou avec son consentement (art. 9, § 2), mais il convient de remarquer que cette vente n'entraîne pas l'épuisement parallèle du droit de location ou de prêt.

40220. ***La directive dite « satellite et câbles »***

C'est par une directive 93/83/CEE du Conseil du 27 septembre 1993 relative à la coordination de certaines règles du droit d'auteur et des droits voisins du droit d'auteur applicable à la radiodiffusion par satellite et à la transmission par câbles que les instances européennes ont souhaité harmoniser les législations nationales (31).

Cette directive est le prolongement de la directive 89/552/CEE du 3 octobre 1989 relative à la radiodiffusion télévisuelle (32).

La première des questions que la directive a le mérite de trancher est celle de la loi compétente en matière de communication par satellite.

On sait, en effet, que les avis sont partagés et les pratiques non affirmées quand il s'agit de savoir si les autorisations, dont doit se munir l'opérateur qui exploite un satellite, peuvent être recueillies dans le seul pays d'émission ou si elles doivent l'être encore dans les pays de réception. Aussi, l'article 1er § 2b de la directive prévoit-il que seul le droit du pays d'émission doit être considéré :

« *La communication au public par satellite a lieu uniquement dans l'Etat membre dans lequel, sous le contrôle et la responsabilité de l'organisme de radiodiffusion, les signaux porteurs de programmes sont introduits dans une chaîne ininterrompue de communication conduisant au satellite et revenant vers la terre* ».

La directive a également prévu l'instauration de droits exclusifs. Ainsi, l'article 2 de la directive parle t-il du « *droit exclusif de l'auteur d'autoriser la communication au public* ». Au regard de l'article 5 de la directive, ce droit doit être étendu au droit de retransmission par câbles.

Les artistes-interprètes ou exécutants, les producteurs de phonogrammes, les organismes de radiodiffusion se voient également attribuer des droits exclusifs : droit de fixation, droit de reproduction, droit de radiodiffusion et communication au public dans les mêmes conditions que celles de la directive « location ».

Il est important de constater, au regard des solutions envisagées pour le multimédia, que la directive, dans son article 9 prévoit une gestion collective obligatoire en matière de cablo-distribution.

40230. ***La directive dite « Durée »***

La directive 93/98/CE du Conseil en date du 29 octobre 1993 relative à l'harmonisation de la durée de protection du droit d'auteur et de certains droits voisins a pour objet d'instaurer entre les Etats membres une durée uniforme de protection (33).

Si la durée doit être, dans l'esprit de la directive, la même d'un Etat à l'autre, cela n'exclut pas que cette durée puisse varier d'un type d'œuvre à une autre. Cette remarque prend tout son sens si l'œuvre multimédia vient à être qualifiée.

La directive adopte le principe d'une durée uniforme pour les divers droits attachés à l'acte de création. Cela suppose tout d'abord la fixation d'un point de départ de la protection. Ensuite, il est à remarquer que la directive a choisi une durée assez longue, 70 ans (alors que la Convention de Berne imposait au minimum 50 ans).
L'article 1er § 1er de la directive expose le principe selon lequel les droits de l'auteur « *durent toute la vie de l'auteur et pendant 70 ans après sa mort, quelle que soit la date à laquelle l'œuvre a été licitement rendue accessible au public* ».
Lorsque la création faite ne peut pas être directement rattachée à une ou plusieurs personnes physiques, la directive retient la durée de 70 ans mais à compter du jour où l'œuvre a été licitement rendue accessible au public (art. 1er § 3). Cette disposition vise notamment les œuvres anonymes ou pseudonymes.
Concernant les droits voisins, la durée retenue est de 50 ans, durée moins longue que celle des droits d'auteur qui correspond toutefois au souci d'assurer aux différents acteurs une protection élevée. Il faut remarquer que cette option correspond à celle retenue par les accords de Marrakech dans le cadre du GATT (34).
Cette directive qui modifie profondément certaines législations nationales devait faire l'objet d'une mise en conformité par les différents Etats membres avant le 1er juillet 1995. Un projet de loi français est en cours d'élaboration en ce sens.

40300. Le contexte international

Les conventions internationales intéressant la propriété littéraire et artistique sont trop nombreuses pour qu'il soit ici possible de les examiner toutes. Aussi, est-il préférable de retenir les trois principales conventions relatives au droit d'auteur et aux droits voisins :

- la convention de Berne de 1886,
- la convention de Genève de 1952 dite « Convention universelle », pour le droit d'auteur,
- la convention de Rome de 1961 sur les droits voisins.

Il est également apparu intéressant d'évoquer le traité de Marrakech de 1994.
Comment à travers chacun de ces textes, les technologies développées par le multimédia trouvent à s'appliquer ? Il faut dès à présent remarquer, que l'un des intérêts de ces quatre conventions vient de ce qu'il s'agit de conventions multilatérales ratifiées par de très nombreux Etats industrialisés, dont la France et la plupart des autres pays européens, ce qui leur confère évidemment une portée plus grande.

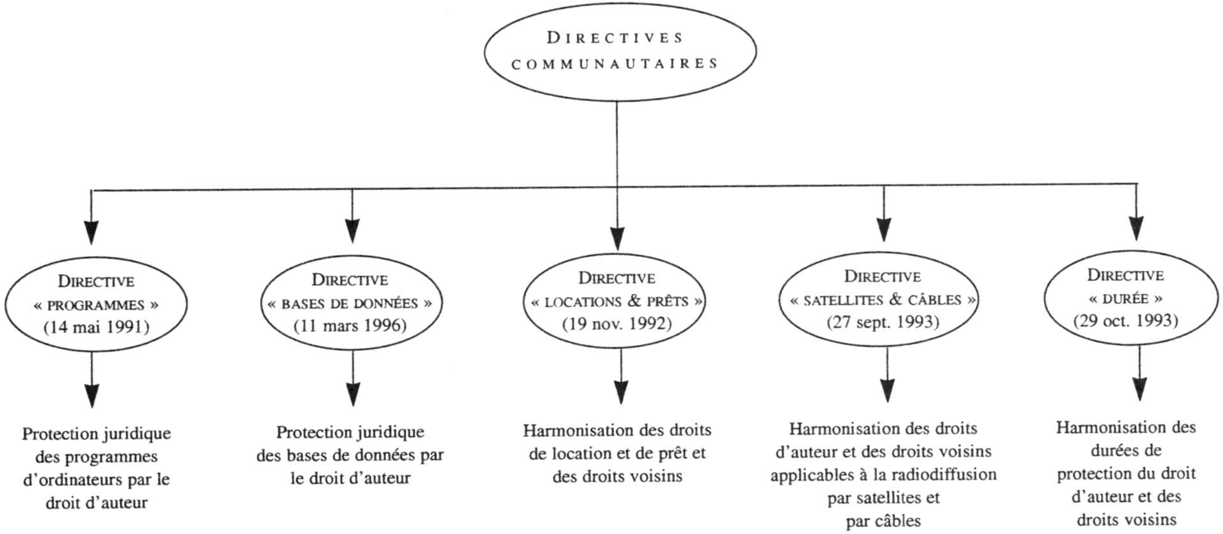

Figure 40.1. *Les directives communautaires en matière de droit d'auteur*

40310. ***La convention de Berne***

Signée le 9 septembre 1886, la convention de Berne a été modifiée à six reprises (1896, 1908, 1914, 1928, 1948 et 1971). Elle concerne les droits d'auteur et le nombre des Etats contractants avait atteint 95 en mars 1993.

40311. ***Le principe de l'assimilation de l'unioniste au national***

L'article 5.1 de la convention de Berne dispose que « *les auteurs jouissent, en ce qui concerne les œuvres pour lesquelles ils sont protégés en vertu de la présente convention dans les pays de l'Union autres que le pays d'origine de l'œuvre, des droits que les lois respectives accordent actuellement ou accorderont par la suite aux nationaux, ainsi que les droits spécialement accordés par la présente convention* ».
Ainsi, dans les pays liés par la convention de Berne, les œuvres d'auteurs étrangers seront traitées exactement de la même manière que les œuvres des auteurs des pays considérés.
Toutefois, il convient de remarquer que l'article 5.1 vise uniquement les œuvres pour lesquelles les auteurs sont protégés en vertu de la présente convention.
Le texte retient essentiellement deux critères de protection, celui de la nationalité de l'auteur et celui du pays de la première publication.
L'article 3 de la convention dispose :

« *1° Sont protégés en vertu de la présente convention :*

a. Les auteurs ressortissant à l'un des pays de l'Union pour leurs œuvres, publiées ou non ;

b. Les auteurs ne ressortissant pas à l'un des pays de l'Union, pour les œuvres qu'ils publient pour la première fois dans l'un de ces pays ou simultanément dans un pays étranger de l'Union et dans un pays de l'Union ».

Par conséquent, si un auteur est ressortissant d'un pays de l'Union, il est protégé par la convention pour ses œuvres, qu'elles soient publiées ou non et, si elles le sont, qu'elles soient publiées pour la première fois sur le territoire d'un pays de l'Union ou non.
Si l'auteur n'est pas un ressortissant d'un pays de l'Union, l'assimilation, dans ce cas, ne joue que pour les œuvres qu'il publie pour la première fois dans l'un de ces pays ou simultanément dans un pays et un pays non lié par la convention.
Toutefois, la convention de Berne semble donner à la notion de publication, une dimension beaucoup plus étroite que celle entendue par le Code de la propriété intellectuelle français. En effet, l'article 3.3 de la convention de Berne exclut de la notion de publication *« la représentation d'une œuvre dramatique, dramatico-musicale ou cinématographique, l'exécution d'une œuvre musicale, la récitation*

publique d'une œuvre littéraire, la transmission ou la radiodiffusion des œuvres littéraires ou artistiques, l'exposition d'une œuvre d'art, et la construction d'une œuvre d'architecture ».

Il résulte de l'article 3 que sont exclues de la protection, les œuvres non publiées d'auteurs ne ressortissant pas à l'un des pays de l'Union.

40312. ***Le contenu de la convention de Berne***

L'article 2.1 de la convention de Berne définit les œuvres couvertes comme étant « *les œuvres littéraires et artistiques comprenant toutes les productions du domaine littéraire, scientifique et artistique quel qu'en soit le mode ou la forme d'expression* ».

Cette définition est très proche de celle que donne le Code de la propriété intellectuelle français (art. L. 112-2).

De plus, l'article 2 § 3 précise que sont protégés, sans préjudice des droits de l'auteur de l'œuvre originale, les traductions, adaptations, arrangements de musique et autres transformations d'une œuvre littéraire et artistique.

Enfin, il est à remarquer que les œuvres sont protégées sans qu'il soit nécessaire de faire une quelconque démarche ou d'accomplir des formalités (art. 5 § 2). La protection naît du seul fait de la création.

Bien que parmi les œuvres protégées au titre de l'article 2 de la convention de Berne, les logiciels ne soient pas expressément mentionnés, il semble que la protection du logiciel par cette convention puisse être envisagée.

Il convient également de mentionner que les bases de données ne sont pas expressément visées par l'article 2. Aussi, concernant la protection des œuvres multimédias, leur protection par la convention de Berne dépendra de leur qualification. En tout état de cause, si elles présentent les caractéristiques d'une œuvre au sens de la propriété littéraire et artistique, elles pourront alors recevoir une protection par la convention de Berne.

La convention s'intéresse aussi bien au droit patrimonial qu'au droit moral de l'auteur.

Concernant le droit patrimonial de l'auteur, la convention a établi un principe reconnaissant un droit exclusif au bénéfice des auteurs sur leurs œuvres. Ainsi, l'article 9 § 1er, prévoit un droit exclusif de reproduction, l'article 11 un droit exclusif de représentation et l'article 12, un droit exclusif d'adaptation. Toutefois, ce principe visant à reconnaître un droit exclusif est tempéré dans la convention par l'instauration d'un régime de licence légale. Il en est ainsi, notamment, pour la radiodiffusion (art. 11 bis § 2) et pour les enregistrements sonores (art. 13).

La convention de Berne traite également du droit de suite en lui donnant une définition relativement large puisqu'il s'applique aussi bien aux œuvres d'art qu'aux manuscrits originaux des écrivains et compositeurs et qu'il s'applique non seulement aux ventes publiques, mais également aux ventes par l'intermédiaire de commerçants (art. 14 ter). Toutefois, le droit de suite ne doit pas être obligatoirement reconnu par les pays de l'Union. En effet, l'article 14 ter § 2 dispose que :

« *La protection prévue à l'alinéa ci-dessus n'est exigible dans chaque pays de l'Union que si la législation nationale de l'auteur admet cette protection et dans la mesure où le permet la législation du pays où cette protection est réclamée* ».

Concernant la durée des droits patrimoniaux, ceux-ci sont réglementés par l'article 7 de la convention. Cet article fixe leur durée à la vie de l'auteur et cinquante ans après sa mort. Les pays membres de l'Union ont la faculté d'accorder une durée de protection supérieure à cette durée (art. 7, § 6).
La convention de Berne concerne également le droit moral de l'auteur. C'est l'article 6 bis de la convention, tel que modifiée à Paris en 1971, qui fixe les limites du droit moral de l'auteur. Cet article, dans son § 1, dispose que :

« *Le droit de revendiquer la paternité de l'œuvre est celui de s'opposer à toute déformation, mutilation ou autre modification de cette œuvre ou à toute atteinte à la même œuvre, préjudiciable à son honneur et à sa réputation* ».

Ce droit est maintenu jusqu'à l'extinction des droits patrimoniaux (art. 6 bis § 2). Toutefois, ce même article stipule que les pays dont les législations nationales ne contiennent pas de dispositions assurant une protection après la mort de l'auteur pour tous les droits reconnus par l'article 6 bis § 1er, ont la faculté de prévoir que certains de ces droits ne soient pas maintenus au-delà de la mort de l'auteur.
Concernant le multimédia, la question des droits moraux se révèle être très importante au regard des possibilités offertes par la technologie pour modifier, copier de façon parfaite et diffuser les œuvres. En conséquence, le multimédia ne remet pas en cause la conception des droits moraux tels que prévus par la convention de Berne, c'est davantage dans le contrôle de leur respect que résident les inquiétudes.

40320. ***La convention de Genève***

Egalement appelée « Convention universelle » sur le droit d'auteur, la convention de Genève a été conclue le 6 septembre 1952 sous l'égide de l'UNESCO. En mars 1991, elle regroupait quatre vingt-quatre pays.
C'est certainement le caractère très protecteur pour les intérêts des auteurs de la convention de Berne qui est à l'origine de ce traité international. En effet, on a vraisemblablement craint que certains pays ne ratifient pas la convention de Berne et, par conséquent, l'élaboration d'un texte plus souple est apparu nécessaire.

40321. ***La notion de publication***

C'est l'article 6 de la convention de Genève qui définit la publication comme étant « *la reproduction sous une forme matérielle et la mise à la disposition du public des exemplaires de l'œuvre permettant de la lire ou d'en prendre connaissance visuellement* ».

La notion de publication dans la présente convention est plus étroite que celle prévue par la convention de Berne. En effet, elle ne concerne que la connaissance visuelle.
En ce qui concerne les œuvres multimédias, on peut penser que leur publication implique qu'elles puissent être lues ou, tout au moins, que l'on puisse en prendre connaissance visuellement. Aussi, à ce titre, une protection internationale de l'œuvre multimédia par la convention de Genève doit pouvoir être envisagée.
Le principe est que les œuvres publiées par des auteurs étrangers sont assimilées à celles des auteurs nationaux du pays lié par la convention, à la condition que les auteurs étrangers soient ressortissants d'un Etat partie à la convention, ou qu'ils y soient simplement domiciliés.
Si l'auteur de l'œuvre publiée est ressortissant d'un pays non lié par la convention, son œuvre ne sera protégée par les règles conventionnelles que si la première publication a eu lieu sur le territoire de l'un des Etats signataires de la convention.
Enfin, si l'auteur est ressortissant de l'un des pays membres de la convention, le lieu de première publication importera peu. Et même si la première publication s'est produite sur le territoire d'un Etat non lié, ses œuvres seront protégées.

40322. ***Le contenu de la convention de Genève***

C'est l'article 3 de la convention de Genève qui prévoit l'instauration de formalités minimales pour la protection des œuvres. Cet article prévoit notamment, dès la première publication d'une œuvre, l'apposition d'un copyright (©) accompagné du nom du titulaire du droit d'auteur et de l'indication de l'année de la première publication. C'est la seule démarche formelle qui soit prévue.
Toutefois, l'article 3 § 2 prévoit que les Etats exigeant pour la protection par le droit d'auteur, l'accomplissement de certaines formalités, pourront continuer à les exiger pour les œuvres ayant pour auteur leurs ressortissants.
En ce qui concerne les droits accordés, la convention de Genève aménage, de façon intéressante, le droit de traduction.
Tout d'abord, l'article 5 de la convention donne à l'auteur un droit exclusif de traduction sous réserve de licences légales pouvant être instaurées par une législation nationale. Ensuite, l'article 4 bis de la convention prévoit, au profit de l'auteur, un droit exclusif d'autoriser la reproduction par n'importe quel moyen ainsi que la représentation et la radiodiffusion. Enfin, l'article 4 bis § 1 prévoit un droit d'adaptation au profit de l'auteur.
Pour le reste, le contenu des droits reconnus par la convention de Genève est sensiblement identique à celui reconnu par la convention de Berne.
L'article 4 de la convention de Genève fixe un minimum de durée : le monopole dure toute la vie de l'auteur et vingt-cinq ans après sa mort.

40330. ***La convention de Rome***

Conclue en 1961 à Rome, cette convention internationale sur la protection des artistes-interprètes ou exécutants, des producteurs de phonogrammes et des organismes de radiodiffusion, est entrée en vigueur en 1964. La France l'a ratifiée en 1987. Elle comptait en août 1991, trente-six Etats adhérents. C'est la souplesse qui prévaut dans la convention de Rome : sur beaucoup de points, les Etats adhérents sont en effet, libres de leur choix.
Le problème que rencontre aujourd'hui cette convention, c'est qu'elle reflète l'état de la technique de son époque (1961) et que sur de nombreux points, elle est obsolète. Aussi, certains auteurs s'interrogent sur l'opportunité de la réviser.

40331. ***Les catégories de personnes concernées***

Les catégories de personnes concernées sont :

– les artistes-interprètes ou exécutants,

– les producteurs de phonogrammes,

– les organismes de radiodiffusion.

L'article 3 (a) de la convention définit les artistes-interprètes comme étant « *les artistes, interprètes ou exécutants, les acteurs, chanteurs, musiciens, danseurs et autres personnes qui représentent, chantent, récitent, déclament, jouent ou exécutent de toute autre manière des œuvres littéraires ou artistiques* ».
Comme pour les deux premières conventions de droit international évoquées précédemment, la convention de Rome reconnaît l'assimilation de la situation des artistes étrangers aux artistes nationaux (art. 2).
En ce qui concerne les producteurs de phonogrammes, la convention de Rome définit dans son article 3 (b) le phonogramme comme étant une fixation exclusivement sonore provenant d'une exécution ou d'autres sons, et son producteur comme la personne physique ou morale qui, la première, fixe les sons provenant d'une exécution ou d'autres sons.
Les bénéficiaires de la convention jouissent du traitement que l'Etat contractant accorde aux producteurs de phonogrammes qui sont ces ressortissants pour les phonogrammes qui sont, pour la première fois, fixés sur son territoire (art. 2).
L'article 10 de la convention de Rome reconnaît aux producteurs de phonogrammes un droit exclusif d'autoriser la reproduction directe ou indirecte de leurs phonogrammes.
Enfin, en ce qui concerne les radiodiffuseurs, l'article 3 (f) de la convention de Rome définit l'émission comme étant « *la diffusion de sons ou d'images par le moyen des ondes radioélectriques, aux fins de réception par le public* ». Cette définition exclut donc la transmission par câble.

Les bénéficiaires de la convention jouissent des droits que l'Etat contractant accorde en vertu de sa législation nationale aux radiodiffuseurs ayant leur siège social sur son territoire pour les émissions radiodiffusées par des émetteurs situés sur ce territoire.

40332. ***Les droits reconnus par la convention de Rome***

Aux termes de la convention, cette protection ne peut pas être inférieure à 20 ans à compter de la fin de l'année de l'exécution des interprétations, de la fixation pour les phonogrammes et de l'émission pour la radiodiffusion (art. 14).
La convention prévoit un formalisme réduit. Concernant les phonogrammes, l'article 11 prévoit l'apposition sur chacune des boîtes du symbole (p) accompagné de l'année de la première publication et du nom du producteur. Ce formalisme limité se rapproche de celui imposé par la Convention universelle sur le droit d'auteur.
En ce qui concerne l'autorisation des utilisations secondaires de phonogrammes, la convention de Rome permet que soit écarté par le législateur national, soit le droit de mettre obstacle, soit le droit exclusif et que ces droits soient remplacés par un droit de rémunération équitable versée au titulaire par l'utilisateur. Chaque Etat membre reste libre de fixer des conditions de répartition de la rémunération.

40340. ***Le traité de Marrakech***

40341. ***Le contexte***

Signé à Marrakech le 15 avril 1994, l'accord sur les aspects des droits de propriété intellectuelle qui touchent au commerce, communément appelés ADPIC, est entré en application le 1er janvier 1995. En juin de cette même année, quatre vingt-seize pays avaient ratifié cet accord négocié dans le cadre du GATT.
Cet accord marque une étape importante pour la propriété intellectuelle. En effet, c'est la première fois que cette matière s'inscrit dans le contexte du commerce.
Mais, c'est certainement les évolutions récentes de la propriété littéraire et artistique qui ont incité les pays à rechercher d'autres directions pour la négociation d'accords internationaux. En effet, certains pays, les Etats-Unis notamment, ont pu reprocher à la convention de Berne une forme trop classique de protection des œuvres en faisant valoir qu'elle ne répondait pas de façon totalement satisfaisante aux besoins actuels générés par le développement des technologies de l'information, particulièrement en ce qui concerne la protection des logiciels et des bases de données.
L'une des particularités intéressantes de ces accords consiste dans l'association du principe du « traitement national » et de celui de la « Nation la plus favorisée »,

concept répandu dans le domaine du commerce international. C'est la première fois, en effet, que ces deux principes sont réunis dans le cadre d'un accord sur la propriété intellectuelle. Ainsi, l'article 3 § 1 des accords dispose que :

« *Chaque membre accordera aux ressortissants des autres membres un traitement non moins favorable que celui qu'il accorde à ses propres ressortissants en ce qui concerne la protection de la propriété intellectuelle, sous réserve des exceptions déjà prévues dans la convention de Berne* ».

A cette disposition est associée l'article 4 qui reconnaît le traitement de la Nation la plus favorisée :

« *En ce qui concerne la protection de la propriété intellectuelle, tous avantages, faveurs, privilèges ou immunités accordés par un membre aux ressortissants de tout autre pays seront, immédiatement et sans condition, étendus aux ressortissants de tous les autres membres* ».

Ce principe du traitement de la Nation la plus favorisée conduit à l'application, au profit de l'ensemble des membres de l'accord, des arrangements particuliers entre Etats lorsque ces arrangements contiennent des dispositions plus favorables.

40342. ***Les œuvres protégées***

La grande différence avec la convention de Berne est que les ADPIC prévoient expressément la protection des programmes d'ordinateurs et des bases de données en les classant dans la catégorie des œuvres littéraires (art. 10).
Cette précision quant aux œuvres protégées est certainement la manifestation de la volonté de produire un texte en phase avec l'évolution des technologies de l'information. En effet, les logiciels et les bases de données sont les supports technologiques incontournables de l'œuvre multimédia. Aussi, leur protection par ces accords ne devrait pas faire de difficulté.

40343. ***Les droits reconnus***

Les ADPIC reconnaissent essentiellement un droit de location. En effet, l'article 11 prévoit, au profit des auteurs et de leurs ayants droit, un droit d'autoriser ou d'interdire la location des programmes d'ordinateurs et des œuvres cinématographiques. On peut toutefois regretter l'imprécision de ces deux critères concernant l'exemption.

40344. ***L'exclusion du droit moral du champ d'application des APDIC***

Concernant le droit moral, l'article 9 § 1 des APDIC exclut du champ de l'accord le droit moral tel que reconnu par l'article 6 bis de la convention de Berne.
Cette absence de reconnaissance du droit moral dans le cadre de l'organisation mondiale du commerce entraîne une diminution de protection par rapport à la convention de Berne, ainsi qu'un amoindrissement par rapport aux droits patrimoniaux, puisque le non-respect du droit moral ne pourra entraîner de sanctions, alors que des sanctions pourront être prises en cas de non-respect des droits patrimoniaux.
Au regard du multimédia, cette absence apparaît plutôt gênante lorsque l'on connaît l'incidence de cette technologie sur le respect du droit moral.

40345. ***La durée des droits***

C'est l'article 12 des accords qui tranche la question relative à la durée des droits.
Cet article écarte les œuvres photographiques et les œuvres des arts appliqués.
Lorsqu'elle est calculée sur une base autre que la vie d'une personne physique, cette durée sera d'au moins cinquante ans à compter de la fin de l'année civile de la publication autorisée, ou, si une telle publication autorisée n'a pas lieu dans les cinquante ans, à compter de la réalisation de l'œuvre, d'au moins cinquante ans à compter de la fin de l'année civile de la réalisation.

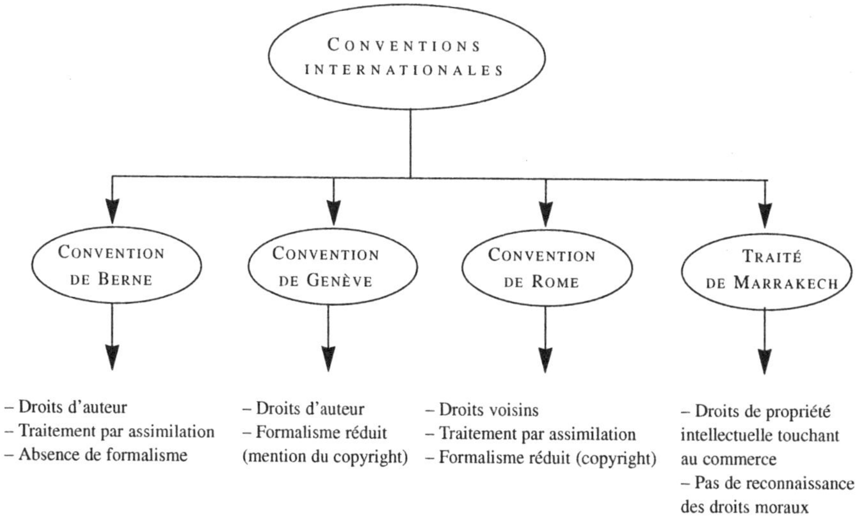

Figure 40.2. *Les conventions internationales en matière de droit d'auteur*

Notes

(1) *Com.* (88) 172 final.

(2) *Com.* (90) 584 final.

(3) Présenté par la Commission le 19 juillet 1995, *Com.* (95) 382 final.

(4) *JOCE* 95/C 247/01.

(5) Commission européenne, DG XIII, LAB Luxembourg 26 avril 1995.

(6) *Infra* n° **40340.**

(7) CJCE, 6 avril 1995, affaire jointe 241/91 P et C-242/91 P, affaire Magill.

(8) CJCE, 21 juin 1974, affaire Reyners, *Rec.* CJCE, p. 631.

(9) Deutsh Gramophone c./Métro 8 juin 1971, affaire 78/70, *Rec.* CJCE, p. 487.

(10) CJCE, 17 mai 1988, Warner Brother, affaire 158/86, *Rec.* CJCE, p. 2625, *JCP* (G) 1988, II-21173, note B. Edelman.

(11) *Supra* n° **40111** et **40112.**

(12) Sur la directive communautaire du 14 mai 1991 concernant la protection des programmes d'ordinateur, *supra* n° **12000** et s.

(13) Pour un message télévisé, voir CJCE, 30 mars 1974, affaire Sacchi, affaire 153/73, *Rec.* CJCE, p. 409.

(14) *Supra* n° **40121.**

(15) CJCE, 18 mars 1980, affaire Coditel II, affaire 62/179, *Rec.* CJCE, p. 81, Attendus n° 11 et 12.

(16) CJCE, Hugin, 31 mai 1979, *Rec.* CJCE, p. 1869.

(17) Conseil de la concurrence n° 92-D-08, 4 février 1992, « Des pratiques d'entreprises lors d'appel d'offres des hospices civils de Lyon », *BOCC*, 14 mars 1992, p. 90.

(18) Remplacée par le Conseil de la concurrence créé par l'ordonnance de 1986.

(19) Avis du 11 mai 1978, Distribution des briquets rechargeables, *Bull. Off. des services et des prix*, 1978, p. 193.

(20) Rapport du Conseil de la concurrence 1980, p. 257.

(21) Commission de Bruxelles, 24 juillet 1991, *JOCE* n° L. 72 du 18 mars 1992, p. 1.

(22) Aff. Magill, RTE & ITP c./Commission, Affaire jointe C. 241/91 PC. 242/91 P.

(23) Aff. Volvo, CJCE, 5 octobre 1998. Dans cette affaire, la Cour admettait cependant qu'un abus aurait existé si le titulaire du droit d'auteur avait invoqué celui-ci pour refuser de fabriquer ou livrer des pièces de rechange, par exemple.

(24) *Supra* n° **10352** relatif à la propriété des données publiques et leur commercialisation.

(25) Article 10 de l'ordonnance du 1er décembre 1986 ; article 85-3 du Traité de Rome.

(26) Décision de la Commission de la concurrence du 6 décembre 1986, *JOCE* (L) 35 du 6 février 1987, p. 36.

(27) MÉMENTO-GUIDE ALAIN BENSOUSSAN, *L'informatique et le Droit*, Ed. Hermès, 1994-95, n° 9322 (tome 1).

(28) MÉMENTO-GUIDE ALAIN BENSOUSSAN, *L'informatique et le Droit*, Ed. Hermès, 1994-95, n° 9324 (tome 1).

(28 bis) Règlement CE n° 240/96 de la Commission du 31 janvier 1996.

(29) Sur la directive communautaire relative à la protection juridique des bases de données, *supra* n° **10340** ; sur la directive communautaire du 14 mai 1991 concernant la protection des programmes d'ordinateur, *supra* n° **12000** et s.

(30) *JOCE* (L) 346/61 du 27 novembre 1992.

(31) *JOCE* (L) 248/15 du 6 octobre 1993.

(32) *JOCE* (L) 298/23 du 17 octobre 1989 modifiée, *JOCE* (L) 1/417 du 3 janvier 1994.

(33) *JOCE* (L) 290/9 du 24 novembre 1993.

(34) *Infra* n° **40340.**

Annexe 1

1. Table chronologique des textes

(*) : textes reproduits in extenso dans la seconde partie de cette annexe

— Loi du **29 juillet 1881** sur la liberté de la presse, V. chap. PRESSE du *C. pén.*

— Traité de Rome du **25 mars 1957** instituant la CEE.

— Ordonnance n° 67-833 du **28 septembre 1967** instituant une commission des opérations de bourse et relative à l'information des porteurs de valeurs mobilières et à la publicité de certaines opérations de bourse, ss. article 74 du *C. com.*

— Loi n° 70-643 du **17 juillet 1970** sur les droits individuels des citoyens, sous article 9 du C. civ.

— Loi n° 73-1193 du **27 décembre 1973** sur l'orientation du commerce et de l'artisanat, dite "Loi Royer", *C. Consom.*

— Loi n° 74-696 du **7 août 1974** relative à la radiodiffusion et à la télévision, *JO* du 8 août 1974.

— Loi n° 78-17 du **6 janvier 1978** relative à l'informatique, aux fichiers et aux libertés, (*JO* du 7 janvier 1978 et rectificatif au *JO*du 25 janvier 1978) modifiée par les lois n° 88-227 du 11 mars 1988, (*JO* du 12 mars 1988), n° 92-1336 du 16 décembre 1992 relative à l'entrée en vigueur du nouveau Code pénal (*JO* du 23 décembre 1992) et n° 94-548 du 1er juillet 1994 relative au traitement de données nominatives ayant pour fin la recherche dans le domaine de la santé (*JO* du 2 juillet 1994).

— Loi n° 78-23 du **10 janvier 1978** relative à la protection des consommateurs de biens et de services, *C. Consom.*

— Circulaire "Scrivener" du **10 janvier 1978** relative aux relations commerciales entre entreprises, *C. Consom.*

— Délibération CNIL n° 80-10 du **1er avril 1980** portant adoption d'une recommandation relative à la mise en oeuvre du droit individuel d'accès aux fichiers automatisés.

— Convention du **28 janvier 1981** du Conseil de l'Europe pour la protection des personnes à l'égard du traitement automatisé des données à caractère personnel, approuvée par la loi n° 82-890 du 9 octobre 1982 (*JO* du 20 octobre 1982) entrée en vigueur le 1er octobre 1985.

— Délibération CNIL n° 81-94 du **21 juillet 1981** portant adoption d'une recommandation relative aux mesures de sécurité des systèmes informatiques, *JO* des 24 et 25 août 1981.

— Arrêté du **22 décembre 1981** relatif à l'enrichissement du vocabulaire de l'informatique, *JO* du 17 janvier 1982.

— Arrêté du **27 avril 1982** relatif à l'enrichissement du vocabulaire des télécommunications, *JO* du 24 juin 1982.

— Loi n° 82-652 du **29 juillet 1982** sur la communication audiovisuelle, *JO* du 30 juillet 1982.

— Arrêté du **30 décembre 1983** relatif à à l'enrichissement du vocabulaire de l'informatique, *JO* du 19 février 1984.

— Circulaire "Delors" du **18 mai 1984** relative à la transparence tarifaire dans les relations commerciales entre entreprises, *JO* du 23 mai 1984.

— Arrêté du **3 octobre 1984** portant enrichissement du vocabulaire des télécommunications *JO* 10 novembre 1984.

— Convention européenne de sauvegarde des droits de l'homme et des libertés fondamentales, signée à Strasbourg, le **22 novembre 1984**, *Document du Conseil* H. 90-5F, mai 1990.

— Loi n° 85-1317 du **13 décembre 1985** modifiant la loi du 29 juillet 1982 sur la communication audiovisuelle, *JO* du 14 décembre 1985.

— Loi n° 85-1408 du **30 décembre 1985** portant amélioration de la concurrence, *JO* du 31 décembre 1985.

— Loi n° 86-897 du **1er août 1986** portant réforme du régime juridique de la presse (*JO* du 2 août 1986), complétée par la loi n° 86-1210 du **27 novembre 1986** (*JO* du 28 novembre 1986).

— Loi n° 86-1067 du **30 septembre 1986** relative à la liberté de communication, *JO* du 1er octobre 1986.

— Ordonnance n° 86-1243 du **1er décembre 1986** relative à la liberté des prix et de la concurrence, *JO* 3 décembre 1986 et *C. Consom.*

— Décret n° 87-246 du **6 avril 1987** relatif à l'exercice du droit de réponse dans les services de communication audiovisuelle, *JO* du 9 avril 1987.

— Décret n° 87-277 du **17 avril 1987** relatif à la déclaration des services relevant de l'article 43 de la loi n° 86-1067 du 30 septembre 1986 relative à la liberté de communication, *JO* du 19 avril 1987.

— Loi n° 87-520 du **10 juillet 1987** relative à la protection des services de télévision ou de radiodiffusion destinés à un public déterminé, *JO* du 12 juillet 1987.

— Arrêté du **3 décembre 1987** relatif à l'information du consommateur sur les prix, en application de l'article 28 de l'ordonnance du 1er décembre 1986, *JO* du 10 décembre 1987.

— Décret n° 87-796 du **29 décembre 1987** pris pour l'application des articles 33 et 34 de la loi n° 86-1067 du 30 septembre 1986 relative à la liberté de communication et relatif aux services de radiodiffusion sonore et de télévision distribués par câble (*JO* du 30 septembre 1987), modifié par le décret n° 88-608 du 6 mai 1988, *JO* du 8 mai 1988.

— Loi n° 88-19 du **5 janvier 1988** relative à la fraude informatique modifiée par les articles 323-1 à 323-7 et 441-1 du nouveau Code pénal institué par la loi n° 92-684 du 22 juillet 1992 entrée en vigueur le 1er mars 1994.

— Loi n° 88-21 du **6 janvier 1988** relative aux opérations de télépromotion avec offre de vente dites de téléachat.

— Décision n° 88-36 du **4 février 1988** fixant les règles de programmation des émissions dites de "téléachat" (*JO* du 10 février 1988), modifiée par les décisions n° 88-261 du **3 juin 1988** (*JO* du 18 juin 1988), n° 90-922 du **11 décembre 1990** (*JO* du 19 janvier 1990) et n° 92-972 du **20 octobre 1992** (*JO* du 11 novembre 1992).

— Circulaire du **17 février 1988** prise en application de l'article 43 de la loi n° 86-1067 du 30 septembre 1986 relative à la liberté de communication, concernant le régime déclaratif applicable à certains services de communication audiovisuelle, *JO* du 9 mars 1988.

— Circulaire du **19 juillet 1988** portant application des dispositions de l'arrêté du 3 décembre 1987 relatif à l'information du consommateur sur les prix, *JO* du 4 août 1988.

— Arrêté du **30 décembre 1988** relatif à la terminologie des télécommunications, *JO* 17 mars 1989.

— Loi n° 89-25 du **17 janvier 1989**, modifiant la loi n° 86-1067 du 30 septembre 1986 relative à la liberté de communication, *JO* du 18 janvier 1989.

— Loi n° 89-421 du **23 juin 1989** relative à l'information et à la protection des consommateurs ainsi qu'à diverses pratiques commerciales, *C. Consom.*

— Directive du Conseil du **3 octobre 1989** visant à la coordination de certaines dispositions législatives, réglementaires et administratives des Etats membres à l'exercice d'activités de radiodiffusion télévisuelle (89/552/CEE), *JOCE* L. 298 du 17 octobre 1989.

— Arrêté du **2 juillet 1990** modifiant l'arrêté du 18 février 1986 relatif à la fabrication, au commerce, à l'acquisition, à à la détention et à l'utilisation de moyens de cryptologie destinés à des fins professionnelles ou privées sur le territoire national, *JO* du 18 juillet 1990.

— Arrêté du **1er octobre 1990** portant modification de l'arrêté du 18 février 1986 relatif à la fabrication, au commerce, à l'acquisition, à la détention et à l'utilisation de moyens de cryptologie destinés à des fins professionnelles ou privées sur le territoire national, *JO* du 3 octobre 1990.

— Circulaire du **17 octobre 1990** relative à la protection juridique des logiciels, *JO* du 21 octobre 1990.

— Décret n° 91-638 du **9 juillet 1991** fixant les conditions d'organisation et de fonctionnement du fichier rassemblant les personnes qui ne souhaitent pas faire l'objet de démarchage publicitaire par télex ou télécopie ainsi que les sanctions pénales applicables, *JO* du 11 juillet 1991.

— Loi n° 91-645 du **10 juillet 1991** modifiant les articles 24, 26 et 34-1 de la loi n° 86-1067 du 30 septembre 1986 relative à la liberté de communication, *JO* du 13 juillet 1991.

— Loi n° 91-646 du **10 juillet 1991** relative au secret des correspondances émises par la voie des télécommunications, *JO* du 13 juillet 1991.

(*) — Loi n° 92-546 du **20 juin 1992** relative au dépôt légal, *JO* du 23 juin 1992.

(*) — Loi n° 92-597 du **1er juillet 1992** relative au Code de la propriété intellectuelle (partie législative), modifiée par les lois n° 92-677 du **17 juillet 1992**, n° 92-1336 du **16 décembre 1992**, n° 94-102 du **5 février 1994**, n° 94-361 du **10 mai 1994**, n° 95-4 du **3 janvier 1995** (extrait).

— Loi n° 92-685 du **22 juillet 1992** portant réforme des dispositions du Code pénal relatives à la répression des crimes et délits contre les biens, *JO* du 23 juillet 1992.

— Décret n° 92-1358 du **28 décembre 1992** définissant les conditions dans lesquelles sont souscrites les déclarations et accordées les autorisations concernant les moyens et prestations de cryptologie, *JO* du 30 décembre 1992.

— Arrêtés du **28 décembre 1992** concernant les déclarations et demandes d'autorisations relatives aux moyens et prestations de cryptologie et définissant les dispositions particulières auxquelles sont soumises les prestations de cryptologie, *JO* du 30 décembre 1992.

— Décret n° 93-119 du **28 janvier 1993** relatif à la désignation des agents qualifiés pour la réalisation des opérations matérielles nécessaires à la mise en place des interceptions de correspondance émises par voie de télécommunications autorisées par la loi n° 91-646 du 10 juillet 1991, *JO* du 29 juillet 1991.

— Arrêté du **15 février 1993** fixant les modalités d'établissement de la demande de licence d'exportation des moyens de cryptologie et d'utilisation de cette licence, *JO* du 24 février 1993.

— Décret n° 93-513 du **25 mars 1993** pris pour l'application de l'article 24 de la loi n° 91-646 du 10 juillet 1991 relative au secret des correspondances émises par la voie des télécommunications, abrogé et recodifié aux articles R. 226-1 à R.226-12 du Code pénal par le décret n° 93-726 du 29 mars 1993 portant réforme du Code pénal (deuxième partie : décrets en Conseil d'Etat) et modifiant certaines dispositions de droit pénal et de procédure pénale, *JO* du 30 mars 1993.

(*) — Décret n° 93-1429 du **31 décembre 1993** relatif au dépôt légal, *JO* du 1er janvier 1994.

— Loi n° 94-102 du **5 février 1994** relative à la répression de la contrefaçon et modifiant certaines dispositions du Code de la propriété intellectuelle, *JO* du 8 février.

— Circulaire du **14 février 1994** relative à la diffusion des données publiques, *JO* du 19 février 1994.

— Arrêté du **2 mars 1994** relatif à la terminologie des télécommunications, *JO* du 22 mars 1994.

— Arrêté du **9 mai 1994** fixant la liste d'appareils prévue par l'article 226-3 du Code pénal, *JO* du 19 mai 1994.

(*) — Arrêté du **12 janvier 1995** fixant les mentions obligatoires devant figurer sur les documents multimédias, *JO* du 20 janvier 1995.

(*) — Arrêté du **12 janvier 1995** fixant les mentions obligatoires devant figurer sur les déclarations obligatoires accompagnant le dépôt légal des documents multimédias, *JO* du 20 janvier 1995.

— Recommandation n° R(95) 4 du Comité des ministres aux Etats membres sur la protection des données à caractère personnel dans le domaine des services de télécommunications, eu égard notamment aux services téléphoniques, adoptée par le Comité des ministres le **7 février 1995**, lors de la 528e réunion des Délégués des ministres.

(*) — Directive 96/9/CE du Parlement européen et du Conseil du **11 mars 1996** concernant la protection juridique des bases de données, *JOCE* (L) 77/20 du 27 mars 1996.

(*) — Loi n° 96-299 du **10 avril 1996** relative aux expérimentations dans le domaine des technologies et services de l'informatique, *JO* du 11 avril 1996.

— Circulaire du **15 mai 1996** relative à la communication, à l'information et à la documentation des services de l'Etat sur les nouveaux réseaux de télécommunication, *JO* du 19 mai 1996.

Annexe 1

2. Principaux textes de lois

Code de la propriété intellectuelle
(extrait)

PREMIERE PARTIE

LA PROPRIÉTÉ LITTÉRAIRE ET ARTISTIQUE

(modifiée par la Loi n° 92-677
du 17 juillet 1992)
(modifiée par la Loi n° 92-1336
du 16 décembre 1992)
(modifiée par la Loi n° 94-102
du 5 février 1994)
(modifiée par la Loi n° 94-361
du 10 mai 1994)
(modifiée par la Loi n° 95-4
du 3 janvier 1995)

LIVRE 1er

LE DROIT D'AUTEUR

TITRE 1er

OBJET DU DROIT D'AUTEUR

CHAPITRE Ier

Nature du droit d'auteur

Art. L.111-1. - L'auteur d'une œuvre de l'esprit jouit sur cette œuvre, du seul fait de sa création, d'un droit de propriété incorporelle exclusif et opposable à tous.

Ce droit comporte des attributs d'ordre intellectuel et moral ainsi que des attributs d'ordre patrimonial, qui sont déterminés par les livres I et III du présent Code.

L'existence ou la conclusion d'un contrat de louage d'ouvrage ou de service par l'auteur d'une œuvre de l'esprit n'emporte aucune dérogation à la jouissance du droit reconnu par l'alinéa 1er.

Art. L.111-2. - L'œuvre est réputée créée, indépendamment de toute divulgation publique, du seul fait de la réalisation, même inachevée, de la conception de l'auteur.

Art. L.111-3. - La propriété incorporelle définie par l'article L.111-1 est indépendante de la propriété de l'objet matériel.

L'acquéreur de cet objet n'est investi, du fait de cette acquisition, d'aucun des droits prévus par le présent Code, sauf dans les cas prévus par les dispositions des deuxièmes et troisièmes alinéas de l'article L.123-4. Ces droits subsistent en la personne de l'auteur ou de ses ayants droit qui, pourtant, ne pourront exiger du propriétaire de l'objet matériel la mise à leur disposition de cet objet pour l'exercice desdits droits. Néanmoins, en cas d'abus notoire du propriétaire empêchant l'exercice du droit de divulgation, le tribunal de grande instance peut prendre toute mesure appropriée, conformément aux dispositions de l'article L.121-3.

Art. L.111-4. - Sous réserve des dispositions des conventions internationales auxquelles la France est partie, dans le cas où, après consultation du ministre des affaires étrangères, il est constaté qu'un Etat n'assure pas aux œuvres divulguées pour la première fois en France sous quelque forme que ce soit une protection suffisante et efficace, les œuvres divulguées pour la première fois sur le territoire de cet Etat ne bénéficient pas de la protection reconnue en matière de droit d'auteur par la législation française.

Toutefois, aucune atteinte ne peut être portée à l'intégrité ni à la paternité de ces œuvres.

Dans l'hypothèse prévue à l'alinéa 1er ci-dessus, les droits d'auteur sont versés à des organismes d'intérêt général désignés par décret.

Art. L.111-5. – Sous réserve des conventions internationales, les droits reconnus en France aux auteurs de logiciels par le présent Code sont reconnus aux étrangers, sous la condition que la loi de l'Etat dont ils sont les nationaux ou sur le territoire duquel ils ont leur domicile, leur siège social ou un établissement effectif accorde sa protection aux logiciels créés par les nationaux français et par les personnes ayant en France leur domicile ou un établissement effectif.

Chapitre II

Œuvres protégées

Art. L.112-1. – Les dispositions du présent Code protègent les droits des auteurs sur toutes les œuvres de l'esprit, quels qu'en soient le genre, la forme d'expression, le mérite ou la destination.

Art. L.112-2. – (*modifié par la Loi n° 94-361 du 10 mai 1994*) Sont considérés notamment comme œuvres de l'esprit au sens du présent Code :

1° Les livres, brochures et autres écrits littéraires, artistiques et scientifiques.

2° Les conférences, allocutions, sermons, plaidoiries et autres œuvres de même nature.

3° Les œuvres dramatiques ou dramatico-musicales.

4° Les œuvres chorégraphiques, les numéros et tours de cirque, les pantomimes, dont la mise en œuvre est fixée par écrit ou autrement.

5° Les compositions musicales avec ou sans paroles.

6° Les œuvres cinématographiques et autres œuvres consistant dans des séquences animées d'images, sonorisées ou non, dénommées ensemble œuvres audiovisuelles.

7° Les œuvres de dessin, de peinture, d'architecture, de sculpture, de gravure, de lithographie.

8° Les œuvres graphiques et typographiques.

9° Les œuvres photographiques et celles réalisées à l'aide de techniques analogues à la photographie.

10° Les œuvres des arts appliqués.

11° Les illustrations, les cartes géographiques.

12° Les plans, croquis et ouvrages plastiques relatifs à la géographie, à la topographie, à l'architecture et aux sciences.

13° Les logiciels, y compris le matériel de conception préparatoire.

14° Les créations des industries saisonnières de l'habillement et de la parure. Sont réputées industries saisonnières de l'habillement et de la parure les industries qui, en raison des exigences de la mode, renouvellent fréquemment la forme de leurs produits, et notamment la couture, la fourrure, la lingerie, la broderie, la mode, la chaussure, la ganterie, la maroquinerie, la fabrique de tissus de haute nouveauté ou spéciaux à la haute couture, les productions des paruriers et des bottiers et les fabriques de tissus d'ameublement.

Art. L.112-3. – Les auteurs de traductions, d'adaptations, transformations ou arrangements des œuvres de l'esprit jouissent de la protection instituée par le présent Code sans préjudice des droits de l'auteur de l'œuvre originale. Il en est de même des auteurs d'anthologies ou recueils d'œuvres divers qui, par le choix et la disposition des matières, constituent des créations intellectuelles.

Art. L.112-4. – Le titre d'une œuvre de l'esprit, dès lors qu'il présente un caractère original, est protégé comme l'œuvre elle-même.

Nul ne peut, même si l'œuvre n'est plus protégée dans les termes des articles L.123-1 à L.123-3, utiliser ce titre pour individualiser une œuvre du même genre, dans des conditions susceptibles de provoquer une confusion.

CHAPITRE III
Titulaires du droit d'auteur

Art. L.113-1. - La qualité d'auteur appartient, sauf preuve contraire, à celui ou à ceux sous le nom de qui l'œuvre est divulguée.

Art. L.113-2. - Est dite de collaboration l'œuvre à la création de laquelle ont concouru plusieurs personnes physiques.

Est dite composite l'œuvre nouvelle à laquelle est incorporée une œuvre préexistante sans la collaboration de l'auteur de cette dernière.

Est dite collective l'œuvre créée sur l'initiative d'une personne physique ou morale qui l'édite, la publie et la divulgue sous sa direction et son nom et dans laquelle la contribution personnelle des divers auteurs participant à son élaboration se fond dans l'ensemble en vue duquel elle est conçue, sans qu'il soit possible d'attribuer à chacun d'eux un droit distinct sur l'ensemble réalisé.

Art. L.113-3. - L'œuvre de collaboration est la propriété commune des coauteurs.

Les coauteurs doivent exercer leurs droits d'un commun accord.

En cas de désaccord, il appartient à la juridiction civile de statuer.

Lorsque la participation de chacun des coauteurs relève de genres différents, chacun peut, sauf convention contraire, exploiter séparément sa contribution personnelle, sans toutefois porter préjudice à l'exploitation de l'œuvre commune.

Art. L.113-4. - L'œuvre composite est la propriété de l'auteur qui l'a réalisée, sous réserve des droits de l'auteur de l'œuvre préexistante.

Art. L.113-5. - L'œuvre collective est, sauf preuve contraire, la propriété de la personne physique ou morale sous le nom de laquelle elle est divulguée.

Cette personne est investie des droits de l'auteur.

Art. L.113-6. - Les auteurs des œuvres pseudonymes et anonymes jouissent sur celles-ci des droits reconnus par l'article L.111-1.

Ils sont représentés dans l'exercice de ces droits par l'éditeur ou le publicateur originaire, tant qu'ils n'ont pas fait connaître leur identité civile et justifié de leur qualité.

La déclaration prévue à l'alinéa précédent peut être faite par testament ; toutefois, sont maintenus les droits qui auraient pu être acquis par des tiers antérieurement.

Les dispositions des deuxième et troisième alinéas ne sont pas applicables lorsque le pseudonyme adopté par l'auteur ne laisse aucun doute sur son identité civile.

Art. L.113-7. - Ont la qualité d'auteur d'une œuvre audiovisuelle la ou les personnes physiques qui réalisent la création intellectuelle de cette œuvre.

Sont présumés, sauf preuve contraire, coauteurs d'une œuvre audiovisuelle réalisée en collaboration :

1° L'auteur du scénario ;

2° L'auteur de l'adaptation ;

3° L'auteur du texte parlé ;

4° L'auteur des compositions musicales avec ou sans paroles spécialement réalisées pour l'œuvre ;

5° Le réalisateur.

Lorsque l'œuvre audiovisuelle est tirée d'une œuvre ou d'un scénario préexistants encore protégés, les auteurs de l'œuvre originaire sont assimilés aux auteurs de l'œuvre nouvelle.

Art. L.113-8. - Ont la qualité d'auteur d'une œuvre radiophonique la ou les personnes physiques qui assurent la création intellectuelle de cette œuvre.

Les dispositions du dernier alinéa de l'article L.113-7 et celles de l'article L.121-6 sont applicables aux œuvres radiophoniques.

Art. L.113-9. – (*modifié par la Loi n° 94-361 du 10 mai 1994*) Sauf dispositions statutaires ou stipulations contraires, les droits patrimoniaux sur les logiciels et leur documentation créés par un ou plusieurs employés dans l'exercice de leurs fonctions ou d'après les instructions de leur employeur sont dévolus à l'employeur qui est seul habilité à les exercer.

Toute contestation sur l'application du présent article est soumise au tribunal de grande instance du siège social de l'employeur.

Les dispositions du premier alinéa du présent article sont également applicables aux agents de l'Etat, des collectivités publiques et des établissements publics à caractère administratif.

TITRE II

DROITS DES AUTEURS

CHAPITRE Ier

Droits moraux

Art. L.121-1. – L'auteur jouit du droit au respect de son nom, de sa qualité et de son œuvre.

Ce droit est attaché à sa personne.

Il est perpétuel, inaliénable et imprescriptible.

Il est transmissible à cause de mort aux héritiers de l'auteur.

L'exercice peut être conféré à un tiers en vertu de dispositions testamentaires.

Art. L.121-2. – L'auteur a seul le droit de divulguer son œuvre. Sous réserve des dispositions de l'article L.132-24, il détermine le procédé de divulgation et fixe les conditions de celle-ci.

Après sa mort, le droit de divulgation de ses œuvres posthumes est exercé leur vie durant par le ou les exécuteurs testamentaires désignés par l'auteur. A leur défaut, ou après leur décès, et sauf volonté contraire de l'auteur, ce droit est exercé dans l'ordre suivant : par les descendants, par le conjoint contre lequel n'existe pas un jugement passé en force de chose jugée de séparation de corps ou qui n'a pas contracté un nouveau mariage, par les héritiers autres que les descendants qui recueillent tout ou partie de la succession et par les légataires universels ou donataires de l'universalité des biens à venir.

Ce droit peut s'exercer même après l'expiration du droit exclusif d'exploitation déterminé à l'article L.123-1.

Art. L.121-3. – En cas d'abus notoire dans l'usage ou le non-usage du droit de divulgation de la part des représentants de l'auteur décédé visés à l'article L.121-2, le tribunal de grande instance peut ordonner toute mesure appropriée. Il en est de même s'il y a conflit entre lesdits représentants, s'il n'y a pas d'ayant droit connu ou en cas de vacance ou de déshérence.

Le tribunal peut être saisi notamment par le ministre chargé de la culture.

Art. L.121-4. – Nonobstant la cession de son droit d'exploitation, l'auteur, même postérieurement à la publication de son œuvre, jouit d'un droit de repentir ou de retrait vis-à-vis du cessionnaire. Il ne peut toutefois exercer ce droit qu'à charge d'indemniser préalablement le cessionnaire du préjudice que ce repentir ou ce retrait peut lui causer. Lorsque, postérieurement à l'exercice de son droit de repentir ou de retrait, l'auteur décide de faire publier son œuvre, il est tenu d'offrir par priorité ses droits d'exploitation au cessionnaire qu'il avait originairement choisi et aux conditions originairement déterminées.

Art. L.121-5. – L'œuvre audiovisuelle est réputée achevée lorsque la version définitive a été établie d'un commun accord entre, d'une part, le réalisateur ou, éventuellement, les coauteurs et d'autre part, le producteur.

Il est interdit de détruire la matrice de cette version.

Toute modification de cette version par addition, suppression ou changement d'un élément quelconque exige l'accord des personnes mentionnées au premier alinéa.

Tout transfert de l'œuvre audiovisuelle sur un autre type de support en vue d'un autre mode d'exploitation doit être précédé de la consultation du réalisateur.

Les droits propres des auteurs, tels qu'ils sont définis à l'article L.121-1, ne peuvent être exercés par eux que sur l'œuvre audiovisuelle achevée.

Art. L.121-6. - Si l'un des auteurs refuse d'achever sa contribution à l'œuvre audiovisuelle ou se trouve dans l'impossibilité d'achever cette contribution par suite de force majeure, il ne pourra s'opposer à l'utilisation, en vue de l'achèvement de l'œuvre, de la partie de cette contribution déjà réalisée. Il aura, pour cette contribution, la qualité d'auteur et jouira des droits qui en découlent.

Art. L.121-7. - (*modifié par la Loi n° 94-361 du 10 mai 1994*) Sauf stipulation contraire plus favorable à l'auteur d'un logiciel, celui-ci ne peut :

1° – S'opposer à la modification du logiciel par le cessionnaire des droits mentionnés au 2° de l'article L.122-6, lorsqu'elle n'est préjudiciable ni à son honneur ni à sa réputation ;

2° – Exercer son droit de repentir ou de retrait.

Art. L.121-8. - L'auteur seul a le droit de réunir ses articles et ses discours en recueil et de les publier ou d'en autoriser la publication sous cette forme.

Pour toutes les œuvres publiées ainsi que dans un journal ou recueil périodique, l'auteur conserve, sauf stipulation contraire, le droit de les faire reproduire et de les exploiter, sous quelque forme que ce soit, pourvu que cette reproduction ou cette exploitation ne soit pas de nature à faire concurrence à ce journal ou à ce recueil périodique.

Art. L.121-9. - Sous tous les régimes matrimoniaux et à peine de nullité de toutes clauses contraires portées au contrat de mariage, le droit de divulguer l'œuvre, de fixer les conditions de son exploitation et d'en défendre l'intégrité reste propre à l'époux auteur ou à celui des époux à qui de tels droits ont été transmis. Ce droit ne peut être apporté en dot, ni acquis par la communauté ou par une société d'acquêts.

Les produits pécuniaires provenant de l'exploitation d'une œuvre de l'esprit ou de la cession totale ou partielle du droit d'exploitation sont soumis au droit commun des régimes matrimoniaux, uniquement lorsqu'ils ont été acquis pendant le mariage ; il en est de même des économies réalisées de ces chefs.

Les dispositions prévues à l'alinéa précédent ne s'appliquent pas lorsque le mariage a été célébré antérieurement au 12 mars 1958.

Les dispositions législatives relatives à la contribution des époux aux charges du ménage sont applicables aux produits pécuniaires visés au deuxième alinéa du présent article.

Chapitre II

Droits patrimoniaux

Art. L.122-1. - Le droit d'exploitation appartenant à l'auteur comprend le droit de représentation et le droit de reproduction.

Art. L.122-2. - La représentation consiste dans la communication de l'œuvre au public par un procédé quelconque, et notamment :

1° – Par récitation publique, exécution lyrique, représentation dramatique, présentation publique, projection publique et transmission dans un lieu public de l'œuvre télédiffusée ;

2° – Par télédiffusion.

La télédiffusion s'entend de la diffusion par tout procédé de télécommunication de sons, d'images, de documents, de données et de messages de toute nature.

Est assimilé à une représentation l'émission d'une œuvre vers un satellite.

Art. L.122-3. - La reproduction consiste dans la fixation matérielle de l'œuvre par tous procédés qui permettent de la communiquer au public d'une manière indirecte.

Elle peut s'effectuer notamment par imprimerie, dessin, gravure, photographie, moulage et tout procédé des arts graphiques et plastiques, enregistrement mécanique, cinématographique ou magnétique.

Pour les œuvres d'architecture, la reproduction consiste également dans l'exécution répétée d'un plan ou d'un projet type.

Art. L.122-4. - Toute représentation ou reproduction intégrale ou partielle faite sans le consentement de l'auteur ou de ses ayants droit ou ayants cause est illicite. Il en est de même pour la traduction, l'adaptation ou la transformation, l'arrangement ou la reproduction par un art ou un procédé quelconque.

Art. L.122-5. - (*modifié par la Loi n° 94-361 du 10 mai 1994*) Lorsque l'œuvre a été divulguée, l'auteur ne peut interdire :

1° – Les représentations privées et gratuites effectuées exclusivement dans un cercle de famille ;

2° – Les copies ou reproductions strictement réservées à l'usage privé du copiste et non destinées à une utilisation collective, à l'exception des copies des œuvres d'art destinées à être utilisées pour des fins identiques à celles pour lesquelles l'œuvre originale a été créée et des copies d'un logiciel autres que la copie de sauvegarde établie dans les conditions prévues au II de l'article L.122-6-1 ;

3° – Sous réserve que soient indiqués clairement le nom de l'auteur et la source :

a) Les analyses et courtes citations justifiées par le caractère critique, polémique, pédagogique, scientifique ou d'information de l'œuvre à laquelle elles sont incorporées ;

b) Les revues de presse ;

c) La diffusion, même intégrale, par la voie de presse ou de télédiffusion, à titre d'information d'actualité, des discours destinés au public prononcés dans les assemblées politiques, administratives, judiciaires ou académiques, ainsi que dans les réunions publiques d'ordre politique et les cérémonies officielles ;

4° – La parodie, le pastiche et la caricature, compte tenu des lois du genre.

Art. L.122-6. - (*modifié par la loi n° 94-361 du 10 mai 1994*) Sous réserve des dispositions de l'article L.122-6-1, le droit d'exploitation appartenant à l'auteur d'un logiciel comprend le droit d'effectuer et d'autoriser :

1° – La reproduction permanente ou provisoire d'un logiciel en tout ou partie par tout moyen et sous toute forme. Dans la mesure où le chargement, l'affichage, l'exécution, la transmission ou le stockage de ce logiciel nécessitent une reproduction, ces actes ne sont possibles qu'avec l'autorisation de l'auteur ;

2° – La traduction, l'adaptation, l'arrangement ou toute autre modification d'un logiciel et la reproduction du logiciel en résultant ;

3° – La mise sur le marché à titre onéreux ou gratuit, y compris la location, du ou des exemplaires d'un logiciel par tout procédé. Toutefois, la première vente d'un exemplaire d'un logiciel dans le territoire d'un Etat membre de la Communauté européenne ou d'un Etat partie à l'accord sur l'Espace économique européen par l'auteur ou avec son consentement épuise le droit de mise sur le marché de cet exemplaire dans tous les Etats membres à l'exception du droit d'autoriser la location ultérieure d'un exemplaire.

Art. L.122-6-1. - (*nouveau - Loi n° 94-361 du 10 mai 1994*) -I- Les actes prévus aux 1° et 2° de l'article L.122-6 ne sont pas soumis à l'autorisation de l'auteur lorsqu'ils sont nécessaires pour permettre l'utilisation du logiciel, conformément à sa destination, par la personne ayant le droit de l'utiliser, y compris pour corriger des erreurs.

Toutefois, l'auteur est habilité à se réserver par contrat le droit de corriger les erreurs et de déterminer les modalités particulières auxquelles seront soumis les actes prévus aux 1° et 2° de l'article L.122-6, nécessaires pour permettre l'utilisation du logiciel, conformément à sa destination, par la personne ayant le droit de l'utiliser.

-II- La personne ayant le droit d'utiliser le logiciel peut faire une copie de sauvegarde lorsque celle-ci est nécessaire pour préserver l'utilisation du logiciel.

-III- La personne ayant le droit d'utiliser le logiciel peut sans l'autorisation de l'auteur observer, étudier ou tester le fonctionnement de ce logiciel afin de déterminer les idées et principes qui sont à la base de n'importe quel élément du logiciel lorsqu'elle effectue toute opération de chargement, d'affichage, d'exécution, de transmission ou de stockage du logiciel qu'elle est en droit d'effectuer.

-IV- La reproduction du code du logiciel ou la traduction de la forme de ce code n'est pas soumise à l'autorisation de l'auteur lorsque la reproduction ou la traduction au sens du 1° et du 2° de l'article L.122-6 est indispensable pour obtenir les informations nécessaires à l'interopérabilité d'un logiciel créé de façon indépendante avec d'autres logiciels, sous réserve que soient réunies les conditions suivantes :

1° – Ces actes sont accomplis par la personne ayant le droit d'utiliser un exemplaire du logiciel ou pour son compte par une personne habilitée à cette fin ;

2° – Les informations nécessaires à l'interopérabilité n'ont pas déjà été rendues facilement et rapidement accessibles aux personnes mentionnées au 1° ci-dessus ;

3° – Et ces actes sont limités aux parties du logiciel d'origine nécessaires à cette interopérabilité.

Les informations ainsi obtenues ne peuvent être :

1° – Ni utilisées à des fins autres que la réalisation de l'interopérabilité du logiciel créé de façon indépendante ;

2° – Ni communiquées à des tiers sauf si cela est nécessaire à l'interopérabilité du logiciel créé de façon indépendante ;

3° – Ni utilisées pour la mise au point, la production ou la commercialisation d'un logiciel dont l'expression est substantiellement similaire ou pour tout autre acte portant atteinte au droit d'auteur.

-V- Le présent article ne saurait être interprété comme permettant de porter atteinte à l'exploitation normale du logiciel ou de causer un préjudice injustifié aux intérêts légitimes de l'auteur.

Toute stipulation contraire aux dispositions prévues aux II, III et IV du présent article est nulle et non avenue.

Art. L.122-6-2. - (*nouveau - Loi n° 94-361 du 10 mai 1994*) Toute publicité ou notice d'utilisation relative aux moyens permettant la suppression ou la neutralisation de tout dispositif technique protégeant un logiciel doit mentionner que l'utilisation illicite de ces moyens est passible des sanctions prévues en cas de contrefaçon.

Un décret en Conseil d'Etat fixera les conditions d'application du présent article.

Art. L.122-7. - Le droit de représentation et le droit de reproduction sont cessibles à titre gratuit ou à titre onéreux.

La cession du droit de représentation n'emporte pas celle du droit de reproduction.

La cession du droit de reproduction n'emporte pas celle du droit de représentation.

Lorsqu'un contrat comporte cession totale de l'un des deux droits visés au présent article, la portée en est limitée aux modes d'exploitation prévus au contrat.

Art. L.122-8. - Les auteurs d'œuvres graphiques et plastiques ont, nonobstant toute cession de l'œuvre originale, un droit inaliénable de participation au produit de toute vente ce cette œuvre faite aux enchères publiques ou par l'intermédiaire d'un commerçant.

Le tarif du droit perçu est fixé uniformément à 3 p. 100 applicables seulement à partir d'un prix de vente fixé par voie réglementaire.

Ce droit est prélevé sur le prix de vente de chaque œuvre et sur le total du prix sans aucune déduction à la base. Un décret en Conseil d'Etat détermine les conditions dans lesquelles

les auteurs feront valoir à l'occasion des ventes prévues au premier alinéa les droits qui leur sont reconnus par les dispositions du présent article.

Art. L.122-9. – En cas d'abus notoire dans l'usage ou le non-usage des droits d'exploitation de la part des représentants de l'auteur décédé visés à l'article L.121-2, le tribunal de grande instance peut ordonner toute mesure appropriée. Il en est de même s'il y a conflit entre lesdits représentants, s'il n'y a pas d'ayant droit connu ou en cas de vacance ou de déshérence.

Le tribunal peut être saisi notamment par le ministre chargé de la culture.

Art. L.122-10. – (*nouveau - Loi n° 95-4 du 3 janvier 1995*) La publication d'une œuvre emporte cession du droit de reproduction par reprographie à une société régie par le titre II du livre III et agréée à cet effet par le ministre chargé de la culture. Les sociétés agréées peuvent seules conclure toute convention avec les utilisateurs aux fins de gestion du droit ainsi cédé, sous réserve, pour les stipulations autorisant les copies aux fins de vente, de location, de publicité ou de promotion, de l'accord de l'auteur ou de ses ayants droit. A défaut de désignation par l'auteur ou son ayant droit à la date de la publication de l'œuvre, une des sociétés agréées est réputée cessionnaire de ce droit.

La reprographie s'entend de la reproduction sous forme de copie sur papier ou support assimilé par une technique photographique ou d'effet équivalent permettant une lecture directe.

Les dispositions du premier alinéa ne font pas obstacle au droit de l'auteur ou de ses ayants droit de réaliser des copies aux fins de vente, de location, de publicité ou de promotion.

Nonobstant toute stipulation contraire, les dispositions du présent article s'appliquent à toutes les œuvres protégées quelle que soit la date de leur publication.

Art. L.122-11. – (*nouveau - Loi n° 95-4 du 3 janvier 1995*) Les conventions mentionnées à l'article L.122-10 peuvent prévoir une rémunération forfaitaire dans les cas définis au 1° à 3° de l'article L.131-4.

Art. L.122-12. – (*nouveau - Loi n° 95-4 du 3 janvier 1995*) L'agrément des sociétés mentionnées au premier alinéa de l'article L.122-10 est délivré en considération :

- de la diversité des associés ;

- de la qualification professionnelle des dirigeants ;

- des moyens humains et matériels qu'ils proposent de mettre en œuvre pour assurer la gestion du droit de reproduction par reprographie ;

- du caractère équitable des modalités prévues pour la répartition des sommes perçues.

Un décret en Conseil d'Etat fixe les modalités de la délivrance et du retrait de cet agrément ainsi que du choix des sociétés cessionnaires en application de la dernière phrase du premier alinéa de l'article L.122-10.

Chapitre III

Durée de la protection

Art. L.123-1. – L'auteur jouit, sa vie durant, du droit exclusif d'exploiter son œuvre sous quelque forme que ce soit et d'en tirer un profit pécuniaire.

Au décès de l'auteur, ce droit persiste au bénéfice de ses ayants droit pendant l'année civile en cours et les cinquante années qui suivent. Toutefois, pour les compositions musicales avec ou sans paroles, cette durée est de soixante-dix années.

Art. L.123-2. – Pour les œuvres de collaboration, l'année civile prise en considération est celle de la mort du dernier vivant des collaborateurs.

Art. L.123-3. – Pour les œuvres pseudonymes ou collectives, la durée du droit exclusif est de cinquante années à compter du 1er janvier de l'année civile suivant celle de la publication. Toutefois, pour les compositions musicales avec ou sans paroles, cette durée est de soixante-dix années. La date de publication est déterminée par tout mode de preuve du droit commun, et notamment par le dépôt légal.

En cas de publication échelonnée d'une œuvre collective, le délai court à compter du 1er janvier de l'année civile qui suit la publication de chaque élément. Toutefois, si la publication est entièrement réalisée dans un délai de vingt ans à compter de la publication d'un premier élément, la durée du droit exclusif pour l'ensemble de l'œuvre prend fin seulement à l'expiration de la cinquantième année suivant celle de la publication du dernier élément.

En ce qui concerne les œuvres anonymes ou pseudonymes, si le ou les auteurs se sont fait connaître, la durée du droit d'exploitation est celle afférente à la catégorie de l'œuvre considérée, et la période de protection légale commence à courir dans les conditions prévues à l'article L.123-1.

Art. L.123-4. – Pour les œuvres posthumes, la durée du droit exclusif est de cinquante années à compter de la date de publication de l'œuvre ; toutefois, pour les compositions musicales avec ou sans paroles, cette durée est de soixante-dix années.

Le droit d'exploitation des œuvres posthumes appartient aux ayants droit de l'auteur si l'œuvre est divulguée au cours de la période prévue à l'article L.123-1.

Si la divulgation est effectuée à l'expiration de cette période, il appartient aux propriétaires, par succession ou à d'autres titres, de l'œuvre, qui effectuent ou font effectuer la publication.

Les œuvres posthumes doivent faire l'objet d'une publication séparée, sauf dans le cas où elles ne constituent qu'un fragment d'une œuvre précédemment publiée. Elles ne peuvent être jointes à des œuvres du même auteur précédemment publiées que si les ayants droit de l'auteur jouissent encore sur celles-ci du droit d'exploitation.

Art. L.123-5. – (*abrogé par la Loi n° 94-361 du 10 mai 1994*)

Art. L.123-6. – Pendant la période prévue à l'article L.123-1, le conjoint survivant, contre lequel n'existe pas un jugement passé en force de chose jugée de séparation de corps, bénéficie, quel que soit le régime matrimonial et indépendamment des droits d'usufruit qu'il tient de l'article 767 du Code civil sur les autres biens de la succession, de l'usufruit du droit d'exploitation dont l'auteur n'aura pas disposé. Toutefois, si l'auteur laisse des héritiers à réserve, cet usufruit est réduit au profit des héritiers, suivant les proportions et distinctions établies par les articles 913 et suivants du Code civil.

Ce droit s'éteint au cas où le conjoint contracte un nouveau mariage.

Art. L.123-7. – Après le décès de l'auteur, le droit de suite mentionné à l'article L.122-8 subsiste au profit de ses héritiers et, pour l'usufruit prévu à l'article L.123-6, de son conjoint, à l'exclusion de tous légataires et ayants cause, pendant l'année civile en cours et les cinquante années suivantes.

Art. L.123-8. – Les droits accordés par la loi du 14 juillet 1866 sur les droits des héritiers et des ayants cause des auteurs aux héritiers et autres ayants cause des auteurs, compositeurs ou artistes sont prorogés d'un temps égal à celui qui s'est écoulé entre le 2 août 1914 et la fin de l'année suivant le jour de la signature du traité de paix pour toutes les œuvres publiées avant cette dernière date et non tombées dans le domaine public le 3 février 1919.

Art. L.123-9. – Les droits accordés par la loi du 14 juillet 1866 précitée et l'article L.123-8 aux héritiers et ayants cause des auteurs, compositeurs ou artistes sont prorogés d'un temps égal à celui qui s'est écoulé entre le 3 septembre 1939 et le 1er janvier 1948, pour toutes les œuvres publiées avant cette date et non tombées dans le domaine public à la date du 13 août 1941.

Art. L.123-10. – Les droits mentionnés à l'article précédent sont prorogés, en outre, d'une durée de trente ans lorsque l'auteur, le compositeur ou l'artiste est mort pour la France, ainsi qu'il résulte de l'acte de décès.

Au cas où l'acte de décès ne doit être ni dressé ni transcrit en France, un arrêté du ministre chargé de la culture peut étendre aux héritiers ou autres ayants cause du défunt le bénéfice de la prorogation supplémentaire de trente ans ; cet arrêté, pris après avis des autorités visées à l'article 1er de l'ordonnance n°45-2717 du 2 novembre 1945, ne pourra intervenir que dans les cas où la mention "mort pour la France" aurait dû figurer sur l'acte de décès si celui-ci avait été dressé en France.

Art. L.123-11. – Lorsque les droits prorogés par l'effet de l'article L.123-10 ont été cédés à titre onéreux, les cédants ou leurs ayants droit pourront, dans un délai de trois ans à compter du 25 septembre 1951, demander au concessionnaire ou à ses ayants droit une révision des conditions de la cession en compensation des avantages résultant de la prorogation.

TITRE III

EXPLOITATION DES DROITS

CHAPITRE Ier

Dispositions générales

Art. L.131-1. – La cession globale des œuvres futures est nulle.

Art. L.131-2. – Les contrats de représentation, d'édition et de production audiovisuelle définis au présent titre doivent être constatés par écrit. Il en est de même des autorisations gratuites d'exécution.

Dans tous les autres cas, les dispositions des articles 1341 à 1348 du Code civil sont applicables.

Art. L.131-3. – La transmission des droits de l'auteur est subordonnée à la condition que chacun des droits cédés fasse l'objet d'une mention distincte dans l'acte de cession et que le domaine d'exploitation des droits cédés soit délimité quant à son étendue et à sa destination, quant au lieu et quant à la durée.

Lorsque des circonstances spéciales l'exigent, le contrat peut être valablement conclu par échange de télégrammes, à condition que le domaine d'exploitation des droits cédés soit délimité conformément aux termes du premier alinéa du présent article.

Les cessions portant sur les droits d'adaptation audiovisuelle doivent faire l'objet d'un contrat écrit sur un document distinct du contrat relatif à l'édition proprement dite de l'œuvre imprimée.

Le bénéficiaire de la cession s'engage par ce contrat à rechercher une exploitation du droit cédé conformément aux usages de la profession et à verser à l'auteur, en cas d'adaptation, une rémunération proportionnelle aux recettes perçues.

Art. L.131-4. – (*modifié par la Loi n° 94-361 du 10 mai 1994*) La cession par l'auteur de ses droits sur son œuvre peut être totale ou partielle. Elle doit comporter au profit de l'auteur la participation proportionnelle aux recettes provenant de la vente ou de l'exploitation.

Toutefois, la rémunération de l'auteur peut être évaluée forfaitairement dans les cas suivants :

1° – La base de calcul de la participation proportionnelle ne peut être pratiquement déterminée ;

2° – Les moyens de contrôler l'application de la participation font défaut ;

3° – Les frais des opérations de calcul et de contrôle seraient hors de proportion avec les résultats à atteindre ;

4° – La nature ou les conditions de l'exploitation rendent impossible l'application de la règle de la rémunération proportionnelle, soit que la contribution de l'auteur ne constitue pas l'un des éléments essentiels de la création intellectuelle de l'œuvre, soit que l'utilisation de l'œuvre ne présente qu'un caractère accessoire par rapport à l'objet exploité ;

5° – En cas de cession des droits portant sur un logiciel ;

6° – Dans les autres cas prévus au présent Code.

Est également licite la conversion entre les parties, à la demande de l'auteur, des droits provenant des contrats en vigueur en annuités forfaitaires pour des durées à déterminer entre les parties.

Art. L.131-5. - En cas de cession du droit d'exploitation, lorsque l'auteur aura subi un préjudice de plus de sept douzièmes dû à une lésion ou à une prévision insuffisante des produits de l'œuvre, il pourra provoquer la révision des conditions de prix du contrat.

Cette demande ne pourra être formée que dans le cas où l'œuvre aura été cédée moyennant une rémunération forfaitaire.

La lésion sera appréciée en considération de l'ensemble de l'exploitation par le cessionnaire des œuvres de l'auteur qui se prétend lésé.

Art. L.131-6. - La clause d'une cession qui tend à conférer le droit d'exploiter l'œuvre sous une forme non prévisible ou non prévue à la date du contrat doit être expresse et stipuler une participation corrélative aux profits d'exploitation.

Art. L.131-7. - En cas de cession partielle, l'ayant cause est substitué à l'auteur dans l'exercice des droits cédés, dans les conditions, les limites et pour la durée prévues au contrat, et à charge de rendre compte.

Art. L.131-8. - En vue du paiement des redevances et rémunérations qui leur sont dues pour les trois dernière années à l'occasion de la cession, de l'exploitation ou de l'utilisation de leurs œuvres, telles qu'elles sont définies à l'article L.112-2 du présent Code, les auteurs, compositeurs et artistes bénéficient du privilège prévu au 4° de l'article 2101 et de l'article 2104 du Code civil.

CHAPITRE II

Dispositions particulières à certains contrats

Section 1

Contrat d'édition

Art. L.132-1. - Le contrat d'édition est le contrat par lequel l'auteur d'une œuvre de l'esprit ou ses ayants droit cèdent à des conditions déterminées à une personne appelée éditeur le droit de fabriquer ou de faire fabriquer en nombre des exemplaires de l'œuvre, à charge pour elle d'en assurer la publication et la diffusion.

Art. L.132-2. - Ne constitue pas un contrat d'édition, au sens de l'article L.132-1, le contrat dit à compte d'auteur.

Par un tel contrat, l'auteur ou ses ayants droit versent à l'éditeur une rémunération convenue, à charge par ce dernier de fabriquer en nombre, dans la forme et suivant les modes d'expression déterminés au contrat, des exemplaires de l'œuvre et d'en assurer la publication et la diffusion.

Ce contrat constitue un louage d'ouvrage régi par la convention, les usages et les dispositions des articles 1787 et suivants du Code civil.

Art. L.132-3. - Ne constitue pas un contrat d'édition, au sens de l'article L.132-1, le contrat dit de compte à demi.

Par un tel contrat, l'auteur ou ses ayants droit chargent un éditeur de fabriquer, à ses frais et en nombre, des exemplaires de l'œuvre, dans la forme et suivant les modes d'expression déterminés au contrat, et d'en assurer la publication et la diffusion, moyennant l'engagement réciproquement contracté de partager les bénéfices et les pertes d'exploitation, dans la proportion prévue.

Ce contrat constitue une société en participation. Il est régi, sous réserve des dispositions prévues aux articles 1871 et suivants du Code civil, par la convention et les usages.

Art. L.132-4. - Est licite la stipulation par laquelle l'auteur s'engage à accorder un droit de préférence à un éditeur pour l'édition de ses œuvres futures de genres nettement déterminés.

Ce droit est limité pour chaque genre à cinq ouvrages nouveaux à compter du jour de la signature du contrat d'édition conclu pour la première œuvre ou à la production de l'auteur réalisée dans un délai de cinq années à compter du même jour.

L'éditeur doit exercer le droit qui lui est reconnu en faisant connaître par écrit sa décision à l'auteur, dans le délai de trois mois à dater du jour de la remise par celui-ci de chaque manuscrit définitif.

Lorsque l'éditeur bénéficiant du droit de préférence aura refusé successivement deux ouvrages nouveaux présentés par l'auteur dans le genre déterminé au contrat, l'auteur pourra reprendre immédiatement et de plein droit sa liberté quant aux œuvres futures qu'il produira dans ce genre. Il devra toutefois, au cas où il aurait reçu ses œuvres futures des avances du premier éditeur, effectuer préalablement le remboursement de celles-ci.

Art. L.132-5. - Le contrat peut prévoir soit une rémunération proportionnelle aux produits d'exploitation, soit, dans les cas prévus aux articles L.131-4 et L.132-6, une rémunération forfaitaire.

Art. L.132-6. - En ce qui concerne l'édition de librairie, la rémunération de l'auteur peut faire l'objet d'une rémunération forfaitaire pour la première édition, avec l'accord formellement exprimé de l'auteur, dans les cas suivants :

1° – Ouvrages scientifiques ou techniques.

2° – Anthologies et encyclopédies.

3° – Préfaces, annotations, introductions, présentations.

4° – Illustrations d'un ouvrage.

5° – Editions de luxe à tirage limité.

6° – Livres de prières.

7° – A la demande du traducteur pour les traductions.

8° – Editions populaires à bon marché.

9° – Albums bon marché pour enfants.

Peuvent également faire l'objet d'un rémunération forfaitaire les cessions de droits à ou par une personne ou une entreprise établie à l'étranger.

En ce qui concerne les œuvres de l'esprit publiées dans les journaux et recueils périodiques de tout ordre et par les agences de presse, la rémunération de l'auteur, lié à l'entreprise d'information par un contrat de louage d'ouvrage ou de services, peut également être fixée forfaitairement.

Art. L.132-7. - Le consentement personnel et donné par écrit de l'auteur est obligatoire.

Sans préjudice des dispositions qui régissent les contrats passés par les mineurs et les majeurs en curatelle, le consentement est même exigé lorsqu'il s'agit d'un auteur légalement incapable, sauf si celui-ci est dans l'impossibilité physique de donner son consentement.

Les dispositions de l'alinéa précédent ne sont pas applicables lorsque le contrat d'édition est souscrit par les ayants droit de l'auteur.

Art. L.132-8. - L'auteur doit garantir à l'éditeur l'exercice paisible et, sauf convention contraire, exclusif du droit cédé.

Il est tenu de faire respecter ce droit et de le défendre contre toutes atteintes qui lui seraient portées.

Art. L.132-9. - L'auteur doit mettre l'éditeur en mesure de fabriquer et de diffuser les exemplaires de l'œuvre.

Il doit remettre à l'éditeur, dans le délai prévu au contrat, l'objet de l'édition en une forme qui permette la fabrication normale.

Sauf convention contraire ou impossibilités d'ordre technique, l'objet de l'édition fournie par l'auteur reste la propriété de celui-ci. L'éditeur en sera responsable pendant le délai d'un an après l'achèvement de la fabrication.

Art. L.132-10. - Le contrat d'édition doit indiquer le nombre minimum d'exemplaires constituant le premier tirage. Toutefois, cette obligation ne s'applique pas aux contrats prévoyant un minimum de droits d'auteur garantis par l'éditeur.

Art. L.132-11. - L'éditeur est tenu d'effectuer ou de faire effectuer la fabrication selon les conditions, dans la forme et suivant les modes d'expression prévus au contrat.

Il ne peut, sans autorisation écrite de l'auteur, apporter à l'œuvre aucune modification.

Il doit, sauf convention contraire, faire figurer sur chacun des exemplaires le nom, le pseudonyme ou la marque de l'auteur.

A défaut de convention spéciale, l'éditeur doit réaliser l'édition dans un délai fixé par les usages de la profession.

En cas de contrat à durée déterminée, les droits du cessionnaire s'éteignent de plein droit à l'expiration du délai sans qu'il soit besoin de mise en demeure.

L'éditeur pourra toutefois procéder, pendant trois ans après cette expiration, à l'écoulement, au prix normal, des exemplaires restant en stock, à moins que l'auteur ne préfère acheter ces exemplaires moyennant un prix qui sera fixé à dire d'experts à défaut d'accord amiable, sans que cette faculté reconnue au premier éditeur interdise à l'auteur de faire procéder à une nouvelle édition dans un délai de trente mois.

Art. L.132-12. - L'éditeur est tenu d'assurer à l'œuvre une exploitation permanente et suivie et une diffusion commerciale, conformément aux usages de la profession.

Art. L.132-13. - L'éditeur est tenu de rendre compte.

L'auteur pourra, à défaut de modalité spéciales prévues au contrat, exiger au moins une fois l'an la production par l'éditeur d'un état mentionnant le nombre d'exemplaires fabriqués en cours d'exercice et précisant la date et l'importance des tirages et le nombre des exemplaires en stock.

Sauf usage ou conventions contraires, cet état mentionnera également le nombre des exemplaires vendus par l'éditeur, celui des exemplaires inutilisables ou détruits par cas fortuit ou force majeure, ainsi que le montant des redevances dues ou versées à l'auteur.

Art. L.132-14. - L'éditeur est tenu de fournir à l'auteur toutes justifications propres à établir l'exactitude de ses comptes.

Faute par l'éditeur de fournir les justifications nécessaires, il y sera contraint par le juge.

Art. L.132-15. - Le redressement judiciaire de l'éditeur n'entraîne pas la résiliation du contrat.

Lorsque l'activité est poursuivie en application des articles 31 et suivants de la loi n° 85-98 du 25 janvier 1985 relative au redressement et à la liquidation judiciaires des entreprises, toutes les obligations de l'éditeur à l'égard de l'auteur doivent être respectées.

En cas de cession de l'entreprise d'édition en application des articles 81 et suivants de la loi n°85-98 du 25 janvier 1985 précitée, l'acquéreur est tenu des obligations du cédant.

Lorsque l'activité de l'entreprise a cessé depuis plus de trois mois ou lorsque la liquidation judiciaire est prononcée, l'auteur peut demander la résiliation du contrat.

Le liquidateur ne peut procéder à la vente en solde des exemplaires fabriqués ni à leur réalisation dans les conditions prévues aux articles 155 et 156 de la loi n°85-98 du 25 janvier 1985 précitée, que quinze jours après avoir averti l'auteur de son intention, par lettre recommandée avec demande d'accusé de réception.

L'auteur possède, sur tout ou partie des exemplaires, un droit de préemption. A défaut d'accord, le prix de rachat sera fixé à dire d'expert.

Art. L.132-16. - L'éditeur ne peut transmettre, à titre gratuit ou onéreux, ou par voie d'apport en société, le bénéfice du contrat d'édition à des tiers, indépendamment de son fonds de commerce, sans avoir préalablement obtenu l'autorisation de l'auteur.

En cas d'aliénation du fonds de commerce, si celle-ci est de nature à compromettre gravement les intérêts matériels ou moraux de l'auteur, celui-ci est fondé à obtenir réparation même par voie de résiliation du contrat.

Lorsque le fonds de commerce d'édition était exploité en société ou dépendait d'une indivision, l'attribution du fonds à l'un des ex-associés ou à l'un des co-indivisaires en conséquence de la liquidation ou du partage ne sera, en aucun cas, considérée comme une cession.

Art. L.132-17. - Le contrat d'édition prend fin, indépendamment des cas prévus par le droit commun ou par les articles précédents, lorsque l'éditeur procède à la destruction totale des exemplaires.

La résiliation a lieu de plein droit lorsque, sur mise en demeure de l'auteur lui impartissant un délai convenable, l'éditeur n'a pas procédé à la publication de l'œuvre ou, en cas d'épuisement, à sa réédition.

L'édition est considérée comme épuisée si deux demandes de livraisons d'exemplaires adressées à l'éditeur ne sont pas satisfaites dans les trois mois.

En cas de mort de l'auteur, si l'œuvre est inachevée, le contrat est résolu en ce qui concerne la partie de l'œuvre non terminée, sauf accord entre l'éditeur et les ayants droit de l'auteur.

Section 2

Contrat de représentation

Art. L.132-18. - Le contrat de représentation est celui par lequel l'auteur d'une œuvre de l'esprit et ses ayants droit autorisent une personne physique ou morale à représenter ladite œuvre à des conditions qu'ils déterminent. Est dit contrat général de représentation le contrat par lequel un organisme professionnel d'auteurs confère à un entrepreneur de spectacles la faculté de représenter, pendant la durée du contrat, les œuvres actuelles ou futures, constituant le répertoire dudit organisme aux conditions déterminées par l'auteur ou ses ayants droit.

Dans le cas prévu à l'alinéa précédent, il peut être dérogé aux dispositions de l'article L.131-1.

Art. L.132-19. - Le contrat de représentation est conclu pour une durée limitée ou pour un nombre déterminé de communications au public.

Sauf stipulation expresse de droits exclusifs, il ne confère à l'entrepreneur de spectacles aucun monopole d'exploitation.

La validité des droits exclusifs accordés par un auteur dramatique ne peut excéder cinq années ; l'interruption des représentations au cours de deux années consécutives y met fin de plein droit.

L'entrepreneur de spectacles ne peut transférer le bénéfice de son contrat sans l'assentiment formel et donné par écrit de l'auteur ou de son représentant.

Art. L.132-20. - Sauf stipulation contraire :

1° L'autorisation de télédiffuser une œuvre par voie hertzienne ne comprend pas la distribution par câble de cette télédiffusion, à moins qu'elle ne soit faite en simultané et intégralement par l'organisme bénéficiaire de cette autorisation et sans extension de la zone géographique contractuellement prévue ;

2° L'autorisation de télédiffuser l'œuvre par ne vaut pas autorisation de communiquer la télédiffusion de cette œuvre dans un lieu accessible au public ;

3° L'autorisation de télédiffuser l'œuvre par voie hertzienne ne comprend pas son émission vers un satellite permettant la réception de cette œuvre par l'intermédiaire d'organismes tiers, à moins que les auteurs ou leurs ayants droit aient contractuellement autorisé ces organismes à communiquer l'œuvre au public ; dans ce cas, l'organisme d'émission est exonéré du paiement de toute rémunération ;

Art. L.132-21. - L'entrepreneur de spectacles est tenu de déclarer à l'auteur ou à ses ayants droit le programme exact des représentations ou exécutions publiques et de leur fournir un état justifié de ses recettes. Il doit acquitter aux échéances prévues, entre les mains de l'auteur ou de ses représentants, le montant des redevances stipulées.

Toutefois, les communes, pour l'organisation de leurs fêtes locales et publiques, et les sociétés d'éducation populaire, agréées par l'autorité administrative, pour les séances organisées par elles dans le cadre de leurs activités, doivent bénéficier d'une réduction de ces redevances.

Art. L.132-22. - L'entrepreneur de spectacles doit assurer la représentation ou l'exécution publique dans des conditions techniques propres à garantir le respect des droits intellectuels et moraux de l'auteur.

Section 3

Contrat de production audiovisuelle

Art. L.132-23. - Le producteur de l'œuvre audiovisuelle est la personne physique ou morale qui prend l'initiative et la responsabilité de la réalisation de l'œuvre.

Art. L.132-24. - Le contrat qui lie le producteur aux auteurs d'une œuvre audiovisuelle, autres que l'auteur de la composition musicale avec ou sans paroles, emporte, sauf clause contraire et sans préjudice des droits reconnus à l'auteur par les dispositions des articles L.111-3, L.121-4, L.121-5, L.122-1 à L.122-7, L.123-7, L.131-2 à L.131-7, L.132-4 et L.132-7, cession au profit du producteur des droits exclusifs d'exploitation de l'œuvre audiovisuelle.

Le contrat de production audiovisuelle n'emporte pas cession au producteur des droits graphiques et théâtraux sur l'œuvre.

Ce contrat prévoit la liste des éléments ayant servi à la réalisation de l'œuvre qui sont conservés ainsi que les modalités de cette conservation.

Art. L.132-25. - La rémunération des auteurs est due pour chaque mode d'exploitation.

Sous réserve des dispositions de l'article L.131-4, lorsque le public paie un prix pour recevoir communication d'une œuvre audiovisuelle déterminée et individualisable, la rémunération est proportionnelle à ce prix, compte tenu des tarifs dégressifs éventuels accordés par le distributeur à l'exploitant ; elle est versée aux auteurs par le producteur.

Art. L.132-26. - L'auteur garantit au producteur l'exercice paisible des droits cédés.

Art. L.132-27. - Le producteur est tenu d'assurer à l'œuvre audiovisuelle une exploitation conforme aux usages de la profession.

Art. L.132-28. - Le producteur fournit, au moins une fois par an, à l'auteur et aux coauteurs un état des recettes provenant de l'exploitation de l'œuvre selon chaque mode d'exploitation.

A leur demande, il leur fournit toute justification propre à établir l'exactitude des comptes, notamment la copie des contrats par lesquels il cède à des tiers tout ou partie des droits dont il dispose.

Art. L.132-29. - Sauf convention contraire, chacun des auteurs de l'œuvre audiovisuelle peut disposer librement de la partie de l'œuvre qui constitue sa contribution personnelle en vue de son exploitation dans un genre différent et dans les limites fixées par l'article L.113-3.

Art. L.132-30. - Le redressement judiciaire du producteur n'entraîne pas la résiliation du contrat de production audiovisuelle.

Lorsque la résiliation ou l'exploitation de l'œuvre est continuée en application des articles 31 et suivants de la loi n° 85-98 du 25 janvier 1985 relative au redressement et à la liquidation judiciaires des entreprises, l'administrateur est tenu au respect de toutes les obligations du producteur, notamment à l'égard des coauteurs.

En cas de cession de tout ou partie de l'entreprise ou de liquidation, l'administrateur, le débiteur, le liquidateur, selon le cas, est tenu d'établir un lot distinct pour chaque œuvre audiovisuelle pouvant faire l'objet d'une cession ou d'une vente aux enchères. Il a l'obligation d'aviser, à peine de nullité, chacun des auteurs et des coproducteurs de l'œuvre par lettre recommandée, un mois avant toute décision sur la cession ou toute procédure de licitation. L'acquéreur est, de même, tenu aux obligations du cédant.

L'auteur et les coauteurs possèdent un droit de préemption sur l'œuvre, sauf si l'un des coproducteurs se déclare acquéreur. A défaut d'accord, le prix d'achat est fixé à dire d'expert.

Lorsque l'activité de l'entreprise a cessé depuis plus de trois mois ou lorsque la liquidation est prononcée, l'auteur et les coauteurs peuvent demander la résiliation du contrat de production audiovisuelle.

Section 4

Contrat de commande pour la publicité

Art. L.132-31. - Dans le cas d'une œuvre de commande utilisée pour la publicité, le contrat entre le producteur et l'auteur entraîne, sauf clause contraire, cession au producteur des droits d'exploitation de l'œuvre, dès lors que ce contrat précise la rémunération distincte due pour chaque mode d'exploitation de l'œuvre en fonction notamment de la zone géographique, de la durée de l'exploitation, de l'importance du tirage et de la nature du support.

Un accord entre les organisations représentatives d'auteurs et les organisations représentatives des producteurs en publicité fixe les éléments de base entrant dans la composition des rémunérations correspondant aux différentes utilisations des œuvres.

La durée de l'accord est comprise entre un et cinq ans.

Ses stipulations peuvent être rendues obligatoires pour l'ensemble des intéressés par décret.

Art. L.132-32. - A défaut d'accord conclu soit avant le 4 avril 1986, soit à la date d'expiration du précédent accord, les bases des rémunérations visées au deuxième alinéa de l'article L.132-31 sont déterminées par une commission présidée par un magistrat de l'ordre judiciaire désigné par le premier président de la Cour de cassation et composée, en outre, d'un membre du Conseil d'Etat désigné par le vice-président du Conseil d'Etat, d'une personnalité qualifiée désignée par le ministre chargé de la culture et, en nombre égal, d'une part, de membres désignés par les organisations représentatives des auteurs et, d'autre part, de membres désignés par les organisations représentatives des producteurs en publicité.

Art. L.132-33. - Les organisations appelées à désigner les membres de la commission ainsi que le nombre de personnes que chacune est appelée à désigner sont déterminés par arrêté du ministre chargé de la culture.

La commission se détermine à la majorité de ses membres présents. En cas de partage des voix, le président a voix prépondérante.

Les délibérations de la commission sont exécutoires si, dans un délai d'un mois, son président n'a pas demandé une seconde délibération.

Les décisions de la commission sont publiées au *Journal officiel* de la République française.

Section 5

Contrat de nantissement du droit d'exploitation des logiciels

Art. L.132-34. - (*nouveau - Loi n° 94-361 du 10 mai 1994*) Sans préjudice des dispositions de la loi du 17 mars 1909 relative à la vente et au nantissement des fonds de commerce, le droit d'exploitation de l'auteur d'un logiciel défini à l'article L.122-6 peut faire l'objet d'un nantissement dans les conditions suivantes :

Le contrat de nantissement est, à peine de nullité, constaté par un écrit.

Le nantissement est inscrit, à peine d'inopposabilité, sur un registre spécial tenu par l'Institut national de la propriété industrielle. L'inscription indique précisément l'assiette de la sûreté et notamment les codes source et les documents de fonctionnement.

Le rang des inscriptions est déterminé par l'ordre dans lequel elles sont requises.

Les inscriptions de nantissement sont, sauf renouvellement préalable, périmées à l'expiration d'une durée de cinq ans.

Un décret en Conseil d'Etat fixera les conditions d'application du présent article.

LIVRE II

LES DROITS VOISINS DU DROIT D'AUTEUR

TITRE UNIQUE

CHAPITRE 1er

Dispositions générales

Art. L.211-1. - Les droits voisins ne portent pas atteinte aux droits des auteurs. En conséquence, aucune disposition du présent titre ne doit être interprétée de manière à limiter l'exercice du droit d'auteur par ses titulaires.

Art. L.211-2. - Outre toute personne justifiant d'un intérêt pour agir, le ministre chargé de la culture peut saisir l'autorité judiciaire, notamment, s'il n'y a pas d'ayant droit connu, ou en cas de vacance ou déshérence.

Art. L.211-3. - Les bénéficiaires des droits ouverts au présent titre ne peuvent interdire :

1° – Les représentations privées et gratuites effectuées exclusivement dans un cercle de famille.

2° – Les reproductions strictement réservées à l'usage privé de la personne qui les réalise et non destinées à une utilisation collective.

3° – Sous réserve d'éléments suffisants d'identification de la source :

– les analyses et courtes citations justifiées par le caractère critique, polémique, pédagogique, scientifique ou d'information de l'œuvre à laquelle elles sont incorporées ;

– les revues de presse ;

– la diffusion, même intégrale, à titre d'information d'actualité, des discours destinés au public dans les assemblées politiques, administratives, judiciaires ou académiques, ainsi que dans les réunions publiques d'ordre politique et les cérémonies officielles.

4° – La parodie, le pastiche et la caricature, compte tenu des lois du genre.

Art. L.211-4. - La durée des droits patrimoniaux objets du présent titre est de cinquante années à compter du 1er janvier de l'année civile suivant celle de la première communication au public, de l'interprétation de l'œuvre, de sa production ou des programmes visés à l'article L.216-1.

CHAPITRE II

Droits des artistes-interprètes

Art. L.212-1. - A l'exclusion de l'artiste de complément, considéré comme tel par les usages professionnels, l'artiste-interprète ou exécutant est la personne qui représente, chante, récite, déclame, joue ou exécute de toute autre manière une œuvre littéraire ou artistique, un numéro de variétés, de cirque ou de marionnettes.

Art. L.212-2. - L'artiste-interprète a le droit au respect de son nom, de sa qualité et de son interprétation.

Ce droit inaliénable et imprescriptible est attaché à sa personne.

Il est transmissible à ses héritiers pour la protection de l'interprétation et de la mémoire du défunt.

Art. L.212-3. - Sont soumises à l'autorisation écrite de l'artiste-interprète la fixation de sa prestation, sa reproduction et sa communication au public, ainsi que toute utilisation séparée du son et de l'image de la prestation lorsque celle-ci a été fixée à la fois pour le son et l'image.

Cette autorisation et les rémunérations auxquelles elle donne lieu sont régies par les dispositions des articles L.762-1 et L.762-2 du Code du travail, sous réserve des dispositions de l'article L.212-6 du présent Code.

Art. L.212-4. - La signature du contrat conclu entre un artiste-interprète et un producteur pour la réalisation d'une œuvre audiovisuelle vaut autorisation de fixer, reproduire et communiquer au public la prestation de l'artiste-interprète.

Ce contrat fixe une rémunération distincte pour chaque mode d'exploitation de l'œuvre.

Art. L.212-5. - Lorsque ni le contrat ni une convention collective ne mentionnent de rémunération pour un ou plusieurs modes d'exploitation, le niveau de celle-ci est fixé par référence à des barèmes établis par voie d'accords spécifiques conclus, dans chaque secteur d'activité, entre les organisations de salariés et d'employeurs représentatives de la profession.

Art. L.212-6. - Les dispositions de l'article L.762-2 du Code du travail ne s'appliquent qu'à la fraction de la rémunération versée en application du contrat excédant les bases fixées par la convention collective ou l'accord spécifique.

Art. L.212-7. - Les contrats passés antérieurement au 1er janvier 1986 entre un artiste-interprète et un producteur d'œuvre audiovisuelle ou leurs cessionnaires sont soumis aux dispositions qui précèdent, en ce qui concerne les modes d'exploitation qu'ils excluaient. La rémunération correspondante n'a pas le caractère de salaire. Ce droit à rémunération s'éteint au décès de l'artiste-interprète.

Art. L.212-8. - Les stipulations des conventions ou accords mentionnés aux articles précédents peuvent être rendues obligatoires à l'intérieur de chaque secteur d'activité pour l'ensemble des intéressés par arrêté du ministre compétent.

Art. L.212-9. - A défaut d'accord conclu dans les termes des articles L.212-4 à L.212-7 soit avant le 4 janvier 1986, soit à la date d'expiration du précédent accord, les modes, et les bases de rémunération des artistes-interprètes sont déterminés, pour chaque secteur d'activité, par une commission présidée par un magistrat de l'ordre judiciaire désigné par le premier président de la Cour de cassation et composée, en outre, d'un membre du Conseil d'Etat, désigné par le vice-président du Conseil d'Etat, d'une personnalité qualifiée désignée par le ministre chargé de la culture et, en nombre égal, de représentants des organisations des salariés et de représentants des organisations d'employeurs.

La commission se détermine à la majorité de membres présents.

En cas de partage des voix, le président a voix prépondérante. La commission se prononce dans les trois mois suivant l'expiration du délai fixé au premier alinéa du présent article.

Sa décision a effet pour une durée de trois ans, sauf accord des intéressés intervenu avant ce terme.

Art. L.212-10. - Les artistes-interprètes ne peuvent interdire la reproduction et la communication publique de leur prestation si elle est accessoire à un événement constituant le sujet principal d'une séquence d'une œuvre ou d'un document audiovisuel.

Chapitre III

Droits des producteurs de phonogrammes

Art. L.213-1. - Le producteur de phonogrammes est la personne, physique ou morale, qui a l'initiative et la responsabilité de la première fixation d'une séquence de son.

L'autorisation du producteur de phonogrammes est requise avant toute reproduction, mise à la disposition du public par la vente, l'échange ou le louage, ou communication au public de son phonogramme autres que celles mentionnées à l'article L.214-1.

Chapitre IV

Dispositions communes aux artistes-interprètes et aux producteurs de phonogrammes

Art. L.214-1. - Lorsqu'un phonogramme a été publié à des fins de commerce, l'artiste-interprète et le producteur ne peuvent s'opposer :

1° – A sa communication directe dans un lieu public, dès lors qu'il n'est pas utilisé dans un spectacle.

2° – A sa radiodiffusion, non plus qu'à la distribution par câble simultanée et intégrale de cette radiodiffusion.

Ces utilisations des phonogrammes publiés à des fins de commerce, quel que soit le lieu de fixation de ces phonogrammes, ouvrent droit à rémunération au profit des artistes-interprètes et des producteurs.

Cette rémunération est versée par les personnes qui utilisent les phonogrammes publiés à des fins de commerce dans les conditions mentionnées aux 1° et 2° du présent article.

Elle est assise sur les recettes de l'exploitation ou, à défaut, évaluée forfaitairement dans les cas prévus à l'article L.131-4.

Elle est répartie par moitié entre les artistes-interprètes et les producteurs de phonogrammes.

Art. L.214-2. – Sous réserve des conventions internationales, les droits à rémunération reconnus par les dispositions de l'article L.214-1 sont répartis entre les artistes-interprètes et les producteurs de phonogrammes pour les phonogrammes fixés pour la première fois en France .

Art. L.214-3. – Le barème de rémunération et les modalités de versement de la rémunération sont établis par des accords spécifiques à chaque branche d'activité entre les organisations représentatives des artistes-interprètes, des producteurs de phonogrammes et des personnes utilisant les phonogrammes dans les conditions prévues aux 1° et 2° de l'article L.214-1.

Ces accords doivent préciser les modalités selon lesquelles les personnes utilisant les phonogrammes dans ces mêmes conditions s'acquittent de leur obligation de fournir aux sociétés de perception et de répartition des droits le programme exact des utilisations auxquelles elles procèdent et tous les éléments documentaires indispensables à la répartition des droits.

Les stipulations de ces accords peuvent être rendues obligatoires pour l'ensemble des intéressés par arrêté du ministre chargé de la culture.

La durée de ces accords est comprise entre un et cinq ans.

Art. L.214-4. – A défaut d'accord intervenu avant le 30 juin 1986, ou si aucun accord n'est intervenu à l'expiration du précédent accord, le barème de rémunération et des modalités de versement de la rémunération sont arrêtés par une commission présidée par un magistrat de l'ordre judiciaire désigné par le premier président de la Cour de cassation et composée, en outre, d'un membre du Conseil d'Etat désigné par le vice-président du Conseil d'Etat, d'une personnalité qualifiée désignée par le ministre chargé de la culture et, en nombre égal, d'une part, de membres désignés par les organisations représentant les bénéficiaires du droit à rémunération, d'autre part, de membres désignés par les organisations représentant les personnes qui, dans la branche d'activité concernée, utilisent les phonogrammes dans les conditions prévues aux 1° et 2° de l'article L.214-1.

Les organisations appelées à désigner les membres de la commission ainsi que le nombre de personnes que chacune est appelée à désigner sont déterminés par arrêté du ministre chargé de la culture.

La commission se détermine à la majorité de ses membres présents. En cas de partage des voix, le président a voix prépondérante.

Les délibérations de la commission sont exécutoires si, dans un délai d'un mois, son président n'a pas demandé une seconde délibération.

Les décisions de la commission sont publiées au *Journal officiel* de la République française.

Art. L.214-5. – La rémunération prévue à l'article L.214-1 est perçue pour le compte des ayants droit et répartie entre ceux-ci par un plusieurs organismes mentionnés au titre II du livre III.

CHAPITRE V

Droits des producteurs de vidéogrammes

Art. L.215-1. – Le producteur de vidéogrammes est la personne, physique ou morale, qui a l'initiative et la responsabilité de la première fixation d'une séquence d'images sonorisée ou non.

L'autorisation du producteur de vidéogrammes est requise avant toute reproduction, mise à la disposition du public par la vente, l'échange ou le louage, ou la communication au public de son vidéogramme.

Les droits reconnus au producteur d'un vidéogramme en vertu de l'alinéa précédent, les droits d'auteur et les droits des artistes-interprètes dont il disposerait sur l'œuvre fixée sur ce vidéogramme ne peuvent faire l'objet de cessions séparées.

CHAPITRE VI

Droits des entreprises de communication audiovisuelle

Art. L.216-1. – Sont soumises à l'autorisation de l'entreprise de communication audiovisuelle la reproduction de ses programmes, ainsi que leur mise à la disposition du public par vente, louage ou échange, leur télédiffusion et leur communication au public dans un lieu accessible à celui-ci moyennant paiement d'un droit d'entrée.

Sont dénommées entreprises de communication audiovisuelle les organisations qui exploitent un service de communication audiovisuelle au sens de la loi n° 86-1067 du 30 septembre 1986 relative à la liberté de communication, quel que soit le régime applicable à ce service.

LIVRE III

DISPOSITIONS GENERALES

TITRE IER

REMUNERATION POUR COPIE PRIVEE

CHAPITRE UNIQUE

Art. L.311-1. – Les auteurs et les artistes-interprètes des œuvres fixées sur les phonogrammes ou vidéogrammes, ainsi que les producteurs de ces phonogrammes ou vidéogrammes, ont droit à un rémunération au titre de la reproduction desdites œuvres, réalisées dans les conditions mentionnées au 2° de l'article L.122-5 et au 2° de l'article L.211-3.

Art. L.311-2. – Sous réserve des conventions internationales, le droit à rémunération mentionné aux articles L.214-1 et L.311-1 est réparti entre les auteurs, les artistes-interprètes, producteurs de phonogrammes ou de vidéogrammes pour les phonogrammes et vidéogrammes fixés pour la première fois en France.

Art. L.311-3. – La rémunération pour copie privée est, dans les conditions ci-après définies, évaluée selon le mode forfaitaire prévu au deuxième alinéa de l'article L.131-4.

Art. L.311-4. – (*loi n° 92-677 du 17 juillet 1992, art. 119 et 121*) La rémunération prévue à l'article L.311-3 est versée par le fabricant, l'importateur ou la personne qui réalise des acquisitions intracommunautaires, au sens du 3° du I de l'article 256 *bis* du Code général des impôts, de supports d'enregistrement utilisables pour la reproduction à usage privé d'œuvres fixées sur des phonogrammes ou des vidéogrammes, lors de la mise en circulation en France de ces supports.

Le montant de la rémunération est fonction du type de support et de la durée d'enregistrement qu'il permet.

Art. L.311-5. – Les types de support, les taux de rémunération et les modalités de versement de celle-ci sont déterminés par une commission présidée par un représentant de l'Etat et composée, en outre, pour moitié, de personnes désignées par les organisations représentant les bénéficiaires du droit à rémunération, pour un quart, de personnes désignées par les organisations représentant les fabricants ou importateurs des supports mentionnés au premier alinéa du précédent article et, pour un quart, de personnes désignées par les organisations représentant les consommateurs.

Les organisations appelées à désigner les membres de la commission ainsi que le nombre de personnes que chacune est appelée à désigner sont déterminés par arrêté du ministre chargé de la culture.

La commission se détermine à la majorité de ses membres présents. En cas de partage des voix, le président a voix prépondérante.

Les délibérations de la commission sont exécutoires si, dans un délai d'un mois, son président n'a pas demandé une seconde délibération.

Les décisions de la commission sont publiées au *Journal officiel* de la République française.

Art. L.311-6. - La rémunération prévue à l'article L.311-1 est perçue pour le compte des ayants droit par un ou plusieurs organismes mentionnés au titre II du présent livre.

Elle est répartie entre les ayants droit par les organismes mentionnés à l'alinéa précédent, à raison des reproductions privées dont chaque œuvre fait l'objet.

Art. L.311-7. - (*loi n° 95-4 du 3 janvier 1995, art.* 2) La rémunération pour copie privée des phonogrammes bénéficie, pour moitié, aux auteurs au sens du présent Code, pour un quart, aux artistes-interprètes et, pour un quart, aux producteurs.

La rémunération pour copie privée des vidéogrammes bénéficie à parts égales aux auteurs au sens du présent Code, aux artistes-interprètes et aux producteurs.

Art. L.311-8. - La rémunération pour copie privée donne lieu à remboursement lorsque le support d'enregistrement est acquis pour leur propre usage ou production par :

1° – Les entreprises de communication audiovisuelle ;

2° – Les producteurs de phonogrammes ou de vidéogrammes et les personnes qui assurent, pour le compte des producteurs de phonogrammes ou de vidéogrammes, la reproduction de ceux-ci ;

3° – Les personnes morales ou organismes, dont la liste est arrêtée par le ministre chargé de la culture, qui utilisent les supports d'enregistrement à des fins d'aide aux handicapés visuels ou auditifs.

TITRE II

SOCIETES DE PERCEPTION ET DE REPARTITION DES DROITS

CHAPITRE UNIQUE

Art. L.321-1. - Les sociétés de perception et de répartition des droits d'auteur et des droits des artistes-interprètes et des producteurs de phonogrammes et de vidéogrammes sont constituées sous forme de sociétés civiles.

Les associés doivent être des auteurs, des artistes-interprètes, des producteurs de phonogrammes ou de vidéogrammes, des éditeurs, ou leurs ayants droit. Ces sociétés civiles régulièrement constituées ont qualité pour ester en justice pour la défense des droits dont elles ont statutairement la charge.

Art. L.321-2. - Les contrats conclus par les sociétés civiles d'auteurs ou de titulaires de droits voisins, en exécution de leur objet, avec les utilisateurs de tout ou partie de leur répertoire sont des actes civils.

Art. L.321-3. - Les projets de statuts et de règlements généraux des sociétés de perception et de répartition des droits sont adressés au ministre chargé de la culture.

Dans le mois de leur réception, le ministre peut saisir le tribunal de grande instance au cas où des motifs réels et sérieux s'opposeraient à la constitution d'une de ces sociétés.

Le tribunal apprécie la qualification professionnelle des fondateurs de ces sociétés, les moyens humains et matériels qu'ils proposent de mettre en œuvre pour assurer le recouvrement des droits et l'exploitation de leur répertoire.

Art. L.321-4. - Les sociétés de perception et de répartition des droits sont tenues de nommer au moins un commissaire aux comptes et un suppléant, choisis sur la liste mentionnée à l'article 219 de la loi n° 66-537 du 24 juillet 1966 sur les sociétés commerciales et qui exercent leurs fonctions dans les conditions prévues par ladite loi, sous réserve des règles qui leur sont propres. Les dispositions de l'article 457 de la loi n° 66-537 du 24 juillet 1966 précitée sont applicables.

Les dispositions de l'article 29 de la loi n°84-148 du 1er mars 1984 relative à la prévention et au règlement amiable des difficultés des entreprises sont applicables.

Art. L.321-5. – Tout associé a droit, dans les conditions et délais déterminés par décret, d'obtenir communication :

1° – Des comptes annuels et de la liste des administrateurs.

2° – Des rapports du conseil d'administration et des commissaires aux comptes qui seront soumis à l'assemblée.

3° – Le cas échéant, du texte et de l'exposé des motifs des résolutions proposées, ainsi que des renseignements concernant les candidats au conseil d'administration.

4° – Du montant global, certifié exact par les commissaires aux comptes, des rémunérations versées aux personnes les mieux rémunérées, le nombre de ces personnes étant de dix ou de cinq selon que l'effectif excède ou non deux cents salariés.

Art. L.321-6. – Tout groupement d'associés représentant au moins un dixième du nombre de ceux-ci peut demander en justice la désignation d'un ou plusieurs experts chargés de présenter un rapport sur une ou plusieurs opérations de gestion.

Le ministère public et le comité d'entreprise sont habilités à agir aux même fins.

Le rapport est adressé au demandeur, au ministère public, au comité d'entreprise, aux commissaires au comptes et au conseil d'administration. Ce rapport est annexé à celui établi par les commissaires aux comptes en vue de la première assemblée générale ; il reçoit la même publicité.

Art. L.321-7. – Les sociétés de perception et de répartition des droits doivent tenir à la disposition des utilisateurs éventuels le répertoire complet des auteurs et compositeurs français et étrangers qu'elles représentent.

Art. L.321-8. – Les statuts des sociétés de perception et de répartition des droits doivent prévoir les conditions dans lesquelles les associations ayant un but d'intérêt général bénéficieront, pour leurs manifestations ne donnant pas lieu à entrée payante, d'une réduction sur le montant des droits d'auteur et des droits des artistes-interprètes et des producteurs de phonogrammes qu'elles auraient à verser.

Art. L.321-9. – Ces sociétés doivent utiliser à des actions d'aide à la création, à la diffusion du spectacle vivant et à des actions de formation d'artistes 50 p. 100 des sommes non répartissables perçues en application de l'article L.214-1 et 25 p. 100 des sommes provenant de la rémunération pour copie privée. La répartition des sommes correspondantes, qui ne peut bénéficier à un organisme unique, est soumise à un vote de l'assemblée générale de la société, qui se prononce à la majorité des deux tiers. A défaut d'une telle majorité, une nouvelle assemblée générale, convoquée spécialement à cet effet, statue à la majorité simple.

L'utilisation de ces sommes fait l'objet, chaque année, d'un rapport spécial du commissaire aux comptes.

Art. L.321-10. – Les sociétés de perception et de répartition des droits des producteurs de phonogrammes et de vidéogrammes et des artistes-interprètes ont la faculté, dans la limite des mandats qui leur sont donnés soit par tout ou partie des associés, soit par des organismes étrangers ayant le même objet, d'exercer collectivement les droits prévus aux articles L.213-1 et L.215-1 en concluant des contrats généraux d'intérêt commun avec les utilisateurs de phonogrammes ou de vidéogrammes dans le but d'améliorer la diffusion de ceux-ci ou de promouvoir le progrès technique ou économique.

Art. L.321-11. – Sans préjudice des dispositions générales applicables aux sociétés civiles, la demande de dissolution d'une société de perception et de répartition des droits peut être présentée au tribunal par le ministre chargé de la culture.

En cas de violation de la loi, le tribunal peut interdire à une société d'exercer ses activités de recouvrement dans un secteur d'activité ou pour un mode d'exploitation.

Art. L.321-12. - La société de perception et de répartition des droits communique ses comptes annuels au ministre chargé de la culture et porte à sa connaissance, deux mois au moins avant son examen par l'assemblée générale, tout projet de modification de ses statuts ou des règles de perception et de répartition des droits.

Elle adresse au ministre chargé de la culture, à la demande de celui-ci, tout document relatif à la perception et à la répartition des droits ainsi que la copie des conventions passés avec les tiers.

Le ministre chargé de la culture ou son représentant peut recueillir, sur pièces et sur place, les renseignements mentionnés au présent article.

TITRE III

PROCEDURES ET SANCTIONS

CHAPITRE 1ER

Dispositions générales

Art. L.331-1. - Toutes les contestations relatives à l'application des dispositions de la première partie du présent Code qui relèvent des juridictions de l'ordre judiciaire sont portées devant les tribunaux compétents, sans préjudice du droit pour la partie lésée de se pourvoir devant la juridiction répressive dans les termes du droit commun.

Les organismes de défense professionnelle régulièrement constitués ont qualité pour ester en justice pour la défense des intérêts dont ils ont statutairement la charge.

Art. L.331-2 (*modifié par la Loi n° 94-361 du 10 mai 1994, art. 10-I*) Outre les procès-verbaux des officiers ou agents de police judiciaire, la preuve de la matérialité de toute infraction aux dispositions des livres 1er, II et III du présent Code et de l'article 52 de la loi n° 85-660 du 3 juillet 1985 relative aux droits d'auteur et aux droits des artistes-interprètes, des producteurs de phonogrammes et de vidéogrammes et des entreprises de communication audiovisuelle peut résulter des constatations d'agents assermentés désignés selon les cas par le Centre national de la cinématographie, par les organismes professionnels d'auteurs et par les sociétés mentionnées au titre II du présent livre. Ces agents sont agréés par le ministre chargé de la culture dans les conditions prévues par un décret en Conseil d'Etat.

Art. L.331-3 (*nouveau - Loi n° 94-361 du 10 mai 1994, art. 10-II*) Le Centre national de la cinématographie peut exercer les droits reconnus à la partie civile en ce qui concerne le délit de contrefaçon, au sens de l'article L.335-3, d'une œuvre audiovisuelle lorsque l'action publique a été mise en mouvement par le ministère public ou la partie lésée.

CHAPITRE II

Saisie-contrefaçon

Art. L.332-1. - Les commissaires de police et, dans les lieux où il n'y a pas de commissaire de police, les juges d'instance, sont tenus, à la demande de tout auteur d'une œuvre protégée par le livre Ier, de ses ayants droit ou de ses ayants cause, de saisir les exemplaires constituant une reproduction illicite de cette œuvre.

Si la saisie doit avoir pour effet de retarder ou de suspendre des représentations ou des exécutions publiques en cours ou déjà annoncées, une autorisation spéciale doit être obtenue du président du tribunal de grande instance par ordonnance rendue sur requête. Le président du tribunal de grande instance peut également, dans la même forme, ordonner :

1° – La suspension de toute fabrication en cours tendant la reproduction illicite d'une œuvre.

2° – La saisie, quels que soient le jour et l'heure, des exemplaires constituant une reproduction illicite de l'œuvre, déjà fabriqués ou en cours de fabrication, des recettes réalisées, ainsi que des exemplaires illicitement utilisés.

3° – La saisie des recettes provenant de toute reproduction, représentation ou diffusion, par quelque moyen que ce soit, d'une œuvre de l'esprit, effectuée en violation des droits de l'auteur.

Le président du tribunal de grande instance peut, dans les ordonnances prévues ci-dessus, ordonner la constitution préalable par le saisissant d'un cautionnement convenable.

Art. L.332-2. – Dans les trente jours de la date du procès-verbal de la saisie prévue à l'alinéa premier de l'article L.332-1 ou de la date de l'ordonnance prévue au même article, le saisi ou le tiers saisi peuvent demander au président du tribunal de grande instance de prononcer la mainlevée de la saisie ou d'en cantonner les effets, ou encore d'autoriser la reprise de la fabrication ou celle des représentations ou exécutions publiques, sous l'autorité d'un administrateur constitué séquestre, pour le compte de qui il appartiendra, des produits de cette fabrication ou de cette exploitation.

Le président du tribunal de grande instance statuant en référé peut, s'il fait droit à la demande du saisi ou du tiers saisi, ordonner à la charge du demandeur la consignation d'une somme affectée à la garantie des dommages et intérêts auxquels l'auteur pourrait prétendre.

Art. L.332-3. – Faute par le saisissant de saisir la juridiction compétente dans les trente jours de la saisie, mainlevée de cette saisie pourra être ordonnée à la demande du saisi ou du tiers saisi par le président du tribunal, statuant en référé.

Art. L.332-4. – En matière de logiciels, la saisie-contrefaçon est exécutée en vertu d'une ordonnance rendue sur requête par le président du tribunal de grande instance. Le président autorise, s'il y a lieu, la saisie réelle.

L'huissier instrumentaire ou le commissaire de police peut être assisté d'un expert désigné par le requérant.

A défaut d'assignation ou de citation dans la quinzaine de la saisie, la saisie-contrefaçon est nulle.

En outre, les commissaires de police sont tenus, à la demande de tout auteur d'un logiciel protégé par le présent Code ou de ses ayants droit, d'opérer une saisie-description du logiciel contrefaisant, saisie-description qui peut se concrétiser par une copie.

Chapitre III

Saisie-arrêt

Art. L.333-1. – Lorsque les produits d'exploitation revenant à l'auteur d'une œuvre de l'esprit ont fait l'objet d'une saisie-arrêt, le président du tribunal de grande instance peut ordonner le versement à l'auteur, à titre alimentaire, d'une certaine somme ou d'une quotité déterminée des sommes saisies.

Art. L.333-2. – Sont insaisissables, dans la mesure où elles ont un caractère alimentaire, les sommes dues, en raison de l'exploitation pécuniaire ou de la cession des droits de propriété littéraire ou artistique, à tous auteurs, compositeurs ou artistes ainsi qu'à leur conjoint survivant contre lequel n'existe pas un jugement de séparation de corps passé en force de chose jugée, ou à leurs enfants mineurs pris en leur qualité d'ayant cause.

Art. L.333-3. – La proportion insaisissable de ces sommes ne pourra, en aucun cas, être inférieure aux quatre cinquièmes, lorsqu'elles sont au plus égales annuellement au palier de ressources le plus élevé prévu en application du chapitre V du titre IV du livre Ier du Code du travail

Art. L.333-4. – Les dispositions du présent chapitre ne font pas obstacle aux saisies-arrêts pratiquées en vertu de dispositions du Code civil relatives aux créances d'aliments.

Chapitre IV

Droit de Suite

Art. L.334-1. – En cas de violation des dispositions de l'article L.122-8, l'acquéreur et les officiers ministériels peuvent être condamnés solidairement, au profit des bénéficiaires du droit de suite, à des dommages-intérêts.

Chapitre V

Dispositions pénales

Art. L.335-1. - Les officiers de police judiciaire compétents peuvent procéder, dès la constatation des infractions prévues à l'article L.335-4 du présent Code, à la saisie des phonogrammes et vidéogrammes reproduits illicitement, des exemplaires et objets fabriqués ou importés illicitement et des matériels spécialement installés en vue de tels agissements.

Art. L.335-2. - (*modifié par la Loi n° 94-102 du 5 février 1994, art. 1er*) Toute édition d'écrits, de composition musicale, de dessin, de peinture ou de toute autre production, imprimée ou gravée en entier ou en partie, au mépris des lois et règlements relatifs à la propriété des auteurs, est une contrefaçon ; et toute contrefaçon est un délit.

La contrefaçon en France d'ouvrages publiés en France ou à l'étranger est punie de deux ans d'emprisonnement et de 1 000 000 F d'amende.

Seront punis des mêmes peines le débit, l'exportation et l'importation des ouvrages contrefaits.

Art. L.335-3. - (*modifié par la Loi n° 94-361 du 10 mai 1994, art. 8*) Est également un délit de contrefaçon toute reproduction, représentation ou diffusion, par quelque moyen que ce soit, d'une œuvre de l'esprit en violation des droits de l'auteur, tels qu'ils sont définis et réglementés par la loi.

Est également un délit de contrefaçon la violation de l'un des droits de l'auteur d'un logiciel définis à l'article L.122-6.

Art. L.335-4. - (*modifié par la Loi n° 94-102 du 5 février 1994, art. 1er*) Est punie de deux ans d'emprisonnement et de 1 000 000 F d'amende toute fixation, reproduction, communication ou mise à disposition du public, à titre onéreux ou gratuit, ou toute télédiffusion d'une prestation, d'un phonogramme, d'un vidéogramme ou d'un programme, réalisée sans l'autorisation, lorsqu'elle est exigée, de l'artiste-interprète, du producteur de phonogrammes ou de vidéogrammes ou de l'entreprise de communication audiovisuelle.

Est punie des mêmes peines toute importation ou exportation de phonogrammes ou de vidéogrammes réalisée sans l'autorisation du producteur ou de l'artiste-interprète, lorsqu'elle est exigée.

Est puni de la peine d'amende prévue au premier alinéa le défaut de versement de la rémunération due à l'auteur, à l'artiste-interprète ou au producteur de phonogrammes ou de vidéogrammes au titre de la copie privée ou de la communication publique ainsi que de la télédiffusion des phonogrammes.

Art. L.335-5. - (*modifié par la Loi n° 94-102 du 5 février 1994, art. 3*) Dans le cas de condamnation fondée sur l'une des infractions définie aux trois précédents articles, le tribunal peut ordonner la fermeture totale ou partielle, définitives ou temporaire, pour une durée au plus de cinq ans, de l'établissement ayant servi à commettre l'infraction.

La fermeture temporaire ne peut entraîner ni rupture ni suspension du contrat de travail, ni aucun préjudice pécuniaire à l'encontre des salariés concernés. Lorsque la fermeture définitive entraîne le licenciement du personnel, elle donne lieu, en dehors de l'indemnité de préavis et de l'indemnité de licenciement, aux dommages et intérêts prévus aux articles L.122-14-4 et L.122-14-5 du Code du travail en cas de rupture de contrat de travail. Le non-paiement de ces indemnités est puni de six mois d'emprisonnement et de 25 000 F d'amende.

Art. L.335-6. - Dans tous les cas prévus par les quatre articles précédents, le tribunal peut prononcer la confiscation de tout ou partie des recettes procurées par l'infraction ainsi que celle de tous les phonogrammes, vidéogrammes, objets et exemplaires contrefaisants ou reproduits illicitement et du matériel spécialement installé en vue de la réalisation du délit.

Il peut également ordonner, aux frais du condamné, l'affichage du jugement prononçant la condamnation dans les conditions et sous les peines prévues à l'article 51 du Code pénal, ainsi que sa publication intégrale ou par extraits dans les journaux qu'il désigne, sans que les frais de cette publication puissent excéder le montant maximum de l'amende encourue.

Art. L.335-7. – Dans les cas prévus aux cinq articles précédents, le matériel, les objets contrefaisants et les recettes ayant donné lieu à confiscation seront remis à la victime ou à ses ayants droit pour les indemniser de leur préjudice ; le surplus de leur indemnité ou l'entière indemnité s'il n'y a eu aucune confiscation de matériel, d'objets contrefaisants ou de recettes, sera réglé par des voies ordinaires.

Art. L.335-8. – (*modifié par la Loi n° 94-102 du 5 février 1994, art.4 et la Loi n° 92-1336 du 16 décembre 1992, art. 203 et 373*) Les personnes morales peuvent être déclarées responsables pénalement dans les conditions prévues par l'article 121-2 du Code pénal des infractions définies aux articles L.335-2 à L.335-4 du présent Code.

Les peines encourues par les personnes morales sont :

1° – L'amende, suivant les modalités prévues par l'article 131-38.

2° – Les peines mentionnées à l'article 131-39.

L'interdiction mentionnée au 2° de l'article 131-39 porte sur l'activité dans l'exercice ou à l'occasion de l'exercice de laquelle l'infraction a été commise.

Art. L.335-9. – (*nouveau - Loi n° 94-102 du 5 février 1994, art.5*) En cas de récidive des infractions définies aux articles L.335-2 à L.335-4 ou si le délinquant est ou a été lié par convention avec la partie lésée, les peines encourues sont portées au double.

Art. L.335-10. – (*nouveau - Loi n° 94-102 du 5 février 1994, art.5*) L'administration des douanes peut, sur demande écrite du titulaire d'un droit d'auteur ou d'un droit voisin, assortie de justifications de son droit dans les conditions prévues par décret en Conseil d'Etat, retenir dans le cadre de ses contrôles les marchandises que celui-ci prétend constituer une contrefaçon de ce droit.

Le procureur de la République, le demandeur, ainsi que le déclarant ou le détenteur de marchandises sont informés sans délai, par les services douaniers, de la retenue à laquelle ces derniers ont procédé.

La mesure de retenue est levée de plein droit à défaut pour le demandeur, dans le délai de dix jours ouvrables à compter de la notification de la retenue des marchandises, de justifier auprès des services douaniers :

- soit des mesures conservatoires prévues par l'article L.332-1 ;

- soit de s'être pourvu par la voie civile ou la voie correctionnelle et d'avoir constitué les garanties requises pour couvrir sa responsabilité éventuelle au cas où la contrefaçon ne serait pas ultérieurement reconnue.

Aux fins de l'engagement des actions en justice visées à l'alinéa précédent, le demandeur peut obtenir de l'administration des douanes communication des noms et adresses de l'expéditeur, de l'importateur et du destinataire des marchandises retenues, ou de leur détenteur, ainsi que de leur quantité, nonobstant les dispositions de l'article 59 *bis* du Code des douanes, relatif au secret professionnel auquel sont tenus tous les agents de l'administration des douanes.

Loi n° 92-546 du 20 juin 1992 relative au dépôt légal (1)

L'Assemblée nationale et le Sénat ont adopté,

Le Président de la République promulgue la loi dont la teneur suit :

Art. 1er. – Les documents imprimés, graphiques, photographiques, sonores, audiovisuels, multimédias, quel que soit leur procédé technique de production, d'édition ou de diffusion, font l'objet d'un dépôt obligatoire, dénommé dépôt légal, dès lors qu'ils sont mis à la disposition d'un public.

Les progiciels, les bases de données, les systèmes experts et les autres produits de l'intelligence artificielle sont soumis à l'obligation de dépôt légal dès lors qu'ils sont mis à la disposition du public par la diffusion d'un support matériel, quelle que soit la nature de ce support.

Art. 2. – Le dépôt légal est organisé en vue de permettre :

1° La collecte et la conservation des documents mentionnés à l'article 1er.

2° La constitution et la diffusion de bibliographies nationales.

3° La consultation des documents, sous réserve des secrets protégés par la loi, dans des conditions conformes à la législation sur la propriété intellectuelle et compatibles avec leur conservation.

Art. 3. – Le dépôt légal est effectué par la remise du document à l'organisme dépositaire ou par son envoi en franchise postale, en un nombre limité d'exemplaires.

Un décret en Conseil d'Etat fixe :

1° Les conditions dans lesquelles il peut être satisfait à l'obligation de dépôt légal par d'autres moyens, notamment par l'enregistrement des émissions faisant l'objet d'une radiodiffusion sonore ou d'une télédiffusion.

2° Les modalités d'application particulières à chaque catégorie de personnes mentionnées à l'article 4, ainsi que les conditions dans lesquelles certaines de ces personnes peuvent être exemptées de l'obligation de dépôt légal.

3° Les exceptions à l'obligation de dépôt pour les catégories de documents dont la collecte et la conservation ne présentent pas un intérêt suffisant au regard des objectifs définis à l'article 2.

4° Les modalités selon lesquelles une sélection des documents à déposer peut être effectuée lorsque les objectifs définis à l'article 2 peuvent être atteints sans que la collecte et la conservation de la totalité des documents soient nécessaires. Les décisions de sélection sont prises sur proposition d'une commission associant, notamment, des représentants des professions concernées et des personnalités qualifiées sous la présidence du président du conseil scientifique du dépôt légal.

Art. 4. – L'obligation de dépôt mentionnée à l'article 1er incombe aux personnes suivantes :

1° Celles qui éditent ou importent des documents imprimés, graphiques ou photographiques.

2° Celles qui impriment les documents visés au 1° ci-dessus.

3° Celles qui éditent ou, en l'absence d'éditeur, celles qui produisent et celles qui importent des progiciels, des bases de données, des systèmes experts ou autres produits de l'intelligence artificielle.

4° Celles qui éditent ou, en l'absence d'éditeur, celles qui produisent ou qui commandent et celles qui importent des phonogrammes.

5° Celles qui produisent des documents cinématographiques et, en ce qui concerne les documents cinématographiques importés, celles qui les distribuent, ainsi que celles qui éditent et importent des documents cinématographiques fixés sur un support autre que photochimique.

6° Les sociétés nationales de programme, les personnes titulaires d'une autorisation ou d'une concession relative à un service de radiodiffusion sonore ou de télédiffusion, les personnes qui ont passé convention en application de l'article 34-1 de la loi n° 86-1067 du 30 septembre 1986 relative à la liberté de communication ainsi que le groupement européen d'intérêt économique responsable de la chaîne culturelle européenne issue du traité signé le 2 octobre 1990.

7° Les personnes qui éditent ou, en l'absence d'éditeur, celles qui produisent ou qui commandent et celles qui importent des vidéogrammes autres que ceux qui sont mentionnés au 5° ci-dessus et que ceux qui sont télédiffusés sans faire l'objet par ailleurs d'une exploitation commerciale.

8° Celles qui éditent ou, en l'absence d'éditeur, celles qui produisent et celles qui importent des documents multimédias.

Sont réputés importateurs au sens du présent article ceux qui introduisent sur le territoire national des documents édités ou produits hors de ce territoire.

Art. 5. – Sont responsables du dépôt légal, qu'ils gèrent pour le compte de l'Etat, dans des conditions déterminées par décret en Conseil d'Etat, les organismes dépositaires suivants :

1° La Bibliothèque nationale.

2° Le Centre national de la cinématographie.

3° L'Institut national de l'audiovisuel.

4° Le service chargé du dépôt légal du ministère de l'intérieur.

Ce décret peut confier la responsabilité du dépôt légal à d'autres établissements ou services publics, nationaux ou locaux, à la condition qu'ils présentent les garanties statutaires et disposent des moyens, notamment scientifiques, propres à assurer le respect des objectifs définis à l'article 2.

Art. 6. – Le conseil scientifique du dépôt légal est composé de représentants des organismes dépositaires et est présidé par l'administrateur général de la Bibliothèque nationale.

Il est chargé de veiller à la cohérence scientifique et à l'unité des procédures du dépôt légal. Il peut rendre des avis et formuler des recommandations sur toutes questions relatives au dépôt légal. Il est associé à la définition des modalités d'exercice de la consultation des documents déposés, prévue à l'article 2 de la présente loi, dans le double respect des principes définis par les lois n° 57-298 du 11 mars 1957 sur la propriété littéraire et artistique et n° 85-660 du 3 juillet 1985 relative aux droits d'auteurs et aux droits des artistes-interprètes, des producteurs de phonogrammes et de vidéogrammes et des entreprises de communication audiovisuelle et de ceux inhérents au droit, pour le chercheur, d'accéder à titre individuel, dans le cadre de ses recherches, et dans l'enceinte de l'organisme dépositaire, aux documents conservés.

Art. 7. – Toute personne visée à l'article 4 qui se sera volontairement soustraite à l'obligation de dépôt légal sera punie d'une peine d'amende de 10 000 F à 500 000 F.

La juridiction répressive peut, après avoir déclaré le prévenu coupable, ajourner le prononcé de la peine en lui enjoignant, sous astreinte le cas échéant, de se conformer, dans un délai fixé, aux prescriptions qu'elle détermine et qui ont pour objet de faire cesser l'agissement illicite et d'en réparer les conséquences.

Dans le cas où la juridiction répressive assortit l'ajournement d'une astreinte, elle doit prévoir le taux et la date à compter de laquelle elle commencera à courir. L'ajournement, qui ne peut intervenir qu'une seule fois, peut être décidé même si le prévenu ne comparaît pas en personne. Le juge peut ordonner l'exécution provisoire de la décision d'injonction.

A l'audience de renvoi, qui doit intervenir au plus tard dans le délai d'un an à compter de la décision d'ajournement, la juridiction statue sur la peine et liquide l'astreinte s'il y a lieu. Elle peut, le cas échéant, supprimer cette dernière ou en réduire le montant. L'astreinte est recouvrée par le comptable du Trésor comme une amende pénale. Elle ne peut donner lieu à contrainte par corps.

Art. 8. – Il est inséré, après le cinquième alinéa de l'article 49 de la loi n° 86-1067 du 30 septembre 1986 précitée, un alinéa ainsi rédigé :

« En application de la loi n° 92-546 du 20 juin 1992 relative au dépôt légal, l'Institut national de l'audiovisuel est chargé de recueillir et de conserver les documents sonores et audiovisuels radiodiffusés ou télédiffusés de participer à la constitution et à la diffusion des bibliographies nationales correspondantes et de mettre ces documents à la disposition du public pour consultation. La consultation des documents s'effectue, sous réserve des secrets protégés par la loi, dans des conditions conformes à la législation sur la propriété intellectuelle et compatibles avec leur conservation. L'Institut national de l'audiovisuel exerce ces missions selon des modalités fixées par décret en Conseil d'Etat. »

Art. 9. - Il est inséré, après l'article 2 du Code de l'industrie cinématographique, un article 2-1 ainsi rédigé :

« Art. 2-1. - En application de la loi n° 92-546 du 20 juin 1992 relative au dépôt légal, le centre est chargé de recueillir et de conserver l'ensemble des vidéogrammes fixés sur support photochimique, de participer à la constitution et à la diffusion des bibliographies nationales correspondantes et de mettre ces documents à la disposition du public pour consultation. La consultation des documents s'effectue, sous réserve des secrets protégés par la loi, dans des conditions conformes à la législation sur la propriété intellectuelle et compatibles avec leur conservation. Le centre exerce cette mission selon des modalités fixées par décret en Conseil d'Etat. »

Art. 10. - La présente loi est applicable aux territoires d'outre-mer et à la collectivité territoriale de Mayotte.

Art. 11. - La loi n° 43-341 du 21 juin 1943 modifiant le régime du dépôt légal et l'article 55 de la loi n° 85-660 du 3 juillet 1985 précitée sont abrogés.

La présente loi sera exécutée comme loi de l'Etat.

Fait à Paris, le 20 juin 1992.

Par le Président de la République :
FRANÇOIS MITTERRAND

Le Premier ministre,
PIERRE BÉRÉGOVOY

Le ministre d'état,
ministre de l'éducation nationale
et de la culture,
JACK LANG

Le garde des sceaux, ministre de la justice,
MICHEL VAUZELLE

Le ministre de l'intérieur
et de la sécurité publique,
PAUL QUILÈS

Le ministre du budget,
MICHEL CHARASSE

Le ministre de l'industrie
et du commerce extérieur,
DOMINIQUE STRAUSS-KAHN

Le ministre des départements
et territoires d'outre-mer,
LOUIS LE PENSEC

Le ministre de la recherche et de l'espace,
HUBERT CURIEN

Le secrétaire d'état à la communication,
JEAN-NOËL JEANNENEY

---

(1) Travaux préparatoires : loi n°92-546.

Sénat :

Projet de loi n°247 (1991-1992)
Rapport de M. Jacques Carat, au nom de la commission des affaires culturelles, n°281 ;
Discussion et adoption le 14 avril 1992.

Assemblée nationale :

Projet de loi, adopté par le Sénat, n°2609
Rapport de Mme Janine Ecochard, au nom de la commission des affaires culturelles, n°2636 ;
Discussion et adoption le 18 mai 1992.

Sénat :

Projet de loi, modifié par l'Assemblée nationale, n°351 (1991-1992)
Rapport de M. Jacques Carat, au nom de la commission des affaires culturelles, n°374 .
Discussion et adoption le 5 juin 1992.

Décret n° 93-1429 du 31 décembre 1993 relatif au dépôt légal

(modifié par le Décret n° 95-36 du 05.01.1995)

TITRE IER

DISPOSITIONS GENERALES

Art. 1er. - Le dépôt légal des documents visés à l'article 1er de la loi du 20 juin 1992 susvisée est effectué auprès des organismes et dans les conditions fixées par le présent décret.

La mise à la disposition d'un public au sens de l'article 1er, alinéa 1, de la loi du 20 juin 1992 susvisée s'entend de toute communication, diffusion ou représentation, quels qu'en soient le procédé et le public destinataire, dès lors que ce dernier excède le cercle de famille.

La mise à disposition du public au sens de l'article 1er, alinéa 2, de la loi du 20 juin 1992 susvisée s'entend de toute mise en vente, location ou distribution, même gratuite.

Art. 2. - La Bibliothèque nationale, le Centre national de la cinématographie et l'Institut national de l'audiovisuel sont responsables de la collecte et de la conservation des catégories de documents qui leur sont confiées par le présent décret. Ils constituent et diffusent les bibliographies nationales correspondantes et mettent ces documents à la disposition du public pour consultation à des fins de recherche.

Au titre du 2° de l'article 8 du présent décret, sont habilitées les bibliothèques qui présentent une vocation historique, artistique ou patrimoniale affirmée et qui comptent, parmi leurs personnels, des conservateurs de bibliothèques titulaires ou de personnels assimilés par arrêté du ministre chargé de la culture. La liste de ces bibliothèques habilitées est arrêtée par le ministre chargé de la culture. Ces bibliothèques assurent la collecte et la conservation des documents, contribuent à la constitution des bibliographies nationales et à la mise à disposition du public des documents pour consultation à des fins de recherche selon les modalités fixées par leur arrêté d'habilitation.

Art. 3 - Les organismes dépositaires fixent les conditions de traitement documentaire après avis du conseil scientifique du dépôt légal.

Pour l'application du 3° de l'article 2 et de l'article 6 de la loi du 20 juin 1992 susvisée, ils définissent les modalités d'exercice de la consultation des documents par les chercheurs et passent les conventions nécessaires avec les titulaires de droits après avis du conseil scientifique du dépôt légal. Les projets de convention sont communiqués aux ministres chargés de la culture et de la communication.

Art. 4. - Pour l'accomplissement de leur mission de conservation et dans la mesure où la matrice originale ou un élément de tirage existe, les organismes dépositaires ont accès à ceux-ci avec l'accord des titulaires de droit.

Art. 5. - Le dépôt des documents mentionnés au présent décret est accompagné d'une déclaration établie en trois exemplaires dont les mentions sont fixées par arrêté du ministre chargé de la culture après avis du conseil scientifique du dépôt légal. S'agissant des documents déposés à l'Institut national de l'audiovisuel, l'arrêté est pris conjointement par les ministres chargés de la culture et de la communication après avis du conseil scientifique du dépôt légal.

Art. 6. - Les documents déposés doivent porter des mentions dont la nature est fixée, après avis du conseil scientifique du dépôt légal, par les arrêtés ministériels prévus aux articles 9, 10, 17, 20, 22, 29, 38 et 40 du présent décret.

Ces arrêtés peuvent prévoir des mentions relatives à :

1° L'identification de la personne qui, selon le cas, édite, imprime, produit ou diffuse le document.

2° L'existence et la date du dépôt légal.

3° La date de création, d'édition, de production ou de diffusion.

4° Aux codes d'identification correspondant aux normes nationales applicables.

TITRE II

DU DEPOT LEGAL A LA BIBLIOTHEQUE NATIONALE

CHAPITRE 1ER

Du dépôt des documents imprimés, graphiques et photographiques.

Art. 7. – Les documents imprimés ou graphiques de toute nature, notamment les livres, périodiques, brochures, estampes, gravures, cartes postales, affiches, cartes, plans, globes et atlas géographiques, quels que soient leurs support matériel et procédé technique de production, d'édition ou de diffusion, sont déposés à la Bibliothèque nationale dès lors qu'ils sont mis en nombre à la disposition d'un public, à titre gratuit ou onéreux.

Les documents imprimés suivants ne sont pas soumis à l'obligation de dépôt :

1° Les travaux d'impression dits de ville, de commerce ou administratifs.

2° Les documents électoraux mentionnés aux articles R.26, R.29 et R.30 du Code électoral.

3° Les documents mentionnés au premier alinéa du présent article et importés à moins de cent exemplaires.

4° Les partitions musicales et les chorégraphies importées à moins de trente exemplaires.

5° Les documents imprimés, graphiques et photographiques dont le dépôt est prévu en accompagnement des documents déposés en application des chapitres II, III, IV et V du présent titre et des titres III et IV du présent décret.

Art. 8. – Le dépôt des documents mentionnés à l'article 7 est effectué par les personnes physiques ou morales visées aux 1° et 2° de l'article 4 de la loi du 20 juin 1992 susvisée ou par celles qui les confectionnent dans les conditions définies ci-après.

1. Le dépôt éditeur.

Le dépôt incombe à la personne qui édite ou à celle qui importe le document mis à la disposition d'un public.

Cette obligation s'applique aux personnes physiques ou morales, qui éditent ou à celles qui importent les documents imprimés, graphiques et photographiques énumérés à l'article 7 du présent décret, quelle que soit la nature du support permettant la mise à disposition du public destinataire.

Le dépôt doit être effectué, au plus tard le jour de la mise en circulation du document, en quatre exemplaires à la Bibliothèque nationale pour ceux édités sur le territoire national sur support papier et en deux exemplaires pour ceux édités sur un autre support ou importés.

Les livres, périodiques, cartes et plans dont le tirage est inférieur à 300 exemplaires, les gravures, photographies et estampes dont le tirage est inférieur à 200 exemplaires et les partitions musicales et chorégraphies manuscrites ou reproduites ou éditées à moins de dix exemplaires, sont déposés en un exemplaire à la Bibliothèque nationale.

Pour ce qui concerne les réimpressions à l'identique après le dépôt initial, seul sera adressée à la Bibliothèque nationale, pour chaque année civile, une déclaration globale des chiffres des tirages successifs effectués après la première mise en vente.

2. Le dépôt imprimeur.

Le dépôt incombe à la personne physique ou morale qui imprime le document.

Ce dépôt est effectué en deux exemplaires, dès l'achèvement du tirage ou de la fabrication, à la Bibliothèque nationale pour les personnes physiques ayant leur domicile ou les personnes morales ayant leur siège social dans la région d'Ile-de-France et, en application de l'article 2 du présent décret, pour celles situées en dehors de cette région aux bibliothèques habilitées par arrêté du ministre chargé de la culture à recevoir ce dépôt.

Lorsque la confection d'un ouvrage nécessite la collaboration de plusieurs imprimeurs ou façonniers, le dépôt est effectué par celui d'entre eux qui effectue la livraison définitive à l'éditeur.

Art. 9. – Les exemplaires déposés doivent être d'une parfaite qualité et identiques aux exemplaires mis en circulation.

Les personnes qui éditent des périodiques sont admises à grouper les déclarations prévues à l'article 5 du présent décret en une déclaration globale annuelle en triple exemplaire qui accompagne le dernier numéro de chaque année. Toutefois, pour les périodiques nouvellement créés et ceux qui font l'objet d'une modification de titre, la déclaration doit accompagner le premier envoi.

Le ministre chargé de la culture fixe par arrêté les mentions que doivent porter les documents mentionnés au présent chapitre.

Chapitre II

Du dépôt des progiciels, bases de données et systèmes experts

Art. 10. – Les bases de données sont déposées à la Bibliothèque nationale dès lors qu'elles sont mises à la disposition du public, à titre onéreux ou gratuit, par diffusion en nombre d'un support matériel de quelque nature que ce soit.

Les bases de données ne sont pas soumises à l'obligation de dépôt lorsqu'elles sont importées à moins de cent exemplaires.

Le dépôt est effectué, en deux exemplaires, par la personne physique ou morale qui édite ou importe le support mentionné au premier alinéa ci-dessus. En l'absence d'éditeur, le dépôt est effectué par la personne qui produit la base de données.

Le dépôt est effectué au plus tard le jour qui suit la mise à disposition du public.

Il est réalisé par la remise ou l'expédition du support matériel permettant l'utilisation par le public. L'un et l'autre doivent être d'une parfaite qualité et identiques à l'exemplaire mis à la disposition du public.

Les ministres chargés de la culture, de l'industrie et de la recherche fixent par arrêté les mentions que doivent porter les documents prévus au présent chapitre.

Art. 11. – Les progiciels et les systèmes experts qui sont mis à la disposition du public dans les conditions prévues au premier alinéa de l'article 10 ci-dessus sont soumis à l'obligation de dépôt dès lors qu'ils sont considérés comme représentatifs des catégories de progiciels et systèmes experts existants, sur proposition de la commission consultative prévue au 4° de l'article 3 de la loi du 20 juin 1992 susvisée.

Art. 12. – Les ministres chargés de la culture, de l'industrie et de la recherche arrêtent conjointement les décisions de sélection des progiciels et systèmes experts sur proposition de la commission prévue par l'article 3 (4°) de la loi du 20 juin 1992 susvisée et après avis du conseil scientifique du dépôt légal. Ces arrêtés sont publiés au *Journal officiel.*

Cette commission peut, en outre, examiner toute question et faire toute proposition relative à l'organisation du dépôt légal des œuvres et documents mentionnés au présent chapitre.

Elle remet un rapport annuel aux ministres chargés de la culture, de l'industrie et de la recherche.

Art. 13. – La commission prévue à l'article précédent est composée des membres suivants :

1° Le président du conseil scientifique du dépôt légal, président.

2° Deux représentants de la Bibliothèque nationale.

3° Deux représentants du ministre chargé de la culture.

4° Un représentant du ministre chargé de l'industrie.

5° Un représentant du ministre chargé de la recherche.

6° Trois personnes choisies par le ministre chargé de la culture parmi celles qui sont proposées par les syndicats professionnels patronaux du secteur d'activité et les organismes de défense professionnelle visés à l'alinéa 2 de l'article L.331-1 du Code de la propriété intellectuelle.

7° Trois personnalités qualifiées choisies respectivement par les ministres chargés de la culture, de l'industrie et de la recherche.

Les membres de cette commission sont nommés pour trois ans par arrêté des ministres chargés de la culture, de l'industrie et de la recherche.

En cas de vacance d'un siège pour quelque raison que ce soit, un nouveau membre est désigné pour la durée du mandat restant à courir.

En cas de partage, le président a voix prépondérante.

Art. 14. - Les logiciels et systèmes experts sont déposés selon les règles prévues aux deuxième, troisième, cinquième et sixième alinéas de l'article 10 du présent décret, dans un délai de huit jours à compter de la date publication au *Journal officiel* de l'arrêté de sélection mentionné à l'article 12.

CHAPITRE III

Du dépôt des phonogrammes

Art. 15. - Les phonogrammes de toute nature, quels que soient leurs support matériel et procédé technique de production, d'édition ou de diffusion, sont déposés à la Bibliothèque nationale dès lors qu'ils sont mis à la disposition d'un public.

Art. 16. - Le dépôt des phonogrammes édités en France incombe à leur éditeur ou, en l'absence d'éditeur, à la personne physique ou morale qui les a produits ou à celle qui les commande. Le dépôt des phonogrammes importés incombe à leur distributeur. Les phonogrammes importés ne sont pas soumis à l'obligation de dépôt lorsqu'ils sont importés à moins de cinquante exemplaires.

Le dépôt est effectué en deux exemplaires à la Bibliothèque nationale au plus tard le jour de la mise à la disposition du public destinataire.

Les exemplaires déposés doivent être d'une parfaite qualité technique et identiques aux exemplaires mis à la disposition du public. Ils doivent notamment comporter les pochettes, emboîtages, reliures et notices qui les accompagnent.

Art. 17. - Les ministres chargés de la culture, de l'industrie et de la recherche fixent par arrêté conjoint les mentions que doivent porter les documents prévus au présent chapitre.

CHAPITRE IV

Du dépôt des vidéogrammes

Art. 18. - Les vidéogrammes, autres que ceux fixés sur un support photochimique, sont déposés à la Bibliothèque nationale dès lors qu'ils sont mis à la disposition d'un public.

L'obligation prévue à l'alinéa précédent s'applique aux documents cinématographiques mentionnés aux articles 24 et 27 qui, outre leur fixation sur un support photochimique, sont mis à la disposition d'un public au moyen d'un autre support.

La même obligation s'applique aux documents audiovisuels mentionnés aux articles 31 et 32 qui, outre leur diffusion dans les conditions fixées à l'article 30 du présent décret, sont mis à la disposition d'un public au moyen d'un autre support.

Art. 19. - Le dépôt des vidéogrammes mentionnés à l'article 18 et édités en France incombe à leur éditeur ou, en l'absence d'éditeur, à leur producteur ou à la personne qui les commande. Le dépôt des vidéogrammes importés incombe à leur importateur. Les vidéogrammes importés ne sont pas soumis à l'obligation de dépôt lorsqu'ils sont importés à moins de cinquante exemplaires.

Les dépôts sont effectués en deux exemplaires au plus tard le jour de leur mise à la disposition du public.

Les dispositions de l'article 16, alinéa 3, du présent décret s'appliquent aux vidéogrammes.

Art. 20. - Les ministres chargés de la culture, de l'industrie et de la recherche fixent par arrêté les mentions que doivent porter les documents prévus au présent chapitre.

Chapitre V

Du dépôt des documents multimédias

Art. 21. – On entend par document multimédia au sens du 8° de l'article 4 de la loi du 20 juin 1992 susvisée tout document qui soit regroupe deux ou plusieurs supports mentionnés aux chapitres précédents, soit associe, sur un même support, deux ou plusieurs documents soumis à l'obligation de dépôt.

Les documents multimédias, quels que soient leurs supports et procédés techniques de production, d'édition ou de diffusion, sont déposés à la Bibliothèque nationale dès lors qu'ils sont mis à la disposition d'un public.

Art. 22. – Le dépôt des documents multimédias édités en France incombe à leur éditeur, ou en l'absence d'éditeur à leur producteur. Le dépôt des documents multimédias importés ne sont pas soumis à l'obligation de dépôt lorsqu'ils sont importés à moins de cinquante exemplaires. Les dépôts sont effectués en deux exemplaires au plus tard le jour de leur mise à la disposition du public destinataire.

Les dispositions de l'article 16, alinéa 3, s'appliquent aux documents multimédias.

Les ministres chargés de la culture, de l'industrie et de la recherche fixent par arrêtés conjoint les mentions que doivent porter les documents prévus au présent chapitre.

TITRE III

DU DEPOT LEGAL AU CENTRE NATIONAL DE LA CINEMATOGRAPHIE

Art. 23. – Les vidéogrammes fixés sur un support photochimique, mentionnés aux articles 24 et 27 ci-après, sont déposés au Centre national de la cinématographie dans les conditions indiquées au présent titre.

Art. 24. – Les documents cinématographiques ayant obtenu un visa d'exploitation en application de l'article 19 du Code de l'industrie cinématographique et qui sont représentés pour la première fois sur le territoire national dans une salle de spectacle cinématographique sont soumis à l'obligation de dépôt légal dans les conditions fixées ci-après.

Art. 25. – Le dépôt est effectué en un exemplaire, par le producteur, ou par le distributeur pour ce qui concerne les documents cinématographiques importés, dans le délai d'un mois à compter de la première représentation publique du document. Il est accompagné du dossier de presse, du synopsis et de la fiche technique ainsi que du matériel publicitaire, notamment les bandes-annonces, affiches et photographies.

Le délai prévu à l'alinéa précédent est fixé à six mois pour les œuvres cinématographiques d'une durée inférieure à une heure.

Art. 26. – L'exemplaire doit être déposé sous la forme d'un élément intermédiaire permettant l'obtention soit d'une copie positive, soit d'une matrice négative ou, à défaut, sous la forme d'une copie positive neuve d'une parfaite qualité technique. L'exemplaire déposé doit être identique dans son métrage et son contenu à la copie soumise à l'examen de la commission de classification prévue à l'article 1er du décret du 23 février 1990 susvisé.

Par dérogation à l'alinéa précédent, le dépôt d'une copie ayant déjà fait l'objet d'une exploitation est admis pour les œuvres cinématographiques d'une durée inférieure à une heure à la condition que la copie fournie soit d'une parfaite qualité technique.

Lorsque le dépôt est effectué sous la forme d'une copie positive et que celle-ci ne présente plus une qualité technique suffisante, le Centre national de la cinématographie, avec l'autorisation des titulaires de droits, a accès à l'élément intermédiaire mentionné au premier alinéa et prend en charge les frais de tirage d'une nouvelle copie positive.

Art. 27. – Les vidéogrammes fixés sur support photochimique, autres que ceux mentionnés à l'article 24 du présent décret, et notamment ceux qui répondent aux besoins d'information, de formation ou de promotion des personnes physiques ou morales de droit public ou privé, sont soumis à l'obligation de dépôt légal lorsqu'ils sont mis à la disposition d'un public par diffusion d'au moins six exemplaires.

Le dépôt est effectué par la personne qui a commandé ou qui a produit ces vidéogrammes et, pour ce qui concerne les vidéogrammes importés, par leur importateur ou leur distributeur.

Dans tous les cas, le dépôt est opéré, en un exemplaire, auprès du Centre national de la cinématographie dans le délai d'un mois à compter de la première représentation de l'œuvre au public destinataire et il est accompagné du synopsis et d'une fiche technique. Les dispositions de l'article 26, alinéa 3, sont applicables aux vidéogrammes mentionnés au présent article.

Art. 28. – Sont exclus du dépôt légal les vidéogrammes importés, mentionnés aux articles 24 et 27 ci-dessus, exclusivement produits à l'étranger, lorsqu'ils remplissent l'une des conditions suivantes :

1° Provenir d'Etats avec lesquels la France aura conclu des accords internationaux prévoyant des conditions de réciprocité relatives à l'étendue et aux modalités du dépôt légal des vidéogrammes importés ;

2° Faire l'objet d'une entrée temporaire sur le territoire national à l'occasion de manifestations publiques dès lors que le nombre de séances de représentations est inférieur à un seuil fixé par arrêté du ministre chargé du cinéma ;

3° Etre diffusés sur le territoire national à moins de six exemplaires.

Art. 29. – Lorsque, pour un même support, il existe des formats différents, le format assurant la meilleur définition et les meilleures conditions de conservation doit être déposé, à l'exclusion du format de 70 mm.

Le ministre chargé de la culture fixe par arrêté les mentions que doivent porter les documents mentionnés au présent titre.

TITRE IV

DU DEPOT LEGAL A L'INSTITUT NATIONAL DE L'AUDIOVISUEL

Art. 30. – Les documents audiovisuels et sonores mentionnés aux articles 31 et 32 du présent décret sont déposés à l'Institut national de l'audiovisuel dès lors qu'ils font l'objet d'une diffusion par les services énumérés ci-après qui mettent à la disposition directe du public leurs programmes :

1° Les sociétés nationales de programmes pour ce qui concerne leurs émissions nationales ;

2° Les services de communication audiovisuelle autorisés en application de l'article 30 de la loi du 30 septembre 1986 susvisée, pour ce qui concerne leurs émissions nationales ;

3° La société visée à l'article 65 de la loi du 30 septembre 1986 susvisée ;

4° La société titulaire d'une concession en vertu des dispositions de l'article 79 de la loi du 29 juillet 1982 modifiée susvisée ;

5° La chaîne culturelle européenne issue du traité signé le 2 octobre 1990 ;

Art. 31. – 1° Sont intégralement déposés et conservés les documents audiovisuels suivants lorsqu'ils sont d'origine française et font l'objet d'une première diffusion au sens de l'article 34 ci-après :

1. Les magazines et les émissions majoritairement réalisés en plateau, autres que de fiction.

2. Les émissions d'information, à l'exception des journaux télévisés.

3. Les œuvres audiovisuelles au sens du décret du 17 janvier 1990 susvisé.

4. Les émissions de variétés.

5. Les messages publicitaires.

6. Les émissions relevant d'obligations particulières des cahiers des missions et des charges.

2° Les autres émissions ou éléments d'émission font l'objet d'une sélection en vue d'un échantillonnage dans les conditions fixées par les articles 35 et 36 ci-après.

Art. 32. - 1° Sont intégralement collectés par l'Institut national de l'audiovisuel et conservés les documents sonores suivants lorsqu'ils sont d'origine française et font l'objet d'une première diffusion au sens de l'article 34 ci-après :

1. Les œuvres littéraires, dramatiques et documentaires.

2. Les œuvres musicales, à l'exception de celles fixées sur des phonogrammes et vidéogrammes diffusés à des fins de commerce.

3. Les émissions d'information, à l'exception des journaux radiophoniques.

4. Les entretiens et magazines culturels et scientifiques.

5. Les émissions de variétés.

6. Les messages publicitaires.

7. Les émissions relevant d'obligations particulières des cahiers des missions et des charges.

2° Les autres émissions ou éléments d'émission font l'objet d'une sélection en vue d'un échantillonnage dans les conditions fixées par les articles 35 et 36 ci-après.

Art. 33. - L'ensemble des documents diffusés lors de journées choisies par l'Institut national de l'audiovisuel, dont le nombre ne peut excéder sept par an par déposant, sont déposés à l'Institut national de l'audiovisuel, sur sa demande, par les sociétés et les services mentionnés à l'article 30.

Art. 34. - Les documents mentionnés aux articles 31 et 32 du présent décret sont considérés comme étant d'origine française dès lors qu'ils sont entièrement produits par une entreprise de droit français ou qu'un apport en part producteur ou un préachat de droits de diffusion réalisé par une entreprise de droit français figure dans le budget de production de ces émissions.

Par première diffusion au sens du présent décret, on entend la première diffusion effectuée à partir du 1er janvier 1995 ou la première rediffusion effectuée à compter de cette date d'un document diffusé antérieurement par l'un des services de communication audiovisuelle ou sonore mentionné à l'article 30 du présent décret.

Art. 35. - Les critères de sélection et d'échantillonnage des documents sélectionnés mentionnés aux 2° des articles 31 et 32 sont arrêtés par le ministre chargé de la communication sur proposition d'une commission composée des membres suivants :

1° Le président du conseil scientifique du dépôt légal, président.

2° Un représentant du ministre chargé de la culture.

3° Un représentant du ministre chargé de la communication.

4° Deux représentants de l'organisme dépositaire.

5° Trois représentants des services et sociétés mentionnés à l'article 31 du présent décret.

6° Deux personnalités qualifiées désignées par les ministres chargés de la culture et de la communication.

Les membres de cette commission sont nommés pour trois ans par arrêté conjoint des ministres chargés de la culture et de la communication.

En cas de vacance d'un siège pour quelque raison que ce soit, un nouveau membre est désigné pour la durée du mandat restant à courir.

En cas de partage, le président à voix prépondérante.

Art. 36. - Les déposants communiquent à l'Institut national de l'audiovisuel leur programmation quinze jours avant la diffusion publique. Avant cette diffusion, l'Institut national de l'audiovisuel fait connaître aux services et sociétés visés à l'article 31 la liste des documents qui seront collectés intégralement et de ceux qui seront sélectionnés.

Ces listes, à défaut de modifications apportées par l'Institut national de l'audiovisuel dans un délai qui ne peut excéder sept jours après la diffusion, sont définitives sauf erreur ou omission imputable au déposant.

Art. 37. - Le dépôt à l'Institut national de l'audiovisuel est effectué dans un délai de quinze jours à compter de la date de diffusion.

Les conditions et modalité de dépôt ainsi que les normes techniques sont arrêtées par le ministre chargé de la communication sur proposition de l'Institut national de l'audiovisuel après avis du conseil scientifique du dépôt légal.

Art. 38. - Les déposants fournissent à l'Institut national de l'audiovisuel le conducteur des émissions, le rapport du chef de chaîne, une copie de la déclaration des droits relatifs aux programmes musicaux, les documents d'accompagnement dont ils disposent, et notamment le dossier de presse, le synopsis, la fiche technique et le matériel publicitaire.

Les ministres chargés de la culture et de la communication fixent par arrêté les mentions que doivent porter les documents mentionnés au présent titre.

TITRE V

DU DEPOT LEGAL AU MINISTERE DE L'INTERIEUR

Art. 39. - Les livres, brochures et documents imprimés de toute nature, à l'exception des périodiques, édités ou importés sur le territoire métropolitain, pour être mis à la disposition d'un public, sont déposés en un exemplaire au service chargé du dépôt légal au ministère de l'intérieur, au plus tard le jour de leur mise en circulation, par leur éditeur ou importateur.

Les livres, brochures et documents imprimés de toute nature édités ou importé dans les départements d'outre-mer, pour être mis à la disposition d'un public, sont déposés en un exemplaire auprès de la préfecture du département par la personne et dans le délai indiqué au premier alinéa du présent article.

Les périodiques édités ou importés dans les départements métropolitains et d'outre-mer, pour être mis à la disposition d'un public, sont déposés, dans le délai indiqué au premier alinéa du présent article, en un exemplaire au service du dépôt légal au ministère de l'intérieur pour les éditeurs et importateurs ayant leur domicile ou siège social à Paris et auprès de la préfecture du département pour ceux situés dans les autres départements.

(4e alinéa remplacé, D. n° 95-36, 5 janv. 1995, art.1er) Les livres, brochures, périodiques et documents imprimés de toute nature édités ou importés dans les territoires d'outre-mer ainsi que dans la collectivité territoriale de Mayotte et de Saint-Pierre-et-Miquelon, pour être mis à la disposition d'un public, sont déposés en un exemplaire auprès des hauts-commissaires de la République en Nouvelle-Calédonie et en Polynésie française, auprès de l'administrateur supérieur des îles Wallis et Futuna et auprès du représentant du Gouvernement à Mayotte et auprès du préfet à Saint-Pierre-et-Miquelon par la personne et dans le délai indiqués au premier alinéa du présent article.

Les travaux d'impression dits de ville, de commerce ou administratifs, les documents électoraux mentionnés aux articles R.26 et R.30 du Code électoral ne sont pas soumis à l'obligation de dépôt au ministère de l'intérieur.

Art. 40. - Les modalités de dépôt au ministère de l'intérieur sont fixées par arrêté conjoint des ministres chargés de la culture, de l'intérieur et des départements et territoires d'outre-mer, après avis du conseil scientifique du dépôt légal.

Les dépôts mentionnés à l'article 39 du présent décret sont accompagnés d'une déclaration établie en trois exemplaires dont les mentions sont fixées par arrêté du ministre de l'intérieur, après avis du conseil scientifique du dépôt légal. Les éditeurs de périodiques sont admis à grouper les déclarations dans les conditions fixées par l'article 9, alinéa 3, du présent décret.

Les dispositions de l'article 9, alinéa 1, sont applicables aux documents mentionnés au présent titre.

Les documents mentionnés au présent titre doivent porter des mentions identiques à celles prévues à l'article 9 du présent décret.

TITRE VI

DU CONSEIL SCIENTIFIQUE DU DEPOT LEGAL

Art. 41. – Le conseil scientifique du dépôt légal prévu à l'article 6 de la loi du 20 juin 1992 susvisée est composé des membres suivants :

1° L'administrateur général de la Bibliothèque nationale, président.

2° Le directeur scientifique de la Bibliothèque nationale, ou son représentant.

3° Le directeur général du Centre national de la cinématographie, ou son représentant.

4° Le directeur général adjoint du Centre national de la cinématographie, ou son représentant.

5° Le président de l'Institut national de l'audiovisuel, ou son représentant.

6° Le directeur général de l'Institut national de l'audiovisuel, ou son représentant.

7° Le directeur général de l'administration du ministère de l'intérieur, ou son représentant.

8° Le directeur de l'administration territoriale et des affaires politiques au ministère de l'intérieur, ou son représentant.

Art. 42. – Le président du conseil scientifique convoque les réunions et fixe leur ordre du jour.

Le conseil scientifique fixe son règlement intérieur qui est arrêté par son président.

En cas de partage, le président a voix prépondérante.

Le conseil scientifique peut faire appel à toute personne dont la présence est jugée utile à ses travaux.

TITRE VII

DISPOSITIONS COMMUNES ET DIVERSES

Art. 43. – En application de l'article 3 de la loi du 20 juin 1992 susvisée les envois par la poste relatifs à la mise en œuvre des obligations résultant du présent décret sont admis en franchise postale dans les conditions fixées par arrêté des ministres chargés de la poste et de la culture.

Art. 44. – Les déclarations visées aux articles 9, 10, 17, 20, 22, 29, 38 et 40 peuvent être librement consultées par les déposants, les auteurs et leurs ayants cause respectifs.

Art. 45. – Seront punis de l'amende prévue pour les contraventions de la cinquième classe et, en cas de récidive, de l'amende prévue pour les contraventions de la cinquième classe en récidive :

1° Ceux qui n'accompagneront pas leur dépôt de la déclaration, dûment remplie, prévue aux articles 5 et 40 du présent décret.

2° Ceux qui n'accompagneront pas leur dépôt des pièces, fiches, documents et matériels prévus par les articles 10, 14, 16, 19, 22, 25, 27, 37 et 38 du présent décret.

3° Ceux qui ne feront pas figurer sur les documents soumis à l'obligation de dépôt les mentions obligatoires prévues par le présent décret et les arrêtés d'application prévus par les articles 6, 9, 10,14, 17, 20, 22, 29, 38 et 40 du présent décret.

4° Ceux qui ne déposeront pas des documents répondant aux normes de qualité permettant d'atteindre les objectifs fixés par la loi du 20 juin 1992 susvisée et prévues par les articles 9, 10, 14, 16, 19, 22, 26, 27, 37 et 39 du présent décret.

Art. 46. – Le présent décret est applicable à la collectivité territoriale de Mayotte et aux territoires d'outre-mer.

Art. 47. – Sont abrogés :

– le décret n° 1720 du 21 juin 1943 pris pour l'application de la loi n°341 du 21 juin 1943 modifiant le régime du dépôt légal ;

– le décret n° 46-1644 du 17 juillet 1946 tendant à fixer les conditions du dépôt légal dans les territoires relevant du ministère de la France d'outre-mer ;

– le décret n° 60-1331 du 21 novembre 1960 modifiant et complétant le décret n° 1720 du 21 juin 1943 pris pour l'application de la loi n° 341 du 21 juin 1943 modifiant le régime de dépôt légal ;

– le décret n° 62-33 du 16 janvier 1962 relatif au dépôt légal des publications périodiques dans les départements ;

– le décret n° 63-796 du 1er août 1963 portant application aux œuvres phonographiques de la loi du 21 juin 1943 ;

– le décret n° 64-578 du 17 juin 1964 relatif au régime du dépôt légal dans les départements d'outre-mer ;

– le décret n° 75-319 du 5 mai 1975 modifiant le décret n° 63-796 du 1er août 1963 ;

– le décret n° 75-696 du 30 juillet 1975 fixant les conditions d'application aux œuvres audiovisuelles et multimédias de la loi du 21 juin 1943 ;

– le décret n° 77-535 du 23 mai 1977 fixant les conditions d'application aux films cinématographiques de la loi du 21 juin 1943 ;

– l'article 7 du décret n° 81-1068 du 3 décembre 1981 pris pour l'application de la loi n° 81-766 du 10 août 1981 relative au prix du livre.

Art. 48. – Le présent décret entrera en vigueur le 1er janvier 1994, à l'exception de son titre IV, relatif au dépôt légal à l'Institut national de l'audiovisuel, dont l'entrée en vigueur est fixée au 1er janvier 1995.

Art. 49. – Le ministre d'Etat, ministre de l'intérieur et de l'aménagement du territoire, le ministre d'Etat, garde des sceaux, ministre de la justice, le ministre de l'industrie, des postes et télécommunications et du commerce extérieur, le ministre de la culture et de la francophonie, le ministre du budget, porte-parole du gouvernement, le ministre de l'enseignement supérieur et de la recherche, le ministre des départements d'outre-mer et le ministre de la communication sont chargés, chacun en ce qui le concerne, de l'exécution du présent décret, qui sera publié au *Journal officiel* de la République française.

Fait à Paris, le 31 décembre 1993.

EDOUARD BALLADUR

Arrêté du 12 janvier 1995 fixant les mentions obligatoires devant figurer sur les déclarations accompagnant le dépôt légal des documents multimédias

Le ministre de la culture et de la francophonie,

Vu la loi n° 92-546 du 20 juin 1992 relative au dépôt légal ;

Vu le décret n° 93-1429 du 31 décembre 1993 modifié relatif au dépôt légal, et notamment son article 5 ;

Vu l'avis du Conseil scientifique du dépôt légal,

Arrête :

Art. 1er. – La déclaration accompagnant le dépôt légal des documents multimédias regroupant deux ou plusieurs supports doit comporter les mentions suivantes :

1° Le nom (ou raison sociale), l'adresse, les numéros de téléphone et de télécopie du déposant, sa fonction (éditeur, producteur, importateur, ...).

2° Le titre du document.

3° Le nom et les prénoms des auteurs.

4° Le titre de la collection, le numéro dans cette collection et l'ISSN.

5° Le nom (ou raison sociale), la fonction et l'adresse des responsables de la publication autres que le déposant (deux maximum).

6° Le chiffre déclaré du tirage ou de l'importation.

7° La date de mise à disposition du public.

8° Le nombre de supports constituant le document.

Pour chacun des supports remplir les rubriques suivantes :

9° La nature du support (imprimé, diapositive, phonogramme, vidéogramme, support informatique etc.).

10° Le nombre d'unités par support.

11° La marque et le numéro de référence dans la marque.

12° Le numéro international normalisé (ISBN, ISSN, ISRC), s'il y a lieu.

13° La durée de l'enregistrement, s'il y a lieu.

Art. 2. - La déclaration accompagnant le dépôt légal des documents multimédias associant sur un même support deux ou plusieurs documents doit comporter les mentions suivantes :

1° Le nom (ou raison sociale), l'adresse, les numéros de téléphone et de télécopie du déposant, sa fonction (éditeur, producteur, importateur).

2° Le numéro international normalisé (ISBN, ISSN ou autre), s'il y a lieu.

3° Le titre du document.

4° Le nom ou la raison sociale du titulaire des droits d'exploitation et, éventuellement, du ou des auteurs.

5° Le titre de la collection, le numéro dans cette collection et l'ISSN.

6° Pour un périodique : la première année de publication et la périodicité.

7° Le nombre d'unités physiques déposées.

8° Le format.

9° Le support et le standard.

10° L'environnement matériel et logiciel requis (marque et modèle de lecture, système d'exploitation, etc.).

11° L'indication de la documentation fournie avec le produit (notice d'utilisation ou guide d'emploi...).

12° Le nom (ou raison sociale), la fonction et l'adresse des responsables de la publication autres que le déposant (deux maximum).

13° Le prix de vente au public en francs français.

14° La date de mise en vente ou de diffusion.

15° Le chiffre déclaré du tirage ou de l'importation.

16° Le nombre d'exemplaires déposés.

Art. 3. - Le directeur du livre et de la lecture est chargé de l'exécution du présent arrêté, qui sera publié au Journal officiel de la République française.

Fait à Paris, le 12 janvier 1995,

JACQUES TOUBON

Arrêté du 12 janvier 1995 fixant les mentions obligatoires devant figurer sur les documents multimédias

Le ministre de la culture et de la francophonie ;

Vu la loi n° 92-546 du 20 juin 1992 relative au dépôt légal ;

Vu le décret n° 93-1429 du 31 décembre 1993 modifié relatif au dépôt légal, et notamment son article 6 ;

Vu l'avis du Conseil scientifique du dépôt légal ;

Arrête :

Art. 1er. - Sur tous les exemplaires d'un même document multimédia regroupant deux ou plusieurs supports, doivent figurer les mentions suivantes :

– l'un des éléments composant le document doit porter les indications communes

– chaque élément composant le document doit porter les indications propres au support concerné (exemple : durée d'enregistrement, standard d'enregistrement et de lecture, etc.).

Art. 2. - Sur tous les exemplaires d'un même document multimédia associant sur un même support deux ou plusieurs documents doivent figurer les mentions suivantes :

1° Le titre du document.

2° Le nom du ou des titulaires des droits d'exploitation.

3° Le nom (ou raison sociale) et l'adresse de l'éditeur ou du producteur.

4° Le titre de la collection.

5° L'ISSN si le document est publié en série.

6° Le mois et l'année de publication (ou de production) du document.

7° L'environnement matériel et logiciel requis.

Art. 3. - Le directeur du livre et de la lecture est chargé de l'exécution du présent arrêté, qui sera publié au *Journal officiel* de la République française.

Fait à Paris, le 12 janvier 1995,

JACQUES TOUBON

DIRECTIVE 96/9/CE DU PARLEMENT EUROPEEN ET DU CONSEIL du 11 mars 1996 concernant la protection juridique des bases de données

LE PARLEMENT EUROPEEN ET LE CONSEIL DE L'UNION EUROPEENNE,

vu le traité instituant la Communauté européenne, et notamment son article 57 +paragraphe 2 et ses articles 66 et 100 A,

vu la proposition de la Commission ([1]),

vu l'avis du Comité économique et social ([2]),

statuant conformément à la procédure visée à l'article 189 B du traité ([3]),

(1) considérant que les bases de données ne sont actuellement pas suffisamment protégées dans tous les États membres par la législation en vigueur, qu'une telle protection, lorsqu'elle existe, présente des caractères différents ;

(2) considérant que de telles disparités dans la protection juridique des bases de données qui est assurée par les législations des États membres ont des effets négatifs directs sur le fonctionnement du marché intérieur en ce qui concerne les bases de données et en particulier sur la liberté des personnes physiques et morales de fournir des biens et des services de bases de données en ligne sous un régime juridique harmonisé dans toute la Communauté; que ces disparités risquent de s'accentuer à mesure que les États membres adopteront de nouvelles dispositions législatives dans ce domaine qui prend de plus en plus une dimension internationale ;

(3) considérant qu'il convient de supprimer les différences existantes ayant un effet de distorsion sur le fonctionnement du marché intérieur et d'empêcher de nouvelles différences d'apparaître, alors qu'il n'y a pas lieu de supprimer ou d'empêcher d'apparaître celles qui ne porteront pas atteinte au fonctionnement du marché intérieur ou au développement d'un marché de l'information au sein de la Communauté ;

([1]) JO n° C 156 du 23.6.1992, p.4 ; JO n° C 308 du 15.11.1993, p.1.

([2]) JO n° C 19 du 25.1.1993, p.3.

([3]) Avis du Parlement européen du 23 juin 1993 (JO C 194 du 19.7.1993, p.144), position commune du Conseil du 10 juillet 1995 (JO C 288 du 30.10.1995, p.14) et décision du Parlement européen du 14 décembre 1995 (JO L 17 du 22.1.1996). Décision du Conseil du 26 février 1996.

(4) considérant que la protection des bases de données par le droit d'auteur existe sous différentes formes dans les États membres, que ce soit par la législation ou par la jurisprudence, et que, aussi longtemps que des disparités subsistent dans la législation des États membres quant à l'étendue et aux conditions de protection des droits, de tels droits de propriété intellectuelle non harmonisés peuvent avoir pour effet de constituer des entraves à la libre circulation des biens et des services dans la Communauté ;

(5) considérant que le droit d'auteur constitue une forme appropriée de droits exclusifs des auteurs de bases de données ;

(6) considérant, néanmoins, que d'autres mesures additionnelles sont nécessaires afin d'empêcher l'extraction et/ou la réutilisation non autorisées du contenu d'une base de données en l'absence d'un régime harmonisé concernant la concurrence déloyale ou de jurisprudence en la matière ;

(7) considérant que la fabrication de bases de données exige la mise en œuvre de ressources humaines, techniques et financières considérables, alors qu'il est possible de les copier ou d'y accéder à un coût très inférieur à celui qu'entraîne une conception autonome ;

(8) considérant que l'extraction et/ou la réutilisation non autorisées du contenu d'une base de données constituent des actes pouvant avoir des conséquences économiques et techniques graves ;

(9) considérant que les bases de données constituent un outil précieux dans le développement d'un marché de l'information dans la Communauté ; que cet outil sera également utile dans beaucoup d'autres domaines ;

(10) considérant que l'augmentation exponentielle, dans la Communauté et ailleurs dans le monde, du volume d'informations générées et traitées chaque année dans tous les secteurs du commerce et de l'industrie demande des investissements dans des systèmes avancés de traitement de l'information dans tous les États membres ;

(11) considérant qu'il existe actuellement un très grand déséquilibre dans les niveaux d'investissement pratiqués tant entre les États membres qu'entre la Communauté et les principaux pays tiers producteurs dans le secteur des bases de données ;

(12) considérant qu'un tel investissement dans des systèmes modernes de stockage et de traitement de l'information ne se fera pas dans la Communauté en l'absence d'un régime juridique stable et homogène protégeant les droits des fabricants de bases de données ;

(13) considérant que la présente directive protège les recueils, parfois dénommés « compilations », d'œuvres, de données ou d'autres matières dont la disposition, le stockage et l'accès se font par des moyens qui comprennent des procédés électroniques, électromagnétiques ou électro-optiques ou d'autres procédés analogues ;

(14) considérant qu'il convient d'étendre la protection accordée par la présente directive aux bases de données non électroniques ;

(15) considérant que les critères appliqués pour déterminer si une base de données sera protégée par le droit d'auteur devront se limiter au fait que le choix ou la disposition du contenu de la base de données constitue une création intellectuelle propre à son auteur, que cette protection vise la structure de la base ;

(16) considérant qu'aucun autre critère que l'originalité au sens de la création intellectuelle de l'auteur ne devra être appliqué pour déterminer si une base de données est protégeable par le droit d'auteur

ou non, et qu'en particulier, aucune évaluation de la qualité ou de la valeur esthétique de la base de données ne devra être faite ;

(17) considérant que le terme « base de données » doit être compris comme s'appliquant à tout recueil d'œuvres littéraires, artistiques, musicales ou autres, ou de matières telles que textes, sons, images, chiffres, faits et données; qu'il doit s'agir de recueils d'œuvres, de données ou d'autres éléments indépendants, disposés de manière systématique ou méthodique et individuellement accessibles ; qu'il s'ensuit qu'une fixation d'une œuvre audiovisuelle, cinématographique, littéraire ou musicale en tant que telle n'entre pas dans le champ d'application de la présente directive ;

(18) considérant que la présente directive est sans préjudice de la liberté des auteurs de décider si, bu de quelle manière, ils permettent l'inclusion de leurs œuvres dans une base de données, notamment si l'autorisation donnée est de caractère exclusif ou non; que la protection des bases de données par le droit sui generis est sans préjudice des droits existant sur leur contenu et que, notamment lorsqu'un auteur ou un titulaire de droit voisin autorise l'insertion de certaines de ses œuvres ou de ses prestations dans une base de données en exécution d'un contrat de licence non exclusive, un tiers peut exploiter ces œuvres ou ces prestations moyennant l'autorisation requise de l'auteur ou du titulaire de droits voisins sans se voir opposer le droit sui generis du fabricant de la base de données, à condition que ces œuvres ou prestations ne soient ni extraites de la base de données ni réutilisées à partir de celle-ci ;

(19) considérant que, normalement, la compilation de plusieurs fixations d'exécutions musicales sur un CD n'entre pas dans le champ d'application de la présente directive, à la fois parce que, en tant que compilation, elle ne remplit pas les conditions pour être protégée par le droit d'auteur et parce qu'elle ne représente pas un investissement assez substantiel pour bénéficier du droit *sui generis* ;

(20) considérant que la protection prévue par la présente directive peut s'appliquer également aux éléments nécessaires au fonctionnement ou à la consultation de certaines bases de données, tels que le thésaurus et les systèmes d'indexation ;

(21) considérant que la protection prévue par la présente directive se réfère aux bases de données dans lesquelles des œuvres, des données ou d'autres éléments ont été disposés de manière systématique ou méthodique ; qu'il n'est pas requis que ces matières aient été stockées physiquement de manière organisée ;

(22) considérant que les bases de données électroniques au sens de la présente directive peuvent comprendre également des dispositifs tels que les CD-ROM et les CD-I ;

(23) considérant que le terme « base de données »ne doit pas s'appliquer aux programmes d'ordinateur utilisés dans la fabrication ou le fonctionnement d'une base de données, ces programmes d'ordinateur étant protégés par la directive 91/250/CEE du Conseil, du 14 mai 1991, concernant la protection juridique des programmes d'ordinateur ([1]) ;

(24) considérant que la location et le prêt de bases de données dans le domaine du droit d'auteur et des droits voisins sont

([1]) JO L 122 du 17.5.1991, p.42. Directive modifiée en dernier lieu par la directive 93/98/CEE (JO L 290 du 24.11.1993, p. 9).

régis exclusivement par la directive 92/100/CEE du Conseil, du 19 novembre 1992, relative au droit de location et de prêt et à certains droits voisins du droit d'auteur dans le domaine de la propriété intellectuelle (2) ;

(25) considérant que la durée du droit d'auteur est déjà réglée par la directive 93/98/CEE du Conseil, du 29 octobre 1993, relative à l'harmonisation de la durée de protection du droit d'auteur et de certains droits voisins (3) ;

(26) considérant que les œuvres protégées par le droit d'auteur et les prestations protégées par des droits voisins qui sont incorporées dans une base de données restent néanmoins protégées par les droits exclusifs respectifs et ne peuvent être incorporées dans une base de données ni extraites de cette base sans l'autorisation du titulaire des droits ou de ses successeurs en titre ;

(27) considérant que les droits d'auteur sur des œuvres et les droits voisins sur des prestations ainsi incorporées dans une base de données ne sont en rien affectés par l'existence d'un droit séparé sur le choix ou la disposition de ces œuvres et prestations dans la base de données ;

(28) considérant que le droit moral de la personne physique qui a créé la base de données appartient à l'auteur et sera exercé en conformité avec le droit des États membres et les dispositions de la convention de Berne pour la protection des œuvres littéraires et artistiques; que le droit moral reste en dehors du champ d'application de la présente directive ;

(29) considérant que le régime applicable à la création salariée est laissé à la discrétion des États membres ; que, dès lors, rien dans la présente directive n'empêche les États membres de préciser dans leur législation que, lorsqu'une base de données est créée par un employé dans l'exercice de ses fonctions ou d'après les instructions de son employeur, seul l'employeur est habilité à exercer tous les droits patrimoniaux afférents à la base ainsi créée, sauf dispositions contractuelles contraires ;

(30) considérant que les droits exclusifs de l'auteur doivent comprendre le droit de déterminer la façon dont son œuvre sera exploitée, et par qui, et en particulier le droit de contrôler la distribution de son œuvre à des personnes non autorisées ;

(31) considérant que la protection des bases de données par le droit d'auteur comprend également la mise à disposition de bases de données sous une autre forme que par la distribution de copies ;

(32) considérant que les États membres sont tenus d'assurer au moins l'équivalence matérielle de leurs dispositions nationales par rapport aux actes soumis à restrictions prévus par la présente directive ;

(33) considérant que la question de l'épuisement du droit de distribution ne se pose pas dans le cas de bases de données en ligne, qui relèvent du domaine des prestations de services; que cela s'applique également à l'égard d'une copie matérielle d'une telle base faite par l'utilisateur de ce service avec le consentement du titulaire du droit; que, contrairement au cas des CD-ROM ou CD-I, où la propriété intellectuelle est incorporée dans un support matériel, à savoir dans une marchandise, chaque prestation en ligne est, en effet, un acte qui devra être soumis à une autorisation pour autant que le droit d'auteur le prévoit ;

(2) JO L 346 du 27.11.1992, p.61.
(3) JO L 290 du 24.11.1993, p.9.

(34) considérant, néanmoins, qu'une fois que le titulaire du droit d'auteur a décidé de mettre à la disposition d'un utilisateur une copie de sa base de données, soit par un service en ligne, soit par une autre forme de distribution, cet utilisateur légitime doit pouvoir accéder à la base de données et l'utiliser aux fins et de la manière prescrites dans le contrat de licence conclu avec le titulaire du droit, même si l'accès et l'utilisation rendent nécessaire d'effectuer des actes en principe soumis à restrictions ;

(35) considérant qu'il convient de prévoir un catalogue d'exceptions aux actes soumis à restrictions, compte tenu du fait que le droit d'auteur visé par la présente directive ne s'applique qu'au choix ou à la disposition des matières contenues dans une base de données ; qu'il convient de donner aux États membres la faculté de prévoir lesdites exceptions dans certains cas ; que, toutefois, cette faculté doit être utilisée conformément à la convention de Berne et dans la mesure où les exceptions portent sur la structure de la base de données ; qu'il convient de distinguer les exceptions au titre de l'usage privé des exceptions au titre de la reproduction à des fins privées, ce dernier domaine concernant des dispositions de droit national de certains États membres en matière de taxes sur les supports vierges ou les appareils d'enregistrement ;

(36) considérant que le terme « recherche scientifique » au sens de la présente directive couvre à la fois les sciences de la nature et les sciences humaines ;

(37) considérant que l'article 10 paragraphe 1 de la convention de Berne n'est pas affecté par la présente directive ;

(38) considérant que l'utilisation toujours croissante de la technologie numérique expose le fabricant d'une base de données au risque que le contenu de sa base de données soit copié et adapté électroniquement sans autorisation pour en faire une autre base de données, de contenu identique, mais qui ne violerait pas le droit d'auteur applicable à la disposition du contenu de la première base ;

(39) considérant que, en plus de l'objectif d'assurer la protection du droit d'auteur en vertu de l'originalité du choix ou de la disposition du contenu de la base de données, la présente directive a pour objectif de protéger les fabricants de bases de données contre l'appropriation des résultats obtenus de l'investissement financier et professionnel consenti par celui qui a recherché et rassemblé le contenu, en protégeant l'ensemble ou des parties substantielles de la base de données contre certains actes commis par l'utilisateur ou par un concurrent ;

(40) considérant que l'objet de ce droit sui generis est d'assurer la protection d'un investissement dans l'obtention, la vérification ou la présentation du contenu d'une base de données pour la durée limitée du droit; que cet investissement peut consister dans la mise en œuvre de moyens financiers et/ou d'emploi du temps, d'efforts et d'énergie ;

(41) considérant que l'objectif du droit sui generis est d'accorder au fabricant d'une base de données la possibilité d'empêcher l'extraction et/ou la réutilisation non autorisées de la totalité ou d'une partie substantielle du contenu de la base de données ; que le fabricant d'une base de données est la personne qui prend l'initiative et assume le risque d'effectuer les investissements ; que cela exclut de la définition de fabricant notamment les sous-traitants ;

(42) considérant que le droit spécifique d'empêcher l'extraction et/ou la réutilisation non autorisées vise des actes de l'utilisateur qui outrepassent les droits légitimes de celui-ci et qui portent ainsi préjudice à l'investissement ; que le droit d'interdire

l'extraction et/ou la réutilisation de la totalité ou d'une partie substantielle du contenu vise non seulement la fabrication d'un produit concurrent parasite, mais aussi l'utilisateur qui, par ses actes, porte atteinte de manière substantielle, évaluée qualitativement ou quantitativement, à l'investissement ;

(43) considérant que, en cas de transmission en ligne, le droit d'interdire la réutilisation n'est épuisé ni en ce qui concerne la base de données, ni en ce qui concerne une copie matérielle de cette même base ou d'une partie de celle-ci effectuée avec le consentement du titulaire du droit par le destinataire de la transmission ;

(44) considérant que, lorsque la visualisation sur écran du contenu d'une base de données nécessite le transfert permanent ou temporaire de la totalité ou d'une partie substantielle de ce contenu sur un autre support, cet acte est soumis à l'autorisation du titulaire du droit ;

(45) considérant que le droit d'empêcher l'extraction et/ou la réutilisation non autorisées ne constitue aucunement une extension de la protection du droit d'auteur aux simples faits ou aux données ;

(46) considérant que l'existence d'un droit d'empêcher l'extraction et/ou la réutilisation non autorisées de la totalité ou d'une partie substantielle d'œuvres, de données ou d'éléments d'une base de données ne donne pas lieu à la création d'un nouveau droit sur ces œuvres, données ou éléments mêmes ;

(47) considérant que, dans le but de favoriser la concurrence entre les fournisseurs de produits et de services dans le secteur du marché de l'information, la protection par le droit sui generis ne doit pas s'exercer de manière à faciliter les abus de position dominante, notamment en ce qui concerne la création et la diffusion de nouveaux produits et services présentant une valeur ajoutée d'ordre intellectuel, documentaire, technique, économique ou commercial ; que, dès lors, les dispositions de la présente directive sont sans préjudice de l'application des règles de la concurrence, qu'elles soient communautaires ou nationales ;

(48) considérant que l'objectif de la présente directive, qui est d'assurer un niveau de protection appropriée et homogène aux bases de données, afin de garantir la rémunération du fabricant de la base, est différent de l'objectif poursuivi par la directive 95/46/CE du Parlement européen et du Conseil, du 24 octobre 1995, relative à la protection des personnes physiques à l'égard du traitement des données à caractère personnel et à la libre circulation de ces données ([1]), qui est d'assurer la libre circulation des données personnelles sur la base de règles harmonisées tendant à protéger les droits fondamentaux, notamment le droit à la vie privée qui est reconnu à l'article 8 de la convention européenne de sauvegarde des droits de l'homme et des libertés fondamentales; que les dispositions de la présente directive sont sans préjudice de l'application de la législation en matière de protection des données ;

(49) considérant que nonobstant le droit d'interdire l'extraction et/ou la réutilisation de la totalité ou d'une partie substantielle d'une base de données, il convient de prévoir que le fabricant d'une base de données ou le titulaire du droit ne peut pas empêcher l'utilisateur légitime de la base d'extraire et de réutiliser des parties non substantielles ; que, toutefois, ce même utilisateur ne peut pas causer un préjudice injustifié ni aux intérêts légitimes du titulaire du droit sui generis, ni au titulaire d'un droit d'auteur ou d'un droit voisin portant sur des œuvres ou prestations contenues dans cette base ;

([1]) JO L 281 du 23.11.1995, p.31.

(50) considérant qu'il convient de donner aux États membres la faculté de prévoir des exceptions au droit d'empêcher l'extraction et/ou la réutilisation non autorisées d'une partie substantielle du contenu d'une base de données lorsqu'il s'agit d'une extraction à des fins privées ou à des fins d'illustration de l'enseignement ou de recherche scientifique et lorsqu'il s'agit d'une extraction et/ou d'une réutilisation réalisées à des fins de sécurité publique ou aux fins d'une procédure administrative ou juridictionnelle ; qu'il importe que ces opérations ne portent pas préjudice aux droits exclusifs du fabricant d'exploiter la base de données et que leur but ne revête pas un caractère commercial ;

(51) considérant que les États membres, lorsqu'ils font usage de la faculté d'autoriser l'utilisateur légitime d'une base de données à en extraire une partie substantielle du contenu à des fins d'illustration de l'enseignement ou de recherche scientifiques peuvent limiter cette autorisation à certaines catégories d'établissements d'enseignement ou de recherche scientifique ;

(52) considérant que les États membres qui ont une réglementation spécifique comportant un droit similaire au droit sui generis prévu par la présente directive doivent pouvoir maintenir, en ce qui concerne le nouveau droit, les exceptions à ce droit traditionnellement établies par cette réglementation ;

(53) considérant que la charge de la preuve de la date d'achèvement de la fabrication d'une base de données pèse sur le fabricant de celle-ci ;

(54) considérant que la charge de la preuve de la réunion des critères permettant de conclure qu'une modification substantielle du contenu d'une base de données est à considérer comme un nouvel investissement substantiel pèse sur le fabricant de la base qui résulte de cet investissement ;

(55) considérant qu'un nouvel investissement substantiel impliquant une nouvelle durée de protection peut comprendre une vérification substantielle du contenu de la base de données ;

(56) considérant que le droit d'empêcher l'extraction et/ou la réutilisation non autorisées ne s'applique aux bases de données dont le fabricant est un ressortissant d'un pays tiers ou y a sa résidence habituelle et aux bases de données produites par une personne juridique non établie dans un Etat membre, au sens du traité, que lorsque ce pays tiers offre une protection comparable aux bases de données produites par des ressortissants d'un État membre ou des personnes ayant leur résidence habituelle sur le territoire de la Communauté ;

(57) considérant que, en plus des sanctions prévues par la législation des États membres en cas de violation du droit d'auteur ou d'autres droits, les États membres doivent prévoir des sanctions appropriées en cas d'extraction et/ou de réutilisation non autorisées du contenu d'une base de données ;

(58) considérant que, en plus de la protection accordée par la présente directive à la structure de la base de données par le droit d'auteur et à son contenu par le droit sui generis d'empêcher l'extraction et/ou la réutilisation non autorisées, les autres dispositions légales des États membres concernant la fourniture de biens et de services dans le secteur des bases de données restent applicables ;

(59) considérant que la présente directive est sans préjudice de l'application aux bases de données composées d'œuvres audiovisuelles des règles reconnues, le cas échéant, par la législation d'un État membre concernant la télédiffusion de programmes audiovisuels ;

(60) considérant que certains États membres protègent actuellement par un régime de droit d'auteur des bases de données qui ne répondent pas aux critères d'éligibilité à la protection au titre du droit d'auteur prévus par la présente directive ; que, même si les bases de données concernées sont éligibles à la protection au titre du droit prévu par la présente directive d'empêcher l'extraction et/ou la réutilisation non autorisées de leur contenu, la durée de la protection par ce dernier droit est sensiblement inférieure à celle dont elles jouissent au titre des régimes nationaux actuellement en vigueur ; qu'une harmonisation des critères appliqués pour déterminer si une base de données sera protégée par le droit d'auteur ne peut avoir pour effet de diminuer la durée de la protection dont jouissent actuellement les titulaires des droits concernés ; qu'il convient de prévoir une dérogation à cet effet ; que les effets de cette dérogation doivent se limiter au territoire des États membres concernés,

ONT ARRETE LA PRESENTE DIRECTIVE

CHAPITRE PREMIER

CHAMP D'APPLICATION

Article premier

Champ d'application

1. La présente directive concerne la protection juridique des bases de données, quelles que soient leurs formes.

2. Aux fins de la présente directive, on entend par « base de données » : un recueil d'œuvres, de données ou d'autres éléments indépendants, disposés de manière systématique ou méthodique et individuellement accessibles par des moyens électroniques ou d'une autre manière.

3. La protection prévue par la présente directive ne supplique pas aux programmes d'ordinateur utilisés dans la fabrication ou le fonctionnement des bases de données accessibles par des moyens électroniques.

Article 2

Limitations au champ d'application

La présente directive s'applique sans préjudice des dispositions communautaires concernant :

a) la protection juridique des programmes d'ordinateur ;

b) le droit de location et de prêt et certains droits voisins du droit d'auteur dans le domaine de la propriété intellectuelle ;

c) la durée de protection du droit d'auteur et de certains droits voisins.

CHAPITRE II

DROIT D'AUTEUR

Article 3

Objet de la protection

1. Conformément à la présente directive, les bases de données qui, par le choix ou la disposition des matières, constituent une création intellectuelle propre à leur auteur sont protégées comme telle par le droit d'auteur. Aucun autre critère ne s'applique pour déterminer si elles peuvent bénéficier de cette protection.

2. La protection des bases de données par le droit d'auteur prévue par la présente directive ne couvre pas leur contenu et elle est sans préjudice des droits subsistant sur ledit contenu.

Article 4

Qualité d'auteur de la base de données

1. L'auteur d'une base de données est la personne physique ou le groupe de personnes physiques ayant créé la base ou, lorsque la législation de l'État membre concerné l'autori-

se, la personne morale considérée par cette législation comme étant le titulaire du droit.

2. Lorsque les œuvres collectives sont reconnues par la législation d'un État membre, les droits patrimoniaux sont détenus par la personne investie du droit d'auteur.

3. Lorsqu'une base de données est créée en commun par plusieurs personnes physiques, les droits exclusifs sont détenus en commun par ces personnes.

Article 5

Actes soumis à restrictions

L'auteur d'une base de données bénéficie, en ce qui concerne l'expression de cette base pouvant faire l'objet d'une protection par le droit d'auteur, du droit exclusif de faire ou d'autoriser :

a) la reproduction permanente ou provisoire, en tout ou en partie, par quelque moyen et sous quelque forme que ce soit ;

b) la traduction, l'adaptation, l'arrangement et toute autre transformation ;

c) toute forme de distribution au public de la base ou de ses copies. La première vente d'une copie d'une base de données dans la Communauté par le titulaire du droit, ou avec son consentement, épuise le droit de contrôler la revente de cette copie dans la Communauté ;

d) toute communication, exposition ou représentation au public ;

e) toute reproduction, distribution, communication, exposition ou représentation au public des résultats des actes visés au point b).

Article 6

Exceptions aux actes soumis à restrictions

1. L'utilisateur légitime d'une base de données ou de copies de celle-ci peut effectuer tous les actes visés à l'article 5 qui sont nécessaires à l'accès au contenu de la base de données et à son utilisation normale par lui-même sans l'autorisation de l'auteur de la base. Dans la mesure où l'utilisateur légitime est autorisé à utiliser une partie seulement de la base de données, le présent paragraphe s'applique seulement à cette partie.

2. Les États membres ont la faculté de prévoir des limitations aux droits visés à l'article 5 dans les cas suivants :

a) lorsqu'il s'agit d'une reproduction à des fins privées d'une base de données non électronique ;

b) lorsqu'il y a utilisation uniquement à des fins d'illustration de l'enseignement ou de recherche scientifique, toujours sous réserve d'indiquer la source, dans la mesure justifiée par le but non commercial poursuivi ;

c) lorsqu'il s'agit d'une utilisation à des fins de sécurité publique ou aux fins d'une procédure administrative ou juridictionnelle ;

d) lorsqu'il s'agit d'autres exceptions au droit d'auteur traditionnellement prévues par leur droit interne, sans préjudice des points a), b) et c).

3. Conformément à la convention de Berne pour la protection des œuvres littéraires et artistiques, le présent article ne peut être interprété de façon à permettre son application d'une manière qui cause un préjudice injustifié aux intérêts légitimes du titulaire du droit ou qui porte atteinte à l'exploitation normale de la base de données.

CHAPITRE III

DROIT « SUI GENERIS»

Article 7

Objet de la protection

1. Les États membres prévoient pour le fabricant d'une base de données le droit d'interdire l'extraction et/ou la réutilisation de la totalité

ou d'une partie substantielle, évaluée de façon qualitative ou quantitative, du contenu de celle-ci, lorsque l'obtention, la vérification ou la présentation de ce contenu attestent un investissement substantiel du point de vue qualitatif ou quantitatif.

2. Aux fins du présent chapitre, on entend par :

a) « extraction » : le transfert permanent ou temporaire de la totalité ou d'une partie substantielle du contenu d'une base de données sur un autre support par quelque moyen ou sous quelque forme que ce soit ;

b) « réutilisation » : toute forme de mise à la disposition du public de la totalité ou d'une partie substantielle du contenu de la base par distribution de copies, par location, par transmission en ligne ou sous d'autres formes. La première vente d'une copie d'une base de données dans la Communauté par le titulaire du droit, ou avec son consentement, épuise le droit de contrôler la revente de cette copie dans la Communauté.

Le prêt public n'est pas un acte d'extraction ou de réutilisation.

3. Le droit visé au paragraphe 1 peut être transféré, cédé ou donné en licence contractuelle.

4. Le droit visé au paragraphe 1 s'applique indépendamment de la possibilité pour la base de données d'être protégée par le droit d'auteur ou par d'autres droits. En outre, il s'applique indépendamment de la possibilité pour le contenu de cette base de données d'être protégé par le droit d'auteur ou par d'autres droits. La protection des bases de données par le droit visé au paragraphe 1 est sans préjudice des droits existant sur leur contenu.

5. L'extraction et/ou la réutilisation répétées et systématiques de parties non substantielles du contenu de la base de données qui supposeraient des actes contraires à une exploitation normale de cette base, ou qui causeraient un préjudice injustifié aux intérêts légitimes du fabricant de la base, ne sont pas autorisées.

Article 8

Droits et obligations de l'utilisateur légitime

1 Le fabricant d'une base de données qui est mise à la disposition du public de quelque manière que ce soit ne peut empêcher l'utilisateur légitime de cette base d'extraire et/ou de réutiliser des parties non substantielles de son contenu, évaluées de façon qualitative ou quantitative, à quelque fin que ce soit. Dans la mesure où l'utilisateur légitime est autorisé à extraire et/ou à réutiliser une partie seulement de la base de données, le présent paragraphe s'applique à cette partie.

2. L'utilisateur légitime d'une base de données qui est mise à la disposition du public de quelque manière que ce soit ne peut pas effectuer des actes qui sont en conflit avec l'exploitation normale de cette base, ou qui lèsent de manière injustifiée les intérêts légitimes du fabricant de la base.

3. L'utilisateur légitime d'une base de données qui est mise à la disposition du public de quelque manière que ce soit ne peut porter préjudice au titulaire d'un droit d'auteur ou d'un droit voisin portant sur des œuvres ou des prestations contenues dans cette base.

Article 9

Exceptions au droit « sui generis »

Les États membres peuvent établir que l'utilisateur légitime d'une base de données qui est mise à la disposition du public de quelque manière que ce soit peut, sans autorisation du fabricant de la base, extraire et/ou réutiliser une partie substantielle du contenu de celle-ci:

a) lorsqu'il s'agit d'une extraction à des fins privées du contenu d'une base de données non électronique ;

b) lorsqu'il s'agit d'une extraction à des fins d'illustration de l'enseignement ou de recherche scientifique, pour autant qu'il indique la source et dans la mesure justifiée par le but non commercial à atteindre ;

c) lorsqu'il s'agit d'une extraction et/ou d'une réutilisation à des fins de sécurité publique ou aux fins d'une procédure administrative ou juridictionnelle.

Article 10

Durée de la protection

1. Le droit prévu à l'article 7 produit ses effets dès l'achèvement de la fabrication de la base de données. Il expire quinze ans après le ler janvier de l'année qui suit la date de l'achèvement.

2. Dans le cas d'une base de données qui a été mise à la disposition du public de quelque manière que ce soit avant l'expiration de la période prévue au paragraphe 1, la durée de la protection par ce droit expire quinze ans après le 1er janvier de l'année qui suit la date à laquelle la base a été mise à la disposition du public pour la première fois.

3. Toute modification substantielle, évaluée de façon qualitative ou quantitative, du contenu d'une base de données, notamment toute modification substantielle résultant de l'accumulation d'ajouts, de suppressions ou de changements successifs qui ferait considérer qu'il s'agit d'un nouvel investissement substantiel, évalué de façon qualitative ou quantitative, permet d'attribuer à la base qui résulte de cet investissement une durée de protection propre.

Article 11

Bénéficiaires de la protection par le droit « sui generis »

1. Le droit prévu à l'article 7 s'applique aux bases de données dont le fabricant ou le titulaire du droit sont ressortissants d'un État membre ou ont leur résidence habituelle sur le territoire de la Communauté.

2. Le paragraphe 1 s'applique également aux sociétés et aux entreprises constituées en conformité avec la législation d'un Etat membre et ayant leur siège statutaire, leur administration centrale ou leur établissement principal à l'intérieur de la Communauté ; néanmoins, si une telle société ou entreprise n'a que son siège statutaire sur le territoire de la Communauté, ses opérations doivent avoir un lien réel et continu avec l'économie d'un État membre.

3. Les accords étendant le droit prévu à l'article 7 aux bases de données fabriquées dans des pays tiers et non couvertes par les paragraphes 1 et 2 sont conclus par le Conseil, sur proposition de la Commission. La durée de protection accordée à des bases de données en vertu de cette procédure ne dépasse pas celle prévue à l'article 10.

CHAPITRE IV

DISPOSITIONS COMMUNES

Article 12

Sanctions

Les États membres prévoient des sanctions appropriées contre la violation des droits prévus par la présente directive.

Article 13

Maintien d'autres dispositions

La présente directive n'affecte pas les dispositions concernant notamment le droit d'auteur, les droits voisins ou d'autres droits ou obligations subsistant dans les données, les œuvres ou les autres éléments incorporés dans une base de données, les brevets, les marques, les dessins et modèles, la protection des trésors nationaux, le droit des ententes et de la concurrence déloyale, le secret des affaires, la sécurité, la confidentialité, la protection des données personnelles et le respect de la vie privée, l'accès aux documents publics ou le droit des contrats.

Article 14

Application dans le temps

1. La protection prévue par la présente directive en ce qui concerne le droit d'auteur s'applique également aux bases de données créées avant la date visée à l'article 16 paragraphe 1 qui remplissent à cette date les exigences fixées par la présente directive quant à la protection des bases de données par le droit d'auteur.

2. Par dérogation au paragraphe 1, lorsqu'une base de données qui est protégée par un régime de droit d'auteur dans un État membre à la date de publication de la présente directive ne répond pas aux critères d'éligibilité à la protection au titre du droit d'auteur prévus à l'article 3 paragraphe 1, la présente directive n'a pas pour effet d'abréger dans cet État membre le délai de protection accordé au titre du régime susmentionné restant à courir.

3. La protection prévue par la présente directive en ce qui concerne le droit prévu à l'article 7 s'applique également aux bases de données dont la fabrication a été achevée pendant les quinze années précédant la date visée à l'article 16 paragraphe 1 et qui remplissent à cette date les exigences fixées à l'article 7.

4. La protection prévue aux paragraphes 1 et 3 est sans préjudice des actes conclus et des droits acquis avant la date visée auxdits paragraphes.

5. Dans le cas d'une base de données dont la fabrication a été achevée pendant les quinze années précédant la date visée à l'article 16 paragraphe 1, la durée de protection par le droit prévu à l'article 7 est de quinze ans à compter du ler janvier qui suit cette date.

Article 15

Caractère impératif de certaines dispositions

Toute disposition contractuelle contraire à l'article 6 paragraphe 1 et à l'article 8 est nulle et non avenue.

Article 16

Dispositions finales

1. Les États membres mettent en vigueur les dispositions législatives, réglementaires et administratives nécessaires pour se conformer à la présente directive avant le 1er, janvier 1998.

Lorsque les États membres adoptent ces dispositions, celles-ci contiennent une référence à la présente directive ou sont accompagnées d'une telle référence lors de leur publication officielle. Les modalités de cette référence sont arrêtées par les États membres.

2. Les États membres communiquent à la Commission le texte des dispositions de droit interne qu'ils adoptent dans le domaine régi par la présente directive.

3. Au plus tard à la fin de la troisième année suivant la date visée au paragraphe 1, et ultérieurement tous les trois ans, la Commission transmet au Parlement européen, au Conseil et au Comité économique et social un rapport sur l'application de la présente directive, dans lequel, en particulier sur la base d'informations spécifiques fournies par les États membres, elle examine notamment l'application du droit sui generis, y compris les articles 8 et 9, et vérifie spécialement si l'application de ce droit a entraîné des abus de position dominante ou d'autres atteintes à la libre concurrence qui justifieraient des mesures appropriées, dont la mise en place d'un régime de licences non volontaires. Elle présente, le cas échéant, des propositions visant à adapter la présente directive à l'évolution du secteur des bases de données.

Article 17

Les États membres sont destinataires de la présente directive.

Fait à Strasbourg, le 11 mars 1996.

Par le Parlement européen	*Par le Conseil*
Le président	*Le président*
K. HÄNSCH	L. DINI

Loi n° 96-299 du 10 avril 1996 relative aux expérimentations dans le domaine des technologies et services de l'information (1)

L'Assemblée nationale et le Sénat ont adopté,

Le Président de la République promulgue la loi dont la teneur suit :

Art.1er. - En vue de favoriser le développement des infrastructures et des services de télécommunications et de communication audiovisuelle, des expérimentations peuvent être autorisées, en dérogation aux dispositions législatives mentionnées aux articles 2 à 5, dans les conditions prévues par la présente loi.

Les projets d'expérimentation doivent présenter un intérêt général apprécié au regard de leur degré d'innovation, de leur viabilité économique et technique, de leur impact sur le développement de la production française et européenne des services mentionnés au premier alinéa, de leur impact potentiel sur l'organisation sociale et le mode de vie, ainsi que de l'association des utilisateurs à leur élaboration et à leur mise en œuvre.

Les autorisations sont délivrées et les conventions sont conclues, en application des articles 2 à 5, après avis des ministres chargés des technologies de l'information, des télécommunications et de la communication, pour une durée adaptée aux nécessités de l'expérimentation et qui ne peut, en tout état de cause, excéder cinq ans. Elles prévoient leur adaptation en cas de modification des dispositions législatives en vigueur. Elles précisent les conditions dans lesquelles le titulaire présente un bilan de l'expérimentation et les critères de son évaluation. Elles ne sont pas renouvelables dans les conditions prévues aux articles 2 à 5 de la présente loi.

Art. 2. - En application de l'article 1er, le ministre chargé des télécommunications peut autoriser :

1° L'établissement et l'exploitation d'infrastructures en vue de fournir au public, sur des sites géographiques limités et pour la desserte d'un nombre maximum de 20 000 utilisateurs, tous services de télécommunications, y compris le service téléphonique entre points fixes.

2° A la demande ou après avis des communes, de leurs groupements, ou de syndicats mixtes, la fourniture, sur des réseaux établis ou exploités en application de la loi n° 86-1067 du 30 septembre 1986 relative à la liberté de communication, de tous services de télécommunications, y compris du service téléphonique entre points fixes.

Les dispositions du Code des postes et télécommunications sont applicables à l'exception de celles du premier alinéa du I et du II de l'article L.33-1, des articles L.33-2 et L.34-1 et de la première phrase du premier alinéa de l'article L.34-4, auxquelles il peut être dérogé en tant que de besoin.

L'autorisation est subordonnée au respect de prescriptions contenues dans un cahier des charges et portant sur ceux des points énumérés du quatrième au dernier alinéa du I de l'article L.33-1 qui trouvent leur application compte tenu des caractéristiques du projet d'expérimentation. Dans les cas de fourniture au public du service téléphonique entre points fixes, l'autorisation précise la contribution du titulaire aux obligations de service public correspondantes.

En outre, le titulaire de l'autorisation délivrée au titre du 1° ci-dessus est tenu de subordonner l'accès au réseau des fournisseurs de services déclarés au titre de l'article 43 de la loi n° 86-1067 du 30 septembre 1986 précitée à l'observation par ces derniers de règles assurant le respect de la personne et la protection de la jeunesse et du consommateur.

Art. 3. - I. - En application de l'article 1er, le Conseil supérieur de l'audiovisuel peut, sans être tenu de recourir à l'appel aux candidatures prévu aux articles 29 et 30 de la loi n° 86-1067 du 30 septembre 1986 précitée, mais dans le respect des critères prévus du huitième au dernier alinéa de l'article 29 de la même loi, autoriser l'usage de fréquences, pour un ensemble de services de radiodiffusion sonore ou de télévision par voie hertzienne terrestre, selon des techniques de diffusion numérique ou de diffusion multiplexée sur canal micro-ondes.

Cette autorisation ne peut être délivrée que pour un site géographique limité et, lorsque les services sont diffusés selon une technique de diffusion multiplexée sur canal micro-ondes, en dehors des zones desservies par un réseau de distribution par câble, en utilisant des fréquences comprises dans les bandes attribuées au service de radiodiffusion.

Les dispositions de la loi n° 86-1067 du 30 septembre 1986 précitée sont applicables à cette autorisation, à l'exception de ses articles 27, 28, 28-1, 70 et 70-1. Pour l'application du deuxième alinéa de l'article 41 de la même loi, seules sont prises en compte les autorisations délivrées pour des services de télévision desservant une zone géographique dont la population recensée est supérieure à 500 000 habitants. Les articles 93-2 et 93-3 de la loi n° 82-652 du 29 juillet 1982 sur la communication audiovisuelle ne s'appliquent pas au titulaire de cette autorisation.

II. - Le Conseil supérieur de l'audiovisuel conclut la convention prévue par l'article 28 de la loi n°86-1067 du 30 septembre 1986 précitée avec chacun des services de communication audiovisuelle appartenant à l'ensemble de services bénéficiaire de l'autorisation prévue au I.

Les services ainsi conventionnés sont regardés comme des services autorisés au sens de la loi n° 86-1067 du 30 septembre 1986 précitée. Les dispositions de cette loi, à l'exception de ses articles 25, 28 (premier alinéa), 28-1, 29, 30, 39 et 41 (deuxième et cinquième alinéas), leur sont applicables, de même que les articles 93-2 et 93-3 de la loi n° 82-652 du 29 juillet 1982 précitée.

Les obligations prévues aux 2° et 3° de l'article 27 de la loi n° 86-1067 du 30 septembre 1986 précitée peuvent, lorsqu'elles sont formulées en termes de pourcentages du temps de diffusion ou du chiffre d'affaires annuels, être définies globalement pour tout ou partie des services diffusés sur un même canal, selon des modalités précisées dans les conventions.

Art. 4. – En application de l'article Ier, le Conseil supérieur de l'audiovisuel peut conclure des conventions selon les modalités prévues à l'article 34-1 de la loi n° 86-1067 du 30 septembre 1986 précitée. en vue de la diffusion par des technologies numériques sur un réseau câblé ou par satellite d'un ensemble de services de radiodiffusion sonore ou de télévision, si lesdits services sont mis simultanément à disposition du public et constitués de la reprise d'éléments de programmes provenant soit d'un service public ou privé de communication audiovisuelle diffusé par voie hertzienne terrestre ou filaire, soit de la chaîne culturelle européenne issue du traité signé le 2 octobre 1990. Dans ce cas, les obligations prévues au 5° de l'article 33 de la loi précitée, lorsqu'elles sont formulées en termes de pourcentage du temps de diffusion, et celles prévues au 2° de l'article 70 de la même loi peuvent être définies globalement pour tout ou partie des services distribués.

Art. 5. – En application de l'article la, les conventions prévues aux articles 28 et 34-1 de la loi n° 86-1067 du 30 septembre 1986 précitée peuvent prévoir, selon les formes et conditions visées à ces articles, et pour tenir compte de la nature particulière des services, des adaptations aux règles prévues aux 2° et 3° de l'article 27, aux 3° et 5° de l'article 33 et à l'article 70 de ladite loi, pour les services de communication audiovisuelle autres que les services de téléachat, permettant la transmission de programmes à la demande, le cas échéant contre rémunération.

Les conventions mentionnées au premier alinéa prévoient, pour tout service qui transmet à la demande des œuvres cinématographiques ou audiovisuelles, les proportions des œuvres européennes et d'expression originale française devant figurer dans le catalogue de programmes mis à la disposition du public, ainsi que la contribution du service au développement de la production cinématographique et audiovisuelle européenne et l'expression originale française et les dépenses minimales consacrées à l'acquisition de droits de diffusion d'œuvres cinématographiques et audiovisuelles européennes et d'expression originale française.

Le délai à l'issue duquel les services visés au premier alinéa peuvent diffuser une œuvre cinématographique de longue durée après sa première exploitation en salle est identique à celui applicable aux vidéocassettes.

Aucun message publicitaire ne peut interrompre, les programmes transmis à la demande.

Art. 6. - Les autorisations et conventions prévues par la présente loi ne peuvent être délivrées et conclues que dans un délai de trois ans à compter de sa publication.

Art. 7. - Un rapport d'information sur l'évolution des projets expérimentaux réalisés en application de la présente loi est remis, par le Gouvernement, au Parlement dans un délai de trois ans à compter de la publication de la présente loi.

Le Conseil supérieur de l'audiovisuel est consulté sur l'évaluation des expérimentations relatives à la communication audiovisuelle.

Art. 8. - A l'exception, pour la Polynésie française, des dispositions relatives aux communications téléphoniques et télécommunications qui sont de sa compétence, la présente loi est applicable dans les territoires d'outre-mer de la République et dans la collectivité territoriale de Mayotte.

Un décret en Conseil d'Etat pris après avis des assemblées territoriales concernées fixera les modalités d'application de la présente loi.

La présente loi sera exécutée comme loi de l'Etat.

Fait à Paris, le 10 avril 1996.

Par le Président de la République :
JACQUES CHIRAC

Le Premier ministre,
ALAIN JUPPÉ

Le ministre de la culture,
PHILIPPE DOUSTE-BLAZY

Le ministre de l'industrie, de la poste et des télécommunications,
FRANCK BOROTRA

Le ministre des petites et moyennes entreprises, du commerce et de l'artisanat,
JEAN-PIERRE RAFFARIN

Le ministre délégué à l'outre-mer,
JEAN-JACQUES DE PERETTI

Le ministre délégué à la poste, aux télécommunications et à l'espace,
FRANCOIS FILLON

---

(1) Travaux préparatoires : loi n°96-299.

Assemblée nationale :

Projet de loi n°2358
Rapport de M. Francis Saint-Ellier, au nom de la commision de la production, n°2437 ;
Avis de M. Rudy Salles, au nom de la commission des affaires culturelles, n°2502 ;
Discussion et adoption le 30 janvier 1996.

Sénat :

Projet de loi, adopté par l'Assemblée nationale en première lecture, n°193 (1995-1996) ;
Rapport de M. Jean-Marie Rausch, au nom de la commission des affaires économiques, n°21 (1995-1996) ;
Avis de M.Pierre Laffitte, au nom de la commission des affaires culturelles, n°226 (1995-1996) ;
Discussion et adoption le 20 février 1996.

Assemblée nationale :

Projet de loi, modifié par le Sénat, n°2580 ;
Rapport de M. Francis Saint-Ellier, au nom de la commission de la production, n° ?
Discussion et adoption le 26 mars 1996.

Annexe 2

Table des jurisprudences

- Cass. crim. 19 décembre 1885, *DP* 1886 I-347 **(Secret médical - Caractère général et absolu)**

- Trib. corr. Vesoul, 22 janvier 1920, *DP* 1920-2-151 **(Secret médical - Restriction - Obligation de déclaration des naissances)**

- TC Seine, 16 mai 1925, *Gaz. Pal.* 1925, 2, p. 402 **(Droit d'auteur - Cours oraux de pharmacie - Protection)**

- CA Paris, 18 décembre 1925, Didot-Bottin, *Ann.prop.ind. littéraire et artistique*, 1926, p. 99 **(Annuaire - Plagiat - Œuvre personnelle)**

- Trib. Civ. Limoges, 4 novembre 1947, *Ann. prop.ind.*. 1940-48-264 **(Marques - Libre appréciation du juge en matière de contrefaçon)**

- CA Paris, 4 juillet 1962, *inédit* cité par H. Desbois, *Traité des droits d'auteur*, 1978, n° 539 **(Contrat d'édition - Pacte de préférence - Détermination du genre d'œuvre - Œuvre en prose)**

- Cass. civ. 1re, 12 février 1963, *Dalloz* 1963-471, note R. Badinter et sur renvoi, CA Orléans, 26 février 1964, *Dalloz* 1964-278 **(Secret médical - Restriction - Intérêt des familles)**

- T. corr. Seine, 6 juin 1966, *JCP* 1966, II-14893 **(Droit d'auteur - Cours et ouvrages de droit - Protection)**

- Cass. crim. 22 décembre 1966, *Bull. crim.* n° 305, p. 714 **(Secret médical - Caractère général et absolu)**

- Cass. crim. 27 juin 1967, *Bull. crim.* n° 154, p. 464 **(Secret médical - Caractère général et absolu)**

- CJCE, aff. 23/67, 12 décembre 1967, Brasserie de HAECHT, *Rec.* p. 526 **(Droit de la concurrence - Interdiction des pratiques anticoncurrentielles - Atteinte au commerce entre Etats membres)**

- Trib. Corr. Paris, 10e Ch., 17 janvier 1968, *Gaz. Pal.* 1968 **(Droit d'auteur - Informations appartenant au domaine public - Administration - Actes officiels - Reproduction sans autorisation)**

- CE, 14 janvier 1970, Fédération Nationale des Distributeurs de Films, *Cahiers du Lamy* 1991, p. 138 **(Audiovisuel - Réglementation de la publicité)**

- TGI Paris, 3e Ch., 4 janvier 1971, *RIDA* octobre 1971 **(Droit d'auteur - Œuvre collective - Dictionnaire)**

- TGI Paris, 23 avril 1971, *RIDA* octobre 1972 **(Contrat d'édition - Pacte de préférence - Détermination du genre d'œuvre - Essais)**

- Cass. com., 21 mars 1972, *JCP* 1972, II-17221 **(Droit de la concurrence - Concession exclusive - Répartition d'un marché licite si elle n'établit pas une étanchéité absolue entre les différents territoires attribués aux distributeurs)**

- TGI Paris, 26 avril 1972, *Dalloz* 1972, 426 (3e esp.), note Le Roy **(Secret médical - Restriction - Intérêt du malade)**

- Cass. crim., 16 janvier 1974, *JCP* 1974 n°17731 **(Appareil enregistrant le numéro de l'appelant, placé sur la ligne de l'appelé - Pas d'atteinte à l'intimité de la vie privée)**

- Cass. com., 30 janvier 1974, *Dalloz*-428, note Tendler **(Responsabilité du fait de l'information - Obligation de diligence du producteur - Obligation de moyen)**

- TGI Paris, 21 février 1974, *Lamy droit de l'Informatique* 1991, n° 2672 **(Droit des marques - Enregistrement - Compétence)**

- CE, 3 janvier 1975, Pietri, *Dalloz* 1975 p. 790 **(Droit d'accès au fichier électoral)**

- CA Paris, 6 mars 1975, *PIBD* 1975, 158-3-418 **(Brevet - Activité inventive - Préjugé “ technique ” vaincu)**

- CA Paris le 14 mai 1975, *Dalloz* 1976, p. 291 **(Droit d'auteur - Photographie - Reproduction de l'image d'une personne physique à des fins publicitaires - Autorisation expresse)**

- CA Paris, 4e Ch., 17 mai 1975, *RIDA* octobre 1975, n° 86, p. 133 **(Droit d'auteur - Documentations techniques - Protection)**

- Cass. civ., 3e Ch., 4 février 1976, *Bull. civ.* III, n° 49 **(Norme - Définition - Règles de l'art)**

- Cass. crim., 16 mars 1976, *Bull. Crim.* 1976-97 **(Imprimés d'ordinateurs - Utilisation frauduleuse - Sanction pénale)**

- CA de Paris, 4e Ch., 10 janvier 1977, *JCP* (G) 1978, II-18830 **(Dessins et modèles - Enjoliveur de lunettes - Protection)**

- TGI Paris, 3e Ch., 21 janvier 1977, Tarzan, *RTDC* 1978, note H. Desbois (**Droit d'auteur - Personnage de bande dessinée - Protection des traits du personnage - Contrefaçon)**

- Cass. crim., 1er février 1977, *Bull. crim.* n° 40 **(Secret médical - Cotation utilisée par la Sécurité sociale pour le remboursement des actes médicaux - Données médicales)**

- CA Paris, 1re Ch., 28 avril 1977, cité par Greffe, *La publicité et la loi*, Litec 6e éd., p. 124 **(Droit d'auteur - Protection des personnages - Parodie illicite - Intention de nuire - Contrefaçon).**

- TGI Paris, 3 janvier 1978, affaire Tarzoon, *RIDA* avril 1978, p. 179 ; *Dalloz* 1979, J-99, note H. Desbois (**Marque - Œuvre littéraire ou cinématographique - Dépôt de nom du personnage - Droit d'auteur - Protection des personnages - Parodie illicite)**

- CA Paris, 29 janvier 1978, *RIDA* janvier 1979, n° 99 **(Œuvre musicale - Différenciation rythmique - Contrefaçon (non))**

- CA Paris, 4e Ch., 21 février 1978, *Ann. Propr. ind.* 1979, p. 362 **(Droit d'auteur - Cours et ouvrages de droit - Protection)**

- CA Reims, 27 février 1978, Patrick B. et Didier. G c. Le procureur de la république et la société d'imprimerie Bourquin, *Expertises* 1987, p. 148 **(Vol du contenu informationnel - Disquette)**

- TGI Paris, 3e Ch., 14 mars 1978, *RIDA* octobre 1978 **(Œuvre collective - Publication de presse)**

- CA Lyon, 2 mai 1978, *PIBD* 1978, 218-3-271 **(Brevet - Activité inventive - Préjugé « technique » vaincu)**

- Trib. corr. de Montbéliard, 26 mai 1978, *AJPI* 1983, 533 **(Salarié de l'entreprise - Vol du contenu informationnel - Programme informatique)**

- Cass. soc. 8 juin 1978, *Bull. cass.* 1978 V-548 **(Droit du travail - Accident du travail - Preuve)**

- CA Paris, 15 juin 1978, PIBD 1979-III-44, *Lamy droit Informatique*, n° 2674 **(Contrefaçon de marque par un code d'accès)**

- CA Basse Terre, 26 février 1979, Gaz. Pal. 1981, Som. p. 30 **(Droit d'auteur - Photographie - Reproduction de l'image d'une personne physique à des fins publicitaires - Autorisation expresse)**

- Cass. crim., 21 mai 1979, *Bull. crim.* n°178 **(Secret médical - Cotation utilisée par la Sécurité sociale pour le remboursement des actes médicaux - Données médicales)**

- CA Paris, 4e Ch., 25 juin 1979, *PIBD* 1979, 246-3-383 **(Brevet - Activité inventive - Définition)**

- CA Paris, 5 juillet 1979, *Dalloz* 1980, p. 580 **(Contrat d'édition - Pacte de préférence - Détermination du genre d'œuvre - Romans et recueils de poésies)**

- CA Paris, 19 octobre 1979, *PIBD* 1980, 253-3-48 **(Brevet - Activité inventive - Préjugé « technique » vaincu)**

- Cass. civ., 1re Ch. 8 novembre 1979, *JCP* 1980-IV-26 (**Droit d'auteur - Œuvre collective - Définition)**

- TGI Paris, 10 novembre 1979, *Dalloz* 1981, IR-81, Obs. Colombet **(Droit d'auteur - Œuvre de collaboration - Qualité de coauteur - Activité créative et originalité (non)) - Chef opérateur - Directeur de la photographie - Simples "auxiliaires techniques")**

- CA Paris, 22 janvier 1980, *PIBD* 1980, 260-3-123 **(Brevet - Activité inventive - Définition)**

- CA Paris, 4e Ch., 28 janvier 1980, *Dossiers Brevets* 1980, 6, 2 **(Brevet - Activité inventive - Définition).**

- CA Paris, 5 février 1980, *Bull. Civ.* 1980 1re partie n° 45 **(Contrat d'édition - Pacte de préférence - Détermination du genre d'œuvre - Sciences humaines)**

- CA Paris, 4e Ch., 14 février 1980, la Panthère Rose, *Dalloz* 1981, Som. 86, obs. C. Colombet **(Droit d'auteur - Personnage de dessin animé - Protection des traits du personnage - Contrefaçon)**

- CA Paris 4 mars 1980, *Gaz. Pal.* 1982, p. 536 **(Contrat d'édition - contrat de commande)**

- CJCE, 18 mars 1980, Coditel II, aff. 62/175, *rec.* p. 81 **(Droit d'auteur - Livres et disques - Mise à disposition du public - Epuisement du droit)**

- Cass. crim. 17 juin 1980, *Gaz. Pal.* 1981, 1, 201 **(Secret médical - Caractère général et absolu)**

- CA Rouen, 13 janvier 1981, Etab. Jacottet c. SA Engrenages Minerva, *DS* 1983-53 **(Concurrence - Actes déloyaux - Responsabilité civile)**

- CJCE, 20 janvier 1981, *RIDA*, juillet 1981, n° 109.174, note Joubert **(Droit de propriété intellectuelle - Libre circulation - Importations parallèles licites - Exclusivité territoriale absolue d'exploitation (non)).**

- CA Paris, 15e Ch., 6 mars 1981, *Dalloz* 1982, IR-46 (**Droit d'auteur - Œuvre collective - Exploitation des droits)**

- CA Paris, 15 juin 1981, *Expertises* 1982, n° 38, p. 49 **(Logiciel - Protection par le brevet)**

- CA Paris, 13e Ch., 2 juillet 1981, Maya l'Abeille, cité par Greffe, *La publicité et la loi*, Litec 1994, p. 155 **(Droit d'auteur - Personnage de dessin animé - Protection des traits du personnage - Contrefaçon)**

- Cass. crim., 22 juillet 1981, *Dr ouvrier* 1982, 352 ; Cass. crim., 25 mai 1981, *Dr ouvrier* 1982, 352 **(Droit du travail - Modification des conditions de travail - Consultation du comité d'entreprise).**

- TI Rouen, 22 juillet 1981, Mme Lucette Deperroic c. Sté France Abonnements *inédit* **(Traitement automatisé d'informations - Atteinte à la vie privée - Non)**

- CA Colmar, 21 octobre 1981, *Dalloz* 1981, IR-243, obs. Vasseur **(Responsabilité du fait de l'information - Obligation de diligence du producteur - Obligation de moyen)**

- CA Paris, 4e Ch., 8 mars 1982, *PIBD* 1982, 306-3-162 **(Brevet - Activité inventive - Définition)**

- CA Colmar, 9 juin 1982, *Dalloz* 1982, p. 553 **(Savoir faire - Protection)**

- CE, 18 juin 1982, Viesly's Textil, *Lamy droit de l'Informatique* ed°1991, n° 2466, n° 27-802 **(Responsabilité - Transmissions sur réseaux)**

- CJCE, 6 octobre 1982, Coditel III c. Cinévog Films, aff. 262/81, *Rec. Lebon* 1982-3381 **(Droit d'auteur - Films - Libre circulation des marchandises)**

- CA Paris, 4e Ch. A, 9 novembre 1982, Société Française de revues c. / Mlle B..., *Dalloz* 1984, IR **(Atteinte aux droits de la personne - Photographies - Diffusion sans autorisation)**

- CA Paris, 23 novembre 1982, *Dalloz* 1983, IR-510 **(Œuvre de l'esprit -Condition d'originalité)**

- TGI Paris, 8 décembre 1982, *Expertises* 1983, n° 48, p. 3 **(Logiciel - Jeux vidéo - Œuvre audiovisuelle)**

- Cass. civ., 1re Ch., 20 décembre 1982, *JCP (G)* 1983, II-20102 **(Œuvre collective - Exploitation des droits)**

- CA Paris, 4e Ch., 24 mars 1983, *Dalloz* 1984, IR-212 **(Brevet - Activité inventive - Définition)**

- TGI Paris, 1re Ch., 1re sect., 20 avril 1983, Mme M... c. : M. F.... et Société Cogedipresse, *JCP* 1985, II-20484 **(Atteinte aux droits de la personne - Photographies - Diffusion sans autorisation).**

- CA Paris, 4e Ch., 6 juillet 1983, *PIBD* 1983, 334-3-266 **(Brevet - Activité inventive - Définition)**

- CE, 29 juillet 1983, Docteur Cloarec, *DS* 1985-IR-49 **(Tableaux statistiques - Utilisation déloyale de fichiers)**

- TGI Paris, 21 septembre 1983, Apple c./ Golem, *JCP* 1984-I-20249 **(Logiciel - Œuvres de l'esprit (oui) - Langage comparé à une composition musicale)**

- Cass. civ., 9 novembre 1983, *Bull. civ.* 1984-I-266-237 **(Banque de donnée de presse constitue une œuvre)**

- Cass. com., 24 novembre 1983, *Bull. Civ.* IV, n° 322, p. 279 **(Responsabilité du fait de l'information - Renseignements bancaires - Obligation de diligence du producteur)**

- TGI Paris, 1re Ch., 21 décembre 1983, Y. Noah c. / Société Française de revues, Société du Figaro et Agence Gamma, *Gaz. Pal.* 19-20 octobre 1984**(Atteinte aux droits de la personne - Photographies - Diffusion sans autorisation)**

- TGI Paris, 31 janvier 1984, Procureur de la République c. M. Lupe (Sté AFOC), M. Devai (Sté TSI), M. Lapasset (PTT), Sté AFOC Mégaprint (Civilement responsable), Sté TSI (Civilement responsable), *inédit* **(Annuaire - Cession de fichiers)**

- TGI Paris, 24 avril 1984, Galande, *DS* 1985-IR-47 **(Fichiers d'entreprises - Droit d'accès et de rectification par des personnes morales)**

- TGI Paris, 3e Ch., 10 mai 1984, *PIBD* 1984, III - 264 **(Marque - Œuvre littéraire ou cinématographique - Dépôt de nom du personnage - Reproduction phonétique - Contrefaçon)**

- CA Paris, 4e Ch. A, 19 juin 1984, SARL Echo de la Presse et de la Publicit, c. SARL Self Marketing, *Dalloz* 1985, 26e Cahier, IR-309 **(Liste d'adresses - Droit d'auteur - Œuvre originale)**

- CE, 6 juillet 1984, Camus, Zaragossa, *DS* 1987 Somm. 374, obs. Maisl **(Droit ou non de rectification des données dans des fichiers)**

- Cass. crim., 12 octobre 1984, *Bull. crim.* 1984, n° 403 **(Vol - Electricité)**

- CA Rennes, 16 octobre 1984, *RTDC* 1985, 588, obs. A. Françon **(Marque - Œuvre littéraire ou cinématographique - Dépôt de nom du personnage - Reproduction phonétique - Contrefaçon)**

- CA Paris 29 novembre 1984, *Bull. civ.* IV-127 **(Programmes codés « Canal + » - Article indiquant des moyens de réaliser un décodeur frauduleux)**

- TGI Paris, 17 janvier 1985, Rutman, Extrait de *100 questions clés de la communication audiovisuelle*, Ed. Dixit Médias pouvoirs, 1991, p. 167 **(Notion d'œuvre audiovisuelle)**

- TGI Paris, 23 janvier 1985, *Dalloz* 1985-I, p. 418 **(Responsabilité du fait de l'information - Obligation du producteur d'informations - Responsabilité civile délictuelle - Dommage causé par une information défectueuse - Suicide - Lien de causalité)**

- CE, 17 avril 1985, Panaget, *AJDA* 1985-291 **(Traitement automatisé d'informations nominatives - Contrôle CNIL du caractère imprécis d'une mention)**

- Cass. crim. 5 juin 1985, *Bull. crim.* n° 218 **(Secret médical - Caractère général et absolu)**

- CJCE, 11 juillet 1985, Cinéthèque-Château-Fédération des exploitants de sallas de cinéma, Aff. 60 et 61/84, *Lamy Droit de l'Audiovisuel*, p. 500 n° 735-36 **(Liberté d'expression et de communication - Atteintes)**

- TGI Evry, 11 juillet 1985, Sté Tandy c. C. Breton, *Expertises* 1985, n° 76, p. 222 **(Copie de logiciel - Agissements parasitaires)**

- *CJCE,* 11 juillet 1985, aff. Nutricia n° 42-84, *inédit* **(Droit de la concurrence - Interdiction des pratiques anticoncurrentielles - Atteinte au commerce entre Etats membres -Entrave à l'interpénétration des différents marchés nationaux)**

- TGI Paris, 14 novembre 1985, *Dalloz* 1987, Somm. com. p. 117 **(Brevet - Activité inventive - Préjugé « technique » vaincu)**

- CA Paris, 4e Ch., 19 novembre 1985, *RIDA* juillet 1986, n° 129 **(Œuvre musicale - Autorisation du titulaire - Contrefaçon)**

- CA Paris, 28 novembre 1985, *Dalloz* 1986, IR-138 **(Contrat d'édition - films cinématographiques)**

- TGI Paris, 1re Ch., 11 décembre 1985, séminaires de Lacan, *Dalloz* 1987, IR-155, obs. Colombet **(Droit d'auteur - Cours oraux de psychanalyse - Protection)**

- TGI Nantes, 16 décembre 1985, *JCP (E)* 1986-I-15791, n° 23 **(Traitement automatisé - Nécessité de déclaration préalable - Réglementation du mode de collecte des données)**

- CA Paris, 1re Ch. A, 18 décembre 1985, Sté Microfor c. SARL Le Monde, *JCP* 1986 II-20615 **(Droit d'auteur - Banque de données informatiques)**

- TGI Paris, 7 mars 1986, *RIDA* janvier 1987, n° 131 p. 252 **(Contrat d'édition - Pacte de préférence - Détermination du genre d'œuvre)**

- Cass. Ass. Plenière, 7 mars 1986, *Expertises* 1986, p. 58 **(Logiciel - Originalité - Protection par le droit d'auteur)**

- CA Paris, 13 mars 1986, Cogedi Presse c./ SA B. Borrelly, *PIBD* n° 462-III, p. 474 **(Marque - Protection des logo)**

- TGI Paris, 15 avril 1986, *RTDIT* 1987-2-128 et *Rev. SC. Crim.* 1987 209, obs. Bouzat **(Programmes codés - Indications pour réaliser un décodeur frauduleux)**

- Cass. civ., 28 avril 1986, *Gaz. Pal.* 1986, pan. 173 **(Banques de données - Vérification du sérieux des informations)**

- Cass. soc. 6 mai 1986, *Bull. cass.* 1986 V-201 **(Droit du travail - Accident du travail - Preuve)**

- TGI Paris, 28 mai 1986, Société Fernand Nathan, *DS* 1986 Flash n° 25 **(Affaire « ciguë »-Imprudence ou négligence de l'auteur d'une information - Dommage)**

- CA Bruxelles, 15e Ch. 13 juin 1986, Société d'Exploitation de la 4° Chaîne Canal + c. S.P.R.L. M.V.D. et Paul et Daniel Swennen, *RIDA* 1987-131-225 **(Organisme français de communication audiovisuelle - Usages déloyaux du commerce)**

- CA Rennes, 24 juin 1986, Affaire R..., *Expertises* n° 91, janvier 1987 **(Données nominatives - Collecte déloyale)**

- CE 25 juillet 1986, *Rec. Lebon* 1986, p. 710 **(Responsabilité du fait de l'information - Informations périssables - Obligation de prudence de l'utilisateur)**

- TGI Paris, 3e Ch. 1re Sect., 16 septembre 1986, Sté Triel et M. Lewino c. Sté GPE, *inédit* **(Minitel - Jeu - Contrefaçon - Concurrence déloyale)**

- TGI Versailles, 23 septembre 1986, Ministère public c. A., *DS* 1987-J-552 **(Déclaration de traitements informatisés à la CNIL - Sanctions)**

- TGI Paris, 3e Ch., 25 septembre 1986, Sernas c. Support P.A., *Expertises* 1987-99-381 **(Marques - Contrefaçon - Pas de notoriété suffisante)**

- CA Paris, 23 octobre 1986, *PIBD* 1987, III-123 **(Dessins et modèles - Titularité des droits - Présomption de titularité des droits - Preuve contraire)**

- CA Paris, 4e Ch., 27 novembre 1986, *Juris data* n° 86.28715 **(Protection de l'annuaire par le droit d'auteur)**

- TGI Paris, référé, 2 janvier 1987, M. Wym et S.R.C.T. c. Gie TV 5 Satellimages, *RIDA*

1987-134-227 **(Œuvre audiovisuelle - Organisme de télécommunications)**

- CJCE, 27 janvier 1987, Assurance incendie, *Gaz. Pal.*, 1987, I, somm. p. 287 **(Droit de la concurrence - Interdiction des pratiques anticoncurrentielles - Atteinte au commerce entre Etats membres)**

- TGI Paris, 1re Ch., 28 janvier 1987, SACD c. Société d'exploitation de la 4e Chaîne « Canal + », *RIDA* 1987-132-78 **(Œuvres audiovisuelles - Organismes professionnels d'auteurs)**

- TI Orthez, 12 février 1987, Syndicat CGT de la Société Saunier Duval et Syndicat CFDT de la même Société, *DS* 1987-Somm.-373 **(Données nominatives - Atteinte à la vie privée - Communication à des tiers)**

- CA Reims, 27 février 1987, Patrick B. et Didier. G c. Le procureur de la République et la société d'imprimerie Bourquin, *Expertises* 1987, p. 148 **(Fraude informatique - Vol d'informations)**

- Cass. soc. 18 mars 1987, *Bull. cass.* 1987 V-166 **(Droit du travail - Accident du travail - Preuve)**

- CA Paris, 3 avril 1987, *Dalloz* 1987, Sommaire 384 **(Droit d'auteur - Photographie - Reproduction de l'image d'une personne physique à des fins publicitaires - Atteinte au droit à l'image)**

- Cass. com., 7 avril 1987, *JCP*(G), 1987-II-20868 **(Droit d'auteur - Œuvre collective - Définition)**

- CA Paris, Ch. acc., Sect. A, 28 avril 1987, *Lamy Informatique* 1987 mise à jour H. p. 14 **(Traitement automatisé d'informations nominatives - Fichiers manuels ou mécanographiques)**

- CA Paris, 20 mai 1987, *Dalloz* 1987, Sommaire 384 **(Droit d'auteur - Photographie - Reproduction de l'image d'une personne physique à des fins publicitaires - Autorisation expresse)**

- Cass. com., 26 mai 1987, Société parisienne d'édition et autre c. Canal plus et autre, *Bull. civ.* 1987-IV-127-96 **(Réseau privé réservé aux personnes abonnées et payant une redevance - Interdiction de fabriquer des capteurs frauduleux, ou d'indiquer les moyens de frauder)**

- Cass. soc., 2 juillet 1987, *Bull. civ.* V n° 438 **(Droit du travail - Introduction de nouvelles technologies - Consultation du comité d'entreprise).**

- TGI Paris, Ch. 9 Section 1, 8 juillet 1987, Boutique de gestion de Paris / SA Télésystèmes, *Jurisdata* n° 045499 **(Responsabilité du fait de l'information - Base de données en ligne - Inadéquation des informations aux besoins du client - Absence de carence de la part du fournisseur de services)**

- TGI Créteil, 12e Ch. corr., 10 juillet 1987, SKF, *Lamy droit de l'Informatique* 1991, **(Fichiers nominatifs - Conservation d'informations nominatives - Opinions politiques)**

- CA Paris, 14e Ch. P, 19 octobre 1987, *JCP* (E) 1988, II-15297 **(Logiciel - Création de salarié - Dévolution des droits à l'employeur)**

- Cass., Ass. plén., 30 octobre 1987, Sté Microfor c. SARL Le Monde, *Dalloz* 1988 **(Droit d'auteur - Banque de données informatiques)**

- Cass. crim., 3 novembre 1987, Riou, *JCP (E)* 1988-II-1508, *JCP (E)* 1988-I-17043 **(Traitement informatisé - Nécessité d'une déclara-**

tion préalable à la Commission Nationale de l'Informatique et des Libertés - Illicéité de la conservation de données collectées déloyalement)

- TGI Lille, 6e Ch. corr., 9 novembre 1987, Ministère Public c. Laurent et Arnaud, *Expertises* 1988-102-34 **(Première décision en matière de piratage télématique - Inapplication de l'article 379 du Code pénal relatif au vol)**

- TGI Paris, 3 décembre 1987, *PIBD* 1988-3-151 **(Brevet - Activité inventive - Préjugé " technique " vaincu)**.

- TC Lille, 6e Ch., 14 décembre 1987, Association réseau c. J-C Goudeau, Directeur de publication du journal « Le Chardon », *Expertises* 1988-103-72 **(Minitel - Diffamation - Vidéotex)**

- CA Angers, 1re Ch. B, 16 décembre 1987, EDF c. Briant et autres, rapporté sous la chronique de G. Plaisant, *DS* 1988-chr-253 **(Droit de la consommation - Clauses abusives - Notion de consommateur)**

- TGI Paris, ordonnance de référé, 2 janvier 1988, Société Crisalys Visual c./ Compagnie d'Assurance Norwich Union et Agence Meunier Granier de Fer, cité par Greffe, *La publicité et la loi*, Litec 1994, p. 155 **(Droit d'auteur - Protection des procédés techniques utilisés pour la conception et la réalisation d'un personnage (non))**

- TGI Paris, 11e Ch., 20 janvier 1988, SA Ferri-Ferri-Germe c. Grevet et autres, *Gaz. Pal.* 18 février 1989, p. 162 **(Informatique - Bourse - Utilisation de compte fictif - Escroquerie)**

- TGI Paris, 3e Ch. 28 janvier 1988, *Cah. dr. auteur*, octobre 1988, p. 23 **(Droit d'auteur - Cours oraux d'informatique - Protection)**

- TGI Paris, 27 février 1988, *Juris-Data* n° 040170 **(Droit d'auteur - Cours et ouvrages de droit - Protection)**

- CA Paris, 4e Ch., 3 mars 1988, *Cahier du droit d'auteur*, mai 1991, n° spéc., tome 1, p. 62 **(Dessins et modèles - Droit d'auteur - Protection simultanée)**.

- CA Paris, 4e Ch. B, 10 mars 1988, *Dalloz* 1990, IR-187, obs. J.-J. Burst **(Dessins et modèles - Œuvre de collaboration - Personne morale - Coauteur)**

- TGI Pau, 30 mars 1988, *RIDA* juillet 1988, n° 137, note M. Gaubiac **(Droit d'auteur - Producteurs et artistes interprètes - Reproduction - Autorisation)**

- TGI Paris, 3e Ch., 14 avril 1988, *JCP* (E) 1988, II-15297 **(Logiciel - Création de salarié - Dévolution des droits à l'employeur)**

- TGI Paris, 11 mai 1988, *RIDA* 1989, n° 142, p. 344 **(Droit d'auteur - Protection des personnages - Parodie illicite - Contrefaçon)**

- CJCE, 17 mai 1988, Warner Brothers Inc. Metronome Video Aps c./ Erik Viuff Christiansen, aff. 158/86, *rec.* p. 2625 et *JCP* (G) 1988, II-21173, B. Edelman **(Droit de propriété intellectuelle - Libre circulation - Importations parallèles licites - Mise en location de vidéocassettes)**

- CA Paris, 16e Ch., 19 mai 1988, *Juris-Data* n° 22696 **(Banque de données - Responsabilité - Données inexactes)**

- CE, 25 mai 1988, Affaire Gernut, *Gaz. Pal.* 1989-I-Somm. 155 **(Informatique - Vol d'informations)**

- Trib. Corr. Paris, 1re Ch., 6 juin 1988, *Cahiers Lamy Informatique* avril 1989 (B)

p. 23 **(Fichier nominatif - Défaut de déclaration à la Commission nationale de l'informatique et des libertés - Sanctions pénales)**

- CA Bruxelles, 1re Ch., 8 juin 1988, Belgische Radio en Televisie c. SABAM et autres, *RIDA* n° 139, janvier 1989, p. 169 **(Œuvre musicale - Contrat de cession de droit d'auteur)**

- CE, 21 juin 1988, CNCL c. Société d'exploitation de la cinquième chaîne, *RIDA* n° 141 juillet 1989, p. 246 **(Audiovisuel - Définition des œuvres)**

- TGI Paris, 5 juillet 1988, Winners et la Commande Electronique, Rev. *DIT* 1989/ 3 **(Messagerie boursière - Informations inexactes - Baisse d'une côte)**

- TGI Paris, 6 juillet 1988, *Expertises* n° 116, mai 1989-146, commentaire J. Frayssinet **(Autocommutateurs téléphoniques sur les lieux de travail - Non déclaration à la CNIL - Délit)**

- CA Paris, 4e Ch., 12 juillet 1988, *PIBD* 1988, III-405 **(Dessins et modèles - Titularité des droits - Personne morale)**

- TGI Paris, 11e Ch., 12 octobre 1988, le Procureur de la République et la société Tuffier-Ravier c. Jean-Louis Hivart, Eric Boucheron, S. Sowany, Eric Dominguez, Philippe Blot et Michel Caristan, *Expertises* n° 113 janvier 1989 p. 32 **(Fraude informatique - Abus de confiance - Faux en informatique et usage de faux - Délit d'entente)**

- CA Paris, 4e Ch., 20 octobre 1988, LEC/PC Marthe Artware, *JCP* 1983, II-15470 **(Logiciel - Protection - Duplication)**

- CA Paris, 24 octobre 1988, *Dalloz* 1988, IR-285 **(Droit d'auteur - Œuvre de collaboration - Définition)**

- TGI Rennes, 8 décembre 1988, *Expertises* 1989-115 p. 104-110 **(Fichiers d'informations nominatives - Détournement de finalité)**

- Cass. crim., 12 janvier 1989, arrêt Guenu, *Bull. Crim.* 1989 n° 14 p. 38 **(Informatique - Vol d'informations)**

- CA Paris, 2 février 1989, *Expertises* 1989, n° 114, p. 69 **(Droit d'auteur - Agissement parasitaire)**

- CA Paris, 14 février 1989, *PIBD* 1989, 456-3-282 **(Brevet - Activité inventive - Préjugé « technique » vaincu)**

- Cass. crim., 1er mars 1989, *Dalloz* 1990, Somm. p. 330 **(Vol du contenu informationnel - Disquette - Application de l'article 379 du Code pénal)**

- CE, 2 mars 1989, *Lamy Informatique,* mise à jour D, 1989 p. 26 **(Fichiers nominatifs et individuels - Distinction)**

- TGI Paris, 17e Ch., 2 mars 1989, Baron c. Gafner, *Expertises* n° 124, janvier 1990, p. 16, J. Frayssinet **(Traitement automatisé d'informations nominatives - Distinction entre fichier et dossier)**

- CA Paris, 20 mars 1989, *JCP* 1990, I-3433 **(Catalogue - Œuvre d'information - Droit d'auteur)**

- CA Paris, 15 avril 1989, *RIDA* 143, p. 314 **(Contrat d'édition - obligation de l'auteur - conformité - clause potestative)**

- TGI Paris, 28 avril 1989, *JCP (E)* 1990-II-15761, n° 24 **(Droit des marques - Protection de certains titres - Interdiction de l'usage du code d'accès)**

- Cass. civ., 1re Ch., 2 mai 1989, Les Publications pour l'expansion industrielle c. société Coprosa, *Bull. civ.* 1989-I-180-120 **(Annuaire téléphonique - Protection)**

- CA Paris, 22 mai 1989, *Gaz. Pal.* 1989, 2e sem. **(Fraude informatique - Falsification de documents informatiques)**

- TGI Paris, 1re Ch., 21 juin 1989, *Gaz. Pal.* 9 janvier 1990-I-Somm. 118 **(Droit d'auteur - Œuvres de collaboration - Qualité d'auteur)**

- TGI Marseille, 17 août 1989, *PIBD* 1990, n° 470, III-60 **(Dessins et modèles - Titularité des droits - Personne morale)**

- CA Paris, 25e Ch. A, 29 septembre 1989, Klein c. Télématique France et IB Télématique et Editions financières économiques et boursières, *Expertises* 1990-124-27 **(Logiciels de jeux boursiers - Coauteurs - Preuve)**

- CA Paris, 4e Ch., 10 janvier 1990, *Jurisdata* n° 020007 **(Œuvre musicale - Ecriture mélodique et rythmique différente - Identité des notes - Contrefaçon (non))**

- CA Angers, Ch. corr., 25 janvier 1990, R. Vannucci, MD. Vannucci c. Ministère public et Sigmund, *Expertises* 1990, p. 102 **(Fraude informatique - Loi Godfrain)**

- TGI Vienne, 6 février 1990, Birrochon c. Achard, *Expertises* 1990-130-293, **(Droit de l'informatique - Protection des créateurs de logiciels)**

- TGI Paris, 1re Ch., 13 février 1990, La Garantie médicale et chirurgicale c. JR Leclercq et autres, *Expertises* 1990, p. 325 **(Fraude informatique - Escroquerie - Loi Godfrain)**

- TGI Paris, 1re Ch., 14 février 1990, société Cable New Network et autres c. société Novotel, *RIDA* n° 145, juillet 1990 p. 375 **(Audiovisuel - Emissions télédiffusées par satellite transmises dans les chambres d'un hôtel)**

- TGI Paris, 1re Ch., 14 mars 1990, Misserly, Guez et SA CD c. société La Cinq, *RIDA* n° 146, octobre 1990 p. 320 **(Œuvres audiovisuelles protégées - Feuilletons télévisés)**

- CA Paris, 20 mars 1990, 4e Ch., société Argos Films c. société Lido Musique, *RIDA* n° 146, octobre 1990 p. 279 **(Œuvres protégées - Vidéocassettes - Reproduction)**

- Cass. com. 20 mars 1990, *JCP* (E) 1990, II-15854 **(Droit de la concurrence - Interdiction des pratiques anticoncurrentielles - Primauté du droit communautaire)**

- CA Paris, 20 mars 1990 « Argos film », *Dalloz* 1990, Som. 354, obs. Hassler **(Droit de propriété intellectuelle - Libre circulation - Importations parallèles licites - Exclusivité territoriale absolue d'exploitation (non))**

- TGI Paris, 3e Ch., 28 mars 1990, Service central de titres de Brunoy c. Crédit commercial de France, *PIBD* n° 486 III-586 **(Contrefaçon de marques - Banque de données utilisant le réseau vidéotex)**

- CA Paris, 4e Ch., 9 avril 1990, TeCh. France, Gerca Info., Participation Financière Européenne, Tek Axe, Sagice, SNTT c. Sataic, Satica, *Expertises* 1990-130-289 **(Droit de l'informatique - Logiciels - Concurrence - Contrefaçon)**

- CA Versailles, 30 avril 1990, *Dalloz* 1990, IR-178 **(Violation du secret médical - Infraction constituée même en cas de révélation partielle, d'absence de préjudice ou encore si le fait révélé par le médecin pouvait être connu indépendamment de cette révélation)**

- CA Versailles, 2 mai 1990, *Dr. pénal* 1990, 254 **(Captation frauduleuse d'émissions cryptées)**

- CA Angers, Ch. corr., 27 septembre 1990, *Gaz. Pal.* 15-16 avril 1992, Gazette du droit des technologies avancées, p. 28 **(Informatique - Fichiers et libertés - Divulgation d'informations - Atteinte à la réputation et à la considération d'une personne - Désagrément de la vie)**

- CA Paris, 1re Ch. A, 12 novembre 1990, B... et Larousse c. / L..., *Légipresse*, n° 80, avril 1991, p. 28 **(Atteinte aux droits de la personne - Photographies - Diffusion sans autorisation)**

- CA Paris, 9e Ch. A, 28 novembre 1990, Madame Bazart c. Comité de gestion des œuvres sociales des établissements hospitaliers, *Juris Data* n° 25 1569 **(Article 462-4 du Code pénal - Atteintes aux données - Sabotages et altérations - Fraudes informatiques)**

- Cass. crim., 12 décembre 1990, *Bull. Crim.* 1990 n° 430 p. 1070. **(Utilisation d'un minitel sans droit - Vol de temps de connexion, non)**

- TGI Paris, 14 décembre 1990, *Lamy droit de l'Informatique*, mise à jour D, juin 1990 **(Diffusion de programmes de télévision non cryptés dans des chambres d'hôtel)**

- Cass. com., 22 janvier 1991, *Bull. civ.* IV, n° 35 **(Droit des contrats - Indétermination du prix - Article 1129 C. civ. - Contrats cadres de distribution)**

- CA Paris, 9e Ch. A, 28 janvier 1991, Baj et autres, *Juris Data* n° 21525, **(Article 462-4 du Code pénal - Atteintes aux données Sabotages et altérations - Fraude informatique)**

- CE, 6 février 1991, Monsieur Elie Paul Burki, *AJDA* n° 6 20 juin 1991 p. 467 **(Télécommunications - Respect de la vie privée - CADA - Communication des bandes d'enregistrement occultées des 4 derniers numéros)**

- CE, 15 février 1991, Eglise de Scientologie c. Conseil d'Etat, *Expertises* 1991, p. 322 **(Traitement automatisé d'informations nominatives - Droit d'accès - Personnes physiques)**

- Cass. civ., 19 février 1991, *Juris-Data* n° 000831 **(Droit d'auteur - Œuvre de collaboration - Propriété commune des coauteurs - Indivision)**

- CA Agen, 1er mars 1991, *Dalloz* 1992, Somm. 70, obs. Prothais **(Secret médical - Restriction - Protection des mineurs de quinze ans)**

- TGI Paris 1re Ch., 6 mars 1991, *RIDA*, juillet 1991, n° 149, p. 262 **(Droit d'auteur - Œuvre de collaboration - Définition)**.

- TGI Paris, 7 mars 1991, *PIBD* 1991, n° 504 III-467 **(Contrat d'édition - modèle de sac)**

- Cass. civ., 19 mars 1991, société Locunivers c. société Les Hospices Civils de Lyon, *Gaz. Pal.* 26/27 juillet 1991 p. 19 **(Vie privée - Adresse - Employé)**

- CA Paris, 4e Ch. B, 18 avril 1991, *RIDA* 1992, n° 153 **(Œuvre collective - Exploitation des droits)**

- CE, 17 avril 1991, Ministre de l'Education nationale, de la jeunesse et des sports c. M. Berlin, *Expertises* 1991, p. 351 **(Traitement automatisé d'informations nominatives - Droit de rectification - Informations ni inexactes, ni incomplètes, ni équivoques, ni périmées, ni illicites)**

- TGI Paris, 17e Ch., 7 mai 1991, Procureur de la République c. K. Buchholz et G. Stassart,

Expertises 1991, n° 142, p. 316 **(Données nominatives - Flux transfrontière de données - Déclaration)**

- Cass., 22 mai 1991, *Lamy droit de l'informatique* 1991, mise à jour J, note B. Van Dorsselaere **(Logiciel - Mise en vente et vente de programmes de déplombage - Acte de concurrence déloyale)**

- Cass. crim., 23 mai 1991, *Gaz. Pal.* 31 janv. 1991-1er fév. 1992, n° 31-32- Gazette du droit des technologies avancées, p. 41 **(Traitements automatisés d'informations nominatives et libertés publiques - Prescription - Action publique - Délai point de départ)**

- Cass. civ. 1re Ch., 28 mai 1991, Huston CTS et autres c./ Turner Entertainment Co Sté, *JCP (G)* 1991, II-21731, note A. Françon **(Droit d'auteur - Télédiffusion de la version colorisée d'un film - Atteinte au droit moral de l'auteur)**

- CA Paris, 9e Ch., 31 mai 1991, Sect. B, Menay Jacques c. Ministère public et l'Ordre des experts-comptables et comptables agréés, *Expertises* 1992, p. 117 **(Traitements informatisés - Informations nominatives - Obligation de déclaration - Traitements comptables)**

- TGI Paris, 17e Ch., 5 juin 1991, Le procureur de la République c. J. L., *Expertises* 1991, p. 397 **(Traitement automatisé d'informations nominatives - Défaut de déclaration préalable)**

- TC Paris, 11 septembre 1991, *Gaz. Pal.* n° 106-107, 15 et 16 avril 1992, p. 19, note Anne Cousin **(Télématique - Contrat de location de matériels et de mise à disposition d'images par un centre serveur - Groupe de contrats)**

- Cass. com., 5 novembre 1991 et 19 novembre 1991, *Dalloz* 1993, J-379 et note J. Ghestin **(Droit des contrats - Indétermination du prix - Article 1129 C. civ. - Contrats cadres de distribution)**

- Cass. soc. 20 novembre 1991, *Bull. civ.* 1991-V-519 **(Enregistrements téléphoniques pratiqués à l'insu des salariés - Preuve illicite)**

- TGI Paris, 1re Ch., 20 novembre 1991, Barthes, *RIDA*, janvier 1992, n° 151, p. 340, note A. Kerever **(Droit d'auteur - Cours oraux - Enseignement public)**

- CA Lyon, 1re Ch., 28 novembre 1991, Gazette du droit des technologies avancées, *Gaz. Pal.* 1992, 1, p. 275, note J.-F. Forgeron **(Droit d'auteur - Manuel d'enseignement de la qualité dans les entreprises - Protection)**

- CA Versailles, 5 décembre 1991, *RJDA* 3/92 n° 306 **(Contrat d'édition - obligation de l'éditeur - Exploitation permanente et diffusion commerciale)**

- TGI Paris, 17e Ch., 5 décembre 1991, Le procureur de la République c. CNAMTS, *Expertises* 1992, p. 114 **(Traitement automatisé d'informations nominatives - Art. 41 L. 6 janv. 1978 - Notion de procéder ou faire procéder à un traitement automatisé)**

- Cass. com. 10 décembre 1991, *Contrats, concurrence, consommation* avril 1992, § 70 **(Droit de la concurrence - Interdiction des pratiques anticoncurrentielles - Contrat de concession automobile)**

- CA Rennes, 13 janvier 1992, Ch. des appels de police correctionnelle, Union fédérale des consommateurs de Saint-Brieuc c. Caisse régionale de Crédit agricole des Côtes d'Armor, *Expertises* 1993, p. 76 **(Traitement automatisé de données - Violation du secret professionnel - Manquement à la sécurité informatique - Art. 43 L. 6 janv. 1978)**

- CA Paris, 4e Ch., 15 janvier 1992, *PIBD* 1992, III-301 **(Dessins et modèles - Titularité des droits - Présomption de titularité des droits - Preuve contraire)**

- CA Paris, 16 janvier 1992, *RIDA* n° 152, avril 1992, p. 204 **(Droit d'auteur - Œuvre de collaboration - Qualité de coauteur)**

- CJCE, 27 février 1992, *Contrats, concurrence, consommation*, Editions techniques, juin 1992 § 118 **(Droit de la concurrence - Interdiction des pratiques anticoncurrentielles)**

- TGI Béthune, 10 mars 1992, Le procureur de la République c. M.G.D, Mme V.N. épouse S., MM.F.C et Y. D, *Expertises* 1993, p. 197 **(Contrefaçon de logiciel - Fraude informatique - Informations nominatives - Collecte frauduleuse)**

- Cass. com., 10 mars 1992, France Loisirs, *BOCC* 21 mars 1992, p. 103 **(Droit de la concurrence - Interdiction des pratiques anticoncurrentielles - Sanctions - Principe de proportionnalité).**

- Cass. crim., 23 mars 1992, *Bull. crim.* n° 124 **(Captation frauduleuse d'émissions cryptées)**

- Décision du Conseil de la concurrence, 1er avril 1992, Comités armatoriaux franco-ouest-africains, *Revue Europe*, Editions Techniques, juillet 1992, § 274 **(Droit de la concurrence - Interdiction des pratiques anticoncurrentielles - Atteinte au commerce entre Etats membres -Entrave à l'interpénétration des différents marchés nationaux)**

- TGI Paris, 29e Ch., 2 avril 1992, France Télécom et Matra Communication c. Simone R. épouse S., André S., Laurence D. épouse C., Philippe C., Gérard R. et Valéry C, *Expertises* 1992 p. 316 **(Fraude informatique - Radiotéléphone - Télématique)**

- TGI Paris, 13 mai 1992, cité dans le 13e rapport d'activité CNIL 1992, p. 26 **(Traitement automatisé de données - Manquement à la sécurité informatique)**

- TGI Nanterre, 17 juin 1992, *RIDA* octobre 1992, n° 154, p. 180 **(Contrat d'édition - Modèle de chaise)**

- CE, Sect. contentieux, 10e et 1re sous-Sect.s réunies, 19 juin 1992, Ahmed Kaberseli, *Expertises* 1993, p. 228 **(Fichier automatisé - Non application de l'art. 31 L. 6 janv. 1978 - Critère du contenu exclusif)**

- Cass. crim., 19 août 1992, *Bull. crim.* n° 277 **(Captation frauduleuse d'émissions cryptées)**.

- CA Douai, 4e Ch., Chambre des appels correctionnels, 7 octobre 1992, G. Deleplace et autres c. Le procureur de la R,publique et la SA Didier Preud'homme et associ,s, *Gaz. Pal.*, 9-10 juillet 1993, n° 190-191, Gazette du droit des technologies avancées, p. 22 **(Contrefaçon de logiciel - Fraude informatique - Informations nominatives - Collecte frauduleuse)**

- Cass. civ., 13 novembre 1992, *JCP (G)* 1993, IV-1800 **(Droit d'auteur - Œuvre de collaboration - Qualité de coauteur - Activité créative et originalité)**

- CA Paris, 13e Ch., Sect. A, 25 novembre 1992, L. F, P. P, A. M c. Le ministère public, B.H., *Expertises* 1993, p. 229 **(Contrefaçon de logiciel - Pas de vol du contenu informationnel)**

- Cass. civ. 1re Ch., 6 janvier 1993, *JCP (G)* 1993, II-22007, note M. Paisant **(Droit de la consommation - Consommateur non professionnel - Clauses abusives)**

- TGI Paris, 29e Ch., 28 janvier 1993, Le procureur de la République c. Niel, Pasinetti,

Bourgeois, Gil..., n° P 104 01908 **(Fraude informatique - Accès frauduleux - Altération du fonctionnement - Association délictueuse)**

- Cass. com. 23 février 1993, *Bull. civ.* IV, n° 71 **(Droit des contrats - Indétermination du prix - Article 1129 C. civ. - Contrats cadres de distribution)**

- CA Paris, 25e Ch., Section A, 9 mars 1993, L.B./Société le particulier, *Gaz. Pal.*, GTA, 1/94 p. 32 et suivantes **(Logiciel - Création de salarié - Dévolution des droits patrimoniaux à l'employeur)**

- CA Paris, 1re Ch., Sect. Concurrence, 18 mars 1993, Société du journal téléphoné (SJT) c. Direction de la météorologie (DMN), *Expertises* 1993, p. 151 **(Météorologie - Concurrence - Droit d'auteur)**

- TGI Paris, 19 mars 1993, *PIBD* 1993 n° 548-3-439 **(Droit d'auteur - logiciel - Agissement parasitaire).**

- TGI Paris, 5 mai 1993, *PIBD* 1993, n° 550 III-501 **(Contrat d'édition - Logiciel)**

- Cass. civ., 24 novembre 1993, *inédit* **(Contrat d'édition - Obligation de l'éditeur - Exploitation permanente et diffusion commerciale)**

- CA Aix-en-Provence, 18e Ch. soc. et civ., 4 janvier 1994, André P. c./ SA Beli Intermarché, *JCP (G)* 1995, II-22514 **(Enregistrements vidéo pratiqués à l'insu des salariés - Preuve illicite)**.

- Cass. civ., 12 janvier 1994, *RIDA* n°162, octobre 1994, p. 427 **(Droit d'auteur - Œuvres photographiques - Originalité - caractère artistique ou documentaire)**

- Cass. com., 18 janvier 1994, *Contrats, concurrence, consommation* 1994, n° 79 p. 75 **(Droit de la concurrence - Documents contractuels - Transparence tarifaire - Etablissement et communication des conditions générales et des barèmes de prix)**

- Cass. civ., 26 janvier 1994, *RJDA* 10/94, n° 1088 **(Contrat d'édition - obligation de l'éditeur - Rémunération proportionnelle au prix de vente)**

- TGI Paris, 4 février 1994, RG n° 15692/92 cité dans *RIDA* n° 62, octobre 1994 par A. Kerever, p. 311 **(Droit d'auteur - Photographie - Reproduction d'un ensemble architectural situé dans un lieu public - Autorisation expresse)**

- CA Paris, 1ère Ch. A, 7 février 1994, Société Communication Média Services c/ France Télécom, *Gaz. Pal.*, n° 203-204, juil. 1994, note Ariane Mole, Isabelle Pottier **(Concurrence - Annuaire - Liste orange - Abus de position dominante - Informatique et Libertés - Données publiques)**

- CA Paris, 16 mai 1994, Mme Kiledjian et autres c/ FR 3, *Gaz. Pal.* n° 214-215, 2 et 3 août 1995, note Benoît de Roquefeuil **(Œuvre audiovisuelle - Œuvre collective - Définition - Qualification - Œuvre multimédia)**

- CA Versailles, 12e, 13e Ch. commerciales réunies, 17 mai 1994, SNVC, USPA c. Soc. FR 3 et SPPA, *Gaz. Pal.* n° 15-17, 15 au 17 janvier 1995 **(Concurrence - Audiovisuel - Société nationale FR 3 - Accord de production - Abus de position dominante)**

- CA Paris, 1er juin 1994, SA GPL Système et APP c/ SA Scomi et autres, *Gaz. Pal.* n° 214-215, 2 et 3 août 1995, note Marie-Emmanuelle Haas **(Propriété littéraire et artistique - Contrefaçon - Documentation - Manuel d'utilisation de logiciel - Antériorité - Originalité - Ressemblances - Préjudice - Protection)**

- Cour d'appel de Paris, 20 février 1995, *Gaz. Pal.* n° 298-299, 25 et 26 octobre 1995, note Anne Cousin **(Droit de la concurrence - Abus de position dominante de France Télécom - Liste orange - Action publique - Sursis à statuer)**

- CA Paris, 12 avril 1995, *Dalloz* 1995, IR-130 **(Droit d'auteur - Photographie - Reproduction d'un lieu privé à des fins publicitaires - Autorisation expresse)**

- TGI Paris, 3e Ch., 9 juin 1995, *Expertises* mars 1996, p. 119, note Joëlle Berenguer-Guillon **(Logiciel - Création de salarié - Dévolution des droits à l'employeur)**

- Cass. civ., 1re Ch., 4 juillet 1995, *JCP(G)* 1995, II-22486, note J.- Ch. Galloux, *Dalloz* 1996, Jur. p. 4-8, note B. Edelman **(Droit d'auteur - Emission télévisée - Peintures de Vuillard - Exception des courtes citations (non) - Autorisation expresse)**

- Cass. civ., 1re Ch., 4 juillet 1995, *Bull. info. cass.*, n° 418 du 1er novembre 1995, som. n° 1102, p. 13 **(Droit d'auteur - Emission télévisée - Statues de Maillol - Exception des courtes citations (non) - Autorisation expresse)**

- cass., 1re Ch. civ., 4 juillet 1995, Institut national de l'audiovisuel (INA) c. société les films du triangle et autres, *Gaz. Pal.* n° 26-27, 26 et 27 janvier 1996, note Benoit de Roquefeuil **(Radiodiffusion - Télévision - Contrat de coproduction et distribution de téléfilms - Acquisition des droits par l'Institut national de l'audiovisuel - Cession des films à une société privée)**

- Cass. com., Ass. plén., 1er décembre 1995, *Dalloz* 1996, J-13, note Laurent Aynès **(Droit des contrats - Indétermination du prix - Article 1129 C. civ. - Contrats cadres de distribution)**

- Cass. com. 12 décembre 1995, Ministère de l'Equipement, du Logement, des Transports et de l'Espace c. / Société du Journal Téléphoné, *Gaz. Pal.* n° 94-95, 3 et 4 avril 1996, note Danièle Delaval **(Droit de la concurrence - Direction de la météorologie nationale - Données publiques - Refus de fournir à une société privée des messages d'assistance météorologiques -Abus de position dominante)**

Annexe 3

Liste des organismes et groupements professionnels

Association des auteurs d'arts graphiques et plastiques, ADAGP
11 rue Berryer, 75008 Paris

Association française de l'informatique et de la télécommunication, AFDIT
1, quai de Corse, 75004 Paris

Association française d'édition de multimédia, AFEM
35 rue Grégoire de Tours, 75006 Paris

Association française de normalisation, AFNOR
Tour Europe, 92049 Paris La Défense

Association pour la protection des programmes, APP
119, rue de Flandre, 75019 Paris

Bibliothèque nationale de France, BNF
Régie du dépôt légal, Service des vidéogrammes et des multimédias,
2 rue Louvois, 75002 Paris

Bureaux du programme média de l'Union européenne,
100, rue de Trèves, 1040 Bruxelles

Centre français d'exploitation du droit de copie, CFC
3 rue Hautefeuille, 75006 Paris

Centre national de la cinématographie, CNC
3 rue de Boissière, 75116 Paris

Centre national d'enregistrement des publications en série, CNEPS
2 rue de Vivienne, 75084 Paris cedex 02

Club d'investissement média,
Secrétariat général,
4 avenue de l'Europe,
94366 Brie-sur-Marne, cedex

Commission nationale de l'informatique et des libertés, CNIL
21 rue Saint Guillaume, 75007 Paris

Commission nationale de contrôle des interceptions de sécurite
35 rue St Dominique, 75007 Paris

Conseil supérieur de l'audiovisuel, CSA
Tour Mirabeau, 39/43, quai André Citroën,
75015 Paris

Institut de l'audiovisuel et des télécommunications, IDATE
B.P. 41-67, 34092 Montpellier cedex 05

Institut national de l'audiovisuel, INA
4 avenue de l'Europe,
94366 Bry-sur-Marne cedex

Institut national de la propriété industrielle, INPI
26 bis rue de St Petersbourg,
75800 Paris cedex 08

Ministère de la culture
3 rue de Valois, 75001 Paris

Ministère de l'industrie
101 rue de Grenelle 75007 Paris

Ministère des technologies de l'information et de la poste
20, av. de Ségur, 75700 Paris

Société civile des auteurs multimédia, SCAM
Hôtel de Massa, 38 rue du Faubourg Saint-Jacques, 75014 Paris

Société des auteurs des arts visuels, SPADEM
15 rue Saint Nicolas, 75012 Paris

Société des auteurs et compositeurs dramatiques, SACD
11 bis rue Ballu, 75009 Paris

Société des auteurs, compositeurs et éditeurs de musique, SACEM
225 av. Charles de Gaulle,
92521 Neuilly-sur-Seine cedex

Société des gens de lettres de France, SGDLF
Hôtel de Massa, 38 rue du Faubourg Saint-Jacques, 75014 Paris

Société de perception et de distribution des droits des auteurs interprètes, SPEDIDAM
8 rue Brémontier, 75017 Paris

Société pour l'administration du droit de reproduction mécanique, SDRM
225 av. Charles de Gaulle,
92521 Neuilly-sur-Seine cedex

Société Ortech,
11 Rue Bergère, 75009 Paris

Annexe 4

Lexique de l'informatique et des télécommunications

Annuaire électronique (n.m.) Service de vidéotex permettant de consulter le fichier de l'annuaire téléphonique ou d'un répertoire analogue (anglais : *electronic directory*) (2).

Audioconférence (n.f.) Téléconférence dans laquelle les participants sont reliés par des circuits téléphoniques, qui permettent la transmission de la parole et éventuellement d'autres signaux tels que ceux de télécopie ou de téléécriture (1).

Audiotex (n.m.) Service permettant d'accéder, à partir d'un poste téléphonique, à un ordinateur ou à des bases de données ou d'autres sources de données vocales, de facçon à obtenir, d'une manière interactive ou non, des informations sous forme vocale (5). Note : L'audiotex est l'équivalent vocal du vidéotex (voir arrêté du 27 avril 1982, *JO* du 24 juin 1982). Voir aussi : kiosque, messagerie vocale (anglais : *audiotex*).

Base de données (n.f.) Recueil d'œuvres, de données ou d'autres éléments indépendants, disposés de manière systématique ou méthodique et individuellement accessibles par des moyens électroniques ou d'une autre manière (9).

Bogue (n.f.) Défaut de conception ou de réalisation se manifestant par des anomalies de fonctionnement (anglais : *bug*) (8).

Borne télépoint (n.f) Voir téléborne (5).

Brouillage (n.m.) Trouble apporté à la réception d'un signal utile par des phénomènes indésirables, dus à la présence d'autres signaux ou de bruits se superposant à ce signal (anglais : *interference*) (1). Note 1 : Le mot « interférence » ne doit pas être utilisé dans le sens de « brouillage ». Note 2 : Un brouillage est dû à une « perturbation électromagnétique » ou à un signal brouilleur.

Interface (n.f.) Jonction entre deux matériels ou logiciels leur permettant d'échanger des informations par l'adoption de règles communes, physiques ou logiques (8).

Interopérabilité (n.f.) Capacité d'échanger des informations et d'utiliser mutuellement les informations échangées (...) dans le but de permettre le plein fonctionnement de tous les éléments du logiciel et du matériel avec d'autres logiciels et matériels ainsi qu'avec les utilisateurs (10).

Logiciel (n.m.) Ensemble des programmes, procédés et règles, et éventuellement de la documentation, relatifs au fonctionnement d'un ensemble de traitement de données (8).

Messagerie vocale (n.f.) Service de télécommunication interpersonnelle permettant, généralement à partir d'un poste téléphonique, l'enregistrement et le stockage de messages sonores, leur écoute, leur expédition éventuelle vers un ou plusieurs destinataires. Note 1 : La notion plus générale de messagerie interpersonnelle est définie dans l'arrêté du 30 décembre 1988 (*JO* du 17 février 1989). Note 2 : Des exemples de messagerie vocale sont le répondeur enregistreur, la remise d'un message par appel téléphonique, l'expédition de messages d'une boîte de stockage vers d'autres, un service de petites annonces vocales. (anglais : *voice mail, voice messaging*) (5).

Multimédia (adj.) 1°) Synonyme : Multimode. Qui associe plusieurs modes de représentation des informations, tels que texte, son, image. Voir aussi : Multiservice. (anglais : *multimedia*) (5).

2°) On entend par document multimédia au sens du 8° de l'article 4 de la loi du 20 juin 1992 susvisée tout document qui soit regroupe deux ou plusieurs supports mentionnés aux chapitres précédents, soit associe, sur un même support, deux ou plusieurs documents soumis à l'obligation de dépôt (6).

Multimode (adj.) Voir Multimédia.

Multiservice (adj.) Qui permet l'accès à plusieurs services de télécommunications. Voir aussi : Multimédia. (anglais : *multiservice*) (5).

Œuvre de collaboration (n.f.) Est dite de collaboration l'œuvre à la création de laquelle ont concouru plusieurs personnes physiques (7).

Œuvre collective (n.f.) Est dite collective l'œuvre créée sur l'initiative d'une personne physique ou morale qui l'édite, la publie et la divulgue sous sa direction et son nom et dans laquelle la contribution personnelle des divers auteurs participant à son élaboration se fond dans l'ensemble en vue duquel elle est conçue, sans qu'il soit possible d'attribuer à chacun d'eux un droit distinct sur l'ensemble réalisé (7).

Œuvre composite (n.f.) Est dite composite l'œuvre nouvelle à laquelle est incorporée une œuvre préexistante sans la collaboration de l'auteur de cette dernière (7).

Portabilité (n.f.) Aptitude d'un programme à être utilisé sur les systèmes informatiques de types différents (8).

Progiciel (n.m.) Ensemble complet et documenté de programmes conçu pour être fourni à plusieurs utilisateurs en vue d'une même application ou d'une même fonction (8).

Radiodiffusion (n.f.) Radiocommunication unilatérale dont les émissions sont destinées à être reçues directement par le public en général (anglais : *radiobraoadcasting*) (2). Note 1 : Ces émissions comportent habituellement des programmes sonores ou des programmes de télévision mais peuvent comporter d'autres genres d'informations. Note 2 : La radiodiffusion est une télédiffusion par ondes radioélectriques. Note 3 : Le mot « radiodiffusion » est souvent utilisé au sens restreint de « radiodiffusion sonore ».

Radiodiffusion sonore (n.f.) Radiodiffusion de programmes uniquement sonores (anglais : *sound broadcasting*) (2). Note : Le mot « radiodiffusion » seul, abrégé familièrement en « radio », est souvent utilisé au sens de « radiodiffusion sonore ».

Radiodiffusion visuelle (n.f.) ou **radiodiffusion de télévision** (n.f.) Radiodiffusion de programmes visuels avec les sons associés (anglais : *television broadcasting)* (2). Note : Le mot « télévision » seul est souvent utilisé pour désigner la télévision visuelle, qui est la principale application de la télévision.

Réseau de télédistribution (n.m.) Ensemble de câbles et d'installations permettant d'assurer une télédistribution vers un certain nombre d'emplacements (2). Note 1 : L'expression imprécise « réseau câblé » est à proscrire pour désigner un réseau de télédistribution. Elle désignerait d'ailleurs tout autre réseau utilisant des câbles, par exemple le réseau téléphonique ordinaire. Note 2 : L'expression « ville câblée » est à proscrire dans le sens de ville équipée pour la distribution ou « ville avec télédistribution ».

Système d'exploitation (n.m.) Logiciel gérant un ordinateur, indépendant des programmes d'application mais indispensable à leur mise en œuvre (anglais : *operating system)* (8).

Téléborne (n.m.) Synonyme : borne télépoint. Station de base d'un service télépoint. Note : Le terme « station de base » est défini dans l'arrêté du 30 décembre 1988 (*JO* du 17 février 1989). Voir aussi : service télépoint. (anglais : *telepoint base station*) (5).

Télécommunications (n.f.) Toute transmission, émission, ou réception de signes, de signaux, d'écrits, d'images, de sons ou de renseignements de toute nature par fil, optique, radioélectricité ou autres systèmes électromagnétiques (anglais : *telecommunication)* (2) (4). Cette définition est celle qui figure dans la Convention internationale des télécommunications (2).

Téléconférence (n.f.) Conférence dans laquelle les interlocuteurs sont répartis dans deux lieux, ou plus de deux salles spécialement équipées, reliées entre elles par des moyens de télécommunication (5). Note 1 : Deux formes de téléconférence sont l'audioconférence et la visioconférence, parfois appelée vidéoconférence (voir l'arrêté du 27 avril 1982, *JO* du 24 juin 1982). Note 2 : Cette fiche remplace celle de l'arrêté du 27 avril 1982 (*JO* du 24 juin 1982) (anglais : *teleconferencing*).

Télédistribution (n.f.) Télécommunication utilisant un réseau de câbles à conducteurs métalliques ou de câbles à fibres optiques pour la distribution vers un très grand nombre d'usagers de programmes sonores ou visuels, et éventuellement d'autres signaux (anglais : *wired broadcasting*) (2). Note 1 : Les programmes ou signaux peuvent soit être produits au sein du réseau, soit provenir d'un enregistrement, soit être reçus par tout moyen de télécommunication, notamment par la réception d'une émission de radiodiffusion sonore ou visuelle. Note 2 : Certains usagers de la télédistribution peuvent disposer de voies de retour.

Télédiffusion (n.f.) Télécommunication unilatérale à l'intention d'un grand nombre de destinataires qui disposent des installations de réception appropriées, effectuée par des moyens radioélectriques ou par des réseaux de câble à conducteurs métalliques ou de câbles à fibres optiques (anglais : *broadcasting*) (2). Exemples : radiodiffusion sonore ou visuelle, diffusion des signaux horaires ou d'avis aux navigateurs, vidéographie diffusée, diffusion par les agences de presse.

Télématique (n.f.) Ensemble des services, autres que les services télégraphique et téléphonique usuels, qui peuvent être obtenus par les usagers d'un réseau de télécommunication ; ces services qui mettent généralement en œuvre des techniques de téléinformatique, permettent d'envoyer ou de recevoir des informations publiques ou privées, ou d'effectuer certaines opérations telles que consultation de fichiers, réservation, opérations commerciales ou bancaires. (anglais : *telematics*) (1). Exemples de services de télématique : télétex, vidéographie, télécopie, téléécriture, téléalarme. Termes associés : télématique (adjectif), télématisation, télématiser.

Visioconférence ou **vidéoconférence** (n.f.) Téléconférence permettant, en plus de la transmission de la parole et de documents graphiques, la transmission d'images animées des participants éloignées (anglais : *videophone conference ou videoconference*) (1).

Notes

(1) Arrêté du 27 avril 1982 relatif à l'enrichissement du vocabulaire des télécommunications *JO* du 24 juin 1982.

(2) Arrêté du 3 octobre 1984 portant enrichissement du vocabulaire des télécommunications *JO* du 10 novembre 1984.

(3) Arrêté du 30 décembre 1988 relatif à la terminologie des télécommunications, *JO* du 17 février 1989.

(4) Loi n° 90-1170 du 29 décembre 1990 sur la réglementation des télécommunications, *JO* du 30 décembre 1990.

(5) Arrêtés du 2 mars 1994 relatifs à la terminologie des télécommunications, *JO* du 22 mars 1994.

(6) Loi n° 92 546 du 20 juin 1992 relative au dépôt légal, *JO* du 23 juin 1992.

(7) Art. L.113-2 du Code de la propriété intellectuelle.

(8) Arrêté du 22 décembre 1981 relatif à l'enrichissement du vocabulaire de l'informatique, *JO* du 17 février 1982.

(9) Directive 96/9/CE du Parlement européen et du Conseil du 11 mars 1996 concernant la protection juridique des bases de données, *JOCE* (L) 77/20 du 27 mars 1996.

(10) Directive communautaire du 14 mai 1991 concernant la protection des programmes d'ordinateur, *JOCE* (L) 122-42 du 17 mai 1991.

Index

CET OUVRAGE A ÉTÉ COMPOSÉ
PAR LES ÉDITIONS HERMÈS
REPRODUIT ET ACHEVÉ D'IMPRIMER
PAR L'IMPRIMERIE FLOCH À MAYENNE
EN JUIN 1996.

DÉPÔT LÉGAL : SEPTEMBRE 1996.
N° D'IMPRIMEUR : 39738.